律师业务必备

律师实务

第八版

中华全国律师协会　审定
徐家力　宋宇博　编著

法律出版社
LAW PRESS·CHINA
北京

图书在版编目(CIP)数据

律师实务/徐家力编著. --8版. --北京:法律出版社,2015.8(2024.7重印)
ISBN 978-7-5118-8340-7

Ⅰ.①律… Ⅱ.①徐… Ⅲ.①律师业务-中国 Ⅳ.①D926.5

中国版本图书馆CIP数据核字(2015)第186779号

律师实务(第八版)
LÜSHI SHIWU(DI-BA BAN)

徐家力 编著

策划编辑 张心萌
责任编辑 张心萌
装帧设计 李 瞻

出版发行 法律出版社
编辑统筹 学术·对外出版分社
责任校对 王 丰
责任印制 胡晓雅 宋万春
经 销 新华书店

开本 710毫米×1000毫米 1/16
印张 35.5 **字数** 547千
版本 2015年8月第8版
印次 2024年7月第15次印刷
印刷 固安华明印业有限公司

地址:北京市丰台区莲花池西里7号(100073)
网址:www.lawpress.com.cn
投稿邮箱:info@lawpress.com.cn
举报盗版邮箱:jbwq@lawpress.com.cn
销售电话:010-83938349
客服电话:010-83938350
咨询电话:010-63939796

书号:ISBN 978-7-5118-8340-7
定价:78.00元
凡购买本社图书,如有印装错误,我社负责退换。电话:010-83938349

作 者 简 介

徐家力,隆安律师事务所合伙人会议主任、一级律师,我国第一位知识产权博士后,博士生导师,国家知识产权战略专家。1983 年获北京大学法学学士学位,1986 年获中国政法大学硕士学位,同年进入最高人民检察院工作。1992 年参与创办隆安律师事务所并任主任。2000 年获中国政法大学博士学位。2000 年至 2001 年,美国纽约大学访问学者。2003 年获中国社会科学院法学博士后。2004 年被评为"知识产权风云人物"。

徐家力律师主要学术兼职:国家知识产权战略专题评审专家,中国政法大学知识产权研究中心主任、博士生导师,贵州师范大学知识产权中心主任,中国社会科学院知识产权中心特聘教授,北京大学国际知识产权研究中心客座研究员,中国法学会知识产权研究会常务理事,中国科技法学会常务理事,中国法学会案例研究专业委员会常务理事,中国行为法学会法律语言研究会常务理事,北京理工大学客座教授,中国人民大学律师学院客座教授、兼职教授,北京航空航天大学法学院兼职教授,北京工商大学法学院客座教授,北京科技大学兼职教授,美国杜肯大学法学院兼职教授,北京大学、清华大学、中国社科院、中央财大、上海交大等法学院法律硕士导师,全美刑事辩护律师协会名誉会员,全国律师协会信息网络及高新技术委员会副主任,北京市律师协会商标专业委员会副主任,中国政法大学证券期货法律研究所副所长,中国管理科学研究院法律研究所兼职研究员。

徐家力律师主要社会兼职:全国知识产权紧缺人才培养工程专业委员会委员,中国足协纪律委员会副主任兼新闻发言人,中国网球协会开发委员会副主任,中国老年法律工作者协会理事,中国政法大学校友会常务理事,中国社会科学院法学所学友会副会长,东北育才学校北京校友会秘书长,北京市人大常委会立法咨询专家,北京市检察院咨询监督员,北京市东城区检察院专家咨询委员会委员，欧美同学会会员，北大光华EMBA营销俱乐部顾问，金鹏期货法律事务中心副主任，北京九州世初知识产权鉴定中心专家，中共中央办公厅一局法律顾问，辽宁省经贸法律咨询顾问，贵州省人民政府法律顾问，深圳市WTO中心法律专家，北京律协行业发展委员会委员，北京律协实习律师培训团成员，北京朝阳律协顾问，深圳市普法高级讲师团成员。

徐家力律师是中国最著名的律师之一，研究成果有：《知识产权律师实务》（人民法院出版社）、《知识产权在网络及电子商务中的保护》（人民法院出版社）等。在《中国法学》、《中国律师》等杂志发表法律专业文章近百篇。

徐家力律师执业以来办理过数百起案件，其中最著名的有：东芝笔记本电脑案、山西假酒案、慕马大案、茅台酒商标纠纷案、长城葡萄酒商标纠纷案、郑成思等诉书生公司案、菲利普公司DVD专利无效案等。

所获荣誉：

1. 1996年，北京市司法局授予“北京首届十佳律师”荣誉称号；
2. 2000年，北京市司法局授予“人民满意的好律师”荣誉称号；
3. 2002年，中国慈善总会授予“中国儿童慈善大使”荣誉称号；
4. 2004年，中国儿童少年基金会授予“中国儿童慈善家”荣誉称号；
5. 2006年，中国儿童少年基金会授予“功勋理事”荣誉称号；
6. 2008年，中华人民共和国司法部授予“二等功臣”荣誉称号；
7. 2008年，北京奥运会、残奥会“个人贡献奖”；
8. 2009年，北京市司法局授予“杰出律师奖”；
9. 2010年，ALB（亚洲法律杂志）“年度最佳管理合伙人大奖”；
10. 2011年，获得全国律协授予的“全国优秀律师”称号。

作 者 简 介

宋宇博,隆安律师事务资深律师。曾经长期从事新闻工作,专注于国有企业和城市经济领域的报道和研究,后考入国内知名大学法学院,从事法学研究,研究方向为金融法学,并取得法学硕士学位。现执业于隆安律师事务所,主要从事公司法领域的法律实践工作。

宋宇博律师对公司内部法律治理结构、公司法律风险管理、人力资源管理制度建设等法律服务领域具有丰富的法律实践经验;熟悉公司破产、资产并购重组,国有企业改制及产权交易,公司股票债券的发行、上市公司的收购及兼并、证券交易,以及企业技术交易等法律业务。熟悉房地产项目开发及融资,工业项目建设等法律事务;此外,还熟悉影视娱乐文化行业法律业务和知识产权法律,熟悉企业知识产权相关法律事务,对企业知识产权管理及企业知识产权战略、中国企业知识产权海外保护方面法律业务较为精通。

宋律师,曾经长期担任大型知名国有企业、事业单位、全国性社会团体的法律顾问,并为其提供涉及公司股权设计、公司法律治理结构、公司重大兼并重组、公司融资等专项法律服务;宋宇博律师还为众多各种类型的公司提供常年法律服务,独自承办及与其他律师共同承办多起在全国范围内拥有重大影响的涉及公司领域的商事诉讼;宋宇博律师曾经多次代理过国内某知名电视台工程纠纷案、国内知名电影艺人侵犯肖像权案等,对公司诉讼、房地产诉讼、知识产权诉讼等领域具有丰富的法律实践经验。

宋宇博律师在长期法律实践基础上,还注重与法律实践相关的法律理论研究工作,尤其对公司法、证券法、知识产权法等相关专业领域进行过深入的法律研究,独自承担或与他人共同承担国家有关部委及北京市有关公司法、企业知识产权战略及知识产权海外保护等方面的重大法律课题研究工作及相关法律工作;在国内法学期刊发表若干涉及公司法方面的法学论文,主编或参与编辑若干涉及公司治理、企业融资、知识产权保护等法律实践、律师实务等方面法律书籍。

第八版修订说明

《律师实务》自2002年首次出版以来受到法律从业人员的喜爱,其后陆续根据中国司法实践的变革进行多次修订。但是随着中国法治进程的不断推进,法律环境的发展变化,律师实务领域也发生深刻的变化,继续在已有的基础上进行简单修订已无法满足律师实践变化的需要。因此,这次修订立足于律师实践,对全书进行了系统性和全面的修订。

本次修订主要体现在两个方面:其一,对全书的体例结构进行了较大的调整,将律师实务划分为诉讼类和非诉类。基于这两大分类的基本原则,将原来相互独立的章节被分别归入律师实务概述、诉讼类律师实务和非诉类律师实务中,使得本书的结构更为科学、清晰、完整。其二,增加了大量新兴律师实践领域,并对已有部分内容进行较大调整。新增的内容主要为第十章新三板律师实务、第十一章私募股权融资法律实务、第十二章公司并购重组律师实务、第十三章公司海外上市法律业务等几个章节的内容。此外,对房地产、婚姻家庭、资本市场、知识产权等传统热点律师实践领域,根据近几年法律的修订情况以及律师实践的发展进行了重要的修改和增补,为法律从业者提供了更有深度的、丰富和详尽的实践指导。同时,根据现行法律修改的情况,全书中引用的法律条文也进行了相应的修订,并重新编排了相关附录。

此次编辑修订过程中,隆安律师事务所高光律师、师红雨律师、李长青律师,律师助理张馨以及来自于上海交通大学凯原法学院的贾筱硕士和中国人民大学法学院的魏薇同学为本书的编辑、审校付出了大量辛勤劳动,在此特别表达谢意。

希望本书经过此次修订,能够更全面、具体地为同行、法律从业者提供具有实践价值的帮助。《律师实务》是隆安律师事务所律师执业经验的总结,但尺有所长、寸有所短,虽全体编者倾尽薄能,但难免存在纰漏及不足,殷切期盼广大法律从业者、同行和各界朋友提出宝贵意见。

徐家力

2015年8月1日

第七版修订说明

《隆安律师实务》出版以来受到律师界同仁的关注和欢迎,也受到相关法律专业人的士瞩目与认可,这使得编者受到极大的鼓舞。这本书是在隆安律师事务所具有多年法律实践经验的律师努力下完成的,是隆安律师事务所法律实践到法律理论的一次升华。本书的出版既是对隆安律师事务所法律实践的总结和理论提升,也是隆安律师事务所服务社会承担法律社会责任的有益实践。

时至今日,《隆安律师实务》初版时的法律社会背景已发生较大的变化,为了适应这种变化,本书特进行了本次修订。本次修订主要涉及以下几个方面:第一,对于全书部分章节结构进行调整,使之更加逻辑严谨;第二,对全书中部分案例根据实际章节结构需要进行了适当修改;第三,对全书中引用的法律条文根据法律修改情况进行了修订;第四,对本书所附法律原文根据法律修改情况进行重新编排附录;第五,对书中个别文字方面的错误进行了勘正。

希望本书修订之后更能满足法律界同仁的需要,也更为读者阅读本书提供便利,增益更多。书中如有不足之处,还希望读者朋友们能不吝指出。在此,特别感谢北京理工大学的薛娜同学在本书修订过程中所付出的努力。

徐家力

2014 年 8 月 10 日

第六版修订说明

本版是《律师实务》首次出版以来的第五次修订。自2011年7月第四次修订以来，《中华人民共和国民事诉讼法》和《中华人民共和国刑事诉讼法》先后进行了修改和颁布。《律师实务》第六版根据这两部重要程序法的修订，对律师执业中有影响的内容重点做了修改。新《中华人民共和国民事诉讼法》于2012年8月31日颁布，2013年1月1日施行。回顾民诉法的立法进程：1991年4月，全国人大通过民诉法，这是在1982年民诉法（试行）的基础上补充修改而成的。民诉法实施16年后于2007年首次进行修改，但修改内容不多。主要修改的是执行程序和再审程序，强化当事人的诉权，调整法院的审判权。2011年10月24日修正案草案一审，提请审议的民诉法修正案草案共有50多个条文的修改。新规定包括增加公益诉讼制度；机关、社会团体可提起公益诉讼；5000元以下民事案一审终审等。2012年4月24日修正案草案二次审议，二次审议稿规定：万元以下民事案件一审终审；小额诉讼标的额由5000元增至1万元；公益诉讼主题明确，法律规定的机关和有关社会团体可以向法院提起诉讼等。2012年8月31日修正案草案三次审议并通过民诉法修改，主要内容包括七个方面：完善调解与诉讼相衔接的机制；进一步保障当事人的诉讼权利；完善当事人举证制度；完善简易程序；强化法律监督；完善审判监督程序；完善执行程序。但是调查取证难依然困扰律师执业，“代理诉讼的律师有权调查收集证据”，缺乏操作层面的保障，实务中律师取证依旧遭到拒绝。扰乱法律服务市场的公民代理问题没有得到限制。在司法实践中，“公民代理人”已成了非律师参与诉讼、仲裁活动并牟取经济利益的“合法身份”。他们广泛参与民事诉讼、行政诉讼、刑事诉讼，劳动争议仲裁、民商事仲裁、专利、商标等各类诉讼与非诉讼法律事务，甚至以“咨询公司”、“顾问公司”等名义来规避《律师法》对成立法律服务机构的规范管理，他们无须参加司法考试、无须交纳律师年费及管理费、无须接受监督管理、无须纳税。他们收取"代理费用"及各项名目的费用,低成本无序抢占法律服务市场,牟取经济利益,这种行为扰乱了法律服务市场和法律服务秩序,败坏了法律服务风气。

新《中华人民共和国刑事诉讼法》已于2012年3月17日颁布,自2013年1月1日起施行。这次刑事诉讼法修改,是1996年修订刑事诉讼法实施以来的首次修改,且是一次"大修",修改条文逾百条,在证据制度、辩护制度、强制措施、侦查措施、审判程序、执行程序等方面都有重要完善。"尊重和保障人权"写入总则,刑诉法修改是中国法治文明的一次重大进步,是中国进一步尊重和保障人权的重要体现。律师执业中面临着会见难、阅卷难等难题,影响了律师行使辩护权,难以维护犯罪嫌疑人的正当权益。2012年《中华人民共和国刑事诉讼法》对辩护权的修改成为一大亮点。此次刑事诉讼法修改,控辩力量对比在局部上有一定的改善。但控辩不平衡问题依然存在,如何更好地实现控辩平衡,仍然是不断追求的目标。

时光荏苒,日月如梭,在本书第五次修改后一年多的时间里,我国的法律制度发生着日新月异的变化,对于律师这个奋战在法律一线的群体,既是幸运又充满挑战,幸运的是能亲身感受中国法治文明的进程,同时新的形势也要求我们不断更新知识、勇于创新工作思路和方法,不辜负律师职业的神圣使命。由于时间、水平有限,本版难免有疏漏和不足之处,希望广大读者、同行和各界朋友提出宝贵意见和建议。

编 者

2012年10月24日

第五版修订说明

本版是《律师实务》首次出版以来的第四次修订。2009 年 3 月的第四版至 2011 年 6 月第五版期间，为落实修订后的《律师法》，司法部先后修订和修改了一系列规章，同时也是司法行政部门对律师加强管理的两年，强调律师是中国特色社会主义法律工作者的定位，要求律师“始终坚持社会法治理念，始终坚持依法治国、执法为民、公平正义、服务大局和党的领导”；时刻牢记“党的事业至上、人民利益至上、宪法法律至上”。在新形势下，我们重点对本书的律师与律师制度章节进行了修改，对律师权益、执业风险和业务拓展等内容进行了充实，强调律师应以法为业、以德为本。在各个业务章节中，删除了一些过时的内容，同时增加了一些实务操作的技巧，以期更具可操作性。对著作权律师事务、商标律师事务、专利律师事务以及 IT 与电子商务律师实务进行了相应的修改，以期更符合目前业务发展的新情况。

在本次修订中，除本所的赵金一律师、张伟律师等律师参与工作外，中国政法大学知识产权研究中心的王立梅博士、中国社会科学院知识产权中心的李文娟硕士和中国政法大学民商法学院贾晶晶硕士都对本次修订付出了劳动。

在本次修订过程中，法律出版社吴剑虹主任提供了全面、具体的修订意见和建议，在此表示诚挚的感谢。

由于修订工作是大家在业余挤时间完成的，有疏漏和不足之处，恳请广大读者建言献策。

编　者

2011 年 7 月 20 日

第四版修订说明

本版是《律师实务》首次出版以来的第三次修订。自 2007 年 5 月的第三版至 2009 年 2 月的第四版期间，我国出现多次重大立法活动，如《律师法》和《律师事务所管理办法》的修订，为新形势下的律师行业发展铺平了道路，同时也对律师执业活动进一步进行了规范；《劳动合同法》和《劳动争议调解仲裁法》的施行是对劳资关系的重大调整和劳动争议解决渠道的进一步扩大，彰显政府建立和谐社会的决心；有“经济宪法”之称的《反垄断法》经过 20 年的立法波折，终于通过并实行。这些立法，均对律师执业实务产生重大影响，在本次修订中，以上内容均予以体现。

本书的此次改版，正值改革开放 30 周年。市场经济就是法治经济，法治经济的建立和发展离不开律师的执业活动，通过律师的具体执业活动，书本上的法条变成现实中的法治，法律才能发挥作用。本书展现了律师执业活动的广阔领域和实务指南，值得广大热爱法律事业的人参阅。

在本次修订过程中，法律出版社吴剑虹、邹隐女士提出了不少好的建议，更为编辑、审校本书付出了辛苦劳动，在此表示诚挚的感谢。

编　者

2009 年 2 月 5 日

第三版说明

本版是《律师实务》首次出版以来的第二次修订。这次修订在保持原书主要内容、删除并替换部分失效的内容的同时，主要增加了关于中国律师的现状、律师事务所的管理和公司并购中的律师业务等内容。其中，关于中国律师的现状、律师事务所的管理的内容主要参考了徐家力律师的演讲整理文稿和已发表文章，关于公司并购中的律师业务的内容主要参考了王文书律师的已发表文章。这些新增加的内容，有助于读者对当今的律师职业产生更全面、更深刻的理解。

本书有力地表明了律师在参与社会经济生活各个方面的广度和深度；本书的一再重印和改版，不仅说明了本书成功地满足了读者的需要，更重要地说明了中国法治的发展之迅速。也许我们现在意识不到，但三十年后，当我们回顾历史时，就会发现现今正是中国法治建设进程中的关键时刻，而律师，通过执业活动、通过出版书籍、通过普法，在中国法治化进程中发挥了至关重要的作用。

本次改版得以顺利完成，除了本书改编人员的辛苦工作外，法律出版社吴剑虹女士的热情支持起了重要的作用，在此谨表示感谢。

编　者

2007年5月

修 订 说 明

《律师实务》是2002年由北京隆安律师事务所徐家力主任律师组织编写的,由中华全国律师协会审定并推荐出版。本书对各项律师业务的操作要领、基本程序和应注意的问题,进行了详细的阐述,对新兴业务领域进行了介绍,对于提高广大专业律师的基本操作技能,具有较高的参考价值。

作为执业律师经验的总结,《律师实务》于2002年出版之后,受到大量专业律师和读者的好评,曾多次重印仍一度出现脱销,在律师业界产生了较大影响。然而,本书初版至今已有三年,国家立法机关出台了许多新的法规,也废止了许多旧的法规,律师业务必须与时俱进、吐故纳新。基于此,我们根据最新法规对原版进行了较大的修改。

修改版对原版有较大修改的章节有法律援助制度、证券律师实务、期货律师实务、反倾销律师实务、电子商务律师实务,等等。新增的内容有港澳律师事务所驻内地代表机构管理制度、外国律师事务所驻华代表机构管理制度和保险律师实务等。对于其余的章节,根据最新法规,我们作了文字上的相应修改,使本书更全面、更具体,更能适应新形势的需要。

本书在修订过程中,法律出版社吴剑虹女士提出了不少好的建议,更为编辑、审校本书付出了辛勤劳动,在此表示诚挚的感谢。

最后,恳请法学界、律师界同仁与广大读者批评指正。

编 者

2005年3月15日

序

律师制度是我国民主法制建设的重要组成部分，随着依法治国，建设社会主义法治国家基本方略的确立，律师日益成为推动社会民主法制发展的重要力量。自1979年恢复律师制度以来，我国律师事业取得了长足的发展，律师执业活动深入到国家政治、经济和社会生活的各个环节，深入到人民群众日常生活的各个方面。经过20年的不懈努力，中国律师以其迅猛的发展速度、骄人的业绩和崭新的风貌，出现在中国社会的舞台上，并因其广泛的社会影响而备受关注。

随着我国社会主义市场经济的发展，随着我国加入世界贸易组织，社会对法律服务业提出了更高的要求，律师事务所的规模化和全球化日趋明显，专业分工越来越细。在许多大型国际化律师事务所内部都有非常专业化的业务部门，拥有一大批精通金融、证券、知识产权等专业型律师。那种“万金油”型的律师越来越不能适应形势发展的需要，不能适应日益激烈的市场竞争。这就要求我们的律师由“通才”成长为“专才”，由办案型律师向知识型律师、学者型律师转化。提高律师队伍素质，已经成为律师事业和律师个人发展的内在需求。这种提高，既包括了专业知识的更新和深入研究，也包括了律师业务活动的科学化和规范化。开展理论研讨、学术写作、经验总结与交流，都是提高律师专业知识和业务能力的重要途径。徐家力律师组织编写《律师实务》一书，该书从律师实务的基本理论开始，对各项律师业务的操作要领、基本程序和应注意的问题，进行了详细的阐述，对知识产权、公司、金融、期货、海事海商、WTO及电子商务等新兴业务领域进行了介绍，内容丰富，具有较高的参考价值。

海阔凭鱼跃，天高任鸟飞。新的世纪，新的形势，为律师的发展提供了更加广阔的天地。我衷心地希望和祝愿广大律师在激烈的竞争中激流勇进,成为各项业务活动的专家,同时不断地总结经验,著书立说,成为业务研究领域的学者。唯有如此,我们的律师业才会有更加光辉灿烂的明天。

司法部律师公证
工作指导司司长 贾午光

2002年4月11日

前　言

律师实务简单地讲，就是指以律师名义开展业务活动的具体方式、步骤、技巧等操作性事务的总称，也就是律师执业的实际操作过程。律师职业近年来越来越受到人们的关注，根据律师在社会发展过程中所起的作用，律师与国家改革开放、经济建设风雨同行，与人民大众权利意识的觉醒和增强须臾不离，与社会主义法制建设的脉搏息息相通。律师在现今社会司法制度民主化的进程中发挥着极其重要的作用，它的发展状况是一个国家文明程度和法治程度的重要标志。

随着社会主义市场经济体制的逐步确立，民主观念日益增强，法律调整的社会关系更加复杂化、多样化，社会对法律的需求也日益增强，法律服务的领域日渐拓展，法律保障的领域更加广泛，律师业务由恢复初期单纯的刑事辩护，发展到民事、行政、涉外经济、金融、房地产、证券、高科技、知识产权等市场经济的各个领域，涉及国家的政治、经济和社会生活的方方面面。我国律师已经成为一种不可缺少的社会主体融入社会，律师职业也成为建立社会主义法治国家必须具备的一种职业。因此，这必然对律师的素质提出了更高的要求。由于律师的工作性质和职业特点，决定了律师必须有较高的法学知识、较强的业务技能和广博的知识储备。所以，为了满足即将跨入或已经跨入律师这一行业人员的需求及有关律师实务研究人员参考的需要，我们精心编写了这本《律师实务》。该书首先介绍了律师及律师制度、律师的管理体制，主要内容是对律师实务的阐述，其中包括民事诉讼的律师实务、行政诉讼的律师实务、刑事诉讼的律师实务、仲裁案件的律师实务、涉外案件的律师实务、法律顾问的律师实务、咨询和代书律师实务，本书为了提高广大专业律师的基本操作技能，用大量篇幅介绍了专业法律服务领域内的业务知识，还附录了最新的关于律师实务方面的法律、法规和有关规定，最后向读者介绍了律师常用法律文书的格式。在本书的编写过程中，我们以“兼顾理论性，侧重实践性”为指导原则，重在突出可操作性，重点阐述各项律师业务操作的步骤、方法、程序、技巧及律师开展各项业务所应当注意的问题。

由于律师实务内容庞杂、繁多,远非本书有限的篇幅所能包含,因而不可能面面俱到,但我们相信本书内容对广大热爱律师事业的人是有很大帮助的。

本书是执业律师经验的总结,是律师在忙碌的工作之余写就的,错误、疏漏之处在所难免,因此竭诚希望广大同行和读者批评指正。

编　者

2002年4月22日

目　　录

第一编　律师实务概述

第二编 诉讼类律师实务

第三编 非诉类律师实务

第一编

律师实务概述

第一章　律师与律师制度

第一节　概　述

从世界各国的律师制度来看，一般都认为律师是指受过法律专业训练，依法经过国家考试、考核，取得律师资格，并持有律师工作执照，为社会提供法律服务的专业人员。

律师作为一种职业，历史源远流长。通常认为西方的律师及律师制度起源于奴隶制时期的古罗马，中国律师及律师制度源自周朝。

律师制度是国家民主制度和法律制度的重要组成部分，是国家确立的有关律师的性质，律师的资格和执业，律师的业务范围及权利义务，律师的法制责任以及律师的管理等方面内容的一项国家司法制度。

一、律师的渊源

（一）中国律师制度的渊源

在奴隶制社会我国就出现了专门为保护当事人利益而帮助当事人写诉状、打官司的人。过去这些人被称为“讼师”或“刀笔先生”等。因此，有人说讼师是中国律师的前身或雏形。春秋末期郑国的邓析（公元前545年至前501年）是我国古代著名的讼师。实际成了中国古代历史上第一位为私人充当法律顾问、提供法律帮助的讼师，或说是律师。

我国古代的诉讼代理源于西周。《周礼》，原名《周官》，就有关于诉讼代理人的记载，被代理人一般是有一定地位的统治阶级成员。《周礼·秋官·小司寇》中记载：“凡命夫命妇不躬坐狱讼。”意思就是说，作为原告或者被告的命夫、命妇者，无须亲自到法庭上进行诉讼。

讼师并不一定都熟悉法律知识，更多的是凭借识文断字的优势来谋生。从形式上看，讼师的活动和现代意义上的律师的咨询代书活动有些类似。但在实质上，两者却有着根本的区别：

第一，讼师不像律师那样有合法的资格，在诉讼活动中也没有合法地位，并不能像律师那样公开接受当事人的委托充当诉讼辩护人或代理人。讼师不是法律明文规定的专职提供法律服务的人员，而大多是以包揽词讼来谋得私利。充当讼师的既有赋闲在家的政府官员，不得志的读书人、举人、胥吏等，还有在职的文武官员。由于讼师的存在是非法的，所以讼师大多不会承认自己就是讼师，这样就使得讼师这个社会角色多多少少带点神秘色彩。第二，讼师多半不是法律方面的专家，只不过是文字功夫尚可。他们往往不只为诉讼当事人撰写诉讼文书，还从事其他文字工作。代人撰写诉状，解答有关法律问题，并没有发展到成为一种为社会广泛认可的公开职业。从某种意义上讲，讼师是封建专制权力结构的附属物，并不代表新的社会阶层，其社会地位低下，加之其活动没有法律规范和约束，所以不少讼师敲诈勒索，坑害当事人，被老百姓称为"讼棍"。发展到后来，讼师的活动仅限于在庭审以外，代书诉状，为当事人出谋划策，谋求胜诉。讼师一般不直接会见被告，也不能出庭参与庭审。

严格说来，中国律师制度完形于清末。光绪二十八年即公元1902年清廷派沈家本、伍廷芳为修律大臣，修订现行律例。先后起草、制定了《刑事诉讼律草案》、《民事诉讼律草案》，其中刑事民事诉讼法以及两个诉讼律都明确规定了律师和律师制度的基本内容。

1906年（清光绪三十二年），《大清刑事民事诉讼法》修订完成。1911年（清宣统三年），修订法律馆编成《刑事诉讼律草案》和《民事诉讼律草案》，又一次规定了律师和律师制度，但尚未审核和颁布，就爆发了辛亥革命，清王朝被推翻。上面提到的这些法典，尽管没能得到及时实施，但从制度建设层面上来说，中国现代法律意义上的律师已经开始萌芽并产生了。

（二）外国律师制度的渊源

外国的律师最早出现于奴隶制时期的古罗马，但以类似于律师这种身份从事代理案件当事人诉讼或者在诉讼中充当被告人辩护人的活动则可以追溯到古希腊的雅典。古希腊是欧洲最早进入阶级社会和产生奴隶制国家和法的地区。

据记载，公元前594年，希腊雅典开始的"梭伦改革"建立了陪审法院。法院在收到原告当事人的起诉书后即着手审查，被告当事人如对案件审查存在异议，有权提出反驳书，法庭允许诉讼当事人委托所谓"保护人"撰写辩论词，并在法庭上宣读，同对方展开辩论。因为"保护人"的能言善辩可能会影响到法官的裁决结果，所以，诉讼当事人为了胜诉，往往不惜花大价钱聘请能力强、水平高的

"保护人"。这样一来,就使得"保护人"这个行业兴盛起来,逐渐成为当时社会上有影响的职业。

由此可以认为律师制度应当起源于刑事诉讼制度,脱胎于刑事辩护制度。

古罗马的律师职业是伴随着法学家的社会阶层出现的,律师享有很高的社会地位,因此,国家对取得律师资格规定了严格的条件。当时规定,申请从事律师职业者必须是男性公民,且品行端正,有办案能力和受过五年法律教育。法律还规定,国家通过考试制度选拔知法善辩者担任诉讼代理人,并且多数司法官吏也要从律师中选任。为便于履行职责,古罗马将律师分为在业律师和预备律师两类。在业律师属于高级形式的律师,国家以立法的方式规定,在一定的行政区域内,在业律师的数额不能突破,要给予较高的报酬。在业律师有很高的社会地位,可以在高级法院办理案件。预备律师则属于较为低级的律师,只能在在业律师缺额的时候予以递补,并且只准在基层法院办理案件,为他人提供法律服务。在古罗马,律师参与民事诉讼代理,进行刑事案件的辩护,最初纯粹是一种执行公务的活动,是不收取费用的。随着律师业务活动的进一步发展,律师制度的逐步确立,律师的法律服务逐渐变为有偿服务,向当事人收取一定的报酬。

公元2世纪开始,古罗马立法开始严格规定律师收费的具体数额,禁止任何律师巧立名目乱收费用,否则,将被取消其律师资格。之后,律师逐渐形成一个固定行业,组成了自己的职业团体,这就出现了历史上第一批职业律师。

二、律师制度与中国律师的发展

一个国家的律师制度的产生和发展是与该国家的政治、经济、社会、文化发展密不可分的。律师制度作为国家司法制度的一部分,逐渐从行政体制中分离出来,律师也成为相对独立、固定和正规的一种社会职业。它源于社会普通公众对律师所从事法律服务活动的需求,而这种需要恰恰又是以这个国家的整体发展特别是商业文明的繁荣为基础的。商业、手工业等民间商务活动越是发达、越是频繁,必然会不可避免地发生越来越多的纠纷和争议,而解决这些争议和纠纷不只靠自力救济方式,更多地要依靠国家的司法机构的公正裁判。

反过来,这些律师所从事的法律服务工作又能积极推动当时社会生产和贸易的发展,维护当时社会的政治和经济制度。从某种意义上讲,律师的出现是社会分工日益细化的结果,也是社会不断发展进步的表现。

(一)传统律师制度

事实上,在西方国家的古代文明中,特别是像古希腊的雅典、古罗马时代,律师产生和发展的这些条件相对成熟早一些。而在我国,一方面,古代社会长期处于专制统治状态下,由于官方重农抑商,商业文明并不十分发达;在法律制度上又是重刑轻民,私法并不发达,甚至极为缺乏,而司法又是与行政合二为一的。虽然民间有商务往来,也有纠纷和争议,不过,在处理争端上也多因耻于争讼而更多通过宗族礼法仲裁。另一方面,官方非但在立法上不予认可或支持,反而多加禁止,“讼师”角色不受社会公众与当政者的欢迎。因此,中国古代虽有诉讼代理之情形,却缺乏律师产生的土壤和存在的空间。到了近代清末,由于被迫门户开放,西风渐入,中西文化交融,应变法改制的历史需要,现代法律意义上的律师理念才渐渐根植于中国社会。随同其他法律制度的完备,尤其是诉讼程序法制的日臻完善,律师这一社会角色才得以真正产生。

(二)我国现行律师制度

党的十一届三中全会以后,在《中华人民共和国刑法》、《中华人民共和国刑事诉讼法》颁布之后的1980年8月26日,第五届全国人大常委会第十五次会议通过了《中华人民共和国律师暂行条例》。它的颁布,为我国律师制度的恢复和重建提供了法律依据,同时也标志着我国律师制度的建设进入到一个新的历史阶段,具有十分重要的意义。1993年3月,八届全国人大一次会议召开,大会以宪法修正案的形式确定了党的十四大提出的建立社会主义市场经济体制的宏伟目标。这不仅为我国经济体制改革指明了方向,而且引起社会各方面的巨大变革。

党和政府越来越重视和关心律师工作,全社会对法律服务和法律保障的渴求越来越迫切。高科技市场、证券、股票市场和其他新兴行业的商品市场的培育和发展,将要求律师、公证、法制宣传和司法协助工作更多地介入这些新的领域和项目。要求制定律师法的呼声越发高涨起来,终于在1996年5月19日第八届全国人大常委会第十九次会议上通过了《中华人民共和国律师法》,同日江泽民主席签署第67号主席令予以发布。1996年的《律师法》后来又根据形势的发展进行了三次修订,第一次是2001年12月29日第九届全国人民代表大会常务委员会第二十五次会议通过了《关于修改〈中华人民共和国律师法〉的决定》,第二次修订是在2007年10月28日中华人民共和国第十届全国人民代表大会常务委员会第三十次会议上通过;十一届全国人大五次会议通过了关于修改刑事诉讼法的决定,修改后的刑事诉讼法自2013年1月1日起施行,为保持与新修改的刑诉法的协调,2012年10月26日第十一届全国人民代表大会常务委员会第二十九次会议通过关于修改《中华人民共和国律师法》的决定,这是第三次修订,修订后的新《中华人民共和国律师法》自2013年1月1日起施行。

律师法,狭义上仅指《中华人民共和国律师法》,广义指国家规定的律师法和国家各级机关在权限内制定的各种规范性(包括宪法、法律、法令、条例、决议、命令、指示、通知、批示、批复等)文件中有关律师部分的规定的总称。

《中华人民共和国律师法》是新中国第一部律师法典,是我国民主法制建设进程中的一件大事。它的出台和修改表明具有中国特色的社会主义律师制度基本形成,标志着我国律师事业的发展将步入一个崭新的阶段,具有重大的现实意义和历史意义。它总结了近三十年来我国律师工作改革的有益经验,将对保障律师依法执业,维护律师合法权益,规范、管理律师工作产生深远的影响。

(三)中国律师的发展

随着改革开放的不断深入和民主法制建设的逐步完善,我国的律师事业得到了较大的发展。律师队伍不断壮大,高素质的律师人才不断涌现。律师业务范围在不断拓宽,服务范围不仅涉及诉讼领域,而且涉及非诉讼领域,并承办了大量的新的业务。特别是党的十五大胜利召开,提出将依法治国、建设社会主义法治国家,作为党领导人民治理国家的基本方略。这对推进我国社会主义民主法制建设将具有重大而深远的意义。党的十六大、十七大相继阐述了这一基本方略。律师制度是国家法律制度中不可或缺的重要组成部分,律师制度的完善与发展是实施依法治国方略的重要步骤。

九届全国人民代表大会第二次会议通过的宪法修正案,又明确将依法治国,建设社会主义法治国家基本方略载入宪法,作为治国安邦总章程中的一个重要原则,翻开了我国民主法制建设历史上新的一页。律师作为社会法律工作者,其责任和职能与实施依法治国方略密切相关,律师制度的巩固与完善将极大地促进依法治国的进程;律师所从事的法律服务工作在国家的立法、执法、司法、普法等诸多环节中的作用日益突出,在推进依法治国进程中具有独特的优势和不可替代的作用,是实施依法治国基本方略的一支重要力量。

现在中国已经"入世",这给中国律师事业的改革和发展创造了良好的机遇。同时,面对已经开放的中国法律服务市场,中国律师业面临着前所未有的重大挑战。首先,中国"入世"为我国法律服务业的发展提供了良好的机遇。另外,法律服务市场开放以后,中外律师共同竞争,有利于加速我国律师业的国际化进程,中国律师在竞争中可以得到充分的锻炼,这对于积累经验,壮大实力,逐步走出国门,走向世界,参与国际法律服务市场有着重要意义。

其次,"入世"同样也给中国律师业带来挑战。中国法律服务市场竞争将更加激烈。外国律师事务所将在业务和人才两个主要方面形成竞争。在与那些国际化大型律师事务所面对面的"短兵相接"的竞争中,中国律师业竞争力弱的问题将会在一段时间内突出显露出来,这是一个极大的考验。中国律师业的当务之急,就是正视机遇和挑战,稳扎稳打,苦练内功,强化管理,加强学习和交流,努力提高业务和人才两个方面的国际竞争力。

三、中国律师业的现状

经过30多年的发展,随着国家改革开放政策的实施和社会主义民主法制建设的推进,律师法律服务业得以迅速发展,并取得了令人瞩目的成就。其主要表现在:

第一,中国律师业已经有了一个相当大的规模。所谓相当大的规模,是指我国已经有了25.09万多名的执业律师和1.69万多家律师事务所。在1979年恢复律师制度的时候,律师只有212人,从212人到25.09万人的发展,就在30多年间,这速度是很快的,在全世界也可以说是最快的。美国从有律师到100多万名律师经过了200年。现在北京、上海、广州三地的人均拥有律师的比例已经超过日本、韩国、新加坡及我国香港、台湾地区。据中华律师协会于宁会长估计,在"十二五"期间,全国律师人数将占全国人口总数的万分之二,律师服务总收入达到800亿元。

第二,律师法律服务领域不断扩展。律师由一开始单纯的出庭辩护、民事代理等诉讼业务,发展到今天,律师在经济、金融、房地产、证券、高科技、知识产权等方面提供了大量的非诉讼业务,涉及国家经济、政治生活的各个层面。律师主动介入了国有企业改革、金融体制改革、经济特区建设、西部大开发、东北老工业基地振兴等国家重大经济改革和经济活动,广泛参与了国内民商事活动和国际经贸活动。

第三,初步建立起了中国特色的律师制度。也就是说,律师机构由1979年初期的单一的由国家编制的国办法律顾问处的组织形式,发展到今天,形成了以个人合伙制为主的,合作制并存的律师组织形式。现在个人合伙律师事务所占80%以上,中国特色的律师制度已经基本建立了。

第四,我国法律对律师参与国家的经济生活有了实质性的规定。例如《律师法》、《刑事诉讼法》、《证券法》等,十几个程序法中,都对律师的地位及律师参与经济生活有程序方面的规定。比如说《证券法》规定，拟上市公司必须有律师事务所、律师的法律意见才能发行上市。《刑事诉讼法》规定，必须有律师的各个程序的参与，诉讼程序才得以进行。这说明国家越来越意识到律师在社会经济生活中的重要作用。

第五，建立了有中国特色的律师管理体制，并将最终过渡到律师自律体制。所谓有中国特色的律师管理体制，是指我国现在的律师、律师事务所由司法行政机关和律师协会双层领导，这在全世界是独一无二的。除中国外，其他国家和地区的律师和律师事务所都是由律师协会单独进行管理。我国的这种管理状况也最终将会过渡到由律师协会进行单独管理，律师协会已经为此做了很多的工作，以最终实现律师行业的完全自律。

第六，律师扩大了国际交往，外国律师事务所涌入中国。现在已经有近二百家外国律师事务所在中国建立了办事处，中国有近二十家律师事务所在外国建立分所。同时，中国律师已经参与到各个跨国贸易、WTO、反倾销等涉外的法律事务中。

第七，律师行业成为最热门的行业之一，是人数增长最快的行业之一。以北京为例，北京的律师人数每年以 65% 的速度增长，几乎一年就增加一两百家律师事务所，截至 2013 年 12 月 31 日，北京律师事务所达 1782 家，全市执业律师 23776 名。

第八，律师现在已经形成一个高收入的阶层，是比较典型的中产阶级。律师行业是高收入行业，但不是产生富豪的行业。富豪排行榜里从来没有律师。一般而言，律师的收入比较稳定，与普通工薪阶层相比，律师属于高收入阶层。

第九，律师在改革开放 30 多年来，为化解社会矛盾，解决各类纠纷，为社会稳定发挥了应有的作用。据有关数据统计，中国律师在很多纠纷案件中，尤其在为政府排忧解难，解决上访、信访，稳定社会秩序方面，起到了很大的作用。在挽回经济损失方面也发挥了很大作用。

第十，律师已成为中国法治建设中的生力军，对中国的立法、司法及各项法律规范的实施影响越来越大。律师积极参与国家法律和地方性法规的起草和修改工作，竭诚为各级人大和政府部门提供法律服务。全国共有 3400 余名律师担任各级人大代表和政协委员，履行着政治协商、参政议政、民主监督的职责。

第十一，律师积极参与普法、依法治理等活动，积极宣传国家法律和政策，传播法治精神和法律知识，广泛参与公益事业和公益活动，积极开展法律援助。据不完全统计,全国律师每年义务法律咨询2243多万件,办理法律援助案件40多万件。

在当今社会,律师法律服务已经渗透到国家政治、经济、社会和文化生活的各个层面,已成为促进国家法律正确实施、维护社会稳定的重要力量,成为促进国家经济建设和改革开放、维护市场经济秩序的重要力量,成为促进依法治国、推动社会文明进步的重要力量。讨论中国律师行业的现状,在关注其成就、对未来持积极乐观的态度的同时,也不能忽视现今律师行业存在的问题,这些问题如果不能得到及时、有效的解决,对中国律师行业的发展将带来极为不利的影响。我国律师行业面临如下的问题:

第一,整个律师行业的发展缺乏总体规划。也就是说,中国究竟需要多少律师,没人知道,没人能说清楚,也没人规划。这个合理的数字究竟是多少,跟国家经济发展怎么匹配,缺乏研究。司法部曾有一个文件说中国需要30万名律师。但这个30万是怎么来的,没有人说清楚。中国社会对法律职业、对律师服务的需求市场究竟有多大,尚没有进行科学的研究,但无论多少,这个规划是怎么搞出来的?根据什么?有没有科学的论证?究竟我们的国家和社会需要多少律师?像这样根本性的问题我们并没有很好地规划。所以,现在只要你能达到司法考试的门槛,你就可以考试然后执业。需不需要总体总量控制?要不要一个准入制度?还是无限制无目标永不停止地发展?这样发展的结果对律师行业的冲击是什么?是过度的竞争,最后是对行业的毁坏。

第二,律师事务所的管理严重滞后,有些小型的律师事务所甚至没有管理,就是几个个体律师拼凑成一个事务所,各行其道、各行其是、各自为政。许多律师事务所想改变现状,进行管理,但因种种阻力最后还是回到原来的状态。还有的律师事务所想要建立一套适合自己特点的管理体制但又苦于无经验可学。本书作者个人认为中国现阶段的社会状况和所培养的人决定了律师的管理现状,超越历史是不可能的,也就是说在未来的相当一段时间内对大部分律师事务所来讲管理是制约发展的主要"瓶颈"。

第三,律师现在的社会地位较低,这会阻碍律师业发展。中国的律师社会地位较低,甚至还有《刑法》第306条关于律师伪证罪的规定。因为《刑法》第306条被判刑的律师人数不少。这种高风险低政治地位的状况,肯定会阻碍律师在法律环境中社会主体的作用。律师是社会经济发展到一定阶段的产物,是社会文明进步的标志。因为律师是国家法律规定站在国家法律对面的法律实体,在国家强大的权力面前,只有律师为当事人这个弱者说话。而如果为弱者说话的人的地位较低,就会使律师所起的作用有限,同时也使法律界相当一部分精英分子不进入律师界。

第四,律师管理的体制不顺也阻碍律师业的发展。全世界的律师都是由律师自治管理的。中国律师社会地位低,就是因为背后没有实力强大的律师协会。我国的律师协会在司法行政下面比较无力,这导致了律师在关键时刻得不到权利保障。

第五,我国的律师整体素质不高,不能满足日益发展的新律师业务的需求。一方面,我国律师行业内的竞争已经到了白热化的程度,律师疲于奔命为维持生计而四处寻找客源。遇有一个案件,众多律师竞相降价来获取当事人的委托。另一方面,许多新的业务来了当事人却找不到能够办理的律师,为找到合适有能力的律师,当事人也难。用全国律协前秘书长贾午光先生的话来说:“现在是80%的律师做20%的传统业务,所以,竞争激烈;而另20%的律师却做80%的业务,所以,竞争并不激烈。问题是:我们的律师绝大部分都是80%中的律师。把这80%的律师变成20%的律师谈何容易。新的业务需要有水平有素质的律师,而我们却一时没有这样的律师,这就是制约经济发展的矛盾。”

第六,我国现行的法学教育很难培养出合格的律师。我国的法学教育没有把律师作为培养的目标。律师实际上缺乏的不是法学知识,而是职业的训练。美国法学院课堂上课是讨论案例,具体问题具体分析,就是律师实战。实际上,律师应该在法学院完成合格的律师教育,到律师事务所就可以投入工作,这是他的成长过程。我国的律师事务所要完成法学院所应承担的任务。这就增加了中国律师事务所成长的成本,加重了负担。

第七,中国律师发展呈区域性发展不平衡的趋势相当大。中国的东部地区中心城市的律师越来越多,越来越发达。边远不发达地区则发展比较慢,水平也较低。广东省、北京市、上海市三地的律师占了中国律师业85%以上的收入,这种不平衡将增大,而不是缩小。

第八,中国的司法不公、司法腐败等个别现象的后果之一是导致律师信用降低,当事人不相信律师,只相信“关系”在案件中所起的作用。这导致了律师社会公信力的丧失。

由于个别执法人员的贪赃枉法和法律环境不尽如人意,许多案件当事人对律师在司法过程中的作用持怀疑态度,他们认为请律师还不如搞定法官,认为律师没用。即使请律师前提条件也是这个律师与某法官是否熟悉等,使律师作用严重弱化。据某市高级人民法院统计,在其审理的案件中绝大部分案件没有律师作为代理人,尤其是刑事案件律师代理比率就更少了,究其原因:律师在司法活动中的作用很小,发表再好的代理意见,司法机关采纳的寥寥无几,使当事人认为请律师多此一举,从而减少了律师业务量。社会上有些观点认为某些法官的腐败是因为律师引起的,但这种说法明显缺乏逻辑性。律师是专业的职业法律人,谁愿意主动去与法官进行交易,实践中律师都是出于无奈,因为当事人对律师的要求就是你与法官有无“关系”,可是真正能与法官有关系的律师能有几个? 从而形成了律师无用,找律师不如找法官的社会现象,致使律师业务量减少。

第九,千军万马共占法律服务市场,法律服务市场十分混乱。除了在正规律师事务所执业的执业律师,还有城市里基层的法律服务事务所、农村的乡镇法律服务所中的法律工作者也在进行法律服务,占领着律师的市场。另外,我们还有公职律师、企业法律顾问、公检法退休人员,社会上还有“黑律师”、诉讼掮客等,都在跟律师抢饭碗,非执业律师给执业律师队伍冲击很大。没有任何一个国家的法律服务市场像我们这样没有统一的准入制度,可以在不同机构不同资格下从事同种的法律服务,一是竞争不平等;二是竞争无秩序。使本来就不太成熟的法律服务市场更加混乱,也使律师执业环境越来越差。难怪有人说:中国律师不仅有装备了洋枪洋炮的洋鬼子的正面进攻,同时也面临着拥有土枪土炮的游击队的夹击。

第十,中国传统文化制约律师事业的发展。现在意义上的律师制度完全是从西方国家移植过来的,它完全不是中国社会肌体上长出来的东西,所以,从中国律师制度的出现到今天,中国传统文化对律师制度的排斥随处可见。中国现代律师制度的建立是在清末民初时期,那个时候因为在上海、南京等地有外国租借地,而外国租借地里的司法权就是领事裁判权,即由外国领事审判租借地的案件,这样就需要西方意义上的律师。于是,在中国领土上的租借地里的审判就请来了外国律师,这是中国律师制度的开端。尔后,毕竟是在中国土地上进行的裁判,就派一些中国人去西方国家学习法律和律师制度,回来后顶替外国律师执业,这些由外国培养的律师就是中国自己的第一批律师。所以,中国自己的体制并没有产生律师,律师完全从国外“克隆”而来,由此遇到的排斥反应也就不足为奇了。有人说,中国古代的讼师是中国最早的律师,其实不是,因为讼师充其量也就是为他人代书而已，不能出庭执业，不是现代意义上的律师，是朝廷打压的对象。

从传统文化另一方面讲，我们的律师事务所之所以小所多，大所少，这跟我们“宁为鸡头，不为凤尾”的传统观念也有关。合作难，律师合作更难，这是我们的文化，谁也改变不了。甚至同是东方文化的日本、韩国等国家和我国台湾地区与我们具有异曲同工之妙。

我们的另外一种文化是：因为我们经历的战乱太多，经不起折腾，所以，小富即安，平安就是福。律师有一点收入和发展就不想再往前走了，怕失去现状。所以，我们守成东西多，创新东西少。因为“官本位”的文化传统，使律师这个没有任何官可当的行业还没有吸收更多的优秀法律人才进来。同时，因为没有出身律师的官员为律师说话，律师的疾苦和执业环境也就在短时间内得不到解决。

第二节 我国律师的管理制度

我国律师制度的建立为律师执行业务取得了法律上的依据和工作上的保障。也意味着中国律师业发展到了一个新的历史阶段，管理体制和执业行为也逐渐规范化、程序化和正规化。这对于加入国际市场竞争和推动中国法制化进程无疑是个进步的表现。也迎来中国律师业的大发展、大跨越，其意义深远。

一、律师管理体制

律师实行行业自治的管理体制，几乎是世界各国的通例。我国律师管理体制是在中国司法行政部门指导和监督下的行业管理制度，我国《律师法》(2012)第 4 条规定，“国务院司法行政部门依照本法对律师、律师事务所和律师协会进行监督、指导”，而“律师协会是律师的自律性组织”。

《律师法》(2012)第 24 条规定，律师事务所应当于每年的年度考核后，向设区的市级或者直辖市的区人民政府司法行政部门提交本所的年度执业情况报告和律师执业考核结果。律师协会是社会团体法人，是律师的自律性组织。这是《律师法》(2012)第 43 条予以确定的，并且规定全国设立中华全国律师协会，省、自治区、直辖市设立地方律师协会，设区的市根据需要可以设立地方律师协会。协会是律师的管理机构，律师必须加入所在地的地方律师协会成为协会成员，并按照律师协会章程，享有章程赋予的权利，履行章程规定的义务。

为了保障律师的管理需要，自律性的中国各律师协会履行下列职责：

1. 保障律师依法执业，维护律师的合法权益；

2. 总结、交流律师工作经验；

3. 组织律师业务培训；

4. 进行律师职业道德和职业纪律的教育、检查和监督；

5. 组织律师开展对外交流；

6. 调解律师执业活动中发生的纠纷；

7. 法律规定的其他职责。

律师协会按照章程对律师给予奖励或者处分。

律师行业规范是律师协会对律师管理的主要体现，也是律师办理案件所必须遵循的规则，在国际上律师行业规范起着重要作用。律师行业规范是指规范律师的执业行为、保证律师法律服务的权利、切实维护委托人的权益以及树立律师职业形象的规范。中华全国律师协会先后制定了《律师职业道德和执业纪律规范》、《律师办理刑事案件规范》、《律师办理民事诉讼案件规范》、《律师法律顾问工作规则》、《律师参与仲裁工作规则》、《律师办理环境与资源保护业务规范》、《律师办理知识产权业务规范》、《律师办理股票期权制度》、《律师办理担保业务指引》、《律师办理行政诉讼业务规范》、《律师办理有限责任公司股份转让业务规范》、《律师从事证券法律业务规范实施细则》等，都是典型的行业规范，它是律师执业行为的依据。

二、律师资格与律师执业

律师是一个特殊的职业，是法律赋予提供法律服务的专业人士，是社会法律工作者，因此律师必须具备一定条件和能力。世界各国都有类似的规定，我国也不例外。

（一）律师资格的取得

根据我国《律师法》（2012）规定授予律师资格是我国律师执业的前提。取得律师资格有两种途径：

一是取得律师资格应当经过国家统一的司法考试。具有高等院校法律专业本科以上学历，或者高等院校其他专业本科以上学历具有法律专业知识的人员，经国家司法考试合格的，由国务院司法行政部门授予律师资格。

二是经国务院司法行政部门按照规定的条件考核批准。即具有高等院校法学本科以上学历，从事法学研究、教学等专业工作并具有高级职称或者具有同等专业水平的人员，申请律师执业的，经国务院司法行政部门按照规定的条件考核批准,授予律师资格。已取得律师资格的人员并不当然就是执业律师,律师执业除取得律师资格外,还需取得律师执业证书。

(二)律师执业

1. 申请

根据我国《律师法》(2012)第5条规定,申请律师执业,应当具备下列条件:(1)拥护中华人民共和国宪法;(2)通过国家统一司法考试;(3)在律师事务所实习满一年;(4)品行良好。实行国家统一司法考试前取得的律师资格凭证,在申请律师执业时,与国家统一司法考试合格证书具有同等效力。

根据我国《律师法》(2012)第6条规定,申请律师执业,应当向设区的市级或者直辖市的区人民政府司法行政部门提出申请,并提交下列材料:(1)国家统一司法考试合格证书;(2)律师协会出具的申请人实习考核合格的材料;(3)申请人的身份证明;(4)律师事务所出具的同意接收申请人的证明。

2. 审核

区、县司法行政部门在接到申请之日起20日内提出审核意见。审核是否有下列情况:(1)无民事行为能力或限制民事行为能力的;(2)受过刑事处罚的,但过失犯罪的除外;(3)被开除公职或被吊销律师执业证书的。

3. 批准

区、县司法行政部门审核后向省级司法行政部门提出意见,将审查意见和全部申请材料报送省、自治区、直辖市人民政府司法行政部门。省、自治区、直辖市人民政府司法行政部门应当自收到报送材料之日起10日内予以审核,作出是否准予执业的决定。

4. 发照

准予执业的,向申请人颁发律师执业证书;不准予执业的,向申请人书面说明理由。

5. 特许执业

《律师法》(2012)第8条规定,具有高等院校本科以上学历,在法律服务人员紧缺领域从事专业工作满15年,具有高级职称或者同等专业水平并具有相应的专业法律知识的人员,申请专职律师执业的,经国务院司法行政部门考核合格,准予执业。具体办法由国务院规定。

(三)律师执业的业务范围

根据《律师法》的规定,律师可以从事下列业务:

1. 接受自然人、法人或者其他组织的委托，担任法律顾问；

2. 接受民事案件、行政案件当事人的委托，担任代理人，参加诉讼；

3. 接受刑事案件犯罪嫌疑人的委托，为其提供法律咨询，代理申诉、控告，为被逮捕的犯罪嫌疑人申请取保候审，接受犯罪嫌疑人、被告人的委托或者人民法院的指定，担任辩护人，接受自诉案件自诉人、公诉案件被害人或者其近亲属的委托，担任代理人，参加诉讼；

4. 接受委托，代理各类诉讼案件的申诉；

5. 接受委托，参加调解、仲裁活动；

6. 接受委托，提供非诉讼法律服务；

7. 解答有关法律的询问、代写诉讼文书和有关法律事务的其他文书。

三、律师的权利和义务

（一）律师的权利

律师的权利，是指法律赋予律师在执行职务时所具有的一定的权能，以及律师为当事人提供法律服务时依法享有的权利。一般来说它具有三层含义：一、律师依法实施行为的可能性和限度；二、律师依法可以请求当事人和其他人为一定行为或不为一定行为的范围；三、律师权益或个人权利受到侵犯时的保护请求权。

根据《律师法》(2012)律师在执业活动中主要享有以下几项权利：

1. 律师依法执业受法律保护，任何组织和个人不得侵害律师的合法权益。

2. 律师参加诉讼活动，依照诉讼法律的规定，可以收集、查阅与本案有关的材料，同被限制人身自由的人会见和通信，出席法庭，参加诉讼，以及享有诉讼法律规定的其他权利。

3. 律师担任诉讼代理人或者辩护人的，其辩论或者辩护的权利应当依法保障。

4. 律师担任辩护人的，有权持律师执业证书、律师事务所证明和委托书或者法律援助公函，依照刑事诉讼法的规定会见在押或者被监视居住的犯罪嫌疑人、被告人。辩护律师会见犯罪嫌疑人、被告人时不被监听。

5. 律师担任辩护人的，自人民检察院对案件审查起诉之日起，有权查阅、摘抄、复制本案的案卷材料。

6. 受委托的律师根据案情的需要，可以申请人民检察院、人民法院收集、调取证据或者申请人民法院通知证人出庭作证。律师自行调查取证的，凭律师执业证书和律师事务所证明，可以向有关单位或者个人调查与承办法律事务有关的情况。

7. 律师在执业活动中的人身权不受侵犯；律师在法庭上发表的代理、辩护意见不受法律追究。但是，发表危害国家安全、恶意诽谤他人、严重扰乱法庭秩序的言论除外。

8. 律师在参与诉讼活动中涉嫌犯罪的，侦查机关应当及时通知其所在的律师事务所或者所属的律师协会；被依法拘留、逮捕的，侦查机关应当依照刑事诉讼法的规定通知该律师的家属。

9. 律师担任民事诉讼一方代理人，享受当事人委托或授权范围内的一切权利。

10. 律师有获取承办案件的各种诉讼文书副本的权利。

律师享有执业方面的权利是律师的工作性质和特点所决定的，如不能保障这部分权利，律师就无法做到维护委托人的权利，法律行为就失去了作用。为了保障律师正常的执业行为，《律师法》(2012)规定了以上十项权利，律师执业有了法律上的依据。修订后的《律师法》对困扰刑事辩护律师的“会见难、阅卷难及调查取证难”“三难”问题作出明确的法律规定，如果严格按照此法执法，意味着我国刑辩律师的诸多实质性权利将得到保障。然而在具体实践中律师仍遇到各种问题，按照修订后的《律师法》(2012)第33条的规定，律师只要带齐“三证”就可以实现“无障碍”会见犯罪嫌疑人。然而，在实际中，带齐“三证”的律师在会见犯罪嫌疑人时往往遭到看守所工作人员的拒绝。看守所工作人员称：他们执行的是刑诉法，按照规定律师会见犯罪嫌疑人要得到侦查机关的批准。而当律师到侦查机关申请批准时，相关人员却说新律师法都有了相关规定，早就不需他们再批准了。这就成了一种新的“会见难”。

修订后的《律师法》(2012)第34条规定：律师担任辩护人的，自人民检察院对案件审查起诉之日起，有权查阅、摘抄、复制本案的案卷材料。但是实践中，地方法院还是出现了以各种理由剥夺律师阅卷权的情况。比如，有的地方只让律师看几份材料，而不是案卷的全部资料。有的地方以公诉人还没有阅完为理由拖延律师阅卷。

修订后的《律师法》对律师的调查取证权作了规定。受委托的律师根据案情的需要，可以申请人民检察院、人民法院收集、调取证据或者申请人民法院通知证人出庭作证。律师自行调查取证的，凭律师执业证书和律师事务所证明，可以向有关单位或者个人调查与承办法律事务有关的情况。但在实际中常常得不到单位和个人的支持。律师的权利无法保障,就无法给当事人提供法律帮助。可喜的是,我们国家的法律在保证律师执业方面日益健全,各级机关也意识到这样的问题,都在完善和加强这方面的工作。

(二)律师的义务

律师的义务是律师依法应为或不为一定行为的范围和限制,律师执行职务时享有一定的权利,同时也必须承担一定的义务。

根据《律师法》(2012)律师在执业活动中必须同时履行以下义务:

1. 律师应当保守执业活动中知悉的国家秘密和当事人的商业秘密,不得泄露当事人的隐私;

律师对在执业活动中知悉的委托人和其他人不愿泄露的其他情况和信息,应当予以保密;但是,委托人或者其他人准备或者正在实施的危害国家安全、公共安全以及其他严重危害他人人身安全的犯罪事实和信息除外;

2. 律师不得在同一案件中,为双方当事人担任代理人;

3. 律师不得私自接受委托,私自向委托人收取费用,收受委托人的财物;

4. 律师不得利用提供法律服务的便利牟取当事人争议的权益,或者接受对方当事人的财物;

5. 律师不得违反规定会见法官、检察官、仲裁员;

6. 律师不得向法官、检察官、仲裁员以及其他有关工作人员请客送礼或者行贿,或者指使、诱导当事人行贿;

7. 律师不得提供虚假证据隐瞒事实或者威胁、利诱他人提供虚假证据,隐瞒事实以及妨害对方当事人合法取得证据;

8. 律师不得扰乱法庭、仲裁庭秩序,干扰诉讼、仲裁活动的正常进行;

9. 律师不得以诋毁其他律师或支付介绍费等不正当手段争揽业务;

10. 曾担任法官、检察官的律师,从人民法院、人民检察院离任后2年内,不得担任诉讼代理人或者辩护人。

律师执业活动的义务是律师依法应当履行的职责,在实践中也出现了不少这样和那样的问题,不仅违反了律师职业道德,甚至违反了职业纪律,有的甚至触犯了法律。作为职业律师必须严格执行国家法律和行业纪律规范,千万不能心存侥幸,甚至以身试法,这也是对律师职业道德的起码要求。

四、律师的职业道德与职业纪律

律师职业道德和职业纪律是律师执行业务必须遵守的行为规范,它具有道德规范和法律规范两种约束的特点，在道德上体现律师作为为社会提供法律服务的群体所应当拥有的涵养和素质，律师自律的要求；在法律上体现律师依法办事、严格执法的理解程度，也是专业人士——律师所必须具备的行为模式和职业品行。律师的职业纪律表现在律师与司法机关人员之间和律师与当事人之间这两个方面。我国律师职业道德和职业纪律遵循的就是中华全国律师协会制定的《律师职业道德和执业纪律规范》，但是其规定较为抽象和笼统，没有形成具有操作性和监督性的细则，没有实施程序的具体规定。这些都使得我国律师执业极不规范，干扰着我国律师服务质量的提高。

（一）律师应遵循的职业道德

律师遵循职业道德的目的是坚持为社会主义经济建设和改革开放服务，为社会主义民主和法制建设服务，为巩固人民民主专政和国家长治久安服务，为维护当事人的合法权益服务。所以律师必须遵循律师的职业，忠于职守坚持原则，维护国家法律与社会正义。还要求律师必须道德高尚，廉洁自律，珍惜职业声誉，保证自己的行为无损于律师职业形象。应做到以下内容：

1. 遵守宪法、法律和法规。在全部业务活动中坚持“以事实为根据，以法律为准绳”，严格依法执行职务。

2. 诚实信用、勤勉尽责。热情、尽职地为当事人提供法律服务，努力满足当事人的正当要求，维护当事人的合法权益。

3. 同业互助、公平竞争。律师之间以及与其他法律服务工作者之间应当相互尊重，共同提高执业水平。

4. 律师应当诚实信用、严密审慎、尽职尽责地为当事人提供法律帮助。

5. 律师应当保守在执业活动中知悉的国家秘密、当事人的商业秘密和当事人的隐私。

6. 律师应当尊重同行，同业互助，公平竞争，共同提高执业水平。

在执业中还必须廉洁自律，敬业勤业，严密审慎，讲求效率，注重仪表，礼貌待人，自觉遵守律师执业规章和律师协会章程。忠于律师事业，努力钻研和掌握执业所应具备的法律知识和服务技能，注重陶冶品德和职业修养，自觉维护律师的名誉。

（二）律师应遵守的纪律

律师执业纪律是指作为法律工作者，律师行业自律性组织——律师协会的会员在工作中所必须遵守的行业纪律，包括：

1. 不得进行损害审判机关、检察机关、公安机关和仲裁机关威信和名誉的行为，在诉讼文书和庭审活动中不得对上述机关及其承办人员使用侮辱性语言；

2. 不得违反审判庭和仲裁庭的规定，扰乱审判庭和仲裁庭秩序，采用不正当手段拖延诉讼和仲裁；

3. 不得采用歪曲事实、曲解法律、伪造证据等手段影响和妨碍司法机关、仲裁机关和行政执法机关对纠纷案件的裁决和处理；

4. 不得诱使委托人、证人和其他人在诉讼和仲裁活动中制造、提供伪证，作虚假陈述或者改变、毁坏、隐藏证据；

5. 不得向审判人员、检察人员、侦查人员和仲裁人员或者其他执法人员行贿或者指使、诱导委托人向上述人员行贿；

6. 不得携带刑事被告人的亲属或者其他人会见在押被告人，或者借职务之便违反规定为被告人传递信件、钱物或与案情有关的信息。

（三）律师与当事人的关系准则

律师同当事人之间的关系是直接的委托授权关系，律师也是基于当事人的委托和授权才具有了相应的权利和义务。而处理好这种关系对于律师是否完成好委托的法律事务非常重要，有时候因为双方的一些问题出现了违背当事人初衷的行为，造成了不可弥补的损失。因此律师在处理与委托人和对方当事人的关系方面应遵守如下执业准则：

1. 不得在明知委托人的动机和行为是非法的、不道德的或具有欺诈性的情况下，仍然接受委托为其提供帮助；

2. 不得无原则迁就委托人的个人利益，或者故意曲解法律以迎合委托人的不正当要求，或者授意委托人规避法律，而损害国家利益、社会公共利益和其他公民的合法权益；

3. 不得对委托人授权代理的法律事务无故拖延，玩忽职守，草率处理；

4. 不得泄露在执行职务中得悉的委托人的隐私、秘密和委托人不愿公开的其他事实和材料；

5. 不得在委托人未同意的情况下超越委托权限或者利用委托关系从事与委托代理的法律事务无关的活动；

6. 不得在与委托人依法解除委托关系后在同一案件中担任对方当事人的代理人；

7. 不得在未征得委托人同意的情况下接受对方当事人办理其他法律事务

的委托；

8. 不得非法阻止和干预对方当事人及其代理人为维护自身合法权益和依法执行职务而进行的正当活动。

五、律师同业竞争和惩戒制度

同业竞争是各行各业都普遍存在的现象，律师业尤其如此，这种竞争必须遵守一定的规则，这样才能良性地发展。司法部曾发布实施的《关于反对律师行业不正当竞争行为的若干规定》是当前对律师业不正当竞争方面规范最具权威性的法律文件，中华全国律师协会也有这方面的要求，大多体现在律师职业纪律和职业道德中。《律师法》(2012)第26条规定，律师事务所和律师不得以诋毁其他律师或者支付介绍费等不正当手段争揽业务。这些文件对律师执行职务和进行业务活动中防止与制止不当竞争行为起了关键的作用。

律师与同行进行业务竞争也是市场经济条件下的合法行为，是符合社会发展方向和时代要求的，但出现下列情景就会阻碍律师业的发展和影响律师正常的执业行为，不仅受到同行的谴责，也受到法律的制裁：

1. 贬损和诋毁其他律师和律师事务所的业务能力与执业声望；

2. 竞相压价收费或者不收费；

3. 给委托方办事人回扣费、劳务费或者馈赠金钱、实物；

4. 利用新闻媒介播发炫耀自己、排斥同行的广告；

5. 借助与某些行政机关的关系对某行业、某系统、某地区的法律事务进行垄断；

6. 向当事人表明或者炫耀自己在执行职务方面与承办人员之间具有密切或者特殊的关系；

7. 其他不正当的竞争手段。

除上述要求外，律师在执业中还应当做到以下四个方面：(1)不得采用不正当手段损害对方当事人的代理律师的威信和名誉，妨碍和干扰其正常执行职务；(2)不得以各种方式诱导、怂恿对方当事人的代理律师从事损害其委托人从事合法权益的活动；(3)不得擅自介入或者非法干预其他律师受托代理的法律事务；(4)不得阻挠或者拒绝委托人再委托其他律师参与代理，共同代理的律师之间应明确分工、密切协作，意见不一致时应及时通报委托人决定。

律师在执业过程中一旦出现了违反同业竞争的行为和违反律师职业道德和职业纪律，根据平等的宪法精神和公平的司法原则，律师就要受到纪律的处分和法律的严惩。所以，我们说律师违反职业道德和职业纪律，要承担相应的法律责任，受到有关部门的惩戒。我国的律师惩戒机构一般是司法行政机构和律师协会惩戒委员会。根据我国律师法及相关规定，律师有下列行为违反同业竞争、律师职业道德和职业纪律情形之一的，由省、自治区、直辖市以及设区的市的人民政府司法行政部门给予警告，情节严重的，给予停止执业三个月以上一年以下的处罚；有违法所得的，没收违法所得：

1. 同时在两个以上律师事务所执业的；

2. 在同一案件中为双方当事人代理的；

3. 以诋毁其他律师或者支付介绍费等不正当手段争揽业务的；

4. 接受委托后，无正当理由，拒绝辩护或者代理的；

5. 无正当理由，不按时出庭参加诉讼或者仲裁的；

6. 泄露当事人的商业秘密或者个人隐私的；

7. 私自接受委托，私自向委托人收取费用，收受委托人财物，利用提供法律服务的便利牟取当事人争议的权益，或者接受对方当事人的财物的；

8. 违反规定会见法官、检察官、仲裁员或者向法官、检察官、仲裁员以及其他有关工作人员请客送礼的；

9. 妨碍对方当事人合法取得证据的；

10. 扰乱法庭、仲裁庭秩序，干扰诉讼、仲裁活动的正常进行的。

对情节严重、造成重大损失和恶劣影响的也要承担不能再执业的惩罚。律师有下列行为之一的，由省、自治区、直辖市人民政府司法行政部门吊销律师执业证书；性质特别严重已经构成犯罪的，依法由国家司法机关追究其刑事责任：

1. 泄露国家秘密的；

2. 向法官、检察官、仲裁员以及其他有关工作人员行贿或者指使、诱导当事人行贿的；

3. 提供虚假证据，隐瞒重要事实或者威胁、利诱他人提供虚假证据，隐瞒重要事实的；

4. 故意犯罪受刑事处罚的，应当吊销其律师执业证书。

六、律师执业风险及防范

（一）律师执业风险的类型

1. 律师在刑事案件中的人身风险

所谓律师在刑事案件中的人身风险是指律师在刑事辩护以及参与刑事诉讼

活动过程中，因律师职业的特殊地位、特殊职责所导致的人身自由风险和人身伤害风险。其主要表现如下：

（1）律师在参与刑事诉讼活动过程中，触犯《刑法》第306条，有毁灭、伪造证据，帮助当事人毁灭、伪造证据，威胁、引诱证人违背事实改变证言或者作伪证的行为，构成辩护人、诉讼代理人毁灭证据、伪造证据、妨害作证罪。

（2）律师在办理刑事案件过程中，知悉了犯罪嫌疑人、被告人不为司法机关所掌握的其他犯罪事实，而向司法机关做虚假证明使犯罪人的罪行不被发现、追诉，从而触犯《刑法》第310条规定，构成包庇罪。

（3）律师在参与刑事诉讼活动过程中，在刑事庭审之前，故意或过失将案件卷宗内容泄露出去，构成《刑法》第398条规定之泄露国家秘密罪。

2. 律师在民、商事业务中的经济风险

律师在民、商事业务中的经济风险是指律师在办理民、商事案件和从事民、商事非诉讼业务过程中，因自身行为给委托人、相对利益人以及其他相关人利益造成损失而应承担相应经济赔偿责任的风险。其主要表现如下：

（1）律师从事企业设立、变更、改制、重组及证券业务过程中，因严重不负责任或业务水平原因造成委托人或相对利益人损失所产生的经济风险。

（2）律师参与企业的经营管理决策、对外投资决策过程中，因给企业出具了错误的调查分析报告或提供了错误的决策意见而产生的经济风险。

（3）律师从事诉讼及非诉讼业务过程中，因自身行为导致损害相关人的利益，如泄露商业秘密、遗失重要证据使当事人丧失胜诉的权利或机会、超越代理权限等导致的经济风险。

（二）律师执业风险案例

1. 民事赔偿责任执业风险案例

据《北京晚报》报道，因律师失职，导致客户被骗1亿元资金，3名律师事务所合伙人2004年被北京市二中院一审判令赔偿客户800万元损失，并返还100万元律师费。这是国内律师业迄今为止遭遇的最为高昂的赔偿。

2001年7月，河北三河燕化公司拟与北京金晟房地产开发有限公司合作开发紫宸苑住宅小区项目。为查清对方底细，燕化公司聘请北京嘉华律师事务所作为法律顾问展开调查。嘉华律师所审查后作出结论：项目确实在金晟公司名下。燕化公司遂向金晟公司支付了1亿元项目转让费，买下紫宸苑项目，同时向嘉华所支付了100万元律师费。8个月后，燕化公司却发现金晟公司并不是紫宸苑项目所有人，燕化公司拱手交出的1个亿被人骗走！其实，这个骗局并非天衣无缝，但嘉华律师未能识破。按规定，从事房地产开发，首先要取得房地产开发的土地使用权；房地产开发企业也要按资质等级承担开发项目。但嘉华律师并没对紫宸苑项目的土地使用权状况和金晟公司是否具有资质等级进行审查，却仅仅依据失效的市计委批复，就认定金晟公司拥有紫宸苑项目。

2. 律师人身安全执业风险案例

2004年12月31日夜，赵忠祥的律师王富在家门口突遭多名持棍男子殴打，造成头部腿部多处受伤。王富说："当时我听到打我的人说'多管闲事，让你找麻烦……'"他还说，几个月前，有人就威胁过他，还试探过他的办公地点。

根据北京律师协会的统计，仅北京一地律师协会受理的律师维权案件，1997年、1998年新《刑法》实施后已从1995年的每年十多起，激增至每年七八十起，其中70%～80%是涉及《刑法》第306条的律师被控毁灭证据、伪造证据、妨害作证罪。在这些案件中已有四起律师被判有罪。全国范围内，各地在履行职责时被捕的律师每年至少10人以上；保守估计全国已先后有150多位律师在工作中沦为阶下囚。

（三）律师执业风险的来源

在执业过程中，律师的风险来源于以下方面：一是来自司法机关和有关政府机关的打击报复；许多执法机构和执法者将自己的执法行为与律师的执业行为对立起来，对律师抱有歧视和偏见。在错误思想的驱使下，对律师采取极端措施。二是来自社会黑恶势力的纠缠威胁。三是当事人的迁怒或报复。一些当事人认为自己的权益未能得到保护时，极易仇视律师甚至直接侵犯律师的合法权益。四是来源于律师自身。这是指律师因工作的失误或过失产生的风险，如果律师给客户提供的服务存在失误或过失，则相应的风险就很大，如泄露商业秘密、遗失重要证据使当事人丧失胜诉的权利或机会，超越代理权限等。五是来自律师本身的社会地位。因为作为社会的弱势群体，律师对于自身的保护有时候会无能为力。六是立法不完备。这种不完备既包括诸如《刑法》第306条，也包括对律师调查取证权、律师法庭言论免责权、律师意见在审判中的应有重视等执业权利保障法律规定的"消极"疏漏。

（四）律师执业风险的防范措施

针对上述执业风险，建议各律师事务所和执业律师采取以下风险防范措施：

1. 把律师执业风险意识贯穿到每个律师的思想及执业过程中，要反复强调律师执业的风险性。

2. 律师事务所合伙人对外签署文件。只有合伙人才有资格对外签署各种委托文件，其他律师不具有这种资格。一般情况下，不要以律师事务所的名义签署法律意见书，最好以律师个人名义签署，而且要经合伙人审查。

3. 律师事务所和律师要参加执业保险。这个问题在北京已经解决，北京律师协会每年拿出几百万元来给各执业律师投保。如果有错案经过二审法院判决，单个案件可以得到保险公司 1500 万元人民币以上的赔款。因此，每年北京的律师在注册时会缴纳一笔费用作为保险费。

4. 律师事务所建立案件审查制度。要明确哪些客户、哪些案件具有高风险，要做好规避的准备，从而保护律师自身的利益。律师事务所在每一个案件受理之前应当对案件受理后可能产生的律师执业风险的大小和防范措施作出一个基本的评估与判断，在受理疑难案件后，要在律师事务所内进行分析讨论。因为越是疑难案件，律师的执业风险可能性越大。

5. 对客户的证据或法律文件原件一概不收。律师在办理民、商事业务过程中遗失客户证据或法律文件的，是违反《律师职业道德和执业纪律规范》的严重行为，也是造成律师执业风险的主要原因之一。回避由此产生的风险措施非常简单，只需要相关律师在办理业务时坚持证据和法律文件的原件全部由客户保管，律师和律师事务所只保留复印件的原则，就可以避免因遗失证据或法律文件原件所引发的执业风险。

6. 加强卷宗档案管理。律师的执业风险多产生于案件办结以后，尤其是律师因办理民、商事业务所产生的经济风险基本上都发生在业务办结之后，所以，要回避律师办理民、商事业务的经济风险，就必须加强律师业务卷宗档案的制作和管理水平。

7. 针对以往出现的执业风险案例对律师事务所的律师进行讲解，引以为戒。

8. 律师执业风险产生的一个根本原因是律师执业水平低。因此执业律师应勤于学习，不断提高自己的知识水平和专业素质；应谦虚谨慎，遇有不懂或不甚明了的法律问题要向相关行业的专家请教。

律师的执业风险是律师和律师事务所必须面对的重要问题，律师及律师事务所要严格依法执业，严守职业道德和执业纪律，努力提高执业水平和自我保护能力。

第三节　港澳台及外国律师与律师制度

中国的律师制度的发展一直以来同港澳台及外国律师制度息息相关，一定程度上借鉴其适合中国国情的部分，它们的迥异曾促进中国律师业的改革，外国律师业有着数十年甚至上百年的发展历史，所积累的经验、理论、运作机制等，都值得中国律师业学习和借鉴。

一、港澳台律师与律师制度

（一）香港地区的律师制度

根据《中华人民共和国香港特别行政区基本法》第 8 条的规定，香港原有法律，即普通法、衡平法、条例、附属立法和习惯法，除同香港特别行政区基本法相抵触或者经香港特别行政区的立法机关作出修改者外，予以保留。香港的律师制度于 1844 年开始建立。1856 年，香港总检察官安士迪按照英国律师制度，订立《大律师办案规则》。这个规则的颁布，使得香港的律师制度基本上按照英国律师制度的框架确立下来，实行颇具特色的“二元制”的律师制度。

香港的律师根据从业的具体状况不同，可以大致分为两类，即官方律师和私人律师。有的著作划分为政府律师和执业律师。官方律师是香港各机关雇佣的官员，一般是在英国法律大学毕业，学习成绩较好，取得律师资格的人。香港的行政机关、立法机关、律政司署、注册总署及法律援助署等机关均有一批官方律师执行法律事务。如律政司署，就有许多名律师，可以占到全部工作人员的1/3，其具体业务是起草新的法律，送立法机关审批；提出修改法律意见，送立法机关审查通过；向有关部门提出法律意见，从法律角度审查各机关的财政收支情况向特区行政长官提出法律意见书；审查警署指控犯罪案件，代表当局对刑事被告人检控起诉。官方律师具有双重身份，即律师身份和公务员身份。他们要恪守律师职业道德，遵守律师公会规定的纪律，不得从事有损律师声誉的言行。同时，他们执行政府法律顾问的职能，为政府各部门处理法律事务，他们以公务员身份从政府那里领取薪金，不能私自接受当事人的委托，也不能在执业律师事务所从事兼职律师工作。他们必须遵守公务员的守则。私人律师不是受雇于香港各机关的公职人员，而是取得律师资格的个人独自或者合伙依法开业，为社会提供法律服务的执业律师。这类律师又包括事务律师（Solicitor，也有叫作普通律师的）和大律师（Barrister）两种。事务律师是香港律师队伍中的主力军，占律师总数的 80% 以上。事务律师与大律师之间的最主要的区别体现在业务范围上。事务律师除了不能办理高等法院审理的各种诉讼案件外,可以承办各类律师业务。香港的事务律师法律服务广泛。如直接为当事人办理转让不动产、代办遗嘱、订立契约、提供法律咨询、制作法律文书和调解纠纷,充当民事代理人,在基层法院担任辩护人。大律师接受事务律师的邀请,根据事务律师对案情的介绍和准备好的法律文书出庭辩护。大律师不能直接接受当事人的委托。充当法律公证人也是事务律师的一项业务。公证律师除参加普通律师公会外,还参加自己的专门组织——法律公证人公会。事务律师的开业形式有三种:一是个人开业;二是与其他普通律师合伙组建律师事务所;三是受雇于其他律师事务所。

大律师也叫出庭律师,是指那些有资格在香港高等法院和终审法院出庭进行辩护和诉讼代理的律师。大律师一般都精通诉讼法和其他部门法律,他们不仅通过出席法庭为当事人办理诉讼业务,还负责解答事务律师提出的专门法律问题。大律师只能单独开业,不能与其他大律师或者普通律师合伙开业。大律师办理业务,是受事务律师的委托,而不是接受当事人的直接委托。当事人遇到要由大律师办理的诉讼案件,应先委托事务律师,再由事务律师委托大律师。大律师不能向当事人收取费用,只能向事务律师收费。事务律师与大律师是两种不同类型的律师,两者之间没有隶属关系,他们有各自的业务范围和工作方式,在提供法律服务方面有不同的分工。

香港最高法院的首席按察司可批准符合条件的律师为大律师。根据《香港律师业条例》等法律法规的规定,事务律师执业条件有两条:一是取得律师资格;二是任 18 个月的实习律师。上述两个条件成立后,即可申请执业资格。大律师取得执业资格的条件有四条:一是取得香港大学法学院学士学位或者其他大学法学院学士学位;二是修习一年大学法学院的法律深造文凭课程;三是在具有五年以上执业经验的大律师指导下实习一年;四是经大律师公会考试合格。取得大律师资格以后,开始的前 6 个月只能是有限度的执业,即只能承办轻微的诉讼案件。6 个月以后执业就不存在限制了。

根据香港有关法律的规定,律师的权利有以下几项:(1)出庭诉讼的权利;(2)参与“法律援助”的权利;(3)告知被告不作供述,保留沉默的权利;(4)保守秘密的权利;(5)对第三者不负诽谤责任的权利;(6)大律师具有不负疏忽责任的权利;(7)提议更换陪审员的权利;(8)质问对方证人和不受法庭讯问的权利,等等。

香港特别行政区的律师制度正在“一国两制”条件下不断自我发展,不断自我完善。

（二）澳门地区的律师制度

《中华人民共和国澳门特别行政区基本法》第 8 条规定：澳门原有的法律、法令、行政法规和其他规范性文件，除同本法相抵触或经澳门特别行政区的立法机关或其他有关机关依照法定程序作出修改者外，予以保留。《澳门基本法》第 129 条规定：澳门特别行政区政府成立以前已经取得专业资格和执业资格者，根据澳门特别行政区的有关规定可保留原有的资格；澳门特别行政区成立前已被承认的专业和专业团体，澳门特别行政区政府可以根据有关规定予以承认。由此可知，1999 年 12 月 20 日，澳门回归祖国后，原有规范律师职业的法律法规基本不变，原有的律师制度仍然保留，律师资格依然被承认有效，律师公会、律师业高等委员会等律师组织依旧发挥作用。但是，原来澳门律师制度中与基本法相抵触的部分，应作出修改，例如澳门法律代办制度就存在明显的殖民地色彩，应对其加以改造。另外，《澳门基本法》第 92 条规定，澳门特别行政区政府可参照原在澳门实行的办法，作出有关当地和外来律师在澳门特别行政区执业的规定。这就为澳门特别行政区对将来澳门地区律师制度的完善留有余地，也为澳门回归祖国以后律师制度的衔接做好了准备。

澳门的律师制度发展极为缓慢，1991 年 5 月 6 日，澳门总督韦高信以第 31/91/M号法令核准颁布《律师通则》（以下简称《通则》）后，澳门律师才建立了律师职业资格确认和职业管理规范。该《通则》共有 41 条，分别就澳门律师管理组织、律师执业范围、律师执业条件、律师的权利和义务等作出了详细的规定。在此基础上，澳门总督韦奇立又先后于 1992 年 12 月 31 日和 1995 年 9 月 7 日，分别以第 121/GM/92、53/GM/95 号法令颁布了《职业道德守则》和《律师纪律守则》，从而使澳门的律师制度逐步走向健全和完善。

澳门律师的执业实行注册制度，这就是说，只有在澳门律师公会注册的律师才允许从事律师业务。为保证澳门律师执业水平和质量能够符合法律和当事人的要求，《通则》规定了严格的律师注册条件。在澳门的大学获得法学学士学位的人士或者经过认可的其他学科学士学位的人士在完成律师业实习后有资格申请注册。澳门地区以外的大学法学学士，还必须根据澳门律师公会规定完成为其适应澳门法律体系的选修课程后才能进行注册。除了上述学历、实习等注册条件，《通则》规定下列人员不能注册为律师：（1）道德品质不良，特别是因犯严重名誉罪而被判罪者；（2）不完全民事行为能力者；（3）被判决宣告为无能力管理其个人及资产者;(4)处于不得兼任的状况或者停止从事律师业务者;(5)由于缺乏道德品行被撤职、强迫退休或休职的司法官及公务员等。

澳门律师的业务范围主要包括诉讼代理、意定代理和法律咨询三项内容。所谓诉讼代理,是指为委托人从事民事和刑事以及行政诉讼方面的代理业务。所谓意定代理,是指律师根据委托人意思表示从事的代理活动,也就是指非诉代理活动,包括公司的登记、设立、房地产的买卖、遗嘱的代书、遗产的处理活动。法律咨询是对当事人提出的有关法律问题进行解答。按照《通则》的规定,律师具有下列执行法律业务的权利:(1)在整个澳门地区任何审判机关、审级、当局、公共或者私人实体内,根据自由职业制度从事诉讼代理、意定代理和法律咨询等法律业务。(2)享受与律师业务相符的保障及待遇。为使律师正确和顺利地执行其业务,司法官员、执法人员及公务员应确保律师在从事其业务时受到与律师业的尊严及为其担任委托所需的适当条件相符的待遇,不能无故阻拦或者限制。(3)有权获取资料、查阅卷宗、申请证书。律师在从事其职业时可向任何法院或者公共部门要求查阅卷宗、簿册、不属保留或者机密性之文件,并可口头或者书面申请发出证明,而不需要出示授权书。(4)律师有关业务函件受保护的权利。为保证律师从事其业务不受非法干涉,《通则》特别规定,律师的业务函件除涉嫌犯罪外,不能被扣押。

按照《通则》的规定,澳门律师必须承担如下义务:(1)不得兼任任何减损律师独立性及职业尊严的活动或者职务。(2)回避义务。为了保持律师职业的独立性和公正性,防止案件处理不当,《通则》规定了严格的律师执业回避制度。(3)遵守律师职业道德守则。主要有职业保密、禁止招徕客户、诚实履职等职业道德规则。

根据《通则》第 8 条的规定,委员会通过纪律程序调查处理律师违反纪律的行为。经过调查律师违纪行为存在的,委员会可视情节轻重给予下列纪律处分:警告;谴责;最高至澳门币十万元罚款;中止执业十日至一百八十日;中止执业六个月至五年;中止执业五年至十五年。其中科处上述处分时,可以一并要求返还款项、文件或者物件,也可以同时或者分别科处丧失服务费。纪律处分的执行由委员会负责。

(三)我国台湾地区的律师制度

我国台湾地区的律师制度,其法律渊源是 1941 年国民党政权颁布的"律师法"。该法颁布以后,先后经历了九次修改,目前仍然在台湾地区实施。除"律师法”外,原国民党政府颁布或者修正的“律师法施行细则”、“律师检核办法”、“律师登录规则”、“军事审判机关律师登录规则”和“律师惩戒规则”,也是律师制度的法律规范。

依据台湾“律师法”的规定,取得律师资格必须经过资格考试和检核两种途径。

律师资格除以考试方式取得外,依据“律师法”的规定,还可以通过检核方式取得。律师的应核资格是:(1)曾任推事或检察官者;(2)曾在公立或经立案的私立大学、独立学院任教授二年、副教授三年、讲师五年,讲授主要法律科目两年以上者;(3)曾在公立或经立案的私立大学、独立学院法律系毕业,而任司法行政官,办理民刑事件四年以上、成绩优良者;(4)曾在公立或经立案的私立大学、独立学院法律系或经军法官考试及格,而任相当于荐任职军法官四年以上者。

律师资格的检核工作由考试院考选部设置的律师检核委员会负责办理,其办理程序分为检核的申请与审核。凡具有法定应核资格者,均可申请律师检核并提交申请检核书、检核简历表、保证书、资格证明文件、户籍本等证件。律师检核委员会在收到申请检核者提交的各项证件之后,应立即详加审查,必要时可通知申请者到场面试。检核结果由考选部核定,其及格者,呈请考试院颁发考试及格证书。经律师资格考试或检核及格者,即取得了律师资格并可以请领律师证书。

台湾律师办理登录手续后,还须加入律师公会,才可执行律师职务。律师执行职务通常是由当事人选任、委任或由法院指定。律师不仅承办诉讼法律事务,而且还承办大量的非诉讼法律事务。例如,法人登记、夫妻财产制契约登记、失踪人财产管理、监护、继承等事务的声请或陈述,都可以委托律师代理。在处理债务、商务、遗嘱等事务方面,根据法律规定或实际需要,也是多以委托律师办理。此外,律师还担任企业、公司的常年法律顾问,接受咨询,提供法律建议和意见,处理企业、公司的法律问题。

律师的工作机构是律师事务所。依据法律规定,律师应在地方法院所在地设置事务所,以便执行职务和接受法院的监督与送达诉讼文书。律师设置的事务所应报告法院。在同一地方法院管辖区域内,律师不得设置两个以上的事务所,亦不得设置任何类似名目的机构。

律师因不履行其义务,或有其他违法不当行为时,通常要受到惩戒处分。依据《律师法》的规定，对律师惩戒的原因有三种：一是违反律师法关于对律师职务的限制或其应尽义务的规定；二是有犯罪行为，应受刑之宣告者；三是有违背律师公会章程的行为，且情节重大者。

对律师的惩戒分为初审与复审两级。初审由律师惩戒委员会受理，惩戒委员会由高等法院院长与推事五人及律师一人组成，院长担任委员长。委员长因故不能执行职务时，由委员中资历较深者代替其行使职务。复审由律师惩戒复审委员会受理，复审委员会由最高法院院长、庭长与推事各四人及律师二人组成，院长担任委员长。委员长因故不能执行职务时，由委员中资历较深者代理。律师惩戒案的提起程序有两种：一是依职权提起。律师有惩戒原因时，由高等法院或其分院或地方法院检察处依职权送请律师惩戒委员会处理。二是依声请提起。律师公会对于应受惩戒的律师，经会员大会或理监事联席会议的决议，声请所在地地方法院检察处送请惩戒，并应附具意见书。该检察处应立即转送惩戒委员会处理，惩戒处分有四种，律师惩戒委员会可根据具体情节分别给予警告、训诫或停止执行职务两个月以上、三年以下的惩戒处分，情节严重的，可给予除名处分。被惩戒人对于律师惩戒委员会的决议不服，可向律师惩戒复审委员会请求复审。复审程序与初审程序相同。

依照"律师法"的规定，律师执行职务时分别对法院、当事人以及对社会公益负有相应的义务。律师对当事人负有的义务有：(1)律师接受当事人所委托的事件后，应忠实地搜集证据，探究案情，尽力为当事人谋取正当利益，如因懈怠或疏忽而致使委托人的利益受到损害，应负赔偿责任；(2)接受当事人所委托的事件后，无正当理由不得终止其契约；(3)不得实施不正当的行为；(4)律师不得受让当事人间系争的权利；(5)对于接受委托的案件应严守秘密；(6)不得代当事人进行显无理由的起诉、上诉或抗告。律师对社会公益负有的义务有：(1)在社会上不得实施有损于其名誉或信用的行为；(2)不得挑唆诉讼或以不正当方法招揽诉讼；(3)律师不得以自己的名义或他人的名义刊登迹近招摇或恐吓的启事。

二、外国律师与律师制度

(一)英国的律师制度

在英国，没有统称为"律师"的词汇。Lawyer 一词，严格讲是美语词汇而不是英语词汇。执行律师职务的人有两类，即大律师和小律师。

1. 大律师

大律师，在英国称为"Barrister"，中文名称除大律师外，还有译为"巴律师"、

“高级律师”、“出庭律师”、“辩护律师”、“专门律师”,等等。大律师是指能在英国上级法院执行律师职务的律师。大律师一般是精通某门法律或某类案件的专家。他们不仅通过辩护为当事人提供法律服务,而且回答小律师们提出的疑难问题。此外,大律师经过大法官的提名,还可由英国授予皇家大律师的称号。大律师还有更多的机会被任命为高等法院法官和上诉法院法官。大律师办理的事务一般分为两部分,一是衡平法方面的事务,二是普通法方面的事务。前者包括信托、转移迁户、遗嘱、公司法财产、移收等事务;后者包括契约法、侵权行为法、刑法、亲属法等方面的事务。近年来,英国大律师的专门化倾向越来越明确,出现了商事律师、专利律师、税务律师等新业务领域。

由于大律师具有较高的社会地位,所以取得大律师资格的条件很严格。第一,取得大律师资格,要受过一定的高等教育。包括:已有大学或工艺学校的法律学位;获有英国大学或工艺学校其他学位;具有国外或爱尔兰某些大学法律学位,按规定可以免除学术训练两科目以上的;年满 25 岁以上,通过其专业考试,并且已有相当的学业、专业或商业能力的成熟学生(Mature student)。第二,必须参加一个大律师组织——四大法学院,作为该院的学生,完成学术与职业训练,参加法学院内一定的餐会次数(Dining terms)。第三,必须提交品格良好的证明书。曾犯某种罪行及现被宣告为破产之人;现为代理人、商标代理人和小律师的人,不得参加训练,取得律师资格。第四,法学院学习期满后,在有经验的大律师指导下,实习一年,签署入会誓言。以上四个条件具备后,方可成为大律师。

英国的大律师组织有四个,即林肯法学院、内殿法学院、中殿法学院和格兰(雷)法学院。这四个法学院互不隶属,成员包括正在各该院学习的学生及已从各该院毕业的大律师。这些学院没有法人资格,基本上是个自由的社会团体,它们自定章程和行业规则,决定大律师资格的授予和免除。学院由君主或皇族担任名誉院长,院长由资深的大律师互选产生。各院都设在伦敦,并在高等法院附近,院内有礼拜堂、图书馆、食堂兼礼堂的会馆、专门律师事务所等。学院的职责是训练和考核律师,监督大律师的活动,决定纪律处分。

2. 小律师

小律师,在英国被称为“Solicitor”,中文除把“Solicitor”翻译为小律师外,还翻译成沙律师、撰状律师、诉讼律师、初级律师、事务律师,等等。小律师是指直接受当事人委托,在下级法院及诉讼外执行律师职务,为当事人提供多种法律服务的人。它是由中世纪普通法诉讼程序的代理人、衡平法诉讼程序中的申请人和教会法院中的代管（办）人（Proctor）演变而来的。

小律师的活动范围，远较大律师广泛。他们可以担任政府、公司、银行、商店、公私团体的法律顾问，可以在下级法院，如治安法院、郡法院和验尸官法院执行代理和辩护职务，还可以处理非诉讼案件，为当事人起草法律文书和解答一般法律问题。

大律师和小律师是英国两种不同类型的律师，二者无隶属关系。他们有各自的活动范围和工作方式，因此，有人将大律师与小律师的关系比喻为专科医生与一般医生的关系。

英国律师的这种分类及相互关系，是其他国家所没有的。这种二元制的律师制度的优劣，曾在英国引起过争论。一般认为社会上存在专门律师和普通律师，是有好处的。因为它能满足不同当事人的需要使专门诉讼和普通诉讼的当事人都能获得律师的帮助，但像英国那样的大律师不直接接触当事人则很难了解案件事实及当事人真实的意思表示，因此，不一定能充分保护当事人的利益。

（二）美国的律师制度

美国的律师制度渊源于英国，但它并未继承英国律师制度中的分级制度、业务垄断等传统做法，而是伴随美国政治、经济和社会的发展，开辟了一条独特的发展模式。

17 世纪末，英国的律师开始在北美开业，他们运用英国的法律，遵循英国的诉讼程序和方式。1776 年，美国独立战争胜利，为保障资产阶级“人人生而平等”和不可侵犯的“天赋人权”，在建立资产阶级法治化进程中，律师制度逐步得到确立。1791 年的美国宪法修正案第 6 条规定：“在一切刑事诉讼中，被告有权在发生罪案之外或者经法庭确定之区域中由公正陪审团予以迅速及公开之审判，并被告知受控案情之性质与原因；与原告证人对质；将取得有利于他的证人列为必要程序，并取得辩护律师的协助。”19 世纪下半叶，由于美国工业的迅速发展，成文法的增多，犯罪率的增加等因素，美国的律师队伍得到很大的发展，律师在社会生活中所发挥的作用日益突出。

近几十年来，美国出现了一些专门研究某门法律、专门办理某类案件的律师，律师分工的倾向越来越明显。目前，美国已出现了一批专利律师、合同律师、税法律师等专业律师。

美国律师的活动范围和业务是很广泛的。在社会的各个领域，如总统竞选、租赁房屋、买卖住房、订立遗嘱、处理财产、设立公司，都有律师活动。律师的业务从最早期的刑事辩护发展到兼任法律顾问、提供咨询、代写诉讼、办理非诉讼法律事务，等等。

在美国，实行律师资格与执行律师职务分离的制度。由于律师的社会地位较高，取得律师资格的条件是很严格的，虽然各州的具体规定不同，但大致应具备以下几个条件：(1)必须是成年人；(2)经过品行调查证明没有劣迹者；(3)必须通过州的律师资格考试。在美国，律师资格考试是由各州最高法院任命的主考人组成的考试委员会负责主持，主考人一般是本州具有权威的法官或律师，应考者必须是美国法学院毕业，具有法学学士学位。考试内容包括联邦法律和州法律。考试通过后，由考试委员会发给律师资格证书。在一个州取得律师资格，并不等于可以在其他州执业。如果在另一州从事律师工作，还需要通过另一州的律师资格考试。取得律师资格的人并不都从事律师职业，如有的人到政府部门工作，有的到司法部门工作，还有的到法学院当教授。如要开业当“挂牌律师”，则需要州最高法院批准。在联邦法院办案，还需向联邦法院申请，经批准后方可。

美国律师开业有三种形式：其一是个人开业，据估计，有三分之一以上的人属于这种情况。个人经营的律师事务所可以受理全部案件，遇到重大或特殊案件，可以委托专家。其二是联合经营事务所。这些事务所，共同雇佣办事员，但在财务上是各自相互区分的，每个律师向其各自的委托人负责。其三是合伙经营律师事务所。参加这类律师事务所的律师也占三分之一以上。这种事务所通常由4~5名律师组成，多的可以达到百人以上。另外，在必要时还雇佣其他律师和一般工作人员。这些律师事务所业务范围广泛，一般具有国际性质。

(三)法国的律师制度

法国的律师受罗马法影响较大，采用传统的二元主义，有律师和代诉师之分。法国的律师也有两种，一种是由政府任命的在最高法院执行职务的律师，另一种是在其他法院执行代理和辩护职务以及在非诉讼事件中为社会提供法律服务的律师，且必须具备以下条件：第一，年满25岁以上的有民事能力的法国公民；第二，品行端正，且未受妨害风化罪的刑事判决；第三，取得法学学士学位；第四，经过考试合格(法国的律师资格考试独具特点。一般律师的考试是由普通大学法律系主任主持进行的，考试委员是由法律系主任指定的法律教授和法官、检察官、律师、诉讼师等组成。考试分两次，第一次是许可资格考试，第二次是许可考试。在最高法院执行职务的律师，则要经最高法院评议会特别考试合格)；

第五,在律师事务所、代诉师事务所、法院、检察厅等处实习三年。以上条件具备后,在律师名册上登记,即取得律师资格。

法国的代诉师是指附属于一定法院,主要为当事人提供庭外服务的法律工作者。代诉师是专职的公务人员,他由法务大臣任命。代诉师的职责是为诉讼当事人办理各种诉讼手续和按照诉讼当事人的意图撰写书状。在1972年以前,上诉法院以下的各级(个)法院和法庭,均有代诉师的设置,1972年后,大审法院中的诉讼师被取消了,他们原来承担的工作,由上诉法院的代诉师承担。

代诉师虽由法务大臣任命,但也必须具备一定的条件。这些条件是:(1)年满25岁以上;(2)服完兵役;(3)有法国国籍;(4)有一定的法学学历;(5)考试合格;(6)未受过违反诚实或善良的有罪判决;未受过破产宣告等;(7)由一定法院承认;(8)取得代诉师身份委员会的证明书;(9)不得违反禁止兼职规定。

代诉师的组织有代诉师会,其职责主要是制定内部规则及决定对代诉师的惩戒。

(四)日本的律师制度

明治维新以前,日本无律师制度。明治五年,日本以法兰西为蓝本制定了司法职务制度。根据这个制度,日本出现了"代书人"和"代言人",开辟了代理人参与民事诉讼的道路。1903年2月,日本颁布了《律师法》,其后1949年颁布了新的《律师法》。该法是日本现行律师制度的法律基础。日本的律师法对律师的使命、资格、权利和义务、组织、罚则等作了全面的系统的规定。

律师的使命及职务。日本《律师法》第一条规定律师的使命有两个:其一是拥护基本人权,实现社会正义;其二是在诚实执行职务的基础上,努力维持社会秩序及改善法律制度。第二次世界大战以来,日本律师界为完成上述使命做出了许多工作。

律师法规定的律师职务主要有:参与诉讼案件,为公民、机关团体代理诉讼,为刑事被告人进行辩护;在非诉讼案件中为社会提供法律帮助;充任税务代办人等。

关于律师资格的规定有三种:(1)规定了正常情况下的律师资格,即一般律师资格,这个资格是司法进修生学习终结。(2)规定了一般律师资格的例外情况:在职的最高裁判所审判官;在职的大学、专修科和学院的法学教授、副教授;取得司法进修生资格后,在简易裁判所任5年以上的在职审判官、检察官、裁判所调查官、裁判所事务官、法务事务官、司法研修所和裁判所书记官、研修所或法学完全研究所教官、众议院或参议院法制局参事及内阁法制局参事官，这些人员不经司法进修生学习终结，即可取得律师资格。(3)规定了律师资格的排除条件。按日本律师法规定，有下列情况之一者，不能取得律师资格：曾被判处监禁以上刑罚者；受弹劾裁判所罢免的审判官、被除名的律师，被停止业务的辩理士、税理士；被注销的会计士或被免职的公务员，自受处分之日未满3年的；被宣告无财产管理能力的人；破产而未复权之人。

日本的律师组织分为两种：日本律师联合会和律师会。日本律师联合会(也称日本辩护士联合会)是全国性律师组织。其使命是保护律师品格，谋求律师改善和进步，对律师和律师会进行监督指导和业务联系。

律师会是日本的地方性组织，其使命与日本律师联合会相同。律师会是法人组织，按照律师法规定，它在每一地区裁判所辖区设立，目前除东京有三个律师会外，律师会的成员是本辖区内所有的律师。律师会在日本律师系统中起承上启下的作用，日常是审查律师资格，指导律师开展业务，对律师活动实行直接的监督。

日本律师的工作机构是“法律事务所”。日本的律师属自由职业者，所以有不少法律事务所是个人的。个人法律事务所的名称都是法律事务所前冠以律师的名字。这些事务所有的有专门办公地点，也有的就设在律师家里。除单个人办的法律事务所外，还有数人合伙的法律事务所。合伙法律事务所力量大，竞争力强，便于律师业务水平的提高，颇受公民信任，所以，最近几年，这种法律事务所增长很快。律师除个人开办或者合伙开办法律事务所外，也有受雇佣在法律事务所工作的。这些律师多是新手，在受雇期间锻炼成熟，为以后单独开办法律事务所打下基础。

第四节 我国律师事务所的管理制度

一、我国律师事务所概述

(一)律师事务所设立的条件

律师事务所是律师的执业机构，是律师合法办理业务的工作场所。律师事务所必须具备一定的法定条件方能成立。

根据《律师事务所管理办法》(2012)第6条的规定了设立律师事务所应当具备下列基本条件：

1. 有自己的名称、住所和章程；
2. 有符合《律师法》和本办法规定的律师；

3. 设立人应当是具有一定的执业经历并能够专职执业的律师，且在申请设立前三年内未受过停止执业处罚；

4. 有符合本办法规定数额的资产。

（二）律师事务所的形式

根据组建方式和运行机构以及承担的责任，律师事务所有三种形式：

1. 国家出资设立的律师事务所，以该所全部资产对其债务承担责任。

2. 合伙律师事务所，根据新《律师法》的规定，合伙律师事务所可以采用普通合伙或者特殊的普通合伙形式设立；普通合伙合伙人要对合伙律师事务所的债务承担无限连带责任；特殊的普通合伙是在普通合伙基础上的一种制度创新合伙律师事务所的合伙人按照合伙形式对该律师事务所的债务依法承担责任。

3. 个人律师事务所，是指由一名律师开办的律师事务所，由律师事务所主任个人对外承担无限连带责任。

（三）律师事务所的权利和义务

律师事务所按照章程组织律师开展业务工作，学习法律和国家政策，总结、交流工作经验。律师承办业务，由律师事务所统一接受委托，与委托人签订书面委托合同，按照国家规定向当事人统一收取费用并如实入账。律师事务所和律师应当依法纳税。

（四）律师事务所的设立、变更和终止

申请设立律师事务所的，经省、自治区、直辖市以上人民政府司法行政部门审核，符合本法规定条件的，应当自收到申请之日起 10 日内颁发律师事务所执业证书；不符合本法规定条件的，不予颁发律师事务所执业证书，并应当自收到申请之日起 10 日内书面通知申请人。

律师事务所可以设立分所。设立分所，须经拟设立分所所在地的省、自治区、直辖市人民政府司法行政部门按照规定的条件审核。律师事务所对其设立的分所的债务承担责任。

律师事务所在违反强制性规范和合伙人决定解散时终止。事务所名称、住所、章程、合伙人的变更等重大事项或者解散的，应当报原审核部门。

二、合伙律师事务所的管理

合伙律师事务所是我国律师事务所最主要的组织形式，占所有律师事务所数量的 80% 以上。合伙律师事务所是依法设立的由合伙人依照合伙协议约定，共同出资、共同管理、共享收益、共担风险的律师执业机构。合伙律师事务所的财产归合伙人所有，合伙人对律师事务所的债务承担无限连带责任。

与原来规定不同的是，2012 年实施的《律师事务所管理办法》根据新时期律师事务所规模化发展的需要，以及对因规模化导致合伙人过多彼此不熟悉却要为对方的执业行为承担无限连带责任风险过大的规避，规定了除普通合伙律师事务所外，发起人还可以设立特殊的普通合伙制律师事务所。以下就此两种合伙制律师事务所分别做一描述：

（一）普通合伙律师事务所的设立

《律师事务所管理办法》（2012）第 7 条规定了，设立普通合伙律师事务所，除应当符合设立律师事务所的基本条件外，还应当具备的条件。

1. 有书面合伙协议；

2. 有三名以上合伙人作为设立人；

3. 设立人应当是具有三年以上执业经历并能够专职执业的律师；

4. 有人民币三十万元以上的资产；

5. 有自己的名称、住所和章程。

其中，要求具有书面的合伙协议是为了避免今后各位合伙人之间的利益纠纷，以利于律师事务所的健康发展。《律师事务所管理办法》（2012）第 15 条规定了合伙协议应当载明的内容。

1. 合伙人，包括姓名、居住地、身份证号、律师执业经历等；

2. 合伙人的出资额及出资方式；

3. 合伙人的权利、义务；

4. 合伙律师事务所负责人的职责以及产生、变更程序；

5. 合伙人会议的职责、议事规则等；

6. 合伙人收益分配及债务承担方式；

7. 合伙人入伙、退伙及除名的条件和程序；

8. 合伙人之间争议的解决方法和程序，违反合伙协议承担的责任；

9. 合伙协议的解释、修改程序；

10. 其他需要载明的事项。

合伙协议的内容不得与有关法律、法规、规章相抵触。

合伙协议由全体合伙人协商一致并签名，自省、自治区、直辖市司法行政机关作出准予设立律师事务所决定之日起生效。

（二）特殊的普通合伙律师事务所的设立

《律师事务所管理办法》（2012）第 8 条规定了，设立特殊的普通合伙律师事

务所,除应当符合设立律师事务所的基本条件外,还应当具备下列的条件:

1. 有书面合伙协议;

2. 有二十名以上合伙人作为设立人;

3. 设立人应当是具有三年以上执业经历并能够专职执业的律师;

4. 有人民币一千万元以上的资产。

(三)合伙人

合伙人是指加入合伙律师事务所,参与律师事务所内部管理,依合伙协议享受权利承担义务,并对律师事务所债务承担无限或有限责任的人。

在普通合伙律师事务所中,合伙人对律师事务所债务承担无限连带责任。在特殊的普通合伙律师事务所中,一个合伙人或者数个合伙人在执业活动中因故意或者重大过失造成律师事务所债务的,应当承担无限责任或者无限连带责任,其他合伙人以其在律师事务所中的财产份额为限承担责任;合伙人在执业活动中非因故意或者重大过失造成的律师事务所债务,由全体合伙人承担无限连带责任。

《合伙律师事务所管理办法》第11条规定了合伙人应当具备的条件:

(一)依法取得专职律师执业证书;

(二)具有五年以上执业经历;

(三)担任合伙人之前三年内未受过停止执业以上的行政处罚。

《合伙律师事务所管理办法》第12条规定了合伙人享有的权利。

1. 参加合伙人会议,行使表决权;

2. 推选或者被推选为律师事务所主任或者管理机构的负责人;

3. 提请修改合伙协议、律师事务所章程和内部管理制度;

4. 监督合伙人会议决议的执行,监督律师事务所的执业活动和内部管理活动;

5. 依照合伙协议的约定退出合伙;

6. 依照合伙协议对律师事务所的财产拥有所有权和收益分配权;

7. 合伙协议约定的其他权利。

合伙人最大的义务是对律师事务所的债务承担无限连带责任。

(四)合伙律师事务所内部管理机构——合伙人会议

《合伙律师事务所管理办法》明确要求合伙律师事务所应当设立合伙人会议作为律师事务所内部的管理机构。

合伙人会议由全体合伙人组成，合伙人会议的形式、召集方式和表决办法等由合伙协议约定。合伙人会议行使制定本所的发展规划和年度工作计划；推选、决定本所主任和管理机构负责人；制定本所的内部管理制度；审议本所的年度工作总结报告；审议本所的年度财务结算报告、收益分配方案及重大开支事项；决定合伙人的入伙、退伙及除名；审议对本所律师的奖励和处分；修改合伙协议、本所章程；决定本所的变更、终止等职权。

合伙人会议应当依照合伙协议约定的召集方式、议事程序和规则、表决方法，决定和处理本所重大事务。合伙人会议的决议及审议、表决情况，应当以书面形式记载，并由出席会议的合伙人签字。合伙律师事务所根据需要可以设立日常管理机构，负责执行合伙人会议决议，管理律师事务所日常事务。

合伙关系存续期间，律师事务所的全部资产由律师事务所统一管理，未经合伙人会议决定，不得私自分割、挪用、处置。合伙律师事务所应当建立投诉查处制度。对于违反本所章程和管理制度的律师或者其他工作人员，根据其行为性质、情节轻重，给予警告、解除聘用合同或者开除等处分。

（五）合伙律师事务所的终止清算

合伙律师事务所有下列情形之一的，应当终止：

1. 不能保持法定设立条件，经限期整改仍不符合条件的；

2. 执业许可证被依法吊销的；

3. 自行决定解散的；

4. 法律、行政法规规定应当终止的其他情形。

律师事务所在取得设立许可后，6 个月内未开业或者无正当理由停止业务活动满一年的，视为自行停办，应当终止。律师事务所在终止事由发生后，应当向社会公告，依照有关规定进行清算。

清算机构由全体合伙人组成，也可由合伙人会议指定若干名合伙人担任清算人。清算机构应当自成立之日起 10 日内通知未办结委托事项的委托人和债权人，并在司法行政机关指定的报刊上公告。清算机构应当依照法律的规定，清理合伙律师事务所的财产，编制财务清算报表和财产清单，处理未了结的事务，清理债权债务，处置清偿债务后的剩余财产等事宜。

合伙律师事务所清偿所有债务后，对剩余的财产，由合伙人依照合伙协议进行分配。合伙律师事务所的财产不足以偿还债务时，由合伙人依照合伙协议对剩余债务承担无限连带责任。合伙律师事务所在清算期间，合伙人不得执业。

合伙律师事务所的执业证书及合伙人、聘用律师的执业证书，应当上交原登记机关。尚未办结的法律事务，由律师事务所与委托人协商解决。合伙律师事务所清算结束后，清算机构应当编制清算报告，经合伙人会议审议通过后，由律师事务所主任签名，报原登记机关备案。合伙律师事务所应当在清算结束后15日内到原登记机关办理注销登记，同时将财务账簿、业务档案、印章按照规定移交司法行政机关。

三、律师事务所的业务管理

1. 建立业务流程

每个律师事务所必须有流程制度，这是业务流程的基础。业务管理是律师事务所管理的其中一项，当然也是重要的一项。如果一个律师事务所没有管理，那也就谈不上业务流程。业务流程有以下几项内容：(1)收案制度。接收哪一类的案件必须要有一个统一的规则，这是最基本的要求。(2)结案制度。(3)监督程序。监督程序应有两个体系：合伙人监督和财务监督。接收到案件后，对于如何分配和处理，合伙人应该起到主要的作用。像美国的律师事务所，无论多大的案件，它们都保持三个层次：合伙人、律师和律师助理。在处理具体案件时，可以分为不同的工作组，各工作组之间可以交叉。但合伙人必须参与其中；必须要有合伙人这个层次在律师业务当中发挥作用。即使再小的案件，就算合伙人不亲自办理，也要进行监督。另外就是财务监督，财务不仅要监督资金来源，还要监督它的走向。

2. 案件的转接方式

在律师事务所内部，案件有三种转接方式：(1)合伙人之间的转接。可能某个合伙人负责某一类案件，那么无论哪个合伙人接到此类案件都统一交由那名合伙人负责。在合伙人之间不要形成竞争而是协调。(2)要求各律师接到案件后要向合伙人汇报，由合伙人进行案件的分配。接洽案件的人并不一定是具体处理案件的人。这样就需要相应的分配制度。我们的经验是，每一个律师都和合伙人挂钩，不存在独立运行的律师。(3)不同地区之间的案件转接。现在很多律所都在外地设有分所，在这些机构之间要有案件转接。但这样的转接要以整个事务所的资源整合为基础，即对各律师的专长要了解，对于事务所曾经接触的案件的资源要善加利用。

3. 案件的分配

案件在律师事务所内部的分配要按照两个原则进行：(1)有利于当事人，即如何能够吸引当事人,从而留住案源。(2)专业化原则。

4. 大案、要案的团队合作方式

大案、要案的处理一定要强调团队;此外,专家的论证也是必不可少的。因为律师提供的服务是高层次的服务,而律师的知识随着时间推移很有可能跟不上时代。而专家在各自的领域里拥有先进的知识,征求专家的意见是很必要的,是对团队合作的有效补偿。另外,一定要向主管机关、律师协会和律管处汇报。这样不但可以取得领导的支持,而且还可以获得更多信息帮助;同时还可以化解部分风险。

5. 关于组建和管理律师团队

律师团队的组建有以下几个方面:(1)市场开拓。律所在发展到一定程度后,对于市场开拓要有一个总体规划,需要组建一个市场开拓部门,及时回访客户,定期开展新的业务。这些人员既可以是专职的也可以是兼职的,既可以是律师也可以是行政管理人员。(2)建立业务总监制度,对业务进行把关。业务总监的任务不是处理具体某一个案件,而是对所有案件的处理进行把关和审查。(3)建立律师业务的先进经验的学习制度,这种学习应该是经常性的。

6. 律师事务所的专业化和国际化

中国律师事务所的发展方向可以用下面几句话来概况:“规模化、专业化、品牌化和国际化。”其中,最重要的是专业化。规模化也很重要,但不能强求规模化。中国律师强调规模化是一种行政行为,但规模化不能揠苗助长,必须在主体文化和模式形成后才能逐步发展。像韩国、日本这样的发达资本主义国家,它们的律师事务所有85%是个人所,国际规模的大所在这两国内不到1%。中国和韩国、日本有类似的文化背景,东方人一般抱有“宁为鸡头,不为凤尾”的思想,况且中国目前并没有发展国际大所的社会基础和经济基础。规模化的社会基础是整个社会是法律的平台,经济基础是大规模的案头工作。因此,规模化不是想象出来的,而是自我内在发展出来的,不能过热也不能过快。

国际化,这是指律所事务要有涉外因素。目前存在一个误区,好像赚钱就是国际化的衡量标准。但在日本,经济收入高的律师并不一定是会讲英文的律师,也不一定是从事涉外业务的事务。中国律师现在有一种“崇洋”情绪,认为处理涉外业务的就是好律师;实际上,我们究竟有多少律师能够真正做到与国外律师交流业务,我们国内究竟又有多少涉外业务呢?我们谈国际化,不能只限于业务层面,我们要看到并学习国外律所的先进管理经验。一些由“海归”人员管理的律所,它的整体水平就是高。因为这些人员把他们在国外看到的、学习到的先进经验运用于实践当中,取得了很好的效果。谁模仿得好,模仿得像,模仿得快,谁的管理就好。道理很简单,律师事务所这一事物不是由中国自身发展出来的,而是移植来的。中国最初的律师是出现在租借地,由外国的领事裁判权所滋生出的。它势必会与本土的文化产生一些不融合的地方,有一个排斥期。因此,借鉴有 200 多年历史发展的英美律师事务所的经验,对于我国仅有 20 多年历史的律师事务所的发展是一个捷径。

四、律师事务所业务的开拓

业务开拓与客户维系问题关系到律师事务所和律师的生存和发展,并且存在于律师职业生涯的各阶段。业务开拓问题不仅困扰着新律师,也萦绕在老律师身边;当律师争取到了新的业务和新的客户,马上又面临着业务和客户的维系问题。总之,业务开拓与维系问题会贯穿于律师生涯的全过程。

律师绝不能将自己定位为商人,采用"推销员"的方法,如经常在一些法院门口看到一些律师雇用的推销员模样的人见去法院的人就问"需要律师吗?"或到处散发律师名片,对这种在法院门口发放小广告的现象,法院可以向城管部门举报,接到举报后城管会对责任人进行处理,而且这种行为严重贬损律师的职业形象和声誉。自毁形象的方法并不能带来客户,只有保持尊严的科学方法,才能最好地促进业务的增长,实现律师的价值。

随着律师人数的急剧增加和客户对律师的要求越来越高,法律市场竞争的压力与日俱增。实践证明,通过过度的工作、接手琐碎的诉讼等方法,只能使自己非常疲劳,并没有创造多少效益,却带来客户更多的抱怨。法律业务的竞争趋势,要求律师把自己业务限制在几个关键的领域。竞争的激烈使委托人意识到他们有更多的选择。有了这些选择,他们通常更喜欢专家而不是通才。专业细分对应的就是"万金油"律师。在十年二十年前,中国的经济发展是有限的,律师也不需要细分,这个时候"万金油"律师可以应付所有的法律问题。从离婚诉讼到家庭遗产纠纷,商业诉讼、刑事案件、劳动纠纷,等等。律师像医院的小诊所,什么都可以诊治。现在之所以细分,就是经济社会分裂出来不同的部分,要求律师有专业。如我们讲公司业务,又分 IPO(上市业务)、投资银行、外国投资、兼并重组,等等。所谓的专业化在律师界有两个不同的认识,一个是个人的专业化,另一个是事务所的专业化。律师可以拿一项最多两项作为自己的专业方向叫作律师的专业化。律师事务所的专业化比较复杂,又分两种,一种是中小型律师事务所，只做一项，比如只做知识产权，别的不做或者少做，或只做房地产，或只做 IPO 业务或只做医疗纠纷，等等。另一种是大律师事务所中的不同的专业化，有很多的团队，在大律师事务所当中有不同的专业，这是律师事务所的专业化。所谓的律师专业化主要是个人专业化、律师事务所专业化和大律师事务所当中的专业队伍，这三个环节组成才叫专业化。这三个专业化是相辅相成的。

律师行业服务除了靠专业化的产品，还要从服务、客户满意度等方面提升服务的附加价值，从而提高竞争力。《律师法》（2012）明确提出“律师应当维护当事人合法权益，维护法律的正确实施，维护社会公平和正义”。律师的使命就是服务公众，维护司法公正。而并非是一个新的赚钱行业。而公众——潜在客户们是因为遇到了法律麻烦，自己的生命、自由、财富、声誉面临着威胁，需要律师帮助他们实现自己的法律权利，需要律师在危难关头，挽救司法的公正。律师的潜在客户，在找律师之前，并不想找一个商人；因为，与其他商人做生意时，他不需要把自己的命运、自由或财富的未来交给对方，而他必须把这一切交给一个律师！诚实是事业立足之本，是立于安全地带的一个基石。诚实是律师非常重要的一种品德，如果是不诚实的律师，重则可能危险，轻则当事人就会觉得律师是个骗子。因此，公众和潜在客户心目中理想的律师，应当是人品上可信赖的、精神上可依托的。他们不能把自己的身家性命、事业和前途托付给一个不值得信任的人。律师的目标是帮助客户解决问题，而不是去证明律师的高智商。律师要提醒自己，在客户所取得的成功中律师的角色是次要的，律师要让客户享受成功的荣耀。律师不能一味迎合客户。律师的诚实还表现在敢于拒绝客户不诚实的要求。如果已经有过了一次不诚实的服务，客户下一次有这种需要时，还会期望律师去实现另一个不诚实的服务。最终，律师丧失的是客户的尊重和信任。

开拓业务并不是具体做业务，也不是评价业务的水平高低。这里有一些开拓业务的具体方法：

1. 建立学习型的律所和律师。律师是一个终身需要学习的职业。中国现在平均 18 天通过一个新法律，如果不学习那就势必要被淘汰。这里的学习有两层含义：法律学习和业务学习。如对于后者来说，北京的律师主要是向海外学习的问题。现今的青年人去海外取得学位，考取律师资格已经是比较普遍的现象，这是一个很好的学习途径。对于律师来讲，学习是无止境的。

2. 举办研讨会，在研讨会上介绍自己的专长。我们事务所就经常举办各种研讨会，组织各大公司的法律主管，向他们介绍加入 WTO 后中国的知识产权法如何变化等。因为现在的社会上,利用一对一的方式进行业务拓展就比较落后了。利用研讨会使客户对你留下深刻印象,这是扩大争取客户的可能性。

3. 尽量参加各种社会活动,即律师业务以外的活动。美国的律师的社会活动非常多,而且是他们各自社区的活动的主办分子。这样才能作为律师扩大社会对你的认可,从而积累社会经验,积累客户。

4. 参加各种专业协会,成为专业协会和专业领域的专家,即专业化,突出自己的特点。

5. 出版编辑书籍,撰写文章。文章的传播性是非常广的,它可以把自己的观点告诉大家。律师应该学会把自己的理论切合实际地谈出来。这些非业务性的活动可能会影响业务,影响收入,但它能扩大你的知名度,相应积累更多经验。

6. 要求各合伙人要建立自己的专业特色,这样才能增强事务所的整体实力。合伙人之间要做到业务流动,乃至达到心灵流动。要经常交流,要有案件上的合作,这在合伙人之间是很重要的。因此,在合伙人层面上必须进行合作和交流,这是事务所成功的基石,这样事务所才能长久发展。

7. 印制精美的宣传画册。外国事务所的一大特色,就是不惜成本地去印制自己的宣传画册。因为客户有时并没有直接接触到具体的人,更多的人是通过宣传手册来了解事务所。精美的而且经常更新的宣传手册是客户了解我们的一个主要途径,是很重要的。

8. 建立好自己的网站,它是事务所的一个窗口。一些较大或国外的客户主要是通过这个途径来了解律师事务所后,再决定是否进行业务往来。因此,网络在今天的社会很重要,未来会更重要。

9. 要发行一个内部刊物,它可以提醒客户有关事务所的运行情况等。

10. 跟律师同行建立很好的关系,彼此进行委托业务。很多人认为同行是冤家,其实律师行业并不一定。律师之间互相委托,在国外已经是一个非常正常的事情。因为法律界的事务不太可能流入圈外,它总是在内部的范围内流通。因此,律师间的委托也是业务来源的一个重要途径。

第五节 港澳律师事务所驻内地代表机构的管理制度

中国加入 WTO 和 CEPA 的实施给中国带来了全方位的冲击和改变,法律服务市场的开放不可逆转,大量国际化的国外律师事务所进入中国。由于全球经济一体化对中国市场的渗透和高新技术的发展,国外及香港、澳门律师事务所的优势与日俱增。截止到2012年底，共有228家外国律师事务所驻华代表处获准在中国境内执业，提供境外法律服务。这一数字比2003年增加了150多家。值得注意的是，代表处2012年度的总收入为8亿多元人民币。

关于港澳律师事务所在内地代表机构的管理，司法部于2002年3月13日发布了《港澳律师事务所在内地代表机构管理办法》等规定，根据这些规定，该管理制度主要包括以下内容：

一、代表处的设立

港澳律师事务所申请在内地设立代表处、派驻代表，应当具备三个条件：

（一）该律师事务所已在港、澳特别行政区合法执业，并且没有因违反律师职业道德、执业纪律受到处罚。

（二）代表处的代表应当是执业律师和港、澳特别行政区律师协会会员，并且已在内地以外执业不少于2年，没有受过刑事处罚或者没有因违反职业道德、执业纪律受过处罚；其中，首席代表已在内地以外执业不少于3年，并且是该律师事务所的合伙人或者是相同职位的人员。

（三）有在内地设立代表处开展法律服务业务的实际需要。

除了具备以上条件外，港澳律师事务所在内地设立代表处、派驻代表，应当经国务院司法行政部门（以下简称司法部）许可。非经许可，不得设立代表处。

二、代表处的注销

广义的代表处的注销分为代表处代表执业证书的撤销和代表处执业执照的撤销两种情形：根据《港澳律师事务所在内地代表机构管理办法》，代表处的代表有下列情形之一的，由司法部撤销其执业许可并收回其执业证书，由省、自治区、直辖市司法厅（局）相应注销其执业注册：（一）其在港澳的律师执业资格失效的；（二）被所属的港澳律师事务所取消代表资格的；（三）执业证书或者所在的代表处的执业执照被依法吊销的。

代表处有下列情形之一的，由司法部撤销其执业许可并收回其执业执照，由省、自治区、直辖市司法厅（局）相应注销其执业注册：（一）所属的港澳律师事务所已经解散或者被注销的；（二）所属的港澳律师事务所申请将其注销的；（三）已经丧失法定设立条件的；（四）执业执照被依法吊销的。被注销的代表处，应当依法进行清算；债务清偿完毕前，其财产不得转移至内地以外。

三、代表处的业务范围

根据《港澳律师事务所在内地代表机构管理办法》第15条的规定：代表处

及其代表,只能从事不包括内地法律事务的下列活动:

(一)向当事人提供该律师事务所律师已获准从事律师执业业务的香港特别行政区、澳门特别行政区以及中国以外的其他国家的法律咨询,有关国际条约、国际惯例的咨询;

(二)接受当事人或者内地律师事务所的委托,办理在该律师事务所律师已获准从事律师执业业务的地区的法律事务;

(三)代表港、澳特别行政区当事人,委托内地律师事务所办理内地法律事务;

(四)通过订立合同与内地律师事务所保持长期的委托关系办理法律事务;

(五)提供有关内地法律环境影响的信息。

代表处按照与内地律师事务所达成的协议约定,可以直接向受委托的内地律师事务所的律师提出要求。代表处及其代表按照所属港澳律师事务所与内地律师事务所达成的联营协议,可以与联营的内地律师事务所的律师合作,办理有关联营业务。代表处不得聘用内地执业律师;聘用的辅助人员不得为当事人提供法律服务。

四、关于港澳律师事务所与内地律师事务所的联营

CEPA 给港澳律师业带来的最大好处,就是港澳律师事务所在内地开办联营所更方便了。内地的法律体系、制度等与港澳不同,港澳律师要想对内地的所有法规都了如指掌并非易事,但港澳律师对国际规则的理解更全面、更透彻,可以使企业在香港、海外上市或将产品销售到国外时少走弯路。于 2006 年 1 月 1 日起实施的《香港特别行政区和澳门特别行政区律师事务所与内地律师事务所联营管理办法》对联营问题做了较详细的规定:

律师事务所联营,是由已在内地设立代表机构的香港、澳门律师事务所与其代表机构所在的省、自治区、直辖市区域内的一个内地律师事务所,按照协议约定的权利和义务,在内地进行联合经营,向委托人分别提供香港、澳门和内地法律服务。

在联营方式上,香港、澳门律师事务所与内地律师事务所联营,不得采取合伙型联营和法人型联营。香港、澳门律师事务所与内地律师事务所在联营期间,双方的法律地位、名称和财务应当保持独立,各自独立承担民事责任。

关于联营业务,香港、澳门律师事务所与内地律师事务所联营,可以共同以联营的名义,接受当事人的委托或者其他律师事务所的委托,采取合作方式办理各自获准从事律师执业业务的香港、澳门、内地以及中国以外的其他国家的法律事务。但是参与联营业务的香港、澳门律师,不得办理内地法律事务。

关于联营法律服务的收费,香港、澳门律师事务所与内地律师事务所以联营名义合作办理法律事务的,可以统一向委托人收费,双方再依照联营协议进行分配;也可以根据联营中各自办理的法律事务,分别向委托人收费,但须事先告知委托人。

第六节 外国律师事务所驻华代表机构的管理制度

对于外国律师事务所驻华代表机构的管理,主要由《外国律师事务所驻华代表机构管理条例》、司法部关于执行《外国律师事务所驻华代表机构管理条例》的规定对其做出规范。

一、代表处的设立

外国律师事务所,是指在我国境外合法设立、由外国执业律师组成、从事中国法律事务以外的法律服务活动,并对外独立由其全部成员或部分成员承担民事责任的律师执业机构。但下列情形除外:

(一)外国政府、商业组织和其他机构中的法律服务部门;

(二)不共享利润、不共担风险的两个或两个以上外国执业律师或律师事务所的执业联合体。

外国律师事务所申请在华设立代表机构、派驻代表,应当具备下列条件:

(一)该外国律师事务所已在其本国合法执业,并且没有因违反律师职业道德、执业纪律受到处罚。

(二)代表机构的代表应当是执业律师和执业资格取得国律师协会会员,并且已在中国境外执业不少于2年,没有受过刑事处罚或者没有因违反律师职业道德、执业纪律受过处罚;其中,首席代表已在中国境外执业不少于3年,并且是该外国律师事务所的合伙人或者是相同职位的人员。

(三)有在华设立代表机构开展法律服务业务的实际需要。

外国律师事务所在华设立代表机构、派驻代表,应当经国务院司法行政部门许可。外国律师事务所、外国其他组织或者个人不得以咨询公司或者其他名义在中国境内从事法律服务活动。

对于设立条件的前两条很好理解,但第三个条件“有在华设立代表机构开展法律服务业务的实际需要”是什么意思呢?又如何来对其进行认定呢?

根据司法部《关于执行〈外国律师事务所驻华代表机构管理条例〉的规定》，“有在华设立代表机构开展法律服务业务的实际需要”，应当根据下列因素认定：

（一）拟设代表处住所地的社会经济发展状况；

（二）拟设代表处住所地法律服务的发展需要；

（三）申请人的规模、成立时间、主要业务领域和专业特长、对拟设代表处业务前景的分析、未来业务发展规划；

（四）中国法律、法规对从事特定法律服务活动或事务的限制性规定。

二、代表处的注销

注销原因基本与港澳律师事务所在内地代表机构的注销原因一致。

三、代表处的业务范围

代表机构及其代表，只能从事不包括中国法律事务的下列活动：

（一）向当事人提供该外国律师事务所律师已获准从事律师执业业务的国家法律的咨询，以及有关国际条约、国际惯例的咨询；

（二）接受当事人或者中国律师事务所的委托，办理在该外国律师事务所律师已获准从事律师执业业务的国家的法律事务；

（三）代表外国当事人，委托中国律师事务所办理中国法律事务；

（四）通过订立合同与中国律师事务所保持长期的委托关系办理法律事务；

（五）提供有关中国法律环境影响的信息。

代表机构按照与中国律师事务所达成的协议约定，可以直接向受委托的中国律师事务所的律师提出要求。但是，什么样的法律事务是“中国法律事务”呢？又是如何认定的呢？

根据司法部的规定，下列行为应当认定为“中国法律事务”：

（一）以律师身份在中国境内参与诉讼活动；

（二）就合同、协议、章程或其他书面文件中适用中国法律的具体问题提供意见或证明；

（三）就适用中国法律的行为或事件提供意见和证明；

（四）在仲裁活动中，以代理人身份对中国法律的适用以及涉及中国法律的事实发表代理意见或评论；

（五）代表委托人向中国政府机关或其他法律法规授权的具有行政管理职能的组织办理登记、变更、申请、备案手续以及其他手续。

四、外国律师事务所驻华代表机构与港澳律师事务所内地代表机构在各个方面的异同之处

1.《外国律师事务所驻华代表机构管理条例》是于2001年12月19日国务院常务会议通过的,性质属于行政法规,而《香港、澳门特别行政区律师事务所驻内地代表机构管理办法》是司法部根据《外国律师事务所驻华代表机构管理条例》是2002年2月20日制定的,属于部门规章。所以两者所规定的基本内容是大致相同的。

2. 由于香港、澳门毕竟是中国的一部分,为了鼓励和规范港澳法律服务提供者在内地从事规定的法律服务活动,根据CEPA的原则和精神,司法部又修改了《香港、澳门特别行政区律师事务所驻内地代表机构管理办法》,制定了《香港特别行政区和澳门特别行政区律师事务所与内地律师事务所联营管理办法》,根据这两件规章,香港澳门特别行政区律师事务所驻内地代表机构比外国律师事务所驻华代表机构享有更有利的从业环境:(1)港澳律师事务所可在内地与内地律所共同开办联营所,优势互补,而外国律所无权如此。(2)港澳律师事务所代表处的代表每年在内地居留的时间不得少于2个月。少于2个月的,下一年度不予注册。更进一步的是,港澳律师事务所代表处设在广州、深圳的,其代表每年在内地居留的时间不受最少居留时间的限制。可见,港澳律师事务所代表处的代表在内地从事法律活动,并不太影响在其本地的执业活动。但是,对于外国律师事务所的代表处的代表,《外国律师事务所驻华代表机构管理条例》规定,代表机构的代表每年在中国境内居留的时间不得少于6个月;少于6个月的,下一年度不予注册。由此限制了外国律师事务所代表处的代表在其本地的执业活动。

第二章　我国律师的法律援助制度

第一节　概　述

一、律师法律援助的含义

（一）律师法律援助的概念

法律援助是由政府设立的法律援助机构组织法律援助人员，依法为经济困难或特殊案件的当事人减、免收费，提供法律帮助的制度。法律援助机构是各级政府出资、面向社会开办的公益性的司法救助部门，由各级司法行政机关领导，代表国家行使管理法律援助的职能。政府分散了一些职能赋予律师等中介机构，来共同承担社会责任。

律师法律援助，是指政府设立的法律援助机构，组织法律机构及法律服务人员对某些经济困难或特殊案件的当事人给予减、免费用提供法律帮助的一项法律制度。律师援助制度是我国贯彻“公民在法律面前一律平等”的宪法原则、保障公民享受平等公正的法律保护、完善社会保障制度、健全人权保障机制的一项新的重要法律制度。

律师法律援助实际上也是一种法律扶贫、扶弱、扶残，是实现“法律面前人人平等”的一项重要措施。《刑事诉讼法》、《律师法》、《法律援助条例》等有关法律都对法律援助制度作了明确规定，为这一制度的建立和实施奠定了法律基础。

（二）律师法律援助的立法目的和依据

中国律师法律援助制度是国家维护贫弱者公民合法权益、确保司法公正方面的重要手段。国家实行律师法律援助制度的最终目的在于保护贫弱者平等的司法权，促进司法公正。

它的基本原则概括为以下三个：（1）贯彻“公民在法律面前一律平等”的宪法原则；（2）健全人权保障机制；（3）确保法律保护的平等性、公正性。

律师法律援助的直接法律依据是《刑事诉讼法》(2012)和《律师法》(2012)。《刑事诉讼法》(2012)规定了三种可以请求律师提供法律援助的情况:(1)公诉人出庭公诉的案件,被告人因经济困难或者其他原因没有委托辩护人的,人民法院可以指定承担法律援助义务的律师为其提供辩护;(2)被告人是盲、聋、哑或者未成年人而没有委托辩护人的,人民法院应当指定承担法律援助义务的律师为其提供辩护;(3)被告人可能被判处死刑而没有委托辩护人的,人民法院应当指定承担法律援助义务的律师为其提供辩护。《律师法》(2012)第42条要求律师、律师事务所应当按照国家规定履行法律援助义务,为受援人提供符合标准的法律服务,维护其合法权益。

二、各国法律援助制度简介

在世界范围来看,早在1851年,法国就建立了诉讼援助制度。律师义务地为生活处于困境的人提供诉讼援助,帮他们打官司,但在那个时候国家不分担任何由此产生的诉讼费用。法国现行的法律援助制度是通过两项立法来实现的:一项是在1972年颁布的“72-11”法,国家通过与律师工会签订协议,为从事法律援助服务的律师提供补贴;另一项是在1991年7月颁布的一项法律,将无偿法律援助制度扩展到非诉讼领域,要求国家机关和法律从业人员帮助经济困难的个人知晓其享有的法律权利并为其实现法律权利提供便利。

与美国、英国、德国和意大利几个比较有代表性的国家相比,法国法律援助制度是最完备也是最全面的,这主要体现在两个方面:一是法律援助的具体范围,所有在法院进行的诉讼,无论是起诉还是应诉均可享受法律援助;二是可获得诉讼援助的主体范围,法国的法律不局限于无经济能力进行诉讼活动的个人,还包括非营利性法人如协会和工会等。另外,长期居住在法国的外国人,在个别情况下非法居留的外国人也可以成为法律援助的对象。

法律援助早在20世纪30年代就已经在阿根廷展开,目前阿根廷几乎所有的法庭都设有法律援助服务。除了由国家提供此项服务外,各大学的法律系也有类似服务,甚至一些律师事务所也有一定数量的志愿律师专门从事此项服务。阿根廷的法律援助体系在整个拉美地区是较为先进的。

澳洲法律援助是建立在法学社会配置的基础上的,于1943年首次出现,属于州主管范围,包括民事、刑事,大部分为家庭方面的案件,通过雇用律师进行。1972年,法律界建立了一个机构,专门从事法律援助事务,主要有电话服务系统,由律师负责解答。1975年,澳联邦也建立了相关机制,各州有其分支机构,称为法律援助的案件属于联邦级事务。联邦人(指学生、土著人及移民,还有需要社会救济的人)才能享受法律援助。

我国的法律援助起步较晚,但到目前为止,我国已建立政府法律援助机构3573个,法律援助专职人员已近9000人。法律援助制度是世界各国通行的一项重要法律制度。为了保障经济困难的公民获得必要的法律服务,我国从1994年年初开始提出和试点运行此项制度,并于1996年起在全国范围内正式推广和逐步建立。从1999年开始,广东、浙江、山东、贵州、福建、云南、重庆等17个省、自治区、直辖市相继制定了法律援助条例或者办法。据司法部不完全统计,1996年以来,全国各地法律援助机构共解答法律咨询约600余万人次,办理各类法律援助案件约80余万件,有近97万人获得了法律援助。我国从1994年开始建设法律援助制度,目前共建立法律援助机构3500多个,有10余万名承担法律援助义务的律师,每年办理各类法律援助案件近20万件,有80多万群众通过法律援助维护了自身合法权益。几年来各级政府对法律援助的财政拨款逐年增加,对法律援助公益事业给予税收优惠政策支持。但随着依法治国进程的加快,法律援助的社会需求不断上升,这些措施仍不能满足广大群众对法律援助的需求。国务院2003年颁布的《法律援助条例》,从立法上鼓励社会对法律援助活动提供援助,鼓励和支持社会组织利用自身资源为经济困难的公民提供法律援助。让困难群众能够享有平等的法律保护,这是我国正在全面推行的法律援助制度追求的目标。

第二节　我国律师的法律援助

法律援助机构是公民申请律师法律援助的实体机构,在社会上,一般是指法律援助中心或人民法院的援助机构。所以,凡符合规定条件和范围的当事人,只要提出申请,律师可以根据司法机构的指定和委托及时给予司法救助。

一、申请律师法律援助的条件、对象及范围

(一)律师法律援助的条件

公民无力支付律师费用是法律援助的前提,根据我国相关法律申请司法援助必须具备两个条件:一是当事人的合法权益受到了侵害;二是当事人经济上确有困难,难以承担部分或全部诉讼费用。

(二)律师法律援助的对象

对于援助对象的掌握也是做好律师援助制度的关键,是保障援助制度健康

发展的根本保障。因此只有符合下列情况的才可以请求律师法律援助：

1. 具有本地常住户口或暂住证的公民可申请法律援助；

2. 申请人确因经济困难，无力支付法律服务费用，其中农业人口属社会救济对象，非农业人口其家庭成员收入不超过市政府公布的当年最低月生活保障标准线的；

3. 司法机关、行政执法机关已经立案或申请人有充分理由和证据为保障自己的合法权益确需提供法律帮助；

4. 符合《刑事诉讼法》第34条规定的案件被告人；

5. 刑事案件中外国籍被告人没有委托辩护人，人民法院指定律师辩护的，可以获得法律援助。

（三）法律援助的范围

《法律援助条例》第10条、第11条、第12条对法律援助的范围做了规定：

1. 公民对下列需要代理的事项，因经济困难没有委托代理人的，可以向法律援助机构申请法律援助：

（1）依法请求国家赔偿的；

（2）请求给予社会保险待遇或者最低生活保障待遇的；

（3）请求发给抚恤金、救济金的；

（4）请求给付赡养费、抚育费、扶养费的；

（5）请求支付劳动报酬的；

（6）主张因见义勇为行为产生的民事权益的。

2. 刑事诉讼中有下列情形之一的，公民可以向法律援助机构申请法律援助：

（1）犯罪嫌疑人在被侦查机关第一次讯问后或者采取强制措施之日起，因经济困难没有聘请律师的；

（2）公诉案件中的被害人及其法定代理人或者近亲属，自案件移送审查起诉之日起，因经济困难没有委托诉讼代理人的；

（3）自诉案件的自诉人及其法定代理人，自案件被人民法院受理之日起，因经济困难没有委托诉讼代理人的。

3. 公诉人出庭公诉的案件，被告人因经济困难或者其他原因没有委托辩护人，人民法院为被告人指定辩护时，法律援助机构应当提供法律援助。被告人是盲、聋、哑人或者未成年人而没有委托辩护人的，或者被告人可能被判处死刑而没有委托辩护人的，人民法院为被告人指定辩护时，法律援助机构应当提供法律援助，无须对被告人进行经济状况的审查。

二、律师法律援助工作

（一）律师在法律援助中的权利与义务

法律援助中律师基于委托和授权以及法定的义务，有与其他案件相同的权利和义务。认为提供援助不收费就不承担什么义务和责任是不可取的，也是不正确的，严格避免和杜绝有权利而无义务的想法。律师在执行法律援助时，律师的权利、义务主要体现在以下四个方面：(1)律师不得无故推脱，应当接受法律援助机构的指派承办无偿法律援助事项；(2)律师接受指派后，不得疏于应履行的职责，无正当理由不得拒绝、延迟或终止承办的法律援助事项；(3)律师拒不履行法律援助义务，或者疏于履行法律援助职责致使受援人遭受重大损失的，法律援助机构可以建议有关司法行政机关不予年审注册或给予相应的处罚；(4)受援人不遵守法律规定以及不按法律援助协议的规定予以必要合作，经法律援助机构批准，承办律师可以拒绝或终止提供法律援助。

受援人以欺骗方式获得法律援助的，法律援助机构应当撤销其受援资格，并责令其支付已获得服务的全部费用。

（二）律师法律援助委托程序

律师提供法律援助根据委托人的要求不同，工作内容和服务对象相应地也不一样。归纳起来主要有以下四种：(1)法律咨询、代拟法律文书；(2)刑事辩护和刑事代理；(3)民事、行政诉讼代理；(4)非诉讼法律事务代理。

1. 律师法律援助的申请

公民在赡养费、扶养费、抚育费、劳动报酬、工伤、养老金、社会保险金、交通事故、医疗事故等方面提起民事诉讼，可到有管辖权的人民法院所在地的法律援助机构申请法律援助。申请书应当写明申请人、申请事项、申请理由等。

2. 律师法律援助申请的审查

律师法律援助机构对公民提出的律师法律援助申请进行审查。对符合法律援助条件的，作出同意提供法律援助的决定。

(1)人民法院指定辩护的刑事法律援助案件，由该人民法院所在地的法律援助机构统一接受并组织实施；(2)非指定辩护的刑事诉讼案件和其他诉讼案件的法律援助，由申请人向有管辖权法院所在地的法律援助机构提出申请，由该机构审查；(3)其他非诉讼法律事务，由申请人向住所地或工作单位所在地的法律援助机构提出申请由该机构审查。

3. 律师法律援助申请的决定

法律援助机构应当自收到申请之日起20日内进行审查,作出是否予以法律援助的决定:(1)对符合条件者,应作出同意提供法律援助的书面决定,将同意提供法律援助的决定书及具体承办援助事项的律师事务所和律师通知受援人,由律师与法律援助机构、受援人三方签订法律援助协议,明确规定各方权利义务。(2)对不符合条件的,作出不予援助的决定,并通知申请人。

(三)人民法院指定辩护的刑事法律援助案件

法律援助机构或者司法行政机关接到人民法院的指定辩护通知书和起诉书副本后,对刑事被告人是盲、聋、哑、未成年人、可能被判处死刑而没有委托辩护人的,应于3日内指派承担法律援助义务的律师提供辩护;对刑事被告人符合当地政府规定的经济困难标准,人民法院认为需要指定律师为其提供辩护的刑事案件,法律援助机构或者司法行政机关应于收到指定辩护的通知书3日内,指派承担法律援助义务的律师提供辩护。

对人民法院根据案情认为确需律师辩护、符合下列条件的刑事被告人,法律援助机构或者司法行政机关应于接受人民法院指定辩护3日内,指派承担法律援助义务的律师提供辩护:(1)本人确无经济来源,其家庭经济状况无法查明的;(2)本人确无经济来源,其家属经多次劝说仍不愿为其承担辩护律师费用的;(3)共同犯罪案件中,其他被告已委托辩护人,而该被告人没有委托辩护人的;(4)外国籍被告人没有委托辩护人的;(5)案件有重大社会影响的;(6)人民法院认为起诉意见和移送的案件证据材料有问题,有可能影响正确定罪量刑的。

人民法院对需要指定辩护的案件,应在开庭10日以前,将指定辩护律师通知书和人民检察院的起诉书副本送交所在地的法律援助机构或者同级司法行政机关。同时,附送被告人符合法定或者本通知规定的法律援助条件的情况说明或经济困难的证明材料。接受承办法律援助事务的辩护律师征得刑事被告人同意后,即可依照刑事诉讼法的有关规定履行辩护职责。

(四)律师法律援助资金及相关费用

律师提供法律援助时,也必须有资金和相关费用的开支,那么就涉及了资金的来源问题。我国目前还无法做到全面由政府承担这部分费用,因此根据惯例,我国的律师法律援助资金的来源,主要有三种:一是政府财政拨款;二是律师事务所业务收费中提取一定比例;三是社会捐赠。

法律援助律师办理法律援助案件所需的费用归纳起来一般包括差旅费、文印费、交通通讯费、调查取证费等，它属于律师办案的必要开支。而费用的最终支付一般有以下几种情况：

1. 受援方列入诉讼请求的，人民法院可根据具体情况判决由非受援的败诉方承担。法律援助人员办案费用的计算办法为：差旅费按法律援助机构所在地财政部门规定的公务人员差旅费标准计算，文印费、交通通讯费等开支一般不超过500元；鉴定费、调查取证费和证人出庭费由人民法院根据国家的有关规定和实际情况决定。

2. 法律援助机构作出法律援助决定后，受援人可以据此向有管辖权的人民法院提出缓、减免交诉讼费的书面申请，并附符合法律援助条件的有效证明材料。人民法院对于法律援助机构决定减、免费提供法律援助民事诉讼代理的，经审查认为符合法律援助条件，应当先行对受援人作出缓收案件受理费及其他诉讼费的决定，待案件审结后再根据案件的具体情况决定诉讼费的支付。

3. 经人民法院调解达成协议的案件，诉讼费由诉讼双方协商解决；协商不成的，由人民法院根据诉讼双方具体情况作出决定。由人民法院判决结案的案件，败诉方为非受援方当事人，诉讼费应当由败诉方承担；败诉方为受援方当事人，由其交纳诉讼费确有困难的，人民法院应当减、免收诉讼费；双方都有责任的由双方分担诉讼费，受援方当事人交纳诉讼费确有困难的，人民法院应当减、免收其应承担的部分。

第三章　律师实务概论

第一节　律师实务的产生和发展

概括地说，有了律师或者说有了律师性质的"讼师"、"保护人"开始就有了律师实务。律师实务是律师针对当事人委托的事项，运用法律进行律师业务实际操作、对具体案件的各种法律事务的处理的业务流程。它体现在办理案件中的整个法律知识的运用和对案情综合性判断意见的总结，是个案的解决过程。律师服务不仅需要对法律条文和规则文本进行分析、解释和适用，而且需要对相关的政治、社会、经济、文化、心理等有关领域的深入了解。一般而言，律师实务还应当包括法律以外的知识及相关业务的微观知识。具体来说是如何收集、提供和适用证据，如何发表自己的法律意见，如何进行质证，如何与对方、法院、仲裁庭和相关人员进行沟通的实际工作的概括。中国的律师实务发展较西方缓慢，跟西方律师业务有一定的差距。究其原因，一方面，我国受封建残余思想的影响，在我国部分群众中至今仍然存在着"冤死不告状"的思想，认为"打官司"有伤和气。一些企业也心存疑惑，怕诉诸法庭会影响自己的商业信誉，破坏今后的业务往来关系。另一方面，随着经济的发展和社会的繁荣，诸如财产权益、经济合同、婚姻家庭等方面的纠纷不断产生，特别是我国实行对外开放政策以来，对外经济贸易交往不断扩大，各种涉外纠纷也不断增加，同时伴生着大量的法律事务，客观上要求律师提供更广泛的法律帮助。

自从 1979 年我国恢复律师制度以来，我国律师实务迅速发展，不仅在客观上满足了日益增加的社会需求，而且具有更广泛的社会意义。律师通过提供优质、高效的法律服务，使当事人能够平等地协商解决争议或纠纷，既不伤和气，防止矛盾激化，又不影响今后的国内外经济往来与联系。

我国律师的服务对象也从最初仅提供刑事辩护，发展到今天涉及民事、经济的各个领域，特别是涉外案件的增多，又拓展了律师的业务，也给律师带来了挑战和机遇,我们在本书中的探讨也局限于一部分内容,更深一步地掌握和学习,还需要律师的不断探索和体会。本书是这样安排的,第四、五、六章是律师对民事、行政、刑事诉讼的律师实务操作;第七、八、九、十章分别对仲裁、涉外、法律顾问、咨询和代书的律师实务进行详细的表述;第十一章是对新业务领域的非诉讼的律师实务进行较为全面的讲解。我们从律师实务的实际出发,以期达到适应WTO新规则下的中国律师新业务的需要。

目前,随着我国社会主义市场经济体制的建立和完善,随着社会主义法制的逐步健全,律师办理的事务正在迅速增加。近三十年来的律师业务实践表明,通过律师代理当事人从事律师业务活动,能够更有效地维护当事人的合法权益。随着全民族法律意识的提高和各个领域改革的不断深入,律师实务的范围也在不断扩大。

第二节 律师实务的业务范围和服务领域

律师代理进行法律服务涉及律师服务的各行各业,遍及社会生活和经济领域的各个阶段。其范围大、涉及面广致使律师业务对象也不一,因此律师在接受委托时,就有不同的处理方式和解决途径。随着律师业务的不断拓展,新情况的不断出现,我国律师新业务也逐渐蓬勃发展起来。律师的分工也越来越细,专业律师也就越来越多。现在明显的分工是诉讼律师和非诉讼律师,还有其他专项律师,比如金融律师、商务律师、著作权律师、商标律师、专利律师等。

一、律师代理的服务事项

(一)法定代理事项

从传统律师代理情况来看,律师主要是接受民事案件、行政案件当事人的委托,担任代理人,参加诉讼;接受刑事案件犯罪嫌疑人的委托,为其提供法律咨询,代理申诉、控告,申请取保候审,接受犯罪嫌疑人、被告人的委托或者人民法院的指定,担任辩护人,接受自诉案件自诉人、公诉案件被害人或者其近亲属的委托,担任代理人,参加诉讼等。现在律师的服务范围已经超出了这个范围,其中担任法律顾问和参与仲裁已经突破了传统律师代理的局限,我国《律师法》第28条针对律师从事业务范围作了总结,规范了律师主要从事的七种业务:

1. 接受自然人、法人或者其他组织的委托,担任法律顾问;
2. 接受民事案件、行政案件当事人的委托,担任代理人,参加诉讼;
3. 接受刑事案件犯罪嫌疑人、被告人的委托或者依法接受法律援助机构的

指派,担任辩护人,接受自诉案件自诉人、公诉案件被害人或者其近亲属的委托,担任代理人,参加诉讼;

4. 接受委托,代理各类诉讼案件的申诉;

5. 接受委托,参加调解、仲裁活动;

6. 接受委托,提供非诉讼法律服务;

7. 解答法律咨询、代写诉讼文书和有关法律事务的其他文书。

律师业务实践中可以归纳为处理民事纠纷、经济纠纷、刑事代理和辩护、非诉讼法律帮助四个方面。其中非诉讼含义外延大,一般包括调解、仲裁、常年法律顾问、项目顾问、法律咨询、文书代书等。在律师具体实务中一般分成诉讼和非诉讼两个截然不同又彼此相互联系的方面来介绍和操作。我们也是从这两个方面进行阐述的。

(二)诉讼律师实务与非诉讼律师实务的区别

非诉讼律师实务是相对于诉讼律师实务而言的。诉讼律师实务主要是通过人民法院行使审判权来解决纠纷,而非诉讼律师实务主要是为了预防纠纷,减少诉讼,引导委托人进行正常的民事交往。根据我国《律师法》第28条的规定,律师开展业务工作的范围非常广泛,既包括代理办理诉讼法律事务,也包括代理办理非诉讼法律事务。律师代理提供法律服务的非诉讼律师实务与诉讼律师实务在工作方式、解决途径上有很大差异,相比较有如下区别:

1. 性质不同

非诉讼律师实务是指公民、法人或者其他组织为保障自己的民事权益和正常的生产经营,授权律师办理、代理的各个方面的无纠纷、无争议的法律事务和虽有纠纷,但不必经过诉讼程序解决的法律事务。诉讼律师实务是在人民法院的组织和支持下调查、审理、裁判民事、经济、行政等纠纷,以及执行法律文书的活动,是一种审判活动。

2. 主管机关不同

非诉讼律师实务主要由法院以外的有关主管机关、群众组织、个人在法律允许的范围内,或者律师依靠自身力量处理解决。除仲裁以外,在适用的程序上比较灵活,没有特定的工作方式。而诉讼律师实务是人民法院根据法律规定的诉讼程序对诉讼案件进行审理的活动。

3. 适用的法律不同

非诉讼律师实务因当事人委托事项的不同,需要分别适用民事、经济、贸易、海事、房地产等方面的法律规范，一般只涉及实体法的内容。

4. 产生的法律后果不同

非诉讼律师实务除仲裁机关的仲裁外，当事人对律师主持调解和律师参与调解达成的调解协议，都有权依法向有管辖权的人民法院起诉。人民法院审理的诉讼案件，除依照特别程序审理的非诉讼案件外，实行两审终审制。人民法院作出的已生效的裁决，对当事人则具有法律上的约束力。

二、诉讼律师实务

（一）诉讼中的文书

当事人委托律师参与各种诉讼时必须出具授权委托书。这是明确律师代理权限范围的法律文书（文书格式见附录三）。根据我国法律规定，当事人委托律师代理各种诉讼时，必须向人民法院提交由委托人签名或盖章的授权委托书。未向人民法院提交委托书的，诉讼代理不能成立，只有在某些特殊情况下除外。委托书的内容包括：委托人姓名、代理律师的姓名及其所在律师事务所的名称、授权律师代理案件名称、代理权限等。

授权的内容一般具备下列的一种或几种：调查取证、了解案情；出庭陈述事实、参加辩论和调解；代为提出承认、变更、放弃诉讼请求，进行和解；起诉；应诉；提出上诉；代为申诉；提出执行申请等。

（二）律师在诉讼中应当作为的事项

1. 在开庭前准备阶段，律师应当作为的事项：（1）撰写起诉状；（2）申请财产保全和证据保全；（3）申请先予执行；（4）撰写答辩状；（5）撰写反诉状（行政诉讼案件不能反诉）；（6）调查案情，收集有关证据（但在行政诉讼中作为被告的诉讼代理律师不能自行收集证据）。

2. 在开庭审理阶段，律师应当作为的事项：（1）申请回避；（2）回答审判人员的询问，除依法规定必须由当事人亲自表述的除外；（3）对法庭上有关当事人提供的证据进行质问；（4）在开庭辩论阶段代理进行辩论，即反驳对方的要求和违法的论点，从而使法院作出有利于本方的裁判。

3. 在上诉阶段，律师应当作为的事项：（1）撰写上诉状或答辩状；（2）对一审作出的判决进行承认或反驳；（3）申请回避、回答询问、证据质问、代理进行辩论等事项。

三、非诉讼律师实务

非诉讼律师实务是指无争议的律师业务，或者虽已发生争议，但不必或尚未经诉讼来解决的法律事务。我国《律师法》(2012)第28条第5项、第6项规定，律师的业务包括接受当事人的委托，参与调解、仲裁活动；接受委托，提供非诉讼法律服务。根据我国《民事诉讼法》(2012)第177条的规定，目前人民法院依照特别程序审理的非诉讼案件主要包括：选民资格案，宣告失踪案件或者宣告死亡案件，认定公民无民事行为能力或者限制民事行为能力案件和认定财产无主案件等。这些规定是律师接受非诉讼法律实务当事人的委托，提供法律帮助的依据。非诉讼案件具有以下两个特征：

1. 具有法律意义

非诉讼律师实务，既包括无争议、无纠纷的法律事务，也包括已经发生争议，但不必经过诉讼程序来解决的法律事务。无论是哪一种法律事务，都必须具有法律意义。如进行公司注册，申请专利、专利权转让等，目的是设立、变更、废止民事法律关系，使其受到法律保护。没有法律意义的事务的操作，就不能算法律实务。

2. 不经过诉讼程序

非诉讼律师实务的一个主要特征是，不具有诉讼性质，即不需要提交司法机关审判，不必经过法定的诉讼程序。解决这类法律事务的途径，主要是通过律师提供法律帮助，或者通过律师进行诉讼外调解，或者提请仲裁机关仲裁。

(一)非诉讼律师实务的内容

非诉讼律师实务与人们的社会活动或家庭生活息息相关，范围非常广泛，既包括已经发生争议的各类纠纷，也包括无争议、无纠纷的法律行为。因此，非诉讼律师实务主要分为以下两大类：无争议的非诉讼律师实务和有争议的非诉讼律师实务。在后面的章节中，我们将详细介绍无争议的非诉讼律师实务，这里仅对非诉讼律师实务的一些情况，叙述如下：

非诉讼律师实务只需要依法履行一定的手续或从事一定的行为，便足以引起某种法律关系发生、变更或消灭。这种非诉讼律师实务，大多数都属于单方法律行为。非诉讼法律实务的范围非常广泛，难以具体界定，对此法律并没有作出明确的规定，我们根据实践归纳一下，一般包括以下内容：

1. 代办专利、贷款、税金减免、商标注册、产品生产和商品进出口许可证等申请、申报、申领手续；

2. 代办企业、联营组织的筹建、开业、歇业、变更经营范围和注册资金等工商登记事务；

3. 代办财产投保、交付保险金、转移保险代位权、请求保险赔偿金等事务；

4. 代办财产租赁、抵押、借用、赠与、信托、寄售等事务；

5. 代办股票、债券的发行、认购事务；

6. 出具各种法律意见书和建议书；

7. 接受国家机关、企事业单位、社会团体或者公民个人委托，担任法律顾问，办理有关法律事务；

8. 接受委托，代理贸易、投资、知识产权、证券金融、税务、保险、房地产、海商海事等民事、经济活动中的法律事务；

9. 接受委托，代理参加调解、仲裁活动；

10. 接受委托，担任民事特别程序中非诉讼案件、督促程序、公示催告程序以及企业法人破产还债程序申请人的代理人；

11. 接受委托，担任判决生效的刑事、民事、行政案件当事人的申诉代理人；

12. 接受委托，代理申请行政复议；

13. 接受委托，担任劳动教养案件被先行羁押人的代理人；

14. 提供法律咨询，代写法律文书；

15. 代理在报刊、广播、电视等公开场合对某项法律事件或法律行为发表声明，表明立场、态度和观点；

16. 接受公民或法人的申请，对某项法律事件或行为进行见证；

17. 代办市场、商品信息及企业资信的调查事务；

18. 代办经济民事项目的可行性研究、各类事务文书的审查；

19. 代理参与企业的歇业、破产的清算事务；

20. 接受委托，办理其他非诉讼法律事务。

当前，各种经济组织之间，经济组织与公民之间以及公民与公民之间的经济往来日趋频繁，经济关系也日趋活跃与复杂，各种民事纠纷、经济纠纷迅速增多，社会迫切需要通过多种途径合理合法地解决当事人之间发生的纠纷，避免当事人各种纠纷影响正常的社会秩序和安定团结，律师业和律师实务在减轻人民政府的负担方面，作用越来越大；对防患于未然，减少法律障碍，律师更加重要，成绩斐然。

（二）非诉讼案件的特征

非诉讼律师实务是相对于诉讼律师实务而言的，它们同属法律事务的处理，能够引起法律关系的产生、变更和消灭。

根据有关法律和律师工作的实践，律师代理的非诉讼法律实务具有以下几个特征：

1. 无诉讼性

非诉讼法律实务包括两类：一类是实务整个过程不涉及纠纷，不需要通过人民法院解决，只需行政部门或有关机关、个人即可办理；另一类是当事人在民事或经济活动中虽有纠纷，但双方认为不需要或者不愿意向人民法院起诉，而请求律师作为代理人在诉讼外调解或者通过仲裁解决。代理非诉讼律师实务时只要有一方当事人诉讼到法院，法院一经立案，就不能按非诉讼法律实务对待了。非诉讼律师实务，必须是尚未诉讼到人民法院的事项。

2. 简单性

律师非诉讼实务大多数比较简单。例如，为公民办理财产继承、索偿债务等。一般不需要进行大量的调查、取证。

3. 可调和性

律师实务中，属于无争议、无纠纷的法律实务，不需要调解；属于有较大的争议，但当事人不愿意或者不需要通过诉讼程序解决的和有较小争议的都可以通过调解、仲裁等手段来解决。调解能够缓和矛盾，使问题得到及时解决。

4. 可变性

律师实务的范围广泛，涉及面宽，处理和解决的方式复杂多样。有些含有纠纷的非诉讼法律实务，如果通过调解、仲裁等手段无法解决，也可以通过诉讼的方式解决。

（三）律师代理非诉讼法律实务的意义

随着我国经济的不断发展，各种民事纠纷、经济纠纷迅速增多，人民法院审理案件、解决纠纷的负担也越来越重。当事人之间的纠纷均诉诸法庭，会加重人民政府的负担。律师作为非诉讼法律实务的代理人，运用专业法律知识帮助当事人办理非诉讼法律实务，有助于保证办理非诉讼法律实务的准确性、真实性与合法性，从而达到预防纠纷、减少诉讼的目的。

非诉讼律师实务，由于不受诉讼程序规定的严格程序和期间的限制，办理速度比较快，能够使当事人之间的纠纷得到及时解决，从而节省当事人的时间、人力和财力。特别是律师主持调解民事、经济纠纷时，方法灵活，形式多样，能够迅速抓住双方当事人争执的焦点，有针对性地宣传国家的法律和政策，促使当事人互谅互让，消除怨恨和隔阂，尽快解决矛盾和纠纷，这种解决问题的方式比较和缓,不伤感情,容易被当事人接受,有利于维护当事人的合法权益。

非诉讼律师实务,在一般情况下,当事人除交纳代理费之外,不需要再交纳其他费用,这就为当事人节省了不必要的经济开支,减轻了当事人的经济负担。

第三节　律师实务的概念、特点及分类

一、律师实务的概念及特点

律师实务,是指律师根据法律规定的方式和方法,运用逻辑思维,按照一定程序,通过法律工具,为当事人提供法律服务,法律解决方案等一系列法律实践活动的总称。律师实务,是律师创造性地运用法律法规,在法律规定的框架内,根据法律以及证据,系统性的法律实践活动。

第一,律师实务是律师的创造性活动,律师实务的主体是律师,只有取得律师执业证的律师才能从事相关法律实践,为当事人提供专业法律服务。

第二,律师实务具有很强的专业性。律师实务,是运用法律知识,根据事实证据,在法律框架内的专业性活动。由于法律规定的复杂性,法律问题的复杂性,导致律师的实践活动具有非常强的专业性,若非专业律师则无法从事该项活动。

第三,律师实务具有很强的实践性。律师实务说到底是实践的科学,从法律规定到法律实现,从纸上的法律到现实的法律,律师的作用就是把抽象的法律变为具像的法律,把纸上的法律变为生活中的法律,因此律师实务具有实践性。

第四,律师实务是一项很强的主观客观统一的法律活动。从客观性来讲,律师从事律师执业活动,必须严格依照法律规定,根据事实来进行,如果脱离这两者则根本谈不律师实务;从主观性来讲,律师从事律师实务,不仅仅是单纯解读法律认识案件证据事实,更重要带有创造性的分析活动,逻辑认识活动,具有极强的主观创造性。因此,律师实务是主观客观统一的法律活动。

二、律师实务的分类

律师实务按照不同的标准可以进行不同的分类,如按照部门法来划分,可以把律师实务分为民事律师实务、刑事律师实务、行政律师实务、知识产权律师实务、婚姻家庭律师实务;按照律师实务是否具有涉外因素,可以分为涉外律师实务和非涉外律师实务。本书中,根据律师实务的性质和形式对律师实务进行两分法,即诉讼业务和非诉讼业务。

1. 诉讼业务

诉讼业务是律师的一项传统的法律业务，诉讼业务是指律师按照法律规定的方法和程序依据逻辑思维框架确定具体的诉讼方案，参加具体的法律程序，代表纠纷争议的当事人一方，通过对抗性的代理活动，达到获得委托人认可的诉讼结果的法律活动过程。诉讼业务的目标是获得委托人认可的诉讼结果，而胜诉只是委托人认可的一种结果；虽然委托人大多希望胜诉，但胜诉并非委托人认可的唯一结果。实现诉讼业务目标应当完成两方面工作，一是制订出合理的诉讼方案；二是处理好与委托人的关系。律师必须根据具体情况，采取适当方式化解委托人的“非分之想”，实现合理的诉讼目标。需要强调的是，主张“诉讼是为了获得委托人的认可”并不是说诉讼律师就应当一味迎合委托人的想法和要求。律师在执业时都需要依法、依律师职业道德和执业纪律进行，不可为委托人认可而为所欲为。

2. 诉讼业务的特征

（1）对抗性

对抗性是诉讼业务最重要的特征。参与诉讼的双方各有立场，各有所求，需要有胜负的决断，这就决定了律师既要站在己方的角度充分考虑己方立场，设计出尽可能的争取最大利益的方案；又要站在对方的立场，全面地思考对方未来可能会采用何种角度进行辩护，或者用何种方式和方法维护权利。只有对案件进行充分地思辨，从更高的角度审视整个案件的事实和法律关系，对对方的行为进行提前的预判，才有可能在诉讼对抗中取得有利地位。

（2）程序性

诉讼业务涉及的是国家的司法活动，遵循着严格的诉讼程序，从起诉、立案、审判到执行，从一审、二审到再审，每个阶段彼此独立但是又有彼此联系，对任何一个阶段程序都需要慎重、严谨的处理；每一个程序都可能会给诉讼案件未来的走向带来不可预估的影响。比如，违反诉讼程序的诉讼可能被认定无效，而导致客户既浪费了时间和金钱成本，也没有争取到对其权益的实质性保护。

由于诉讼业务程序性这一特点，律师在提供诉讼法律服务服务时，需要建立相应严格的流程管理，提前罗列出每一个阶段所可能涉及的全部文件、材料；根据不同的案件情况，进行特定的准备，以便增加工作效率，能够更好的服务于客户，防止不必要的错误发生。

（3）工作时效性

为了避免通过拖延诉讼，而损害当事人的权益的情况出现；也为了加快诉讼进程，提高解决纠纷的效率，诉讼法对诉讼活动本身进行了相应的时效限制。诉讼过程中涉及的时效规定也对律师业务的工作的时效性提出了很高的要求。律师在实务过程中需要对相应的诉讼时效有明确、清晰地了解；尽可能的提前准备好材料、文件；在遇到问题的时候，尽早与客户、法院或仲裁机构进行充分的沟通。

（4）结果不确定性

客户希望通过司法途径保全自己权益，对于诉讼结果有很高的期待，但是有时诉讼走向却和客户最初的期待有大的不同。这是因为我国诉讼法赋予了诉讼当事人广泛的诉讼权利，比如原告享有提前、放弃、变更诉讼请求，被告可以反诉、承认、反驳对方的诉讼请求，但是在实践中，当事人因为主、客观因素，不及时行使权力等原因造成诉讼局面的变化。同时，在我国，目前司法权力行使也有很强的不确定性，可能在具体司法程序过程中出现一些非程序的因素的存在，也可能造成诉讼结果的不确定性。

当然，除了上述程序性因素外，实体法律自身的抽象性、稳定性、内在逻辑的冲突造成法律适用的不确定也可能影响结果；而因为证据的不充分、缺失导致事实的不确定，也是影响诉讼结果的重要因素。

因此，对于从事诉讼业务的律师而言，在处理案件的过程中，对于客户的高预期，需要有冷静的认识，客观分析事实和法律风险，对结果的不确定性进行充分地说明，以避免客户因为结果未达到预期而产生过度失落，导致不必要的麻烦。

（5）过程风险性

根据诉讼的复杂性不同，诉讼过程中可能的风险会也有所不同。一方面，风险来自于诉讼程序本身，即使再有经验的律师，也有可能遇到错列被告被驳回、证据有瑕疵可能不被法院采信、证据不充分可能败诉、被执行人下落不明等情况，而造成诉讼过程的发展与预期不同；另一方面，因为诉讼过程牵扯多方利益的博弈，可能也会因为律师和当事人在诉讼过程中触及某方利益而遭受到人身、财产的损害等。因此，在办理不同案件的时候，律师对此类风险要对当事人进行提前的告知，并尽可能做好准备，保证诉讼程序的顺利进行，以及当事人和自身的人身财产安全。

（6）依附性

诉讼业务具有很强的依附性，诉讼的开始虽然是基于当事人的起诉，但是从立案到审判的一系列流程的进行，整体节奏的掌握并不是依靠当事人或者律师的意愿而进行的，往往是法院或者仲裁机构根据诉讼法的规定，结合其自身实际的安排，灵活掌握；诉讼的结果虽然是基于当事人和律师在事实证据和法律上的努力，但最后，仍然是由法官或者仲裁员等通过对案件整体的审视进行裁判。诉讼业务对程序等的强依附性，决定了律师需要很好的与当事人和法院进行沟通，平衡好相应的关系，使诉讼得以顺利的进行完成。

3. 非诉业务

非诉讼业务，与诉讼业务相对应，是指律师接受公民、法人或者其他组织的委托，在其职权范围内为当事人处理不与法院、仲裁委员会发生关联的法律事务。非诉讼业务主要由咨询、代书服务、专项法律服务和法律顾问服务及其他服务组成。

(1) 咨询及文书服务

a. 法律咨询及代写诉讼文书

这是每个律师都会涉及的非诉讼业务，但被众律师忽视。解答好法律咨询，既需要律师具备深厚的法律功底，更需要丰富的实践经验，否则，只能给当事人带来误导。切记：要把法律咨询当作自己的律师事务来重视，它同时会影响自己的声誉与前程。律师代书包括：诉讼文书，包括起诉状、答辩状、上诉状、申诉状等；有关法律事务文书，包括委托书、遗嘱等；非法律事务文书。

b. 出具法律意见书和律师函

法律意见书是指律师应当事人之委托，以律师事务所的名义，根据委托人所提供的事实材料，正确运用法律进行分析和阐述，对相关事实及行为提出的书面法律意见。律师函是指委托应当事人之委托，以律师事务所或律师的名义，向委托人指定的当事人发送就相关事务进行声明的函件。

(2) 专项法律服务

a. 公司专项法律服务

包括企业的设立和解散的相关事务，公司日常经营管理中的一般法律事务，投资及项目开发、金融融资、公司证券业务、收购与兼并、企业的租赁、承包、托管、知识产权、劳动人事等特别法律事务。

b. 建筑与房地产专项法律服务

包括创设公司阶段中的计划拟订、谈判参与、报审文书准备、代为报批等事务；土地使用权取得阶段土地征用、国有土地出让、转让中的涉法事务；拆迁阶段的文书处理、纠纷解决、文件报送等事务；工程建设阶段中招投标文书的准备、起草、审核及工程和设备合同履行的监督等事务；房地产经营阶段中的销售、出租、抵押融资等环节的事务；物业管理阶段中的相关事务等。

c. 金融、证券、保险专项法律服务

包括金融机构法律顾问服务，存、贷款法律服务，票据、信托、外汇法律服务，期货、债券法律服务，租赁法律服务，国际结算、国际融资法律服务，保险法律服务，以及涉及信用卡、电子银行、网上支付、外资金融保险机构的设立等领域的法律服务。

d. 知识产权专项法律事务

包括知识产权申报代理、产权管理协助、产权转让代理、专项知识产权代理、权属代理、侵权代理、技术对比咨询，纠纷代理，提供以著作权法、专利法、商标法、技术合同法、信息网络法、商业秘密法、不正当竞争法、反倾销法等为主要内容的全方位知识产权法律服务。

法律顾问业务个人、法人和其他组织的法律顾问，既为法律顾问，主要负责的还是非诉事务，公民个人、法人和其他组织之所以聘请法律顾问，就是为了避免诉讼事务的产生，使自身的行为更加符合法制规定。例外，律师作为企业的法律顾问，既要对企业的生产、经营提供法律建议，还要协助企业进行完善的法制化管理，制定章程、合同管理规定、员工手册等，这些既需要律师同时具备经济及管理知识。

e. 商账管理，非诉催收事务。

4. 非诉业务的特征

(1)非对抗性

相对于诉讼的直接对抗性，除了非诉业务的并购、融资等中可能会涉及代表客户与第三方进行沟通协调外，非诉业务往往是针对于客户的某一个方面的法律问题提出法律风险防范的方案等，类似于通过法律知识协助企业和个人进行体系“建设”，不具有强对抗性。虽然非诉业务不具有诉讼业务的强对抗性，但是，仍然要求律师在非诉业务实践中，尽量从多方面角度考虑客户需求的法律风险，只有从未来对抗的角度进行思索，才可能将非诉业务做好，避免未来的风险和不必要的损失；毕竟，很多诉讼业务的产生是因为非诉业务的不完善所造成的。

(2)专业性

与诉讼律师专攻法律相比较，非诉律师则还需要了解财税政策、行业规范和惯例等相关内容。对于涉外的非诉业务,除了要了解本国法律外,对于其他国家相关法律、政策也需要有相当的了解,熟练的掌握他国语言也是重要的一环。同时,非诉业务服务的客户对象往往是以公司企业为主,各企业所在的行业、领域不同,公司内的专业化分工不同,对提供非诉服务的律师的行业专业知识也有极高的要求。因此,从事非诉业务的律师更需要花费相当大的功夫进行大量的案头工作,广泛并深入地了解许多对许多行业,以便更好地为客户提供准确、全面地法律服务。

(3)非程序性

诉讼业务往往具有很强的阶段性和程序性,遵守一定的时间顺序和流程;而非诉业务是跟随着客户的需求而进行,事情轻重缓急的安排也是以客户需求为主,而非受诉讼法和诉讼程序的限制。

虽然非诉业务不具有诉讼业务那样严格的程序要求,但是,如果与客户建立良好沟通程序和渠道,对日常非诉业务进行流程化管理有将助于提高非诉业务的处理效率,增强客户对律师专业化的认可与信赖感。

(4)相对独立性

非诉业务需要律师根据自己的专业知识对客户的需求为客户提供必要的法律意见或者起草相应的风险防控方案。在这一个过程中,可能会就某些法律法规政策等条款内容的有效性,与国家有关部门进行沟通,获得必要的参考、指导和意见;但并不像诉讼那样需要依附于法院等第三方机构控制整体流程的进展等。非诉业务律师最主要面对的是客户和客户的需求,虽然,其受制于客户,但总体来说,还是相对独立。

(5)广泛性

从事非诉业务的律师所处理的不是某一专业领域的单个案件或者是某一种流程,其服务的内容和服务方式上都广泛而繁杂:可能会涉及公司的日常经营管理,也可能会有企业财税问题,或者对外投资等多个领域;律师所扮演的角色除了法律建议的提供者外,还有企业整体框架的架构参与者、风险防范师等多个角色,其不仅要有过硬的文字功底、极强的思辨能力还需要具有能够协调多方关系的能力,而这些都需律师在实践逐步培养起来,非一时一日功夫。

第二编

诉讼类律师实务

第四章　诉讼律师实务

第一节　民事诉讼律师实务

一、律师代理民事诉讼概述

民事诉讼律师代理，是律师接受当事人的委托，为维护委托人的合法权益，以被代理人的名义，在代理权限范围内代理被代理人进行诉讼活动，对被代理人直接产生权利义务的民事诉讼行为。在民事诉讼律师代理中，代理人与被代理人必须符合法定条件，律师代理民事诉讼必须经当事人的授权，并且律师必须以被代理人的名义进行诉讼活动，由被代理人承担法律后果。

当事人委托律师进行民事诉讼活动，不是当事人直接与律师本人签订委托合同，而是当事人与律师事务所签订委托合同。代理律师是接受律师事务所的指派担任当事人的代理人，代理律师在法院进行民事诉讼代理必须出示律师事务所出具的公函及当事人的委托书，法院才承认其代理活动的合法有效性。律师进行民事诉讼代理活动要受有关法律、法规及律师法的规范，还要受律师职业道德和事务所规章制度的约束，这些规范的约束，为律师完成当事人的委托代理提供了有力的保障。

二、律师代理民事诉讼的范围

(一)民事诉讼的范围

随着法制教育越来越普及，人们的法制观念也越来越强，懂得用法律武器维护自己的合法权益，其中，最常见的就是维护自己的民事权益，即人身、财产权利。一旦自己的民事权益受到不法侵犯，在其他方式无法保护时，人们往往想到“打官司”。这就是民事诉讼。需要注意的是，民事诉讼不是“万金油”，它有自己的管辖范围，这里就要简要介绍民事诉讼范围。

我国《民事诉讼法》(2012)第3条规定：“人民法院受理公民之间、法人之间、其他组织之间以及他们相互之间因财产关系和人身关系提起的民事诉讼，适用本法规定。”具体说来,有:由民法调整的财产关系案件,如涉及财产所有权的案件、与财产所有权有关的案件、债权债务案件等;民法调整的人身关系案件,如姓名权案件、健康权案件、名誉权案件、肖像权案件、宣告失踪或死亡案件、认定公民无行为能力或限制行为能力案件;民法调整的知识产权案件,如著作权案件、专利权案件和发明发现权案件、商标权案件、商号权案件等。还有继承法律制度调整的继承关系案件、婚姻法律关系调整的婚姻家庭关系案件、破产法律制度调整的申请宣告破产案件、房地产法律调整的房地产纠纷案件、海商法律制度调整的海事、海商纠纷案件以及劳动法律制度调整的因劳动问题引起的纠纷案件等,另外还有与财产关系和人身关系有关的其他案件,如《民事诉讼法》特别程序中规定的认定财产无主案件、选民资格案件,以及《民事诉讼法》规定的公示催告案件、督促程序案件等。比较常见的就是房产纠纷,合同纠纷,婚姻继承纠纷,公司破产重整以及名誉权、隐私权纠纷等。

民事诉讼与行政诉讼、刑事附带民事诉讼范围有一定的交叉,下文将简述它们之间的区别。

(二)交叉诉讼范围的区分

1. 与刑事附带民事诉讼范围的区分

刑事附带民事诉讼是指公安司法机关在刑事诉讼过程中,解决被告人刑事责任同时,附带解决被告人的犯罪行为所造成的物质损失的赔偿问题进行的诉讼活动。《刑事诉讼法》(2012)第99条规定:“被害人由于被告人的犯罪行为而遭受物质损失的,在刑事诉讼过程中,有权提起附带民事诉讼。被害人死亡或者丧失行为能力的,被害人的法定代理人、近亲属有权提起附带民事诉讼。”由于附带民事诉讼也要解决民事赔偿责任,在实体法上,也要受民事法律规范的调整,所以,很多情况下,作为普通公众的当事人可能无法分清到底是刑事诉讼还是民事诉讼,该如何请律师等。

要区分二者也不难,刑事附带民事诉讼的诉因是刑事被告人的犯罪行为给被害人造成了物质损失,首先,这是物质损失,最高人民法院2000年通过的《关于刑事附带民事诉讼范围问题的界定》(已失效)第1条第1款规定:“因人身权利受到犯罪侵犯而遭受物质损失或者财物被犯罪分子毁坏而遭受物质损失的,可以提起附带民事诉讼。”第2款规定:“对于被害人因为犯罪行为遭受精神损失而提起附带民事诉讼的,人民法院不予受理。”

其次,被害人遭受物质损失的原因是被告人的犯罪行为,《关于刑事附带民事诉讼范围问题的界定》第2条规定:“被害人因犯罪行为遭受的物质损失是指被害人因犯罪行为已经遭受的实际损失和必然遭受的损失。”特别注意的是,因民事上的债权债务纠纷引起的刑事犯罪,不能就刑事犯罪前的债权债务问题提起附带民事诉讼,仍然要提起普通民事诉讼。

举例来说,甲和乙因为买卖合同纠纷争执不休最后大打出手,甲打断了乙的肋骨和左腿,已经造成了重伤,乙报警,公安机关立案调查后移送检察机关提起公诉,乙对甲故意伤害造成的医疗费、误工费、营养费等物质损失有权提起附带民事诉讼,但是,对于二者原来的买卖合同纠纷,如果要诉讼的话,只能通过普通民事诉讼进行。

2. 与行政诉讼范围的区分

行政诉讼是指法院因公民、法人或者其他组织的请求,通过审查行政行为合法性的方式,解决特定范围内行政争议的活动。由于行政诉讼解决的相当一部分行政争议都与民事争议交织一起:有些情况下,二者呈现附带关系,解决行政争议成为解决民事争议的前提,例如交通事故中责任认定;有些情况下,二者呈现排斥关系,针对同一争议,一旦行政争议已经处理,当事人不得再提起民事诉讼。例如,行政机关对于土地争议的处理决定生效后,一方当事人不履行的,对方不得再以民事侵权为由提起诉讼,可向行政机关申请执行;还有些情况下,二者呈现参照关系,例如当事人不服行政违法侵权行为提起行政赔偿诉讼,也兼具民事诉讼的特点,法院也可参照民事诉讼法的相关规定进行处理。

要明确行政诉讼的受案范围,也就是区分行政争议和民事纠纷,主要要明确以下几点:

(1)主体不同

行政争议的一方当事人通常是行政机关或法律法规授权的公务组织。有时候即使表面上是公民与公民之间发生了冲突,但是必有一方的行为代表了公权力单位。例如,税务人员依法或者违法收税与个体户发生了争执纠纷,个体户对收税行为不服提起诉讼的,就叫行政诉讼,当然,如果两人是邻居,因为日常摩擦导致的侵权,就属于民事诉讼受案范围了。

(2)权利义务关系不同

行政机关享有的权利义务具有独占性,如果行政组织行使了只有它才能行使的权力,履行了只有它才能履行的义务,由此引起的争议就具有了行政性质。

(3)是否有公权力因素

行政机关行使公权力以及利用公权力形成的便利条件的行为,属于公法行为,因此引起的争议就是行政争议。

(三)民事诉讼律师代理的对象

所谓民事诉讼律师代理的对象即指有权委托律师代理民事诉讼的人员,根据我国《民事诉讼法》(2012)第58条规定:"当事人、法定代理人可以委托一至二人作为诉讼代理人。""法律、当事人的近亲属、有关的社会团体或者当事人所在单位推荐的人,经人民法院许可的其他公民,都可以被委托为诉讼代理人。"根据上述法律规定,有权委托律师代理民事诉讼的,主要有以下人员:原告人、被告人、第三人(包括有独立请求权的第三人和无独立请求权的第三人)、共同诉讼人(包括必要的共同诉讼人和普通共同诉讼人)、诉讼代表人、法定代理人、法定代表人以及其他组织的代表人。

《民事诉讼法》(2012)第55条规定:"对污染环境、侵害众多消费者合法权益等损害社会公共利益的行为,有关机关、社会团体可以向人民法院提起诉讼。"公益诉讼入法,促进社会公共利益的有效维护,遏制针对不特定多数人的相关违法侵权行为,为消费者维权、反垄断、食品安全、环境保护等众多公共领域内的诉讼案件提供了明确的法律依据,改变了过去办案只能依靠民事侵权责任法与环境保护法的零散规定的局面。但是新法对于启动公益诉讼主体的表述依然不明确。法律规定的机关和有关组织应当作狭义理解,仅指现行法律直接、明确规定可以就某一领域提起公益诉讼的机关或组织。那么,目前只有海洋环境保护法中明确规定,海洋行政主管部门可以就海洋环境污染事件提起公益诉讼。全国人大常委会对此的解释是:可以在制定相关法律时进一步明确规定,还可以在司法实践中逐步探索。公益诉讼立法将公民个人排除在诉讼主体范围之外。哪些机关和社会团体有权提起公益诉讼,一旦明确了他们的范围,那么就一步明确了民事诉讼律师代理的对象范围。

(四)律师在民事诉讼中的权利、义务与权限

1. 律师在民事诉讼代理中的权利

保障律师执法的合法权利是维护公民合法权利及社会公平与正义的基本要求。律师执业权利,是指律师法规定的,律师在履行职务、维护当事人的合法权益、维护法律正确实施的执业活动中应当享有的权利。律师的执业权利,是律师依法独立执业的基本保障。为了使律师的基本作用得以充分发挥,世界各国的

立法都赋予了律师充分而正当的执业权利。

民事诉讼代理律师的权利主要是法律规定的律师从事这个职业所享有的权利。根据现行《律师法》、《民事诉讼法》的有关规定,律师的权利主要包括以下几项:

(1)律师依法执行民事诉讼代理执业时,不受任何单位、个人非法干预,具有独立执业权,受国家法律保护。

(2)律师在民事诉讼代理中,有查阅案卷材料、向有关单位和个人调查的权利。代理律师有权查阅、摘抄、复制与本案有关的材料。律师经有关单位和个人同意,可以向他们进行调查以获取证据。

(3)律师在法庭上,经审判长许可,有向当事人、证人、鉴定人发问权;有申请通知新的证人到庭作证权;有申请调取新的证据权;有对当庭宣读证人证言、鉴定结论、勘验笔录等证据提出异议权;有申请重新鉴定或者重新勘验权。

(4)律师发现被代理人伪造、隐藏、毁灭证据,提出无理或非法要求的,有拒绝担任代理人权。

(5)律师在诉讼中,对审判人员、执行人员侵犯国家、集体和公民合法权益的行为,有揭发检举和控告的权利。

(6)律师在民事诉讼代理中,因案情复杂,开庭时间过急,出庭准备时间不足,有向法庭申请延期申请权。

(7)解除委托关系权。对于委托人利用律师提供的服务从事违法活动,委托人向律师隐瞒事实或提出无理要求,委托人严重侮辱律师的人格等,律师有权解除委托代理合同。

(8)法律法规规定的律师所享有的其他权利。

2. 律师在民事诉讼代理中的义务

根据我国律师法和其他法律的有关规定,代理律师在民事诉讼中享有权利的同时,应当履行相应的义务。

(1)律师必须忠实于案件的事实真相,忠实于国家法律,维护被代理人的合法权益。

(2)律师接受当事人的委托和人民法院的指定担任代理人后应依法在委托的权限内,认真履行义务,没有特殊情况出现,不得中止或终结代理工作。

(3)律师在依法执行职务活动中,涉及国家机密和个人隐私,有保守秘密的义务。

（4）律师在民事诉讼代理中，应严格依照法律规定的程序办事，在出庭执行职务时，必须遵守法庭的各项规则和纪律，不得妨碍司法机关正常的诉讼活动。

（5）律师代理必须由律师事务所统一接受委托，并且统一收取费用，不准律师私自接受当事人的委托，不得私自收取费用。

（6）律师在民事诉讼代理中，必须认真履行职责，清正廉洁，不徇私情、不营私舞弊，恪守纪律和职业道德，不得进行任何有损于律师名誉和当事人合法权利的行为。

（7）律师不得弄虚作假、歪曲事实，损害国家的利益和他人的合法权益。

（8）在同一案件中不得为双方当事人担任代理人。

（9）不得提供虚假证据，隐瞒事实或者威胁、利诱他人提供虚假证据，隐瞒事实以及妨碍对方当事人合法取得证据。

（10）不得在委托人未同意的情况下，超越委托权限或利用委托关系从事与委托代理事务无关的活动。

3. 律师在民事诉讼中的权限

（1）律师代理权限的产生

律师在民事诉讼中的代理权，产生于委托人的授权。我国《民事诉讼法》第59条第1款规定："委托他人代为诉讼，必须向人民法院提交由委托人签名盖章的授权委托书。"依据上述规定，当事人委托律师代理民事诉讼时，除与律师事务所签订委托代理合同外，还必须为代理律师出具授权委托书，代理权才能成立（关于委托代理合同和授权委托书的区别联系详见第二节）。当事人委托律师代理民事诉讼，必须向人民法院提交由其签名盖章的授权委托书。

实践中，不是每一次诉讼都要按照签代理合同、出具授权委托书的程序，也可能与某个律所或者律师合作关系非常好，例如聘为自己的法律顾问或家庭律师，可以先签订一定期限的代理合同，出具空白授权书，再根据具体情况依法操作。

（2）律师在民事诉讼的代理权限

代理权限是代理人实施代理行为的权利范围，是代理权具体化的表现，是委托人赋予代理人实施权能的一种手段。律师代理权限是委托人授予的，受授权委托书的规定和制约。根据我国民事诉讼法的规定，律师代理权限可分为一般代理和特别代理。

一般代理又称为普通代理，是相对"特别代理"而言的，是指当事人将普通的诉讼权利委托律师行使。也就是说,当事人是把那些不直接涉及实体权利的诉讼权利授权代理律师去行使。在这种代理关系中,律师无权行使当事人重要的诉讼权利和实体权利,只能行使如代为陈述事实、申请回避、提出管辖权异议等不涉及当事人实体权利的一般诉讼权利。主要是代理参加诉讼,提供法律帮助。一般代理的权限包括:调查收集证据,查阅案卷材料,参与庭审活动,帮助当事人行使申请回避的权利以及行使询问证人、鉴定人的权利,行使法庭辩论的权利等。由于在一般代理中,代理律师无权处理委托人实体上的民事权益,不能就解决实体性的问题具体表态,所以,代理律师与被代理人必须一起参加诉讼活动。律师与被代理人之间,在诉讼活动中可做适当分工。律师精通法律,当事人熟悉案情,律师的活动应侧重于对实体法和程序法的运用上,应当从法律角度提出主张,实施相关的诉讼行为;而被代理人(当事人)则应侧重于向代理人提供案件事实及有关证据。律师与被代理人相互配合,共同维护当事人的合法权益。

特别代理。特别授权代理,是指当事人不仅将一般的诉讼权利而且还将重要的诉讼权利和实体问题的处分权利一并交律师行使。根据我国《民事诉讼法》第59条的规定,需当事人特别授权的涉及当事人的实体权利包括:“代为承认、放弃、变更诉讼请求,进行和解,提起上诉或者反诉,必须有委托人的特别授权。”

律师在民事诉讼中一定要明确自己的权限范围,不能越权作为,否则只会自找麻烦。当事人出具授权委托书时也必须慎重,到底给予律师多少权利?能不能将实体权利的处分权也委托出去?委托多大范围的?因为毕竟法律后果由自己承担。

此外,应注意的是,在实际生活中有的委托人在授权委托书中仅写明“全权代理”一词而无具体授权,这样一般认为是“一般代理”,根据最高人民法院对《民事诉讼法》所做的解释,诉讼代理人无权代为处理当事人的实体权利。

三、律师代理民事诉讼的工作方法和步骤

(一)收案

1. 收案的概念

收案是指律师事务所接受公民个人和其他组织的委托,指派律师担任代理人;收案时应以律师事务所的名义接受委托。律师事务所应指派1~2名律师作为诉讼代理人。律师事务所应向委托人介绍指派的律师,并取得委托人的同意。律师不得私自接受委托。如果委托人指名要求委托某位律师,律师事务所应尽

可能满足委托人的指名要求。

2. 收案的条件

委托人要求律师代理进行诉讼活动，律师应严格审查以下问题，看其是否符合收案的条件，以便决定是否接受委托。

（1）委托人是否是与本案有直接利害关系的公民、法定代表人、法定代理人或集团诉讼人。

（2）是否有明确的被告、具体的诉讼请求、事实根据和证据材料。

（3）委托人的诉讼请求，是否合理、合法，是否超过诉讼时效。

（4）应属于人民法院管辖的范围和受诉人民法院的管辖。

（5）起诉的争议，是否属于依法适用民事诉讼程序审理范围。

（6）不属于重复诉讼及依法在一定期限内不得起诉的案件。

（7）委托人是否具有诉讼权利能力及诉讼行为能力。

（8）争议应由人民法院以外的部门处理，不属于司法程序解决的。例如，向有关部门申请落实政策，或反映国家工作人员违法乱纪、官僚主义等问题；单位内部调整、分配房屋中发生的纠纷问题，军队离退休干部腾退军产房纠纷问题，根据最高人民法院的有关司法解释，不能提起民事诉讼。

（9）当事人提出的请求，必须是先经过其他机构处理，法院才能受理。如劳动争议案件未经仲裁机构仲裁的、道路交通事故未经公安机关处理的，不得向人民法院起诉。

只有具备上述起诉条件，律师才有可能作为诉讼代理人，否则，律师不能接受委托。

3. 订立委托代理合同，出具授权委托书

委托代理合同，即委托代理协议。主要是指委托人与律师事务所之间协商订立的确定律师作为诉讼代理人参加民事诉讼有关事宜，明确委托人与律师事务所在代理民事诉讼过程中的相互权利义务关系的书面协议。

当事人发生纠纷或其合法权益遭到他人侵犯时，为了维护其合法权益而向人民法院提起诉讼，当事人有可能寻求律师的帮助，请求律师代为进行一定的诉讼权利。因此，律师代为进行民事诉讼，是以接受当事人的委托为前提的。当律师和当事人的意见一致时，就要由该律师所在的律师事务所与委托人订立委托代理合同，委托代理合同是律师代理民事诉讼的依据。

委托代理合同应包括以下内容：（1）委托人的姓名或名称、住所地和案由；

(2)律师事务所指派参加诉讼的律师的姓名;(3)委托代理的权限;(4)双方的权利义务。

授权委托书是委托人单方向代理律师出具的,明确代理律师在代理委托人参加民事诉讼过程中代理权限范围的法律文书。根据民事诉讼法的有关规定,民事案件的当事人委托律师作为诉讼代理人参加民事诉讼,必须向受理案件的人民法院提交由委托人签名或者盖章的授权委托书,否则律师在诉讼活动中的代理权不能成立。因此,作为委托人实施授权行为凭证的授权委托书,也是律师代理民事诉讼、行使代理权的直接根据。

授权委托书一般包括委托人的姓名或名称、住所地、法定代表人姓名、职务、委托的律师姓名、所在的律师事务所名称、委托的事项和权限等内容。授权委托书应当一式三份,一般经委托人签名或者盖章后即具有法律效力,无须经过其他有关部门证明。但是,对某些有特殊规定的案件,授权委托书必须经过特殊证明方能生效。具体规定如下:(1)侨居国外的中国公民从国外寄交或托交的授权委托书,须经中华人民共和国驻该国的使领馆证明;(2)居住在港澳地区的同胞向内地寄交的授权委托书,须经中华人民共和国司法部授权指定的港、澳地区的有关律师或有关机构证明;(3)不在中华人民共和国境内居住的外国人对我国律师的授权委托书,须经其所在国的公证机关证明,然后经中华人民共和国驻该国使领馆认证。

(二)律师接受委托后的工作

1. 熟悉案情收集证据

(1)律师调查取证的必要性

律师接受当事人委托或法院指定以后,取得了诉讼代理人的地位,具有了诉讼权利和诉讼义务,为了正确履行职责,保护被代理人一方的合法权益,应向被代理人明确其应当承担举证责任。在当事人履行举证责任有困难时,通过调查,代理当事人履行举证责任。《民事诉讼法》第 64 条第 1 款明确规定“当事人对自己提出的主张有责任提供证据”。举证责任是当事人重要的诉讼权利,同时也是其对人民法院承担的诉讼义务。在民事诉讼中,当事人提出主张的事实和理由,或者进行答辩、反驳或者反诉的事实和根据,都必须提供证据加以证明。

民事诉讼中的举证责任包括以下几方面的内容:第一,需要证明的事实,即证明对象,是指在民事诉讼中需要证明的事实;第二,举证责任的承担,即由谁提供证据证明案件事实;第三,举证不能的法律后果的承担。在民事诉讼中实行

“谁主张,谁举证”的原则。据此,律师无论代理原告、被告或是第三人,都同样负有帮助当事人提供证据的责任。如果当事人不能提供证据,当事人就有可能承担对自己不利的法律后果。

2001年12月21日最高人民法院颁布的《最高人民法院关于民事诉讼证据的若干规定》(以下简称《若干规定》)对《民事诉讼法》第64条的原则规定作了具体化的解释,完善了举证责任的分配原则,明确规定了当事人不能提供证据所应当承担的不利后果。《若干规定》第2条规定:“当事人对自己提出的诉讼请求所依据的事实或者反驳对方诉讼请求所依据的事实有责任提供证据加以说明。没有证据或者证据不足以证明当事人的事实主张的,由负有举证责任的当事人承担不利后果。”

《若干规定》更加明确了举证的分担原则,即主张权利存在的当事人对权利发生的法律事实负举证责任,主张权利不存在的当事人对权利消灭或者妨碍或限制权利的法律事实负举证责任。当事人提供的证据都应当证明其事实主张,才完成举证,一方当事人完成举证,举证责任才能转移给对方当事人。在当事人不提供证据或者提供的证据不足以证明其事实主张的情况下,不发生举证责任转移的问题。律师应当注意证据对事实的证明存在三种情况:一种是证明事实为真实,一种是证明事实为虚假,一种是事实真伪不明。

(2)收集证据的范围

代理人要协助委托人履行举证责任,全面收集证据。收集证据的范围包括:能证明起诉正确或答辩正确的证据;能证明对方的起诉或答辩的事实失真的证据;与案件处理有关的其他证据。

当事人对自己提出的主张有责任提供证据。但是当事人往往不能分辨什么是证据,或者只知道使用直接证据而忽略了间接证据的证明力,为此,代理律师应协助其充分地捕捉证据线索,从中发现证据。身在诉讼中的当事人,面对错综复杂的案情,不知道要用什么证据来证明自己的主张,或者不知道从哪里寻找证据,在这种情况下,律师就有必要在了解事实真相的基础上,代理委托人调取有利于委托人的证据。

原告起诉必然提出诉讼请求、事实理由,并且需要对其主张和维护主张的根据提出相应的证据加以证明。具体表现在,提出诉讼请求之后,事实根据是什么,为什么要提出这样的诉讼请求,代理律师应列出事实,并向法院提供支持该事实成立的证据。如欠条、合同、对方确认的还款证明等。

被告在应诉、答辩的过程中，可能对原告的主张进行承认、否认或者反驳，或者提出反诉。被告代理律师应当提出一定的事实情况为依据，使否认、反驳、反诉成立。也就是说，如果否认原告的主张应提出否认的依据；如果反驳对方的主张，应提出反驳的理由，并向法院提供该理由成立的证据；如果提出反诉，应像原告一样提供相应的证据证明自己的主张。

有独立请求权的第三人对自己的主张应举证证明。无独立请求权的第三人在诉讼中是否举证证明，应视具体情况而定。无独立请求权的第三人作为附属一方当事人进行诉讼的参加人，对当事人之间的主张及事实情况不负有举证责任。但是，无独立请求权的第三人与案件处理结果有利害关系，当判决涉及其应当承担实体义务而他提出自己的主张时，就应对此举证证明。

律师应该根据自己所代理的对象的不同，而分阶段举证，对同一事实应该首先由律师代替提出主张的一方当事人举证，由对方当事人的律师进行质证。经质证不能被推翻的证据，律师应要求法院予以确认，经质证被推翻的证据，应要求法院作出否认的确认。提供证据进行举证、质证的范围及目的在于查清案件事实，对于没有争议的事实，当事人无须提供证据，也无须进行质证。

（3）调取证据的时间应在法院指定的期限内进行

2001 年 12 月 21 日颁布的《最高人民法院关于民事诉讼证据的若干规定》（以下简称《若干规定》）第 3 条规定："人民法院应当向当事人说明举证的要求及法律后果，促使当事人在合理期限内积极、全面、正确、诚实地完成举证。"第 33 条第 3 款规定："由人民法院指定举证期限的，指定的期限不得少于三十日，自当事人收到案件受理通知书和应诉通知书的次日起计算。"第 34 条规定："当事人应当在举证期限内向人民法院提交证据材料，当事人在举证期限内不提交的，视为放弃举证权利。"民事诉讼法没有举证期限的规定，以前作为当事人的律师对提出证据的时间掌握得比较宽松，有时在辩论终结后判决作出之前，律师提出新的证据，法院一般也会接受。而《若干规定》对举证责任的期限作了规定，当事人在规定的举证期限内不提供证据材料的，将被视为放弃举证权利，这对当事人的诉讼权利影响很大。因此律师应严格把握提供证据的期限，在规定的期限内提供证据，对当事人的诉讼权利提供充分的保障，以免造成不利的后果。

需要注意的是，律师在办理民事案件时应当明确，法院在受理案件后必须在送达案件受理通知书和应诉通知书的同时，向当事人送达举证通知书，根据不同案件类型的特点,其应当载明举证责任分配的原则和要求,律师可以向法院申请调查收集证据的情形,法院应当根据案情情况明确指定当事人举证的期限,在法院指定的期限内律师应当尽量保证能够为当事人收集到证据,并且举证的期限不能超过30日。

如果在法院指定的期限内,举证确有困难,根据《若干规定》第36条(当事人在举证期限内提交证据材料确有困难的,应当在举证期限内向人民法院申请延期举证,经人民法院准许,可以适当延长举证期限。当事人在延长的举证期限内提交证据材料仍有困难的,可以再次提出延期申请,是否准许由人民法院决定)的规定,律师可以代当事人在举证期限内向法院申请延期举证。律师应当注意,申请举证期限的延长应当具备如下两个要件:一是当事人在举证期限内提交证据材料确有困难,这是举证期限延长的必备条件。所谓提交证据材料确有困难,指当事人及其律师因客观的、无法克服的困难,不能在法院确定的举证期限内收集和向法院提交证据。其困难可能是证人外出尚没有找到、收集有关证据材料尚需时间,也可能是有关部门不予配合、对方当事人的阻碍等。如属后一种情形的,当事人亦可依《民事诉讼法》第64条和《若干规定》第17条申请人民法院调查收集证据。二是在举证期限内向人民法院提出延期举证之申请,此谓举证期限的延长的形式要件。律师需在举证期限延长申请书中详细载明延期的理由,适当时并应提供证明材料。所以,当事人必须在举证期限内向法院提出延长期限的申请,否则视为当事人同意法院先前指定的举证期限,超过举证期限未申请期限的延长,亦未提供证据的,视为当事人放弃举证。

既然有时间限制,律师当然要抓紧时间收集证据,但是我们还要明白,证据不是好好地等在哪儿,还需要你去分析,去搜寻,有些还在对方手中,所以,必须要想方设法去抓住它们,特别对那些随着时间延续极易消失的证据,一定要争取时间,比如进行证据保全,等等。

律师在收集证据时一定要注意证据的保管链条。所谓证据的保管链条,是指从收集到证据一直到在法庭上出示证据,必须注意证据材料的同一性,并且能证明证据材料的同一性。也就是说,必须要确保己方在法庭上出示的证据就是当事人在案件发生过程中的那些证据,比如说,如果是一份书证,必须证明法庭上出示的书面材料就是当事人争议的那份书证,如何证明?这就要从该份证据的提取、固定、保管及至出示于法庭等一系列链条的完整性和严密性。

(4)律师调查收集证据的途径及方法

①向当事人调查收集证据

律师接受当事人委托后,就要着手收集相关的证据,代理律师可以要求当事人提供诸如:

合同、契据、函电、书信、鉴定书、诊断书和其他证据,也可以根据委托人提供的材料和线索进行调查。

律师在向当事人收集证据时应当注意,一定要求委托人如实陈述案情。通常由于当事人处于利害关系中,往往叙述案情时带有偏见,尽量夸大对自己有利的事实,缩小对自己不利的事实,使律师难以对案情作出正确判断。因此,律师在向当事人收集证据时,不仅要向当事人讲清如实陈述案情的重要性,要求其提供所有对自己有利或不利的事实,将案件情况实事求是地讲清楚,而且还要通过当事人的叙述发现一些有价值的证据。

②证人调查和收集证据

根据我国律师法和民事诉讼法的规定,律师向有关单位和个人调查取证时,有关单位和个人有责任给予支持和配合。律师在向证人调查、收集证据时,应持律师事务所的调查专用介绍信,并首先告知律师身份,出示律师执业证,告知证人应当如实反映与本案有关的情况,并向其讲明作伪证应负的法律责任。律师向证人调查、收集证据,可以由证人自己书写证言内容。证人不能自己书写的,可由他人代为书写,证人签名、盖章或按指纹确认。有关单位书写的证人证言,应由单位负责人签名或者盖章,并加盖单位印章。

律师调查、收集与本案有关的证据,可以制作调查笔录。调查笔录应当载明调查人、被调查人、调查时间、调查地点、调查内容、调查笔录制作人等基本情况;还应当有律师身份介绍,律师要求被调查人实事求是作证等内容,调查的内容通常是查明民事纠纷发生的时间、地点、原因、人物、经过、结果、争执的焦点,收集证据和寻找证据来源。但就具体的被调查人来说,则应围绕同当事人谈话、阅卷中出现的存疑和线索进行,同时对不同的案件还要根据其特点进行调查。调查时对于问题单一的,可以不制作调查提纲,对于问题多而复杂的,则应拟定调查提纲,以防遗漏。律师制作调查笔录,应当全面、准确地记录谈话内容,律师应遵守实事求是的原则,切忌先入为主,诱导被调查人回答自己所需要得到的材料。谈话完毕后,应将调查笔录交由被调查人阅读或向其宣读。如有修改补充,应由被调查人在修改、补充处加盖印章或按指纹确认。被调查人在律师调查笔录上,还应签署或由他人代书下列文字:"以上笔录我已阅读过(或向我宣读过),与我本人陈述的一致。"

律师应向一切了解案情的人进行调查,制作调查笔录。向有关单位收集能证明案件情况的文件及有关标准等方面的证据。明确双方争执的关键所在和诉讼当事人诉讼请求的根据和理由。

③查阅案件卷宗材料,是律师取得证据的重要途径

代理律师查阅的主要材料包括:起诉状、被告所做的答辩状、双方当事人的举证材料、法院调查或鉴定而得来的相关的证据材料。律师查阅案卷材料应当做到核实事实,了解双方当事人在叙述事实方面的主要观点,核实事实要根据各方不同的主张抓住最基本的、足以影响实体裁判的事实进行。要了解双方当事人在叙述事实方面的差距。对对方当事人多次叙述的事实,要注意前后是否一致。审查、分析、判断案卷材料中对方当事人提供的证据,这是阅卷最关键的环节。"以事实为根据"最终要落脚在"以证据证明事实"上。因此,律师在阅卷中对双方所依托的裁判文书运用的证据要通过甄别,注意鉴别真假,找出矛盾证据,并把有利证据和不利证据分开排列,掌握对方当事人的意见和观点,做到知己知彼。研究相关法律,既要研究对方引用的法律是否正确,又要研究此案适用什么法律。认真查阅法院的调查结论和有关材料,看是否存在倾向性或违法情况。

代理律师还应当注意阅卷的方法,代理民事案件,一般至少要阅两次卷:第一次是在接受委托时,掌握一下案卷中的证据材料,做到心中有数;第二次是在接到开庭通知书后,进行全面阅卷,为出庭做充分的准备。阅卷应当粗看和细看相结合。粗看是为了找出重点概览全貌。

方法是从目录着手到具体材料。细看的对象是重点问题,其内容通常是决定案件性质和确认实体权利和义务的基本事实和相关证据。要有目的地阅卷,律师对有疑问的事实和需要进一步弄清的事实在阅卷时要认真查阅,对有可能在法庭上提出的问题要在阅卷中寻找答案。案卷中审阅不清、寻找不到答案的还要进行调查。在阅卷时注意制作阅卷笔录。笔录的主要内容应包括:对方当事人陈述的主要事实,对方当事人提供的主要证据;人民法院的调查结果和有关材料。摘录卷内材料不可断章取义,要保持其连贯性、完整性,摘录材料不可改变原意,并注明卷号、页码。摘录案卷中的材料应注明出处,以便庭审引用。

阅卷不仅要全面细致,更应当注意抓住重点,在从头到尾查阅所有的案卷材

料以后,对以下问题应着重把握:一是案件的关键及焦点问题;二是双方当事人的主要分歧和矛盾所在;三是对方当事人的主要观点及理由;四是证人证言及有关证据材料的证明事实。

④申请法院调查收集证据

《若干规定》第17条规定:"符合下列条件之一的,当事人及其诉讼代理人可以申请人民法院调查收集证据:(一)申请调查收集的证据属于国家有关部门保存并须人民法院依职权调取的档案材料;(二)涉及国家秘密、个人隐私的材料;(三)当事人及其诉讼代理人确因客观原因不能自行收集的其他材料。"法院调查收集证据,主要是对当事人存在客观原因不能自行收集证据的救济手段。一般情况下,当事人应以自身的能力收集证据,只有在确有客观原因的情况下,方可申请法院调查收集。这种客观原因主要是指涉及档案材料和秘密材料的情形。在某些案件中,也可以因为情况特殊或者律师处境的困难,无法单独对某些需要调查的问题进行调查,更无法取得必要的证据。在这种情况下,根据以上的规定,律师可以申请人民法院进行调查。

在申请人民法院调查时,律师应当以书面形式在举证期限内提出,申请书应当载明基本的证据线索,所要调查的证据大致内容,即它为书证、物证、证人证言、当事人陈述、鉴定结论、勘验笔录、视听资料中的哪一类及其涉及的主要内容;所要证明的事实,以供人民法院判断该证据与争议的案件事实是否具有关联性。书面申请中应当载明申请人申请人民法院调查收集证据的原因及不能自行收集的原因,以供人民法院判断申请是否属于《民事诉讼法》第64条第2款以及《若干规定》第17条规定的情形。当调查对象是自然人或单位时,应当列明被调查人的姓名或单位名称、住所地或居住地等基本情况,以便人民法院的调查人员能查明被调查人的住所,迅速展开调查工作。且最好在申请书后面附一份调查提纲,写明调查的事项、目的和要求,并可以提出调查的对象和有关建议,供调查人员调查时参考。

2. 审查管辖及诉讼时效

律师接受当事人委托,代为提起诉讼的,应分析利弊,确定案件管辖法院。主要从以下五个方面进行分析和审查:

第一,本案是否属于人民法院受理范围。

属于人民法院受理的民事案件的范围有以下几类:

(1)民法、婚姻法调整的财产关系及与财产关系相联系的人身关系而产生的民事案件,如财产所有权、债权、肖像权、荣誉权等纠纷;婚姻、赡养、抚养、扶养和继承等纠纷。

(2)合同法调整的因合同关系而产生的各类合同纠纷。

(3)其他法律调整的社会关系而产生的纠纷,法律明文规定依照民事诉讼程序审理的案件,如环境污染所引起的民事损害赔偿案件,选举法和民事诉讼法规定的选民资格案件等。

(4)最高人民法院规范性文件规定的案件,如部分专利纠纷案件,海事、海商案件。

第二,有无仲裁条款、书面仲裁协议及其效力。

仲裁协议是指当事人在合同中预先订立或者在争议发生后达成的表示当事人双方愿意将其争议提交仲裁,并就仲裁内容达成的书面文件。我国《仲裁法》第16条第1款规定:"仲裁协议包括合同中订立的仲裁条款和其他以书面方式在纠纷发生前或者纠纷发生后达成的请求中的协议。"根据该条款的规定,仲裁协议主要有两种,即合同中规定的仲裁条款和当事人双方以其他形式达成的书面仲裁协议。

律师审查仲裁协议的效力应从以下三个方面进行审查:

(1)请求仲裁的意思表示是否真实。请求仲裁的意思表示必须明确、肯定,符合仲裁一裁终局的要求,具有排除法院管辖的效力。

(2)应明确仲裁事项。仲裁事项是指提交仲裁的范围,具体的仲裁事项应由当事人在协议中约定。

(3)是否选定仲裁机构。根据我国有关法律规定,仲裁协议的当事人应选择仲裁地点和仲裁机构。仲裁机构即具体的仲裁委员会。

代理律师应对以上三个方面严格进行审查,看代理的案件有无仲裁协议,有仲裁协议,看是否符合以上三个方面的要求,如果符合要求则应到仲裁机构进行仲裁,人民法院无权受理;如果不符合要求,则只能由人民法院受理。

我国法律规定,仲裁和诉讼可以由当事人自由选择,由于仲裁和诉讼是相互排斥的,既然选择了仲裁就不得再向法院诉讼,而选择了诉讼就不得申请仲裁解决纠纷。

第三,有无协议管辖条款及其效力。

我国《民事诉讼法》(2012)第34条规定:"合同的双方当事人可以在书面合同中协议选择被告住所地、合同履行地、合同签订地、原告住所地、标的物所在地人民法院管辖。”本条就是对协议管辖的规定,协议管辖,是指双方当事人在纠纷发生前或纠纷发生后,以书面的方式约定管辖法院。

协议管辖,律师应当注意的问题是:

(1)只能对第一审法院管辖的合同纠纷案件进行协议,不得对第二审管辖的合同纠纷案件进行协议。也就是说,当事人协议管辖只能是对初审法院进行选择,一审判决后,对二审法院就不能继续协议管辖,而只能由原审法院的上一级法院进行审理。

(2)只能对合同纠纷适用协议管辖,其他民事、经济纠纷不得协议管辖。根据民事诉讼法的有关规定,协议管辖的案件是有严格限定的,并不是所有的民事纠纷案件都可以协议管辖,只能是合同纠纷案件,包括我国合同法规定的15类有名合同和合同法没有规定的一些无名合同。其他民事案件如侵犯人身权类案件、侵犯知识产权类案件、婚姻家庭、继承权类纠纷案件不能协议管辖。

(3)选择协议管辖必须以书面形式,口头协议无效。

(4)当事人双方选择协议管辖法院,不得违反级别管辖和专属管辖的规定。级别管辖,是指划分上下级人民法院之间受理第一审民事案件的分工和权限。我国法律对各级人民法院受理的案件范围都有明确规定,因此当事人不得约定,如果约定也会因违反法律而无效。专属管辖也属于这类情况,它是法律已明确规定了管辖法院,不允许再由当事人重新约定管辖法院。专属管辖是强制性最强的一种管辖,它具有管辖上的排他性,即凡法律规定专属管辖的案件不得适用一般地域管辖和特殊地域管辖。

第四,是否属于专属管辖。

专属管辖,是指法律强制规定某些条件只能由特定的人民法院管辖,其他法院无管辖权,当事人也不得协议变更管辖法院。如法律规定:“因不动产纠纷提起的诉讼,由不动产所在地人民法院管辖;因继承遗产纠纷提起的诉讼,由被继承人死亡时住所地或者主要遗产所在地人民法院管辖;因港口作业中发生纠纷提起的诉讼,由港口所在地人民法院管辖。”都属于专属管辖,当事人无权协议管辖。

第五,是否属于特殊地域管辖。

特殊地域管辖,是以被告住所地及诉讼标的或者引起法律关系发生、变更、消灭的法律事实的所在地为标准,确定管辖法院。特殊地域管辖是相对于一般地域管辖而言,是法律对某些特殊案件的管辖法院所作的特殊规定。根据《民事诉讼法》(2013)第23条至第32条的规定,有十种诉讼适用特殊地域管辖。如“因铁路、公路、水上、航空运输和联合运输合同纠纷提起的诉讼由运输始发地、目的地或者被告住所地人民法院管辖;因合同纠纷提起的诉讼,由被告住所地或者合同履行地人民法院管辖;因保险合同纠纷提起的诉讼,由被告住所地或者保险标的物所在地人民法院管辖;因侵权行为提起的诉讼,由侵权行为地或者被告住所地人民法院管辖”等十种情况。

3. 审查诉讼时效的内容

审查诉讼时效时,应当审查如下内容:第一,是否超过诉讼时效期间;第二,有无诉讼时效中断、中止或延长的事由。

根据民法通则的规定,诉讼时效是指权利人在法定期间内不行使权利,就丧失了请求人民法院保护民事权益的权利的法律制度。权利的保护是有时间限制的,在诉讼时效期间内,人民法院对权利人的诉讼请求依法予以保护;超过了诉讼时效期间的,人民法院则不再予以保护,当事人丧失的是胜诉权。对已超过诉讼时效的案件,如有采取补救措施的可能,律师在向其讲明可能不利的诉讼结果后,可继续代理。在采取补救措施后,仍不能排除超过诉讼时效期间这一法律障碍时,律师可向当事人说明情况,终止委托。

诉讼时效的中止是指在时效进行中,因出现了法定事由,致使权利人不能行使权利,所以法律规定暂时停止时效期间的进行,已经经过的时效期间仍然有效,待阻碍诉讼时效进行的事由消除后,时效继续进行。《民法通则》第139条规定:“在诉讼时效期间的最后六个月内,因不可抗力或者其他阻碍不能行使请求权的,诉讼时效中止。从中止时效的原因消除之日起,诉讼时效期间继续计算。”

诉讼时效的中断,是指在诉讼时效内,因法定事由的发生致使已经进行的时效期限全部归于无效,从中断时起,诉讼时效重新起算。诉讼时效中断的法定事由有以下几种:(1)起诉。即权利人依法向人民法院对义务人提起诉讼。(2)当事人一方提出要求。这是权利人向义务人明确提出要求其履行义务的主张,客观上改变了权利人行使权利的事实状态,以使诉讼时效中断。(3)义务人同意履行义务。义务人向权利人作出承认其权利存在的意思表示,就使得当事人之间的权利义务关系得以明确、稳定。例如,在实践中,在诉讼时效内,双方当事人又达成了新的还款协议、债务人在银行的催款通知书签字盖章、债务人同意履行债务的信函等都属于诉讼时效中断的情形。

诉讼时效的延长,是指在诉讼时效期间届满以后,权利人因有正当理由,向人民法院提出诉讼时,人民法院可以把法定时效期间予以延长。这是一项保护当事人权利的措施。

(三)准备诉讼资料

1. 撰写起诉状或答辩状

律师在取得支持自己的主张的证据之后,首要的任务就是撰写起诉状或答辩状。律师要帮助委托人提出合情合理的诉讼请求,不可提出不切实际或根本不能实现的诉讼请求。

(1)撰写民事起诉状。民事起诉状是民事案件的原告人向人民法院陈述自己的合法权益被侵害的事实,阐明起诉理由、提出诉讼请求的法律文书。从实质上看,民事诉状是保护当事人合法权益的诉讼文书,它是针对对方当事人的侵权行为或者其他违法行为,而在正确分析证据、证实具有法律意义的事实的基础上,运用法律规定,明确请求目的,要求一审人民法院给予审判保护的诉讼文书。起诉状应着重写明原告请求人民法院解决的事项,即诉讼请求,就是原告对于被告所提出的有关民事权益方面的要求,如要求被告履行合同、赔偿经济损失、支付违约金等及通过诉讼所要达到的目的;事实及理由部分就是被告所提出的诉讼请求的依据,即原告根据哪些事实和理由认为对方侵犯了自己的民事权益,或者认为对方在同自己的争执中无理,请求人民法院裁决。这一部分应重点写明法律事实、提出证据、证明理由,这是诉讼状的主要部分。在事实部分应写明纠纷的由来和发展,双方争执的民事权益的内容和焦点,有哪些证据能够证明上述事实。在理由部分应通过对纠纷事实的法律分析,阐明自己对纠纷双方权利义务是非曲直责任的看法,作出符合法律规范的事实认定,并援引有关的法律、法规和政策性文件以支持自己的诉讼请求,明确提出权益请求的主张。

律师撰写民事起诉状应当注意的几个问题:第一,突出重点,详略得当。这是在材料的剪裁选择方面必须注意做到的。在叙述时必须重点突出,抓住主线,该详则详,该略则略。务求能够显主干,少枝叶,要在“写清楚”三个字上下工夫,使人看起来明白易懂。第二,脉络清楚,层次分明。这是在材料的组织方面必须做到的。案情事实材料好像是一堆零部件,必须进行合理组装,把这些零部件放到应有的位置上去,才能使它变成一部转动的机器。这就要求叙述案情要注意事实本身的条理,把它分成若干层次进行叙述,做到有条不紊。划分的方法,既可以按照案情发展的时间顺序来划分层次,也可以按照问题的主次来划分层次。第三,言之有物,切忌空谈。这里指在书写诉状的内容上,要着眼于说明案情事实,作必要的论证理由。对于理论问题,对于法律条文的理解问题,在诉讼中要尽量少讲或不讲。在诉状中,尽量让事实说话,空话、大话尽量少讲或不讲。

起诉状的格式为,第一部分:当事人的基本情况,当事人是公民的,应写明姓名、性别、年龄、职业、民族、工作单位和住所;当事人是法人和其他组织的,应当写明名称、住所、法定代表人或主要负责人的姓名、职务。原告是无诉讼行为能力人而由法定代理人起诉的,或者由委托诉讼代理人代理诉讼的,应在原告之后注明法定代理人或诉讼代理人的姓名、性别、年龄、籍贯、职业、工作单位和住址。第二部分:诉讼请求,应写明通过诉讼想要达到的目的及要求法院支持自己的何种请求。第三部分:事实和理由,简单阐述该法律关系发生、变更的事实,纠纷发生的事实,诉讼请求的法律依据及对方应该承担责任的理由。第四部分:附录,应附上支持自己主张的证据名称。

(2)撰写民事答辩状。民事答辩状,是民事案件的被告人,收到原告的起诉状副本后,在法定的期限内,针对原告人在诉讼中提出的请求事项及依据的事实和理由,向人民法院作出的进行回答和辩驳的法律文书。被告人及其代理人提出答辩的目的,在于驳斥和辩解对方不正确的、不合法的起诉。

主要内容就是针对起诉状中与事实不符,证据不足,缺乏法律依据的内容逐一进行辩驳,对原告诉状中所写的事实是否符合实际情况表示意见,如果所述事实全部不能成立,就全部予以否定,部分不成立的,就部分予以否定。并提出自己的理由,列举有关证据和法律依据,提出符合客观真实的事实来加以证明。应着重写明被告否认原告的诉讼请求,提出相应的事实和理由;或写明被告承认原告的哪些诉讼请求,反对原告的哪些诉讼请求,对于反对的部分,要针对原告诉状中提的事实和理由,提出相反的事实和理由,证明自己的主张和观点的正确性和合法性。答辩状可以从以下几个方面进行答辩:

就事实部分进行论证,要着重列举出反面的证据来证明原告诉状中所述事实不能成立,并且要求反证确凿、充分,不能凭空否认原告诉状中所叙述的事实。这里所说的反面证据,一种是直接与原告所提的证据相对抗的证据,另一种是足以否认原告所述事实的证据。

就适用法律方面进行答辩。一是事实如果有出入,当然就会引起适用法律上的改变,论证理由自然可以从简。二是事实上没有出入,而原告对实体法条文理解错误,以致提出不合法要求的,则可据理反驳。三是在程序方面,如果原告起诉违反民事诉讼法的规定，没有具备引起诉讼发生和进行的条件，则可就适用程序法方面进行反驳。

提出答辩主张。在提出事实、法律方面的答辩之后，引出自己的答辩主张，即对原告诉状中的请求是完全不接受，还是部分不接受，对本案的处理依法提出自己的主张，请求法院裁判时予以考虑。

律师代书答辩状应注意的问题：第一，必须注意答辩状的针对性。答辩状一定要针对原告的诉状内容提出反驳的论点和论据，防止出现“答非所问”的现象。第二，答辩请求必须合情合理。答辩请求要在提出充分的事实和正确引用法律的基础上，自然得出的结论，不是牵强的。答辩人要抱着解决问题的态度，摆事实，讲道理，提出的请求，尽量使其切实可行。不可言辞偏激，感情冲动。第三，答辩请求，必须明确、具体、完整，不含糊其辞，要把被代理人的请求全部提出来，不能遗漏。

答辩状的格式为：第一部分为首部。写明答辩人的姓名、性别、年龄、民族、籍贯、职业、住址；被告方是法人单位的，要写全称，注明法定代表人的姓名。第二部分为事实和理由。这部分一般要写过渡语：“因××××一案，被告就原告提出的××，提出答辩如下……”具体的答辩内容，要针对起诉的范围，根据不同的情况，就起诉的一个方面或几个方面对起诉状进行认同或反驳。对起诉提出的反驳，可以全面进行，也可以从事实方面、证据方面、理由方面、法律适用方面等分别进行。第三部分为附录。应列出需要提供给法院的、支持自己主张的证据。

2. 撰写代理词

撰写代理词是开庭前律师准备工作的最后工序。代理词是代理人在法庭辩论阶段发表的借以全面表明代理意见的基本诉讼文书。它既是对原告起诉和被告答辩的补充发挥，也是对案件要求如何处理的最后意见；它既需要律师通过言辞在法庭上发表，又需要律师将其提交法庭，并由人民法院入卷备查。因此，制作好代理词对维护被代理人的合法权益和法律的正确实施，取得诉讼成功具有重要意义。

代理词是代理人在法庭辩论阶段代表委托人全面阐述和论证自己一方所主张的事实和理由，提出对案件处理意见，以及反驳对方的主张的辩论性文件。代理词是律师在庭审前准备工作的总结，它凝聚了代理人和委托人的全部诉讼观点。在撰写代理词时，应充分预见到法庭辩论阶段对方当事人或其他代理人可能提出的问题、论点和论据，并有针对性地进行准备。代理词与起诉状和答辩状相比较有它自身的特点，首先，它的格式比较灵活，不像起诉状、答辩状的格式法院要求比较严格；其次，它的写法主要以论证为主，论证原告人起诉的事实及证据的真实性，反驳被告答辩状中的观点；最后，它是代理人最后的代理意见，它要全面分析案情，总结出自己的观点，发表对整个案件的处理意见。

代理词的形式，因被代理人的诉讼地位（如是原告，或是被告等）的不同而有区别。代理词可分为：原告委托律师代理词，被告委托律师代理词，上诉人委托律师代理词，被上诉人委托律师代理词。代理词的内容，因律师代理的对象不同，代理词的内容也不相同。原告委托律师代理词，主要阐明诉讼请求的事实根据、证据材料和法律依据，论证原告主张的权利与事实之间、权利与法律之间以及事实与法律之间的因果关系；被告委托律师代理词，着重阐明反驳原告起诉的事实和诉讼请求的依据和理由，对被告的主张进行充分的论证；上诉人委托的律师的代理词，重点阐明否定一审判决、裁定全部和部分的事实根据和理由；被上诉人委托的律师的代理词，着重阐明否定或反驳上诉人错误主张的事实、根据和理由。不论写哪种代理词，最后要归纳被代理人结论性的主张，所引用的事实和根据，经查证属实的，所引用的法律及对法律的阐述应是正确的。总之，所有律师的代理词，都是为了维护本方当事人的合法权益，而反驳对方当事人的错误主张及事实根据。

对撰写代理词的要求，在事实上要清楚，证据要充分；引用的法律法规要准确，论点要简明，论据要充分；文字要清晰；语言要简练；层次要分明。最后还要归纳一下有利于被代理人的结论性的主张。总之，代理词的内容，要给法庭留下一个较深的影响。

律师撰写代理词应注意的问题：第一，观点要正确、立论要鲜明。正确的观点是代理词首先要解决的基本问题，律师在立论时必须反复推敲，仔细研究。切忌观点含糊不清或者观点错误，反对观点重复，互相矛盾，更不能制作仅是材料罗列、空话套话连篇、没有鲜明观点的代理词。第二，材料要充分、证据要可靠。证据是人民法院解决纠纷的唯一根据。因此，代理词所引用的证据必须切实可靠，对于主观臆想的或者把握不大的证据，代理词要避免采用。代理词采用证据时，要指明证据的出处和来源，并将其与法律依据有效地予以结合，阐明其对案情的证明力。第三，论证要周密、推理要严谨。论证就是通过充分的论据说明观点的全过程。它要求律师立足占有材料、选择最佳论证方式。律师无论采用何种论证方式都离不开推理。推理是一种逻辑思维，不仅要求符合逻辑形式，而且推理前提必须真实,推理过程必须严谨,否则就会产生诡辩之嫌。第四,语言要朴实、生动、有力。代理词是一种诉讼文书,应采用朴实无华、准确无误的法律语言。但与此同时,代理词又必须论证一定的观点,说服人民法院接受代理意见。因此,代理词的语言又应最大限度地利用语言的技巧空间,使文字简而不陋、繁而不冗,通畅无滞、顺理成章,行云流水、生动有力。

代理词的格式为:第一部分序言。序言部分一般要写明:代理人出庭的合法性,也就是代理人出庭的根据。代理人接受委托后的工作情况,表明对本案的基本看法,这一段文字要起到承上启下的作用。序言部分的书写,要灵活掌握,不可千篇一律,要各有特点。第二部分正文。正文部分是代理词的核心部分,应根据具体案情确定正文的内容。一般要对纠纷的主要情节、形成纠纷的原因以及双方当事人争执的焦点进行分析,以分清是非,明确责任,辨明性质。也就是说,或阐明违法与合法的界限,以及权利和义务的关系;或论证诉讼请求是否合理合法;或剖析纠纷形成的原因,指明双方当事人应当承担的法律责任。第三部分结束语。结束语主要写明两点:一是明确代理意见中的中心思想,对发言进行小结;二是关于本案如何处理,向法庭提出意见、要求和建议。结束语与前两部分内容要一致,前后呼应,浑然一体。

(四)代理申请财产保全与先予执行

财产保全是指人民法院根据利害关系人或当事人的申请,或者依职权对当事人的财产采取保护措施,以保证将来生效判决执行的一种制度。财产保全有诉前财产保全和诉讼中的财产保全两种类型。诉前财产保全是指利害关系人因情况紧急,不立即申请财产保全将会使其合法权益受到难以弥补的损害的,可以在起诉之前向人民法院申请财产保全,人民法院根据其申请对财产所采取的一种保护措施。诉讼中的财产保全,则是指人民法院受理案件后,对于可能因当事人一方的行为或者其他原因,使判决不能执行或者难以执行的案件,根据对方当事人的申请或者依职权裁定对当事人的财产或争议的标的物所采取的一种保护措施。

1. 财产保全的申请

(1)财产保全的条件。《民事诉讼法》(2012)第100条规定:"人民法院对于可能因当事人一方的行为或者其他原因,使判决不能执行或者造成当事人损害的案件,根据对方当事人的申请,可以裁定对其财产进行保全、责令其作出一定行为或者禁止其作出一定行为;当事人没有提出申请的,人民法院在必要时也可以裁定采取保全措施。人民法院采取保全措施,可以责令申请人提供相应的担保,申请人不提供担保的,裁定驳回申请。人民法院接受申请后,对情况紧急的,必须在四十八小时内作出裁定;裁定采取保全措施的,应当立即开始执行。”据此可以看出,当事人申请采取诉讼保全措施的条件是:第一,必须具有给付内容,如果是确认、变更之诉,不能采取诉讼保全。第二,必须是由于当事人一方的行为或者其他原因,有可能使判决难以执行或者造成当事人损害。所谓“由于当事人一方的行为”,是指当事人一方出于恶意,如将争执的标的物出卖、毁损、转移、隐匿,或将自己的资产挥霍,或将资产抽走,或将自己的动产带出国外,而引起将来判决难以执行或者造成当事人损害的行为。第三,如果人民法院要求申请人提供担保,则申请人必须提供担保,否则人民法院裁定不予受理。

(2)确定提出财产保全的时机。提出财产保全的申请,代理律师要注意选择时机,如果时机选择不当,就达不到申请财产保全的目的。提出财产保全的申请,既可以在起诉之前,也可以在起诉后的整个审判阶段。比如,对在外地的不正当经营户,申请财产保全的时间应和案件起诉或反诉同时进行,防止对方接到诉状后转移财产。对于在诉讼中发现对方已在异地多处法院进行诉讼,因而有可能转移财产和财产不足以支付多个债权人的情况下,要抢先提出诉讼保全申请,防止将来的判决书无法执行。

(3)确定财产保全的范围。财产保全的目的,在于保证判决能顺利执行,因此,财产保全的范围只能限于诉讼请求范围之内或者与本案有关的财物。超过诉讼请求的范围或者与本案无关的财物都不得实施保全措施。因此,代理人代理申请财产保全要严格核实保全范围,防止出现因超出范围可能承担赔偿责任的情况。

财产保全申请书

申请人:(单位名称)住所地:××××。

法定代表人:(姓名、职务)

被申请人:(单位名称)住所地:××××。

法定代表人:(姓名、职务)

申请事项:请求法院立即采取保全措施,冻结被申请人银行存款××万元或扣押相应的财产。

事实及理由:申请人与被申请人货款纠纷一案,已呈送你院,现在审理中。据查,被申请人有转移财产,逃避债务之迹象。为了便于人民法院今后顺利执行此案，切实维护申请人的合法权益。因此，根据《民事诉讼法》（2012）第100条之规定，特请求你院立即采取诉讼保全措施。

此致

××人民法院

申请人：（单位全称）

××××年××月××日

2. 先予执行的申请

先予执行是指人民法院在诉讼过程中，根据当事人的申请裁定一方当事人预先付给另一方当事人一定数额的金钱或其他财物的一种制度。

（1）先予执行的适用范围。先予执行是人民法院为了及时并切实地维护当事人的合法权益所采取的有力措施。根据《民事诉讼法》（2012）第106条的规定：人民法院对下列案件，根据当事人的申请，必要时可以书面裁定先予执行：第一，追索赡养费、扶养费、抚育费、抚恤费、医疗费用的案件；第二，追索劳动报酬的案件；第三，因情况紧急需要先予执行的案件。紧急情况是指需要立即停止侵害、排除妨碍的；需要立即制止某项行为的；需要立即返还用于购置生产原料、生产工具货款的；追索恢复生产，经营急需的保险理赔费的。

（2）先予执行的条件。第一，双方当事人的权利义务关系已是明确而肯定的；第二，不先予执行将严重影响申请人生产经营或者原告在判决执行以前，难以甚至无法维持生活；第三，被申请人有履行能力。

先予执行申请书

申请人：姓名、性别、年龄、民族、籍贯、职务、单位和住址。

被申请人：（内容同上）

上列当事人间，因××纠纷，已向你院起诉在案。现因申请人生活无法维持，根据《民事诉讼法》（2012）第106条之规定，申请裁决被申请人先行给付一部分款项。

此致

××人民法院

申请人：（姓名）

××××年××月××日

(五)律师参与庭前和解

对案件具有和解的可能性,应做好调解准备工作。代理律师在熟悉情况的基础上,对具有和解条件的,应促使双方和解,合理地解决当事人之间的纠纷,这也是律师工作的责任。因此代理律师应积极配合法院进行调解工作。代理律师的调解也必须在查明事实,分清责任的基础上进行,不能无原则地进行调解。调解时对委托人提出的合理要求,拟订调解方案,促使双方达成和解协议。庭前和解不是律师代理民事诉讼案件的必经程序,和解应当遵循自愿的原则。庭前和解最关键的一点是帮助当事人拟订好和解协议,和解协议应当尽量明确、具体、便于执行。庭前和解有利于当事人之间的团结,消除因诉讼带来的消极影响,避免两败俱伤,也有利于权利义务的顺利履行。

律师参与庭前调解应注意的问题:第一,代理律师为了维护委托人的合法权益,可以充分地运用自己的身份,做调解工作,但不能压制委托人服从调解。调解在程序上和实体上都必须尊重当事人的意愿,是意思自治的体现,而不能是强制调解。第二,代理人应当在查明事实,分清是非的基础上做调解工作,不能无原则地"和稀泥"。第三,代理人代理的这一方,因案情出现了重大变化有可能要败诉的,要给委托人讲清法律的有关规定劝其降低条件,使纠纷最终能通过调解获得解决。第四,代理人代理的具体案件,如果用判决方式解决对双方当事人都不利,就要讲明利害关系,促使双方通过调解解决纠纷。第五,调解书内容和双方协议是否一致,调解书是否给当事人送达,双方当事人是否都不反悔。否则调解书就不会发生效力。

四、律师参加法庭审理的工作

开庭审理程序,在民事诉讼程序中是关键性诉讼阶段,是决定当事人胜诉或败诉的主要环节。代理律师在这一诉讼阶段,要密切注视案情的发展、变化。对庭前准备的意见和论点,在不超过委托权限,并保障委托人权益的前提下,针对变化的情况,要随时作必要的修改和补充,以充分发挥律师代理职能的作用。

法庭审理一般包括以下几个阶段:审理开始、法庭调查、法庭辩论、合议庭评议和宣判等。但律师代理的重点应放在法庭调查和法庭辩论阶段。同时,法院的调解工作贯穿于法庭审理的全过程,根据法庭审理的步骤,我们认为,代理律师的工作,包括以下几个方面:

(一)律师代理申请回避工作

法庭审理一开始,律师事先应考虑到是否申请法庭组成人员回避的问题。

如审判人员与本案有利害关系或者其他关系，不能进行公正审判的，而本人又没有自动回避的，律师有权代理当事人依法申请回避。本案的翻译人员、鉴定人员和书记员与本案有利害关系或其他关系，代理律师也有权申请回避，申请回避的理由，必须符合法律规定，并有证据证明。律师申请回避，要制作申请回避书，在开庭时向法庭提交 。

（二）律师在法庭调查阶段的代理

律师在法庭上应认真核对诉讼法律关系各个主体在法庭上的陈词与案卷材料、律师查证材料是否一致。特别是对当事人陈述，证人的证言更要注意前后是否一致。它直接影响着律师在庭审过程中所持的态度和律师庭审前所做的一系列的准备工作。对对方提出的意见和材料，要迅速、准确地通过分析作出判断，以便为辩论阶段的工作进行方针、策略上的决断。

在法庭调查阶段，律师的主要任务是代表委托人回答法庭询问。在法庭调查阶段，委托人与律师共同出庭，应事先由委托人回答审判人员的询问。如委托人没有出庭或者虽已出庭，但庭前已商定统一由律师回答法庭的询问和陈述案件事实的，律师就必须全面掌握案情，认真研究案件所有的重要问题。只有这样，才能有力地向法庭陈述双方争执焦点和本方请求的事实根据和理由。律师要紧紧围绕争议的中心，通过分析证据，判断证据的可靠性、合法性，确认本方请求的事实是成立的，是符合法律规定的。对对方合理的意见，应表示默认和赞同，坚持礼貌待人，实事求是，不强词夺理。此外，还应密切注意对方当事人提出的证据，代理律师经审判长的许可，有权就对方当事人提出的事实进行询问、质疑；有权要求重新鉴定，重新调查或重新勘验；有权向证人、鉴定人或勘验人发问。

（三）律师在法庭辩论阶段的代理

随着我国庭审制度的改革和逐步与国际诉讼制度接轨，辩论式的诉讼模式已在民事诉讼中被普遍采用，辩论时要求当事人双方在开庭时各自依据本方的论据陈述证实自己的主张，反驳对方所依据的事实和主张。

1. 法庭辩论概要，是指律师根据法庭调查的事实和有关程序问题，作出自己的判断，并阐明自己的理由，同时对对方的判断和理由进行反驳，从而为合议庭提供裁决资料的庭审活动。辩论的对象是双方对案件事实的争议焦点和法律适用的焦点；是双方当事人及诉讼代理人辨明事实，发表意见的主要阶段，也是审判人员充分听取双方意见，正确下判的重要环节。律师在这一阶段，应发表代理词阐明对本案的基本看法和法律见解,反驳对方当事人不正确的主张和意见,促使法庭判明是非,正确适用法律。通过法庭辩论,也进一步判明案件中的正确与错误,合法与非法,对人民法院作出公正的裁判起着重要的作用。律师在法庭辩论阶段的任务:应根据事实和法律,就本案发表全面系统的代理词,充分论证被代理方诉讼请求的正确性和合法性,反驳对方的无理要求和违法的观点,使审判人员接受我们的观点,否定对方的观点,从而作出有利于本方的裁判。

2. 法庭辩论律师应当注意以下几个方面的问题:

(1)法庭辩论对律师的基本素质和操作能力有很高的要求,要“以事实为根据,以法律为准绳”,律师在发言时,要论点明确,论证有力,不无理狡辩,不强词夺理,要以理服人。同时要注意语言的运用技巧,让事实说话,切忌意气用事,讽刺、挖苦对方,避免使用嘲讽语句,伤害对方当事人的人格和感情。

(2)法庭辩论主要是言辞辩论,具有高度的技巧性。需要律师不仅要有较高的法律业务素质,而且还要有高超的语言表达能力、恰当得体的风度和丰富的社会经验。辩论中要紧紧抓住事实、证据、法律适用等中心内容,发言要言简意赅,条理清楚,切忌冗长空洞,漫无边际,言之无物,甚至想当然地信口乱说。也不要纠缠枝节。

(3)庭前准备和法庭调查阶段的工作要为法庭辩论打好基础,要达到辩论的效果就应当把案件事实和证据以及法律适用搞扎实、搞透。没有事实和法律基础的辩论是空中楼阁。法庭辩论要紧紧抓住“两个依据”:一是证据,二是法律。律师在庭审前准备的代理词,要根据庭审调查中核实的证据变化而变化,律师还要善于对突然出现的问题做出迅速的反应,灵活运用事实、证据和相关的法律。

(4)注意代理词的系统性、总结性。代理词一般都要事先准备好,但随着诉讼的发展,需要不断修正、补充、完善,代理律师应当保持清醒的头脑,做到观点明确、中心突出、层次分明,有理有据。法庭辩论要切题,围绕对方论点和法庭总结的焦点,抓住关键问题针锋相对地进行辩论。

(5)在出庭前应尽可能对庭审中可能出现的突发情况有个初步的估计。这样,当突发情况发生时,就不会因为无法应对而出现尴尬的局面。律师可以在出庭前写一个发言提纲,针对对方当事人可能提出的问题,列出应付的对策。

(6)对事实清楚、证据确凿充分的案件,应客观地表明态度,不作无理强辩。律师在辩论中要把握好自己的心理状态。克服怯场心理、畏难心理、应付心理和盲目乐观心理,要沉着应战,冷静处理。

3. 代理律师法庭辩论根据所代理的对象不同发言的顺序及内容也不相同。

原告的代理律师发言的内容:说明案件的基本事实;阐明案件事实的根据和理由;提出解决纠纷所适用的法律、法规。被告代理律师的答辩:必须是针对原告及其他诉讼代理人的发言而进行,因而具有新的特点,提出新的事实、新的证据和适用新的法律。具体内容:提出新的事实,驳倒对方提出的事实;用新的证人证言、书证,指出对方适用证据的错误;提出解决纠纷应用的新的法律、法规规定。

有独立请求权第三人代理律师的发言:应针对本诉双方当事人的陈述,对他们各自主张的事实和理由,做出回答,予以驳斥。

无独立请求权第三人代理律师的答辩,则应当通过事实和理由证明自己是正确的,并通过说明自己正确来证明其所参加一方当事人的正确,进而达到最终维护自己合法权益的目的。

互相辩论,是指原告、被告当事人及其代理律师,通过第一轮的法定顺序发表意见后,双方代理律师都以本方充分的事实理由和证据,阐明应适用的法律政策,得出正确结论,反驳对方的事实理由和根据,以及指出适用法律政策的不当。

最后陈述:双方辩论结束后,审判长根据先原告、后被告的顺序,征询双方的最后意见,双方均有最后陈述的权利。最后陈述时,要简明扼要地表明法律事实、有关证据和自己的主张,反驳对方提出的事实和证据的不确定性。双方当事人的代理律师有权对委托人的陈述进行必要的补充和说明。如果当事人没有出庭,可按照委托权限,由代理律师代为陈述。

五、第二审程序中的律师代理

律师代理上诉人行使上诉权时,应当审查上诉人委托的案件是否符合法定的上诉条件,只有在符合法定上诉条件的情况下,律师才能够接受委托。主要审查上诉人是否享有上诉权;是否符合法定上诉期限。审查一审判决或裁定是否有法定错误,如原判决适用法律错误、认定事实错误或原判决认定事实不清,证据不足;原判决违反法定诉讼程序,可能影响案件正确判决。只有具备上述条件之一的,判决才可能被撤销或变更,当事人才有上诉的必要,否则,代理律师只能劝说当事人服判息讼或者通过其他途径加以解决。

根据我国法律的有关规定,律师可以接受第二审程序当事人的委托,作为代理人参加诉讼。第二审程序的律师代理与第一审程序的律师代理相比较,律师的工作方式和工作内容虽然差别不大，但是由于第二审程序有其自身的特点，因此代理律师在开展代理工作过程中，应当结合第二审程序的特点，有针对性地采取不同的工作方式，为当事人提供优质的法律服务。

（一）律师代理上诉案件的一些特殊工作

1. 律师在当事人办理委托手续后应到二审法院阅卷。阅卷时应认真查对一审证据是否充足确凿，适用法律是否适当。一审证据有无未经质证的证据作为判决裁定的依据；有无不该采信的证据采信了，该采信的却没有采信；证据之间有无相互矛盾。

2. 一审认定的事实是否清楚、完整，有无前后矛盾；一审认定的事实与判决、裁定的结果是否具备必然的逻辑关系；一审适用法律是否得当，适用的法律条文与案件性质、主要事实是否一致；一审程序有无影响案件正确判决的违法情况。

3. 对于合议庭认为不需要开庭审理的，律师如认为书面审理难以达到必要作用，可以与审判人员交换意见，或申请开庭审理。二审程序可能不开庭审理，律师必须详细、全面、充分地撰写代理词。

4. 律师在阅卷后如认为事实尚不清楚，可以进行调查，收集新的证据。

5. 律师如果认为一审没有通知必要的诉讼参加人参加诉讼，可以在二审提出。二审法院可以调解，调解不成则应发回重审。

6. 对严重违反程序法的案件律师应提出，二审应发回重审。

（二）第二审程序律师代理的工作方法

根据《民事诉讼法》的规定，第二审人民法院审理上诉案件主要有两种审理方式：一是开庭审理；二是径行判决。因此，律师在代理过程中，也应根据案件不同的审理方式，采用不同的工作方式。如果案件开庭审理，律师应当从上诉的事实和理由两个方面进行全面的阐述，并针对对方的答辩进行有理、有据的驳斥。如果案件径行判决，代理律师应当注意，径行判决不同于书面审理，合议庭仍然要询问当事人，听取当事人的陈述，在查清案件事实后，合议庭才能直接作出判决。律师如果发现合议庭没有对案件进行实际审查，没有对有关当事人、证人进行询问，而直接作出了判决，应当及时指出，建议法庭改正，以维护委托人的合法权益。

六、再审程序中的律师代理

再审程序，是指人民法院对已经审结的案件，发生法律效力的判决、裁定书和调解书认为有错误，而再次进行审理所适用的法定审判程序。再审程序是继一、二审程序之后，为纠正错案，撤销或者改正生效判决、裁定书和调解书而设置的法定补救审判程序。

2007 年 10 月 28 日，十届全国人大常委会审议通过了《关于修改〈中华人民共和国民事诉讼法〉的决定》，该决定已于 2008 年 4 月 1 日起施行。这次新修订的《民事诉讼法》主要是解决“申诉难，申诉乱”的申诉再审问题以及“执行难”的问题。为了配合新的《民事诉讼法》的施行，2008 年 11 月 10 日最高人民法院审判委员会第 1453 次会议通过了《最高人民法院关于适用〈中华人民共和国民事诉讼法〉审判监督程序若干问题的解释》，该司法解释自 2008 年 12 月 1 日起施行。

根据新的《民事诉讼法》第 200 条和新的审判监督程序的司法解释，有法定申诉理由的案件都能够纳入再审范围，规定当事人申请再审的事由，由原来的 5 种扩大到以下 13 种。

当事人的申请符合下列情形之一的，人民法院应当再审：

（一）有新的证据，足以推翻原判决、裁定的；

（二）原判决、裁定认定的基本事实缺乏证据证明的；

（三）原判决、裁定认定事实的主要证据是伪造的；

（四）原判决、裁定认定事实的主要证据未经质证的；

（五）对审理案件需要的证据，当事人因客观原因不能自行收集，书面申请人民法院调查收集，人民法院未调查收集的；

（六）原判决、裁定适用法律确有错误的；

（七）违反法律规定，管辖错误的；

（八）审判组织的组成不合法或者依法应当回避的审判人员没有回避的；

（九）无诉讼行为能力人未经法定代理人代为诉讼或者应当参加诉讼的当事人，因不能归责于本人或者其诉讼代理人的事由，未参加诉讼的；

（十）违反法律规定，剥夺当事人辩论权利的；

（十一）未经传票传唤，缺席判决的；

（十二）原判决、裁定遗漏或者超出诉讼请求的；

（十三）据以作出原判决、裁定的法律文书被撤销或者变更的。

对违反法定程序可能影响案件正确判决、裁定的情形，或者审判人员在审理该案件时有贪污受贿，徇私舞弊，枉法裁判行为的，人民法院应当再审。

如果当事人的申请属于上述十三种情形之一,则律师可以根据事实情况及法律规定,代理当事人的再审案件。当事人申请再审,应当向人民法院提交已经发生法律效力的判决书、裁定书、调解书、身份证明及相关证据材料,并应当提交书面的再审申请书,根据《最高人民法院关于适用〈中华人民共和国民事诉讼法〉审判监督程序若干问题的解释》(2008)规定,再审申请书应包括以下内容:

(一)申请再审人与对方当事人的姓名、住所及有效联系方式等基本情况;法人或其他组织的名称、住所和法定代表人或主要负责人的姓名、职务及有效联系方式等基本情况;

(二)原审人民法院的名称,原判决、裁定、调解文书案号;

(三)申请再审的法定情形及具体事实、理由;

(四)具体的再审请求。

律师代理再审案件应当注意的问题是,在适用程序上,再审案件可分为自行再审案件、指令再审案件和上级法院提审案件,因再审案件不同,所适用的诉讼程序也不相同。自行再审案件是各级人民法院院长对本院已发生法律效力的判决、裁定,发现确有错误需要提审,提交审判委员会讨论,经决定再审,但必须另行组成合议庭,原来参加审理此案的法官不得参加再审。自行再审案件依原审审判程序进行。指令再审的案件,指的是最高人民法院对地方各级人民法院已经发生法律效力的判决、裁定,发现确有错误,指令下级人民法院再审。如系指令一审法院再审的,适用一审程序;如系指令二审法院再审的,适用二审程序,所做的判决、裁定为发生法律效力的判决、裁定,不能上诉。上级人民法院提审的再审案件,指的是上级法院对下级法院已经发生法律效力的判决、裁定,发现确有错误,指令下级人民法院再审。上级法院提审的案件适用二审程序,组成合议庭进行审理,所作的判决、裁定,当事人不得上诉。

七、执行程序中的律师代理

执行程序,是指负有义务的一方当事人拒绝履行生效的法律文书所确定义务的情况下,人民法院根据另一方当事人的申请或者依职权,强制其履行义务所适用的程序。执行程序是民事诉讼法的最后一个组成部分,在这个阶段,代理律师的工作主要是:接受执行申请人的委托,代理提出执行申请;接受被申请执行人的委托,代理和解;接受案外人的委托,代理提出执行异议等。律师在代理执行中,主要应注意审查以下几个问题:申请人申请执行的法律文书必须是生效的民事判决书、裁定书、调解书;申请执行的法律文书必须具有给付内容;委托人应当是执行标的的权利人;代理执行的事项在法律规定的执行期限内。

执行申请书

申请人:××市聚氨酯塑料制品厂,住所地:××市××区×街×号。

法定代表人:杨××，　职务:厂长。

被申请人:××化学工业总公司供销公司,住所地:××市××区×路×号。

法定代表人:严×，　职务:经理。

申请目的:

1. 依法强制被申请人执行××省××市中级人民法院(01)经字第125号民事调解书第一项中“不能供货的八十吨,由××化学工业总公司供销公司偿付违约金1%(8960元)给××市聚氨酯塑料制品厂”。

2. 依《经济合同法》第37条之规定责令被申请人自一九××年二月十一日起至执行完毕之日止,就上列违约金向申请人偿付逾期付款的违约金(每日万分之三计付)。

3. 责令被申请人将其应承担的案件受理费偿付申请人。

事实及理由:

申请人与被申请人购销化工原料合同纠纷一案,业经××省××市中级人民法院以(01)经字第125号民事调解书调解在案,该调解书第一项中规定:“不能供货的八十吨,由××化学工业总公司供销公司偿付违约金1%(8960元)给××市聚氨酯塑料制品厂。”但被申请人至今不履行该项条款规定之义务。且被申请人至今拒不将其应承担的案件受理费偿付申请人,虽经交涉,迄今为止无结果。

综上所述,调解书与判决书具有同等法律效力。被申请人拒不履行已生效的调解协议,实属违法悖理。为了维护法律尊严及申请人之合法权益,特依《民事诉讼法》第216条之规定,向贵院提出申请,请予执行。

呈

××省××市中级人民法院

申　请　人:××市聚氨酯塑料制品厂

法定代表人:杨××

××××年××月××日

针对实践中的执行难问题,《民事诉讼法》以及最高人民法院通过的《最高人民法院关于适用〈中华人民共和国民事诉讼法〉执行程序若干问题的解释》对执行问题做了更具有操作性,更便于执行被执行财产,对被执行人的"赖账"行为也加大了打击力度,例如,对恶意逃避执行的行为,新规定中:"对个人的罚款金额,为人民币一万元以下。对单位的罚款金额,为人民币一万元以上三十万元以下",该数额比原来规定的金额扩大了10倍。代理执行案件的律师应利用新规定,及时配合、督促执行庭完成执行任务。

申请执行的期间为2年。申请执行时效的中止、中断,适用法律有关诉讼时效中止、中断的规定。该申请执行的期间从法律文书规定履行期间的最后一日起计算;法律文书规定分期履行的,从规定的每次履行期间的最后一日起计算;法律文书未规定履行期间的,从法律文书生效之日起计算。

代理律师需要注意的是,《民事诉讼法》在法律上确立了被执行人的财产报告义务。根据规定,被执行人未按执行通知履行法律文书确定的义务,应当报告当前以及收到执行通知之日前一年的财产情况。被执行人拒绝报告或者虚假报告的,人民法院可以根据情节轻重对被执行人或者其法定代理人、有关单位的主要负责人或者直接责任人员予以罚款、拘留。根据规定,被执行人应当书面报告下列财产情况:

(一)收入、银行存款、现金、有价证券;

(二)土地使用权、房屋等不动产;

(三)交通运输工具、机器设备、产品、原材料等动产;

(四)债权、股权、投资权益、基金、知识产权等财产性权利;

(五)其他应当报告的财产。

为了促使当事人履行义务,新规定建立了执行联动机制,以形成社会监督合力,迫使被执行人履行义务。"被执行人不履行法律文书确定的义务的,人民法院可以对其采取或者通知有关单位协助采取限制出境,在征信系统记录、通过媒体公布不履行义务信息以及法律规定的其他措施。"

《民事诉讼法》明确设立了执行之诉制度,即案外人认为其对执行法院执行标的享有所有权,提出执行异议没有得到主张,向执行法院提起诉讼的法律制度。《民事诉讼法》(2012)规定:"执行过程中,案外人对执行标的提出书面异议的,人民法院应当自收到书面异议之日起十五日内审查,理由成立的,裁定中止对该标的的执行;理由不成立的,裁定驳回。案外人、当事人对裁定不服,认为原判决、裁定错误的，依照审判监督程序办理；与原判决、裁定无关的，可以自裁定送达之日起十五日内向人民法院提起诉讼。”执行之诉的设立实际上拓宽了律师的代理业务范围，在执行阶段，律师不仅能够代理执行人或被执行人，也可能代理相关的案外人。

八、律师代理的几种常见民事诉讼案件

（一）合同纠纷案件

1. 合同纠纷的特点

合同纠纷案件是指平等主体的自然人、法人、其他经济组织之间因签订或履行合同及其他经济往来发生纠纷而形成的案件。它的特点是：

1.1　合同纠纷案件主体既包括法人之间、法人和其他经济组织之间、法人和自然人之间，也包括自然人之间的纠纷。只要是在平等主体之间发生的经济往来而形成的合同关系纠纷都属于合同纠纷。

1.2　合同纠纷种类繁多，涉及的范围非常广泛。随着市场经济社会分工的发展，经济流转过程变得更加错综复杂，因而产生了各种不同的合同形式。根据《中华人民共和国合同法》的规定，常见的合同有买卖合同，供用电、水、气、热力合同，赠与合同，借款合同，租赁合同，融资租赁合同，建设工程合同，运输合同，技术合同，保管合同，仓储合同，委托合同，行纪合同和居间合同。除此之外，现实生活中还存在大量的无名合同。

1.3　合同纠纷具有财产性特征。在市场经济条件下，各种以价格为前提的产品、劳务、技术成果等标的的交换，并非孤立的行为，而是连串的交易。不管这种交易是发生在公民之间、公民与法人之间，还是法人之间，不管这种关系的客体是生产资料还是消费资料，是国家和集体所有的财产，还是个人所有的财产，只要是平等主体之间的交易所发生的纠纷都涉及财产利益关系。

2. 合同纠纷的产生

2.1　因合同无效而发生的纠纷。无效合同与有效合同的性质不同，所承担的民事责任也不相同，它的处理原则、方法和处理结果也是不同的。有效合同受法律保护，发生纠纷时，应依照合同条款追究违约责任。而无效合同，是违反法律规定签订的，法院不承认合同所签订的条款，法律对合同条款不予保护，对无效合同所引起的财产结果，不能按合同条款处理，而应依法采取返还、赔偿、收归国家所有等办法处理。

2.2　因一方或双方违约而发生的纠纷。从司法实践看，合同纠纷的产生往往是由于当事人的过错造成不履行或不完全履行合同义务而形成纠纷。合同一方违约就要承担违约责任,追究不履行或不完全履行合同义务的违约责任,条件是违约一方已经实施了违约行为,如供方不按时供货,或者不按合同约定的数量、质量交货。违约方承担违约责任的形式有支付违约金和赔偿金等。

3. 律师代理合同纠纷应认真审查合同内容

3.1 合同的主体是否合格,即是否具有民事权利能力和民事行为能力。在司法实践中,各类合同纠纷案件中的诉讼主体比较复杂,律师应明确该案的法律关系,一定要准确确认诉讼当事人。错列、漏列当事人会损害当事人的合法权益,更会造成错案,所以准确确定诉讼主体,是追究民事责任的先决条件。

错列当事人往往表现为对原、被告确认不当。出现这种情况是把参加诉讼的当事人的法律关系弄错了。把没有在该法律关系中享受权利或承担义务的人列为该法律关系的诉讼当事人,把该法律关系真正的当事人排除在诉讼之外。漏列当事人,这类情况大部分出现在合伙经营组织与第三人发生纠纷时,在众多合伙人的情况下,仅将一个至两个合伙人列为诉讼当事人,忽略了其他合伙人的诉讼权利或没有追究他们应负的民事责任。

3.2 合同的内容是否合法,是否违反国家利益和社会公共利益。当事人签订的合同不得违反法律的禁止性规定。违反法律,法律自然不予保护,还应予以禁止和制裁。社会公共利益涉及全体成员的共同利益,所以,损害社会公共利益的合同不受法律保护。

3.3 合同当事人的意思表示是否真实。意思表示不真实的合同就是指当事人订立该合同,不是完全出自自己内心的真实意思,而是由于受到欺诈、胁迫、强迫命令等原因,在违背自己真实意思的情况下订立的。关于这一点律师应严格审查。

3.4 合同内容是否违反法律、行政法规的强制性规定。违反法律、行政法规的强制性规定是指法律、行政法规要求当事人在订立合同时,在订约目的、合同内容和形式等方面不得作出某种行为或者必须作出某种行为的规定。凡是未按法律、行政法规的规定作出或者没有作出某种行为而订立的合同,因其具有违法性而自始不具有法律效力。

4. 几种典型合同纠纷案件的代理

4.1 建设工程合同纠纷案件的代理(详见第五章,此处略)。

4.2 承揽合同纠纷案件的代理。

承揽合同是承揽人按照定作人的要求完成工作，交付工作成果，由定作人给付报酬的合同。其中，应完成工作并交付成果的一方为承揽人，应接受承揽人的工作成果并给付报酬的一方为定作人。承揽合同是社会经济生活中极为常见的合同，适用范围十分广泛，从经济建设到公民的日常生活，都离不开这种法律形式。它的适用范围有加工、定做、修缮、修理、印刷、广告、测绘、测试、装配、出版、装潢、印染、复制物品、化验、翻译等。因此，在司法实践中出现的纠纷也比较多见。

作为定作人的代理律师在代理案件过程中，应注意审查追究承揽人的违约责任并了解办理此类案件的基本方法：

(1)承揽方未按合同规定的质量交付定作物或完成工作。如果定作方同意利用的，应当按质论价，酌减酬金和价款；如果定作方不同意利用的，承揽方应当负责修理或更换，并承担逾期交付的责任，经过修理或调换后，仍不符合合同规定的质量的，定作方有权拒收，由此造成定作方的损失由承揽方赔偿。

(2)承揽方未按合同规定的数量交付定作物或完成工作。定作方如果对未交付部分或未完成的工作仍然需要的，承揽方应当照数补齐，但对补交部分承揽方要承担逾期交付的违约责任；少交部分如果定作方不再需要的，定作方有权解除合同，因此造成的定作方的损失由承揽方承担。

(3)承揽方未按合同规定包装定作物。因包装不符合而造成定作物毁损、灭失的，由承揽人赔偿定作方的损失。对不符合合同规定包装的定作物，需要返修或重新包装的承揽方应当负责返修或重新包装，并承担因此而支付的费用。定作方不要求返修或重新包装而要求赔偿经济损失的，承揽方应当赔偿定作方该不合格包装物低于合格包装物的价值部分。

(4)承揽方不能交付定作物或不能完成工作的。承揽方应按照合同约定支付违约金，但支付的违约金不能超过合同的价款和报酬。如果承揽方收取了定作方定金，还应双倍返还定金。如果收取了定作方的预付款，除承担违约责任外，还必须如数返还预付款和利息。

(5)承揽方未按照合同规定的期限交付定作物或完成工作。逾期交付定作物，应按合同规定，向定作方偿付违约金。另外，未经定作方同意，提前支付定作物，定作方有权拒收。

(6)承揽方异地交付的定做物不符合合同的规定。定作方暂代为保管的，承揽方应偿付定作方实际支付的保管、保养费。

(7)承揽方由于保管不善致使定作方提供的原材料、设备、包装物及其他物品毁损、灭失,承揽方应当偿付定作方因此遭受的损失。另外,承揽方未按合同规定的期限和办法对定作方提供的原材料进行检验,或检验发现原材料不符合要求而未按合同规定的期限通知定作方调换、补齐的,承揽方应当对工作质量、数量承担责任。

(8)承揽方擅自调换定作方提供的原材料或修理物的零部件,定作方有权拒收,承揽方应赔偿定作方因此受到的损失。如定做方要求重作或重新修理,承揽方应当按照定做方的要求办理,并承担逾期交付的违约责任。

作为承揽方的律师应注意审查定作方是否按合同约定履行自己的义务,在代理案件过程中处理好以下问题:

(1)定作方中途变更定作物的数量、规格、质量或设计,定作方应当赔偿承揽方因此受到的损失。

(2)定作方中途废止合同,应支付违约金。

(3)定作方未按合同规定的时间和要求向承揽方提供原材料、技术资料、包装物等,或未完成必要的辅助工作和准备工作。对此,承揽方有权解除合同,并有权要求定作方赔偿因此造成的损失;如果承揽方不要求解除合同,除其交付定作物或完成工作的时间可以顺延外,定作方应当偿付承揽方停工待料的损失。

(4)定作方超过合同规定的时间领取定作物,定作方应向承揽方偿付违约金。

(5)定作方超过合同规定的时间付款,定作方应当按照规定向承揽方偿付违约金。

(6)定作方无故拒绝接受定作物,定作方应当赔偿承揽方因此造成的全部损失和承担运输部门的罚款。

(7)定作方变更交付定作物地点、接收单位。对此,定作方应当承担因此承揽方多支出的费用。

办理承揽合同纠纷追究违约责任时律师应注意的问题:

(1)因不可抗力不能履行承揽合同的,根据不可抗力的影响,部分或全部免除责任。当事人迟延履行后发生的不可抗力,不能免除责任。不可抗力是指不能预见、不能避免并不能克服的客观情况。当事人一方因不可抗力不能履行承揽合同的,应及时通知对方,以减轻可能给对方造成的损失,并应当在合理期限内提供证明。

(2)当事人双方都违反承揽合同规定的义务的,应各自承担相应的责任。

(3)当事人一方因第三方的原因造成违约的,应当向对方承担违约责任。当事人一方和第三方之间的纠纷,依照法律规定或按照他们之间的约定解决。

(4)承揽合同中,常出现侵权责任与违约责任的竞合,是由于承揽人交付的定作物或完成的工作质量不合格造成定作人或定作人以外的第三人的人身、财产损失。承揽人交付的定做物或完成的工作不符合约定,这本身已构成违约。同时,由于其不符合质量要求,造成定作人或第三人损害,这又构成了侵权。当事人可以选择对其有利的方式进行诉讼——或要求其承担违约责任,或要求其承担侵权责任。

(5)如果定作人是消费者,承揽人交付定作物或完成工作时有欺诈行为的,应当按照《消费者权益保护法》第55条之规定处理。即"经营者提供商品或者服务有欺诈行为的,应当按照消费者的要求增加赔偿其受到的损失,增加赔偿的金额为消费者购买商品的价款或接受服务的费用的三倍"。承揽合同中,应为价款或报酬的一倍。实践中,经常出现承揽人有欺诈行为的现象。如定做家具合同中,约定承揽人应使用楠木制作,而承揽人却用杨木代替;定做的蛋糕、食品重量不足;修理合同中用次品零件代替优质零件;等等。在这种情况下,只要符合《消费者权益保护法》的规定,定作人都可以依据此法要求加倍赔偿。

(二)侵权纠纷案件

1. 侵权纠纷的特点

侵权行为是不法侵害他人非合同权利或者受法律保护的利益,因而行为人须就所生损害负担责任的行为。受侵害人和侵害人因赔偿损失和其他承担的民事责任问题发生争议而出现的纠纷即为侵权纠纷。从以上定义可以看出侵权纠纷案件的特点:

1.1　侵权行为人的行为是侵害他人合法权益的行为

这就意味着,第一,侵权行为是一种行为,包括作为和不作为,它是产生侵权损害赔偿之债和侵权民事责任的根据。第二,侵权行为人的行为是行为人自己实施的行为,因此侵权行为人应对自己的行为负责。第三,侵权行为人的行为侵害了他人的合法权益,并造成了损害。损害他人健康的客观存在是构成侵权民事责任的前提,如果某种行为没有造成损害,就谈不上侵权,更谈不上承担侵权损害的民事责任。损害既包括物质的或金钱的损害,也包括人身伤害和死亡、精神损害。

1.2 侵权行为与损害事实有因果关系

侵权行为与损害事实之间的因果关系就是原因与结果之间内在的必然的联系。如果某一损害事实是由某一侵权行为引起的,某一侵权行为是某一损害事实发生的原因,则可认定某侵权行为与某损害事实之间存在着因果关系。

1.3 行为是行为人基于过错而实施的行为

侵权行为必定给他人或国家、社会造成一定的损害,但造成损害并不是侵权行为的本质属性。在某些情况下,当事人实施的行为造成一定的损害,但由于行为人没有过错,因此也不构成侵权行为。过错是指行为人对其实施某种行为和损害结果的发生所持的一种心理状态,它包括故意和过失违法的行为,表现为作为和不作为两种形式。违反法律规定进行法律所禁止的行为,称为作为的违法行为。法律规定有为某种义务的行为,而不按法律规定的要求去履行义务,称为不作为的违法行为。

律师处理侵权纠纷案件,往往都从损害结果,即已发生的损害事实入手,去分析、寻找、查明这一损害结果是由什么原因造成的,是自然因素造成的,还是人的行为造成的。如果是人的行为造成的,则要查明是谁的行为,其行为是否合法,并以此为根据进一步确定是否追究行为人的民事责任。

2. 侵权纠纷的种类

侵权纠纷案件分为一般侵权纠纷案件和特殊侵权纠纷案件。一般侵权纠纷(又称普通侵权行为)是指行为人自己的行为不法致人损害时,适用民法上的一般责任条款。特殊侵权行为是指当事人基于与自己有关的他人行为、事件或者其他原因致人损害,依照民法上的特别责任条款或者民事特别法的规定而应负赔偿责任。

一般侵权行为主要有四种类型:

(1)侵犯财产所有权。侵犯财产是指侵害单位或公民个人财产所有权及其他物权的行为。它包括侵占财产和损坏财产两种情况。

(2)侵犯知识产权。侵犯知识产权是指行为人以剽窃、篡改、假冒等方式侵害公民、法人的著作权、专利权、商标专用权和其他科技成果权的行为。

(3)侵害公民身体。侵害公民身体是指侵害公民的生命和健康权,并造成受害人死亡或伤害的行为。

(4)侵犯人格权。侵犯人格权是指侵害公民的姓名权、肖像权、名誉权、荣誉权等行为。特殊侵权行为分为两类:

①因他人行为致损而产生的侵权行为，例如，因被监护人致人损害而生的监护人侵权行为（又称法定代理人侵权行为）；

②因物件致损而产生的侵权行为，例如，动物占有人的侵权行为；无生命物（建筑物、工作物等）占有人的侵权行为；产品制造人、销售人的侵权行为；危险来源、污染源等致害原因控制人的侵权行为。

3. 律师办理侵权纠纷案件应注意的问题

（1）律师办理侵权纠纷案件应注意区分每一案件的归责原则

所谓归责原则，就是确定责任归属所必须依据的法律准则。归责原则所要解决的是依据何种事实状态确定责任归属问题。具体到案件就是要区分是一般侵权行为，还是特殊侵权行为，是采用过错责任原则，还是采用无过错责任原则进行处理。我国民法对一般侵权行为采用过错责任原则，过错就是行为人未尽自己应尽和能尽的注意而违反义务，因而是被法律所确认为应该承担民事责任的行为意志状态。也就是说，是以行为人的主观意志状态来确定是否应该承担民事责任。我国《民法通则》第 106 条规定："公民、法人由于过错侵害国家的、集体的财产，侵害他人财产、人身的，应当承担民事责任。"

上面我们所阐述的侵权损害的民事责任的四个构成要件，在一般情况下，必须同时具备，缺一不可。但在某些特殊情况下，即使四个要件不是同时具备，法律规定要承担民事责任的，也必须承担，这就是特殊侵权损害的民事责任。特殊侵权行为适用无过错责任原则，就是没有过错也要承担民事责任。

（2）不同侵权纠纷案件，适用不同的举证原则

在一般侵权行为中，受害人通常应就损害事实、加害人的过错、因果关系负全部举证责任。按照"谁主张，谁举证"的举证责任原则，侵权行为的受害人要求赔偿，应负举证责任。受害人不仅要证明自己因被告的行为受有损害，而且要证明被告对损害发生有过错。而在特殊侵权行为中，不适用这一举证原则，常常免除了受害人对加害人的过错和直接因果关系存在的证明责任。在特殊侵权行为中，受害人所负有的举证责任要明显轻于一般侵权行为中的受害人的举证责任。

最高人民法院对下列特殊侵权诉讼，规定了举证责任：因新产品制造方法发明专利引起的专利侵权诉讼，由制造同样产品的单位或者个人对其产品制造方法不同于专利方法承担举证责任；高度危险作业致人损害的侵权诉讼，由加害人就受害人故意造成损害的事实承担举证责任；因环境污染引起的损害赔偿诉讼，

由加害人就法律规定的免责事由及其行为与损害结果之间不存在因果关系承担举证责任;建筑物或者其他设施以及建筑物上的搁置物、悬挂物发生倒塌、脱落、坠落致人损害的侵权诉讼,由所有人或者管理人对其无过错承担举证责任;饲养动物致人损害的侵权诉讼,由动物饲养人或者管理人就受害人有过错或者第三人有过错承担举证责任;因缺陷产品致人损害的侵权诉讼,由产品的生产者就法律规定的免责事由承担举证责任;因共同危险行为致人损害的侵权诉讼,由实施危险行为的人就其行为与损害结果之间不存在因果关系承担举证责任;因医疗行为引起的侵权诉讼,由医疗机构就医疗行为与损害结果之间不存在因果关系及不存在医疗过错承担举证责任。

4. 侵权纠纷案件代理举例

4.1 道路交通事故损害赔偿纠纷案件

交通事故是指车辆驾驶人员、行人、乘车人以及其他进行与交通有关的活动的人员,因违反交通管理法规、规章,过失造成人身伤亡或者财产损失的事故。交通事故责任者应当按照所负交通事故责任承担相应的赔偿责任。根据我国民法通则的有关规定,损害赔偿的项目包括:医疗费、误工费、住院伙食补助费、护理费、残疾者生活补助费、残疾用具费、丧葬费、死亡补助费、交通费和财产直接损失。

交通事故赔偿案件,是一种侵害他人身体健康权的民事侵权案件。交通事故责任者承担侵权的民事责任,也必须符合侵权行为的四个要件:(1)损害事实的存在。(2)侵权行为与损害事实之间存在因果关系。(3)加害行为人的违法性。(4)加害人主观上须有过错。

(1)当事人应向何地人民法院提起诉讼问题

当事人就交通事故的损害赔偿问题向人民法院提起诉讼,在管辖上,应注意民事诉讼法的有关规定。《民事诉讼法》第29条规定:“因铁路、公路、水上和航空事故请求损害赔偿提起的诉讼,由事故发生地或者车辆、船舶最先到达地、航空器最先降落地或者被告住所地人民法院管辖。”根据以上规定,交通事故损害赔偿诉讼,原告可以向事故发生地、车辆最先到达地或者被告住所地人民法院提起诉讼。

虽然此类案件几个人民法院都有管辖权,原告可以选择其中一个有管辖权的人民法院提起诉讼,但从有利于诉讼和便于审理的角度看,仍以事故发生地人民法院管辖为宜。因为交通事故现场发现的一切问题,均由事故发生地公安机关处理,解决赔偿问题也是首先由事故发生地公安机关进行调解,他们掌握有关交通事故的主要证据材料,由事故发生地人民法院审理,便于调查取证和赔偿纠纷的及时解决,有利于保护当事人的合法权益。

按照《道路交通安全办法》的规定,县以上地方各级公安机关交通管理部门负责本行政区域内的道路交通安全管理工作,公安机关处理交通事故的职责是:处理交通事故现场、认定交通事故责任、处罚交通事故责任者、对损害赔偿进行调解。因此,如果事故发生地与被告住所地不一致,选择了被告住所地人民法院管辖,不利于调查取证和及时审理。

(2)准确确定损害赔偿纠纷的诉讼主体

这里所说的诉讼主体,是指交通事故损害赔偿纠纷中的赔偿义务人。也就是受害人以谁为被告向人民法院提出诉讼。

被告的确定也就是侵权人的确定。对此,应参照《民法通则》中关于侵权的规定以及最高人民法院《关于审理人身损害赔偿案件适用法律若干问题的解释》的规定并结合《道路交通安全法》的规定予以具体确定。

(3)办理交通事故损害赔偿案件律师应注意的问题

交通事故损害赔偿纠纷发生后,原告应以谁为被告和向何地人民法院提起民事诉讼,直接关系到原告的合法权益是否得到及时有效的保护,而对以原告代理人身份出现的律师来说,则反映了他的职业水平。律师在接受当事人的委托后,往往首先要着手解决程序上的问题,帮助当事人确定案件被告和受诉法院。因此,代理律师应正确适用有关诉讼程序方面的法律规定,从而在实体上保障他们的民事权益。

办理道路交通事故损害案件从实体上还应注意以下问题:①所发生的事故必须是机动车辆事故。所谓机动车辆,包括各种轿车、卡车、公共汽车、装载车、摩托车、电瓶车、轮式专用机械车及拖拉机。但火车、有轨电车、缆车不属于该案的范围。②必须是发生在公共道路和公共场所的事故。所谓公共道路,包括公路、城镇街道和胡同。但单位内部不具有公共使用性质的通道上及单位内部停车场发生的事故不属于该案的范围。③必须是机动车辆在运行中所发生的事故。所谓运行,是指机动车处在运动状态,包括起动、行驶、转弯和倒车等。车辆在静止状态所发生的事故,如公共汽车到站停稳后,乘客上下车所发生的事故,或非机动车与正确停放的机动车相碰撞的事故,也不属该案的范围。

作为被告方代理的律师应注意以下几个问题:第一,所有人将车辆出借或出租,一般应由借用人或租用人承担责任。如果借用人或租用人不具备使用、驾驶车辆的技能,则应由车辆所有人与借用人或租用人连带承担赔偿责任。第二,所有人将车辆交给他人使用、管理的场合,如果所有人已丧失运行支配及运行利益,则应由实质上享有使用权、管理权的人承担责任。第三,被盗车辆所发生的事故,车辆所有人不承担责任。

(4)机动车交通事故责任纠纷案件趋势

车辆贬值损失赔偿已成为交通事故案件中比较突出的问题。承认和保护车辆的贬值损失是大势所趋,亦是财产损害赔偿制度进步的标志之一。所谓“车辆贬值损失”,一般是指车辆发生事故后,其使用性能虽已恢复,但其很难完全恢复到原来车辆的使用寿命、安全性能、舒适性、驾驶操控性等要求,且在汽车交易市场上其本身经济价值会因事故而降低。《中华人民共和国民法通则》第117条规定:“侵占国家的、集体的财产或者他人财产的,应当返还财产,不能返还财产的,应当折价赔偿。损坏国家的、集体的财产或者他人财产的,应当恢复原状或者折价赔偿。”根据这一规定的精神,提出赔偿交通事故车辆贬值损失应该是合法的,同时也是合情合理的。在司法实践中,如果发生结构性变形,修复后其驾驶的整体性能肯定会受到影响。一般是到专业的评估机构进行价格评估。最好是进入诉讼程序中申请法院鉴定,或者当事人双方协商指定鉴定机构或者由法院指定鉴定机构,事故车辆贬值损失鉴定结论为审理人员根据案情调解、判决的参考依据,支持的力度根据损伤情况的不同,一般是修理费用的50%~100%不等。

4.2 名誉权纠纷案件

名誉权是由民事法律规定的民事主体所享有的获得和维持对其名誉进行客观公正评价的一种人格权。它是人格权中内容最为丰富和复杂的一项权利。名誉权的客体是名誉;名誉是指对公民和法人的品德、才干及其他方面素质在社会生活中所形成的社会评价,名誉意味着个人的社会地位和尊严,名誉权的内容是维护名誉,并排斥他人对名誉的损害;名誉权是特定的公民或者法人所享有的权利。

侵害名誉权责任应如何认定,是否构成侵害名誉权,应当根据受害人确有名誉被损害的事实、行为人行为违法、违法行为与损害后果之间有因果关系、行为人主观上有过错来认定。律师在办理名誉侵权案件时应严格审查是否构成了侵权,这是代理好此类案件的关键。

(1)以下行为应当认定已构成侵犯名誉权

任何新闻报道、报刊杂志在对真人真事进行报道、评论、传播时,如果与事实不符,而影响公民原有的社会评价。

因撰写、发表批评文章引起的名誉权纠纷,文章反映的问题虽基本属实,但有侮辱他人人格的内容,使他人名誉受到损害的;文章的基本内容失实,使他人名誉受到损害的。

机关、社会团体、学术机构、企事业单位分发本单位、本系统或者其他一定范围内的内部刊物和内部资料,所载内容侵害他人名誉权的。

新闻媒体和出版机构转载作品,在转载中侵害他人名誉权的,当事人以转载者为被告进行起诉的,应当认定其侵害名誉权。

以书面或者口头形式侮辱或者诽谤他人,在一定范围内损害他人名誉的,应认定为侵害他人名誉权。

如果借检举、控告之名侮辱、诽谤他人,造成他人名誉损害,应当认定构成侵害名誉权。

公民的个人隐私受法律保护,个人和组织向社会公开或者传播他人隐私的。

医疗卫生单位的工作人员擅自向社会公开患者患有淋病、麻风病、梅毒、艾滋病等病情,致使患者名誉受到损害的,应当认定为侵害患者名誉权。

新闻单位对生产者、经营者、销售者的产品质量或者服务质量进行批评、评论,主要内容失实,损害其名誉的,应当认定为侵害名誉权。

(2)以下行为不应当认定侵犯名誉权

撰写、发表文学作品,不是以生活中特定的人为描写对象,仅是作品的情节与生活中的某人的情况相似,不应认定为侵害他人名誉权。

有关机关和组织编印的仅供领导部门内部参阅的刊物、资料等刊登来信或者文章引起的名誉权纠纷,以及机关、社会团体、学术机构、企事业单位分发本单位、本系统或者其他一定范围内的一般内部刊物和内部资料所载内容引起的名誉权纠纷,一般不能认定侵犯名誉权。

国家机关、社会团体、企事业单位等部门对其管理的人员作出结论或者处理决定,不能认定单位侵害了被管理者的名誉权。

公民依法向有关部门检举、控告他人的违法违纪行为,他人以检举、控告侵害其名誉权,除非有故意诽谤、侮辱等行为的,不能认定侵犯名誉权。

新闻单位根据国家机关依职权制作的公开的文书和实施的公开的职权行为

所作的报道,其报道客观准确的,不应当认定为侵害他人名誉权。

医疗卫生单位向患者或其家属通报病情,不应当认定为侵害患者名誉权。

消费者对生产者、经营者、销售者的产品质量或者服务质量进行批评、评论,不应当认定为侵害他人名誉权。但借机诽谤、诋毁,损害其名誉的,应当认定为侵害名誉权。

新闻单位对生产者、经营者、销售者的产品质量或者服务质量进行批评、评论,内容基本属实,没有侮辱内容的,不应当认定为侵害其名誉权。

因撰写、发表批评文章引起的名誉权纠纷,文章反映的问题基本真实,没有侮辱他人人格的内容的,不应认定为侵害他人名誉权。

(3)律师代理名誉权案件应注意的问题

注意审查侵犯名誉权的事实是否存在。如果存在,能否收集到充分的证据,如果不能收集到证据,劝其不要起诉。近年来,随着社会的进步和法制的健全,公民、法人的法律保护意识不断增强。以法律武器保护自己的名誉是社会的进步,对于他人侵犯名誉权的行为,以法律手段解决是一种明智的选择。但是,进行名誉权案件的诉讼要慎重。要仔细分析他人的行为是否构成了侵权,有没有进行诉讼的必要。从法律上讲,法院既要保护公民、法人的名誉权,又要保障正当的舆论监督,根据查明的事实,严格依照法律规定衡量是否构成侵害名誉权。有些公民可能会觉得他人的行为侵害了自己的名誉权,但根据法律的规定,并不构成侵权。如新闻报道宣传"扫黄"之必要性,批评某人在娱乐场所搞色情活动,只要报道内容没有失实,特定对象没有张冠李戴,就不构成侵权。

收集侵犯名誉权案件的证据,要注意了解具体的内容、范围,还要注意防止扩大影响。在诉讼过程中,在加害人侵害他人名誉权的行为进行当中,为了及时制止侵害名誉权行为继续进行,防止侵害后果继续扩大,根据最高人民法院《关于贯彻执行民法通则若干问题的意见(试行)》第 162 条的规定,受害人有权要求法院采取强制措施制止侵权行为继续进行,人民法院也可依职权制止侵权行为继续进行。具体做法应当根据当事人的申请或者依法院职权,在判决之前以裁定方式责令加害人停止侵害。

注意侵犯名誉权给被害人造成的影响,产生后果的程度。如果构成犯罪的,要向被害人讲明法律,劝其到刑庭起诉。

关于侵犯名誉权的请求,要注意多种制裁形式可以同时提出,如停止侵权、恢复名誉、消除影响、赔礼道歉、赔偿损失。对于赔偿损失的数额要有根据,力争全面维护当事人的合法权益。

注意提醒当事人提起精神损害赔偿,对于侵犯名誉权的案件,根据我国《民法通则》的有关规定,可以提起精神损害赔偿。致害人应当向受害人给付抚慰金,旨在救济心理伤害,熨平创伤,化解悲痛。对精神损害赔偿的数额律师应根据侵权人的过错程度、侵害的手段、场合、行为等方式等具体情节;侵权行为所造成的后果;侵权人的获利情况;侵权人承担责任的经济能力;受诉法院所在地平均生活水平等综合情况确定一个合情合理的数额,让当事人参考。

(三)产品责任纠纷案件

产品责任是指经由流通领域进入消费领域的产品在使用中发生的损害事故给他人造成人身伤害或财产损失时的赔偿责任。产品责任法是有关生产经营者对其生产经营的缺陷产品所致他人人身伤害或财产损失应承担的赔偿责任的法律规范的总称。我国于1993年2月22日颁布了《中华人民共和国产品质量法》,2000年7月8日又对其进行了修改。律师办理产品责任纠纷案件主要的法律依据就是《产品质量法》。其他还有《民法通则》、《消费者权益保护法》等法律法规。

(1)产品责任的构成

因缺陷产品致人损害赔偿的责任的构成要件有:①产品存在缺陷。产品缺陷是指产品存在危及人身、他人财产安全的不合理的危险性。产品责任是由于产品存在缺陷给他人造成损害而产生的赔偿责任,因此,在产品责任法中,产品缺陷具有重要意义,特别是在实行无过错产品责任的法律中,产品缺陷实际是划清产品提供者对于产品损害是否负有责任的标准。产品缺陷大致分为三种:设计缺陷、生产缺陷和指示缺陷。设计缺陷是指产品的设计中存在的不合理危险性。产品存在设计缺陷会导致依此设计生产出的一系列产品都存在缺陷,随之而来的也是大面积的损害事故。生产缺陷是在产品生产环节因工艺操作、质量管理不善等原因而使产品中存在的不合理危险性。指示缺陷,又称告知缺陷、说明缺陷等,指产品的设计和制造不存在问题,但由于产品具有特殊的性质和使用方法、使用条件等,如果产品提供者没有对此做出必要的指示、说明,就可危及使用者的人身健康、生命和财产安全。在这种情况下产生的缺陷就是指示缺陷。②损害。即使用缺陷产品所导致的死亡、人身伤害和缺陷产品以外的其他财产损害以及其他重大损失。③产品缺陷与受害人所受损害之间有因果关系。即消费者人身或者他人人身、财产存在损害是由于产品缺陷造成的。

(2)产品责任纠纷适用无过错责任原则

产品责任的归责原则,是指据以确定产品的生产经营者对其提供的缺陷产品给他人造成的损害,是以主观过错还是以客观损害结果为基础,承担损害赔偿责任的准则。代理产品责任纠纷案件的律师应明确产品责任的归责原则在产品责任法中的重要意义,它决定着产品责任的构成要件、产品责任诉讼中的举证责任的分配、赔偿责任的范围等问题。

无过错责任是指不以产品提供者的主观过错作为追究其产品损害责任的原则。在实行无过错产品责任原则的情况下,不以产品提供者的主观过错为产品责任的构成要件,只要产品存在缺陷;他人受到人身伤害、财产损失;他人所受损害是由于产品存在的缺陷引起的,即构成产品责任,产品的提供者应负责赔偿受害人的损失。

(3)产品责任诉讼的举证责任适用举证责任倒置原则

按照一般民事侵权责任中的过错责任,受害人要求赔偿的,应当对责任人的过错承担举证责任,即《民事诉讼法》第64条规定的,当事人对自己的主张,有责任提供证据。而由于产品责任实行无过错责任原则,因此,受害人要求赔偿时,无须证明生产者是否存在过错。而是由生产者依照《产品质量法》的规定,对其生产的产品是否具有该法规定的免责事由,自己是否具备法定的免责条件,承担举证责任。即实行“举证责任倒置”的原则。因为随着科学技术的发展,产品的技术性能和制造工艺越来越复杂,要求处于产品生产过程之外,并不具备各种产品专业知识的消费者对生产者的过错承担举证责任,难以做到,也不公平。因此,受害人只需就投入流通时的产品存在缺陷、使用缺陷产品所导致的死亡、人身伤害和缺陷产品以外的其他财产损害、产品缺陷与受害人所受损害之间的因果关系等权利发生要件事实举证即可。产品的生产者要想免责,应就法律规定的免责事由承担举证责任。最高人民法院《关于民事诉讼证据的若干规定》第4条第(六)项规定:“因缺陷产品致人损害的侵权诉讼,由产品的生产者就法律规定的免责事由承担举证责任。”在产品责任诉讼中,当事人双方为了证明自己的主张,都可以请求有关技术部门对有关事实进行技术鉴定,以履行自己的举证责任。另外在诉讼中,根据具体情况,法院认为必要时,可以指定或委托有关部门或人员对案件中的有关事实进行技术鉴定。在产品责任诉讼中,经常被法院委托进行产品质量鉴定的,是国家技术监督行政部门的产品质量监督检验机构。在产品责任的诉讼中,除生产者、销售者承担举证责任外,受害人也应当对自己的主张,提出相应的证据,比如受到损害的证据、损害是由缺陷产品引起的证据、自己完全按照说明书的要求使用的证据。

(4)律师应明确产品损害赔偿的种类

①财产损害的赔偿:《产品质量法》规定:"因产品存在缺陷造成受害人财产损失的,侵害人应当恢复原状或者折价赔偿。受害人因此遭受其他重大损失的,侵害人应当赔偿损失。"因此,对财产损害的赔偿方法,一是恢复原状,二是折价赔偿。所谓恢复原状,是指使受害人受到损害的财产经过修理、加工恢复到以前的状态或者用同一种类和质量的财产更换受到损害的财产。折价赔偿是指侵害人对造成的财产损害不愿意或者无法恢复原状的,侵害人按照该财产现行价格折算为货币进行赔偿。对于"受害人因此遭受其他重大损失",包括间接损失,即受害人可得的利益损失,如因缺陷产品造成开饭店的房屋失火,其中失火后不能正常营业少获得的收入就是可得利益的损失,责任者也应予以赔偿。②人身损害的赔偿:一般伤害的赔偿是指伤害他人身体尚未造成残废的。对这种伤害,应当赔偿医疗费、因误工减少的收入。医疗费包括因治疗而支出的全部的必要的医疗费、营养费、护理费、交通费。致人残废是指伤害他人身体造成残废的,除包括以上费用外,还包括赔偿残废者的生活补助费、残疾者自助具费。致人死亡除医疗费、误工工资、死亡赔偿金、残废者当时的生活补助费之外,还要支付死者的丧葬费以及死者生前扶养的人必要的生活费等费用。③精神损害赔偿,就是以金钱来弥补受害人因人身受到损害而引起的心灵的痛苦、创伤。确定精神损害赔偿的数额应根据受害人所受到的痛苦的程度;加害人过错的轻重;加害人和受害人双方的经济情况;侵权人因侵权所获得的利益;等等。2001 年 2 月 26 日颁布的《最高人民法院关于确定民事侵权精神损害赔偿责任若干问题的解释》,为在审理民事侵权案件中正确确定精神损害赔偿责任,对有关问题作如下解释:自然人因下列人格权利遭受非法侵害,向人民法院起诉请求赔偿精神损害的,人民法院应当依法予以受理,其中包括"生命权、健康权、身体权"。因此,这为产品责任侵权案件对人身伤害后提出精神损害赔偿提供了法律依据。

(5)生产者的免责事由

《产品质量法》第 41 条规定:因产品存在缺陷造成人身、缺陷产品以外的其他财产损害的,生产者应当承担赔偿责任。生产者能够证明有下列情形之一的,不承担赔偿责任:(一)未将产品投入流通的;(二)产品投入流通时,引起损害的缺陷尚不存在的;(三)将产品投入流通时的科学技术水平尚不能发现缺陷的存在的。

根据该条第2款的规定，生产者也不是绝对对缺陷产品承担民事责任。

生产者能够证明未将产品投入流通的，不承担赔偿责任。这里所讲的“未将产品投入流通”，是指生产者生产的产品虽然经过了加工制作，但是根本没有投入销售。生产者能够证明产品投入流通时，引起损害的缺陷尚不存在的，不承担赔偿责任。它是指生产者能够证明其将产品投放市场，转移到销售商或者直接出售给购买者时，产品并不存在缺陷。

生产者能够证明将产品投入流通时的科学技术水平尚不能发现缺陷存在的，不承担赔偿责任。由于科学技术的发展，根据新的科学技术，可能会发现过去生产并投入流通的产品会存在一些不合理的危险。对这种不合理的危险在产品投入流通时的科学技术是不能发现的，生产者也不承担责任。这是新产品开发过程中产生的风险，该风险是发展产生的，生产者是难以预见到的，对其免除责任是合理的。

(6)如何确定当事人

产品责任诉讼的当事人，在产品责任诉讼中，能够作为原告人的，是享有产品损害赔偿请求权的人。具体地讲，就是在产品损害事故中受到人身伤害、财产损失的人，包括产品购买人、使用人以及其他受到伤害的人，也就是非直接买受缺陷产品但受到缺陷产品损害的其他人。产品责任的被告人根据我国有关法律的规定，产品责任的主体是产品的生产者和销售者。生产者应当对其生产的产品质量负责，产品存在缺陷造成损害的，生产者应当承担赔偿责任；由于销售者的过错使产品存在缺陷，造成损害的，销售者应当承担赔偿责任。因此，不论是生产者还是销售者只要是该产品存在缺陷而给他人造成了人身伤害或财产损失，都可成为产品责任诉讼的被告人。受害人可以将双方列为共同被告提起民事诉讼。

(四)继承权纠纷案件

1. 继承权纠纷案件的特征

继承是自然人死亡后，其近亲属按照其有效遗嘱或者法律的具体规定，无偿取得其遗留的个人合法财产。继承权是指民事权利主体依法享有公民死亡后所遗留的财产的权利。继承权是一种财产权。财产所有权是继承权的基础和前提，继承是取得财产所有权的一种方式。继承权是近亲属之间相互享有的财产权。继承权的权利主体仅仅是公民。也就是说，只有公民才能享有遗产继承权。

继承权的发生根据是法律的直接规定或者合法有效的遗嘱。

法定继承是指被继承人生前未立遗嘱处分其遗产或遗嘱无效时，由其全体继承人按照法律规定的继承顺序、遗产分配原则继承其遗产的继承方式。

遗嘱继承是按照被继承人生前所立合法遗嘱继承遗产的继承方式。

遗赠是遗嘱人以遗嘱将其遗产中的财产权利的一部分或全部，无偿给予继承人以外的个人、集体或国家，于遗嘱人死亡时生效的单方要式法律行为。

2. 律师代理继承权案件应明确的几个问题

2.1　遗产及遗产的范围

遗产具有如下法律特征：遗产是公民死亡时尚存的财产。如果其财产在他生前已经作了处分，这些财产就不是遗产。遗产是公民个人的财产。公民个人财产包括公民个人单独所有的财产，也包括公民与他人共有财产中应属该公民所有的份额。遗产是公民的合法财产。非法侵占的国家的、集体的或者其他公民的财产，以及依照法律规定不允许公民所有的财产，不能成为遗产。遗产的范围：公民的收入，主要是指公民的工资和其他劳动收入；公民的房屋、储蓄和生活用品；公民的林木、牲畜和家禽；公民的文物、图书资料；法律允许公民所有的生产资料；公民的著作权、专利权中的财产权利；公民的其他合法财产。

不属于遗产的范围：(1)与被继承人的人身密不可分的人身权。如公民的姓名权、名誉权、荣誉权、肖像权等。(2)与公民的人身有关的债权、债务。这类债权、债务是以特定人的行为为客体的，与债务人、债权人的人身有密切联系。这些权利义务在债权人死亡时，不能作为遗产。(3)国有资源使用权。在我国，采矿权、狩猎权、渔业权等国有资源使用权都是经特定程序授予特定人享有的，这些权利不能作为遗产，继承人欲从事被继承人原来的事业，须自行申请，经核准取得相应的国有资源使用权。(4)承包经营权。被继承人在承包经营中投入的财产，应得的个人收益属于遗产，应按继承法由继承人继承。被继承人生前享有的承包经营权，都不是遗产。法律允许继承人继续承包。(5)宅基地使用权。公民所享有的宅基地使用权只能与房屋所有权一同转移，但不能作为遗产继承。

2.2　遗嘱及遗嘱的效力

遗嘱是立遗嘱人依法处理自己生前所有财产及其他事务，并于死亡后发生效力的法律行为。根据我国继承法的规定，公民可以立遗嘱处理个人财产，也可以指定遗嘱执行人。遗嘱必须具备以下要件才具有法律效力：

(1)立遗嘱人经公证机关办理的公证遗嘱有效；

(2)遗嘱人亲笔书写、签名、注明年、月、日的自书遗嘱,无非法内容的有效;

(3)有两个以上见证人在场,由其中一人代书,注明年、月、日,并由代书人、其他见证人和遗嘱人签名的代书遗嘱,内容和见证人均合法的,有效;

(4)有两个以上的见证人在场的录音遗嘱,内容和见证人均合法的,有效;

(5)遗嘱人在危急情况下,可以立口头遗嘱。口头遗嘱应有两个以上见证人在场见证。危急情况解除后,遗嘱人能够用书面或者录音形式立遗嘱的,所立的口头遗嘱无效;

(6)无行为能力的人、限制行为能力人、继承人、受遗赠人,与继承人、受遗嘱人有利害关系的人,不能作为遗嘱见证人;

(7)遗嘱中剥夺缺乏劳动能力又没有生活来源的继承人的继承权的内容无效;

(8)立有数份遗嘱,而内容有抵触的,以最后的遗嘱有效;

(9)自书、代书、录音、口头遗嘱不得撤销、变更公证遗嘱;

(10)无行为能力人或限制行为能力人所立的遗嘱无效;

(11)受胁迫、欺骗所立的遗嘱、伪造的遗嘱、遗嘱被篡改的,篡改的内容无效。

3. 办理继承权纠纷案件律师应注意的要点

3.1　原告律师注意的要点

律师代理继承权纠纷案件,应帮助作为向人民法院起诉的一方当事人写好起诉状,提交给有管辖权的人民法院,即被继承人死亡的住所地或者主要遗产所在地的人民法院,当事人可选择向其中的一个人民法院提起诉讼。起诉状的内容包括双方当事人的基本情况、主要诉讼请求、事实和理由、具状人签名或盖章等。继承权纠纷的诉状,在事实和理由部分应着重写明遗产的数量、名称及所在地;被继承人是否有遗嘱,如有遗嘱,写清立遗嘱的过程、遗嘱的形式及具体内容是什么;继承人各自的基本情况怎样;本人享有对该遗产继承权的理由等;在诉讼请求部分写清楚自己对哪些财产主张权利。另外,注意准确确定被告。在法定继承纠纷中,被告主要是遗嘱指定的继承人或者按遗嘱可得遗产的继承人或受遗赠人、受益人。提供相应的证据。证据是定案的根据,所以按照“谁主张,谁举证”的原则,原告对自己提出的诉讼请求必须提供相应的证据加以印证。主要应提供以下几类证据:

第一类是关于被继承人情况的证据材料,如被继承人死亡情况证明;被继承人的财产状况、位置、数量、质量和特征等，若被继承人生前有债权、债务的，应提供相应的证明材料；被继承人生前的婚姻状况，被继承人的配偶、子女的性别、年龄、工作单位和住址等。

第二类是关于被继承人的遗嘱情况，如被继承人有遗嘱的，应提供该遗嘱的原件；立有自书遗嘱的，应提供该遗嘱确系被继承人自己书写的证据材料；有口头遗嘱的，要提供与继承人、受遗赠人无利害关系的两个以上的见证人名单。

第三类是主张享有继承权，排斥他人享有继承权的证明材料，如当事人放弃继承权的，也应提供相应的证据；如果是丧偶儿媳或者是丧偶女婿，主张自己享有继承权的，应提供自己对公婆或岳父母生前尽了主要扶养义务的证明材料。

3.2　被告代理律师如何应诉

被告在接到原告的诉状后，应认真阅读，了解原告的诉讼目的、主张的事实、理由及法律依据，并决定是否在答辩期内提交答辩状。如果被告决定提交答辩状的，要按答辩状书写格式撰写。答辩理由可从以下几个方面把握：

（1）原告确定的被告身份有误。被告可以指出自己与被继承人或立遗嘱人之间没有法律关系或原被告之间也没有法律关系，主张自己退出本诉讼，原告另行起诉其他被告。

（2）原告陈述的事实与实际情况不符，如遗产的数量、范围有误；原告不属于法定或遗嘱继承人，也不是有权接受遗嘱赠与的人或法定继承人以外可以分得遗产的人；原告或已明确表示放弃继承遗产、接受赠与；被告并没有占有或多占遗产；遗嘱属无效遗嘱，原告不能依此主张权利；原告起诉时，已超过诉讼时效；等等。另外，被告在阅读了原告的诉状以后，如果认为有提出反诉的必要，要以事实和法律为依据，反驳原告的诉讼请求和事实、理由，提出自己的明确诉讼请求。如果被告想提出管辖权异议的，必须在法定的答辩期限内以书面形式向受理案件的法院提出。

九、律师代理民事诉讼应注意的问题

（一）律师应在全面掌握案情的基础上，认真审核证据

律师不管代理何种类型的民事案件，都应当根据当事人提供的情况，弄清纠纷的法律事实。根据纠纷的法律事实，决定这项纠纷应由哪一种法律事实来进行调整。即该由哪一种或哪几种民事实体法来进行调整。这样就可以确定解决这起纠纷所适用的法律规范。律师要弄清纠纷事实，仅靠同被代理人谈话是不够的，还必须借助于调查，并认真收集有关证据材料，才能彻底把握纠纷的真相。

至于如何调查和调查什么问题,要根据案件的实际需要来决定。不同案件调查的侧重点也不一样。在掌握了事实以后,就要准备证据。这就要求律师做好证据的收集和使用工作。

律师还有必要核对各方面的证据,不带偏见,不先入为主,应去伪存真。当事人在诉讼中有利害关系,因而所提供的证据往往带有虚伪性和片面性。人民法院收集的证据、鉴定人鉴定的结论,有时难免有偏差。律师一定要实事求是地加以核对、审查、分析、研究和查明真伪。

(二)调解贯穿于律师代理的所有程序

调解,是指人民法院在查明事实、分清是非和双方当事人自愿的基础上,依据国家的法律和政策通过说服教育,耐心地做思想工作,促其达成调解协议,使纠纷得到解决。因此,调解必须遵循实事求是、自愿和合法的原则。

《民事诉讼法》(2012)第9条规定:"人民法院审理民事案件,应当根据自愿和合法的原则进行调解……"第93条也规定:"人民法院审理民事案件,根据当事人自愿的原则,在事实清楚的基础上,分清是非,进行调解。"第142条又规定:"法庭辩论终结……还可以进行调解……"从这些规定中,充分说明"着重调解"在民事诉讼中的重要地位。审判人员在主持调解时,作为代理人的律师,代理委托人接受调解结案,必须有委托人的特别授权,只有律师与委托人协商一致意见后,才能决定是否接受法庭进行调解,如委托人亲自参加出庭调解,应在代理律师的积极协助下,由委托人对法庭调解表示意见。律师应积极主动地促成双方达成调解协议,以调解的方式结案。

《民事诉讼法》第9条规定:"……调解不成的应及时判决"在法院宣判阶段,律师向委托人解释裁判的内容和意义,就其是否上诉或申诉问题,向委托人提供咨询意见。律师对裁判做解释时,应实事求是,不能作歪曲解释,更不能挑拨煽动,影响正确判决执行。如果裁判在认定事实上或适用法律上确有错误,可以向委托人指出正确的处理方式。

(三)律师在民事诉讼案件中不是诉讼主体而是诉讼法律关系主体

律师接受当事人的委托,作为代理人参加民事诉讼,其不是诉讼主体,而是诉讼法律关系的主体。

在民事诉讼理论中,诉讼主体与诉讼法律关系主体是两个不同的法律概念。诉讼主体是以自己的名义进行诉讼,并承受法律效力的利害关系人。诉讼法律关系主体,是指在诉讼活动中享有一定的诉讼权利和承担一定诉讼义务的人。

诉讼主体与诉讼法律关系主体有着不可分割的紧密联系，只要是诉讼主体，就必定也是诉讼法律关系的主体。但是，反过来，诉讼法律关系的主体并非全是诉讼主体。律师作为代理人参加诉讼，只能是诉讼法律关系的主体，而不可能成为诉讼主体。这是由律师的法律地位所决定的。

在民事诉讼中，律师的权利、义务是从被代理人的权利、义务中派生出来的，是由代理人授予的，不是律师本身所固有的，律师在代理诉讼过程中，应当遵照被代理人的意志，以被代理人的名义进行诉讼活动，这就决定了代理律师不是独立的诉讼主体，必须受被代理人意志的约束，但其在民事诉讼中也具有相对的独立性。代理律师不是被代理人的"代言人"或者"传声机"，其在代理活动中必须忠实于国家法律，忠实于事实真相。

律师在民事诉讼代理中，具有相对的独立性。律师作为民事诉讼的代理人，虽然不具有独立的诉讼地位，但不是说律师作为代理人，必须对被代理人百依百顺，没有任何独立性，律师除享有被代理人授予的权利外，还享有在代理工作中的特有的诉讼权利，这些是法律赋予律师在代理工作中的基本权利，律师完全依法按照自己的意志行使这些权利。律师在诉讼活动中，维护被代理人的合法权益时，不能以"代言人"或者"传声筒"的面貌来实现，而必须遵守"以事实为根据，以法律为准绳"的原则。必须忠实于国家法律，忠实于事实真相，充分体现律师在诉讼活动中具有相对的独立性。

（四）民事案件中特殊侵权案件的举证责任有别于一般侵权案件

一般侵权案件，应当严格执行我国民事诉讼法规定的"谁主张，谁举证"的原则，而在下列特殊侵权诉讼中，按照以下规定承担举证责任：（一）因新产品制造方法发明专利引起的专利侵权诉讼，又制造同样产品的单位或者个人对其产品制造方法不同于专利方法承担举证责任；（二）高度危险作业致人损害的侵权诉讼，由加害人就受害人故意造成损害的事实承担举证责任；（三）因环境污染引起的损害赔偿案件，由加害人就法律规定的免责事由及其行为与损害结果之间不存在因果关系承担举证责任；（四）建筑物或者其他设施以及建筑物上的搁置物、悬挂物发生倒塌、脱落、坠落致人损害的侵权诉讼，由所有人或者管理人对其无过错承担举证责任；（五）饲养动物致人损害的侵权诉讼，由动物饲养人或者管理人就受害人有过错或者第三人有过错承担举证责任；（六）因缺陷产品致人损害的侵权诉讼，由产品的生产者就法律规定的免责事由承担举证责任；（七）因共同危险行为致人损害的侵权诉讼，由实施危险行为的人就其行为与损害结果之间不存在因果关系承担举证责任;(八)因医疗行为引起的侵权诉讼,由医疗机构就医疗行为与损害结果之间不存在因果关系及不存在医疗过错承担举证责任。

(五)在办理民事案件时发生责任竞合如何处理

责任竞合是行为人实施的一个行为违背两种以上法律规范,引发两种以上法律责任,两种以上法律责任有重叠相斥的,即成为法律责任竞合。违约责任与侵权责任的竞合是法律责任竞合最为常见的一种表现形式。

违约责任和侵权责任竞合,是指债务人的违约行为,既符合违约要件,又符合侵权要件,导致违约责任和侵权责任一并产生。当发生违约责任和侵权责任竞合时,当事人可以选择对方承担违约责任,或者要求其承担侵权责任。《中华人民共和国合同法》第122条规定:“因当事人的一方违约行为,侵害对方人身、财产权益的,受损害方有权选择依照本法要求其承担违约责任或者依照其他法律规定要求其承担侵权责任。”这样法律已明确给予承认,并允许当事人选择有利于自己的一种诉由提起诉讼。

由受害人选择请求权,选择对其更有利的而对加害人不利的方式提起诉讼和请求,充分尊重了受害人的意愿和权利,即使会加重不法行为人的责任,这种责任也是不法行为人依法应当承担的。

律师在办理该类案件过程中应当帮助当事人进行选择:第一,因不法行为造成受害人的人身伤亡和精神损害的,当事人之间虽然存在合同关系,也应按侵权行为而不能按合同责任处理。因为合同责任并不能对受害人所造成的人身伤亡、精神损害提供补救,而只能通过侵权损害赔偿对受害人提供补救。例如,某人从商店购买电视机一台,有一天在观看过程中电视机突然爆炸,造成两人严重烧伤。经有关部门鉴定,爆炸原因属产品质量问题,受害人向法院起诉,要求赔偿。笔者认为原被告双方虽然存在某种合同关系,但不应按合同纠纷处理,而应按《民法通则》第122条关于质量不合格致人损害的侵权责任处理,追究被告的侵权责任。第二,当事人之间事先存在某种合同关系,而不法行为人仅造成受害人的财产损失,则一般选择按合同纠纷处理,这样对受害人更为有利。第三,当事人之间事先并不存在着合同关系,虽然不法行为人并未给受害人造成人身伤亡和精神损害,也不能按违约责任而只能按侵权责任处理。第四,不法行为人基于合同关系占有对方的财产,造成该财产的毁损灭失,一般应按合同纠纷处理。

第二节　行政诉讼律师实务

一、律师代理行政诉讼概述

（一）行政诉讼的概念及特征

行政诉讼，是指公民、法人、其他组织对行政机关的具体行政行为不服，认为行政机关及其工作人员的具体行政行为，侵犯其合法权益，依法向人民法院起诉，由人民法院对其具体行政行为的合法性、适当性进行审理、裁决的活动。

具体行政行为，是指行政机关和行政机关工作人员，法律、法规授权的组织，行政机关委托的组织或个人，在行政管理活动中行使行政职权，针对特定的公民、法人或其他组织，就特定的具体事项，作出的有关该公民、法人或其他组织权利义务的单方行为。这种行为对公民、法人或其他组织的人身权或财产权都会产生一定的影响。

1. 行政诉讼所要解决的是行政纠纷

行政纠纷是行政机关之间，行政机关与社会团体、企业事业单位之间，以及行政机关与公民之间，因行政管理而引起的争议。行政纠纷双方当事人争执的焦点是某一具体行政行为是否正确、合法。

行政诉讼的一方必然是行政机关。双方当事人都不是行政机关的纠纷，不是行政诉讼。当然，如果行政法授权某个非行政机关的单位行使某项行政权力，则该单位可能成为行政诉讼的一方当事人。而行政机关的授权，不能排除该行政机关承担有关的法律后果。

行政纠纷是由于国家行政机关或特定组织行使行政管理职权而引起的。例如，公安机关对违反治安管理的相对人进行处罚，而被处罚人不服这种处罚，于是行政纠纷就产生了。所以，行政纠纷的起因是行政机关的管理行为，没有这种管理行为，就不可能产生行政纠纷。行政管理行为是产生行政纠纷的前提。

行政纠纷的这一特征，决定了在行政诉讼中实施某种具体的行政管理行为的行政机关为被告的特征。

2. 行政纠纷双方在行政法律关系中地位不平等

行政纠纷由于一方当事人是行政机关，因此双方当事人的地位不平等，行政机关处于主动和优越的地位，以国家强制力使行政相对人服从行政机关的管理。在行政机关和行政管理相对人之间，行政机关始终处于主动和优越地位，享有行政管理的种种权限，可以以国家强制力使相对人服从，接受行政机关的管理。这与民事纠纷不同，民事纠纷的双方当事人在民事法律关系中，地位始终是平等的。正是考虑到行政纠纷这一特点,《行政诉讼法》才规定了不同于民事诉讼的行政诉讼举证责任,以便更有利于保护公民、法人的合法权益。

3. 行政诉讼是人民法院解决行政纠纷的活动

人民法院是行政诉讼的主管机关。这里要强调的是,人民法院解决具体行政行为引起的争议,只有归人民法院主管的行政纠纷,才属于行政诉讼的范畴。因为有一些行政纠纷的解决并不经过人民法院。例如,行政机关对行政人员的奖惩、任免等人事决定,虽属具体行政行为,但《行政诉讼法》规定这类决定引起的纠纷不由法院受理;法律规定由行政机关最终裁决的具体行政行为,也不能诉诸法院。所以,虽然行政纠纷可以通过不同机关、不同途径解决,但是只有人民法院主管的行政纠纷案件,才属于行政诉讼的范畴。另一个容易同行政诉讼混淆的概念是行政复议。行政复议是行政机关解决纠纷的制度。由于行政复议解决的行政纠纷,而且往往法律、行政法规规定,在提交人民法院解决行政纠纷之前,相对人可以或必须先向作出引起争议决定的上级机关申请复议该决定。行政复议的主管机关是行政机关,它审查并裁决引起争议的行政决定是否合法,是否失当,所遵循的是行政程序,而不是司法审判的诉讼程序。因而行政复议是一种行政活动,不属于行政诉讼范畴。

(二)律师代理行政诉讼的概念及特征

律师代理行政诉讼,是指根据《行政诉讼法》的规定,律师接受当事人及其法定代理人的委托,代理他们参加行政诉讼,维护其合法权益的活动。

行政诉讼也被人们称为“民告官”的官司,作为原告,认为行政机关侵害了其合法权益,提起诉讼的是公民、法人或其他组织。律师代理诉讼的目的在于解决行政机关与行政相对人之间的行政争议。律师代理行政诉讼的特点主要表现在行政诉讼与民事诉讼等其他诉讼制度的不同点上。律师要掌握好行政诉讼代理的特点,除弄清不同于行政复议外,还必须弄清楚行政诉讼与民事诉讼的相同点和不同点。这是因为行政诉讼与民事诉讼在办案程序上有许多相似之处。一般来说,行政诉讼制度都是从民事诉讼制度分离出来的。其发展初期,往往适用民事诉讼程序。我国在《行政诉讼法》制定之前,人民法院受理法律规定可以起诉的行政案件,审理行政案件时,也是适用民事诉讼程序。但两者毕竟是两种不同的法律制度,它们在案件性质、实体法律、法规的适用等一系列方面存在着重大差异。因此,要健全法制,国家立法机关就必须制定一部独立的《行政诉讼法》来专门调整行政诉讼活动。作为律师,应熟悉和了解行政诉讼不同于民事诉讼的特征。律师代理行政诉讼具有以下特征：

1. 委托人权限的不一致性

由于在行政管理中行政机关和行政管理相对人的地位不平等，因此，在行政诉讼中，为了保护原告即行政管理相对人的合法权益，真正实现当事人双方法律地位平等的原则，《行政诉讼法》对被告行政机关的诉讼权利作了某些限制，如规定被告无起诉权、无反诉权、无自行收集证据权。因此，在行政诉讼中，律师若代理原告进行诉讼，则享有律师代理的全部权利；若代理被告进行诉讼，则其权利与被告的权利一样亦受到相应的限制。

2. 举证责任由被告承担

在行政诉讼中，原告只要举出具体行政行为和侵害事实存在的证据即可。而被告则应就该行政行为的合法性、适当性加以举证，否则，将承担败诉的责任。因此，律师若代理被告进行诉讼，就应当协助被告履行举证责任。

3. 处理行政诉讼案件的法律依据的广泛性

行政行为作出的法律依据大多是行政法规，涉及各行各业，法院审理裁定行政诉讼案件也应适用或参照有关的行政法规、规章，这些行政法规涉及各行业、各部门、各系统。当事人不服行政机关的处罚或其他处理决定可以向人民法院起诉。随着行政管理法制化程度的提高，今后行政管理方面的法规、规章还会不断增加，律师要做好行政诉讼代理工作，必须掌握丰富的行政法规、规章，才能有效地维护当事人的合法权益。

二、律师代理行政诉讼的范围

律师代理行政诉讼的案件范围，应是人民法院可以进行行政诉讼的案件范围，即受案范围。换言之，只有人民法院可以进行审判的行政案件，律师才能接受当事人、法定代理人的委托代为诉讼。我国《行政诉讼法》对人民法院行政审判的受案范围从肯定和否定两个方面作了明确的规定，从而实际上也就是对律师代理行政诉讼的案件范围作了界定。

（一）《行政诉讼法》规定人民法院可以受理的行政案件

根据《行政诉讼法》第 12 条的规定，人民法院可以受理的行政案件具体有以下十二种：

1. 对行政机关行政处罚不服的案件。

行政处罚是行政机关根据其职权，对违反法律、行政法规和规章但尚未构成犯罪的公民、法人或者其他组织所进行的制裁。根据《行政处罚法》的规定，行政处罚主要有:警告、罚款、没收违法所得、没收非法财物、责令停产停业、暂扣或者吊销执照、行政拘留以及法律或行政法规规定的其他行政处罚。被处罚人对行政机关作出的行政处罚不服的,有权向人民法院提起行政诉讼。

2. 对行政机关行政强制措施不服的案件。

行政强制措施是行政机关为了查明情况或有效控制违法、危险状态,根据需要依法对有关对象的人身或财物进行暂时限制的强制措施。其中,限制人身的强制措施主要有扣留人质、强制戒毒或治疗、强制隔离等。限制财产流通和使用的强制措施主要有:查封、扣留财产、冻结资金等。对行政强制措施不服的,公民、法人和其他组织有权依法向人民法院起诉。

3. 认为行政机关侵犯法律规定的经营自主权的案件。

作为市场经济的主体,公民、法人和其他组织依法享有经营自主权,如农民对土地、山林、草原等有承包经营权,企业家对国有、集体企业有承包经营权;国有企业有生产经营决策权、产品劳务定价权、物资销售权、投资决策权、资产处置权等;私营企业、个体经营者对其财产有完全的处分权和受益权等。市场经济主体依法享有的经营自主权,任何机关和个人不得侵犯。行政机关对行政管理相对人的生产经营活动也只能依法进行监督和管理,不得侵犯。否则,行政管理相对人有权依法向人民法院起诉。

4. 认为符合法定条件申请行政机关颁发许可证和执照,行政机关拒绝颁发或者不答复的案件。

许可证和执照是国家行政许可制度的主要表现形式,是公民、法人或者其他组织经行政机关许可而享有某种权利,获得某种资格和能力的法律凭证。“许可证”是指法律、法规和规章规定应当由主管行政机关根据行政管理相对人的申请,依法核发的准许从事某项活动的证书、批准书等。行政许可既是行政机关的职权,也是行政机关的职责。如卫生部门核发的卫生许可证、文化部门核发的演出许可证、海关部门核发的进出口货物许可证等。“执照”是指公民、法人或其他组织从事合法活动的凭证。执照有营业执照、驾驶执照等。因此,对于公民、法人和其他组织要求颁发许可证和执照的申请,行政机关必须严格依照法定条件、法定程序予以颁发或者给予答复。

根据《行政诉讼法》的规定,行政管理相对人认为自己具备了法律规定的条件,申请遭拒绝的,或对申请拖延不办,不予答复的,公民、法人和其他组织有权依法向人民法院起诉。

5. 申请行政机关履行保护人身权、财产权的法定职责，行政机关拒绝履行或不予答复的案件。

“人身权”是指自然人的人身和法人或者其他组织实体不可分离的无直接财产内容的权利。“财产权”是指有直接财产内容的民事权利。根据我国有关法律法规的规定，许多行政机关都有保护公民、法人或者其他组织人身权、财产权的法定职责。如工商行政管理机关有保护生产厂家产品商标和消费者利益的职责，专利管理机关有保护生产厂家产品商标和消费者利益的职责，公安机关有保护广大人民群众和企业事业单位生命财产安全的职责等。公民、法人和其他组织在人身权、财产权受到不法侵犯时，有权申请行政机关履行保护职责，如果行政机关拒绝履行或者不予答复的，则有权依法向人民法院起诉。

6. 认为行政机关没有依法发给抚恤金的案件。

抚恤金是国家对某些伤残人员或死亡人员遗属为慰抚和保障其生活而发放的专项费用，包括伤残抚恤金和遗属抚恤金两种。依照有关法律、法规的规定，负有发放抚恤金义务的行政机关应向发放单位发放而未发放的；对依法应发放的数额，行政机关作了扣减的；或者依法应按期发放，行政机关无故拖欠的，抚恤金权利人有权依法向人民法院起诉。

7. 认为行政机关违法要求履行义务的案件。

行政机关违法要求履行义务，是指行政机关要求相对人负担法律法规没有规定的义务。行政机关为了有效进行行政管理，有权要求公民、法人或其他组织履行义务，但必须严格依法进行，即必须是法律、法规规定的义务，而且需要按法律、法规规定的程序进行。如果行政机关违法要求履行义务，如乱收费、乱摊派、无偿调取财物、重复要求履行义务等，公民、法人和其他组织有权依法向人民法院起诉。

8. 认为行政机关侵犯其他人身权、财产权的案件。

“其他人身权、财产权”是指《行政诉讼法》第 11 条第 1 项至第 7 项规定的有关人身权、财产权以外的其他人身权和财产权。其他人身权是指除上述行政案件所涉及的人身权以外的人身权。由于行政管理领域十分广泛，因此，《行政诉讼法》对行政机关侵犯人身权、财产权的行为难以一一列举。为对公民、法人和其他组织的人身权、财产权予以充分保障，《行政诉讼法》作了本项概括性规定，从而把侵犯公民、法人或其他组织人身权、财产权具体行政行为全部纳入行政诉讼的受案范围。因此，对于行政机关侵犯人身权、财产权的行为，公民、法人和其他组织都有权依法向人民法院起诉。

9. 对征收、征用决定及其补偿决定不服的。

10. 认为行政机关侵犯其经营自主权或者农村土地承包经营权、农村土地经营权的。

11. 认为行政机关滥用行政权力排除或者限制竞争的。

12. 认为行政机关不依法履行、未按照约定履行或者违法变更、解除政府特许经营协议、土地房屋征收补偿协议等协议的。

(二)其他法律、行政法规规定可以提起行政诉讼的案件

除《行政诉讼法》外,我国还有一些法律、法规对可以提起诉讼的其他行政案件也作了规定。这些案件主要有:

1. 不服行政机关确认土地、森林、山岭、草原、滩涂等所有权和使用权归属等处理决定的案件

根据《土地管理法》、《矿产资源法》、《森林法》、《草原法》等法律法规,不服行政机关确认土地、山岭、滩涂、荒地、矿产、森林、草原等所有权和使用权归属的处理决定的案件,可以向人民法院起诉。

2. 不服确认专利权、商标权处理决定的案件

根据《专利法》的规定,不服确认专利权等处理的案件。具体来讲,有下列三种:(1)是否应授予发明专利权的争议案件;(2)宣布授予的发明专利无效或者维持发明专利权的争议案件;(3)实施强制许可的案件。

根据《商标法》的规定,不服确认商标权等处理的案件。具体来讲,也有下列三种:(1)不服商标局驳回申请的商标;(2)不服商标局不予公告的商标;(3)对商标局撤销注册商标的决定,当事人不服的案件。

3. 不服集会游行示威处罚决定的案件

《集会游行示威法》第 31 条规定,当事人对公安机关依照本法第 28 条第 2 款或第 30 条的规定给以拘留处罚决定不服,经申诉,对上一级公安机关裁决仍不服的,可以自接到裁决通知之日起 5 日内,向人民法院起诉。

(三)《行政诉讼法》规定的涉外行政案件

根据《行政诉讼法》第 100 条的规定,外国人、无国籍人、外国组织在中华人民共和国进行行政诉讼,委托律师代理诉讼的,应当委托中华人民共和国律师机构的律师。据此,律师也可以代理外国人、无国籍人、外国组织作为原告提起诉讼的涉外行政案件。

(四)人民法院不予受理的行政争议案件

根据《行政诉讼法》第13条的规定,公民、法人或者其他组织就下列事项向人民法院提起诉讼的,人民法院不予受理,律师对这四类行政行为发生的行政争议不能接受委托代理诉讼:

1. 国防、外交等国家行为引起的争议

国防、外交等国家行为,即国家主权行为。它主要分为两大类:一类是行政机关为保卫国家领土、领海、领空主权,防卫外来侵犯所作出的有关军费、军需及其他涉及军事的规章、决定、决议、命令等行为。另一类是行政机关为实现国家对外政策而实行的各种外事活动的决定、命令等行为。国家机关依据宪法和法律的授权而采取的这些行为,属于政治性行为而非司法性行为,故而国家机关及其首脑对这些行为只承担政治责任,而不承担法律责任。因这些行为而产生的争议,也不由司法机关审查并追究法律上的责任,而由人民或政治性机关追究政治责任。

2. 行政法规、规章或者行政机关制定、发布的具有普遍约束力的决定、命令

行政机关制定、颁布的行政法规、规定,具有普遍约束力的决定、命令,属于抽象行政行为,对抽象行政行为人民法院无权审查,公民、法人或其他组织也不得向法院提起行政诉讼。根据《宪法》的规定,国务院制定的同宪法、法律相抵触的规章或者其他具有普遍约束力的决定和命令,只有其上级主管机关或同级人大常委会或上级人大常委会才有权撤销。人民法院不享有确认行政法规、规章或者具有普遍约束力的决定、命令是否与宪法、法律或行政法规相抵触,以及有无法律效力的权力。

3. 内部行政行为

它是指行政机关作用于内部,或对其有隶属关系的行政工作人员进行管理的行政行为。如行政机关对行政机关工作人员的奖惩、任免等决定。这些决定是行政机关管理其内部事务的行政行为,人民法院对此不能通过审判程序加以干涉。根据有关法律规定,这类行为的监督权,分别由上一级行政机关、监察机关、人事机关行使。律师应告知当事人向上述机关提出申诉,以寻求补救。

4. 法律规定由行政机关最终裁决的具体行政行为

所谓最终裁决权,指法律正式授权行政机关的决定为最终决定,也就是只限于全国人大及其常务委员会制定的法律所授予的最终裁决权。规定由行政机关最终裁决的法律,目前主要包括:《中华人民共和国外国人入境出境管理法》和

《中华人民共和国公民出境入境管理法》。其中规定,对被行政处罚不服的可以向上一级公安机关提出申诉,要求复议,也可以向人民法院提起行政诉讼。如果选择向上一级公安机关申请复议的,上一级公安机关的复议裁决是终局裁决。

2000年3月10日起施行的最高人民法院《关于执行〈中华人民共和国行政诉讼法〉若干问题的解释》补充了以下内容,规定公民、法人或者其他组织对下列行为不服提起诉讼的,也不属于人民法院行政诉讼的受案范围:1. 公安、国家安全等机关依照《刑事诉讼法》的明确授权实施的行为;2. 调解行为以及法律规定的仲裁行为;3. 不具有强制力的行政指导行为;4. 驳回当事人对行政行为提起申诉的重复处理行为。

三、律师在行政诉讼中的几项代理工作

(一)接受委托、了解案情、确定代理

委托合同是当事人与律师事务所确立代理关系的法律依据。当事人委托律师代理行政诉讼必须签订委托代理合同,明确代理事项和代理权限。律师接受委托时必须谨慎从事,认真了解有关情况,做到心中有数。为顺利完成代理工作,律师接受委托时应做好下列工作:

1. 审查该行政争议是否属于人民法院的受案范围

凡符合《行政诉讼法》第12条规定的12类案件之列,律师即可接受委托。

1.1 原告资格。原告必须是与本案有直接利害关系的公民、法人或其他组织。如果公民、法人或其他组织认为行政机关的具体行政行为侵犯了其合法权益,就有权向人民法院提起行政诉讼;反之,如果行政机关的具体行政行为与公民、法人或其他组织没有直接的利害冲突,该公民、法人或其他组织就不能成为原告,因而也无权起诉。

行政诉讼的原告是认为行政机关和行政机关工作人员的具体行政行为侵犯了其合法权益,而向人民法院起诉的公民、法人或其他组织。行政诉讼的原告限于两种人:行政处理决定的对象和行政处理对象的被侵害人。行政处理决定都是针对一定对象的。例如,纳税决定的对象是纳税义务人;环保处罚决定的处理对象是造成环境污染的单位和个人等。行政处理决定直接影响了处理对象的权利、义务,因此处理对象具有原告资格。而被侵害人之所以具有行政诉讼的原告资格,是因为行政处理决定的对象同时是他的侵害人,行政机关如何处理侵害人,关系到对他的权利是否承认,关系到他的实体权利、义务。如果委托人属于这两种人,则具有行政诉讼的原告资格。

1.2　被告资格。有明确的被告。如果原告起诉没有明确的被告，其诉讼请求也就没有承担的对象，就成为无的放矢，法院很难进行审判活动。因此，原告在起诉时必须指明谁侵犯了自己的合法权益，要对谁提起诉讼。根据《行政诉讼法》的规定，以下五种行政机关具有被告资格。

（1）公民、法人或其他组织直接向法院起诉的，作出具体行政行为的行政机关是被告。

（2）经行政复议的案件，复议机关决定维持原行政行为的，作出原具体行政行为的行政机关为被告；复议机关改变原具体行政行为的，复议机关为被告。

（3）两个以上行政机关作出同一具体行政行为的，共同作出该具体行政行为的行政机关为共同被告。

（4）由法律、法规授权的组织作出具体行政行为的，该组织是被告。由行政机关委托的组织作出具体行政行为的，委托的行政机关是被告。

（5）行政机关撤销的，继续行使其职权的行政机关是被告。

2. 审查此案是否为行政裁决后的案件

行政裁决虽然也是行政机关的处理行为，但这种行为是准司法行为，处理的不是行政法律关系中的权利、义务争执，而是民事纠纷。当事人如误以为此案为行政案件，要求律师代理行政诉讼时，律师应当告知当事人，并可做其民事诉讼的代理人。

3. 审查该行政争议是否超过诉讼时效

诉讼时效是指权利人不提起诉讼，就丧失了请求人民法院依诉讼程序强制义务人履行义务的法定期间。代理律师在帮助原告、第三人、法定代理人起诉时，应严格遵守法律规定的起诉时间。当事人必须在法定的诉讼时效内提起诉讼，否则就丧失了胜诉权。关于行政诉讼的期限，《行政诉讼法》对行政诉讼时效作了以下四个方面的规定：

3.1　经过复议的案件，一般诉讼时效的时间为 15 日。即法律、法规没有特别规定的情况下，申请人从收到复议决定之日起 15 日内可以向人民法院提起诉讼。此外，具体法律、法规还规定了特殊诉讼时效，主要有 30 日、3 个月等特殊诉讼时效。（1）诉讼时效为 30 日。如《海关法》规定，当事人不服有关处罚的复议决定，可以自收到复议决定之日起 30 日内，向人民法院起诉。（2）诉讼时效为 3 个月。如《专利法》规定，发明专利的申请人对专利复审委员会驳回复审请求的决定不服的，可以自收到通知之日起 3 个月内向人民法院起诉。代理律师应注意:具体法律、法规对诉讼时效作出明确规定的,依具体法律、法规的规定;具体法律、法规未作规定的,依《行政诉讼法》第45条关于"申请人不服复议决定的,可以在收到复议决定书之日起15日内向人民法院提起诉讼"的规定。当事人超过申请复议期限则失去申请权乃至起诉权,复议机关必须在法定的复议期限内作出复议决定,超过复议期限不作决定的,当事人可直接向人民法院起诉。

3.2 公民、法人或者其他组织依法直接向人民法院提起诉讼的,一般诉讼时效为3个月。3个月的起算时间是从公民、法人或者其他组织知道作出具体行政行为之日起。所谓知道作出具体行为,一般是指公民、法人或其他组织接到行政处理书之日起算。此外,其他法律、法规还规定了两种特殊诉讼时效:(1)诉讼时效为15日。如《食品卫生法》规定,当事人对食品的卫生监督机构给予的行政处罚不服的,在接到处罚通知之日起15日内,可以向人民法院起诉。(2)诉讼时效为30日。如《土地管理法》规定,当事人对行政处罚决定不服的,可以在接到处罚决定通知之日起30日内,向人民法院起诉。

3.3 行政管理相对人因不可抗力或者其他正当理由耽误法定期限的,在障碍消除后的10日内,可以申请延长期限,由人民法院决定。代理律师应从维护公民、组织的合法权益出发,在已经超过诉讼时效的情况下,积极帮助原告和人民法院判明耽误起诉期限的原因是否属不可抗力或者其他正当理由。

3.4 最长的诉讼时效的规定。最高人民法院《关于执行〈中华人民共和国行政诉讼法〉若干问题的解释》第41条规定:"行政机关作出具体行政行为时,未告知公民、法人或者其他组织诉权或者起诉期限的,起诉期限从公民、法人或其他组织知道或者应当知道诉权或者起诉期限之日起计算,但从知道或者应当知道具体行政行为内容之日起最长不得超过2年。复议决定未告知公民、法人或者其他组织诉权或者法定起诉期限的,适用前款规定。"

该解释第42条规定:公民、法人或其他组织不知道行政机关作出的具体行政行为内容的,其起诉期限从知道或者应当知道该具体行政行为内容之日起计算。对涉及不动产的具体行政行为从作出之日起超过20年、其他具体行政行为从作出之日起超过5年提起诉讼的,人民法院不予受理。

行政诉讼的诉讼期限之所以比民事诉讼短,主要是因为行政诉讼涉及某一行政行为是否违法,虽然起诉并不影响该行政决定继续执行的效力,但为了尽早确定某一行政行为是否违法,所以行政诉讼的期限就比民事诉讼规定的短些。

如果委托人的诉讼请求超过了诉讼期限，律师要向其说明，不能接受委托；反之，律师可接受委托，并在尽快的时间内做好起诉准备。

4. 要求委托人提供必要的事实和证据材料

律师在接受原告委托时，应要求原告提供提起诉讼的事实根据。尽管我国《行政诉讼法》规定举证责任由被告承担，但原告也必须提供起诉的事实，否则，法院就不会受理。如果律师作为被告的代理人，则更需要要求委托人提供证据。由于行政诉讼的举证责任由被告承担，被告应当提供作出该具体行政行为的证据和所依据的规范性文件。如果被告无法举出证据和所依据的规范性文件，就可能承担败诉的后果。

5. 审查委托人的诉讼请求是否合理合法

律师的职责是在事实和法律的基础上，运用自己的知识、经验和技巧，维护委托人的合法权益。因此，只有委托人的合法权益，才能得到法院的确认。不合法、不合理的利益当然得不到保护。这就要求委托人的诉讼请求必须合情合理，于法有据。如果委托人的请求部分合理，部分不合理，律师应当认真做好委托人的工作，劝其放弃不合理的诉讼请求。如果委托人的诉讼请求显然是无理或违法，律师应拒绝接受委托。

6. 告知委托人律师代理诉讼的原则以及当事人的诉讼权利与义务

律师接受委托时，应明确告知委托人，律师代理诉讼的原则是以事实为根据，以法律为准绳，律师应最大限度地维护委托人的合法权益，但无法保证必然胜诉，委托人对此应有足够的思想准备，以免引起不必要的矛盾。同时，律师还应当向委托人讲明当事人在诉讼中所享有的权利和应承担的义务，以便委托人认真行使自己的权利，履行自己应尽的义务，保证行政诉讼的顺利进行。

如果委托人和所委托的案件，符合上述要求，律师就可以接受委托，确立代理关系。

律师决定接受委托人的诉讼代理委托后，要起草授权委托书。授权委托书必须说明委托事项和权限，然后由委托人签名或盖章，并提交人民法院。

（二）起诉及应诉中的律师代理工作

1. 起诉中的律师代理工作

审查该行政争议是否具备起诉的条件

根据我国《行政诉讼法》第49条的规定，起诉案件必须具备下列条件：

(1)有具体的诉讼请求和事实根据。原告在起诉时必须明确写明要求人民法院保护其合法权益的具体内容。例如,请求法院撤销行政机关的具体行政行为,请求法院变更行政机关所作出的显失公正的处理决定,请求行政机关赔偿原告的人身或财产损失或者要求法院责令行政机关履行法定职责。在提出诉讼请求的同时,原告还必须提出其合法权益受到损害或者引起争议的事实,以及证明案件事实的根据,否则就无法判断原告的合法权益是否受到侵害,无法证明起诉能否成立。

(2)属于人民法院受案范围和受诉人民法院管辖。原告起诉的案件必须是根据《行政诉讼法》的规定属于人民法院的主管范围,不属于法院主管的,法院就无法受理,当事人应通过其他途径解决。此外,起诉案件还必须属于受诉人民法院管辖范围。

①行政案件由最初作出具体行政行为的行政机关所在地的人民法院管辖;经复议的案件,复议机关改变原具体行政行为的,也可以由复议机关所在地人民法院管辖。

②中级人民法院管辖确认发明专利权的案件、海关处理的案件;对国务院各部门或者省、自治区、直辖市政府所作出的具体行政行为提起诉讼的案件;本辖区内重大、复杂的案件。

(3)审查此案是否属于法律、法规规定必须先行复议的案件。凡属此类案件,律师应当告知当事人先行向行政机关申请复议,不服复议决定再行起诉;凡不属此类案件,只要在人民法院的受案范围内,按《行政诉讼法》的规定,当事人可以自行选择先行复议或径行起诉。在后一种情况下,律师可以讲明两者的利弊得失以便当事人选择。行政复议制度和行政诉讼制度是行政法律关系非行政机关一方当事人在自己的合法权益遭到行政机关的侵害时,获得补救的两种不同手段。这两种救济手段之间有着紧密的联系,律师应严格审查:

①属于法院受案范围的行政案件,行政管理相对人可以先向行政机关申请复议,对复议决定不服的,再向法院起诉;或直接向法院起诉。《行政诉讼法》第44条规定,凡是其他法律、法规没有规定必须先行复议再向人民法院起诉,又属于人民法院受案范围的行政争议,当事人不服的,可以先向上一级行政机关或者法律法规规定的行政机关申请复议,对复议不服的,再向人民法院提起起诉;也可以直接向人民法院提起诉讼。

在这种情况下，代理律师应特别注意的是，公民、法人或者其他组织的起诉是否经过复议程序而不影响起诉的成立，原告不会因申请复议或不申请复议而丧失起诉权；如果先申请了行政复议，在复议期间，即复议决定作出之前，其起诉不能行使，只有在复议决定作出之后，才能提起诉讼；如果法律、法规明确规定必须先经复议才可向法院起诉，则按规定先申请复议；如果法律、法规没有明确规定必须先经复议才可向法院起诉，亦没有明确规定可以先经复议或者直接向法院起诉，公民、法人或其他组织也可以自己选择是否先行复议。

②属于法院受案范围的案件，行政管理相对人必须先向行政机关申请复议，对复议决定仍不服的，才可向法院起诉。

③属于法院受案范围的案件，行政管理相对人可以向行政机关申请复议，也可以直接向法院起诉。申请复议的，复议决定为最终裁决，当事人仍不服的，不能再向法院起诉。在这种情况下，代理律师应明确告知当事人；如果选择向行政机关申请复议，就丧失了起诉权，从维护公民、法人或者其他组织的合法权益出发，帮助他们作出正确的选择。

在前两种情况下，代理律师还应该提醒行政管理相对人特别注意申请复议的期限。我国法律对申请复议的期限没有作统一规定，而是由具体法律、法规规定的，因而长短不一。主要有5日、10日、15日、30日、3个月五种情况。申请复议期限到底为多长，行政管理相对人应根据行政争议所涉及的法律、法规的规定而定。

2. 认真撰写起诉状

起诉状是人民法院对案件进行审理的基础和依据。起诉状制作的好与坏，关系着法院对案情的了解及案件的处理。因此，代理律师必须根据委托人所讲述的案件事实、证据以及自己掌握的事实材料，认真撰写起诉状，帮助委托人向法院起诉。一般来说，起诉状应包括下列主要内容：原告的基本情况、代理律师的姓名、所在律师事务所的名称、被告的基本情况，如果有第三人，应写明第三人的基本情况、请求事项及理由、案件的具体事实及有关证据等。

律师通过调查，对案件进行分析、判断，对证据进行核实，认为委托人的诉讼请求有理，而且有明确的原、被告，有具体的诉讼请求和事实根据，属于人民法院主管后，就应为委托人撰写起诉状。由于《行政诉讼法》实际上规定了单独提出赔偿请求和附带提出赔偿请求两种请求行政损害的方式，所以，如果原告认为该引起争议的行政行为侵害了他的合法权益，其代理律师应在征询原告的意见后，决定是单独在起诉状中提出一个赔偿的诉讼请求，还是在提出一个诉讼请求的同时附带请求行政赔偿。

行政诉讼案件起诉状举例：

起　诉　状

原告人：张×，男，××岁，汉族，××省××市人，工人，住××市××区××路×号。

被告人：××市公安局，地址：××市××区××路×号。

请求事项：

原告人不服××市公安局于××××年××月××日裁决拘留15天及对肇事者刘××赔偿医疗费。请求依法审理。

事实及理由：

原告人张×于××××年××月××日下午××时××分，下班回家途中，见不少人围观税务工作人员王×等人收税时，一个小女孩(16岁左右)认为交税10元过多而哭，围观群众一致认为小女孩手里的塑料筷笼总共不值10元钱。原告当时问税务干部王×："即得收税，国家不是规定2%吗?"王×答："我们按8%收的。"原告说："该收多少，就收多少，还吵吵啥。"这时另一名税务干部牛××扯住原告的衣领，向原告左胸打了一拳，原告为自卫还手打了他胸部一拳。与此同时，四五名税务干部动手对原告拳打脚踢。原告遂与牛××厮打在一起，后被围观群众拉开。××市公安局工作人员不尊重原始事实真相，两次裁决拘留原告15天。原告认为这样处理，违背了以事实为根据的原则，强行以《治安管理处罚条例》第9条裁定拘留原告，毫无道理，适用法律不当。至于税务干部牛××因伤治疗，完全咎由自取，原告人不应负担赔偿医疗费。特请人民法院予以审理，公正判决。

此致

××市××区人民法院

具状人：张×

××××年××月××日

附：①本诉状副本×份(略)；

②证物×件(略)；

③书证×件(略)。

3. 提出行政赔偿的请求

有些案件中，由于行政机关或行政机关工作人员的具体行政行为不当或违法，往往造成行政相对人的人身或财产损失。对此，律师提起诉讼时，应一并提出请求物质的赔偿要求，以使法院在审理具体行政行为是否合法的同时，对行政相对人所受到的物质损失一并审理。

4. 对被告所举证据进行质疑

在行政诉讼中，法律规定被告对作出的具体行政行为负举证责任。原告代理律师应该对被告所提供的证据进行严格审查，必要时对其提出质疑。原告代理律师在诉讼活动中及时对被告所举证据提出质疑，有利于人民法院审查判断证据，正确处理行政案件，更有利于维护原告的合法权益。原告律师应对被告提供的证据从以下几个方面提出质疑：

(1)证据是否客观、真实，有无伪证、假证和不合情理的证据；

(2)证据是否充分，该证据是否能证明案件的真实情况；

(3)证据之间是否存在矛盾或部分内容不一致，影响案件事实认定的情况；

(4)收集证据是否合法，有无取证时违反法定程序或在诉讼过程中收集的证据的情况；

(5)证据是否有效，有无没有作证能力的人提供证言或非法定行政诉讼证据的情况。

(三)应诉中的律师代理工作

《行政诉讼法》第67条规定："人民法院应当在立案之日起5日内，将起诉状副本发送被告。"被告行政机关在接到起诉状副本后，即可以委托律师担任自己的诉讼代理人。代理律师在接到起诉状副本之日起10日内，可以从以下三个方面针对原告的起诉进行应诉：

1. 向人民法院指出原告的起诉不符合起诉条件。如被告错误，受理的人民法院有无管辖权，如果管辖权不当应该提出异议，依法须经复议的而未经复议等，对原告起诉不符合条件的，应请求人民法院作出驳回起诉的裁定。

2. 向人民法院提交作出具体行政行为的有关资料。在行政诉讼中，举证责任由被告即行政机关承担，被告的代理律师重要的工作就是帮助行政机关提交证据。提供的有关资料主要是指：(1)证明行政处理决定所基于的事实客观存在的材料，即事实根据；(2)证明行政处理决定适用法律正确；(3)其他一切能证明案件的事实材料。

被告向人民法院提交作出具体行政行为的有关资料,既是一种法律责任,又可以通过提交这些证据使自己在诉讼中处于有利的地位。因此,作为被告的代理律师,应积极、全面、慎重地配合被告收集上述材料并按时递交给人民法院。

3. 向人民法院提交答辩状及其副本。答辩状是在行政诉讼中,被告对原告起诉进行答复和辩驳的一种诉讼文书。作为被告行政机关的代理律师,在接到原告的起诉状副本后,应及时提出答辩状。

代理律师应注意,行政诉讼中被告提交答辩状的期限与民事诉讼不同。民事诉讼中被告提交答辩状的期限因审级和案件性质不同而长短不一,行政诉讼则统一规定为10日,代理律师应在法定期限内向人民法院提交答辩状。

(四)起诉应诉阶段的暂缓执行问题

由于起诉、应诉阶段涉及具体行政行为的执行问题,因此,有必要在此对具体行政行为的暂缓执行问题一并论述。依照《行政诉讼法》的规定,诉讼期间不停止具体行政行为的执行。但由于行政诉讼从起诉到判决一般都要经过一段时间,如果在此期间没有一定的措施,那么有的当事人就会遭受因具体行政行为不停止执行所造成的不可弥补的损失。对此,《行政诉讼法》对具体行政行为因诉讼需要暂缓执行的几种特殊情况作了规定。代理律师在起诉或应诉及诉讼过程中,应当从法律角度帮助被代理人确定是否作出停止具体行政行为执行的决定或者提出停止具体行政行为执行的申请。具体行政行为在以下三种情况下暂缓执行:

1. 被告认为需要停止执行的。哪些情况下是需要停止执行的,法律没有规定,由被告行政机关依据案件的具体情况和国家赋予的行政权,对其认为需要停止执行的,作出停止执行的决定。

2. 人民法院裁定停止执行的。原告从自己的利益出发,要求暂缓执行具体行政行为的,人民法院也认为该具体行政行为的执行会造成难以弥补的损失,并且停止执行不损害社会公共利益的,裁定停止执行。原告的代理律师从保护原告的合法利益出发,如果该具体行政行为继续执行会造成难以弥补的损失时,要以原告的名义申请人民法院裁定暂缓执行。

3. 法律、法规规定停止执行的。根据行政管理的实际情况和需要,有法律、法规明确规定在诉讼期间,停止具体行政行为的执行。

代理律师应依据法律,帮助被代理人适时提出停止具体行政行为的申请,或要求人民法院制止行政机关违法的执行活动，或与被告具体交涉，提出停止执行具体行政行为的要求。原告代理律师如果发现被告的行为属以下具体行政行为，应主动与被告进行交涉，向其提出停止执行具体行政行为的要求：具体行政行为明显属于滥用职权而作出的；具体行政行为明显属于超越职权作出的；具体行政行为无法律依据作出的；具体行政行为明显属于适用法律错误的；纯属行政机关错误认为相对人行为违法并给予处罚的。经主动交涉，被告不采纳律师意见时，律师应及时帮助原告申请法院裁定停止执行。

总之，从维护被代理人的合法权益出发，在法律允许的范围内，帮助被代理人采取措施，避免因具体行政行为的执行而给当事人双方继续造成损害。

四、法庭审理中律师的主要工作

开庭审理，是审判人员在当事人及其他诉讼参与人的参加下，在法庭上进行全面审查，并以此作出裁判的活动。开庭审理是行政诉讼的中心环节，也是律师在代理行政诉讼中的重要阶段。因此，律师必须熟悉并掌握行政案件开庭审理的程序。

在此阶段，原告的起诉状、被告的答辩状以及作出具体行政行为的材料和有关证据等，都已集中在法院。律师此时应认真阅读有关案卷材料，熟悉双方当事人和案件的情况。在此基础上拟好代理词做好出庭前的一切准备工作。

（一）帮助委托人行使申请回避的权利

申请回避权是当事人的一项重要的诉讼权利，但是当事人由于法律知识的欠缺往往不了解回避的内容及法律意义，忽略了申请回避的权利。律师在法庭审理开始时，应密切注意有无需要回避的情况，如果需要回避，则应告知委托人，决定是否申请回避。

（二）参与法庭调查

法庭调查，实质上是对诉讼证据的审查，证据经法庭审查属实，才能作为定案的根据，因此，在此阶段，律师应积极、适时地申请审判长向对方当事人、证人、鉴定人等发问。代理律师在法庭调查阶段，应时刻把握调查动向，并针对各种证据的真实性、合法性提出自己的看法，帮助法庭搞清案件事实，以便法庭公正地进行审判，从而真正维护委托人的合法权益。法庭调查阶段是开庭审理的核心，是案件进入实体审理的一个重要阶段。法庭调查的任务是听取当事人的陈述，审查核对全部证据，以查清案件，认定事实。法庭调查中律师的主要工作是：

1. 询问当事人。如果被诉行政行为是以职权开始的行为时，可以先询问被告;如果有第三人参加诉讼,应在原告和被告之后询问。律师可以为自己的当事人作补充和提示。

2. 询问证人和宣读证言。原则上,证人都应当出庭作证。询问证人,应先告知证人的权利及义务;宣读未到庭证人证言;律师经审判长许可,可以要求让证人补充或解释其证言,并及时发表自己的看法。

3. 询问鉴定人,宣读鉴定结论。询问鉴定人,主要是询问需要鉴定的问题,进行鉴定的科学依据,鉴定的方法和过程以及审判人员对鉴定结论所要了解的有关问题。《行政诉讼法》规定,对专门性问题需要鉴定的,应当由法院鉴定部门进行,如果不是,律师应提出异议;如果需要鉴定的证据,没有经法定鉴定部门鉴定,应由人民法院指定部门鉴定,否则律师可提出异议。

4. 出示物证、书证和视听资料。

5. 宣读勘验笔录和勘验结果。

法庭调查,一般是按上述顺序进行,但必要时也可以穿插或反复进行。当事人有权对证据出疑问,要求重新鉴定或调取新的证据,传唤新的证人到庭。律师应从这方面帮助或代理当事人发表意见。审判人员如认为法庭调查已使案情和证据清楚,可宣布法庭调查结束,转入法庭辩论。

(三)参与法庭辩论

法庭辩论是在审判人员的主持下,就已经过法庭调查的事实和证据,由当事人、第三人及其诉讼代理人提出维护自己诉讼请求和对对方提出的主张进行辩论的意见以及反复进行辩论的诉讼行为。律师在法庭辩论阶段的主要任务是:发表代理词和与对方当事人及代理人进行辩论。代理律师应详细阐明委托人的诉讼请求和所依据的事实根据,并针对行政机关所作出的具体行政行为适用法律是否适当,程序是否合法,证据是否确凿、充分等问题进行辩论,从而使法院全面了解案件事实和论据。法庭辩论,需要有综合全案事实证据,运用法律进行论证的能力,这个能力往往是诉讼当事人所缺乏的。因此,法庭辩论阶段是诉讼当事人最需要法律帮助的时候。代理律师在这个阶段,应根据事实和法律,就本案发表全面系统的意见,充分论证被代理方诉讼请求的合理性,反驳对方的论点,为法院查清事实,分清是非,正确裁判奠定基础。由于行政诉讼要解决的是某个行政行为是否违法的争议,而某一具体行政行为合法与否的判断标准无非来自事实和法律两个方面,所以律师在辩论中应注意以下几个问题:

1. 适用法律有关的事实问题。案件的事实,是案件的基础,也是案件能否成立的根据。这方面值得考察的总是颇多。例如,某一行政机关针对特定的事或人适用处罚决定是否合法,需要考察下列内容:作出处罚的主体是否合法、是否为有权机关;作出处罚的程序是否合法;被处罚人是否为有完全责任能力人;被处罚的违法行为程度的轻重,应处罚行为有无减轻处罚的情节;等等。

2. 适用法律的问题。首先,要看行政机关的行为有无法律依据。如果行政机关的行为直接依照规章,要辩论的可能是规章与法律、行政法规是否抵触,不同规章之间是否相互矛盾。其次,要看该具体行政行为适用的法律条款是否合适。也就是说,尽管行政机关针对某一特定的事或人适用某个法律、法规或规章是合适的,但要进一步考察对某一特定对象适用该法的某一条款是否合适。代理律师应围绕适用法律的准确性、完整性和一致性进行辩论。

总之,由于行政案件专业性较强,所以代理律师不仅要有一般的诉讼代理方面的知识,而且要掌握足够的与代理的行政案件相关的法律知识和专业知识。这样,律师在行政诉讼代理中的作用才能充分地发挥出来,从而更好地维护被代理人的合法权益。

由于法庭调查和法庭辩论是代理律师参加诉讼活动的关键阶段,因此,在法庭审理行政案件的过程中,律师代理工作中的重点就应放在法庭调查和法庭辩论阶段。

(四)执行中的律师代理工作

所谓执行,即人民法院或者行政机关采取强制措施,迫使义务人履行义务的行为。当事人的合法权益经法院判决或裁定得到确认后,还必须通过义务人履行判决或裁定的义务,才能得到彻底实现。因此,执行对当事人来说,具有极为重要的作用。

在义务人拒不履行义务的情况下,代理律师应帮助委托人提出强制执行的申请。申请执行的期限,如果对方或一方当事人是个人的,期限为 1 年;如果双方是法人或者其他组织的,期限为 6 个月。申请执行时必须提交执行书及法院认为必须提交的其他资料,法院将根据申请人的申请,依法采取执行措施。根据我国《行政诉讼法》的规定,执行措施分为两种情况:

1. 对行政机关拒不执行判决、裁定的措施

(1)对应归还的罚款或应给付的赔偿金,通知银行从该行政机关的账户内划拨。

(2)在规定期限内不履行的,期满之日起,对该行政机关每日处以 50 ~ 100

元的罚款。

(3)向该行政机关的上一级行政机关或监察、人事机关提出司法建议。

(4)对拒不履行判决、裁定情节严重,构成犯罪的,依法追究该行政机关主管人员和直接责任人员的刑事责任。

2. 对公民、法人或其他组织拒不履行判决、裁定的执行

公民、法人或其他组织拒不履行判决、裁定的,行政机关向一审法院申请强制执行,行政机关本身也可以依法强制执行。

五、律师代理行政诉讼应注意的问题

(一)提起行政诉讼前的行政复议问题

申请行政复议的必要性分析

关于代理律师在代表当事人提起行政诉讼前是否要进行行政复议,《行政诉讼法》规定了两种情况:一种是对某些具体行政行为必须先进行行政复议,对行政复议结果不服,才可以提起行政诉讼,即行政复议为行政诉讼的法定前置程序;另一种是对某些具体行政行为既可以提起行政复议,也可以不经过行政复议,直接提起行政诉讼。过去,在实践中,代理律师和当事人往往对行政机关持有一种不太信任的态度,不相信行政机关能够"自纠自过"。往往选择直接提起行政诉讼,对于行政前置程序也认为只是拖延时间的程序,也不期待能得以解决问题。更有当事人担心行政复议会导致行政机关的打击报复,受到的处罚会更重,而选择了来京上访。行政复议程序真的没有存在的必要了吗?

针对人民群众对行政复议的不认可、不信任,有的地方和部门因《行政复议法》的规定缺少操作性而相互推诿、敷衍塞责,70%的行政诉讼案件在起诉前未经过行政复议程序,同时行政机关陷于应付信访、忙于应对行政诉讼的被动局面。2007年5月23日国务院第177次常务会议通过了《〈中华人民共和国行政复议法〉实施条例》(以下简称《实施条例》),自2007年8月1日起施行。《实施条例》的规定对上述问题做了积极回应,编者个人认为,在《实施条例》施行以后,代理律师应当转变观念,除非特殊情况,为了尽快解决行政纠纷,建议每一行政案件在起诉前都先进行行政复议的程序,具体理由如下:

(1)与行政诉讼二审终审制相比,行政复议时间短,而且《实施条例》对期限都有明确规定,每一部门的具体职责规定得比较清楚,可操作性强,不会像以前出现相互推诿、敷衍塞责的现象,有利于申请人与被申请人行政机关尽快解决矛盾。

(2)《实施条例》第一次在立法上设立了"行政复议调解"制度,行政复议调解是指在行政复议过程中,复议当事人在行政复议机关办案人员的主持和协调下,依法就有关行政争议进行协商,从而达成合意、解决行政争议所进行的活动。这是对《行政诉讼法》的一个突破,因为行政诉讼是没有调解程序的,也不会有行政调解的判决书,这虽然有利于明确具体行政行为究竟是合法还是违法,但对个案来说,"行政调解"显然能够更快地解决行政争议。

但是代理律师应注意的是,并不是所有行政纠纷都可以和解,根据《实施条例》的规定,只有以下两种情形,行政复议机关可以按照自愿、合法的原则进行调解:①公民、法人或者其他组织对行政机关行使法律、法规规定的自由裁量权作出的具体行政行为不服申请行政复议的;②当事人之间的行政赔偿或者行政补偿纠纷。

当事人经调解达成协议的,行政复议机关应当制作行政复议调解书。调解书应当载明行政复议请求、事实、理由和调解结果,并加盖行政复议机关印章。行政复议调解书经双方当事人签字,即具有法律效力。调解未达成协议或者调解书生效前一方反悔的,行政复议机关应当及时作出行政复议决定。

(3)《实施条例》规定了行政复议不利变更禁止原则,即其第 51 条规定的:"行政复议机关在申请人的行政复议请求范围内,不得作出对申请人更为不利的行政复议决定。"这就是鼓励公民、法人或者其他组织通过行政复议的方式依法解决行政争议,解除了申请人"不敢告,怕报复"的思想负担。因此代理律师和申请人申请行政复议也就没有了后顾之忧。

(二)行政复议申请书的撰写及证明材料的提交

根据《实施条例》的规定,申请人、第三人可以委托 1～2 名代理人参加行政复议。申请人、第三人委托代理人的,应当向行政复议机构提交授权委托书。授权委托书应当载明委托事项、权限和期限。这也就是说,代理律师应当取得申请人的授权委托书才可以参加行政复议。

申请人书面申请行政复议的,应当在行政复议申请书中载明下列事项:

(1)申请人的基本情况,包括:公民的姓名、性别、年龄、身份证号码、工作单位、住所、邮政编码;法人或者其他组织的名称、住所、邮政编码和法定代表人或者主要负责人的姓名、职务;

(2)被申请人的名称;

(3)复议请求、申请行政复议的主要事实和理由;

(4)请人的签名或者盖章;

(5)行政复议的日期。

在下列情形中,申请人除提交书面行政复议申请书外,还应当提供证明材料:

(1)申请人不履行法定职责的,提供曾经要求被申请人履行法定职责而被申请人未履行的证明材料;

(2)申请行政复议时一并提出行政赔偿请求的,提供受具体行政行为侵害而造成损害的证明材料;

(3)法律、法规规定需要申请人提供证据材料的其他情形。

六、律师代理原告参加行政诉讼应注意的问题

(一)首先应注意起诉的效力问题

律师在审查一项行政争议是否起诉于人民法院时,应特别注意以下问题:

(1)法律、法规的效力范围问题。当某项法律、法规规定当事人不服行政处理决定,可以向人民法院提起诉讼,而行政机关的处理决定不仅没有引用该法律规定,反而引用了没有规定当事人有起诉权的规章或其他规范性文件,在这种情况下,当事人仍享有起诉权。

(2)新颁布的法律、法规规定的行政诉讼的效力问题。由于实际生活中新的法规不断地取代旧的法律、法规,旧的法律、法规没有规定当事人不服行政机关的行政管理决定可以向人民法院提起诉讼,新的法律、法规规定可以向人民法院提起诉讼,针对新旧法律、法规对当事人诉权的不同规定,作为律师应注意的是:如果当事人的行为和行政机关的处理决定都在新法实施之前,行政管理相对人没有起诉权;如果当事人的行为发生在新法实施之后,行政机关的行政处理决定是在新法实施之后作出的,依照新的程序法律规范生效之后须遵循的原则,行政管理相对人依法享有起诉权。

(二)注意帮助原告提供证据的几个问题

《行政诉讼法》第34条规定,被告对作出的具体行政行为负有举证责任,这是负担公平原则的具体体现,但这并不排斥原告的举证责任。在行政诉讼中,原告对自己主张的权利,自然地应负举证责任。因为举证责任制度是把举证同法院对案件的裁决联系起来的制度,当事人为了证明自己的主张正确和对立面的主张错误,都享有举证的权利和必须承担举证义务。据此,原告提起行政诉讼后,要积极主动地承担举证责任,原告代理律师应从以下方面予以帮助:

1. 帮助原告向法院提供证明具体行政行为存在的证据

一般地讲,行政机关的具体行政行为都具有书面形式,原告应在起诉时向法院提交正本或复制件;但有时行政机关的具体行政行为以口头形式作出或具体行政行为作出并已执行,可行政机关违反程序规则拒绝给原告人送达裁决、决定文书。在此种情况下,律师应帮助原告向法院提供具体行政行为存在的证人证言、视听资料等证据。如果没有证据证明具体行政行为存在,实施该具体行政行为的行政机关工作人员有可能否认,由此有可能导致法院裁决不予受理。

2. 帮助原告积极向法院提供证明自己主张的事实存在的证据

在请求法院判令被告为一定行为(如颁发许可证、执照)的诉讼案件中,律师应帮助原告向法院提供法律规定,原告已具备要求行政机关为一定行为的条件的证据,从而证明自己主张的正确性和被告不为一定行为的违法性。

3. 帮助原告向法院提供证明被告具体行政行为的不当或违法的证据

具体做法应注意两点:(1)当被告提供原告具有违法事实的证据时,原告代理律师应从该证据的客观性、关联性和合法性方面提出反证予以反驳。(2)当被告向法院提供自己作出具体行政行为所依据的规范性文件时,原告代理律师应从该规范性文件是否属于行政法规、规章,其适用范围,是否失效或生效等方面提出反证。

4. 注意适时采取证据保全措施

在诉讼过程中,原告代理律师还需注意根据案件的需要,对那些因某种原因可能会使证据灭失或将来无法收集,以后取证困难的证据及时向法院申请采取证据保全措施,以避免因证据灭失或因种种困难难以收集而造成证据不足,陷入被动的局面。

(三)注意对被告的具体行政行为是否合法进行质疑

人民法院审理案件,是对具体行政行为的合法性进行审查。因此,法律要求被告行政机关提供作出具体行政行为的法律文件依据,包括法律、法规、规章及其他规范性文件。根据法律、法规对被告的具体行政行为是否合法进行质疑,是诉讼中十分重要的和必要的。因此,原告代理律师应从以下几个方面进行质疑:

1. 被告提供的法律、法规和规章是否适用于本案,看本案是否属于该法调整的对象。

2. 被告提供的法律、法规能否证明自己是本案合法的执法主体,审查有无越权执法。

3. 被告提供的法律、法规何时开始实施，审查其是否对本案情况有溯及力。

4. 被告提供的法律、法规与其他的法律、法规有无抵触和矛盾，审查其是否有效力低的应服从效力高的情况。

5. 被告是否依提供的法律、法规所规定的程序作出具体行政行为，审查其有无违反法定程序的情况。

6. 被告是否依提供的法律、法规所规定的幅度作出具体行政行为，审查其是否有显失公平之处。

七、律师代理被告参加行政诉讼应注意的问题

（一）对具体行政行为合法性的审查

具体行政行为的合法性是行政诉讼争议的核心，被告代理律师应把审查具体行政行为的合法性作为代理工作的重点，对被告所作的具体行政行为予以全面的、客观的、公正的审查评价。具体可从以下几个方面进行审查：

1. 审查被告是否依法取得实施被诉具体行政行为的职权，是否具备行政法律关系主体资格。在审查主体资格问题上，要特别注意审查以法律、法规授权实施具体行政行为的组织主体资格，审查清楚法律、法规是否明确授权及授权范围。还应审查根据委托从事具体行政行为的组织是否依合法有效的委托拥有行使某项具体行政行为的职权。

2. 审查具体行政行为的内容是否合法。具体行政行为内容合法，是由具体行政行为所依据的事实真相存在和适用法律正确无误两个方面构成的。所以，审查具体行政行为的内容是否合法，应从具体行政行为所依据的事实是否真实存在、适用法律是否准确无误两方面进行。

3. 审查具体行政行为是否依据法定程序进行。具体行政行为的实施是遵循一些法律、法规原则或具体的程序规定进行，但是相当部分具体行政行为没有法律、法规规定的程序规定，通常主要靠各行政部门制定的规章、工作制度、办法等来规范、约束具体行政行为的活动程序。所以，在审查具体行政行为程序是否合法时，要根据有效的法律、法规进行，同时，还要参照行政规章以及行政工作制度、办法等规范性文件。

（二）注意审查有无有关法规或规章相互冲突，或与法律冲突的问题

行政诉讼审查的是具体行政行为的合法性，作为被告诉讼代理人的律师，不仅要调查该具体行政行为有无法律依据，而且要认真审查行政机关所依据的法规、规章是否有相互冲突或与法律相抵触的内容。因为，法律、行政规章以及地

方性法规在法律体系中所处地位和效力等级是不同的。由全国人民代表大会及其常务委员会制定的法律、由国务院制定的行政法规的效力及于全国,而地方性法规、自治条例、单行条例的效力仅限于本地区。在内容上,行政法规不得与法律相抵触,地方性法规不能与法律和行政法规相抵触。法律、行政法规、地方性法规和自治条例、单行条例是人民法院审理行政案件的根据,如果行政规章不合法,人民法院有权拒绝适用;如果部委规章与地方政府制定的地方规章内容不一致,或部委规章之间规定不一致的,则可由最高法院送请国务院作出裁决或解释。

(三)被告的举证责任问题

《行政诉讼法》规定,在行政诉讼中,举证责任由被告承担。举证责任首先意味着只有当承担举证一方提供的证据占有优势的时候,举证责任承担者才能胜诉,否则就要败诉;其次,承担举证责任意味着在事实难以查清的情况下,承担更多的败诉风险。

作为被告的诉讼代理人,在诉讼活动中不得重新取证。律师除享有法律赋予的特有的诉讼权利外,还享有委托人授予的相当于委托人的诉讼权利。根据《行政诉讼法》第35条"在诉讼过程中,被告不得自行向原告和证人收集证据"的规定,律师如果是被告的诉讼代理人,则不能像原告诉讼代理人那样自行取证,而只能收集该被告行政机关作出某具体行政行为时的证据和所依据的法律和规范性文件。如果律师在此期间发现行政机关的行为确属违法或不当,则应积极主动地告知行政机关,帮助行政机关或有关工作人员认识错误。如果行政机关同意撤销或变更所作出的具体行政行为,可通过合法途径通知原告。原告同意撤诉的,则终结诉讼;原告不同意撤诉的由人民法院进行审判。

八、行政诉讼案件不适用调解解决

根据《行政诉讼法》的规定,人民法院要对行政机关作出的具体行政行为的证据是否确凿,适用法律、法规是否正确,是否符合法定程序作出判决。从这一意义上说,行政案件审判的结论只能是具体行政行为要么合法,要么不合法,非此即彼。而调解一般是既不完全否定一方当事人的主张,也不完全肯定其主张,而是由双方当事人互相让步,寻求妥协方案。行政诉讼不同于民事诉讼,行政管理活动与民事活动的本质区别决定了行政诉讼不能适用调解。行政案件是有关行政机关在行使行政管理职权过程中,与行政法律关系的对方当事人发生纠纷才产生的。如果在行政诉讼中,可以将此种权利随意作放弃、妥协、转让的处置,显然是有悖于法律初衷的。

总之，律师无论是作为哪一方当事人的代理人，都不能试图在双方之间进行调解。这是行政诉讼与民事诉讼的重要区别。

第三节 刑事诉讼律师实务

一、刑事诉讼中的律师辩护

有犯罪就有辩护，有辩护就有辩护律师。律师通过担任犯罪嫌疑人、被告人的辩护人，对国家法律的正确实施，惩罚犯罪分子，保障无罪的人不受刑事追究，维护社会主义法制，保护公民的人身权利、财产权利、民主权利和其他权利，保障社会主义建设事业的顺利进行，起到了重要作用。刑事辩护是律师业务的重要组成部分，刑事辩护也是培养和造就优秀律师的大熔炉。本节对律师刑事辩护工作进行初步概括，希望对辩护律师有所帮助。律师在刑事辩护领域大有可为，也应大有作为。

（一）律师刑事辩护工作概述

1. 辩护、辩护权与辩护制度

辩护，是指刑事诉讼中犯罪嫌疑人、被告人及其辩护人根据事实和法律反驳控诉人的一项诉讼活动。辩护针对控诉提出，同控诉相对立，没有控诉则无辩护。辩护权，是刑事诉讼中的犯罪嫌疑人、被告人针对控诉进行辩护、反驳，以维护其合法权益的一项权利。

辩护权的内容如下：

（1）针对指控进行辩解。犯罪嫌疑人从开始被指控为犯罪时起，就享有辩护权。在侦查阶段，犯罪嫌疑人有权知道自己被控犯了什么罪，有权进行辩解，提出反证以证明自己无罪或罪轻。有权申请侦查人员回避，有权申请补充鉴定或者重新鉴定。

（2）在检察机关审查起诉阶段，被告人有权要求检察人员回避，有权提出无罪或罪轻的辩解，有权控告侦查阶段的违法行为。

（3）在审判阶段，被告人有权申请法庭组成人员和公诉人、鉴定人或翻译人员回避；有权申请对证人、鉴定人发问；有权辨认物证；有权对证人证言进行质证；有权申请通知新的证人到庭，调取新的物证，申请重新鉴定或勘验。在法庭辩论阶段，被告人有权针对指控进行辩解，与公诉人、被害人进行辩论。

（4）法庭辩论终结后，被告人有权针对全案涉及的各项重要问题作最后陈述。最后陈述权是被告人的一项重要诉讼权利,被告可以依据事实、自己犯罪的原因,对犯罪的认识以及定罪量刑方面的要求和意见,作最后发言。

(5)被告人除自己行使辩护权外,还有权委托他人为其进行辩护。对符合法律规定的,被告人可以请求法院为其指定辩护人。

辩护制度,是为了保证刑事犯罪嫌疑人、被告人的辩护权得以充分实现,而明确辩护权内容、原则、方式及其体系的法律制度。辩护制度是刑事诉讼制度的重要组成部分,是司法制度中的一项重要内容。辩护制度的核心问题是确保犯罪嫌疑人、被告人的辩护权得以充分行使和实现,离开了辩护权,辩护制度就不复存在。

2. 辩护人与辩护律师

犯罪嫌疑人、被告人可以通过两种方式行使辩护权:一是自己行使辩护权,自己为自己辩护;二是委托他人代为辩护。自己进行辩护不影响委托他人代为辩护,两种方式可以同时进行。根据《刑事诉讼法》第 32 条、《人民法院组织法》第 8 条的规定:"犯罪嫌疑人、被告人除自己可以行使辩护权外,可以委托 1 ~ 2 人作为辩护人,能够充当辩护人的有律师、人民团体、被告人所在单位推荐的或者经人民法院许可的公民;被告人的近亲属、监护人。但正在被执行刑罚或依法被剥夺、限制人身自由的人,不得担任辩护人。"辩护人是在刑事诉讼中,受犯罪嫌疑人、被告人委托或经法院指定为犯罪嫌疑人、被告人对被控告的犯罪依法进行申诉、辩解、反驳,帮助嫌疑人、被告人行使辩护权,维护其合法权益的人。根据《刑事诉讼法》第 35 条的规定:"辩护人的责任是根据事实和法律,提出证明犯罪嫌疑人、被告人无罪、罪轻或者减轻、免除其刑事责任的材料和意见,维护犯罪嫌疑人、被告人的合法权益。"辩护人是为了保护被告人的合法权益参加诉讼的,辩护人在诉讼中的一切行为和活动,都是针对控诉而提出的有利于犯罪嫌疑人、被告人的材料和意见。辩护人进行辩护时不是为犯罪嫌疑人、被告人开脱罪责,只能根据事实和法律提出有利于犯罪嫌疑人、被告人的材料和意见,批驳不正确的指控。辩护人参加诉讼是为了维护犯罪嫌疑人、被告人的合法权益,但辩护人不是代言人。辩护人进行辩护时不受犯罪嫌疑人、被告人的意志左右,不能完全按照犯罪嫌疑人、被告人的要求进行辩护。

律师接受犯罪嫌疑人、被告人的委托或法院的指定而成为辩护人。但律师本身不具有辩护权,律师辩护是犯罪嫌疑人、被告人行使其辩护权的一种方式。辩护律师为辩护人之一。与其他辩护人相比,律师担任辩护人具有以下优势:

(1)律师是从事法律工作的专业人员,有一定的法律专业知识和比较丰富的诉讼经验,对各种案件所涉及的有关法律条文和嫌疑人、被告人的各项诉讼权利比较熟悉,能够从诉讼上保证被告人各项权利的行使。在实体方面,律师能够正确分析案情,抓住罪与非罪、此罪与彼罪、罪重与罪轻等问题的关键,依法维护嫌疑人、被告人的合法权益。

(2)辩护律师享有法律规定的特定的权利,可以通过阅卷、通信、会见犯罪嫌疑人、被告人了解案情,而其他辩护人则必须经检察机关、人民法院的许可,才能与嫌疑人、被告人进行会见、通信和阅卷。辩护律师享有调查取证权,还可申请司法机关协助收集、调取证据,这些都是其他辩护人难以做到的。

3. 辩护律师的诉讼地位和诉讼职能

(1)辩护律师在刑事诉讼中具有独立的诉讼地位

具体表现在以下几个方面:①律师在刑事诉讼中担任辩护人时,享有法律规定的特殊权利。根据《刑事诉讼法》(2012)第 37 条、第 38 条的规定,辩护律师享有查阅、复制、摘抄案卷权,同在押的被告人会见、通信权,而其他辩护人则需经人民检察院和人民法院许可,才能享有上述权利。并且,律师享有调查取证权,申请司法机关协助收集、调取证据权,而其他辩护人则不享有这些权利。②辩护律师根据事实和法律为被告人进行辩护,独立形成其辩护意见,不受被告人左右。辩护律师虽是根据被告人的委托或法院指定参加刑事诉讼,但其行使辩护权时具有相对独立性,不完全以被告人的授权为基础。在享有被告授予的权利同时,又享有法律所赋予的特定权利。③与公诉人行使控诉职能相对应,辩护律师在刑事诉讼中行使辩护职能,诉讼地位平等。根据《刑事诉讼法》(2012)第 186 条的规定,公诉人经审判长许可,可以讯问被告人;根据《刑事诉讼法》(2012)第 189 条的规定,公诉人可以询问证人。而根据上述同条法律规定,辩护人经审判长同意可以向被告人发问,可以向证人发问,在法庭辩论阶段,公诉人发表公诉词,辩护人发表辩护词,并可以展开辩论。这体现了辩护人与公诉人诉讼地位是平等的。特别需要指出的是,辩护律师独立于公诉人,辩护律师不得实施任何带有追诉性质的诉讼行为。辩护律师应尽最大努力提出有利于被告人的材料和意见。除危害国家、社会利益的现行重大犯罪事项外,辩护律师应保守在执业中知悉的被告人的秘密。

(2)辩护律师的诉讼职能

根据《刑事诉讼法》第 2 条的规定,《刑事诉讼法》的任务是保证准确、及时地查明犯罪事实,正确应用法律,惩罚犯罪分子,保障无罪的人不受刑事追究,维护社会主义法制，保护公民的人身权利、财产权利、民主权利和其他权利，保障社会主义建设事业的顺利进行。根据法律的规定，认定被告人罪与非罪，确定如何对被告人实施刑罚是人民法院的诉讼职能，审判人员执行的是审判职能；而对犯罪嫌疑人、被告人依法提起控诉，监督刑事诉讼程序的开展则是公诉机关的职能，检察人员履行的是控诉职能和监督法律正确实施的职能；为了有效保障诉讼的公平和正义，维护诉讼当事人的合法权益，允许被告人委托辩护人，包括委托律师担任辩护人。担任被告人的辩护人的律师，其基本职能在于根据事实和法律，提出被告人无罪、罪轻或者减轻、免除其刑事责任的材料和辩护意见，维护被告人的合法权益。由此，辩护与控诉形成相互依存、相互联系、相互对立的矛盾双方，审判人员则行使审判职能。审判职能、控诉职能、辩护职能的三位一体，构成了我国刑事诉讼职能的完整框架。

辩护职能要求律师在整个诉讼过程中，只能实施有利于被告人的行为，辩护律师正是通过对控诉方控诉的辩驳，提供有利于被告人的材料和证据，批驳控诉方的起诉，从而达到法律的正确适用和保证被告人合法权益受到保护。明确律师的辩护职能，有利于律师更好地履行其辩护职责。律师为犯罪嫌疑人、被告人进行辩护，提供其无罪、罪轻或减轻、免除其刑事责任，不是律师为犯罪嫌疑人、被告人开脱，也不是律师放弃公平与正义。相反，这正是律师本身的诉讼职责所在，是律师为了保障整个法律制度的公平而实施的法律行为，是为了更好地实现法律的公平和正义。

（二）律师在刑事辩护中的权利和义务

1. 律师在刑事辩护中的权利

辩护律师享有的权利包括两方面的内容：一是律师可以做什么，以利于执行职务；二是律师可以要求他人做什么和不得做什么，以利于有效地履行职能。

《刑事诉讼法》、《律师法》、最高人民法院等六部委《关于刑事诉讼法实施中若干问题的规定》以及其他相关司法解释、部门规章等明确规定了辩护律师在刑事诉讼中享有的权利。这些权利主要包括以下几种：

（1）依法独立执业权。律师有权根据法律和事实，依法独立进行辩护，不受人民法院、人民检察院和其他机关、团体或个人的非法干涉。

（2）查阅承办案件有关材料权。律师有权到人民检察院、人民法院查阅所承办的案卷材料；有权摘抄、复制有关的诉讼案卷材料。人民检察院、人民法院应当给予必要的方便，并提供律师阅卷场所。

(3)同在押的犯罪嫌疑人、被告人会见、通信权。

除危害国家安全犯罪、恐怖活动犯罪、特别重大贿赂犯罪案件,在侦查期间辩护律师会见在押的犯罪嫌疑人,应当经侦查机关许可外,其他案件辩护律师持律师执业证书、律师事务所证明和委托书或者法律援助公函要求会见在押的犯罪嫌疑人、被告人的,看守所应当及时安排会见,至迟不得超过四十八小时;明确了律师会见时不被监听的权利;律师与犯罪嫌疑人、被告人的合法通信,看管人员应及时转交给犯罪嫌疑人、被告人。对犯罪嫌疑人、被告人的复信也应及时转出,不得随意扣押。

(4)调查取证权。律师持律师事务所的调查函,可以向有关单位和个人调查承办案件的事实情况,收集证据;律师可以申请人民检察院、人民法院收集、调取证据;申请人民法院通知证人出庭作证;律师经检察院或法院许可,并且经被害人或其近亲属、被害人提供的证人同意,可以向他们收集承办案件的材料。

(5)律师有权得到司法机关的通知,律师出庭准备时间受保障。检察机关在审查公诉案件时,应当通知律师到检察院,听取律师的辩护意见;法院应当将出庭通知书最迟在开庭3日以前送达律师;法院应当用通知书通知律师到庭履行职责,不得使用传票传唤律师;律师因案情复杂或其他合理事项,不能如期出席法庭的,以及在庭审过程中发现有可能影响定罪量刑的证据线索,需要进一步调查取证或申请新的证人出庭作证的,有权申请法院延期审理;法院改期审理案件,在再次开庭前,应给律师留有开庭所需的准备时间。

(6)律师有权获取起诉书、判决书、裁定书等诉讼文书的副本。检察机关、审判机关应履行义务。

(7)律师在侦查阶段享有下列权利:会见犯罪嫌疑人,了解有关案件情况;为犯罪嫌疑人提供法律咨询;代理犯罪嫌疑人申诉、控告,申请取保候审;对强制措施超过法庭期限的,有权要求解除强制措施。

(8)律师在法院审理阶段享有下列权利:在法庭调查阶段,经审判长许可,律师有权直接向证人、鉴定人、被告人、被害人等直接发问;有权提请传唤证人、鉴定人出庭作证;有权出示、宣读证人证言、鉴定结论及勘验、检查笔录、物证;对法庭宣读的未到庭的证人证言、鉴定结论、勘验笔录和其他作为证据的文书,发表质证意见;律师有权提出新的证据,申请新的证人到庭,调取新的证据,申请重新鉴定或勘验;在法庭辩论阶段,律师有权对证据和案件情况发表意见,与公诉人辩论。

(9)拒绝辩护权。在下述情形下,律师可以提出解除委托,拒绝辩护:一是犯罪嫌疑人、被告人隐瞒事实,提出无理或非法的要求,导致律师无法提供服务;二是犯罪嫌疑人、被告人有严重侮辱、诽谤等针对律师的违法犯罪行为。

(10)言辞豁免权。律师在法庭发表意见的权利受法律保护。任何机关、团体、个人不得因律师在法庭上的言辞而对律师进行追究。

(11)代行上诉权。律师认为法院一审裁判不公,在得到被告人同意或授权后,可以代行上诉。

(12)代行申诉权。对已经发生法律效力的判决、裁定,可以代当事人向人民法院或者人民检察院提出申诉。

2. 律师在刑事辩护中的义务

律师在享受权利的同时,必须承担相应的义务。律师的义务包括两个方面:一是律师依法执行职务时,"应当"做哪些,以及"必须"怎么做;二是执行职务时,"不得"做什么,以及"责任"是什么。律师在依法执行职务时,除应当忠实于事实真相、忠实于法律,宣传社会主义法制外,还应当履行下列义务:

(1)依法维护犯罪嫌疑人、被告人的合法权益。这是律师进行刑事辩护活动所应承担的核心义务。它包括:律师应根据事实和法律,提出犯罪嫌疑人、被告人无罪、罪轻或者减轻、免除其刑事责任的材料和意见;律师应告知犯罪嫌疑人、被告人享有的诉讼权利,并帮助他们正确行使这些权利。当犯罪嫌疑人、被告人的诉讼权利受到侵犯时,律师有义务提出意见;律师应为犯罪嫌疑人、被告人提供其他法律上的帮助,包括:律师为其提供法律咨询;对检察机关作出的不起诉决定代理申诉;对侦查人员、检察人员、审判人员侵犯犯罪嫌疑人、被告人诉讼权利和人身侮辱的行为代理控告;为被羁押的犯罪嫌疑人、被告人申请取保候审对各级人民法院已经发生法律效力的判决、裁定,代理申诉;律师接受委托后,无正当理由的,不得拒绝辩护;律师不接受委托的,应当及时告知委托人,否则会损害委托人的利益。即使是在律师拒绝辩护的情形下,律师也应当及时将拒绝辩护的事项告知委托人,以便委托人另行委托他人进行辩护。

(2)律师应当保守秘密。在刑事辩护活动中,律师应当保守知悉的国家秘密和当事人的商业秘密,不得泄露当事人的隐私。但危害国家、社会利益的重大犯罪预谋、现行重大犯罪除外。

(3)不得在同一案件中担任双方当事人的代理人。在刑事诉讼中,律师不得在同一公诉案件中,既担任辩护人,又担任被害人的代理人或附带民事诉讼原告人的代理人;不得在同一自诉案件中,担任被告人的辩护人的同时担任自诉人的代理人；也不得在依法解除委托关系后，在同一案件中担任公诉案件被害人的诉讼代理人；不得在未征得犯罪嫌疑人、被告人同意的情况下接受被害人办理其他事务的委托。

(4)在刑事诉讼中，律师应当正当执业。律师不得私自接受委托，私自收取费用，收受委托人财物。律师办理刑事辩护案件时，应当由律师事务所统一接受委托、统一收案、统一收费。律师不得利用其提供法律服务的便利争取当事人争议的权益，或者接受对方当事人的财物。律师不得违反规定会见侦查人员、检察人员、审判人员。律师会见侦查人员、检察人员、审判人员时，必须以正当合法的方式在办公场所会见，在向他们提出法律意见时，必须忠于案件事实，忠于法律。律师不得向侦查人员、检察人员、审判人员请客送礼或者行贿，或者指使、诱导当事人行贿。曾担任法官、检察官的律师，从人民法院、人民检察院离任后两年内不得担任辩护人。律师不得提供虚假证据，或者威胁、利诱他人提供虚假证据，隐瞒事实及妨碍对方当事人合法取得证据。

(5)律师不得扰乱法庭秩序，干扰诉讼活动的正常进行，不得违反法庭秩序。律师在接到人民法院的要求提供证据目录的通知后，应当向法庭提供申请出庭作证的证人身份、住址、通讯处及明确的证人、鉴定人名单以及不出庭作证的证人、鉴定人名单、理由和拟当庭宣读、出示的证据复印件、照片。律师在接到人民法院的开庭时间、地点的通知书后，应当按人民法院的通知出庭依法履行职务，不得无故妨碍诉讼的正常进行。律师应当对审判人员表示应有的尊重，服从审判长的指挥，遵守法庭调查和法庭秩序。遵循询问证人的规则。依照法律的规定出示、宣读证据。申请重新鉴定或者勘验时，应当提供证人的姓名、证据的存放地点，说明所要证明的案件事实，要求重新鉴定或者勘验的理由。律师不得违反法庭秩序，严厉禁止律师哄闹、冲击法庭或者侮辱、诽谤、威胁、殴打司法工作人员或者诉讼参与人。

(三)律师在刑事辩护中的工作流程和具体工作

1.律师在刑事辩护中的工作流程

一般而言，律师在刑事辩护中的完整流程一般有收案、阅卷、会见、调查访问、确定辩护论点、出庭辩护、庭后总结归档等阶段。

(1)律师事务所统一收案。律师事务所可以接受犯罪嫌疑人、被告人，或者他们的法定代理人、亲属或者犯罪嫌疑人、被告人委托的人的委托，或者接受人民法院的指定，指派律师为犯罪嫌疑人或被告人提供法律帮助或担任辩护人。

律师事务所收案应符合下列条件:(1)为犯罪嫌疑人提供法律帮助,须在侦查机关第一次讯问后或者采取强制措施之日起;(2)担任辩护人,须在犯罪嫌疑人已被人民检察院审查起诉或者被告人已被提起公诉;(3)担任二审辩护人,须在一审判决宣告后;(4)涉及国家秘密的案件,在侦查阶段聘请律师的,须取得侦查机关的批准;(5)犯罪嫌疑人、被告人的亲属或者其他人代为委托的律师,须在会见时得到犯罪嫌疑人、被告人的确认。

律师事务所应与委托人签订委托协议,一式两份,由委托人、律师事务所各持一份;由委托人签署授权委托书,一式三份,由委托人、律师事务所各持一份,交人民检察院或人民法院一份。

(2)律师阅卷。案卷材料是侦查、起诉、审判活动的记录,既是控诉、审判的依据,也是律师辩护的依据之一。查阅案卷材料的方法是:(1)查阅案卷材料的顺序,可以根据不同案件的具体情况来确定。首先,以案件材料形成先后为顺序,先阅侦查预审卷,再阅证据卷,最后阅起诉卷等。其次,以案件内容主次为顺序,先阅主卷,后阅副卷。主卷是控诉所依据的事实、证据以及诉讼程序,副卷一般只是记载被告人前科劣迹及其他情况,先阅被告人口供,后查其他证据。最后,全面判断起诉书所认定的事实是否确凿。对事实相对比较简单的案件,可以先阅起诉卷、再阅预审卷和证据卷,这样查阅可以直接抓住主要问题,以提高阅卷效率。(2)在阅卷时,应边阅、边记录、边综合分析。特别要注意对起诉书的内容、被告人口供和各种证据的证明情况进行分析对照;对被告人、犯罪嫌疑人被拘留和逮捕前后的口供进行分析对照;对共同被告人的各自先后口供进行分析对照。

律师应做好查阅案卷笔录:(1)查阅案卷应记录的内容。主要应找出有利于犯罪嫌疑人、被告人的事实、情节、证据以及适用法律方面的问题,要重点记录,对一般问题作摘记即可。对不利于犯罪嫌疑人、被告人的事实、情节可采取简要概括记录。阅卷记录应包括下列内容:犯罪嫌疑人、被告人的口供;被害人的陈述;主要证人证言;事实之间的矛盾点;证据之间的矛盾点;注重从轻、减轻或免予处罚及不构成犯罪等方面的事实、证据和法律依据;实际危害后果的证据;有关鉴定材料;程序上的违法之处;被告人的自然情况等。(2)律师记时对主要事实、关键证据记录原文,对内容基本一致的同类证据可综合归纳记录,对证人证言、物证可索引记录。无论采取何种记录方法,必须标明材料的出处,包括卷宗名称、册数、页数、证据的来源等。

律师通过阅卷,对全案有个基本的了解,应进一步综合分析,对案件作出初步的小结。这个小结应能初步回答下列问题:对起诉书中所认定的犯罪事实,从重情节是否得到证实;对犯罪嫌疑人、被告人具有从轻、减轻、免除处罚和不追究刑事责任的情况,是否给予认定;有哪些事实缺乏证据,需进一步调查取证;有哪些证人证言、物证,需进一步核实;有哪些互相矛盾点,需进一步排除;在适用法律上,有哪些不当之处;应从哪些方面为犯罪嫌疑人、被告人进行辩护;初步列出会见犯罪嫌疑人、被告人的询问提纲,并为下一步形成辩护意见做好准备。

(3)会见犯罪嫌疑人、被告人是律师了解案情的一种特殊的调查方式,目的在于发现对犯罪嫌疑人、被告人有利的材料或线索。律师应视案件的具体情况确定会见的时机。通常是先阅卷,后会见犯罪嫌疑人、被告人。先阅卷可掌握案件的全面情况,会见时心中有数,工作主动。有的案件是先会见犯罪嫌疑人、被告人,然后阅卷。对于在押的犯罪嫌疑人、被告人的近亲属委托律师和法院指定律师辩护的案件,律师应征求本人是否同意律师作为其辩护人,如同意,犯罪嫌疑人、被告人应签字。对于案情复杂,涉及技术方面问题的案件,一般在查阅起诉书,粗阅案卷后,去会见犯罪嫌疑人、被告人,了解案件的基本情况和有关技术问题,然后再去详细阅卷。必要时,可反复多次会见犯罪嫌疑人、被告和查阅案卷材料,直到弄清全部事实为止。

律师会见时应听取犯罪嫌疑人、被告人的意见。让犯罪嫌疑人、被告人陈述为什么被采取强制措施,其具体事实、罪名,有关案件情况,有无申辩理由,是否申请取保候审,有无对办案人员违法行为的控告等。听取被提起公诉的被告人的意见,让被告人就起诉书认定事实发表意见,对事实存在与否及有无出入、哪些有利的事实和情节未予认定,对案件定性、定罪和诉讼程序等适用法律问题发表意见。律师要向被告人询问和核对下列问题:犯罪事件是否发生;犯罪事件是否被告人所为;被告人有无从轻、减轻、免除处罚的情节;被告人是否达到刑事责任年龄和有无刑事责任能力以及有无自首、坦白、立功等情节。

律师应询问犯罪嫌疑人、被告人能否提出证明自己无罪、罪轻或免除刑事责任的证据,或者有无检举他人犯罪事实的证据线索。案件如有附带民事诉讼,应征询犯罪嫌疑人、被告人对民事损害事实是否存在以及处理意见。

对已初步形成的辩护观点,应向犯罪嫌疑人、被告人进行说明,征求他们的意见。如犯罪嫌疑人、被告人对律师辩护观点有不同意见,双方可以进行研究。

律师应向犯罪嫌疑人、被告人告知在诉讼中的权利和义务,对他们宣传法律知识,教育他们遵守看管场所的规章制度。

(4)调查取证。律师通过阅卷、审查起诉书和会见,认为案件已经查清,一般不必再进行调查取证。如果发现案件基本事实不清、基本证据不足,除可以建议人民法院或人民检察院退回补充侦查或对案件自行侦查外,律师只对涉及关键性的、影响到定罪量刑的案件事实,进行必要的调查取证。在刑事诉讼中,出现下列情况时,律师应进行调查取证:案件中基本证据之间存有矛盾;鉴定缺乏科学根据,证人证言前后有矛盾,物证没有关联性等涉及证据效力情况;涉及被告人、犯罪嫌疑人犯罪的动机、正当防卫、中止、自首、立功的认定、实际危害后果的认定以及赃物价值的计算等问题。

律师进行调查取证有以下主要手段:(1)会见访问。会见或访问有关人员时,要制作询问笔录和谈话记录,注明时间、地点、询问人、被询问人及询问的主要内容。询问笔录和调查笔录,要由被询问人、被调查人核对无误后签名或盖章。(2)抄录、复印。律师对可作为证据的文件、信件、图片等书面材料可以抄录或复印,并由持件人核对无误后签名或盖章。(3)拍照。对案件事实具有证明意义的文件,因犯罪行为而引起的外界变化的物证和犯罪分子实施犯罪的地点、遗留的痕迹及物体的现场等进行拍照。(4)录音、录像。(5)鉴定。对应鉴定而未进行鉴定的案件,或对已经鉴定,但对鉴定结果持异议的案件,应进行鉴定或重新鉴定。(6)勘验。现场勘验,要制作笔录。(7)实验。根据案情进行实地验证或模拟实验。应制作实验笔录,记录实验的时间、地点、参加人员、实验方式以及实验的结果等。以上方法,律师根据案情,可以单独使用,也可以选择或综合使用。

(5)确立辩护意见和撰写辩护词。律师应根据事实和法律,提出犯罪嫌疑人、被告人无罪、罪轻或者减轻、免除刑事处罚、不予起诉的辩护意见。一般而言,辩护意见应落实在以下方面:(1)针对案件事实确立辩护意见。如起诉书所指控的事实不存在,应作无罪辩护。如起诉书所指控的事实存在,但不属于犯罪事实,如公诉机关将“正当防卫”、“情节显微、危害不大的行为”以及一般违法行为作为犯罪行为起诉的,应作无罪辩护。起诉书指控的事实在主要情节上有重大的出入,可作从轻、减轻罪责辩护。起诉书在指控共同犯罪案件中,错误认定各被告人的责任,则应从各被告人在共同犯罪中的地位、作用不同而应负不同的刑事责任方面辩护,起诉书指控事实不清、证据不足,可建议法庭、检察院将案件退回侦查机关或检察机关。(2)针对案件性质确立辩护意见。辩护律师应从犯罪构成及各罪的主要特征着手,划清罪与非罪、此罪与彼罪的界限。(3)律师针对犯罪事实、犯罪的性质、情节和对社会的危害程度确立适用刑罚的辩护意见。第一,在法定的从轻、减轻和免除刑罚的情节方面辩护。有的案件存在或减轻或从轻或免除刑罚的情节之一,有的案件则存在三种情形并存的情节。如对已满14周岁不满18周岁的人犯罪,应当从轻或者减轻处罚;如犯罪后自首且所犯罪行又较轻的,则既存在减轻的情节又存在免除刑罚的情节;而又聋又哑的人或盲人犯罪,则从轻、减轻或者免除刑罚的情节同时存在。第二,针对酌情从减情节进行辩护。酌定情节是从审判实践经验中总结出来的,在量刑时灵活掌握酌情适用的情节,是法定情节的必要补充。酌定情节不是法律上明文规定的。律师应围绕以下酌定情节提出辩护意见:犯罪的动机不卑鄙、不恶劣的;犯罪的手段不残忍、不狡猾的;犯罪的时间、地点的选择不特定的;犯罪造成的损害后果不严重的;被告人、犯罪嫌疑人一贯表现较好的;犯罪后认罪坦白态度好的。第三,针对不属于法定从重情节进行辩护。如不是共同犯罪中的主犯;不属于累犯。此外,律师还可针对是否适用数罪并罚等方面进行辩护。(4)律师针对诉讼程序中侦查、检察、审判人员的不法行为提出辩护意见。如侦查机关在侦查过程中采取刑讯逼供、诱供、指供等方法所取得的证据,律师应明确指出其系非法证据,是无效的;如在开庭前或审理过程中发现审判人员、公诉人、书记员需要回避而未回避的,律师应当向法院明确提出意见。

律师在确立了辩护意见后,应将辩护意见系统化和书面化。这项工作的结果就是辩护词。辩护词是律师在法庭上为维护被告人的合法权益针对指控或裁判所发表的辩解性演说词。它是比较全面、系统地向法庭阐明被告人无罪、罪轻或减轻、免除刑事处罚的材料和意见。撰写辩护词应达到以下基本要求:必须坚持以事实为根据,以法律为准绳的原则,绝不歪曲事实和曲解法律;根据起诉书或裁决书指控或裁决的具体事实,有针对性地进行反驳和辩解;必须做到论点明确、论据可靠、论证充分。

辩护词一般可分为序言、事实与理由、结论三部分。

第一部分为序言。应说明受谁委托或指定为谁辩护,做了哪些工作,律师的职责,辩护的基本论点。例如:

我和某律师依法接受本案被告人吴某某的委托,并由某某律师事务所指派,担任被告人吴某某的辩护人。为了履行职责,我们查阅了案卷材料,会见了被告并参加了法庭审理，辩护人认为本案被告人吴某某不构成受贿罪。

第二部分为事实与理由。律师要坚持以事实为根据，以法律为准绳的原则认定案件事实，不能无根据地否认不利于被告人的事实和证据。对于被告人有利的事实的认定要有根据，律师的辩护意见要符合法律政策的有关规定，正当维护被告人的合法权益，不能曲解法律和政策。辩护词理由部分的叙述要论点突出，论据充分，层次分明，符合逻辑。辩护词的语言要使用法律语言，准确、简洁，论证有说服力。例如：

辩护人认为本案被告人吴某某不构成受贿罪，具体事实和理由如下：

一、被告人吴某某受贿数额较少。

（一）起诉书指控被告人吴某某受贿彩电差价款1700元不能成立，最高人民法院、最高人民检察院的有关司法解释规定："国家工作人员利用职务上的便利，为他人谋取利益，收受物品，支付少量现金，这往往是行贿受贿双方掩盖犯罪行为的一种手段，情节严重，数量较大的，应认定为受贿罪。"

据此，要认定吴某某受贿彩电差价款成立，必须同时具备以下两个条件：

1. 受贿人明知是受贿而予以接受。

2. 受贿人接受贿赂，以付少量现金作为掩盖。

辩护人认为：被告人吴某某购买张某某彩电不具备以上两个要件，起诉书指控受贿差价款1700元不能成立，理由是：

1. 去年6月17日，张某某被原某某县领导引进某某县，在人们的眼里是位"大能人"，而且"专做彩电生意"。因而，在被告人吴某某看来，张某某搞几台国家牌价彩电是不困难的。更何况，被告人张某某开了税务机关的发票，并亲口告诉吴某某"彩电是平价卖的，反正我以后在某某县开店要处理一批优惠价彩电"，所以，被告人吴某某当时绝对不会意识到彩电差价是贿赂，所以不具备第一个要件。

2. 被告吴某某购买彩电并非仅付少量现金，而是按国家牌价付款的，不存在付少量现金掩盖受贿的情况。买价为每台1550元，经辩护人向某某市物价局调查，属国家牌价。在存在价格双轨制的情况下，我们不能说某甲按国家牌价把彩电卖给乙，就认定乙接受了市场议价和国家牌价的差价款是受贿。因此，被告吴某某的行为也不符合第二个要件。

（二）起诉书指控被告吴某某接受高档烟酒是事实，但折价644元是不正确的，应折价273.08元法庭调查证实：被告吴某某收受张某某赠送的万宝路牌香烟2条，中华牌香烟2条及五粮液酒和汾酒2瓶，收受云烟牌、牡丹牌香烟各1条。我们知道某某县的烟酒市场是没有放开的，国务院发布的《烟草专卖条例》第15条规定："卷烟、雪茄烟的出厂价格，调拨价格，批发价格，零售价格由烟草总公司统一规定"，国家烟草专卖局发布的《烟草专卖条例施行细则》第17条进一步规定"卷烟、雪茄烟的出厂、调拨、批发及零售价格，由省级烟草公司审核报烟草总公司审批"。可见，烟价未放开之前，国家牌价是唯一合法的价格，市场上高价则为不合法的价格，名酒的价格也是如此。然而，起诉书却是按市场高价这种不合法的价格进行折价的，辩护人认为不正确，应按价格放开前的名烟、名酒的价格折算受贿数额，再加上价格放开后吴某某收受的一条牡丹牌（44元）、一条云烟（50元），合计价格为273.08元，而不是644元。

二、被告吴某某收受高档烟酒情节较轻，可由其所在单位或者上级主管机关按照《国家行政机关工作人员贪污贿赂行政处分暂行规定》酌情给予行政处分可从以下两方面进行分析：

（一）被告吴某某受贿273.08元，这个数字远远低于2000元，受贿情节较轻；

（二）对被告吴某某在200万元被骗案中所应负的责任应具体分析。

首先，辩护人认为，在张某某诈骗的整个过程中，被告吴某某根据领导的批示做了一些事，客观上为张某某的诈骗行为提供了方便，但不是出于吴某某的主观故意，也就是说并不是吴某某收受贿赂而为张某某提供了方便。请看以下事实：

（1）县长从杭州打电话把张某某引进某某县。吴某某向副县长作了汇报，根据他的指示，由吴某某召集农行、工商、商业局等五位同志商议，但无结果。

（2）会议由常务副县长主持，亲自落实了县长的三点批示：成立"五金家用电器分公司"，由张某某经营，归口五金公司领导；1000万元资金由农行出面拆借；拆借来后给张某某做彩电生意。这次会议对以后的巨款被骗起了十分重要的作用。吴某某参加了这次会议，但不是召集者和决策者。

（3）被告吴某某去杭州向省国际信托公司及省融资公司联系拆借资

金,这是县长指派的。之后,吴某某又根据县长指示分别到农业银行、中国银行、工商银行联系拆借资金的落实和发放,但由哪个银行发放无结果。后来县长确定由城市信用社办理。

(4)从省融资公司拆借200万元资金的手续已办妥。关于如何发放问题,吴某某根据常务副县长的指示,召集农行、信用社、商业局同志开会。第二天,信用社、商业局同志办妥了手续,其间常务副县长在会上讲了话,第二天的会议吴某某基本上未参加。

以上是吴某某在张某某诈骗过程中的主要行为,我们不难看出吴某某的行为是与领导的指示分不开的,其行为没有超出领导的指示而另搞一套为张某某诈骗提供方便。吴某某是县政府办公室副主任,他的职务就是落实领导的意图,是联系领导与具体经办单位及人员的桥梁,做的具体事情自然多些,但是不能说他的责任就比别人重。

其次,我们注意到,被告吴某某的出发点是好的,目的是发展某某县的经济。但是,由于对张某某的轻信,导致200万元被骗,这轻信首先根源于领导干部对张某某的轻信。

最后,200万元被骗的关键环节不出自于被告吴某某之手。

分析200万元巨款被骗的过程,可分为三个阶段。

第一个阶段:从张某某被介绍给县长,到县长将张某某引进某某县。

第二个阶段:从张某某到某某县,至吴某某与张某某持汇票去杭州。

第三个阶段:汇款准备解入某某农行某某营业所至巨款被瓜分。

分析上述三个阶段,辩护人认为各阶段在巨款被骗过程中的地位和有关人员的责任是不同的。应该看到,三个阶段是互有联系的。没有县长"引进能人",则不会有第二个阶段的拆借资金和借贷。没有第二个阶段的借贷,则不会有第三个阶段的巨款被骗。但是,我们应该看到第一、二个阶段的有关人员的出发点是好的,是为了发展某某县的经济建设。这不仅包括被告吴某某,也包括本案的其他三个被告及原县政府领导,他们的行为是不违法的。第三个阶段就不同了。法庭调查证实,汇票到杭州后,占某某得知彩电无货,便打电话向被告叶某某请示,如果叶某某立即批示将汇票带回某某县,则不会发生巨款被骗的事,然而叶某某却指示占某某将汇票通过某某营业所转汇到家电分公司的杭州户头,占某某则依叶某某的指示,立即去某某地,与农业银行支行副行长联系,得到了该领导的表面支持。然而,正在这个时候,某某农行的有关人员设好了圈套让占某某上当,在某某营业所办好了手续后,200万元巨款被瓜分,张某某参与了瓜分的整个过程。

根据上述事实和法庭调查宣读的有关证据,可以充分地说明农行有关人员与被告张某某的恶意串通,导致了巨款被骗。通过上述三个阶段的比较,可以看出最后一个阶段的关键作用。

第三部分为结论。律师对整个辩护工作意见的总结,要求律师对自己的辩护观点进行归纳总结,并对法庭如何判决提出具体要求。对于不构成犯罪的,请求判决无罪并立即释放;对于符合免除刑事责任的,请求免除刑事责任;对于应该减轻或从轻处罚的,提出减轻或从轻处罚。但不应提出具体的刑期。例如:

综上所述,辩护人认为被告吴某某不构成受贿罪,根据《刑法》第某某条的规定,应宣告被告吴某某无罪,请法庭予以采纳。

6. 律师出庭辩护。律师出庭辩护工作,在整个辩护工作中处于中心地位,律师出庭前的一切准备工作,都将要接受法庭审判的考验。一般而言,法庭审判过程分为开庭、法庭调查和辩论、被告人最后陈述、评议和宣判阶段。律师出庭辩护工作在各个阶段有不同的侧重。

(1)律师在开庭阶段应做好以下工作:注意有关诉讼参与人是否到庭,特别要注意在开庭前申请通知的证人是否到庭;法庭组成人员是否合法,如被告人申请回避,应协助法庭查明其提出的理由是否充分,如被法庭驳回,可以建议法庭复议;法庭向被告人交代其应当享有的诉讼权利是否全面清楚,如没有交代全面、清楚,可建议法庭加以补充和解释;法庭审理未成年人案件,注意法庭是否通知其监护人到庭,如未通知,律师可提请法庭通知;律师应注意法庭审判是否公开,不公开审判的理由是否成立。

(2)律师在法庭调查和辩论阶段,要做到一事一证一质一辩,使每起事实都能得以查清,证据充分确实,以维护被告人的合法权益。

在法庭调查中,律师应做好以下工作:认真听取公诉人或自诉人宣读起诉状或自诉状,注意起诉内容是否有变化;认真听取公诉人对被告人的讯问,注意倾听被告人的供述或辩解。如果公诉人对起诉书认定的有关犯罪事实或重要情节没有问到,经审判长允许,律师应及时向被告人发问,并应把握以下几个问题:针对公诉人没有问到的事实,被告人也没有辩解的,律师应向被告人发问;认真听取证人的陈述,发现证人证言有矛盾的,应对其进行询问,让其作解释,排除矛盾。发现证人作伪证时,应建议法庭调查并依法处理;认真听取鉴定人的陈述,对于不确切、不科学的鉴定结论,律师应申请重新进行鉴定;对当庭宣读未到庭证人的证言、笔录、勘验笔录、被害人陈述、书证,律师应发表意见,律师如认为证据之间有矛盾或不可采信,可申请法庭通知证人到庭,调取新的物证,申请重新勘验。律师在开庭前通过调查取证取得的有利于被告人的证据材料,应在法庭进行宣读和出示。

在法庭辩论中,律师应把握以下工作:听取公诉人发表的公诉词,确定需要予以反驳的观点;听取被告人自行辩护意见,对正确的在辩论中予以采纳或支持,对不正确的辩护意见,一般不宜在法庭上公开进行反驳;律师发表辩护词应从举证入手,抓住案件的本质进行充分的辩护;律师发现其他诉讼参与人的发言,对被告人不利且意见不正确,应当予以反驳。

(3)在被告人最后陈述阶段,律师应把握以下问题:有的审判人员或公诉人认为被告人认罪态度不老实,而当庭制止被告人发言或予以批驳时,律师应根据不同情况,建议法庭予以制止,让被告人把话讲完或者要求法庭恢复法庭辩论阶段;被告人在最后陈述时,提出了新的事实或新的证据且足以影响对案件的定性或适用刑罚,律师应建议法庭恢复法庭调查。对提出的重要的新事实或新证据,法庭一时难以查清的,应申请法庭延期审理。

(4)在法庭宣判时,律师应认真听取法院判决的内容,再听取公诉人、被告人对法院判决的意见;在宣判后,律师应择日会见被告人,征询被告人对判决的意见,并提供法律帮助。除判处死刑立即执行的以外,被告人服判,律师认为判决正确的案件,应教育被告人认罪服法,接受改造;对被告人认为判决不当不服原审法院的判决,律师也认为判决不当,可征得被告人同意,在法律上协助其上诉,但需经被告人重新委托,担任二审辩护人;被告认为判决不当,而辩护律师认为正确,律师应建议被告人服判。如果被告人坚持要上诉,律师应尊重被告人的意见;被告人服判,而律师认为判决不当的案件,应建议被告提起上诉。

7. 庭后总结归档。律师承办每件案件结案后,应写出结案报告,总结办案经验教训和今后改进意见,并及时立卷归档。归档卷宗材料的顺序,应按照诉讼程序时间为序。其具体内容包括:委托书、起诉书、出庭通知书、阅卷笔录、会见被告人笔录、调查询问材料、庭审记录、辩护词、判决书、办案报告等。刑事辩护卷,应一案一卷,装订成册,以便保管、查阅。

(二)律师在刑事辩护中的具体工作

一般而言,根据提起追诉的主体是国家检察机关或非国家检察机关,可将刑事案件分为公诉案件和自诉案件两类。而公诉案件又可分为侦查阶段、审查起诉阶段、一审庭审阶段、二审和再审阶段。自诉案件则与公诉案件有所不同。

在公诉案件的各个不同阶段,律师的具体工作不同。

1. 律师在侦查阶段的工作

《刑事诉讼法》(2012)第33条规定:"犯罪嫌疑人自被侦查机关第一次讯问或者采取强制措施之日起,有权委托辩护人;在侦查期间,只能委托律师作为辩护人。被告人有权随时委托辩护人。侦查机关在第一次讯问犯罪嫌疑人或者对犯罪嫌疑人采取强制措施的时候,应当告知犯罪嫌疑人有权委托辩护人。"这意味着犯罪嫌疑人、被告人在整个诉讼过程中均享有辩护权,律师在侦查阶段便可行使辩护权。该条第3款规定,犯罪嫌疑人、被告人在押的,也可以由其监护人、近亲属代为委托辩护人。允许"亲友"代为聘请律师会拓宽犯罪嫌疑人、被告人聘请律师的渠道,改变了过去因为没有明确规定,有的办案机关要求必须有犯罪嫌疑人的授权委托书律师才能参与案件、会见犯罪嫌疑人,而律师因为见不到犯罪嫌疑人又无法获取犯罪嫌疑人委托书,导致犯罪嫌疑人委托律师的权利无法行使的情形;有利于律师尽快进入刑事诉讼程序,切实保障辩护权的实现。根据《刑事诉讼法》(2012)第36条等的规定,律师在侦查阶段可以从事以下具体工作:

(1)会见犯罪嫌疑人,向其了解有关案件情况。律师持律师事务所会见手续和律师执业证会见犯罪嫌疑人。律师可向侦查机关了解犯罪嫌疑人涉嫌的罪名。

(2)为犯罪嫌疑人提供法律咨询。会见犯罪嫌疑人时,律师应向其说明律师在侦查阶段的职责,说明可为其提供法律咨询,代理申诉和控告,应当告知其享有的诉讼权利,并就其提出的有关法律事务的询问作出解释和说明。

(3)代理申诉、控告、申请取保候审。对侦查人员侵犯犯罪嫌疑人诉讼权利和人身权利的,律师有权代为提出控告。对被羁押的犯罪嫌疑人,符合取保候审条件的,在其提出保证人或具备交纳保证金条件的,律师可以代为向侦查机关提出取保候审的申请。

(4)对侦查机关采取强制措施超过法定期限的,律师有权要求解除强制措施。侦查机关如果对犯罪嫌疑人取保候审超过12个月,监视居住超过6个月,律师可申请解除强制措施。

(5)《刑事诉讼法》(2012)增加第159条规定:“在案件侦查终结前,辩护律师提出要求的,侦查机关应当听取辩护律师的意见,并记录在案。辩护律师提出书面意见的,应当附卷。”

2. 律师在审查起诉阶段的具体工作

侦查机关在侦查终结后将案件移送审查起诉机关,律师可接受犯罪嫌疑人或者其法定代理人、近亲属的委托,担任辩护人,参加刑事诉讼活动,律师的具体工作如下:

(1)收案。律师只有接受委托才能担任犯罪嫌疑人的辩护人。律师不能私下收案收费,而应由律师事务所统一收案收费后,指派承办律师。

(2)与检察机关取得联系。承办律师接案后,应向委托人了解有关案情,未发现应当拒绝辩护之情形的,即可办理有关手续。律师在接受委托后,应向承办案件的检察机关提交授权辩护委托书、律师事务所出具的刑事辩护函等有关手续,以确定律师在审查起诉阶段参加刑事诉讼的资格。

(3)查阅、摘抄、复制案件有关材料。根据《刑事诉讼法》(2012)第37条、第38条的规定,律师可以查阅与案件有关的诉讼文书和技术性材料,诉讼文书具体包括以下几种:公安机关、人民检察院的立案决定书、回避决定书、驳回申请回避决定书、拘传传票、取保候审决定书、监视居住决定书、变更或解除强制措施决定书等;公安机关、人民检察院侦查部门的提请批准逮捕书、起诉意见书,以及拘留证、逮捕证,对不批准逮捕提请复议、复核书,对不起诉提请复议、复核书等;人民检察院的批准或不批准决定书、纠正违法通知书、批准延长羁押期限通知书、起诉书、不起诉决定书、复查决定书等。技术性鉴定材料包括法医鉴定、司法精神病鉴定、物证技术鉴定等由有鉴定资格的机构、人员对人身、财产及其他有关证据进行鉴定所形成的记载鉴定情况和鉴定结论的文书。

(4)与犯罪嫌疑人会见和通信。律师会见在押的犯罪嫌疑人应向检察机关提出。律师持检察机关出具的允许律师会见函、专用介绍信、律师执业证等到羁押场所会见在押的犯罪嫌疑人。律师可以同犯罪嫌疑人通信。会见与通信的内容包括涉嫌案件的事实及犯罪嫌疑人参与事实的情形,侦查阶段的供述和辩解以及侦查机关的侦查手段和程序是否合法等。

(5)律师进行调查取证工作。律师享有调查取证权。律师在调查收集材料的过程中应制作调查笔录，记录调查人、被调查人、调查时间、地点等基本情况，并特别要真实、全面地反映被调查人陈述的事实和情况。调查笔录应经被调查人确认无误后签名或盖章。以下为律师事务所调查笔录举例：

律师事务所调查笔录

时间：××××年××月××日　地点：新村×路×

调查人：胡××、陶××　记录人：张××

被调查人：黄××　性别：男　年龄：45岁　政治面貌：党员

工作单位、职务：××校办工厂工人

现在住址：××新村××路××

问：我们是××律师事务所的胡××、陶××，是涉嫌贪污罪的周××的辩护律师。检察机关指控周××用单位公款非法购买你家住房已构成贪污罪，今天来向你了解一下你家的房子问题，希望你实事求是讲清楚，不要隐瞒，你听明白了吗？

答：我明白了。

问：你这幢房子是什么时候造的？

答：我这幢房子是××××年××月造好的。这幢房子的总造价还没有结算。

问：你是这房子的主人？

答：是的，我是这房子的主人。我这房子是小百花剧团给我造的，总的造价还没结算，但我已交3万元了。

问：你这幢房子多大？

答：有165平方米的面积。

问：现在你这房子有几户人家住？

答：除了我外，还有周××的一个研究所。

问：周××研究所是何时住进来的？

答：在××××年××月××日我这房子完工后他就搬进来了。

问：他住进来时，具体手续是什么？

答：周××来住时与我谈妥月租金180元，租三楼一层，后他又租一、二楼层各一房间，于是，月租金提高到450元，我与周××还签订一个租房协议。

问：协议呢？

答：协议在我这儿，是××××年××月××日签订的。

问：周××是在×月搬进来的，怎么协议是×月签订的？

答：我这房子×月之前还没造好，周××怕我租出去所以与我讲妥租房协议先签好，所以，就先签协议。

问：这房子所有权究竟是谁的？

答：这房子所有权是我的，不是周××的，我是拿租金的。

问：周××除了房租外，其他还有什么？

答：他没有另给过我钱，他付的就是月租金。

问：周××付你的租金是从哪里来的？

答：我不知道。

问：周有没有向你提起房子的事？

答：他讲过的。他想花10万元向我买他租的房子，当时我不肯。他与我商量了多次，我都推却了。因为，如果我把房子卖给他，那么我以后这财产就无法使子女继承了，况且我现在又不缺钱。

问：这是什么时候？

答：这是在××××年××月左右，我拒绝周××的要求后，周××后来就没提起过。

问：周××除了住家外，还有否其他实验厂房？

答：我不清楚。

问：今天就谈到这里。请你看看，刚才的笔录是否有误，你有无补充。

答：以上笔录我看过，对的。

黄××

××××年××月××日

(6)提出辩护意见。《刑事诉讼法》(2012)第86条规定："人民检察院审查批准逮捕，可以询问证人等诉讼参与人，听取辩护律师的意见；辩护律师提出要求的，应当听取辩护律师的意见。本条使律师拥有向批捕部门提出辩护意见的权利，扩大了律师的刑事诉讼权利，使律师辩护权在审查批捕阶段得到体现。"

(7)撰写辩护意见，为犯罪嫌疑人进行辩护。在审查起诉阶段，律师提出的辩护意见主要从以下几方面进行：侦查机关移交审查起诉的认定犯罪嫌疑人构成犯罪的材料是否真实、充分；与案件有关的鉴定材料是否充分；侦查程序是否合法、适当;根据本案事实和法律对犯罪嫌疑人是否应提起公诉。对人民检察院依据《刑事诉讼法》(2012)第173条第2款作出的不起诉决定,律师可以代理被不起诉的犯罪嫌疑人提出申诉。

3. 一审庭审阶段的律师辩护工作

我们将一审庭审阶段的律师辩护工作按时间先后、工作重点不同划分为出庭准备工作、参加法庭审理及庭审后的工作三个阶段。

(1)第一阶段,开庭审理前的律师出庭准备工作

一审庭审阶段的律师应做好以下辩护工作:

第一,律师审查法院有无管辖权。律师对已提起公诉的刑事案件应审查受诉人民法院有无管辖权,若发现人民法院管辖不当之情形,应及时向人民法院提出。

第二,律师应当与承办案件的法官取得联系,向其提交辩护权委托书、律师事务所刑事辩护出庭函等文件。

第三,人民法院应当向参加刑事案件审理的律师提供起诉书副本,否则律师应当向人民法院索取。

第四,律师应当到人民法院查阅案卷材料。根据《刑事诉讼法》(2012)第38条的规定,辩护律师自人民检察院对案件审查起诉之日起,可以查阅、摘抄、复制所指控的犯罪事实的材料。这些材料是指公诉人指控被告人犯罪的相关的证据材料,主要是指拟在法庭上出示的作为定案根据的证据材料,如被告人供述、被害人陈述、证人证言、物证、书证、鉴定结论、视听资料、勘验、检查、侦查实验笔录等。

律师在审阅起诉书时,应当注意以下事实和情况:被告人的基本情况,起诉书指控的犯罪事实、人民检察院对案件性质的认定是否准确,所适用的法律条文是否恰当,是否附带民事诉讼。

律师在查阅有关证据材料时,应当把握以下几个方面的问题:审阅证据材料的来源,包括提供的实物证据是否真实,提供的言词证据是否真实以及侦查、检察人员收集证据的手段是否正确、合法,保全证据的方法是否科学;审阅证据材料的内容,即查明证据材料所反映的事实与待证的案件事实是否存在客观的内在联系;审阅各种证据材料之间的联系,律师通过对案内各种证据材料的比较、鉴别,才能站在综合考虑全案证据材料的高度上确定单个证据的真实性与关联性。

对于必要的案卷材料,律师应当准确地摘抄、复制,并注明案卷页数、材料形成的时间、地点及材料制作人员。律师应将摘抄、复制的有关材料装订入卷。

第五,律师会见被告人。律师应当会见被告人。会见被告人应做好以下工

作:听取被告人对起诉书的意见,尤其是对起诉书指控的犯罪事实和情节的陈述和辩解;听取被告人对辩护意见的看法,对于被告人的不同辩护意见,律师应认真总结;为被告人提供其他法律帮助,比如,被告人享有的诉讼权利,律师应做耐心的解释。律师会见被告人应做好会见笔录。

第六,通知证人和整理证据、申请法院协助取证。对需要出庭作证的证人,律师应当编制证人名单,附列相关材料,于开庭前 5 日将证人名单提交人民法院。此外,有关鉴定人名单和应出庭作证的证人、鉴定人名单、理由以及其他拟当庭宣读的证据均应在开庭 5 日前提交人民法院。律师对所有收集的证据材料编制证据目录,附列相关材料,于开庭前将证据目录提交人民法院。对于可以证明被告人无罪、罪轻或者有利于对被告人宽大处理及对案件有重大影响的证据,但收集调取有客观上的障碍时,律师可以申请人民法院收集调取证据。

第七,律师拟定辩护词。辩护词不仅要能起到反驳公诉人不正确指控的作用,而且要能促使法庭审判人员全面了解案情,作出公正、合法的裁判。

第八,律师应作扎实细致的出庭准备工作。律师至少应在开庭 3 日前得到人民法院的开庭通知书。律师应做好如下出庭准备工作:如果遇到特殊情形下不能按时出庭的,如不可抗力,律师同时收到两个以上的开庭通知书,无法参加后接到的开庭通知书的开庭,律师应及时与人民法院取得联系,争取法庭延期开庭审理。

律师应当将所有材料系统化、固定化。如对起诉书有关内容的摘抄、复制,对发现的问题、疑点和矛盾,尤其是律师同公诉机关在认定事实或证据材料上的分歧,要重点对待;对被告人供述、被害人陈述、证人证言、鉴定结论以及勘验、检查笔录等证据材料的摘录、复制,要重点编制;草拟对被告人、证人、鉴定人、被害人等的发问提纲;草拟辩论、答辩提纲;摘抄、复制有关的法律、法令。

律师在开庭前应向法庭了解拟通知出庭的证人。如有对案件起关键作用的证人未到庭,应及时与审判人员进行协商解决。

律师应了解出庭的公诉人和法庭的组成人员,确定被告人是否具有行使申请回避权的事由。

(2)第二阶段,法庭审理阶段的律师辩护工作

法庭审理阶段的律师应做好以下辩护工作:

法庭审理是刑事诉讼中的重要环节,是律师发挥辩护作用的关键阶段,律师必须亲自到庭参加辩护。律师在法庭审理过程中应当做好以下工作:

第一,认真听取公诉人宣读的起诉书,注意起诉书中指控的罪名、事实等与获得的起诉书副本是否一致,随时修改法庭询问提纲和辩护意见。

第二,经审判长的许可,向被告人发问。尤其是被告人不承认公诉人指控的犯罪,要问明其理由和证据;被告人认为公诉人指控的犯罪事实不属实,要问清哪些不属实以及理由和根据。

第三,针对公诉人对被告人的威逼性、诱导性发问和与本案无关的发问,律师要提出反对意见。

第四,经审判长的许可,对控诉方的证人或控诉方出示的证人证言质证。律师应当结合有关案件材料评价证人证言,发表是否采信的意见及理由。对于无正当理由不出庭接受质证的证人的证言,律师可以建议法庭对其不予采信。对于公诉机关向人民法院提交的证人名单和证据目录以外的证人证言,律师有权要求法庭延期审理或建议法庭不予采信。

第五,经审判长的许可,对出庭的鉴定人和公诉人出示的鉴定结论质证。律师在质证后应当对鉴定材料和鉴定结论发表意见。对于鉴定结论不完整的,律师可以申请法庭重新鉴定;认为鉴定结论不能成立的,可以申请法庭重新鉴定。

第六,经审判长的许可,对公诉人出示的物证、书证、视听材料等证据质证。律师在质证后应当对证据能否采信发表自己的意见并阐明理由。律师认为证据的内容不真实,或证据本身与本案无关,或收集证据的方法、程序违法,应当提出不予采信的意见和理由;对于公诉人出示的证据目录以外的证据,律师有权要求法庭延期审理或建议法庭不予采信。

第七,经审判长的许可,律师可以出示自己调查、收集的证据,并就证据能否采信与公诉人展开辩论。

第八,律师认为需要通知新的证人到庭、调取新的物证或者重新鉴定、勘验,有权向人民法院提出申请,必要时可以申请休庭。

第九,参与法庭辩论,律师应认真听取公诉人发表的公诉意见,注意听取被告人的自我辩护,并发表律师的辩护意见。控、辩双方经过第一轮辩论发言后,控诉方提出新的观点、新的问题,律师应当进行第二轮或多轮辩论发言。在法庭辩论过程中,律师若发现尚有某些事实没有查清,或者仍然需要调查、收集证据,可以向法庭提出恢复法庭调查或暂时休庭、延期审理的申请。

第十,律师应认真做好庭审笔录。

(3)第三阶段,庭审后的律师工作

庭审后律师应做好以下工作:

第一,阅读法庭笔录,发现有遗漏或者差错的,可以请求补充或更正,经确认无误后在法庭笔录上签名或盖章。

第二,整理证据和辩论意见,将在法庭审理过程中出示的证据和书面的辩护意见提交法庭审判人员。

第三,人民法院作出一审判决后,律师有权获得判决书。律师应了解判决内容,了解被告人、公诉人对判决的意见。对判决正确的,应说服被告人服刑;对被告人不服判决,但辩护律师认为判决正确的,可以拒绝为其进行二审辩护,但应告知被告人有另行委托二审辩护人的权利。对于判决书认定的事实和内容与犯罪事实有重大出入或量刑不当时,且被告人要求上诉的,律师应协助被告人上诉。如果被告人坚持不上诉,或被告人不授权辩护律师提出上诉,辩护律师不享有独立的上诉权。

(4)律师在二审程序中的具体辩护工作

我国刑事审判实行两审终审制。两审终审制是指地方各级人民法院审理第一审刑事案件所作的判决或裁定,在法定期限内,被告人可以依法上诉,人民检察院可以依法抗诉,上一级人民法院对上诉或抗诉案件所作的第二审判决或裁定,是终审的判决、裁定。律师在上诉案件程序中的辩护工作基本上可参照在一审中的做法,其职责与一审辩护人的职责相同。在此仅就刑事上诉状、辩护词两部分内容作说明。

(1)律师可以为上诉人代书刑事上诉状。刑事上诉状应具有针对性,即只针对原审判决中的不当部分提出,并具有辩驳性和规范性。下面为刑事上诉状举例:

刑事上诉状

上诉人:霍×,男,26岁,汉族,原在××区委开车。

上诉人不服××人民法院×年×月×日(××)×法刑×字第×号刑事判决,现提出上诉。

上诉请求:

请求二审法院撤销原审法院对我的刑事判决,给予重新审理,纠正原审法院认定事实、适用法律的错误,为我申冤雪耻,作出公平合理的判决。

上诉理由：

××区法院认定我在营业室内和距离营业室50米公路东沿沟坡处，两次对被害人李××进行强奸。法院这样认定，一是照抄起诉书上的内容，二是片面听信李××的陈述。实际上不存在强奸的事。因买烟发生吵骂，进而厮打是事实。当夜李××领着她的母亲和3个哥哥去我家，扬言是公了还是私了。私了让我拿钱，我不答应。他们才告我强奸，此事有魏××作证。

判决书所列的证据，没有一个能说明我强奸了李××。法庭调查时宣读的被害人陈述的内容有多处自相矛盾。说我强奸时用胸压着她的双手，同时又说她用手打我的脸，不知李××长了几只手？她又说用嘴咬了我的舌头，当晚公安人员检查没有发现任何伤痕，如若我强奸她，她不把我的舌头咬掉才怪呢？从而说明李××讲的都是谎言。可是，法院、检察院和公安机关一样，一听李××的叙述就如获至宝，信以为真；一听我的辩解，就认为态度不老实，企图抵赖。……《刑事诉讼法》第42条规定，被告人的供述是证据，被告人的辩解也是证据，原审法院不按法律办事，怎能把案子判好！

由于原审法院把事实认定错了，适用法律自然不当，判我有期徒刑4年，实为加害无辜，恳求上级法庭明察，为我申冤。

上诉人：霍××

××××年××月××日

(2)对于二审法庭开庭审理的案件，律师应当撰写辩护词。辩护词的撰写应根据不同的情况进行。

4. 律师在审判监督程序中的具体工作

对于已生效的判决和裁定，罪犯及其法定代理人、近亲属可以向人民法院或者人民检察院提出申诉，但不能停止判决、裁定的执行。律师可以接受已决罪犯及其法定代理人、近亲属的委托代理申诉。律师接受委托代理申诉，应当向人民法院或者人民检察院提出。根据《刑事诉讼法》(2012)第245条的规定，人民法院按照审判监督程序重新审判的案件，如果原来是第一审案件，应当依照第一审程序进行审理；如果原来是第二审案件，或者是上级人民法院提审的案件，应当依照第二审程序进行审理。所以，律师参加再审案件的辩护工作与一审、二审中的辩护工作大体相同。

5. 律师在自诉案件中的辩护工作

律师担任自诉案件被告人的辩护人，是指律师接受自诉案件被告人的委托，担任被告人的辩护人，参加刑事诉讼。根据《刑事诉讼法》的有关规定，“人民法院自受理自诉案件之日起3日以内，应当告知被告人有权委托辩护人”。此时，自诉案件的被告人与律师事务所共同订立辩护委托，由律师事务所指派律师担任被告人的辩护人，参加刑事诉讼，其履行的职责是依据事实和法律为被告人辩护，维护被告人的合法权益。

自诉案件被告人的辩护律师与公诉案件被告人的辩护律师在刑事诉讼过程中享有同样的诉讼权利，履行同样的辩护职责，应当完成同样的工作。

（三）律师在刑事辩护工作中应注意的问题

1. 律师在侦查阶段应注意的问题

我国《刑事诉讼法》及相关的司法解释对律师在侦查阶段享有的诉讼权利作了相应的限制，律师应注意这些限制：

（1）律师不能为犯罪嫌疑人传递物品。

（2）侦查人员讯问犯罪嫌疑人时，律师没有在场权。

（3）律师没有调查取证权，也没有申请侦查机关调取证据的权利。

（4）律师没有查阅案卷的权利。

2. 律师阅卷时应注意的问题

（1）阅卷应凭介绍信和律师执业证在法院指定的场所进行，不得将案卷携带出法院指定的场所。

（2）律师在摘抄、复印案卷材料时，要注意说明出处，要准确无误。

（3）对于犯罪嫌疑人、被告人有利或不利的关键证据材料，摘抄、复制时要全面，不要断章取义，要注意证据的内在联系。

（4）在阅卷时要注意发现问题，列出向犯罪嫌疑人、被告人核实发问的提纲和调查提纲。

3. 律师在调查取证时应注意的问题

律师自犯罪嫌疑人被移交审查起诉之日起，享有调查取证权。律师应注意以下问题：

（1）律师的调查取证工作不具有司法强制性质，而是访问的性质。

（2）律师进行调查取证时，必须由两人进行，持有律师事务所的调查函，出示律师执业证。

(3)律师进行调查取证时,最好事先取得有关单位的支持,必要时请有关单位协助调查。

(4)律师进行调查取证时,应当首先向被调查人说明律师的身份以及调查取证的目的和要求,并经被调查人同意,可以向他们收集有关证据材料。对于被调查人是本案被害人或者其近亲属,被害人提供的证人的,律师应当经人民检察院或者人民法院许可,然后再向其收集有关材料。

(5)律师进行调查取证时,对谈话的记录不宜强令被调查人签名、盖章,应当本着实事求是的态度向被调查人说明律师调查取证的目的和意义。如果被调查人坚持不愿签名、盖章的,律师可以向人民检察院、人民法院提出收集、调取证据的申请,不宜向被调查人强行取证。

(6)辩护律师进行调查取证时,应当根据不同的对象采用不同的方式,循循善诱。对于处于激愤状态的被害人,律师应当冷静地分析,要求被害人尊重客观事实,从而获得与事实相符的结论。对于有利于辩护方的证人,律师应当调查清楚证人在法庭上将要证明的事实,以及证人证言是否与被告人口供一致。对于不满18周岁的证人,律师在询问时,应当通知其法定代理人、监护人到场,并在证言笔录上注明在场人的姓名、职业、工作单位、与证人的关系。

4.律师会见在押犯罪嫌疑人、被告人时应注意的问题

(1)律师凭律师执业证、律师会见在押犯罪嫌疑人、被告人专用介绍信,在看管场所会见犯罪嫌疑人、被告人,律师每次会见,由律师两人进行并在看管场所指定的房间进行。

(2)律师会见在押的犯罪嫌疑人、被告人时,要提高警惕,严防犯罪嫌疑人、被告人逃跑、行凶、自杀等事件的发生。

(3)律师不得帮助犯罪嫌疑人、被告人隐匿、毁灭、伪造证据或者串供,妨碍刑事诉讼的顺利进行。

5.律师担任自诉案件被告人的辩护人时应注意的问题

(1)根据《刑事诉讼法》(2012)第207条的规定,自诉案件的被告人在诉讼过程中,可以对自诉人提出反诉。反诉适用于自诉的规定,律师担任自诉案件被告人的辩护人时,应当告知被告人享有对自诉人提出反诉的权利。如果被告人要求辩护律师协助其提出反诉,辩护律师经审查认为符合反诉立案条件的,应当帮助被告人制作刑事反诉状,按照刑事自诉的要求和方式向受理自诉案件的人民法院递交。人民法院受理刑事反诉后,辩护律师应当征求被告人的意见,确定

是否代理反诉,或由被告人另行委托代理律师或与辩护律师补办委托代理手续。

(2)自诉案件的被告人有权进行答辩。在刑事诉讼活动中,自诉案件的被告人以刑事答辩的形式行使辩护权,对自诉人的诉讼请求以及所依据的事实和理由进行有的放矢的反驳和辩解,有利于维护自己的合法权益,也有利于人民法院全面了解案情和对案件作出公正的处理。辩护律师应当告知被告人享有答辩的权利。如果被告人要求进行答辩,辩护律师应当帮助被告人制作刑事答辩状,并于法定期限内向受理自诉案件的人民法院递交。

(3)自诉案件可以调解或者和解。人民法院审理自诉案件,可以进行调解。自诉案件的当事人在人民法院作出判决宣告之前也可以自行和解。为使自诉案件尽早顺利得到解决,辩护律师应当积极配合人民法院做好当事人之间的调解工作,或者促成当事人之间自行和解。

(4)自诉案件的被告人可以申请取保候审。被羁押的刑事自诉案件被告人可以向人民法院提出变更强制措施的申请,申请取保候审。辩护律师接受自诉案件被告人的委托后,如果被告人被羁押,经被告人授权,可以代其申请取保候审。

二、刑事诉讼中的律师代理业务

(一)刑事诉讼中律师代理概述

1. 刑事诉讼中的律师代理的特征

我们把刑事诉讼中的律师代理称为律师刑事诉讼代理。《刑事诉讼法》、《律师法》及相关司法解释为律师刑事诉讼代理提供了法律根据。如《律师法》第28条第3款规定律师“接受自诉案件自诉人、公诉案件被害人或其近亲属的委托,担任代理人,参加诉讼”。

律师刑事诉讼代理,是指在刑事诉讼中,律师依法接受刑事自诉案件自诉人或反诉人、公诉案件被害人、刑事附带民事诉讼当事人、刑事申诉案件的申诉人的委托,担任代理人,在委托权限内代理诉讼,维护委托人的合法权益的活动。从广义上讲,刑事诉讼代理是诉讼代理的一种,它与民事诉讼代理、行政诉讼代理及非诉讼法律事务代理有许多相同之处,但又不同于这些代理,与刑事辩护更有显著区别。

2. 刑事诉讼中律师代理业务的分类

按照委托人委托的时间、案由、权限的不同,一般将律师刑事诉讼代理业务分为以下几类:

(1)接受公诉案件被害人或者其近亲属的委托,担任被害人的代理人参加诉讼;

(2)接受自诉案件自诉人委托,代理自诉人参加诉讼;

(3)自诉案件中被告人提起反诉的,律师可以接受自诉案件反诉人的委托,担任代理人参加诉讼;

(4)接受刑事附带民事诉讼的当事人的委托,担任代理人,参加诉讼;

(5)接受刑事申诉人的委托,担任代理人。

3. 律师刑事诉讼代理工作的意义

(1)代理律师参加诉讼活动,依据事实和法律发表代理意见,从而协助司法机关及时、正确地惩罚犯罪,保护公民的合法权益;

(2)代理律师参加诉讼活动,代为当事人行使各项诉讼权利,提出代理意见,充分反映被代理人的诉讼请求,从而维护和保障当事人的合法权益;

(3)代理律师参加诉讼,为当事人提供法律服务,正确行使其各项诉讼权利,避免行使诉讼权利不当而延误正常的诉讼活动,从而可以有效地保证各项诉讼活动的顺利进行。

(二)刑事公诉案件被害人的律师代理业务

刑事公诉案件被害人的律师代理,是指律师接受公诉案件中的被害人及法定代理人或者近亲属的委托,以代理人的身份参与刑事诉讼,以维护被害人的合法权益的活动。

1. 公诉案件被害人律师代理的特征

(1)代理关系的产生源于被害人及其近亲属的委托。在社会生活中,遭受犯罪行为直接侵害的人,所遭受的侵害程度是多种多样的,有的被害人在遭受犯罪行为侵害后当场死亡,也有的遭受侵害后,丧失了生理或精神上的某些机能,为了及时惩罚犯罪分子,维护被害人的合法权益,法律不仅规定被害人有委托律师代理的权利,而且被害人的近亲属也有委托的权利。

(2)代理律师的权限,是委托人对律师的授权。律师是在委托人的授权范围内,为维护委托人的合法权益,进行诉讼活动。

(3)代理关系的存在,是存在于刑事诉讼过程之中。一般而言,公诉案件被害人的律师代理只能在移交审查起诉后发生,并随着诉讼的终结而终止。

2. 律师在担任公诉案件被害人代理人时的诉讼地位

(1)律师担任被害人的诉讼代理人,他的责任是根据事实和法律追究被告人的责任，维护受害人的合法权益。他履行与公诉人相似但侧重点不同的职责。律师担任被害人的诉讼代理人，在法庭审理过程中与公诉人同属控诉方，应当与公诉人相互协作、密切配合。公诉人代表国家控告被告人的犯罪行为对国家和社会造成的危害，侧重维护国家利益和社会利益；而律师代表的只是被害人个人，其责任是以法律赋予律师的诉讼权利和被害人委托的代理权限维护被害人的合法权益。

(2)律师担任被害人的诉讼代理人，是独立的诉讼参与人，但不是独立的诉讼主体。公诉案件中被害人虽然是诉讼的当事人之一，但被害人既不能提起诉讼，也不能撤回起诉，更不能与被告人达成和解协议了结案件，被害人在诉讼中的主要任务在于向法庭陈述事实、揭露和证实犯罪。作为被害人的代理律师除了指导、协助、代理被害人行使刑事诉讼当事人的诉讼权利，同时因其律师的特殊身份，享有被害人所不享有的一些诉讼权利。他与辩护律师虽然在诉讼角色中是对立的，但都是为了法律的正确实施，在刑事诉讼中具有同等的诉讼地位。人民法院应当保障代理律师在法律和被害人的授权范围内独立行使代理职责。

3. 律师在担任公诉案件被害人代理人时的权限

律师在担任公诉案件被害人代理人时的权限分为两个部分：其一是《刑事诉讼法》、《律师法》及相关司法解释规定律师享有的特定的权利，主要包括查阅、摘抄、复制案卷材料权，调查取证权等，在此不多叙述；其二是被害人授予的权利。根据《刑事诉讼法》及相关司法解释的规定，被害人在刑事诉讼中为诉讼当事人，具有独立的诉讼地位，享有广泛的诉讼权利。被害人委托代理律师后，接受委托的律师即取得被害人所享有的各项权利，为被害人代为行使。一般而言，被害人享有以下诉讼权利：

(1)在审查起诉中，被害人有权对案件事实的认定和法律适用提出意见，人民检察院应当予以听取。

(2)对人民检察院决定不起诉的案件，被害人不服，可以向上一级人民检察院申诉，请求提起公诉，人民检察院应当将复查结果告知被害人；对于人民检察院维持不起诉决定的，被害人可以向人民法院起诉。被害人也可以不经申诉，直接向人民法院起诉。

(3)对于有证据证明对被告人侵犯自己人身、财产权利的行为应当依法追究刑事责任，而公安机关或人民检察院不予追究的案件，被害人有权向人民法院提起自诉。

(4)对审判人员、检察人员、侦查人员侵犯其诉讼权利和人身侮辱的行为,有权提起控告。

(5)有权申请有关人员回避,对驳回申请回避的决定,有权申请复议。

(6)在法庭调查阶段,有权就起诉书指控的犯罪事实进行陈述,有权向被告人、证人、鉴定人发问;有权对公诉人向法庭出示的物证、书证、宣读的书面证言及其他证据发表意见;有权申请通知新证人到庭,并就书证、宣读的书面证言及其他证据发表意见;有权申请调取新的物证,申请重新鉴定或勘验。

(7)在法庭辩论阶段,有权对证据和案件情况发表意见,并与公诉人、其他当事人、辩护人相互辩论。

(8)被害人不服人民法院的第一审判决裁定的,有权提请人民检察院提起抗诉,人民检察院应将是否抗诉的决定告知被害人。

(9)对已经发生法律效力的判决裁定,有权向人民法院申诉。

4. 律师担任公诉案件被害人代理人的具体工作

(1)收案。被害人委托律师代理,应当与律师事务所办理委托代理手续,包括订立委托代理协议,由委托方单方签署的委托授权书。在委托授权书中应明确代理律师的代理权限,对凡是涉及实体权利处分的都必须有被害人的特别授权。对于没有委托行使的诉讼权利,律师不能越权代理。

(2)提供法律咨询。律师接受代理委托后,首先应为被害人提供法律咨询,帮助分析案情,告知被害人为指控犯罪应当做哪些工作、被害人的诉讼权利。

(3)查阅案卷、调查取证。律师担任刑事案件代理人,可以查阅案卷材料。特别要注意对检察机关的起诉书的查阅,对被告人的犯罪事实和情节的认定,有无遗漏罪行。所认定的犯罪事实的证据是否确实、充分。对被告人犯罪性质的认定,适用法律是否准确等。代理律师通过查阅案卷后,根据自己掌握的事实和法律知识作出评价,如果在认定事实上、适用法律上确有重大出入,代理律师应当忠实于事实,忠实于法律,深入有关单位、个人进行调查,进一步查清有关案件事实,认真做好代理工作。

(4)做好庭前准备工作,拟写代理词。庭审前,代理律师应向人民法院了解是否公开审理,对涉及被害人个人隐私的,可以建议人民法院不公开审理。在开庭前,律师应拟写代理词,代理词内容应包括以下几点:①配合公诉人揭露、控诉被告人的犯罪行为,特别是由于被告人的犯罪行为,对被害人及其近亲属所造成的严重危害。②用事实和证据,来反驳被告人的无理狡辩、辩护人不正确的辩护意见。③提出对被告人适用法律的意见,表述委托人的其他诉讼请求。

(5)代理律师应出庭,参加法庭调查和法庭辩论。代理律师应当按时出庭,接到出庭通知书后因故不能出庭应与人民法院协商延期审理或改换其他律师出庭。在法庭审理过程中,代理律师应指导、协助或代理被害人行使其诉讼权利,如被害人因受犯罪行为致伤、致残等原因不能出庭,经其授权,可由代理律师出庭参加诉讼。在法庭调查阶段,律师应注意公诉人、审判人员对被告人的讯问,公诉人和辩护人对证人的询问及控辩双方出示或宣读的证据。代理律师可以对被告人、证人、鉴定人发问并对证据进行质证,协助法庭查明事实。在公诉人、被害人发言之后,代理律师应发表代理词,全面阐述自己的意见和主张。一般情形下,公诉人和被害人的代理律师是处于同盟状态,同属控诉一方,双方应积极默契地配合,依法惩罚犯罪,维护法律的尊严和当事人的合法权益。但如果出现代理律师和公诉人在事实认定和法律适用上不一致的情形,代理律师也可以和公诉人互相辩论,人民法院应保障代理律师依法行使自己的职权,从客观公正的角度听取各方的意见,作出审判。

(6)庭审后工作。代理律师应告知被害人阅读法庭笔录,发现差错或遗漏,可以补充、更正,经确认无误后签名盖章。应当征询委托人对一审判决的意见,如委托人对一审判决不服,代理律师可以应委托人的要求,在收到判决书的5日内代为向人民检察院提交抗诉申请书,请求人民检察院提起抗诉。人民检察院经过审查决定不予抗诉的,代理律师可以建议被害人及其法定代理人提出申诉。

(三)刑事自诉案件中的律师代理业务

1. 刑事自诉案件中的律师代理业务概述

(1)刑事自诉案件的特征

刑事自诉案件,是指被害人和他的法定代理人或者近亲属,为追究被告人的刑事责任,自行向人民法院提起诉讼,由人民法院直接审理的案件。根据《刑事诉讼法》(2012)第204条的规定,自诉案件的范围如下:第一,法律规定的告诉才处理的案件。如以暴力干涉他人婚姻自由罪,虐待家庭成员罪,侮辱诽谤罪等与人身权利有关的案件。第二,被害人有证据证明的轻微刑事案件。如轻伤害罪、重婚罪、遗弃罪、破坏现役军人婚姻罪等罪行轻微案件。第三,被害人有证据证明对被告人侵犯自己人身、财产权利的行为应当依法追究刑事责任,而公安机关或人民检察院不予追究被告人刑事责任的案件。

刑事自诉案件具有如下特征:

①自诉案件的起诉权,由受害公民自行行使。自诉案件犯罪行为所侵犯的一般是公民的名誉、人身和其他权益,犯罪情节轻微,而且危害不大。有些案件的双方当事人存有亲属关系。同时,这些案件的性质均属于人民内部矛盾。因此,对这些案件是否追究加害者的刑事责任,由受害公民自行决定。

②自诉案件应由人民法院直接受理,而不需要经过侦查和提起公诉的诉讼程序。

③自诉案件可以调解、和解和允许撤诉。

④自诉案件被告人在诉讼中,可以对自诉人提起反诉。

根据《刑事诉讼法》第173条的规定,自诉案件的被告人在诉讼过程中,可以对自诉人提起反诉。反诉适用自诉的规定。反诉成立后,人民法院应将其与自诉案件合并审理,当事人互为原告人和被告人,如查证属实,都要对自己的行为承担刑事责任。反诉属独立之诉,除调解成功或和解撤诉的以外,不能因自诉人撤诉而撤销。律师既可以接受自诉人的委托担任自诉人的代理人,也可接受反诉人的委托担任反诉人的代理人。

(2)刑事自诉案件中的律师代理特征

自诉案件律师代理,是指律师接受自诉人、反诉人的委托,以自诉人或反诉人的名义进行诉讼,在诉讼中为其提供法律服务,以维护委托人的合法权益,正确实施法律的行为。自诉案件的律师代理分为两种:一是律师接受自诉人的委托,担任自诉人的代理人;二是律师接受反诉人的委托,担任反诉人的代理人。根据《刑事诉讼法》(2012)第207条反诉适自诉的规定,以下我们仅叙述律师代理自诉人的工作和特征,该工作和特征也适用于律师代理反诉人的情形。

自诉案件律师代理具有如下特征:

(1)律师接受刑事自诉案件自诉人的委托,担任代理人参加诉讼时,只是代理自诉人行使诉讼权利,其行使诉讼权利的范围,受自诉人授予的代理权限的限制。它与律师作为刑事案件辩护人有着明显不同。第一,诉讼地位不同。律师作为刑事案件的辩护人,是一个独立的诉讼主体,他虽然为被告人的合法权益进行辩护,但不受被告人意志所约束。而作为自诉人的代理人时,必须根据自诉人授予的代理权限进行诉讼活动,自己没有独立的诉讼地位。第二,诉讼职能不同。律师作为刑事案件辩护人,执行的是辩护职能,他的诉讼活动是反驳错误的指控,证明被告人无罪、罪轻,以达到减轻或免除被告人刑事责任的目的。而自诉人的代理人,执行的是控诉职能,他的诉讼活动是要求追究被告人的刑事责任，维护自诉人的利益。

(2)律师接受刑事自诉案件自诉人的委托，担任代理人参加诉讼时，只能担任原告代理人，它与律师在民事诉讼中的代理，既有共同点，又相互区别。第一，共同点。自诉案件中的律师代理与民事诉讼中的律师代理，其代理都必须得到当事人的授权委托或人民法院的指定，代理人的活动受委托人授权的限制，代理中所产生的法律后果，均由被代理人承担。第二，相互区别。律师作为民事诉讼的代理人，可以是民事原告人、第三人的代理人，也可以是被告人的代理人，而在刑事自诉案件中作为自诉人的代理人，则只能是原告代理人。

(3)律师接受刑事案件自诉人的委托，担任代理人参加诉讼，它与公诉案件中被害人的律师代理，也既有共同点，又相互区别。第一，共同点。自诉案件中的律师代理与公诉案件中被害人的律师代理，都是行使控诉职能，维护被害人的合法权益。第二，区别点。律师作为自诉案件的代理人，应做反诉的准备，而在公诉案件中被害人的代理律师，则不需做反诉的准备。

2. 律师担任刑事自诉案件代理人时的诉讼地位

根据《刑事诉讼法》和《律师法》及相关司法解释的规定，自诉案件的自诉人及其法定代理人“有权随时委托诉讼代理人”，人民法院自受理自诉案件之日起3日以内应告知自诉人有权委托代理人。律师接受自诉人及其法定代理人的委托担任诉讼代理人参加刑事诉讼，律师应承担两项职责：一是代理律师应当根据事实，依据法律，提出有利于被代理人的意见，一切代理诉讼行为，都要有利于被代理人的利益，而不能做出有损于被代理人利益的行为。二是代理律师的根本任务，是维护法律的正确实施，维护国家和集体利益，维护被代理人的合法权益，而不是所有权益。

律师担任刑事自诉案件的代理人，其诉讼地位如下：

(1)自诉人的代理律师在刑事诉讼中不具有独立的诉讼地位，律师只是在自诉人授权范围内开展工作，代表自诉人意志，维护自诉人的合法权益。代理律师在履行自己的职责时，受自诉人意志的约束，不具有独立的诉讼地位。

(2)律师代理诉讼时又具有相对的独立性。当自诉人的要求不符合法律规定，提出的证据不符合客观事实时，代理律师可以教育和帮助他们变更诉讼请求，如本人不予接受，代理律师可以拒绝代理。即使自诉人的请求和诉讼行为都是合法的，代理律师也要根据事实和法律，运用自己的法律专业知识，独立地提出有利于被代理人的意见。代理律师具有这种相对的独立性，既符合法律规定，又有利于自诉人的利益。

(3)律师担任刑事自诉案件代理人时的权限。律师在担任刑事自诉案件代理人时的权限分为两个部分:其一是《刑事诉讼法》、《律师法》及相关司法解释规定律师享有的特定的权利,主要包括查阅、摘抄、复制案卷材料权,调查取证权等;其二是自诉人授予的权利。根据《刑事诉讼法》的规定,自诉人是案件中的一方当事人,行使控诉权,自诉人具有独立的诉讼地位,享有广泛的诉讼权利,自诉人委托代理律师后,代理律师一般即取得自诉人所享有的各项权利,为自诉人代为行使。一般而言,自诉人享有以下诉讼权利:

①自诉人对审判人员、检察人员和侦查人员,侵犯其诉讼权利和对其进行人身侮辱的行为,有提出控告的权利。

②在开庭审理案件时,有申请审判人员、书记员、翻译人员或鉴定人回避权利;经审判长许可,有向被告人发问、质证权利;有参加法庭辩论权利;法庭调查结束后,有发言的权利。

③自诉人由于被告人的犯罪行为,而遭受物质损失的,在刑事诉讼中,有提起附带民事诉讼的权利。

④在人民法院宣告判决前,有同被告人和解或撤诉的权利。

⑤自诉人如果不服地方各级人民法院的第一审判决或者裁定,有在法定时限内提出上诉的权利。

(4)律师担任刑事自诉案件自诉人代理人的具体工作。

①律师事务所接受委托,与自诉人签订代理合同

律师事务所在与委托人签订代理合同时,应注意以下事项:第一,审查委托人是否是自诉案件的被害人,或者法定代理人或者其近亲属,其他人不能委托律师。第二,请求代理的案件必须是属于《刑事诉讼法》规定的自诉案件范围,而且不能将已对社会有重大危害的案件仍当自诉案件对待。第三,请求代理的自诉案件应当基本事实清楚并具备基本证据。所谓基本事实清楚,是指自诉人所指控的对方加害行为和应负的刑事责任基本清楚。所谓基本证据,是指能够证明双方当事人之间具有一定法律关系,被告人侵权及其后果有证可查。上述三个方面条件具备后,律师可以请委托人到律师事务所办理委托手续,并交纳必要费用。自诉人应当与律师事务所订立委托代理协议,并由自诉人签署授权委托书,对委托的事项及权限作出明确的规定。应该指出,律师作为自诉案件代理人,不是必须立案以后才能接受委托,而是在立案前就可以接受委托。因为公诉

案件是公安、检察机关取证的，而自诉案件全靠原告人。法院一般不去收集调取证据。这就需要律师多做一些工作，如果立案以后再请律师就会失去取证机会，最后可能因证据不足而败诉。接受代理时，委托人必须出具授权明确的委托书。由于自诉人的请求直接涉及其切身利益或血缘关系，所以律师不宜做全权代理人。在委托书中，律师除了代为一般诉讼行为外，其他权利均应由委托人以特别授权，尤其是涉及自诉人实体权利的撤诉、变更、和解、放弃诉讼请求等权利，更应特别授权。

②调查证据，提起诉讼

律师接受委托后，应积极协助自诉人收集有关证据。如果自诉人尚未起诉，则代理律师应向自诉人解释法律赋予他的有关诉讼权利，并代写刑事自诉状，向有管辖权的人民法院提起诉讼。刑事自诉状主要由三部分组成，即首部、正文和尾部。下面为刑事自诉状举例：

刑事自诉状

自诉人王×，女，27 岁，汉族，××市人，系××市×厂工人，现住该厂职工家属楼。

被告人李××，男，30 岁，汉族，××市人，系××市××学校工人，现住学校单身宿舍。

被告人丁×，女，25 岁，汉族，××市人，系×市×工厂工人，住工厂家属院。

被告人李××与自诉人王×，于××××年××月结婚，婚后感情较好。××××年××月被告人李××调到××市××学校工作，后来与被告人丁×相识。由于被告人李××存在喜新厌旧思想，便与丁×勾搭成奸，并采用欺骗手段从单位开出证明信于××××年××月与丁×登记结婚。根据《中华人民共和国刑法》第 258 条的规定，已构成重婚罪，请求人民法院依法追究被告人李××与丁×重婚罪的刑事责任。

此致

××县人民法院

具状人：王×

××××年××月××日

附：(1)本诉状副本 3 份。

（2）书证一份（单位证明信）。

（3）证物一份（结婚证书）。

代理律师在起诉时，应携带以下文件：自诉人身份证明；刑事自诉状一式二份；相关证据材料及目录、证人名单；自诉人与律师事务所签订的委托代理协议；自诉人签署的授权委托书；律师事务所出具的律师代理函；律师执业证等。自诉人同时要求民事赔偿的，代理律师应制作刑事附带民事诉状。

③出庭准备及参与庭审

自诉人提起诉讼后，代理律师应当帮助自诉人做好出庭前的准备工作。代理律师必须向自诉人详细解释有关自诉案件开庭的法律规定，避免发生自诉人未准时出庭又未委托律师出庭或擅自中途退庭导致自动撤诉等法律后果。

代理律师在刑事自诉案件开庭审理时，应指导、协助或代理自诉人控诉犯罪，并运用相关证据证明被告人犯罪事实的成立；指导、协助或代理自诉人行使诉讼权利，保证法庭调查各个阶段的顺利进行；法庭调查结束后，与被告人及其辩护律师展开法庭辩论，发表代理词指控犯罪，论证被告人依法承担刑事责任的依据，提出对被告人应当如何处罚的意见。下面是代理词举例：

代　理　词

审判长、陪审员：

我接受了本案自诉人梁×的委托，担任他的××一案的第一审的诉讼代理人。在接受委托后，进行了调查和阅卷工作，又参与了法庭调查，认为自诉人诉被告人曹×触犯《刑法》第246条之规定，构成诽谤罪，事实清楚，证据充分。现就本案发表以下意见，请合议庭在合议时给予考虑。

被告人曹×捏造散布自诉人梁×与他人有不正当男女关系的行为，已经触犯《刑法》第246条，构成诽谤罪。诽谤罪是指捏造并散布某种事实，足以损害他人人格和名誉，情节严重的行为。构成这个罪从刑法理论上要求具备四个特征：（一）必须有捏造并散布某种事实的行为；（二）散布的方式应是公然的；（三）诽谤是对特定人的，在主观方面具有直接故意；（四）情节严重。情节严重指手段恶劣，后果严重，捏造的事实足以损害他人的名誉。本案被告人曹×对自诉人梁×的诽谤完全具备上述特征。

（一）自诉人梁×与他人不存在不正当的男女关系，被告人多处散布纯属无中生有的捏造。法庭调查的肖×、刘×、牛×的证言充分证明了自诉人与××根本没有在一起，所谓有不正当男女关系是不存在的。被告人自己讲“仅是凭着怀疑，我没有任何证据”就在洗澡堂向卢×散布，有卢×证言在卷宗；在十八层大楼下，当着上下班的众多人散布，有张×、李×、田×等七份证言在卷证实；还在办公室、楼道多处散布自诉人与他人有不正当男女关系。被告人捏造、散布自诉人的行为是清楚的，证据是充分的。

（二）被告人散布的方式是公然的。在澡堂、在十八层大楼下、在办公室、在楼道、当着多人，多处公开地说自诉人是个大破鞋，使本单位几乎人人皆知。

（三）被告人是成年人，公然地捏造事实、诽谤自诉人，主观故意是很明确的。被告人认为自己与总经理有不正当男女关系，自己丈夫都未得到提拔，而自诉人的丈夫得到了提拔。就此推定自诉人与总经理有不正当关系，到处予以散布，败坏自诉人名声，达到掩盖自己与他人有不正当男女关系的事实，主观故意是清楚的。

（四）后果、情节是严重的。被告人在多处当着多人公开散布自诉人同他人有不正当两性关系，还在十八层楼下，在上下班时间当众喊：“梁×是个大破鞋，我替你背黑锅”，情节是恶劣的，后果是严重的，自诉人由于气愤，精神受到很大刺激，患植物神经功能紊乱，住院治疗；其爱人受不了别人的白眼，与其离婚；自诉人由于觉得有口难辩而两次自杀，以上均有医院诊断证明、离婚证书、证人××证言所证实。

综上所述，被告人的行为构成诽谤罪，请求依法判决被告人承担刑事责任。

××律师事务所

×××律师

④配合法庭调解

根据《刑事诉讼法》的有关规定，人民法院对告诉才处理的案件、被害人有证据证明的轻微案件等自诉案件，可以进行调解。律师代理自诉人参加这两类自诉案件的诉讼活动，应当配合人民法院做调解工作。

⑤告知自诉人和解或撤诉

对于自诉案件，自诉人可以在宣告判决前同被告人自行和解或者撤回起诉。

代理律师应当将此事项告知自诉人,由自诉人依据自己的意志作出选择。

⑥休庭后的工作

第一,告知自诉人阅读法庭笔录,发现其中遗漏或差错时,可以予以补充或更正,经确认无误后签名或盖章。第二,整理证据和辩论意见,向法庭提交在法庭审理过程中出示的证据材料和书面律师代理意见。第三,人民法院作出一审判决、裁定后,自诉人如果不服,告知自诉人在法定期限内可以提出上诉,请求上一级人民法院重新审理。

3. 刑事附带民事诉讼中的律师代理业务

(1)刑事附带民事诉讼的特征

根据《刑事诉讼法》(2012)第99条、第100条的规定,刑事附带民事诉讼,是指司法机关在刑事诉讼过程中,在解决被告人刑事责任的同时,解决因被告人的犯罪行为所造成的物质损失的赔偿而进行的诉讼活动。由于这种损害赔偿的诉讼请求是在刑事诉讼中提出的,又是在刑事诉讼中附带解决的,因此称作刑事附带民事诉讼。

刑事附带民事诉讼的成立必须具备以下条件:

①以刑事诉讼的存在为前提。刑事附带民事诉讼是在刑事诉讼过程中提起的,又是在刑事诉讼中附带解决的,因此,只有刑事诉讼已经进行,才有可能进行附带民事诉讼。被害人直接向人民法院提起损害赔偿请求,则成为独立的民事诉讼。

②被告人的犯罪行为对被害人或国家、集体造成了物质损失,应当负赔偿责任。

③具有赔偿请求权人在刑事诉讼过程中向司法机关提出了损害赔偿的诉讼请求。

刑事附带民事诉讼和一般的民事诉讼相比,具有以下特征:

①刑事附带民事诉讼,是伴随着刑事诉讼的存在而提起的民事诉讼;

②刑事附带民事诉讼的原告人,一般是刑事案件中的被害人;

③刑事附带民事诉讼的被告人,一般即是刑事案件的被告人,但在特殊的案件中不是刑事诉讼中的被告人。

(2)律师担任刑事附带民事诉讼代理人的诉讼地位和权限

刑事附带民事诉讼的双方当事人都可以委托律师代理。公诉案件的刑事附带民事诉讼当事人及其法定代理人可以“自案件移送审查起诉之日起委托代理人”,自诉案件的刑事附带民事诉讼的当事人及其法定代理人“有权随时委托诉讼代理人”。律师作为刑事附带民事诉讼当事人的代理人,与民事诉讼代理人并无多大区别。二者均无独立诉讼地位,都是在代理权限内完成一定的法律行为,也都由当事人承担律师代理行为所产生的一切后果。两种代理人均不得无权代理或越权代理。其诉讼权利和义务也并无二致。相关内容请参看第四章。

(3)律师担任刑事附带民事诉讼代理人的具体工作

律师担任刑事附带民事诉讼的代理人可以分为两大类,一是为附带民事诉讼的原告人担任代理人,二是为附带民事诉讼的被告人担任代理人。

1)律师担任附带民事诉讼原告人的代理人

根据《刑事诉讼法》的规定,律师接受公诉案件被害人及其法定代理人、自诉案件自诉人及其法定代理人的委托,担任其所提起的附带民事诉讼的代理人,即取得了附带民事诉讼原告人的代理人的诉讼地位,履行附带民事诉讼原告人的代理人的职责。

a. 律师接受附带民事诉讼原告人委托前的审查

律师接受附带民事诉讼原告人的委托之前,应就以下内容进行审查:

第一,作为提起附带民事诉讼前提的刑事诉讼是否已经提起。

第二,附带民事诉讼的被告人是否正确。一般来说,附带民事诉讼的被告人就是刑事诉讼中的刑事被告人,但有时还可能包括以下人员:①未被追究刑事责任的其他共同致害人;②未成年刑事被告人的监护人;③已被执行死刑的罪犯的遗产继承人;④刑事案件审结前已死亡的被告人的遗产继承人;⑤对刑事被告人的犯罪行为造成的损害依法应当承担民事赔偿责任的单位和个人。

第三,被害人的物质损失是否由被告人的犯罪行为所引起。

第四,该附带民事诉讼提起的时间是否在刑事案件立案以后,人民法院作出一审判决宣告以前。

在对上述问题均得到肯定的回答后,律师才能接受公诉案件被害人及其法定代理人或者自诉案件自诉人及其法定代理人的委托,以诉讼代理人的身份代理其提起附带民事诉讼。

b. 律师接受附带民事诉讼原告人的代理委托

公诉案件被害人及其法定代理人、自诉案件自诉人及其法定代理人委托律师担任附带民事诉讼代理人参加刑事诉讼,应当与律师事务所订立委托代理协议,并由委托人出具授权委托书。在委托代理协议和授权委托书中,必须明确委托的事项和权限,并由委托人签名或盖章。特别需要注意的是,委托人委托律师代为提出、承认、放弃、变更诉讼请求、进行和解、调解等,需要委托人的特别授权。代理律师在委托人的授权范围内进行的诉讼行为,同委托人自己实施的诉讼行为具有同等的效力,而代理律师超越代理权限所为的行为则是无效的。

c. 律师接受委托后的主要工作

第一,帮助委托人撰写附带民事起诉状。其基本内容包括:①附带民事诉讼原告人、被告人的自然情况;②提起附带民事诉讼的具体诉讼请求;③基本的事实与理由,尤其是原告人诉请赔偿的事由与被告人应当承担赔偿责任之间的因果关系;④相关的证据材料、证人姓名和地址等目录;⑤致送的人民法院名称和时间。

第二,向人民法院提起附带民事诉讼。代理律师可以协助或经委托人授权代理委托人向人民法院提起附带民事诉讼,起诉时应当携带原告人身份证明、附带民事诉讼起诉状、相关证据材料、委托代理协议、授权委托书等必要文件材料。对于人民法院决定不予立案的附带民事诉讼,代理律师经委托人授权后可以代理申请复议,或者建议委托人另行提起民事诉讼。

第三,指导、帮助委托人收集证据,展开调查,申请鉴定。

第四,代理律师在案件审查起诉阶段接受委托,可以持授权委托书、律师事务所函及律师执业证到人民检察院查阅、摘抄、复制本案的诉讼文书和技术性鉴定材料。

第五,为保证将来判决的顺利执行,代理律师可以建议或者帮助委托人向人民法院提出采取财产保全措施的申请。

第六,参加法庭审理,指导、协助或代理委托人行使诉讼权利。

第七,指导委托人参加法庭调解,帮助准备调解意见,但人民检察院提起的附带民事诉讼除外。

第八,告知委托人对一审人民法院作出的判决、裁定中的附带民事诉讼部分有权提起上诉,不受相关刑事判决、裁定是否上诉、抗诉的影响。

2)律师担任附带民事诉讼被告人的代理人

根据《刑事诉讼法》的有关规定,律师接受公诉案件附带民事诉讼被告人及其法定代理人或者自诉案件附带民事诉讼被告人及其法定代理人的委托,参加诉讼活动,以解决附带民事诉讼被告人是否承担民事责任、如何承担民事责任的问题,就具有了附带民事诉讼被告人的代理人的资格。

附带民事诉讼的被告人如果同时是刑事诉讼的被告人,可以委托其辩护律师兼任附带民事诉讼的代理人,也可以另行委托代理律师。

需要注意的是,附带民事诉讼的被告人委托律师担任诉讼代理人,应当在委托代理协议、授权委托书中明确代理律师的代理权限,涉及承认、放弃、变更诉讼请求、进行和解、调解等权利的行使时,需要由委托人特别授权。

代理律师接受附带民事诉讼被告人的委托后,应当帮助被告人撰写附带民事答辩状,并指导、协助或经委托人授权代理其行使诉讼权利。附带民事诉讼被告人的代理律师在附带民事诉讼中应做的工作以及所享有的诉讼权利与附带民事诉讼原告人的代理律师基本相同。

第四节　仲裁案件律师实务

一、律师代理仲裁概述

从我国法律规定来看,我国的仲裁可分为国内仲裁、劳动争议仲裁和涉外仲裁三种。相应地,我国律师从事仲裁代理也可分为国内仲裁代理、劳动争议仲裁代理和涉外仲裁代理。在本章仅叙述国内仲裁代理,涉外仲裁代理和劳动争议仲裁代理见第八章和第十一章相关容。

二、国内仲裁与国内仲裁代理

根据《仲裁法》的规定,国内仲裁,是指我国公民、法人和其他组织之间发生争议后,按事前或事后达成的仲裁协议,自愿将争议提交我国仲裁机构裁决的一种仲裁。国内仲裁按照国际上通行的做法,对当事人之间的合同纠纷和其他财产权益纠纷的处理,实行或裁决或审判和一裁终局制度,即纠纷发生后,当事人只能在仲裁和诉讼中选择一种解决方式;仲裁裁决一经作出即发生效力,不允许对仲裁裁决的事项再行仲裁或提起诉讼。国内仲裁在我国仲裁体系中占主导地位。

国内仲裁与涉外仲裁、劳动争议仲裁相比,具有以下特征:

(一)仲裁机构是国内各地依法设立的仲裁委员会。

根据《仲裁法》的规定,仲裁委员会可以在直辖市和省、自治区人民政府所在地的市设立,也可根据需要在其他设区的市设立,但不按行政区划层层设立。

(二)当事人是国内的公民、法人或其他组织,当事人双方都是我国平等主体的公民、法人或其他组织。这是国内仲裁区别于涉外仲裁的一个显著特征。

(三)当事人之间有提交国内仲裁机构仲裁的仲裁协议。提交仲裁必须要有仲裁协议。当事人若要采用仲裁方式解决纠纷,应当双方自愿,达成仲裁协议。没有仲裁协议,一方申请仲裁的,仲裁委员会不予受理。

(四)仲裁只适用于仲裁机构有权管辖的争议。

根据《仲裁法》的规定,国内仲裁管辖争议的范围是国内平等主体的公民、法人和其他组织之间的合同纠纷和其他财产权益纠纷。合同纠纷的范围主要包括:经济合同纠纷、技术合同纠纷、知识产权合同纠纷、房地产合同纠纷等。其他财产权益纠纷,主要是指由于财产侵权所引起的纠纷。而有关婚姻、收养、监护、抚养、继承纠纷以及应当由国家行政机关处理的行政争议,不属于仲裁范围。

(五)仲裁依据我国仲裁程序进行。

《仲裁法》规定了国内仲裁的法定程序,必须严格遵守,该程序包括:仲裁申请和受理、仲裁庭的组成、开庭仲裁和裁决。

根据《律师法》第 28 条的规定,律师可以接受当事人的委托,参加仲裁活动。律师代理当事人参加国内仲裁活动,适用代理的一般原理和规定,但律师要掌握国内仲裁的特点,熟悉国内仲裁的法律法规。

第一,律师要熟悉、掌握仲裁规则。仲裁规则应由中国仲裁协会依照《仲裁法》和《民事诉讼法》的规定制定。但目前我国尚无适用于全国范围的统一仲裁规则。各仲裁委员会可制定自己的仲裁规则。代理律师参与仲裁活动,应熟悉当事人协议选定的仲裁委员会及其仲裁规则。

第二,要了解当事人之间有无仲裁协议。没有当事人之间合法有效的仲裁协议,任何仲裁都无以开始。

第三,办理委托手续。律师代理当事人参与仲裁活动,应由律师事务所统一接受委托,统一收费。

第四,认真做好各项代理工作。国内仲裁实行一裁终局的制度,即裁决作出后,当事人就同一纠纷既不能向仲裁委员会申请仲裁,也不能向人民法院提起诉讼。律师要尽力尽职做好代理仲裁工作,最大可能地维护当事人的合法权益。

三、律师代理仲裁案件的职责与权限

律师代理仲裁案件的职责和权限,体现在律师代理仲裁活动的全过程和具体工作事项中。我们将依据律师代理仲裁活动的程序和工作事项顺序,择其要者进行叙述。

四、律师代理国内仲裁的主要程序和主要工作事项

(一)律师审查仲裁协议

律师事务所接受委托后,代理律师应首先审查当事人有无仲裁协议。当事

人之间若没有仲裁协议，仲裁机构则不受理仲裁申请，律师也就无法代理。如果当事人之间有仲裁协议，律师应对仲裁协议进行审查。

1. 律师应审查仲裁协议的形式是否合法。根据《仲裁法》第 16 条第 1 款的规定，仲裁协议主要有合同中规定的仲裁条款和当事人双方以其他形式达成的书面协议。书面协议既可在纠纷发生前达成，也可在纠纷发生后达成。

2. 律师应审查仲裁协议是否具备法律规定的必备内容。根据《仲裁法》第 16 条第 2 款的规定，仲裁协议应当具备请求仲裁的意思表示、仲裁事项、选定的仲裁委员会三项内容。请求仲裁的意思表示，是指当事人请求仲裁的意愿非常明确，并且以书面形式表示。即应明确表示将今后可能发生的争执或已经发生的争执提交仲裁机构仲裁，并愿意遵守一裁终局制，积极履行仲裁协议。仲裁事项，是指提交仲裁的范围，一般来说，仲裁事项应尽可能定得广泛。仲裁机构的选定必须是具备两方面的内容，即仲裁地点和仲裁委员会。根据仲裁实践，仲裁协议一般还应包括以下两项内容：第一，仲裁条款必须规定仲裁裁决具有终局的效力；第二，仲裁条款一般应规定仲裁费用由败诉方承担。

3. 律师应审查仲裁协议的内容是否明确。仲裁协议的内容不全，约定的内容不明确，协议内容与仲裁原则相悖等情形构成仲裁协议内容不明情形。律师应说服当事人补充协议。否则，仲裁协议无效。

4. 律师应审查是否具有法定无效仲裁协议的情形。根据《仲裁法》第 17 条的规定，约定的仲裁事项超过法律规定的仲裁范围，无民事行为能力人或者限制民事行为能力人订立的仲裁协议，一方采取胁迫手段迫使对方订立的仲裁协议系无效协议。

（二）律师代理提起仲裁或代理答辩

当事人要通过仲裁解决争议，必须提交仲裁申请书，律师代理仲裁申请人时应代理当事人向仲裁委员会提交仲裁申请书和仲裁协议书。仲裁委员会收到仲裁申请书之日起 5 日内，认为符合受理条件的，应当受理，并通知申请人；认为不符合申请条件的，应当书面告知申请不予受理，并说明理由。仲裁委员会受理仲裁后，应当在仲裁规则规定期限内将仲裁规则和仲裁员名册送达申请人，并将仲裁申请书副本及仲裁规则、仲裁员名册送达被申请人。《仲裁法》第 23 条对仲裁申请书内容有明确规定，现举一例。

仲裁申请书

申请人:××市物资公司,地址:×××胜利路7号

法定代理人:马××,总经理

委托代理人:朱××,×律师事务所律师

被申请人:××羊毛衫厂,地址:×××康复路30号

法定代理人:贾××,厂长

案由:购销合同货款纠纷

仲裁请求:立即付清所欠货款并支付违约金×××万元。

事实和理由:××××年××月××日,被申请人的业务员持单位授权委托书来我公司看样订货,双方签订了一份羊毛购销合同,合同中对羊毛的规格、质量、品名、数量、价款等作了详细的约定,详见合同。

合同签订后,我公司按照合同约定的交货时间及方式分三次将羊毛发送被申请人。但被申请人接到羊毛及发票后,以单位资金周转不灵为借口迟迟不还款,经多次催要,至今仍未付款。由于被申请人久欠货款不还,给我公司造成严重的经济损失。

为了维护我公司的合法权益,现根据双方购销合同中的仲裁条款向贵仲裁委员会申请仲裁。

此致

××仲裁委员会

申请人:×××物资公司(盖章)

法定代表人:马××(签字)

委托代理人:朱××(签字)

××××年××月××日

附:1. 申请书副本1份。

2. 合同副本1份。

如果律师代理被申请人一方,当被申请人接到申请书副本后,律师应当阅读和分析申请书,了解申请人的要求和理由,然后向被申请人了解争议情况,写出答辩书。律师在写答辩书时要紧紧围绕违约的事实是否成立,谁有过错,谁应承担违约责任,用法律进行全面分析,力争维护被申请人的合法权益。被申请人应

在仲裁规则规定的期限内将答辩书及其副本、有关证据材料和委托书提交仲裁委员会。

仲裁答辩书

答辩人:××商贸公司。地址:×××新华南路甲9号

法定代表人:郑××,总经理

委托代理人:杨××,×××律师事务所律师

案由:因申请人××省第二纺织机械厂诉我公司拒付建杆织机货款一案,现提出答辩。

答辩意见:合同未成立,拒付货款有理。理由如下:

申请人认为自己通过报纸向社会发出的建杆织机销售广告是一种要约,而我公司要货电报是一种承诺,至此,双方合同即已成立。这种说法没有道理。

首先,从本案事实来看,××××年××月××日,我公司从报上得知,申请人××省第二纺织机械厂有新型建杆织机现货供应,并代办运输。我公司便于××月××日发电报给申请人,同意报上刊载的销售条件,要求申请人接电后即以快件发运建杆织机20台至××站。××月××日,申请人回电:"建杆织机有现货,但快件不能发,只能发慢件,请见电10日内回电。"在我公司未回电的情况下,申请人即以慢件向我公司发来建杆织机20台,并办理了托收。××月××日货才运到约定站,我公司拒收货物,也拒付货款。

其次,从本案涉及的法律问题来看,本案中申请人在报纸上向社会公开发出的建杆织机现货销售的广告,由于没有特定的对象,因而只能视为一种要约引诱,其本身并不是要约。我公司见广告后,向申请人发出以快件寄送形式要货的电报才是真正的要约。后申请人回电只能以慢件寄送,由于不是完全同意的意思表示,故也不是承诺,而只能视作新的要约。对此,在我公司未作回复的情况下,申请人即擅自做主以慢件发货。综上,申请人说我公司发出的要货电报为我公司的承诺是没有事实和法律依据的,没有承诺,合同即无法成立,因此,我公司既无权利接受货物,也没有义务付款。

另外,还需说明的一点是,我公司之所以要求申请人以快件发货,是因为我公司拟与某单位约定供应该型号建杆织机,时间为××月××日前交

货,申请人以慢件发货,势必影响我公司后一合同的履行,故我公司对申请人的新要约没有作出承诺。

此致

××仲裁委员会

答　辩　人:××商贸公司(公章)

法定代表人:郑××(签字)

委托代理人:杨××(签字)

××××年××月××日

附:(1)答辩书副本×份。

(2)书证×件。

(三)代理律师应进行调查,收集证据材料

调查取证是贯穿整个仲裁程序全过程的重要代理活动。律师代理仲裁时可以独立的身份进行调查取证。律师调查取证的主要范围包括:1. 对证明案件的真实情况的书证、物证等客观存在的实物,应当收集;2. 对知情的证人应进行调查,尽量安排证人出庭作证;3. 对他有助于查明争议事实的证据,律师也应当收集(具体调查、收集证据的工作步骤及方法见本书第四章民事诉讼的律师实务有关内容)。

(四)律师代理参加仲裁活动过程的主要工作

仲裁委员会受理申请人的申请后,律师应做好以下工作:1. 代理当事人选定仲裁员;2. 代理当事人行使申请回避权;3. 代理当事人选择公开仲裁审理或者不公开仲裁审理,如果律师和当事人认为不公开审理更有利于当事人或为了保守当事人的商业秘密,当事人双方可以协议不公开仲裁审理;4. 代理当事人向仲裁庭提供证据并就证据进行质证;5. 律师在证据可能丢失或以后难以取得的情形下,向仲裁庭申请证据保全;6. 在仲裁过程中,为避免造成更严重的损失或防止裁决的执行困难,律师可代为向仲裁庭申请财产保全;7. 根据当事人的特别授权,律师可代理当事人达成和解协议,或参加调解达成协议;8. 代理当事人行使其他权利。律师在仲裁活动中,除上述主要代理活动外,凡当事人享有的其他一切程序上和实体上的权利,律师均可在授权范围内予以代理。

(五)律师代理仲裁裁决执行

仲裁裁决自仲裁机构作出之日起发生法律效力。若当事人和律师认为仲裁裁决事实清楚、证据确实充分、适用法律正确，在对方当事人不履行裁决时，律师经当事人授权可代理仲裁裁决执行。申请执行期限的起算自裁决书规定的履行期限届满时起。申请人应向被执行人住所地或被执行人财产所在地的人民法院申请执行。代理律师可代为提交申请执行书。举例如下：

申请执行书

申请人：××市供销公司地址：××市×路21号

法定代表人：×××，经理

委托代理人：×××，××律师事务所律师

被申请执行人：××啤酒厂地址：××市××街30号

法定代表人：×××，厂长

申请执行事项：

1. 强制被申请执行人退还啤酒款××××万元；

2. 强制被申请执行人偿付赔偿金××万元。

申请执行的事实及理由：

××××年××月××日，申请人与被申请执行人签订购销啤酒的合同，因被申请执行人向申请人供给大量的过期质劣的啤酒，影响了申请人的经营声誉，并给申请人造成巨大的经济损失。××××年××月××日，申请人依据合同中仲裁条款向××仲裁委员会申请仲裁。××××年××月××日，××仲裁委员会作出裁决：××啤酒厂于裁决生效后一个月内退还申请人啤酒款××万元，并支付赔偿金××万元。但被申请执行人至今未履行仲裁裁决所确定的义务。

为了维护法律的尊严及申请人的合法权益，依据《仲裁法》第62条和《民事诉讼法》第217条第1款以及第207条第2款的规定，特向贵院提出申请，请予以执行。

此致

××市××区人民法院

申请人：××市供销公司

××××年××月××日

附：××仲裁委员会(×)第×号仲裁裁决书1份。

若律师和当事人有证据证明仲裁裁决有《仲裁法》第58条规定的情形的，可向仲裁委员会所在地的中级人民法院申请撤销裁决，撤销裁决的申请应在当事人收到裁决书6个月内提出，人民法院的裁定应在受理申请后2个月内作出。如果一方当事人申请执行仲裁裁决，被申请人和律师若能证明裁决有下列情形之一的，则可请求人民法院裁定不予执行：(1)当事人在合同中没有订立仲裁条款或事后没有达成仲裁协议；(2)仲裁的事项不属于仲裁协议的范围；(3)仲裁庭的组成或者仲裁的程序违反法定程序；(4)认定事实的主要证据不足的；(5)适用法律确有错误的；(6)仲裁员在仲裁该案时有贪污受贿、徇私舞弊、枉法裁决行为的；(7)裁决违背社会公共利益的。律师应代为向法院提交撤销仲裁裁决申请书，举例如下：

撤销仲裁裁决申请书

申请人：××市百货公司地址：××市×路21号

法定代表人：×××，经理

委托代理人：×××，×××律师事务所律师

××××年××月××日，申请人与××市服装厂签订了服装购销合同。合同规定，由××市服装厂供给申请人男式西装××套，女式西装××套，总价款××万元，当年××月××日交货。货由服装厂送至申请人处，由于当时质检员不在，所以未经验收即将服装入库。后因西服质量不符合要求，与服装厂多次就西服质量交涉，均无结果。服装厂因申请人拒付货款，于××××年××月××日向××仲裁委员会申请仲裁。××××年××月××日，××仲裁委员会作出仲裁裁决，责令申请人于裁决作出后1个月内向服装厂支付货款及利息××万元。

申请人认为××仲裁委员会作出裁决所依据的仲裁协议是无效的。因为双方当事人在签订合同时订立的仲裁协议约定：关于本合同所发生的争议可提交任何一方当事人所在地的仲裁委员会仲裁。争议发生后，双方未曾达成补充的仲裁协议。根据《仲裁法》第18条的规定，仲裁协议对仲裁事项或者仲裁委员会没有约定或者约定不明确的，当事人可以补充协议；达不成协议的，仲裁协议无效。仲裁协议无效导致合同中没有有效的仲裁协议。

综上，由于双方当事人之间没有有效的仲裁协议，因而，××仲裁委员

会无权对此案作出裁决。根据《仲裁法》第58条第1款的规定，特向××中级人民法院提出申请，请求撤销××仲裁委员会的仲裁裁决。

此致

××中级人民法院

申请人：××市百货公司

××××年××月××日

附：仲裁裁决书副本1份。第八章涉外案件中的律师实务。

第五章　房地产工程诉讼律师实务

房地产律师实务是指律师接受当事人的委托，在当事人的房地产业务活动中担任代理人，在当事人的授权范围内，以保障当事人合法权益及维护当事人合法经营及维护当事人合法权益为目的，办理当事人委托的诉讼及非诉讼法律事务。

房地产律师实务分为诉讼的律师实务和非诉讼的律师实务。

一、房地产诉讼案件

（一）房地产纠纷案件的特征

房地产纠纷案件，是指当事人之间对房屋的占有、使用、收益、处分而发生争议起诉到法院的民事案件。房产纠纷案件在民事案件中所占的比例较大，随着我国市场经济的发展，房屋商品化、住房制度改革进程的加快，房产纠纷将越来越突出。由于房产案件政策性强、涉及面广、处理难度也较大。房地产纠纷案件按照法律关系性质的不同，大致可以分为：房屋产权纠纷、房屋买卖纠纷、房屋租赁纠纷、房屋共建纠纷、房屋典当纠纷、房屋抵押纠纷、房屋代管纠纷、房屋使用权纠纷、房屋互换纠纷、房屋拆迁纠纷、房屋赠与纠纷等。

（二）律师办理房地产案件的基本程序

根据《民事诉讼法》第 34 条第 1 款的规定“因不动产纠纷提起的诉讼，由不动产所在地人民法院管辖”，房地产纠纷案件应由房屋所在地人民法院专属管辖，其他法院无权管辖，因此，律师要注意将此类案件提交有管辖权的人民法院进行诉讼。

作为原告的律师必须就当事人所主张的权利提供相应的证据。房屋产权纠纷案件，律师应帮助当事人提供以下证据：（1）房屋的产权证、建房许可证，以及能够证明权属的证据材料。（2）提供自己为该房屋做过翻修、翻建等工作的证据材料。

房屋买卖合同,是指出卖人将房屋交付给买受人所有,买受人支付相应价款的合同,即以房屋为标的物进行的买卖。房屋买卖合同,我国目前还没有专门的法律对其规范,处理该类纠纷应适用我国《合同法》中买卖合同的有关规定。目前,我国的城市房屋买卖分为商品房买卖和旧房买卖。由于我国的房地产市场还不够规范,房屋买卖中出现了不少的问题,也形成了许多纠纷,常见的有以下几种:

(1)开发商利用不规范的房屋买卖合同损害购房方的利益。很多开发商在合同中只规定购房方的义务,而且条件非常苛刻。例如,两个月不付清房款就没收定金、拖延付款每天支付购房款3%的滞纳金等。目前房屋买卖合同需要到房地产管理部门进行产权登记。所以,开发商在卖出房屋但未进行登记时,遇到房屋价格上涨或者有更高的出价者时撕毁合同的情况也时有发生。

(2)开发商延期交付房屋。延期交付的原因有时是因为资金不到位,有时是因为质量验收不合格。

(3)房屋的实际结构或者面积与合同约定不符,合同中没有明确商品房公共面积的分摊原则。有的开发商扩大房屋使用面积与建筑面积的系数,购房者由于缺乏经验,在签合同时也未明确如何分摊二者面积,当入住使用时却发现建筑面积很大,但实际使用面积却很小,因而引发不少纠纷。

(4)房屋的质量不合格。有的房屋使用后出现质量问题,开发商以质量监督部门已经验收完毕为由推脱责任,致使纠纷长期无法解决。

(5)购房方无法办理产权证。有的是因为开发商建房时手续不齐全;有的是因为商品房是在农村集体土地上建的;有的是因为开发商违章建房;等等,致使房产证办不下来,以致形成纠纷。

律师应当针对以上情况,按照委托人的实际情况拿出准确的诉讼方案。代理房屋买卖纠纷,起诉状应主要写明买卖房屋的经过,如有房屋买卖协议,应简单叙述协议的内容以及履行的情况,买房人是否付清了房款,卖房人是否已将房屋交付等。在诉讼中律师还应帮助当事人提供房屋买卖协议有效或者无效的证据材料,如卖房人是否是房屋产权人,双方是不是出于自愿,卖房人出卖共有房屋是否经过其他共有人同意,等等,若有第三人主张权利,第三人应提供对该房屋主张权利的相应的证据。

(三)注意审查房地产合同的效力

律师代理房地产纠纷案件在法院诉讼中,一方总是肯定合同的有效性,并以此作为支持自己主张的依据；而另一方为反驳对方的主张和理由，则往往否定合同的有效性。从主张合同无效一方来说，其辩论要点可从以下几个方面考虑：

1. 房地产分离出卖，合同无效。房屋所有权通过买卖而转让时，该房屋占有范围内的土地使用权也必须同时转让。如果卖方将房产和土地分别卖于不同的买方，或者出卖房屋时只转让房屋所有权而不同时转让土地使用权，买方可以提出这种买卖合同无效。

2. 产权未登记过户，合同未成立。房屋买卖合同的标的物所有权的转移以买卖双方到房屋所在地的房管部门登记过户为标志，否则，即使房屋已实际交付，卖方已实际收取了房价款，房屋买卖合同也不能生效，也不能发生房屋所有权转移的法律后果，当事人仍可以提出合同无效的主张。

3. 产权主体不合法，合同无效。出卖房屋的主体必须是该房屋的所有权人。非所有权人出卖他人房屋的，其买卖行为无效。房屋的产权为数人共有的，必须征得共有人同意才能出卖，否则无效。

4. 侵犯优先购买权，合同无效。房屋所有人出卖房屋时，在同等条件下，共有人有优先购买权。房屋所有人出卖出租房屋时，在同等条件下，承租人有优先购买权。所谓“同等条件”，主要是指房价同等，还包括房价交付期限、方式同等等。房屋所有人出卖房屋时侵犯共有人、承租人优先购买权的，共有人、承租人可以请求法院宣告该房屋买卖合同无效。

5. 单位违反规定购房，合同无效。机关、团体、部队、企事业单位不得购买或变相购买城市私有房屋。

6. 价格上有欺诈行为，显失公平，合同无效。买卖城市私有房屋，双方本应本着按质论价的原则，参照房屋所在地人民政府规定的房屋价格标准。如果出卖人在房屋质量问题上有欺诈、隐瞒行为，买受人可要求出卖人重新议定价格，协商不成，可向法院起诉。

7. 非法转让，合同无效。违反下列情况均属于非法转让：(1)司法机关和行政机关依法裁决、决定查封或者以其他方式限制房地产权利的；(2)依法收回土地使用权的；(3)共有房地产，未经其他共有人书面同意的；(4)权属有争议的；(5)未依法登记领取权属证书的；(6)法律、行政法规规定禁止转让的其他情形。

(四)律师在房产纠纷案件中担任代理人时，应注意以下几点

1. 产权属谁所有，有何证据；初为购买或是自建的；资金来源情况(如父母与子女集资的情况)；是继受取得或是转让所得，有无契约或其他证据；房屋使

用的变更情况和现状。查清以上问题对于律师代理好此类案件有重要作用。

2. 注意委托人是否享有诉讼请求权。房产纠纷比较复杂，接受委托时，要查清委托人是否享有诉讼请求权，对于那些无诉讼请求权的，要劝其息讼。诉讼请求权，也就是作为原告人的资格，是否享有争议房屋的所有权。

3. 要认真调查取证。律师接受委托后，要根据案情的实际情况，进行认真仔细的调查，全面搜集证据，充实保证委托人举证权利的行使。

4. 明确处理本纠纷的具体法律依据。目前，国家制定了一系列、大量的规范房地产方面的法律法规，律师要根据不同的案件事实，提供准确的法律依据，以维护当事人的合法权益。

5. 对于亲属关系的房产纠纷，要注意做好和解工作，争取调解解决。

二、房地产非诉讼律师实务

律师代理从事房地产法律事务业务范围非常广泛，主要有房地产开发、房屋建设过程中的法律服务、招投标法律服务、房地产交易、房地产租赁、房地产抵押等。本节简要介绍部分房地产服务项目。

(一)协助房地产开发企业取得土地使用权

根据我国《土地管理法》的规定，我国实行土地社会主义公有制，即全民所有制和劳动群众集体所有制。任何单位和个人不得侵占、买卖或者以其他形式非法转让土地，但国有土地和集体所有的土地使用权可以依法转让。国家为了公共利益的需要，可以依法对集体所有的土地实行征用。对于国有土地，国家依法实行国有土地有偿使用制度。

律师协助房地产开发企业取得土地使用权，主要需要做好以下工作：

1. 协助房地产开发企业进行企业登记

律师接受委托后，首先应当审查委托人是否具备经营房地产开发业务的资格。根据我国《公司法》的有关规定，房地产开发经营企业应当登记为有限责任公司或者股份有限责任公司。设立的基本条件是：(1)有符合公司法人登记的名称和组织机构；(2)有适应房地产开发经营需要的固定的办公用房；(3)注册资金 100 万元以上，且流动资金不低于 100 万元；(4)有四名以上持有专业证书的房地产、建筑工程专业的专职技术人员，两名以上持有专业证书的专职会计人员；(5)法律、法规规定的其他条件。

设立房地产开发专营企业的基本程序是：(1)投资各方达成设立开发企业的意向，制定公司章程。(2)按照规定，向当地建设行政主管部门提交申请审批开发资质等级的有关文件的证明，主管部门将根据企业自有资产专业经济技术人员和开发经营业绩等情况，审定并颁发《房地产开发企业等级证书》。(3)向工商行政管理部门提交有关文件，申请办理企业工商注册登记。(4)工商注册登记后，向税务行政主管部门办理税务登记。(5)在领取营业执照后的一个月内，持有关文件到当地的建设行政主管部门备案登记。

2. 协助房地产开发企业向政府土地管理部门提出用地申请

律师应当根据国家土地管理法规和地方法规的规定，帮助房地产开发企业做好项目投资前的准备工作。具体内容包括：(1)书写项目建议书。项目建议书是开发商申请立项时必须提交的书面文件，在建议书中应当说明项目的开发商、开发的内容与规模、开发的期限与方式、项目投资总额与注册资本金。(2)申请立项审批。即向项目所在地的计划和建设行政主管部门提出立项申请，并附上项目建议书。受理部门经审查后，作出是否准予立项的决定。获准立项的，可以依批准文件做好下一步工作。(3)落实"四源"。即水、热、气、污的供给与排放。(4)编制项目可行性研究报告，并与项目建议书和批准文件一起上报计划和建设行政主管部门，申请审批。(5)申请办理建设用地规划许可证。具体程序是：①向城市规划行政管理部门提出建设用地定点、选址申请，同时提交项目建议书、批准文件和相关图纸。②规划部门接到申请后，根据项目的用地性质、规模和城市规划的要求，初步确定用地项目的具体位置和四至界限。③将初选结果通报其他有关部门征询意见，取得一致后，作出准予建设项目定点选址的决定。④根据选址批准书，申请核发建设用地规划许可证。⑤规划部门在对项目规划设计总图进行审计的基础上，提出规划设计条件，并核发建设用地规划许可证。⑥办理建设用地批准书。⑦初步规划设计方案。⑧申请办理建设用地规划许可证。⑨取得土地使用权。

(二)参加土地使用权出让合同谈判

从事房地产开发，必须取得开发所需使用的土地。为了取得土地使用权，国有土地代表与土地使用权受让人需要进行谈判。在谈判过程中，律师的主要任务就是，解答房地产开发企业提出的法律问题。如果是采用招标形式出让土地使用权，律师应当起草《土地投标书》，主要内容包括：投标者的用地价款、动工时间、投标者资质证明以及规划设计方案等。如果用拍卖方式出让土地使用权，律师应当协助房地产开发企业做好竞买工作。

根据我国有关法律规定，土地使用权出让的，出让方与受让方应当签订土地使用权出让合同，而且，合同必须采用书面形式。在签订书面合同时，律师应当注意审查合同内容，确定主要条款，为企业把好关。

前面两部分主要是论述律师为房地产开发提供的服务，接下来介绍律师在房屋建筑过程中提供的法律服务。

（三）协助房地产开发企业领取房地产开发项目手册

根据《城市房地产开发经营管理条例》的规定，房地产开发企业必须在订立土地使用权出让合同或取得划拨土地使用权批准文件后的15日内，到建设部门备案，并申请领取房地产开发项目手册。手册中主要记载房地产开发项目各个实施阶段的主要事项，以及政府有关部门对开发企业经营活动的审查、批准，处理意见等内容。

（四）协助开发企业向人民政府申请开展拆迁安置工作

根据2011年颁布生效的《国有土地上房屋征收与补偿条例》第27条规定："实施房屋征收应当先补偿、后搬迁。作出房屋征收决定的市、县级人民政府对被征收人给予补偿后，被征收人应当在补偿协议约定或者补偿决定确定的搬迁期限内完成搬迁。任何单位和个人不得采取暴力、威胁或者违反规定中断供水、供热、供气、供电和道路通行等非法方式迫使被征收人搬迁。禁止建设单位参与搬迁活动。"由此可见，开发企业依法取得土地使用权后，在动工建设之前，虽然项目用地范围内有住宅、企事业单位用房或者其他建筑物需要拆迁，也应当遵守条例规定，不得擅自组织参加拆迁安置工作。

开发商想要进入施工阶段的唯一途径是向作出房屋征收决定的市、县级人民政府申请建议尽快给予被征收人拆迁补偿费、搬迁费、临时安置费等费用，促成双方尽快达成补偿协议约定以使搬迁工作顺利进行。如果被征收人在法定期限内不申请行政复议或者不提起行政诉讼，在补偿决定规定的期限内又不搬迁的，律师可以建议作出房屋征收决定的市、县级人民政府依法申请人民法院强制执行。

由于拆迁安置涉及众多被拆迁人的切身利益，因此，在拆迁安置和具体实施中都必须十分谨慎。通常情况下，律师应当协助开发企业做好以下几项工作：（1）积极参与市、县级人民政府或者其委托的房屋征收部门关于房屋搬迁的宣传工作；（2）促成征收部门和被征收人尽快达成搬迁补偿协议；（3）申请建议市、县级人民政府或者其委托的房屋征收部门积极行使法定职权；（4）向监察机关举报搬迁工作的违法行为。

三、律师在招标投标工程中的法律服务

房地产开发企业一般采用招标投标方式建筑房屋。所谓招标投标，是指招标方以公告或者邀请的形式，将需要招标的项目、条件、要求以及招标程序公布于众，凡愿意承担该项目的公民、法人或者其他组织均可按照要求投标，由招标方从中选出最佳投标，并签订合同的一种经济活动。将需要招标的项目、要求及招标程序以公告或邀请形式公之于众的一方，称为招标人；按招标文件进行投标的一方，称为投标人；获得最佳投标的人，或者被选中的投标人，称为中标人。招标投标活动一般包括招标、投标、开标、评标、决标等几个阶段。

1998 年 1 月 14 日，司法部办公厅、国家计划委员会发布的《关于律师从事基本建设大中型项目招标投标法律业务的通知》，就律师出具基本建设大中型项目招标投标法律意见书提出了具体要求。

在招标投标过程中，律师应当做好以下工作：

（一）律师在招标活动中的作用

1. 在招标单位发布招标公告以前，律师应就招标单位的主体资格、工程项目的合法性、相关政府部门的批准文件等事项开展相应的审查、准备，以确保代理事项及项目的合法性，然后代理发布招标公告。

2. 公告发布后，律师协助招标单位进行投标人资格预审，在拟投标的法人和其他组织中筛选出一部分资信良好、经验丰富的投标人，必要时律师应对投标人的资信进行调查。

3. 律师应协助招标单位编制招标文件：（1）编制招标文件，制定评标、定标方法；（2）确定标底，秘密封存；（3）制定招标公告或者招标邀请书；（4）审查投标书；（5）协助签订建筑承包合同。

（二）律师在投标活动中的作用

1. 应审查招标人的主体资格，在招标人决定招标后，律师应协助其编制高质量的投标文件，文件应体现投标人自身优势。

2. 在开标、评标、定标活动中，律师应监督开标过程的合法有效性。同时律师还应注意，房地产开发项目通过招标和投标确定了设计者和制造者后，开发建设单位即需要与设计者和施工者通过签订合同的方式，确定双方的权利义务关系。具体说就是要签订两个合同，即勘察设计合同和建筑安装工程承包合同。

四、协助开发企业监督建设工程的质量

在房地产开发建设阶段，开发企业的主要任务就是，通过工程建设监理单

位,对建设施工企业进行科学化的管理和监督。工程建设监理的主要内容是,控制工程建设的投资,建设工期和工程质量;进行工程建设合同管理;以及协调有关单位之间的工作关系。

律师应当注意的是,房地产开发项目最终的目的是提供合格的建筑产品。因此,开发项目的质量监督和竣工验收,是保证工程质量、保障国家财产和人民生命安全,保护消费者权益的重要手段。根据我国法律的有关规定,经竣工验收合格并签发《建设工程竣工验收合格证》后,建设工程方可交付使用或租售。凡是未经验收或者验收不合格的建设工程,一律不得交付使用或租赁。

五、律师为在建工程转让提供法律服务

随着国家、地方政府对房地产开发经营进一步加强调控,房地产市场再次成为人们关注的焦点。随着开发成本的增加,融资难度的增大,许多房地产开发企业瞄准了已有地产项目、在建工程的转让。现就律师代理在建工程转让法律业务设计的问题予以简述。

(一)在建工程转让的两种方式

1. 项目公司的股权转让,即如果是该房地产开发公司只有一个项目,那么转让这个项目的全部股权,即可以转让该项目公司所有的土地使用权及在建工程。这种操作方式省去了项目受让方重新办理施工许可证、预售许可证等审批手续。在实践中经常被采用,这种方式的法律操作实务主要参考第十二章。

2. 在建工程及相关土地使用权的直接转让,也就是通常所说的房地产开发项目的转让,对此,法律规定得较为严格。以下主要就此种方式的转让做一简述。

(二)在建工程及相关土地使用权转让的条件和法律依据

《城市房地产管理法》第 39 条规定:“以出让方式取得土地使用权的,转让房地产时,应当符合下列条件:

(一)按照出让合同约定已经支付全部土地使用权出让金,并取得土地使用权证书;

(二)按照出让合同约定进行投资开发,属于房屋建设工程的,完成开发投资总额的百分之二十五以上;属于成片开发土地的,形成工业用地或者其他建设用地条件。

转让房地产时房屋已建成的,还应当持有房屋所有权证书。”

约定房屋建设工程必须完成开发投资总额的百分之二十五以上,是为了避免一些开发商在取得土地使用权之后不去开发,而是进行倒卖,这样会无形增加土地成本,最终会导致房价高企,不利于房地产市场的稳定。

(三)关于在建工程转让的限制问题

1. 在建工程是否被司法查封。如果在建工程已经遭到司法查封,则是禁止转让的。只有依法解除了司法查封,才可以进行转让。

2. 在建工程是否已经支付了全部土地使用权出让金,并取得土地使用权证书。根据法律规定,如果不符合这一条件,也是不可以转让的。需注意的是,取得了土地使用权证书,乃至取得了商品房预售许可证,在事实上也不一定就支付了全部土地使用权出让金,因为有时地方政府对企业会采取一些变通做法,因此一定要审查土地使用金的缴纳单据或由房管部门出具已经支付全部土地使用权出让金的证明。

3. 在建工程的抵押情况。《物权法》第191条规定:“抵押期间,抵押人经抵押权人同意转让抵押财产的,应当将转让所得的价款向抵押权人提前清偿债务或者提存。转让的价款超过债权数额的部分归抵押人所有,不足部分由债务人清偿。抵押期间,抵押人未经抵押权人同意,不得转让抵押财产,但受让人代为清偿债务消灭抵押权的除外。”因此可见,除非受让人代为清偿债务消灭抵押权,已经设定抵押的在建工程,未经抵押权人同意,不得转让抵押财产。

4. 在建工程的施工情况。建设工程施工合同是就建设工程的进场施工到最后竣工业主与施工方关于权利义务的规定,在建工程是建设工程施工合同的标的,业主与施工方都对该在建工程拥有一定的权利,在业主拖欠巨额工程款的前提下,即使工程竣工,施工方就工程款还有6个月的优先受偿期。因此,虽然无法律明文规定,但笔者认为在建工程的转让应当经过施工方的同意方可进行。

5. 在建工程是否取得合法手续。不仅是土地出让金的缴纳,在建工程的其他方面的合法手续也应具备,如施工许可证等。因为项目转让后这些手续均要进行依法变更,因此,在建工程取得合法手续也是在建工程可以转让的前提条件。

6. 关于已经取得预售许可证并部分预售的在建工程转让是否需要预购人同意的问题。

《北京市城市房地产转让管理办法》第51条规定:“已经取得商品房预售许可的项目依法转让的,项目受让人应当按照本办法第二十九条的规定申请预售许可。原房地产开发企业应当自项目转让合同签订之日起10日内书面通知预购人,预购人在收到书面通知之日起30日内有权解除预售合同。预购人未解除预售合同的,预售合同中约定原房地产开发企业的权利和义务,由项目受让人承担。”可见,在建工程的转让并不需要预购人同意,只是原房地产开发企业在项目转让合同签订后10日内有通知义务。对于受让人来说,必须认识到自己受让在建工程后,如原预购人不愿解除原预售合同的话,自己则有继续履行的义务;因此,应充分了解原预售合同的内容、预付款的收付情况等,并在建设工程转让合同中设定发生原预购人不同意解除原预售合同的处理措施。

(四)在建工程项目转让协议的签订

在建工程项目转让协议的主要合同条款内容如下:

1. 双方当事人情况;

2. 项目概况(包括:坐落地点、项目性质、四至界限、占地面积等);

3. 转让方对在建工程转让限制条件的不存在或已解决承诺;

4. 项目转让时土地使用权性质,获得方式及使用期限;

5. 转让费用的构成、数额、支付方式和期限;

6. 项目用地、工程建设的有关审批程序重新办理手续协助;

7. 在建工程转让交割日期及方式;

8. 双方的权利义务;

9. 违约责任;

10. 解决争议的方法;

11. 转让当事人约定的其他事项。

如果律师是代理在建工程的受让方,那么一定要清楚,因为信息不对称,收购该在建工程的法律风险主要在受让方这边,代理律师应采取具体措施,通过让转让方提供履约担保或分期分条件付款等方式来化解受让方承担的法律风险。

六、律师为房地产转让提供法律服务

房地产转让是指房地产权利人通过买卖、赠与或者其他合法方式,将房地产转移给他人的行为。律师为房地产转让提供法律服务,应当做好以下工作:

1. 审查房地产转让的方式。房地产转让的方式主要有买卖、赠与、交换、继承和其他方式。房地产的买卖是指从国家取得土地使用权的受让人,将经过一定程度开发的土地或者该土地上的建筑物及构筑物出卖给第三人,并将土地使用权或者房屋所有权转移给第三人的行为。交换是指两个以上的房地产产权人之间交换各自房地产产权的民事法律行为。

2. 审查转让是否符合法定条件。《城市房地产管理法》规定，在转让房地产时应当符合下列条件：(1)已经按照出让合同约定支付全部土地使用权出让金，并取得土地使用权证书；(2)按照土地出让合同的约定进行投资开发；(3)转让房地产时，如果房屋已经建成，还应当持有房屋所有权证书；(4)以划拨方式取得土地使用权的，在转让房地产时，应当按照国务院的规定，报有批准权的人民政府审批。

3. 审查房地产转让合同。根据法律规定，转让房地产时应当签订书面合同，合同内容应包括：标的、数量和质量、价款和酬金、履行的地点和方式、违约责任等。

4. 审查商品房预售的条件。具备以下条件可以预售商品房：取得土地使用权证书；持有建设规划许可证、按提供预售的商品房计算，投入开发建设的资金达到工程总投资的25%以上，并已确定施工进度和竣工交付日期；向县级以上人民政府房产管理部门办理预售登记，取得商品房预售许可证。

5. 及时办理有关的登记手续。《城市房地产管理法》规定，将预售合同报县级以上人民政府房产管理部门和土地管理部门登记备案。

七、建设工程合同纠纷案件

建设工程合同纠纷案件属于广义的房地产案件的一种，因为只有经过业主将申请到的建设用地予以发包建设，施工方对建筑工程建成竣工，才可申请取得房产证，成为法律意义上的房产。而在建筑过程中，因为质量、工期、转包、分包、工程款的支付等问题经常发生纠纷。发包方因为资金压力，本就有拖延支付工程款的可能，再加上目前在工程建设中经常存在层层发包、管理不善等问题，发包方就会找借口说因为质量或其他问题，应扣减支付工程款。这就造成了实践中经常出现的支付工程款的纠纷，而且因为工程款往往数额巨大，拖欠工程款又会导致拖欠工地上农民工的工资，因此律师代理此类案件要特别慎重，首先争取和解解决，和解不成的就应及时提起诉讼或仲裁。

律师办理建设工程法律业务，应刻苦钻研专业法律问题，以具备熟悉专业的法律规定和行业特点的相应能力和水平，为当事人提供准确的、负责的专业服务。现以作为施工方的代理律师为例，简述代理施工方追讨工程欠款并最终提起仲裁解决的基本程序。

(一)熟悉建设工程合同纠纷的相关法律规定及法律、专业技术术语

1.《合同法》及其司法解释是适用建设工程合同纠纷的最基本的法律。

2.《建筑法》。

3.《最高人民法院关于审理建设工程施工合同纠纷案件适用法律问题的解释》。

4. 其他相关建设企业资质、施工管理、建筑质量、造价结算等方面的法律法规。

（二）接收委托方（施工方）的委托后，应尽快调查了解案件情况，确定施工方的权利基础

关于案件基本状况的调查除了听当事人的口述外，应查清以下内容：

1. 关于施工方的资质

《建筑法》第 13 条规定："从事建筑活动的建筑施工企业、勘察单位、设计单位和工程监理单位，按照其拥有的注册资本、专业技术人员、技术装备和已完成的建筑工程业绩等资质条件，划分为不同的资质等级，经资质审查合格，取得相应等级的资质证书后，方可在其资质等级许可的范围内从事建筑活动。"审查承包人资质证书所许可的业务范围与其承包或分包的工程业务是否一致。

2. 关于建筑工程施工许可证

根据《建筑法》第 7 条及《建筑工程施工许可管理办法》第 2 条，除了工程投资额在 30 万元以下或者建筑面积在 300 平方米以下的建筑工程外，取得建筑工程施工许可证是建设工程开工的前提条件。审查施工许可证上的工程名称、地点、规模等内容是否与依法签订的建设工程施工承包合同相一致。

3. 关于发包人发包资格

（1）有无法人资格或者是否系依法成立的其他组织。

（2）有无与建设工程相适应的资金或者资金来源。

（3）是否具备满足施工需要的施工图纸以及有关技术资料。

4. 关于双方争议的建筑工程施工合同

（1）除建设部的《建设工程施工合同》作为主合同外，提供其余所有施工方与发包方签订的补充协议、变更协议、会议纪要等由双方签署的书面文件。

（2）提供关于工程的分包合同及相关书面文件。

5. 关于工程承包范围

（1）提供工程设计图纸。

（2）提供关于施工方是否能完成或超出承包范围的书面说明。

6. 关于施工合同的履行

（1）提供按照时间顺序简要写出的关于施工方履行合同的情况。

(2)提供实际开工时期。

(3)提供施工工程设计和工程进度计划。

(4)提供工程计量报告及工程师确认情况。

(5)工期有无延误。如有,提供何时延误以及具体原因。

(6)工程设计有无变更。如有,提供何时何处变更及原因。

(7)提供关于施工合同履行中的特殊情况与问题的书面说明。

7. 关于工程的竣工

(1)提供关于工程竣工的所有书面资料。发包方是否对竣工时间提出过异议。如有,提供书面文件及施工方对此问题的说明。

(2)提供关于将工程实际交付给发包方使用的简要说明及相关书面文件。

8. 关于工程的质量

(1)提供关于工程质量的所有书面材料及相关事实说明。

(2)发包方是否对工程质量提出异议。如有,提供书面形式。

(3)施工方对发包方提出异议的工程质量问题的简要说明。

9. 关于工程款

(1)所有施工方收受的工程款的书面凭证。

(2)施工方对收受的工程款的统计(包括:总数、每次收取时间及数额)。

(3)发包方尚欠施工方工程款的数额。

(4)施工方是否从发包方收到过除工程款外的其他资金。如有,予以简要说明。

10. 关于索赔

(1)具体从何时施工方开始要求发包方支付拖欠的工程款,要求发包方支付多少工程款及施工方的索赔依据。

(2)发包方是否有偿还拖欠的工程款的书面或口头承诺。

(3)发包方是否存在拒不支付工程款的抗辩理由。

11. 其他

(1)本次建设工程合同纠纷中的特殊问题及书面说明。

(2)施工方认为需进一步提供的资料。

(三)就争议进行谈判

根据案情需要,通过公证、查档等手段保全证据,与委托方协商,确定谈判策略,给发包方发律师函,指出其违约行为,督促其进行谈判。

律　师　函

××××有限公司暨×××先生：

××××有限公司(委托人)已授权北京市××律师事务所×××律师(本律师)全权处理贵公司与委托人之间工程欠款纠纷。本律师经各方调查取证,发现:(1)贵公司违反了与委托人在××××年××月××日签署的《建设工程施工合同》以及后来贵公司在《会议纪要》中所做出的承诺,拖欠委托人巨额工程欠款,严重违约;(2)委托人完全履行了《建设工程施工合同》的约定,将约定建筑办公楼交予贵公司使用,贵公司已经入住并使用办公楼一年有余,却恶意推延工程款结算,给委托人造成了严重的经济损失。

鉴于上述情形,为维护委托人合法权益,及时处理工程款纠纷事宜,本律师特函告贵公司如下:

1. 自贵公司收到本律师函之日起七个工作日之内,按照下述联系方式对上述纠纷事宜予以明确回复。

2. 如贵公司未能按上述期限予以明确回复,我方将立即通过法律途径来保护合法权益。

联系人:×××律师,电话:010－×××××××××

北京市××律师事务所

律师:×××

××××年××月××日

(四)提起仲裁

如果双方谈判破裂,代理律师应及时提起仲裁,因为仲裁即使不包括造价鉴定也需四个月的时间,加上造价鉴定,至少要半年的时间仲裁庭才能下裁决,而施工方拿到工程款还要经过执行阶段。此时施工方的资金成本压力是很大的,尤其是垫资建设的工程。如感到发包方有可能会转移资产,则应采取诉讼保全措施。代理建设工程仲裁案件和代理其他案件的共同点就是证据。以笔者代理一案件为例,其中证据包括以下方面:《建设工程施工合同》正副本、施工方制作的结算书公证件、竣工图(证明施工方所完成的工程量以及相关的施工内容)、设计变更及设计图纸会审记录、现场签证资料、办公楼使用情况公证书、会议纪要、来往函件、承包范围函件、指定分包协议、抢工协议等。代理律师应当清楚，只有扎扎实实地完成调查取证的工作，建设工程合同纠纷案件才有胜诉的可能，施工方的合法利益才能得以维护。

第六章　婚姻家庭诉讼律师实务

第一节　婚姻家庭诉讼的特点

婚姻是男女两性建立夫妻关系的结合形式。婚姻关系一旦成立,随之派生出夫妻人身、财产、子女抚养、老年人赡养等一系列法律问题,家庭是社会的细胞,应倡导和建立平等、和睦、文明的婚姻家庭关系,这对维护社会安定,促进社会发展都有着积极的作用。婚姻家庭问题是律师实务不可缺少的内容,这个领域的律师业务具有普遍性、多发性、连续性、处理方式灵活性的特点。处理婚姻家庭法律事务律师要掌握的原则有:维护社会安定,稳定生活秩序的原则;力争协调解决、不激化矛盾的原则尊重当事人的隐私权并为当事人的隐私保守秘密的原则;处理主要矛盾的原则;坚持自由、平等、充分保障人权的原则。

2001 年 4 月 28 日全国人大常务委员会对《婚姻法》进行了修改,新婚姻法和 1980 年的婚姻法相比较,增加了一些新的内容。执业律师在此领域的诉讼业务,除了传统的离婚之诉,解除同居关系之诉,追索扶养费、抚育费、赡养费之诉,变更抚养关系之诉,子女姓名权纠纷之诉及受害人直接向法院提起的虐待、遗弃、重婚等刑事自诉外,根据《婚姻法》第 47 条、第 23 条的规定,分别增设了共同财产再分割之诉,受害人要求未成年致害人的父母承担民事责任之诉等。律师在此领域内的业务也相应的有一些变化,服务范围也扩大了。本书着重介绍律师办理离婚案件的有关问题。

第二节　婚姻家庭诉讼的主要策略

律师代理离婚案件不同于办理其他案件,不管是接受男方委托还是接受女方委托,都必须做好调解工作,争取在诉讼外解决问题。对双方都坚决离婚的案件,律师应建议实行协议离婚。实行协议离婚,有利于在婚姻关系无法继续维持的情况下,由夫妻双方心平气和地解决矛盾冲突,避免互相指责,消除对立情绪,更可以减少日后双方的仇视和对立。这种离婚方式不究问离婚的原因和具体理由,有利于保护个人隐私。协议离婚应在律师的调解下对子女的抚养教育、财产分割和债务的清偿等作出妥善安排,这样有利于维护当事人双方、子女和第三人的合法权益。

1. 起草协议离婚协议

协议离婚,律师应主持双方达成一个书面协议,双方签字各持一份以便共同遵守。协议内容应包括:(1)双方是自愿离婚,这一意愿必须是真实的而非虚假的;必须是自己作出的而不是受对方或第三方欺诈、胁迫或因重大误解而形成的。(2)对子女问题有适当处理。是指对双方离婚后有关子女抚养、教育、探望等问题,在有利于保护子女合法权益的原则下作出合理妥当的安排。具体包括子女由哪一方抚养,子女的抚养费和教育费如何负担、如何给付,等等。由于父母和子女的关系不因父母离婚而消除,协议中还可以约定不直接抚育方对子女探望权利行使的内容,包括探望的方式、时间等。(3)对财产问题作出处理。主要包括:在不侵害任何一方合法权益的前提下,对夫妻双方共同财产作出合理分割,对于生活困难的另一方给予经济上的帮助,并切实解决好双方离婚后的住房问题;在不侵害国家、集体和第三人利益的前提下,对共同债务的清偿作出负责的处理。

2. 协议离婚的程序

(1)协议离婚的主管机关是具体的婚姻登记管理机关,在城市,是街道办事处或者市辖区、不设区的市人民政府的民政部门;在农村,是乡、民族乡、镇人民政府。在婚姻登记管理机关中,由婚姻登记管理员进行协议离婚的登记工作。

(2)当事人申请。离婚登记按地域进行管辖。当事人协议离婚的应到一方户口所在地的婚姻登记机关申请离婚登记。由于离婚是一种重要的身份法律行为,因此,当事人离婚,必须双方亲自到婚姻登记管理机关申请离婚登记,律师不得代为办理。申请时应持双方的结婚证、户口簿、居民身份证等证件和证明,以及离婚协议书。

(3)离婚登记。婚姻登记机关自受理离婚申请之日起一个月内,对符合离婚条件的,应当予以登记,发给离婚证,注销结婚证。离婚证是婚姻关系已经合法解除的具有法律效力的文件。当事人从取得离婚证之日起,解除婚姻关系。

男女双方办理了离婚证后,当事人一方不按照离婚协议履行应尽的义务,或者在子女抚养、财产问题上发生纠纷的,当事人可以向人民法院提起民事诉讼。

第三节　婚姻家庭诉讼律师的主要工作

离婚诉讼，是指婚姻当事人向人民法院提出离婚请求，由人民法院调解或判决而解除其婚姻关系的一项离婚制度。诉讼离婚制度，适用于当事人双方对离婚有分歧的情况，包括一方要求离婚而另一方不同意而发生的离婚纠纷；或者双方虽然同意离婚，但在子女和财产问题上不能达成一致意见、作出适当处理的情况。律师接受委托可以提供法律帮助，可以作为代理人参加诉讼，维护委托人的合法权益。

1. 律师代理离婚诉讼案件应准确把握管辖法院

(1)被告离开住所地超过一年的，由原告住所地人民法院管辖；双方离开住所地超过一年的，由被告经常居住地人民法院管辖，没有经常居住地的由原告起诉时居住地人民法院管辖；

(2)被告下落不明或者宣告失踪的，由原告居住地人民法院管辖；原告住所地与经常居住地不一致的，由原告经常居住地人民法院管辖；

(3)被告被劳动教养或者被监禁的，由原告住所地人民法院管辖；原告住所地与经常居住地不一致的，由原告经常居住地人民法院管辖；

(4)双方当事人都是军人的，由被告住所地或者被告所在的团级以上单位驻地的人民法院管辖；

(5)被告不在中华人民共和国领域内居住的，由原告住所地人民法院管辖；原告住所地与经常居住地不一致的，由原告经常居住地人民法院管辖；

(6)中国公民双方在国外但未定居，一方向人民法院起诉离婚的，由原告或者被告原居住地的人民法院管辖。

2. 律师应参与法院主持的诉讼中的调解工作

《婚姻法》第32条第2款规定："人民法院审理离婚案件，应当进行调解；如感情确已破裂，调解无效，应准予离婚。"这表明调解是人民法院审理离婚案件的必经程序。诉讼外的调解是在律师的主持下进行的调解，诉讼中的调解是在法院的主持下进行的调解。律师应配合法院的工作，积极做好委托人的调解说服工作，争取将案件调解解决。适用调解程序，其目的在于防止当事人草率离婚，以及在双方当事人不能和解时，有助于平和、妥善地处理离婚所涉及的方方面面的问题。调解离婚有助于解决财产和子女问题，由此而达成的调解离婚协议，双方当事人一般都能自觉履行。

经过诉讼中的调解,会出现三种可能:第一种是双方的矛盾得到化解,双方互谅互让、重归于好,继续保持婚姻关系;第二种是双方都同意离婚,在子女和财产问题上也达成一致意见;第三种就是调解不成,一方坚持离婚,另一方则坚持相反意见,或者虽都同意离婚,但对子女、财产问题达不成协议,在第三种情况下,离婚诉讼继续进行。

3. 律师代理离婚案件应把握好法定的离婚的条件

人民法院审理离婚案件,准予或不准离婚是以夫妻感情是否破裂作为条件。夫妻感情是婚姻关系的基础,离婚争议的产生,归根结底可以归结到感情的变化。如果感情确已破裂,婚姻已经名存实亡,就应当予以解除。准予或不准予离婚,只能以夫妻的感情状况为客观依据。感情确已破裂应准予离婚,是婚姻自由的重要内容,充分体现了当事人婚姻自由的权利。婚姻法规定,人民法院审理离婚案件,应当进行调解;如感情确已破裂,调解无效,应准予离婚。因此,需要明确什么叫"感情确已破裂",判断夫妻感情是否确已破裂,应当从婚姻基础、婚后感情、离婚原因、夫妻关系的现状和有无和好的可能等方面综合分析。根据最高人民法院对此作出的司法解释及新婚姻法的规定,如果有以下一些情形出现可视为夫妻感情确已破裂:(1)重婚或有配偶者与他人同居的;(2)实施家庭暴力或以其他行为虐待或遗弃家庭成员的;(3)一方有赌博、吸毒等恶习屡教不改的;(4)因感情不和分居满两年的;(5)一方被追究刑事责任,严重伤害夫妻感情的;(6)婚后患有医学上认为不应当结婚的疾病的;(7)其他导致夫妻感情破裂的情形。

第四节　婚姻家庭诉讼的主要问题及难点

1. 离婚时的财产分割问题

离婚时财产的分割是律师办理离婚案件另一个重要的内容。应搞清楚哪些属于夫妻共同财产。根据《婚姻法》第19条的规定,夫妻可以对婚姻关系存续期间所得的财产以及婚前财产的归属作出约定——或为共同所有,或为分别所有,或为部分共同共有,或为部分各自所有。如果夫妻双方约定实行分别财产制,则财产归属较为明晰,发生纠纷时关键在于举证,当对个人财产还是夫妻共同财产难以确定时,主张权利的一方负有举证责任,当事人举不出有力的证据,法院又无法查实时,一般按夫妻共同财产处理。如果夫妻双方对婚姻关系存续期间所得的财产以及婚前财产约定部分归各自所有,部分归共同共有,在离婚分割财产时，首先要根据夫妻双方的约定界定个人财产和共同财产的范围，然后再对共同财产进行分割。律师代理分割夫妻财产应注意以下问题：

(1)关于夫妻共同财产的范围

婚姻法及有关司法解释规定，夫妻在婚姻关系存续期间所得的下列财产，归夫妻共同所有：

①工资、奖金；②生产、经营的收益；③知识产权的收益；④继承或赠与所得的财产，但遗嘱或赠与合同中确定只归夫或妻一方的除外；⑤夫妻一方以个人财产投资取得的收益；⑥在婚姻关系存续期间，复员、转业军人所得的复员费、转业费、军人自主择业费的一部分；⑦夫妻分居两地分别管理、使用的婚后所得财产；⑧已登记结婚，尚未共同生活，一方或双方受赠的礼金、礼物；⑨其他应当归共同所有的财产。

(2)分割共同财产时应考虑的因素

在分清个人财产、夫妻共同财产的前提下，应根据法律规定，照顾子女和女方权益的原则，公平、公正地分割共同财产。为了体现公平，照顾无过错方的利益，《婚姻法》第46条规定了“离婚损害赔偿制度”——有下列情形之一，导致离婚的，无过错方有权请求损害赔偿：①重婚的；②有配偶者与他人同居的；③实施家庭暴力的；④虐待、遗弃家庭成员的。离婚过错赔偿方式分为两类：一是在夫妻共同财产分割时，向无过错方多分财产，这是当前司法实践中的做法；二是在夫妻财产归各自所有，或共有财产不足以补偿的情况下，过错方以自己的财产向无过错方作出补偿。新婚姻法规定，离婚时，除对夫妻共同财产进行分割之外，又进一步规定离婚后夫妻共同财产可进行再分割。离婚时，一方隐藏、转移、变卖、毁损夫妻共同财产，或伪造债务企图侵占另一方财产的，分割夫妻共同财产时，对隐藏、转移、变卖、毁损夫妻共同财产或伪造债务的一方，可以少分或不分。离婚后，另一方发现有上述行为的，可以向人民法院提起诉讼，请求再次分割夫妻共同财产。又如离婚时，一方隐蔽、转移、变卖、毁损夫妻共同财产或伪造债务企图侵占另一方财产的，人民法院可以依照民事诉讼法的有关规定予以制裁。

婚姻法规定夫妻书面约定婚姻关系存续期间财产归各自所有，一方因抚育子女，照料老人，协助另一方工作等付出较多义务的，离婚时可以向另一方请求补偿。

一方以夫妻共同财产与他人合伙经营的，入伙的财产可分给一方所有，分得入伙财产的一方对另一方应给予相当于入伙财产一半价值的补偿。属于夫妻共同财产的生活资料,可分给有经营条件和能力的一方。分得该生产资料的一方对另一方应给予相当于该财产一半价值的补偿。对夫妻共同经营的当年无收益的养殖、种植业等,离婚时应从有利于发展生产、有利于经营管理考虑,予以合理分割或折价处理。婚前个人财产在婚后共同生活中自然毁损、消耗、灭失,离婚时一方要求以夫妻共同财产抵偿的,不予支持。

2. 关于离婚时子女抚养的法律问题

律师在办理离婚案件时,原、被告"争养"或"推养"子女抚养的纠纷比较多。有的夫或妻把子女作为命根子,非要抚养子女不可,并以此作为离婚的前提条件;有的则把抚养子女作为包袱或再婚的障碍,都不愿抚养。对子女的抚养问题应明确子女抚养总的原则:有利于子女身心健康,保障子女的合法权益。

对离婚后子女抚养问题的处理要考虑以下几方面的情况:

(1)应考虑父母双方的个人素质、对子女的责任感、家庭环境、父母与子女的感情等因素。

(2)应考虑不能生育和再婚有困难的父或母的合理要求。

(3)在双方的各种条件都基本相同的情况下,原则上由经济能力较强的一方抚养。

(4)10 岁以上有识别能力的子女,无论随父还是随母,都应征求子女本人的意见。

(5)在有利于保护子女利益的前提下,父母双方协议轮流抚养子女的,应予准许。

(6)抚养费应当包括:生活费、教育费和医疗费等,子女抚育费的数额,可根据子女的实际需要、父母双方的负担能力和当地的实际生活水平确定。有固定收入的,抚育费一般可按其月总收入的 20% ~30% 的比例给付。负担两个以上子女抚育费的,比例可适当提高,但一般不得超过月总收入的 50% 。无固定收入的,抚养费的数额可依据当年总收入或同行业平均收入,参照上述比例确定。

(7)新婚姻法增加的内容:父母应当使适龄的子女按时入学,接受义务教育;父母应当教育子女不得有不良行为,应当履行预防未成年人犯罪的职责;在未成年子女对国家、集体或他人造成损害时,父母有承担民事责任的义务;离婚后,不直接抚养子女的父或母,有探视子女的权利。

第七章　涉外案件中的律师实务

随着中国经济的发展，对外开放的进一步深化，特别是成为世界贸易组织（WTO）的正式成员国，中国律师的涉外业务迅速成长而且广泛地深入到我们日常生活的各个方面，此前很少涉足涉外业务的律师也有很多机会，或者说不得不被迫花费相当多的时间和精力处理涉外法律事务。中国律师发现，有那么多的企业家，其中包括很多来自偏远地区，或者不很熟悉的产业的企业家在认真地谈论着外国市场，而且对于 CIF 和 FOB 等国际贸易术语并不陌生；很多常年法律顾问单位不断地询问如何建立合资合作企业；自己还要抽出越来越多的时间回复当事人关于如何与外籍人士结婚、离婚，如何继承境外财产，以及如何办理投资移民等咨询；与此同时，即使你的客户本身并没有直接地进行涉外业务，却不断有外国厂商将其卷入知识产权保护、反不正当竞争、反垄断等纠纷甚至诉讼之中。作为律师，不论是否情愿，不论是否主动，都必须仔细研究中国的涉外法律，甚至是外国法律和国际条约，使自己能够在最短的时间里尽快地胜任有关的工作。

涉外法律业务的深入发展给中国律师创造出更多的工作机会。全国各地的知名律师事务所几乎都将涉外业务作为自己的主要业务之一。在京、沪、深等地甚至出现了以从事外国投资、国际贸易、海事仲裁、境外上市、涉外知识产权保护等涉外业务为主要服务内容和收入来源的律师事务所。

涉外律师业务的迅速发展同时也塑造了一批掌握多国文字，与国际法律专业人士和组织拥有广泛联系，了解我国涉外法律、国际条约和外国法律，熟悉国际仲裁制度，熟悉外国主要证券、期货市场运行规则，以及在着装、谈吐、工作语言、工作程序和记录、费用收取等方面与国内大多数律师存在一定的区别的涉外律师。抛开某些外在的东西，一般而言，涉外律师的业务素质更高一些，所提供的法律服务更为专业一些，与国际经济、文化和法律体系更接轨一些，当然，费用也更高一些。

总之,经过三十余年的改革开放,中国律师的涉外业务有了全面的、长足的、令人振奋的发展。作为一个积极因素,越来越丰富的涉外业务以及越来越多的涉外律师不仅对提高我国律师行业的整体职业素质起到令人瞩目的推动作用;同时,在更深的层面上,对于在我国建立一个公正、廉洁、高效、透明的司法制度也发挥了和正在发挥着长久而深刻的促进作用。

第一节 涉外案件中律师代理工作概述

一、涉外案件的概念和种类

很难对涉外案件或者对涉外法律业务作一个准确的定义。从适用法律以及客户地域角度看,涉外法律业务主要包括两类:一类是"走进来"的涉外业务,即中国律师在境内,向外国客户介绍中国法律,或者代表外国客户在中国境内从事主要适用中国法律的业务;另一类是"走出去"的涉外业务,即代表中国客户到境外发展业务、股票上市、处理纠纷,进行仲裁和诉讼,主要适用外国法律或者国际条约。从案件性质角度看,涉外法律业务既有仲裁和诉讼业务,又有非诉业务,而且所涉及的案件种类非常广泛,几乎涵盖所有法律部门。

二、涉外案件的特征

涉外法律业务必须具有涉外因素,这是它区别于一般案件的主要原因。具体地说,一宗涉外案件通常包含以下一种或者几种涉外因素:

(一)主体涉外

系指当事人一方,或者双方系外国人和无国籍人士,或者是注册地在国外的公司和组织。这些公司和组织既包括营利性的,也有非营利性的;既有法人组织,也有非法人组织。来自港、澳、台的自然人、公司和组织也被视为外国的自然人、公司和组织。在个别情况下,外国政府(包括其使领馆本身以及享有司法豁免权的使馆人员),以及国际机构的驻华机构也可能成为涉外案件的当事人。

(二)标的物在境外

是指被争议的财产(主要是实物)位于境外。

(三)法律关系涉外

在很多涉外案件中,法律关系的形成、实施和消灭是在中华人民共和国境外,比如当事人婚姻缔结地、抚养关系形成地,侵权行为地和结果地,或者合同的签订地、执行地都可能发生在境外。

（四）适用外国法律和国际条约

尤其是在“走出去”一类的案件和法律业务中，主要适用外国法律和国际条约。考虑到世界各国司法制度千差万别，国际条约纷繁复杂，因此，这类法律业务具有很大的挑战性。

第二节　涉外案件中律师代理的范围和工作原则

一、涉外案件中律师代理的范围

在涉外案件中，律师所提供的法律服务极为广泛。对于“走进来”一类的涉外案件，代理范围与从事国内普通法律事务的律师没有什么区别，主要工作包括咨询、参与谈判和调解、代书法律文件、送达、调查取证以及代理参加仲裁和诉讼活动各个阶段的工作等。而在“走出去”的一类案件中，主要的工作包括咨询、参与谈判、撰写法律意见书和各种法律文书、调查取证等，所提供服务的范围相对较窄。即使有参加仲裁的机会，也通常只起到辅助和次要的作用。但是，随着中国律师业务素质的逐步提高，中国律师在更广泛的领域内参与国际法律服务的机会将会迅速增加。

按照所涉及的业务是否与诉讼和仲裁有关，可将法律服务大体分为诉讼类和非诉类两种。

1. 在非诉案件中，商务类的主要包括：外国投资、涉外融资、涉外租赁、境外上市、知识产权保护、国际贸易、国际招投标、反倾销、外汇管理和涉外税收。民事类的主要有：涉外婚姻/离婚和与之相关的扶养问题、涉外收养，以及外国在华购买、租赁住所。刑事类的主要有：外国人在中国犯罪。其他案件有：外国人在华劳务纠纷、交通肇事等。

2. 在涉外诉讼/仲裁案件中，又可将有关案件分为涉外民事诉讼、涉外刑事诉讼、涉外行政诉讼、涉外经济仲裁和涉外海事仲裁。从目前的情况来看，涉外仲裁发展得很快，尤其是中国国际贸易经济仲裁委员会，已经得到了相当一部分外国客户和同行的首肯，因此，会有越来越多的外国客户选择在中国国际贸易仲裁委员会进行仲裁，律师参与涉外诉讼/仲裁案件的机会会逐步增多。

二、涉外案件中律师代理工作的原则

除去律师在执业过程中通常要恪守的准则，诸如忠实于法律、勤勉尽责、保守客户隐私和商业秘密、不得贬低同行等以外，从事涉外业务的律师还要特别注意遵守以下几项原则：

（一）国家主权原则

中国是主权国家。为了维护国家主权和司法的独立性，我国法律对于中国法律的适用范围、中国法院的管辖权、对国际法律的接受与保留、审判使用语言、中国律师的诉讼代理人地位等都进行了专门的规定。中国律师在执业过程中应当时刻注意自觉遵守和执行这些法律法规，维护国家主权和公共利益。在处理涉外案件时不能被金钱和各种诱惑所俘虏，做出有违国家主权和国家利益的举动。

（二）国际化原则

我国是国际上很多最重要的国际组织和国际条约的成员国。随着我国改革开放的不断加深，尤其是成功加入 WTO 后，我国对国际社会的开放程度日益加深。为顺应这一历史潮流，律师的代理工作也需更加国际化，这其中包括：加强与国际各种法律组织和机构的联系和沟通；加强与国际律师同行，尤其是法律先进国家的同行的联系和合作；更全面、更深刻地认识和使用国际法律原则和国际条约，向外国客户和向国外发展的中国客户提供更高质量、更为规范的法律服务等。中国律师在提供涉外法律服务时要注意，在介绍中国特色的同时，一定不要忘记国际惯例。

（三）职业化原则

律师服务国际化的一个重要方面就是律师服务的职业化。律师职业化也同样包含着很多方面：第一，律师应具有更高的职业技能，包括具有较高的语言和表达能力，精通有关的法律法规，具有丰富的实践经验，具有较强的分析判断能力和沟通、协作能力等；第二，应遵守更高的职业规范，比如保守客户的商业秘密，不得将客户的情况、案件的进展和结果泄露给第三方或者利用客户的商业秘密为自己获取其他利益，律师本人及整个律师事务所都不能为客户的对立面提供法律服务，不得向客户隐瞒重大信息等；第三，注意提高工作效率并且注重服务细节，对于回复文件的时间，文件的格式、装订，接听电话的方式，账单的形式，律师仪表等皆应用较高的职业标准进行要求。

第三节　涉外仲裁

一、涉外仲裁概述

人们通常所说的涉外仲裁是指，在涉外经贸或者海事活动中，当事人就已经发生的或者可能发生的争议，根据所达成的仲裁协议，提交给约定的涉外仲裁机

构进行审理,并且接受其仲裁裁决的争议解决方式。涉外仲裁一般包括以下几个方面的因素:

1. 争议本身具有前文提到的涉外因素。

2. 争议发生在涉外经贸或者海事活动之中。普通的民事纠纷,比如婚姻、收养、监护、继承案件;劳动纠纷以及行政争议不属于涉外仲裁范围之内。

3. 争议各方已经就争议解决方式达成书面仲裁协议,同时,仲裁协议应当明确写明仲裁机构,并且明确表示服从其仲裁规则。

4. 一如通常的仲裁裁决,涉外仲裁裁决也是终局的。争议各方既不得向任何行政机关和机构要求复议,也不得向任何国家的法院提起诉讼。

在我国,中国国际经济贸易仲裁委员会和海事仲裁委员会是受理涉外仲裁案件的最主要机构,负责审理了绝大部分涉外仲裁案件。中国国际经济贸易仲裁委员会的前身是中国国际贸易促进委员会对外贸易仲裁委员会,最早成立于1954年,以后经过数次更名,于1988年开始使用现在的名称。其仲裁规则也几经变化,现在执行的规则是2000年10月1日开始执行的。近年来,有些地方仲裁委员会,比如北京仲裁委员会也开始受理涉外案件,但是在机构声望、案件质量和数量方面还远不如中国国际经济贸易仲裁委员会。

相比于法院诉讼,很多涉外案件的当事人愿意选择仲裁作为争议的解决方式,主要是因为涉外仲裁具有如下优点:

1. 管辖明确,仲裁机构具体。由于当事人各方在仲裁协议中明确约定了仲裁机构,一旦发生争议,则无须在选择哪家法院审理案件的问题上再费周折,节省了很多时间、精力和资金。

2. 一审终审的仲裁制度大大节省了审理时间,当事人不必通过上诉程序即可得到最终的结果。

3. 由于审理涉外仲裁案件的仲裁员通常具有比较丰富的专业经验、较高的社会名望和较高的道德水准,所作裁决的公正性和专业性,通常而言,是有保证的。

4. 审理形式比较轻松,当事人及其代理人一般能够畅所欲言,仲裁员对当事人及其代理人的态度一般比较亲切,对当事人及其代理人的合理要求一般都能满足。

5. 在审理程序上,比如对立案标准、代理人委托手续、证据标准等要求一般地说比法院要宽松。

二、律师代理涉外仲裁案件应注意的问题

较之涉外诉讼，涉外仲裁的程序虽然比较简单、省时，方式比较轻松，仲裁员的专业水平比较高，但是，这些特点也同样提高了对律师的要求。律师在代理涉外仲裁时应特别注意以下几个问题：

（一）仲裁协议的效力

合法有效的仲裁协议是涉外仲裁的前提和基础。我国法律规定，仲裁协议必须是当事人自愿达成的书面协议，而且不能违反国家法律的强制性规定。同时，仲裁协议必须明确规定由哪一家仲裁机构进行审理。没有明确约定仲裁机构，或者约定模糊不清的是无效协议。中国国际经济贸易仲裁委员会推荐的仲裁条款是，“凡因本合同引起的与本合同有关的任何争议，均应提交中国国际经济贸易仲裁委员会，按照申请仲裁时该会现行有效的仲裁规则进行仲裁。仲裁裁决是终局的，对双方均有约束力”。

在实践中，有些仲裁条款的起草者为了给客户留有余地，同时将人民法院和仲裁机构作为解决争议的机构列入仲裁条款供当事人临时选择，或者同时提出国内的一家仲裁机构和国外的一家仲裁机构由当事人临时选择。根据最高人民法院的有关解释，前者因为违背了仲裁法律关于选择仲裁就必须排除法院管辖的基本原则，因此是无效的。而在后者情况下，如果两家仲裁机构皆是明确具体，而且二者之间是“或者”的关系，则协议仍然有效。

（二）委托授权手续

向中国国际经济贸易仲裁委员会提交仲裁申请时无须提供经过中国驻外使领馆认证的律师委托手续，只要有当事人的委托授权书即可，而且在很多情况下，甚至不需中文译文，这一点大大方便了中国律师的工作。但是，我们的工作经验表明，在立案工作完成后，为了方便启动将来的法院执行程序，还是建议外国客户另行履行委托手续的认证手续，这主要是因为法院与仲裁机构是两个系统，有些地方的法院会坚持履行我国法律关于外国当事人在中国进行诉讼程序的有关规定。与其到时候再做准备，不如未雨绸缪。

（三）仲裁员的选择

选择仲裁员时要特别注意仲裁员的专业背景和口碑。由于当事人在选择仲裁员时有一定的自主权，所以要特别珍惜。一般而言，在注意仲裁员的专业背景和口碑的同时，还应当考虑他与自己一方的关系。自己选择的仲裁员虽然不是自己的代理人，但是，事实上，仲裁员完全可以以适当的方式引导当事人，帮助当

事人澄清事实,并且更有条理地阐述自己的观点。有些外国当事人愿意选择本国的人士,或者母语相同的人士,或者所在国属于同一法律体系的人士作为仲裁员,中国国际经济贸易仲裁委员会对此并不禁止,但是,同时需要注意的是,如果选择外国人作为仲裁员,在仲裁过程中,就难免要使用英语或者其他语言,这对代理律师的外语水平要求就提高了很多。

(四)仲裁语言的确定

根据中国国际经济贸易仲裁委员会的仲裁规则,如果当事人没有特别约定,则仲裁语言应为中文。在实践中,有些外国当事人以争议合同是以英文起草,或者争议各方基本是以英文进行通信为由要求仲裁文字为英文,这些要求通常不能得到中国国际经济贸易仲裁委员会的批准。

(五)资料和证据的提供

仲裁是一审终审制,双方皆没有上诉的机会。因此在准备材料证据时就应格外仔细。一定要将全部资料和证据,在仲裁庭规定的时限内完整地提供给仲裁庭。仲裁庭对书面材料一般比较重视,仲裁员大多能阅览当事人提交的全部资料,因此,细致地准备文件是涉外仲裁律师必须完成的工作。

(六)开庭审理

涉外仲裁的庭审比较轻松,当事人一般都有比较充分的时间和机会阐述自己的观点。仲裁员的问题通常很有针对性,并且其态度大都比较随和亲切。很少发生仲裁员训斥当事人及其代理人的现象。同时还要注意,仲裁开庭非常注意私密性,通常不允许旁听。

三、外国仲裁裁决的承认与执行

1958 年在联合国的主持下,在美国纽约通过了《承认及执行外国仲裁裁决公约》,就是通常所说的《纽约公约》。《纽约公约》是目前国际上关于承认和执行国际商事仲裁裁决的最重要、影响范围最广的公约,几乎所有主要国家皆是该公约的成员国。较之此前的有关公约,《纽约公约》扩大了承认和执行外国仲裁裁决的范围,降低了承认和执行外国仲裁裁决的先决条件,也简化了相关手续。我国于 1986 年加入该《纽约公约》,该公约于次年在我国生效。

《纽约公约》以排他的形式规定了承认及执行外国仲裁裁决的条件,即除非属于下列情况之一,被请求执行国皆应承认、执行外国仲裁裁决。这些情况包括:

(一)仲裁协议无效

有效的仲裁协议是仲裁的前提和基础。判断一份仲裁协议是否有效,应当根据所依据的准据法。但是,《纽约公约》同时规定,凡是满足以下六项要求的,缔约国就应当承认该份仲裁协议的效力:(1)以书面形式完成;(2)协议内容是为了处理当事人之间已经发生的,或者可能发生的争议;(3)这种争议与一个确定的法律关系有关;(4)这种争议属于仲裁范围;(5)当事人双方具有行为能力;以及(6)根据特定的准据法,仲裁协议是有效的。

(二)仲裁过程违反正当程序

在有些国家,比如美国,违反正当程序包含着极其宽泛的内容。《纽约公约》所谓的违反正当程序至少包括:(1)未给予适当通知,以及(2)未能令当事人进行充分申辩,使其丧失了公平陈述的机会。

(三)仲裁员超越权限

仲裁员不得就不属于仲裁协议规定范围的事项进行仲裁,同时在进行友好调解时也一定要获得当事人的明示同意。但是实践中,以仲裁员超越权限为由要求撤销仲裁裁决的案例非常少见。

(四)仲裁庭的组成和仲裁程序不当

当事人在选择某一仲裁机构进行审理时,一般即意味着同时要遵守该机构的仲裁规则。但是,也有当事人在仲裁协议中单独写明的。如果当事人仲裁协议有关约定与仲裁机构的仲裁规则不相符的,要具体情况具体分析。如果并不违反仲裁机构所在国关于仲裁制度的基本法律原则和该仲裁机构仲裁规则的基本制度,则应遵循当事人的意志。

(五)裁决不具约束力或已被撤销、停止执行

对于尚未发生法律效力的裁决,以及被作出裁决的国家的主管机关撤销的裁决,被申请承认和执行国有权拒绝承认和执行该裁决。一般而言,这里的主管机关是指法院,包括仲裁机构所在地法院或者所依据的准据法的国家的法院。

(六)争议事项具有不可仲裁性

从国际通行的法律实践看,仲裁事项通常不包括涉及家庭关系和人身关系的争议。即使是商务纠纷,有些案件也通常不通过仲裁进行解决。这些案件包括:(1)涉及专利、商标权和著作权的纠纷;(2)涉及破产的纠纷;(3)涉及证券的纠纷;(4)反不正当、反托拉斯案件。

(七)违背被申请承认和执行国的公共政策

对于何谓"公共政策",目前国际上尚无通行的定义和标准,大致是指被普遍接受的善良风俗和道德准则,以及最根本的社会利益和法律准则。由于世界

各国在文化宗教、政治制度、法律体系等各个方面存在的分歧，各国法院在诠释“公共政策”时具有一定的裁量权。

我国自加入《纽约公约》以来，对有关立法做了修改，以保证外国仲裁裁决能够在我国得到实际的承认和执行。经过二十多年的摸索，已经初步建立起一套基本的工作模式，其中包括：

1. 受理法院

根据我国法律及最高人民法院关于涉外民商事案件诉讼管辖若干问题的规定，有权受理外国仲裁裁决承认及执行申请的法院，除国务院批准设立的经济技术开发区人民法院管辖外，其他为下列地点的中级法院管辖：第一，被执行人是自然人的，为其户籍所在地或者居住地；第二，被执行人是公司法人的，为其主要办事机构所在地；第三，被执行人在我国没有住所或者办事机构，但有财产在我国的，为其财产所在地。

2. 法院的审查

法院在审查有关申请时，既要遵守《纽约公约》，又要依据我国法律的相关规定，比如关于仲裁事项的范围，以及认定无效仲裁协议的依据等，我国法律都有特别的规定。如果我国法律与《纽约公约》发生冲突，则要以《纽约公约》的规定为准。需要特别注意的是，法院在进行审查时一般只限于程序问题，而不对实体问题进行审查，只有最高人民法院有权最终拒绝当事人关于承认和执行外国仲裁裁决的申请。

3. 裁决的承认与执行

人民法院经过审查后应当作出裁定。裁定有三种可能：(1)裁定予以执行；(2)不予执行；以及(3)延缓执行。裁定执行的，如果被执行人拒绝自动执行，则人民法院可以强制执行。

第四节　涉外案件中律师代理的方法

不同的涉外案件有不同的处理方法，凡事应当具体情况具体分析，不能照本宣科。下面介绍的仅仅是我们在综合了很多案件处理方法后总结出的一般性步骤，请注意，事实上，这些步骤不会全部发生在每一个案件上。

一、涉外案件中律师代理的基本方法

(一)初步接触

客户(包括这些客户的律师)可能从各种途径知道你的名字，其中包括你们

律师事务所制作的广告,你们律师事务所的网址,你撰写的文章,关于你的报道,你的一次讲演,同行或者朋友的介绍,一个普通的电话咨询,一次在普通场合的会谈,一封电子邮件等。所以,律师要认真对待每一次会谈、每一次讲演、每一篇文章和每一次谈话,因为每一次都是你和客户的初步接触,每一次的背后都可能蕴藏着一宗不错的业务。

当你与潜在的客户(包括客户的律师)无论是通过怎样的方式初步谈及一宗涉外案件或者业务时,你都应当仔细听取他对事件的描述,以及他对事件的总体意见。通过交谈,你当迅速把握住案件的基本性质和最显著的特征,包括涉案主体,主体之间的关系,事件发展的基本过程,以及基本的法律关系。在此基础上,你要迅速搞清主要的适用法律,解决问题的基本思路和方案。在初次的交谈中,你不必(除非必须)深入案件的细节,也不必和盘托出你的方案细节。但是,交谈是否需要深入取决于你是否认为你已经使你的客户(包括客户的律师)确信:第一,对于所谈案件你很有经验;第二,你本人很有能力,而且你会十分专业地完成有关工作;第三,你本人是一个很善于交流,并且富有团队精神的律师。

初次接触也可能会谈及费用问题,你要十分小心,因为,太高的报价会吓走客户,而太低则会被认为不够专业,或者包含着水分。通常的做法是你既要把你们律师事务所一般的收费标准报告给客户,又要为自己留有余地。告诉客户具体的报价要等到你对案件有了全面了解,并且确定好工作方案之后再通报给客户。

(二)第一次会面

对于大部分比较复杂的涉外案件来说,在确定委托关系之前,律师总有机会与客户(包括客户的律师)见面并举行正式会谈。有相当一部分外国客户和他们的律师是出差来华与你会面,时间观念非常强。还有些客户(包括客户的律师)要在这次旅行中面试几家律师事务所,因此,你一定要做好充分准备。

具体的准备工作包括:通过网络等各种媒体和资料了解客户的背景;对有关的法律问题做好深入细致的法律研究;确定一套或者几套解决方案供客户选择等。还有一些技术问题也要十分留心,包括认真布置会议场所(摆放鲜花、饮料、茶点等),安排律师事务所高级人员参加会谈,复印好要交给客户的资料,准备好事务所简介和个人名片,甚至包括安排好午餐或者晚餐等。

初次见面,双方一般要作自我介绍,你要记住来访人员,他们的职务和分工。如果来访的外国人比较多,为避免混淆,不妨在他们的名片上作简单的描述。在介绍自己一方人员的时候，要注意姓名发音，因为大多数外国人对于拼音并不熟悉，有些中文姓名，比如对于X、Q等辅音开头的姓名，外国人念起来会很别扭。

谈及案情时，前一节提到的注意事项仍然适用。大多数外国客户在介绍完案情后，愿意仔细听取中国律师的分析和建议，并对某些具体问题提出自己的意见，双方的探讨可以比较深入地进行。但是，也有些外国客户比较愿意控制会谈的议题和节奏，有时会有些先入为主，忽略一些你认为重要的内容，甚至对你的意见表示保留或者怀疑。遇到这种情况，律师通常要避免与客户发生直接冲突，不妨改换表达的方式，或者换一个角度探讨问题。请牢记，对于你坚决认为是正确的东西，你一定要坚持，不能迁就。一味迁就客户的观点可能暂时取悦客户，但是一定会给自己埋下尴尬的种子。

会议结束后，通常要作一份会议纪要，将双方讨论过的问题、得出的结论和下一步的工作内容记录在案。你在会谈中一般会向客户索要更多的资料，在撰写会议纪要时不妨将索要文件的目录一并附上。

（三）独立的调查

由于各种原因，客户的介绍以及所提供的资料往往并不足以令你作出全面和准确的判断。一方面，客户看待问题的角度往往不同于职业律师，所提供的信息，尤其是关于对立面的信息难免缺乏针对性和准确性；另一方面，有些客户会有意无意地隐瞒一些对自己不利的信息。因此，独立的调查对于律师作出全面、正确的分析判断就十分必要。

调查内容可能包括方方面面，而且涉及多个政府职能部门，包括工商管理部门、统计部门、房地产管理部门等。有些工作律师可以独立完成，有些工作可能需要专门的调查公司完成。进行调查时，尤其是在走访对立面单位或者调查市场状况时要注意保密，不能泄露客户的名字和真正的调查意图。

（四）分析报告

根据客户的初步介绍，你与客户之间的会晤，你对有关资料的阅读和分析，以及律师独立进行的调查，你很可能被要求制作一份内容详细的综合分析报告。这份分析报告一般要包括如下内容：

1. 客户的背景情况；

2. 客户所要完成的任务，或者说所要解决的问题；

3. 案件/事件的基本进展情况；

4. 所涉及的法律问题，包括实体问题和程序问题，所适用的法律条款以及相关的法律分析；

5. 解决问题的工作方案和可能的结果，有可能的话应包括时间表；

6. 有可能发生的费用；

7. 其他需要包含的内容。

分析报告撰写完毕后，应当由更为资深的律师或者同事审阅，并且加入他们的修改意见。这一点非常重要，因为不论多么资深的律师，有时也会忽略一些重要问题，或者有一些不十分恰当的表述。多一个人审阅，就多一分保证。同时，如果是以外文撰写，则在条件许可的情况下，请母语是该种语言的人士校对语言。外语的熟练程度和准确性在一定程度上代表着律师本人和律师事务所的职业水准，如果没有清晰、准确的表达，则律师再有水平也不能传达给外国客户。

（五）建立委托关系

在实际开始工作之前，不要忘记与客户签署委托协议。因为没有签署委托协议而产生的收费分歧屡见不鲜。不论你与客户在开始建立了怎样融洽的关系，如果没有签订书面的聘用协议，在收费时发生争议在所难免。

书面协议表述可以多样，不必拘泥于所谓的官方格式。尤其注意，在涉外案件中，委托协议最好用外文撰写，而且加入仲裁条款。在签订委托协议时，尤其要注意律师的工作范围，太过宽泛会给客户创造很多理由拒付律师费。

（六）频繁的沟通和工作汇报

开始工作以后，对于将要进行的工作、工作的进展情况、所遇到的问题、处理问题的结果，以及可能发生的费用等要及时与客户进行沟通和汇报。外国客户因为在海外，不熟悉国内事务，有时会用自己国家的办事程序和时间进度来要求中国律师，遇到这种情况，律师需要进行耐心解释，并且作出及时反应。拖延回复，或者长时间地不予理睬，会使客户产生巨大的疑问和怀疑。

（七）工作记录

务必详细记录你进行每一项工作的具体日期和所花费的时间，包括审阅资料、法律研究、与各种有关人士的会面、撰写各种文件和电子邮件、出差、打电话、出庭，甚至包括整理文档资料、发送文件、整理出差报销等。

完整的工作记录至少有以下三个优点：第一，有利于事务所和律师本人回顾案件进展情况，从中积累经验教训；第二，有利于更准确地计算和收取费用，尤其是对按小时收费的案件尤其重要；第三，有利于回复客户关于案件进展情况和费用收取的询问和抱怨。

二、涉外案件中律师服务费特殊的收取方式

（一）基本收费方式

费用收取具有较大的灵活性是涉外法律业务的另一个显著特点。实际操作中，根据不同的案件性质和难度，律师费用的收取大体采取：1. 按小时收费，常见于普通的咨询服务；2. 收取一笔固定的费用，常见于公司注册，商标、专利注册，背景调查等；3. 视工作成果，按比例收取。常见于项目融资，股票上市和诉讼/仲裁。在某些案件中，也有将这几种收费方式混合使用的。

不论哪一种收费形式，涉外案件的收费标准一般都高于国内普通案件。比如近年来正在兴起的按小时收费，在涉外案件中每小时收取 200 美元、300 美元或者更高的已经不是新闻。在按比例收取费用的形式中，收取 20% 或者 25% 或者更高也屡见不鲜。

（二）收取费用时应注意的问题

考虑到客户位于海外，同时，案件进展往往不太顺利，客户不能按时支付的情况经常发生。因此，在收取费用时要注意：

1. 尽可能先期收取一些费用；
2. 及时发送账单；
3. 及时催促，对于客户对账单提出的问题要及时回复；
4. 开户银行选择比较著名的银行；
5. 必要的时候给予适当的折扣，避免为律师费打跨国官司。

第五节　涉外案件中律师代理应注意的问题

在实践中，由于涉外案件本身具有的特殊性，中国律师在提供法律服务时经常要与不同法律制度和文化背景下的当事人、关系人、律师、政府及各种机构组织打交道，分歧和误解在所难免。因此要特别注意以下几个问题：

一、特别的法律规定

经过二十余年的立法实践和实际探索，我国已经建立起一套包括《中华人民共和国民法通则》（有关章节）、《中华人民共和国中外合资经营企业法》、《中华人民共和国中外合作经营企业法》、《中华人民共和国贸易法》、《中华人民共和国外汇管理条例》、《中华人民共和国民事诉讼法》（有关章节）等在内的一整套法律体系。总的来说，对于外国投资，对外贸易，外汇管理，涉外税收，涉外知识产权保护，外国人入境，在华生活、工作，以及涉外诉讼/仲裁等各个环节皆制

定了较为具体和特别的规定。因此,深入了解这些涉外法律的特别规定也就成为律师处理涉外案件的前提。

由于涉外事务的特殊性,以及各种法律不同的立法历史背景,在很多问题上,外国人和投资者在中国享有着与中国人和内资企业不同的待遇。比如说,三资企业一般而言享受着更为优惠的税收政策,但同时,还有很多行业和领域禁止或者限制外国投资进入;外国公司驻华办事处必须通过特定的机构雇用工作人员;外国人和公司组织只能购买特定的公寓楼;外国人与中国公民结婚,或者收养中国儿童要经过特别的政府批准等。

此外,我们在运用一些法律概念时要特别注意它在涉外法律实务中的特别含义。比如说,虽然绝大多数外商投资企业也同样采用有限责任公司形式,符合《中华人民共和国公司法》中关于"有限公司"的描述,但是,在外商投资企业中,不存在股东大会,不存在公司监事,在很多情况下,董事会就是公司的最高决策机构,而且外国投资者还可以单独投资建立独资子公司。

事实上,即使是在欧美等奉行"国民待遇"原则已有很长历史的发达国家,外国人和外国公司组织也仍然难免遭遇与本国人和公司组织不相同的待遇。因此,律师在代理中国客户适用外国法律时,也同样应认真研究当地法律对于外国人和外国公司的特殊规定,并且应当获得当地法律专家的确认,以免犯下闭门造车或者想当然的错误。

二、不同法律制度和文化背景下的观念冲突

受过大陆法系教育和受过英美法系教育的法律专业人士在很多法律概念上有着深刻的分歧,这种分歧又有可能因为我国特定的社会制度和历史,以及一方的无知、傲慢和偏见被强化。沟通,频繁、细致甚至是重复的沟通是解决这个问题最好的方式。

举一个例子,我们代理的一家美国公司在中国申请获得了某项商标专用权,它在中国X省的独资子公司被授权在中国独家生产和销售带有这种商标的产品。现在,它发现位于中国Y省的某内资企业未经它的许可在相同的产品上使用了一种非常类似的未经注册的商标,并且在中国的A、B、C、X、Y等地销售这种侵权产品。在管辖法院这个问题上,即选择哪一个省的法院,哪一级的法院作为诉讼法院的问题上,我们与美国客户和他的律师举行了两次电话会议,专门写了两个备忘录,并且彼此发了20个电子邮件,几乎把中国法律关于管辖问题的全部阐述做了一个通盘介绍。我们最终发现,美国律师原来有一个源自本国法律的根深蒂固的概念，即不论是选择各州的法院还是联邦法院，那么一个地区只应当有一个受理法院，上诉法院只管上诉。他很难接受，为什么中国的中级人民法院和高级人民法院既可以受理一审案件又可以受理上诉案件，而且，更不可理解的是，为什么对于他的案件来说，中级人民法院和高级人民法院皆可能成为一审法院，而且，受理标准竟然是那么“随意”。

上面的例子主要是关于程序方面的，总的来说，外国人一般还是能够接受中国法律在程序方面的特别规定。但是，还有很多与我国现行社会制度相关联的概念，是需要更多耐心才可以沟通的。

在另一个案例中，一家澳洲公司计划在中国兴办一家中外合作的教育机构，在与中国××大学签订了合作意向书之后，决定在中国北方某城市的郊区购买一块土地作为教育机构的办学地点。之所以选中这块土地的原因，一则是因为这里山清水秀、交通便利，很符合外国投资人的校址构想；二则是因为当地的县领导积极斡旋，许诺了很多优惠条件。外方和当地的土地管理部门也签订了“购买”土地的意向书。当澳洲客户将两份意向书摆在我们面前时，他承认只向香港的律师楼进行过咨询，但是并未向任何一家中国律师事务所核实过计划的可行性。我们随后进行的调查发现，这块土地仍然属于集体所有，虽然位于当地的“高科技开发区”，但是这个开发区仅仅是当地县政府自己成立，从未获得更高级别政府部门的批准，而且所谓的“高科技开发区”只有寥寥几个规模很小的工厂。我们根据调查情况出具意见报告，并且特别对中国法律关于土地所有权和使用权、土地的全民所有和集体所有、集体所有的土地如何转化为全民所有、土地的规划和拆迁问题作了详细的介绍。澳洲客户接到我们的信函后感觉事关重大，立即前来与我们会面。我们连续举行了两天的会谈，又陪同客户前往当地与当地的土地管理部门和管委会进行会谈。马拉松式的会谈结束后，客户终于领悟到在我们这样一个国家，土地国有原来包含如此复杂的内容，将集体所有的土地变更为全民所有是如此之难，而且，各地政府又是怎样地处心积虑地变换各种方式发展本地经济。这个项目被最终转移到另外的地点。澳洲客户此后在涉及土地问题（以及其他许多问题）时都显得十分谨慎。他承认，一方面，中国市场实在太巨大，太具诱惑；另一方面，中国的法律和社会制度对于他也实在太过陌生，因此也有太多的陷阱。

三、谨慎地使用外语

律师在处理涉外业务时必然要经常使用外语，事实上，很多涉外律师已经将英语作为自己的日常工作语言了。但是,对于绝大多数中国律师而言,无论对外语运用得多么流利,毕竟不能做到像驾驭中文一样使用外文。

我们曾经处理过一个比较极端的案件,在这宗案件中,有一个重要的争议点居然就是关于哪种翻译应当是更为准确的翻译。这是一起涉外专利侵权案件,我们代理的外国客户是专利权人。但是,在他通过国内某著名专利代理机构向中国知识产权局呈交的专利申请文件中,在最重要的权利请求书部分,将"direct movement"一词翻译为"水平运动",而更准确的翻译应为"直线地运动"。后者之所以更为严谨准确,是因为它包含了360度所有方向的直线运动,而前者则可以被狭义地解释为只包括"水平方向的运动"。这一词之差看似微不足道,但是,侵权产品恰恰是将专利产品的线路运行方向作了一定角度的调整。最后,侵权人固然没有因为这个微小的把戏而掩盖其侵权的事实,但是,为了澄清"direct movement"一词的更佳翻译应为"直线地运动",我们还特地请了一位专家证人,耗费了相当的时间和费用。

最后,关于如何适当地使用外文,我们提供以下建议:

1. 在不妨碍意思表示准确的前提下,尽量使用常用的词汇;有些词汇一词多义,应尽量选择使用其常用的含义。

2. 对于有几种翻译方法的词汇,以及容易产生歧义的概念,应当在使用者之间进行统一定义。

3. 发现对方对自己的表述有分歧理解或者误解时应马上予以澄清或者更正,一定不要等到对方已经形成误解再从头进行解释。

4. 对于自己不理解的内容,一定要尽快要求对方进行解释和澄清,否则对方,尤其是对手会有意地利用语言的优势获取便宜。

5. 慎用比喻。在法律表述中使用比喻一般被认为不适当。使用外文描述一个比喻就更为危险,阅读者往往如坠入雾里中,不知所云。

四、与外国同行的配合

在涉外律师处理的涉外案件中有相当一部分是外国同行推荐介绍的。中国律师与外国同行之间如何进行协调配合是每一个涉外律师都要特别小心对待的问题。一般而言,在适用中国法律的大多数案件和在由中国国际经济贸易仲裁委员会进行仲裁的案件中,中国律师担任着主要角色,外国同行只起着间接的辅助作用。同时,在适用外国法律,需要在外国完成的法律事务,则通常要主要发挥当地律师的作用。但是,近些年来,有些外国律师积极探索进入中国法律市场，在一些在中国进行的投资和融资项目中，以及一些在由中国国际经济贸易仲裁委员会进行仲裁的案件中也扮演着主要的角色。

除去要注意前文已经阐述的文化背景和社会制度方面的差异，在与外国律师进行协作的时候，尤其是在配合外国律师完成有关工作时要特别注意：

（一）尊重外国律师与他的客户之间的关系

在中国律师辅助办理的涉外案件中，中国律师通常只与外国律师进行工作交流，没有外国律师的同意，应当避免直接与他的客户交流，尤其要避免将你与外国律师之间的分歧公开给他的客户。

（二）及时回复外国律师提出的询问，及时进行外国律师交付的工作，及时报告各项工作的进展

在回复外国律师的询问时，在大多数情况下，要坦诚你的意见和态度，不必一味迎合外国律师的见解，但是，要注意表达方式。同时，如果有些工作确实不能完成，也应当及时报告给外国律师，以利于他调整工作方案。一味迎合或者只报喜不报忧的做法只会把事情搞得更糟，并且最终丧失外国律师对你的信任。

（三）书面沟通、电话交流和面对面的会面相辅相成

虽然限于地理距离和语言的原因，书面往来是中国律师与外国律师最常见的交流方式。但是，对话，尤其是面对面的对话在解决最关键的问题上往往非常重要。中国律师通常不是很擅长语言表达，因此不习惯于进行电话沟通，解决方案之一是举行面对面的会谈，其二是将通话中没有听清的问题再以书面形式进行询问核实。

（四）尊重外国律师的工作和性格习惯

正如每一位中国律师都有自己的工作习惯一样，外国律师也有自己的习惯，有些外国律师的习惯还非常强烈。比如，有些律师工作催得很紧，经常要你在24小时或者48小时之内给出答复；有些外国律师偏爱周末加班，在周末给你发电子邮件或者打长途；有些律师生性固执甚至有些傲慢，愿意发号施令，不愿意听取别人的意见等。

（五）并非所有外国律师都恪守职业道德

比如有些外国律师愿意留一手，并不把所有的信息，包括一些你应当知道的重要信息披露给你，因而给你的工作造成很多麻烦；还有些外国律师有意无意之间要你提供规避中国现行法律的建议，甚至有些外国律师原本就在进行着为法不容的勾当，并且希望把这种勾当引入中国。

五、境外办案需要特别谨慎

中国律师从前很少有机会出境办理法律业务。现在,很多从事境外上市、境外融资、国际招投标的中国律师几乎每年都要出国办案,有时一年还要出国几次。鉴于国际市场和外国的司法制度与我国大陆乃至香港都有很大差异,因此,在一个比较陌生的环境下,还是应当特别谨慎。在办案之前要尽可能地搜集和阅读各方面的有关资料,并且主动地向当地各界法律教育人士、律师和各界人士请教。仓促成行,往往无功而返。

还有一个因素需要特别考虑,即你的国内委托人对外国的了解往往比你更为欠缺。在下达交付工作时,难免拿他自己在国内的经验作参照,一厢情愿地作出不切实际的指令。遇到这样的客户,一定要在耐心说服客户之余给自己留有余地。否则,当客户不能完全达到自己的目的时(经常如此),有时会将失望转变成对律师工作的指责。

当然,在实际工作中,需要注意的事项还有很多。律师应当注意总结经验教训,具体问题具体分析。总的来说,处理涉外案件越多,经验也就越为丰富;经验越是丰富,处理案件也就越得心应手,成功的可能性也就越大。

第三编

非诉类律师实务

第八章　法律顾问律师实务

第一节　法律顾问业务概述

一、法律顾问的概念

法律顾问是指依法接受公民、法人或者其他组织的聘请，以自己的专业知识和技能为聘请方提供多方面的法律服务的专业性活动的人员。

法律顾问，有广义和狭义之分。广义的法律顾问，是指为聘请单位或个人，就法律上的问题，提供法律服务的人员。它不仅限于律师，只要具有法律知识，能够为聘请单位和个人提供法律服务的人，均可应聘担任法律顾问。狭义的法律顾问，是专指应聘的取得律师资格的律师。

二、法律顾问的种类

根据聘方的不同，法律顾问分为：

（一）企事业单位的法律顾问

律师担任企事业单位法律顾问，提供法律服务，保证企事业单位的经济、文化、教育、科技等活动纳入法律轨道，使其合法权益受法律保障，最终取得更大的社会效益和经济效益。律师担任企事业单位法律顾问的主要工作：一是协助企事业单位依法建立一套科学的生产、行政、经营管理制度，提高工作效率和工作效益，不断地提高企事业职工的素质和竞争能力；二是协助企事业单位建立健全各种规章制度，加强合同管理工作，预防纠纷；三是代理企事业单位参与经济纠纷的调解、仲裁和诉讼活动，维护聘方的合法权益，使企事业单位得以正常发展；四是要求企事业单位领导，认真学习法律知识，培养运用法律的观念观察和处理问题的习惯，把依法办事贯彻到各项业务活动中去；五是协助企事业单位做好法制宣传工作，增强企事业单位职工法制观念，提高干部职工的遵纪守法的自觉性，使企事业职工都知道该做什么，不该做什么，赞扬什么，惩罚什么，使人人懂得合法行使权利，合理承担义务。

（二）各级政府及其行政管理部门的法律顾问

律师担任政府的法律顾问，是为了实现将经济、建设、文化、科学、教育、文艺及社会生活等方面的国家管理，纳入法制轨道，把管理国家的行政手段、经济手段上升为法律手段，克服官僚主义、主观主义、个人意志决定一切、政企不分、统得过死等现象，实现依法治国。政府及行政管理部门法律顾问的任务：一是协助聘方运用法律手段，转变和实现国家的管理职能，做到统而不死、管而不乱；二是协助聘方严格根据法律规定进行管理，为各级政府及其主要领导人，在国家管理方面，提供法律咨询和科学的决策，这样有助于提高领导人决策民主化、科学化、法律化的水平；三是侧重协助聘方根据法律规定，制定和完善国家管理的实施细则，实现国家行政管理上的规范化、制度化。

（三）一般社会团体的法律顾问

律师担任工会、妇联、侨联、作协、记协等团体的法律顾问，其工作侧重点是：向聘方提供有关的法律咨询和其他法律服务，运用法律手段防止和排除非法侵害，维护聘方机构本身和聘方所属成员的合法权益。

（四）公民个人的法律顾问

律师担任个体工商户、农村承包经营户、专家、学者、文艺、体育等各界的知名人士和其他一般公民聘请的法律顾问。其主要任务和侧重点是：协助聘方不断地提高法律意识，指导履行合同，解决和防止纠纷，代理起诉、应诉，搞好合法、正当经营，维护其合法权益。

（五）公民家庭的法律顾问

随着时代的不断发展进步，公民的法律意识正在逐步崛起，以家庭名义聘请的法律顾问，已走进百姓家中。律师担任公民家庭法律顾问，其主要任务：一是依法卫民，运用法律武器来保护公民的合法权益不受侵害，为聘方排忧解难；二是防微杜渐，将家庭中存在的矛盾解决在萌芽状态，防止矛盾激化；三是讲法入户，举案说法，易于接受，使公民不断增加法律知识，提高守法、执法的自觉性，促进社会安定团结。

第二节　法律顾问的工作内容

法律顾问的工作内容，就是法律顾问应做哪些工作。

一、协助聘方建立健全各项规章制度

企业内部规章制度，是指企业根据国家法律及有关规定结合企业实际情况，

对本企业职工在劳动中应当执行的工作职责、工作方法和工作纪律所作的规定。它具有一定的强制性,要求职工严格遵守执行。建立健全企业内部的规章制度,不仅是企业正常进行生产经营活动的保证,同时,也是企业实现依法管理企业的需要。建立一整套能反映客观规律的科学的规章制度,使人们有所遵循,做到人人有专责,工作有程序,办事有标准,这样才能保证企业的生产经营活动正常有序地进行,并取得良好的经济效益,使国家的法律在企业贯彻执行有了可靠的保证。

法律顾问应协助聘方,在内部管理过程中把经济的和行政的手段,最大限度地上升为法律手段,从而提高管理水平,促进聘方工作秩序化、规范化、合法化。为此,协助聘方建立健全各项规章制度,主要包括管理制度和工作秩序。协助企事业单位建立经济合同管理制度;专利和技术管理制度;商标和广告管理制度;税收、环境保护、劳动保险、资金信贷、外汇和奖惩等管理制度。协助行政管理机关,在日常行政管理中,建立生产管理、计划管理、劳动管理、物资管理、财务管理等章程和规则等。协助承包经营户、个体工商户建立劳动规则、合法经营条例等。企业法律顾问对企业内部规章制度的起草和审查种类繁多,各企业不尽相同,但概括起来主要是:

(一)基本制度

这是指企业的根本性制度,如职工代表大会制度、厂长(经理)工作制度及各项民主管理制度等。

(二)专项工作制度

这是指企业有关生产技术、经营管理及思想政治工作等专项工作制度。主要包括:

1. 计划管理制度。即按规定各级、各单位在计划工作中的职责范围,计划工作的程序、方法和计划执行情况的检查与考核、原始记录和统计等各项工作制度。

2. 市场经营工作制度。包括市场调查和预测、产品销售、产品起价、售前售后技术服务和用户信息反馈等各项工作制度。

3. 生产管理制度。如生产作业计划制度、生产调度工作制度、厂内外生产协作制度等。

4. 技术工作和技术管理制度。包括产品设计和试制、工艺准备和管理、质量标准和质量管理、设备使用和维修、安全生产和事故分析报告、技术资料管理等各项工作制度。

5. 劳动人事管理制度。即关于职工的聘用、调配和考勤、劳动定额和编制定员、职工培训、工资奖励和职工奖惩等各项工作制度。

6. 物资供应管理制度。如物资供应计划工作制度、物资采购风险验收制度、仓库管理制度等。

7. 经济核算和财产管理制度。包括成本管理制度、固定资产和流动资金管理制度、财务收支制度、企业内部经济核算制度等。

8. 生活福利事业管理制度。如食堂、宿舍、托儿所及其他福利设施的管理制度、医疗卫生制度等。

9. 政治工作制度。如组织工作制度、宣传工作制度、思想政治工作制度、治安保卫工作制度等。

(三)责任制度

这是指规定企业内部各组织及各类人员的工作范围、应负的责任以及拥有的权力的制度。责任制度现已发展成为企业内部以承包为主的多种形式的经济责任制。企业内部规章制度的起草审查工作,应由企业有关专业管理部门与企业法律顾问分工配合进行。一般情况下,可以由有关专业管理部门负责草拟本专业方面的规章制度,由企业法律顾问负责对该规章制度合法性的审查。

企业法律顾问在审核企业内部规章制度时,其应注意的问题是:

1. 规章制度必须符合国家法律、法规的有关规定,不得与国家法律、法规抵触,使本单位的规章制度与国家法律、法规相一致。

2. 规章制度应具有规范性,做到内容清楚、明确易懂,文字简明扼要等。

3. 规章制度切实可行,符合企业生产经营的实际,便于执行,使企业内部规章制度在生产经营活动中发挥积极的作用。

二、协助聘方建立法律事务机构,培养从事法律事务的人才

随着改革开放的深入发展,国家机关、企事业单位,有了更多的行政管理权和经营权,企事业单位之间的经济来往频繁,越来越多地需要运用法律手段进行管理,在行政管理、生产经营和工作中,必然会发生更多的法律关系。而一个单位只能聘请一两名律师,显然是不够的,此时,建立法律事务机构,培养一些专门从事法律事务的人才,可以更及时全面地保障这些机关企事业单位依法决策、依法经营管理、依法维护合法权益,是其加强其法制建设、建立健全法律风险防范机制的现实需要。因此,《国有企业法律顾问管理办法》规定国有的大中型企业，必须建立企业法律顾问机构。而协助单位建立法律事务机构，培养从事法律事务的人才也自然是法律顾问的工作内容之一。内容包括：

（一）协助单位建立法律事务机构

1. 制定机构规章、确认机构职责范围，制定机构各项工作制度。

2. 协助制定法律意见书等文书格式，确立机构日常办公的流程。

3. 制定人员奖惩机制和外界监督指导机制。

（二）培养从事法律事务的人才

1. 聘请或者选择适当人员作为重点培养对象。

2. 通过“传、帮、带”的形式，培养合同、劳动和知识产权管理保护等方面的法律人才。提高他们相应的法律专业知识和意识。

3. 和法律事务机构相互积极配合，指导法律人才的工作，共同把聘方单位的法律事务工作做好。

三、开展法制宣传和进行法律培训，提高聘方人员的法律意识及法律知识水平

法制宣传，应在聘方统一安排下进行，定期或不定期给干部职工讲解刑法、民法、婚姻法、诉讼法等法律课，提高干部职工的法制观念。在法律培训中，还要给有关人员讲解合同法、合资经营企业法、劳动法等法律知识。提高聘方人员素质，从根本上减少和预防违法行为、各种纠纷的发生，促进聘方管理法制化。内容包括：

（一）开展法制宣传

1. 根据聘方安排，确立宣传工作计划和时间。

2. 根据聘方安排，协助其开展“普法知识竞赛”等活动，制作“法治漫画”和“法制挂历”等材料。

3. 将宣传效果向聘方反馈，并根据其要求调整宣传内容。

（二）进行法律培训

1. 和聘方沟通，确立法律培训的内容和时间，制作培训宣传单和课程表予以公布。

2. 摘取每个法律部门中与聘方联系较为密切的内容，精心制作讲演稿或者PPT。

3. 将法律培训效果反馈给聘方，并根据其要求调整讲演稿或者PPT内容。

四、企业法律顾问的资信调查

资信调查是指企业法律顾问对另一方当事人的资格、信用和信誉进行了解、核实。企业在生产经营过程中,与他方联营、合作投资或签订经济合同时,应对他人的资信进行严格的调查。企业法律顾问在对他方当事人进行资信调查时,应从以下几个方面考虑:

(一)调查对方当事人的资格

调查对方当事人资格的内容包括:

1. 调查企业是否合法存在,企业是否注册登记,防止非法组织和已注销的企业招摇撞骗;

2. 调查企业的法定名称、地址、法定代表人姓名等。

(二)调查对方当事人的信用

调查信用的目的是了解确定对方当事人在经济上是否具有履约能力。内容包括:1. 调查企业注册的情况,注册资本是表明企业承担责任能力的重要标志。签订合同的标的一定要与他方当事人注册资本相适应。2. 调查企业资产负债情况,以了解其实际经济能力。3. 调查企业的生产经营状况,即企业的产品、设备、技术力量、销路是否畅通,过去的产销情况和经营效果以及新产品开发能力,以确定其经济实力。

(三)调查对方当事人的商业信誉

即了解对方企业的产品质量状况是否在市场上有良好信誉,了解对方企业的合同履行以及对外发生纠纷的情况等。企业法律顾问对他方当事人资信调查的方式,既可以通过国家有关工商、税务、金融等部门进行,也可以通过产品使用客户或者通过新闻媒介(报刊、杂志)调查对方当事人的资信情况。为企业领导人的正确决策奠定基础,当好参谋和助手。

五、企业法律顾问参与经济项目的谈判活动

谈判的内容、范围十分广泛,这里所说的谈判是指经济合同谈判或者投资项目的谈判。在经济活动中,任何一宗交易都需要通过谈判才能实现。因此,从经济活动的角度上讲,谈判的发挥将是经济合同或投资项目能否成功的关键。重大经济合同或者经济项目的谈判程序一般应经过三个阶段,即确定谈判目标、商定基本条款的准备阶段;对合同进行实质性谈判阶段;合同的签订和正式文本制定、签订阶段。企业法律顾问参加谈判,通常是作为谈判班子的成员而开展工作的,企业法律顾问在谈判的不同阶段应做好以下几项工作:

(一)准备阶段

企业法律顾问应从谈判的准备阶段介入工作,以便及时、全面地了解和掌握情况，适时地为谈判工作提供法律服务，保证谈判工作合法、有效地进行。在这一阶段应做的工作是：

1. 了解谈判的项目和委托人的意图，明确具体的工作目标。

2. 根据谈判项目的实际需要，收集有关的技术资料、情报，国家有关法律、法规和政策，弄清谈判对手的经济状况、经营状况、信誉好坏和对此项谈判的态度。

3. 根据掌握的资料和情况，明确谈判项目在双方经营中的位置，分析己方和对方进行这个项目合作的优、劣等条件。从法律的角度分析谈判项目的可行性，以保证不越出法律许可的范围。同时还要注意与经济、技术顾问配合，对该项目各方面进行考察，使其形成一个整体。

4. 制定己方的谈判目标、方式和策略，分析双方谈判目标的差异和主要分歧，制定解决每个差异和分歧的具体方案。

5. 与委托人商定法律顾问在谈判中的位置，是主谈还是辅谈，在哪些问题上需要法律顾问直接与对方交换意见。

6. 根据委托人的意图，有意识地与对方进行意向接触，进一步了解情况，探明双方的目标、计划和动机。

7. 与委托人商定合同的基本条款，拟定合同草案。以上工作做得是否充分，关系到谈判是否能够顺利进行。

（二）实质性谈判阶段

在进行实质性谈判时企业法律顾问的主要任务是：

1. 要力争提出谈判的方案和委托方草拟的合同，掌握谈判的主动权；

2. 法律顾问要充分发挥熟悉法律、了解项目等优势，对谈判中涉及或谈判对方提出的有关法律问题，法律顾问应作出准确回答并加以说明解释；

3. 当谈到对方提出的条件不符合法律规定时，及时向委托方主谈提供要求对方纠正的对策和法律依据；

4. 根据谈判的实际需要，及时向主谈提出变换或修订原定谈判方略的建议，并提供相应的新方案、新对策；

5. 采取有效措施，选择适当时机，弥补主谈出现的偏差和失误；

6. 在谈判中，对于涉及己方合法权益的原则性条款，在对方表示接受又可能发生僵局的情况下，法律顾问要在不损害委托人利益的原则下，提出折中条款或“暂挂”，以备在新一轮谈判中继续磋商；

7. 谈判取得一致意见，而且内容对己方有利时，应及时制作合同条款加以确认。

（三）合同的签订阶段

在此阶段，企业法律顾问要综合谈判双方的意见，制作正式合同。主要工作是：

1. 在双方达成统一意见之后，归纳双方的意见，起草正式合同。通过起草、修改审查等工作，保证合同的内容和形式符合我国法律的规定，并能准确客观地反映谈判的结果。

2. 正式合同起草后，要交对方认可。对方认可后按规定由法定代表人签名盖章。法律顾问在此之间要严格审查对方代理人、代表人的资格，防止出现代理人越权或代表人无资格的情况。

3. 法律规定需要经上级主管机关批准才能生效的合同或合同规定需要公证的，应协助有关部门办理审批或公证手续。

4. 对一些需要备案的合同，法律顾问也要协助备案，防止履行中发生问题。

总之，对于经济项目的谈判，法律顾问一定要严肃、认真，切实维护委托人的合法权益。

六、法律顾问的其他工作范围

1. 为聘方提供咨询服务。就聘方在业务上提出各种法律问题，提供法律意见。包括对聘方工作上、业务上涉及法律的问题或者可以运用法律手段解决的问题，提供解决的具体方案，供聘方决策问题时参考。

2. 为聘方草拟、审查或修改法律文书和其他法律行为文件。如合同、协议、决定、声明、命令、规则、章程、诉状、答辩状等，使之符合国家法律和有关政策。

3. 代理聘方参加诉讼活动、调解、仲裁或非诉讼活动，以维护聘方的合法权益。

4. 为聘方在经营管理或其他方面作出的重大决策，从法律上进行论证，并找出依据。

第三节　法律顾问的工作方式

一、建立法律顾问的工作制度

律师担任常年法律顾问，从工作上具有它的特点：被指派的律师，经常要深入到聘请单位，独立地进行工作。律师所遇到的问题，往往是没有经历过的，有的问题又是较复杂的,如果处理不好,不仅会影响聘请单位的工作,甚至还会给聘方带来不必要的损失。因此,为了提高法律顾问工作的服务质量,建立法律顾问的工作制度,是非常必要的。根据目前各地律师担任法律顾问工作的实践,这些工作制度应包括以下几个方面:

(一)建立工作日志制度

法律顾问开始工作时,准备好一个固定记事本。就哪些问题提供了咨询服务,问题是什么?如何答复的?审查了什么样的合同,提出了哪些问题?作了哪些补充或修改?参加了哪些项目的谈判?双方的分歧点、统一点?最后达成谈判的结论等。要做到一日一记、一次一记、一事一记,形成制度,便于总结。

(二)建立请示汇报制度

聘方的日常法律事务由法律顾问负责处理。对重大的决策,涉及面广影响较大或性质比较严重的问题,法律顾问在提出具体法律意见之前,不要擅自做主,应及时向律师事务所请示汇报,取得领导上的帮助和支持,避免差错。

(三)建立集体讨论制度

法律顾问建立集体讨论制度,可采取两种形式,一种是在所内部进行集体讨论;另一种是与聘请单位的有关人员进行集体讨论。采取哪种形式,取决于问题大小、难易程度。通过集体讨论,集思广益,尤其是涉及专业的问题,律师应向聘请单位的专家进行请教,听取专家们的意见,达到统一的认识,求得正确的解决。

(四)建立与聘方业务联系制度

法律顾问应定期向聘请单位的法人代表报告工作情况,在工作中发现问题,提出改进工作的措施和建议。通过业务联系制度,达到互通情况、密切协作,为聘方提供优质法律服务。同时,双方还应该约定联系的具体时间,并指定具体联系人,只有这样才能将这一制度坚持下去。

(五)建立资料的汇集、整理制度

资料汇集,包括有关法律、法规、政策、司法解释和主管机关的文件,以及与本单位业务有关的技术资料、文献和年鉴,外国有关资料的汇集。整理,指进行综合性的专题分析研究,借以总结工作,以方便后来者在工作中参考借鉴。

(六)建立档案制度

法律顾问对每个聘方都要建立一份档案,档案资料的内容,是自签订合同时起的全部活动材料、资料和记录。特别是法律顾问为聘方提供的法律意见书和成文的其他诉讼或非诉讼文书,都应及时地装入档案。

（七）建立总结制度

担任法律顾问的律师，应当在本年度内，对法律顾问工作，进行一次比较系统的工作总结。总结存在的问题，分析今后开展工作的设想。对发生的重大问题，应作专题总结。分别交聘方和所内各一份，以存档备查。

二、股份制企业法律顾问的工作要点

股份制是当前我国企业改制或组建所普遍选择的一种企业组织形式，法律顾问为其提供法律服务时，要灵活掌握和运用法律手段，目前我国股份制存在有限责任公司、国有独资公司、股份有限公司、股份合作公司等组织形式。因此，律师应根据实践中各企业的不同情况，为企业的设立者或经营者提供最佳服务方案。

企业实行股份制，既要产权明晰，所有权与经营权相分离，又要建立相应的利益激励机制和风险机制，因此，法律顾问必须按股份制企业的特点及要求为其提供法律服务。

（一）对实行股份制的方案进行论证

对于新建股份制企业以及企业实行股份制改革的，应当召开论证会进行论证，论证会一般由上级主管部门、企业经营管理者、法律顾问、注册会计师及其他有关的社会专家、学者参加。法律顾问着重从法律的角度对自主经营、自负盈亏、财产所有权的享有、民主管理、风险承担、利益分配、独立承担民事法律责任等方面进行说明、分析、论证，在广泛发扬民主的基础上达成共识。

（二）草拟企业章程、提交申请材料

法律顾问为企业股份制的筹建提供法律顾问服务，其首要任务就是草拟企业章程。企业章程是股份制企业组织及其活动的根本准则，一经股东签字及有关部门批准，即成为对企业具有法律约束力的重要文件。法律顾问为该类企业草拟企业章程，务必要从企业的实际情况出发，严格依照法律、法规及政策的有关规定，确保形式及内容上的合法性，并使章程具备较强的可操作性。法律顾问草拟的企业章程经过讨论通过后，则应准备好企业设立申请书、可行性研究报告、企业章程草案等材料，及时向政府主管部门提交。

（三）参与清产核资、评估资产

法律顾问要参与企业资产评估小组的工作，对拟投资人的股东资产或企业原有存量资产进行清理、核实、分类登记造册，然后向会计师事务所申请立项评估。在清资评估的过程中，法律顾问要坚持实事求是和现值有效性原则，配合会计师事务所核实资产,在账物相符的基础上对全部应当评估的资产的合法性进行审查,然后进行评估确值。此间,法律顾问工作的重点是对企业债权、债务的清理,凡能及时清结的,则督促有关股东和企业尽快清结,不能及时清结的,应附材料说明不能清结的原因,从而保证企业清产核资结果的真实性。另外,法律顾问要对清产核资有关材料的合法性和真实性进行审查,确保验资报告的合法有效。

（四）送审报批

股份制企业的设立或改制如须经国家授权的机构批准的,还须报批。报批的材料主要有:1. 设立或改制申请书;2. 可行性研究报告;3. 企业章程;4. 资信;5. 审批部门要求报送的其他文件。法律顾问审查上述文件时若发现材料错误或短缺,则应及时修正补齐后送审报批。

（五）保障企业股东大会顺利召开,协助办理工商登记手续

董事会一经成立,法律顾问要立即协助企业向当地工商行政管理部门办理注册登记手续或变更登记手续。股份制企业经核准登记,领取营业执照后即宣告成立。股份制企业建立后,法律顾问为董事会服务的主要内容,是保证其所制定的企业重大决策的合法性,并提供相应的法律依据,从法律角度对各项决策的可行性作出预测。法律顾问为董事会的具体执行机构、为总经理及其领导班子服务的主要内容,是协助其制定生产、经营、管理各个环节的规章制度,使董事会的各项决策、企业内部的实施细则符合国家法律、法规,促使企业管理规范,行为合法,切实维护企业的合法权益,保障其各项生产经营目标的实现。同时法律顾问务必认真对待企业向股东大会提交的各类报告,如对股息分配(分红)方案、企业年度报告,资产负债表、损益表以及其他会计报表等进行真实性和合法性审查,以保护全体股东的合法利益。

三、私营企业法律顾问的工作要点

私营企业是指由私人投资经营,以营利为目的的各种经济实体。根据我国《私营企业暂行条例》及施行办法的有关规定,私营企业要在国家法律、法规和政策允许范围内,从事工业、建筑业、交通运输业、商业、饮食业、服务业、修理业、科技资料业以及营利性的旅游、体育、食品、医药、文化教育、技术培训、文化娱乐、种植养殖业等的生产经营。私营企业不得从事军工、金融业的生产经营,不得生产经营国家明令禁止经营的商品。

律师接受私营企业的聘请担任法律顾问,是一项新的业务,其主要职责是保

证私营企业正当、依法进行生产经营活动。具体应做好以下几项工作:

1. 协助私营企业依法办理工商、税务登记,包括开业登记、变更登记,按照登记主管机关的要求,如实提供有关的文件、证件;

2. 参与对经济合同的起草、审查和签订,参与经济合同的谈判等;

3. 制定和完善私营企业内部的各种规章制度,接受私营企业负责人法律询问,并予以解答;

4. 代理私营企业进行专利申请、商标注册申请等事宜;

5. 接受私营企业法定代表人的委托,参与民事、经济纠纷的调解、仲裁和诉讼活动,切实维护私营企业的合法权益。

四、担任政府法律顾问的工作要点

(一)就政府的重大决策提供法律方面的意见,或者应政府要求,对决策进行法律论证

政府法律顾问参与政府决策,就是对政府的重大决策提供法律依据,提出法律意见和建议,以避免政府在法律上出现依据不足或缺乏法律依据的失误,促进政府决策的民主化、科学化和规范化,保证政府决策的合法、可行。政府法律顾问参与决策的范围十分广泛,如政治决策、经济决策、文化教育决策、能源决策、人口决策等。政府法律顾问参与上述决策,主要任务是为决策的形式、内容提供法律咨询和法律依据。

(二)对政府起草或者拟发布的规范性文件,从法律方面提出修改和补充意见

政府为了规范自己的行政行为,经常要根据国家宪法、法律制定一些规范性文件,如法规、条例、规章等。为了保证政府规范性文件的合法有效,政府法律顾问应从立法内容、立法技术上提出修改和补充建议。

(三)参与处理涉及政府的尚未形成诉讼的民事纠纷、行政纠纷和其他重大纠纷

由于政府的行政管理工作涉及面广,难免与行政相对人发生矛盾和纠纷。为了及时、有效地把这些纠纷解决在萌芽和初级阶段,防止矛盾的激化,保证行政活动的正常运行,政府法律顾问应积极参与处理此类纠纷。

(四)代理政府参加诉讼,维护政府依法行使行政职权和维护政府机关的合法权益

当公民、法人或其他组织认为政府有关部门的具体行政行为侵犯其合法权

益,依法向人民法院提起诉讼时,政府法律顾问应代理政府参加诉讼,以维护国家行政权力,保证国家行政效率。

（五）协助政府审查重大的经济合同、经济项目以及重要的法律文书

这主要是政府审查所辖企业的重大经济合同、经济项目以及重大的技术引进、外资引进、对外贸易项目时,政府法律顾问应为政府提供法律服务,使其依法进行。

（六）协助政府进行法制宣传教育

进行法制宣传教育,是政府的一项艰巨而重要的工作。律师作为政府的法律顾问,应积极协助政府做好法制宣传教育,以增强政府机关工作人员的法制观念,提高他们依法行政的自觉性,以适应政府工作的需要。

（七）向政府提供国家有关法律信息,就政府行政管理中的法律问题提出建议

随着社会主义市场经济体制的建立和完善,必须有一套完备的法制来规范和保障,使改革开放与法制建设统一起来。

（八）办理政府委托办理的其他法律事务

政府法律顾问应适应形势发展的需要,为政府机关提供全方位的法律服务。随着政府职能的转变,宏观经济调控体系的建立,政府管理体制将面临全面的改革,涉及各行各业的法律问题,这样,政府法律顾问接受政府委托办理的法律事务也将随之增多。对此,律师均应认真办理。

第九章　知识产权律师实务

一、知识产权的概念和范围

知识产权是人们基于自己的智力活动创造的成果和经营管理活动中的经验、知识的结晶而依法享有的权利,它涉及文学、艺术、科技、工商领域的智力成果及相关权利。

知识产权法是调整因创造、使用智力成果而产生的,以及在确认、保护和行使智力成果所有人的知识产权过程中所发生的各种社会关系的总称。

知识产权法律体系一般包括以下几种法律制度:

1. 著作权法律制度。这是保护文学、艺术、科学作品的创作者的权利和传播者的权利(邻接权)的法律法规。目前,很多国家(包括中国)还将计算机软件列入著作权法的保护范围。

2. 商标权法律制度。这是保护商品商标和服务商标使用者的权利的法律制度。

3. 专利权法律制度。这是保护各个技术领域发明创造者,因完成智力成果而获得专有权利(包括发明专利权、实用新型专利权、外观设计专利权)的法律制度。

4. 商号权法律制度。这是保护工商企业名称或者工商企业字号的专用权的法律制度。

5. 产地标记权法律制度。这是保护商标原产地名称或者货源标记或者产地标记权利的法律制度。

6. 工业版权法律制度。这主要是保护集成电路布图设计权等新型知识产权的法律制度。

7. 商业秘密权法律制度。这主要是保护未公开的技术信息和经营信息权的法律制度。

8. 反不正当竞争法律制度。这是制止生产经营者以不正当手段进行市场竞争损害同行业竞争对手合法权益的法律法规。

9. 其他保护知识产权的法律制度。这是指目前世界上只有少数国家已经制定的、另一些国家主张应当制定的保护新的技术领域的智力成果权的法律制度。

这里我们着重介绍商标权、专利权和著作权律师实务。

二、商标权律师实务

商标是指在商品服务项目上所使用的，用以识别不同经营者所生产、制造、加工、拣选、经营的商品或者提供的服务的，由显著之文字、图形或者其组合构成的标志。名牌商标能够给商品的生产者带来丰厚的经济收益。因此，为了保护商标的专用权，我国制定并颁布施行了《商标法》。商标法主要是调整因商标注册、使用、管理和保护商标专用权所发生的各种社会关系。通过对这些社会关系的调整，保护商标专用权，维护商标所有权人的利益。商标律师实务包括诉讼代理和非诉讼代理律师实务。

（一）商标权诉讼案件

律师商标诉讼代理主要是指律师接受注册商标所有人的委托，在法律规定的保护范围内，根据委托人的授权，以委托人的名义并为了委托人的利益，代理委托人进行诉讼的行为。商标权诉讼案件主要有商标侵权案件、商标使用许可合同纠纷案件、注册商标转让合同纠纷案件。律师在代理商标侵权案件时，应进行如下工作：

1. 律师应区分侵犯商标专用权的类型

（1）未经注册商标所有人的许可，在同一种商品或者类似商品上使用与其注册商标相同或者近似商标的。这类商标侵权行为的案件有四种情况：在同一种商品上使用与注册商标相同的商标；在同一种商品上使用与注册商标相近似的商标；在类似商品上使用与注册商标相同的商标；在类似商品上使用与注册商标相近似的商标。

（2）销售明知是假冒注册商标的商品。这是商品销售者实施的一种侵权行为。只要销售者主观上明知或应知销售的是假冒注册商标的商品，即构成此类侵权行为。

（3）伪造、擅自制造他人注册商标标识或者销售伪造、擅自制造的注册商标标识。这类侵权行为的表现形式主要有四种：伪造他人注册商标标识；未经商标权人委托或者授权而制造其注册商标标识;超越商标权人授予的权限擅自制造其注册商标标识;销售属于伪造、擅自制造的注册商标标识。

(4)给他人的注册商标专用权造成其他损害的行为。

2. 对商标使用许可合同诉讼案件的代理

首先,应对商标使用许可合同进行审查,以确认其法律效力;其次,审查合同变更、解除等方面的内容。如果合同有效,违约一方应承担违约责任。律师在代理时,可依照《合同法》的有关规定办理。但商标使用许可合同与一般合同不同,有它的特殊性。比如,在确认合同的法律效力时,就有它的特点。对这类合同必须审查以下几项条件,否则合同应确认无效。要审查:第一,许可人必须是该商标注册人;第二,商标必须与注册商标一致(文字、图形);第三,许可使用注册商标的商品,应当以注册商标核定使用的商品为限;第四,许可合同的期限,不得超过注册商标的有效期限,续展后,可继续签订。

3. 商标权诉讼案件律师代理应注意的问题

(1)查明商标权是否已经取得,或商标权的享有是否超过了法律规定的期限。

(2)查明侵犯商标权的时间、地点、造成的影响,为此要全面搜集证据。

(3)代理人要及时地向人民法院提出采取强制停止侵权行为的措施。根据2001年12月25日最高人民法院颁布的《关于诉前停止侵犯注册商标专用权行为和保全证据适用法律问题的解释》规定,律师作为商标注册人和利害关系人的代理人应及时向法院提出诉前责令停止侵犯注册商标专用权或者保全证据的申请,切实保护商标注册人的合法权益。

(4)确定商标侵权案件的管辖法院。由于商标侵权行为而引起的诉讼,管辖比较复杂,因为我国《民事诉讼法》规定:"因侵权行为提起的诉讼,由侵权行为地或者被告住所地人民法院管辖。"有时商标的侵权行为地既不在原告住所地,也不在被告住所地,而是在第三地,甚至在第三地还不止一处。律师选择被告住所地起诉比较合适。

(5)注意提出赔偿的请求。律师应为当事人提供计算赔偿的计算标准,侵犯商标专用权的赔偿数额,为侵权人在侵权期间因侵权所获得的利益,或者被侵权人在被侵权期间因被侵权所受到的损失,包括被侵权人为制止侵权行为所支付的合理开支。如果不能确定侵权人因侵权所获得的利益,也不能够计算被侵权人因侵权事实所遭受的损失,人民法院将根据情节判决给予50万元以下的赔偿。

（二）商标权非诉讼律师实务

律师非诉讼商标代理主要是指律师接受当事人的委托，以委托人的名义并为了委托人的利益，在委托人的授权范围内，代理委托人办理商标注册申请、转让注册商标申请、商标使用许可以及代为办理被撤销注册商标后的复审申请等法律事务的行为。

律师商标非诉讼代理，一般主要进行以下工作：首先是接受委托。根据以上规定，委托人在办理商标注册申请、转让注册商标申请、商标使用许可以及办理被撤销注册商标后的复审申请等非诉讼法律事务过程中，需要律师提供法律帮助的，可以委托律师。根据委托人委托代理的非诉讼法律事务的不同情况，由委托人向代理律师出具授权委托书。委托代理合同和授权委托书是律师代理委托人办理非诉讼法律事务的凭证，表明律师与委托人之间的委托代理关系正式确立。代理律师根据非诉代理的内容的不同，可以从事如下代理工作：

1. 律师代办商标注册申请

商标注册是指商标使用人为了取得商标专用权，将其使用的商标依照《商标法》规定的注册条件、原则和程序，向商标管理机关提出注册申请，经商标管理机关审查批准，授予申请人商标专用权的活动。

（1）律师代办商标注册申请的程序

①填写《商标注册申请书》。注册商标申请书应当写明以下内容：申请注册商标的名称；使用商标的商品类别和商品名称；使用商标商品的主要用途；商品生产所执行的技术标准类别；申请人的名称或姓名、地址和营业执照号，并加盖申请人的印章。

②附送 10 张商标图样。在送交正式图样前，律师应当就商标设计草图，附函说明注册的商品类别，向工商行政管理机关查询。查询后，如果没有混同，再迅速将设计的正式商标图样送交。

③附送有关证件。如果申请人申请药品商标注册，应当附送卫生行政部门发给的证明文件。申请卷烟、雪茄烟和有包装烟丝的商标注册，应当附送国家烟草主管机关批准生产的证明文件。

④向当地工商行政管理机关交纳商标申请费和商标注册费。

（2）律师代办商标注册申请应注意的问题

我国主要实行商标自愿注册的原则，但根据《商标法》的规定，符合条件的商标申请才能获准注册,商标注册的条件包括商标注册申请人应当具备的条件和申请注册的商标应当具备的条件两个方面。

申请商标注册,应当按规定的商品分类表,填报使用商标的商品类别和商品名称。同一申请人在不同类别的商品上使用同一商标的,应当按商品分类表提出申请。注册商标需要在同一类的其他商品上使用的,应当另行提出申请。

2. 律师代办转让注册商标的申请

注册商标转让是指商标注册人在有效期内,依法定程序,将商标专用权转让给另一方的行为。律师接受当事人的委托,代办转让注册商标的申请时,应当注意相关的程序和相关的问题。

(1)律师代办转让注册商标申请的程序

①要求转让人和受让人双方共同向商标局提出申请,共同填写《转让注册商标申请书》。申请书的内容包括商标的名称、转让人和受让人的地址、营业执照号等,并加盖双方的印章。

②附送原《商标注册证》正本,即交回原《商标注册证》。

③向当地工商行政管理机关交纳转让申请费和转让注册费。

(2)律师代办转让注册商标申请应注意的问题

①转让的形式有两种:合同转让和继受转让。合同转让是指转让人与受让人通过签订合同的方式转让注册商标专用权。继受转让是指受让人通过法律上的承继关系而享有注册商标专用权的行为。

②转让注册商标的,商标注册人对其在同一种或者类似商品上注册的相同或近似的商标,必须一并登记。

③转让国家规定必须使用注册商标的人用药品、烟草制品及其他商标的,受让人应当提供有关主管部门的批准证明文件。

3. 律师代办商标使用许可法律事务

商标使用许可是指商标注册人以订立书面合同的形式,允许他人使用其注册商标。

(1)律师代办商标使用许可法律事务的程序

①要求许可人、被许可人双方签订《商标使用许可合同》。该合同应当包括以下条款:许可使用的形式;许可使用的注册商标的名称、注册证号、许可使用的注册商标的商品范围和名称;使用期限和产品销售区;许可使用费的数额和支付方式;商品质量的保证和监督办法及违约责任。

②要求许可人、被许可人双方填写《商标使用许可合同备案表》。

③将《商标使用许可合同》与《商标使用许可合同备案表》报国家商标管理机关备案和当地工商行政管理局存查。

(2)律师代办商标使用许可应注意的问题

①明确商标使用许可的范围,不得超出商标注册的核定使用范围,被许可使用人只能自己使用,而无权再许可给第三人使用。

②对于被许可使用人使用许可人商标的商品质量,许可人享有质量控制权。被许可人如果不能保证商品质量,许可人有权制止被许可人出售使用该商标的商品。

三、专利权律师实务

专利是指经专利主管机关依照法定程序审查批准的、符合专利条件的发明创造。我国专利法规定了三种专利:发明专利、实用新型专利和外观设计专利。

专利权是指就一发明创造的申请人向专利行政管理部门提出申请,经专利行政管理部门依法审查合格后,向申请人授予的在一定期限内对该发明创造享有的专有权利。

专利权律师实务分为专利权诉讼代理和专利权非诉讼代理。

(一)专利权诉讼代理实务

律师专利诉讼代理主要是指律师接受专利所有权人的委托,在法律规定的保护范围内,根据委托人的授权,以委托人的名义并为了委托人的利益,代理委托人进行诉讼的行为。专利权纠纷案件主要有以下几种:关于实施强制许可使用费纠纷的案件;关于专利申请公布后,专利权授予前使用发明、实用新型、外观设计的费用纠纷的案件;关于专利侵权纠纷案件;关于转让专利申请权或者专利权的合同纠纷案件;专利权属纠纷案件;专利申请权纠纷案件。

针对不同案件纠纷、情节是否严重,所产生的后果等因素的不同,处理方法也不一样,我国专利法常见的保护方法有三种,即民事保护、行政保护以及刑事司法保护(主要针对假冒专利情节严重的行为)。以下分析律师在不同纠纷类型中所需要处理的问题。

1. 专利权诉讼案件的种类

(1)专利侵权纠纷案件

专利侵权也称侵犯专利权,是指在专利有效期内,非法侵犯专利权人依法所享有的权利的行为。《专利法》规定,未经专利权人许可,为生产经营目的制造、使用或者销售其专利产品,或者使用其专利方法的行为以及假冒他人专利的行为,都属于侵犯专利权的行为。专利侵权行为应同时具备以下几个条件:①专利侵权被侵犯的对象,是已授予专利权,受专利法保护的专利产品或专利方法。②侵权行为是指违法制造、使用和销售专利产品以及使用专利方法的行为。发生专利方法侵权纠纷以后,制造同样产品的单位或者个人应当提供其生产制造方法的证明,也就是说,被告有责任提供证据,证明其产品不是用该方法制造的,否则,不需要原告提供证据,被告即被推定为使用了该专利方法。③要以生产经营营利为目的。具有此等性质的行为的违法性才构成专利侵权。④未经专利权人许可。⑤专利侵权人主观上必须有过错。⑥实施的专利侵权行为直接或间接给专利权人造成财产和精神上的损害,也就是损害结果客观存在。

对这类案件的处理,律师代理实务中常采取民事保护,向侵权行为地(侵权行为发生地、侵权行为结果地)的中级人民法院起诉,如果案件技术性,专业性强,案件复杂,涉及面广,律师在代理中有一定难度,遇有专门技术问题可以请专家顾问对有关的问题进行技术分析和技术鉴定,以便更好地保护当事人的利益。

为了使当事人能够免遭继续侵权或者获取更多的补偿,代理律师在代理过程中尤其需要注意的问题有:①根据《最高人民法院关于对诉前停止侵犯专利权行为适用法律问题的若干规定》,应及时向法院提出诉前停止侵犯专利权的申请,切实保护专利权人和其他利害关系人的合法权益。②为当事人提供诉前保全措施。专利权作为一种无形财产权,和其他财产权相比有它的特殊性。专利侵权诉讼采取诉讼保全是为了及时制止对专利这种无形资产的侵权行为,也是为了避免损失的扩大。③应当帮助代理人举证,证明被告侵权的事实证据,包括书证、物证;向法院阐明诉讼的目的及理由,请求保护权利的范围和要求停止侵权的范围,说明理由和依据。④及时提出证据保全申请。在专利侵权纠纷中,产品、设备及有关的技术资料都是非常重要的证据,如不及时采取保全措施,证据就有被毁损、转移的可能。⑤为当事人提供专利侵权赔偿数额的计算方式,合理提出赔偿数额。赔偿数额应根据权利人因被侵权所受到的损失,也可以根据权利人的利益损失、侵权人获得的利益或者专利使用许可费的倍数合理计算。

(2)专利申请权纠纷案件

这类案件主要解决专利权的归属问题,主要有:专利申请权纠纷主要有关于是职务发明创造还是非职务发明创造;关于谁是发明创造的发明人或设计人;关于合作完成或者接受委托完成后的发明创造,谁有权申请专利。

(3)专利权属纠纷案件

专利权属纠纷案件是指某项发明创造被正式授予专利权后,当事人对谁是真正发明人产生争议,依法向人民法院起诉的案件。如果当事人是对专利授予机关授予专利的行为有异议,则其代理律师可以向人民法院起诉以寻求行政保护。另外对于对专利局有关人员在专利公布前的泄露专利内容行为、未经专利局许可实施专利的侵权行为,律师应当首先寻求行政保护。

(4)专利许可合同纠纷案件

专利许可合同的法律特征是双方通过订立合同,专利权人(许可人)将专利交受让人(被许可人)使用,而受让人因此支付专利使用费,当因一方违约造成纠纷起诉至法院后,对违约责任的划分,应围绕着双方基本的权利义务关系来确定。对专利许可合同纠纷民事责任的确定及处理,代理律师应注意从以下几个方面去考虑:①许可人是否是专利权人。如果不是专利权人,而以所有权人的名义与他人订立的专利许可合同是无效的。②审查许可人提供的专利是否为职务发明。根据专利法的规定,执行本单位的任务或者利用本单位的物质条件所完成的职务发明创造,申请专利的权利属于该单位。③审查专利许可合同的内容和形式是否合法。④根据专利许可合同双方约定的权利义务,确定谁应该承担违约责任。

(5)专利权转让纠纷案件

专利权转让是指转让方将其所有的专利权移交受让方所有的行为。关于专利转让合同在履行过程中产生纠纷而依法起诉到人民法院的案件,律师在代理时应主要抓住三个关键点:①当事人所转让的专利是否属于有效专利;②当事人是否有权转让;③转让协议是否依法经专利局登记公告。

2. 专利权案件律师代理应注意的问题

(1)要明确我国专利权保护的三种方法:

①对假冒他人专利者,对侵犯发明人或设计人的非职务发明创造专利申请权和专利局规定的其他权益的行为、对专利局有关人员在专利公布前泄露专利内容的行为、对未经专利局许可实施专利的侵权行为,律师应当首先请求行政保护;

②对当事人因专利是否为发明创造而发生的纠纷,关于谁是发明创造的发明人或设计人的纠纷,关于对协作(合作)完成或者接受委托完成的发明创造谁有权申请专利的纠纷案件,对上级主管部门或所在地区专利管理机关处理不服

的案件,可以请求民事保护,向人民法院起诉;

③对于假冒专利且情节严重的侵权直接责任人,可以请求司法机关追究其刑事责任。

(2)专利侵权纠纷案件技术性、专业性强,案件复杂,涉及面广,律师在代理中有一定难度,遇有专门技术问题可以请专家顾问对有关的问题进行技术分析和技术鉴定。

(3)作为原告的代理人应当帮助其举证,证明被告侵权的事实证据,包括书证、物证;向法院阐明诉讼的目的及理由,请求保护权利的范围和要求停止侵权的范围,说明理由和依据。

(4)专利侵权纠纷案件的管辖一般适用特别地域管辖,即由侵权行为地的中级人民法院管辖。侵权行为地包括侵权行为发生地、侵权行为连续进行地和损害结果发生地。

(5)对专利侵权行为,为当事人提供诉前保全措施。专利权作为一种无形财产权,和其他财产权相比有它的特殊性。专利侵权诉讼采取诉讼保全是为了及时制止对专利这种无形资产的侵权行为,也是为了避免损失的扩大。

(6)及时提出证据保全申请。在专利侵权纠纷中,产品、设备及有关的技术资料都是非常重要的证据,如不及时采取保全措施,证据就有被毁损、转移的可能。

(7)代理人根据《最高人民法院关于对诉前停止侵犯专利权行为适用法律问题的若干规定》,应及时向法院提出诉前停止侵犯专利权的申请,切实保护专利权人和其他利害关系人的合法权益。

(8)为当事人提供专利侵权赔偿数额的计算方式,合理提出赔偿数额。赔偿数额应根据权利人因被侵权所受到的损失,也可以根据权利人的利益损失、侵权人获得的利益或者专利使用许可费的倍数合理计算。

(二)专利权非诉讼律师实务

专利权非诉讼律师实务是指律师接受当事人的委托,按照《专利法》及《专利法实施细则》的有关规定,以当事人的名义,代理当事人向专利管理机关办理专利事务的一种法律行为。律师在非诉讼活动中的律师专利代理,具体包括专利申请中的律师代理、专利授权过程中的律师代理和律师对专利权人的法律服务等。

1. 律师代理提出专利申请

这是专利代理律师的一项重要任务。律师代理提出专利申请,主要是负责办理申请专利的各种手续。在专利申请中，代理律师的责任主要是，将发明的有关事实正确地、准确无误地，按照法律的要求表述出来。提出专利申请必须迅速及时。专利代理律师应当注意，在任何情况下，都不能错过规定的时间限制，否则延误专利申请的提出，会给发明人带来无法弥补的损失。主要应当做好以下工作：

（1）提交有关文件。专利代理律师代理申请人，按照《专利法》及其实施细则规定的内容、式样、文字、书写方式和其他有关规定的要求，填写专利请求书、说明书、说明书摘要及权利要求书，提供外观设计的图片或照片等文件。

（2）依法请求专利局审查专利申请。专利审查的目的在于，确定专利申请是否符合专利法规定的形式要件和实质要件，从而决定是否批准授予专利权。专利代理律师应当在法律规定的期限内，请求专利局对发明专利的申请进行实质审查，以免逾期后造成被动。

2. 律师代理转让专利权

专利权转让，是指专利权人将其获得的专利所有权转让给他人。律师代理专利权转让应当注意：①专利权转让必须符合法律规定，并依法办理转让手续；②中国的单位或者个人向外国人转让专利权的，必须经过国务院有关部门的批准；③转让专利权时，当事人必须订立书面合同，并经专利局登记和公告后，才能正式生效。

3. 专利代理律师的服务

专利代理律师应当根据自己具有的法律专业知识、专业技能和丰富的实践经验，在法律规定的范围内，充分维护委托人的合法权益。专利代理律师的任务主要分为以下几个方面：

（1）提供法律咨询。律师应当根据实际情况，权衡利弊，向发明人提出切实可行的选择意见，供发明人参考。如果申请专利比保守专利秘密对发明人更有利，那么专利代理律师还应当考虑取得发明专利的适当时机，并帮助发明人判定申请专利的可行性和价值等问题。

（2）为委托人取得专利权的服务。专利代理律师在法律规定的范围内，应当充分保护发明人的合法权益。在申请取得专利权的过程中，律师必须严格保守发明人申请专利发明的内容，及时提出实质性审查的请求，协助申请人修改发明说明书和权利要求书，答复审查员的审查意见。总之，专利代理律师在专利的审批阶段，应当随时了解审查的情况，并按专利局的要求采取积极有效的措施，争取使专利申请获得批准,使发明人获得专利权。

四、著作权律师实务

著作权是指作者及其他著作权人依法对文学、艺术、科学作品所享有的人身权利和财产权利的总称。著作人身权,又称精神权利,是指作者对其作品所享有的各种与人身相联系而又无直接财产内容的权利。著作人身权具体包括发表权、署名权、修改权和保护作品完整权四项权利。著作财产权包括使用权和获得报酬权,具体包括复制权、发行权、展览权、表演权、播放权、制片权、演绎权7项权能。著作权律师实务分著作权诉讼律师实务和著作权非诉讼律师实务。

(一)著作权诉讼案件

著作权纠纷,既有基于著作权的归属、权利的行使等发生的纠纷,也有基于作品的使用而发生的著作权合同纠纷。著作权诉讼案件主要有著作权侵权案件、著作权转让合同纠纷案件、著作权许可合同纠纷案件。

1. 著作权侵权案件。所谓侵犯著作权的行为,是指未经作者同意或其他权利人同意,又无法律上的根据,擅自对著作权作品进行利用或以其他非法手段行使著作权人专有权利的行为。

(1)侵犯著作权的表现形式。根据《著作权法》的规定,侵犯著作权的行为有以下多种表现形式:

未经著作权人许可,发表其作品的行为;未经合作作者许可,将与他人合作创作的作品当作自己单独创作的作品发表的行为;没有参加创作,为谋取个人名利,在他人作品上署名的行为;歪曲、篡改他人作品的行为;未经著作权人许可,以展览、摄制电影和以类似摄制电影的方法使用作品,或者以改编、翻译、注释等方式使用作品的行为;使用他人作品未按规定支付报酬的行为;未经电影作品和以类似摄制电影的方法创作的作品、计算机软件、录音录像制品的著作权人或者与著作权有关的权利人许可,出租其作品或者录音录像制品的行为;未经出版者许可,使用其出版的图书、期刊的版式设计的行为;剽窃、抄袭他人作品的行为;未经著作权人许可,以营利为目的复制发行其作品的行为;制作、出售假冒他人署名的美术作品的行为;未经表演者许可,以现场直播其表演的行为或者公开传送其现场表演的行为;未经著作权人许可,复制、发行、表演、放映、广播、汇编、通过信息网络向公众传播其作品的行为;未经表演者许可,对其表演制作录音录像出版的行为,或者通过信息网络向公众传播其表演的行为;出版他人享有专有出版权的图书的行为;未经录音录像制作者许可,复制、发行、通过信息网络向公众传播其制作的录音录像制品的行为;未经广播电台、电视台许可,转播、复制发行其制作的广播、电视的行为;未经著作权人或者与著作权有关的权利人许可,故意避开或者破坏权利人为其作品、录音录像制品等采取的保护著作权或者与著作权有关的权利的技术措施的行为;侵犯著作权以及与著作权有关权利的行为。

(2)侵犯著作权的民事法律责任。侵犯著作权行为发生后律师在诉讼过程中应掌握以下几种处理方式:

①停止侵害。行为人正在实施侵害他人著作权的行为时,权利人有权要求其停止侵权行为,其目的是防止损害结果扩大。

②消除影响。作品的著作权被侵犯后,权利人有权请求行为人或者诉请人民法院责令行为人在一定范围内澄清事实,以消除人们对权利人或者其作品的不良印象,使社会对其评价恢复到未受侵害前的状态。一般来说,行为人在多大范围内给著作权人造成不良影响和损害,就应在多大范围内消除影响。

③公开赔礼道歉。这是保护权利人的人身权的有效措施。具体方式有登报致歉,在公共场所声明或借助其他媒介表明歉意等。

④赔偿损失。主要适用于对著作财产权的侵害,对著作人身权的侵害,只有给权利人造成一定的经济损失时,才能适用赔偿损失的方法。根据《著作权法》的规定,侵犯著作权或者与著作权有关的权利的,赔偿损失应按以下规定,侵权人应当按照权利人的实际损失给予赔偿;实际损失难以计算的,可以按照侵权人的违法所得给予赔偿。赔偿数额还应当包括权利人为制止侵权行为所支付的合理开支。权利人的实际损失或者侵权人的违法所得不能确定的,可以根据当事人的申请,由人民法院根据侵权行为的情节,判决给予50万元以下的赔偿。

2. 著作权转让合同纠纷案件。著作权转让合同纠纷案件,是指著作权人将其作品使用权一部或全部在法定有效期内转移给他人,在此转让过程中转让人和受让人之间出现的纠纷。违约行为的一般表现:转让合同中负有义务的一方当事人,不履行自己承担的义务;合同中负有义务的一方当事人履行合同义务不符合预先约定的条件或者只履行了一部分。

3. 著作权许可使用合同纠纷案件。它是指著作权人在将自己的作品以一定的方式、在一定的地域和期限内许可他人使用的过程中出现的纠纷。代理此类案件的律师应当注意审查:被许可人行使权利时是否擅自超出约定的权利;是否是在约定的方式、约定的地域和约定的期限内行使著作权;被许可人不得擅自将自己享有的权利许可其他人使用;著作权人可以将同样权利以完全相同的方式,在相同的地域和期限内许可他人使用,除非被许可人享有专有许可权;除专有许可外,被许可人对第三人侵犯自己权益的行为一般不能以自己的名义向侵权人提起诉讼,只能以著作权人的名义提起诉讼。

随着科技的发展,计算机网络已经渗入人们生活的方方面面,网络传播的兴起和发展使著作权侵权行为有了新的表现。将网络上他人作品下载并复制光盘、图文框(frame)链接、超链接(Hyperlink)、未经许可将作品原件或复制物提供公众交易或传播、网络服务商的侵犯著作权行为、用故意删除、篡改等手段破坏网络作品著作权管理信息等,虽然这类案件的侵权场所具有特殊性、网络侵权行为复杂性、责任承担主体多元性等特点,但是并未超出著作权法保护的范畴,不应对此种侵权行为进行类型化,因此针对这种侵权行为的新表现形式,代理律师应当能够利用著作权法的知识进行分析、判断,属于著作权纠纷中的哪种类型,进而有针对性的提起诉讼,保护被代理人的利益。

4. 著作权纠纷案件律师代理应注意以下问题:

(1)全面了解目前有关著作权保护的法规、政策,正确地认定侵犯著作权的行为。要注意不要把许可使用的行为,也当成侵犯著作权的行为来认定。

(2)要注意正确地认定是专著还是合著及著作权人享有的具体权利。

(3)对于扣付、少付或迟延付酬的纠纷,要注意结合有关法规,全面维护委托人的合法权益。

(4)注意诉讼时效的规定。著作权侵权案件应在两年内提起诉讼。

(5)原告在向法院提出要求被告赔偿损失的诉讼请求后,应提供相应的证据。一般采用依据被侵权者的损失或侵权者所得来确定赔偿数额。

(二)著作权非诉讼代理

律师非诉讼著作权代理主要是指律师接受当事人的委托,以委托人的名义并为了委托人的利益,在委托人的授权范围内,代理委托人办理著作权登记、转让、许可使用等法律事务的行为。律师的著作权实务主要有:

1. 代理版权登记。著作权人对自己的作品在行政机关进行登记,能够在形式上给予确认,使其归属明确,可以减少和防止纠纷的发生。各省、自治区、直辖市版权局负责本辖区作者或其他著作权人的作品登记工作。

我国对计算机软件著作权实行特别的登记制度,根据《计算机软件著作权登记办法》的规定,申请软件著作权登记的原则是,一项软件著作权的登记申请只限于一个独立发表的、能够独立运行的软件。合作开发的软件进行登记时,可以由各著作权人协商确定一个著作权人作为代表办理。

2. 版权代理。代理著作权人进行国内外的版权贸易洽谈;代理商谈合作出版业务;为著作权人提供转让版权的信息;帮助签约,维护著作权人的合法权益。

3. 版权法律服务。对著作权及相关法律、法规的咨询服务,出具相关的法律意见书;对专项著作权进行相关的法律服务;代为对著作权侵权行为进行调查、取证;代理著作权及其相关纠纷的调处;为各类出版、新闻单位及网络服务商和个人提供法律顾问服务。

4. 协助委托人签订著作权许可使用合同。具体包括:出版合同、表演合同、录制合同、播放合同、改编合同等,该类合同应当具备以下条款:(1)许可使用作品的方式。使用的方式可以是一种,也可以是多种。(2)许可使用的权利是专有使用权还是非专有使用权。如果未作约定,或约定不明,一旦发生纠纷,法律通常只能认为被许可人取得的是非专有使用权。(3)许可使用的范围、期间。合同的有效期限不超过 10 年,合同期满可以续订。(4)付酬标准和办法。(5)违约责任。(6)双方认为需要约定的其他内容。

5. 协助委托人签订著作权转让合同。该类合同应当包括以下内容:(1)作品的名称;(2)转让的权利种类、地域范围;(3)转让价金;(4)交付转让价金的日期和方式;(5)违约责任;(6)双方认为需要约定的其他内容。

第十章　新三板律师实务

截至2015年7月10日，在全国中小企业股份转让系统挂牌的企业已经达到2695家，总股本:1312.09亿股，流通股本:496.30亿股，成交股数:2646.00万股，成交金额:23313.49万元。从2013年12月13日《国务院关于全国中小企业股份转让系统有关问题的决定》(国发[2013]49号)发布，新三板推向全国范围，成为继主板和创业板之外的第三个全国性证券交易市场以来，短短一年多的时间里，新三板挂牌企业数量突飞猛进，新三板市场也变得越来越成熟，投资融资作用也越发明显。2013年之前，全国新三板挂牌企业仅仅300多家，经过一年多的发展，挂牌企业数量翻了三番，市场流通股本数额及成交金额也大幅度提高。新三板在规范企业运作，提高企业股权流动性，融资等方面发挥着越来越重要的作用。

新三板在全国范围内的推广，挂牌以及申请企业的大量增加，使律师非诉法律服务业务领域得到拓展。根据新三板挂牌上市相关法律法规的规定，律师作为新三板挂牌法律服务中介机构，在企业新三板上市过程中扮演着重要的角色。从前期法律尽职调查、到企业增资扩股方案的设计到企业改制，从股权设置到企业相关的法律问题的处理，从出具法律意见书到律师对挂牌企业进行持续的法律服务及指导，律师在企业申请挂牌新三板的每一个阶段都有大量细致的法律工作。如何在每一个阶段充分发挥律师的作用，为企业提供优质的法律服务，使企业在挂牌新三板过程中整体法律架框以及法律风险防范能力大幅提高，使企业生产经营更加合法合规，真正建立科学的现代企业管理制度，则是所有从事新三板法律服务的律师重点关注的问题。

第一节　什么是新三板

“新三板”正式名称是全国中小企业股份转让系统(National Equities

Exchange and Quotations,NEEQ),俗称“新三板”,是经国务院批准设立的全国性证券交易场所,全国中小企业股份转让系统有限责任公司为其运营管理机构。2012 年 9 月 20 日,公司在国家工商总局注册成立,注册资本 30 亿元。

“新三板”市场主要是针对一板市场和二板市场而言的,一板市场通常是指主板市场(含中小板),二板市场则是指创业板市场。相对于一板市场和二板市场而言,业内人士将场外市场称为三板市场。三板市场的发展包括老三板市场和新三板市场(以下简称新三板)两个阶段。老三板即 2001 年 7 月 16 日成立的“代办股份转让系统”;新三板则是在老三板的基础上产生的“中关村科技园区非上市股份公司进入代办转让系统”。因为挂牌企业均为高科技企业而不同于原转让系统内的退市企业及原 STAQ、NET 系统挂牌公司,故形象地称为“新三板”。自 2013 年开始,新三板市场推向全国,至此新三板不再局限于天津滨海、武汉东湖以及上海张江等试点地的非上市股份有限公司,而是全国性的非上市股份有限公司股权交易平台,主要针对的是中小企业。

新三板对全国中小企业来讲意义重大,一方面使全国中小企业股权流转提供了一个全国性的交易平台;另一方面为需要进行融资的企业提供了重要的融资市场,同时新三板挂牌对于广大中小企业来讲也是一次难得的规范公司治理,完善经营管理的机会。另外,新三板市场与一板市场和二板市场以及其他地方性的证券交易市场形成互补,从而使中国的证券交易平台市场更加优化合理,从而促进证券市场良性发展,对于形成良好的公司发展环境具有重要意义。

一、新三板的历史沿革

证券在我国属于舶来品,中国最早出现的股票是外商股票,最早出现的证券交易机构也是由外商开办的上海股份公所和上海众业公所。上市证券主要是外国公司的股票和债券。在 19 世纪末期 20 世纪初期,只有少量的外国证券在外商设立的证券交易场所进行交易。新中国成立后,由于国家制度所限,证券并没有得到相应的发展,而随着 20 世纪 80 年代的经济制度改革的大潮,证券才重新进入人们的经济生活中。

上海证券交易所、深圳证券交易所的成立标志着我国证券市场开始发展。1990 年 12 月 19 日,上海证券交易所开业;1991 年 7 月 3 日,深圳证券交易所正式开业。

上海证券交易所以及深圳证券交易所成立为上市公众公司股权流通转让提供了合法的交易市场平台。但是随着资本市场改革的不断深化,市场上更多的是非上市公众公司,如何实现非上市公众公司的股权流动性问题,成为摆在证券业面前的一道重要法律问题。为了解决非上市公众公司法人股流通这一特殊的问题,我国成立了STAQ系统(全国证券交易自动报价系统)及NET系统。前者于1990年12月5日正式开始运行,是一个基于计算机网络进行有价证券交易的综合性场外交易市场;系统中心设在北京,连接了国内证券交易比较活跃的大中城市,其以非营利性的会员制组织为主要形式,为平台上的会员公司提供相关有价证券的买卖信息、结算等服务。后者是由中国证券交易系统有限公司(以下简称中证交)开发设计,并于1993年4月28日投入试运行的系统;该系统中心设在北京,并且由交易系统、清算交割系统和证券商业务系统这三个子系统组成,由卫星数据通讯网络连接起来的计算机网络系统,为证券市场提供证券的集中交易及报价、清算、交割、登记、托管、咨询等服务。这两家报价系统,可以称为三板市场的前节。

但在20世纪90年代末的金融危机后,为了整合全国证券市场多头管理,有关监管部门对证券市场特别是长期发展不成熟的场外市场进行全面取缔,并且将STAQ系统及NET系统关闭。直到2001年5月25日证券业协会才公布以"非上市公司代办股份转让"方式解决两网关闭后的遗留问题,并指定申银万国等6家证券公司代办原"两网"系统挂牌公司的股份转让业务。2001年7月16日,为了解决主板退市问题(包括水仙、粤金曼和中浩等)以及原STAQ、NET系统内存在有法人股历史遗留问题(首批挂牌交易的公司包括大自然、长白、清远建北、海国实、京中兴和华凯),"代办股份转让系统"正式成立,后被称为"老三板"。

一般来说,证券业内人士习惯于将主板市场,也就是传统意义上的证券市场(通常指股票市场,如人们所熟知的沪深股市)称为一板市场,把专门协助高成长的新兴创新公司特别是高科技公司筹资并进行资本运作的创业板市场称为二板市场,而把代办股份转让系统称为三板市场。但是长期以来,由于"三板"中挂牌的股票品种较少,且多数质量不高,且转到主板上市难度也很大,很难吸引投资者,未受重视。

2006年国务院发布《关于实施若干配套政策的通知》明确规定"推进高新技术企业股份转让工作,启动中关村科技园区未上市高新技术企业进入证券公司代办股份转让系统进行股份转让试点工作",在2006年1月先后有中关村园区高新企业在挂牌,中关村科技园区非上市股份有限公司股份报价转让正式成为三板市场的一部分，为了与原来的三板市场区分，被称为“新三板”。①

2011年，中国证监会前任主席尚福林提出的八大工作重点中，要求扩大中关村试点范围、建设统一监管的全国性场外市场，被业界冠以“新三板扩容”。并在2012年8月3日，经国务院批准决定扩大非上市股份公司，按照总体规划分步推进、稳步推进的原则，首批扩大试点除中关村科技园区外，新增上海张江高新产业开发区，东湖新技术产业开发区和天津滨海高新区。

2012年9月全国中小企业股份转让系统（以下简称全国股份转让系统）经国务院批准，依据证券法正式注册成立，成为继上海证券交易所、深圳证券交易所之后第三家全国性证券交易场所。就场所性质和法律定位而言，全国股份转让系统与证券交易所相同，都是多层次资本市场体系的重要组成部分；是为了加快我国多层次资本市场的建设，不断改善中小企业金融环境，大力推动创新、创业，积极推动我国场外市场健康、稳定、持续发展。

时至今日，新三板不再局限于中关村科技园区非上市股份有限公司，与天津滨海、武汉东湖以及上海张江等试点地的非上市股份有限公司形成了全国性的非上市股份有限公司股权交易平台，为创新型、创业型、成长型中小微企业的发展、转让股份，进行股权融资、债权融资、资产重组等提供服务和监管。

二、与新三板相关的概念

为了更好地了解新三板的运作程序，有必要对新三板中涉及的一些概念进行相对详细的介绍。

（一）全国中小企业股份转让系统公司

1. 概述

全国中小企业股份转让系统是我国境内第一家公司制运营的证券交易场所。其运营机构为全国中小企业股份转让系统有限责任公司，全国中小企业股份转让系统有限责任公司（以下简称全国股份转让系统公司）于2012年9月20日在国家工商总局注册成立，2013年1月16日在北京金融街正式揭牌运营，注册资本30亿元，受中国证监会的监管。

---

① 新三板与老三板最大的不同是配对成交，设置30%幅度，超过此幅度要公开买卖双方信息。

2. 公司经营宗旨和经营范围

(1)宗旨

坚持公开、公平、公正的原则,完善市场功能,加强市场服务,维护市场秩序,推动市场创新,保护投资者及其他市场参与主体的合法权益,推动场外交易市场健康发展,促进民间投资和中小企业发展,有效服务实体经济。

(2)经营范围

组织安排非上市股份公司股份的公开转让;为非上市股份公司融资、并购等相关业务提供服务;为市场参与人提供信息、技术和培训服务。

3. 公司主要职能

(1)建立、维护和完善股票转让相关技术系统和设施;

(2)制定和修改全国股份转让系统业务规则,包括:

a. 基本业务规则:股票挂牌、股票转让、主办券商管理、挂牌公司管理、投资者适当性管理等方面,并应当经过中国证监会批准。

b. 其他业务规则,如制定专项财务管理规则等,应当报中国证监会备案。

(3)接受并审查股票挂牌及其他相关业务申请,安排符合条件的公司股票挂牌,包括对股份公司股票挂牌、定向发行等申请及主办券商推荐文件进行审查,出具审查意见;并与符合条件的股份公司签署挂牌协议,确定双方的权利义务关系等。

(4)组织、监督股票转让及相关活动。

目前,全国股份转让系统公司采用的股票转让方式包括做市方式、协议方式、竞价方式三种。

(5)对主办券商等全国股份转让系统参与人进行监管,全国股份转让系统公司对主办券商、律师事务所、会计师事务所等为挂牌转让等相关业务提供服务的证券服务机构和人员进行督促,以保证其诚实守信、勤勉尽责,严格履行法定职责,遵守法律法规和行业规范,并出具真实、准确、完整的文件。

同时,也实行投资者适当性管理制度,对参与股票转让的投资者的资格和资质有较高的要求,一般需要具备一定的证券投资经验和相应的风险识别和承担能力,了解熟悉相关业务规则。

(6)对挂牌公司及其他信息披露义务人进行监管,包括督促申请股票挂牌的股份公司、挂牌公司及其他信息披露义务人真实、准确、完整、及时地披露信息,不得有虚假记载、误导性陈述或者重大遗漏。

(7)管理和公布全国股份转让系统相关信息。

因突发性事件而影响股票转让的正常进行时,全国股份转让系统公司可以采取技术性停牌措施;因不可抗力的突发性事件或者为维护股票转让的正常秩序,可以决定临时停市。采取技术性停牌或者决定临时停市,应当及时报告中国证监会。

(8)中国证监会批准的其他职能。

事实上,由于中国证监会与全国股份转让系统公司之间的监管关系,前者可以对后者的章程和业务规则进行修改,或者开展定期、不定期的现场检查,并对其履职和运营情况进行评估和考核。

比如涉及下列事项方面的决策则全国股份转让系统公司应当报中国证监会批准:

a. 全国股份转让系统挂牌新的证券品种或采用新的转让方式。目前全国股份转让系统主要包股票(普通股和优先股)及可转换公司债券。

b. 全国股份转让系统公司章程的制定和修改。

c. 全国股份转让系统公司新增股东或原股东转让所持股份的。

4. 公司内部组织结构

全国股份转让系统公司按照《公司法》等法律、行政法规和中国证监会的规定,制定公司章程,明确股东会、董事会、监事会和经理层之间的职责划分,建立健全内部组织机构,完善公司治理。

公司的股东具备法律、行政法规和中国证监会规定的资格条件,股东会由全体股东组成。全国股份转让系统公司董事长、副董事长、监事会主席及高级管理人员由中国证监会提名,任免程序和任期遵守《公司法》和全国股份转让系统公司章程的有关规定。

公司高级管理人员的范围,由全国股份转让系统公司章程规定。公司董事会、监事会的组成及议事规则符合有关法律、行政法规和中国证监会的规定,并报中国证监会备案。

全国股份转让系统公司设立若干专门委员会。各专门委员会的组成及议事规则报中国证监会备案。

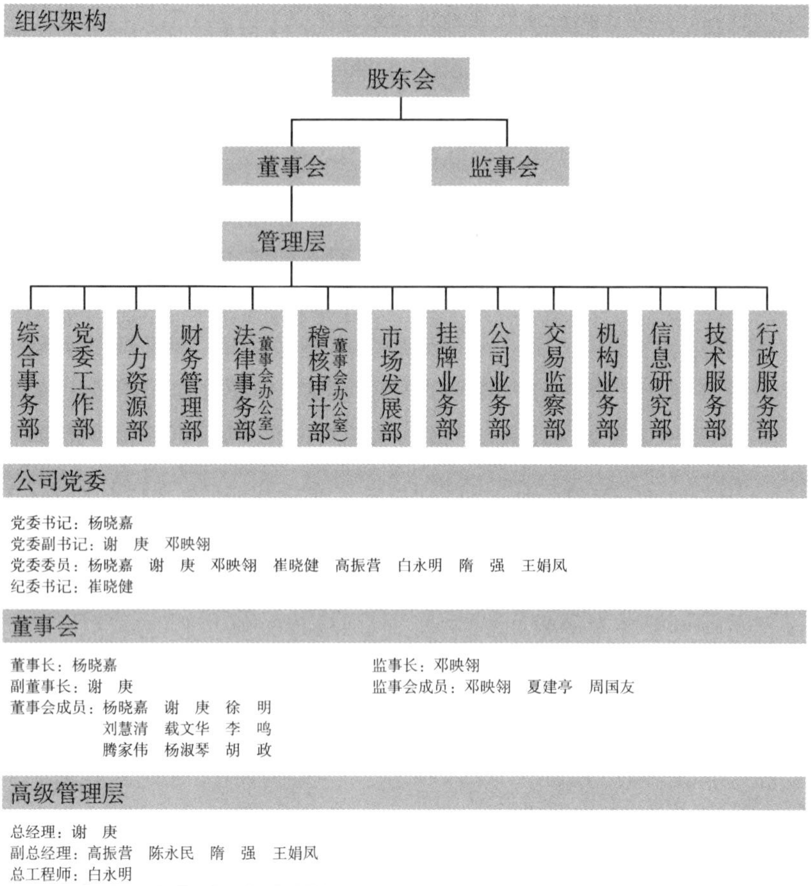

组织架构

资料来源:http://www.neeq.cc/framework。

（二）非上市公众公司

1. 概念

《非上市公众公司监督管理办法》(2013)第2条规定,“本办法所称非上市公众公司(以下简称公众公司)是指有下列情形之一且其股票未在证券交易所上市交易的股份有限公司:(一)股票向特定对象发行或者转让导致股东累计超过200人;(二)股票公开转让”。[1]

换言之,非上市公众公司必须:首先,是股份有限公司;其次,其股票未在证券交易所上市;最后,同时具备以下条件之一:

(1)定向发行导致股东累计超过200人[2],包括以下两种情况:

a. 特定对象发行股票导致股东累计超过200人;

b. 股东人数超过200人的公众公司向特定对象发行股票。

(2)定向转让导致股东累计超过200人,在此情况下,应当以非公开方式协议转让[3]。

(3)股票公开转让,根据《非上市公众公司监督管理办法》(2013)之规定非上市公众公司公开转让股票应当在全国中小企业股份转让系统进行,股东人数未超过200人的公众公司申请其股票公开转让,中国证监会豁免核准,只需要由全国中小企业股份转让系统进行审查;而股东人数超过200人的公司申请其股票公开转让,应当按照中国证监会有关规定制作公开转让的申请文件并由公众公司持申请文件向中国证监会申请核准。

非上市公众公司的股东可能超过200人,也可能不到200人。

2. 非上市公众公司与全国中小企业股份转让系统挂牌公司(以下简称挂牌公司)的关系

2013年1月31日中国证券监督管理委员会公布的《全国中小企业股份转让系统有限责任公司管理暂行办法》中规定股票在挂牌公司为非上市公众公司,其股东人数可以超过200人,并且接受中国证券监督管理委员会的统一监督管理。

而根据《全国中小企业股份转让系统业务规则(试行)》以下简称《业务规则》第1.10条之规定,“挂牌公司是纳入中国证监会监管的非上市公众公司”,因此,一般来说,挂牌公司都是非上市公众公司,而非上市公众公司未必都是挂

---

[1] 根据《非上市公众公司监督管理办法》的规定,非上市公众公司除了满足这些条件以外,还应该“股权明晰,合法规范经营,公司治理机制健全,履行信息披露义务”,这些要求并不影响“非上市公众公司”的定性,而是对非上市公众公司的“质量要求”。

[2] 《非上市公众公司监督管理办法》第39条又将定向发行导致股东累计超过200人细分为两种情况。

[3] 《非上市公众公司监督管理办法》第32条。

牌公司。①

3. 非上市公众公司公开发行股票与定向发行股票的选择

非上市公众公司中包括向特定对象发行股票导致股东累计超过200人这一类别，根据《证券法》第10条之规定股份有限公司“向特定对象发行证券累计超过二百人的”属于公开发行，因此，对于该类别的非上市公众公司可以根据《证券法》规定的申请公开发行在证券交易所上市。同时，根据《业务规则》第4.3.3条规定取得中国证监会核准文件后，向特定对象发行股票导致股东累计超过200人的非上市公众公司可以在全国股份转让系统办理股票发行新增股份的挂牌手续。

因此，对于向特定对象发行股票导致股东累计超过200人的非上市公众公司可以根据自己的实际需求，选择更适合于自己的方式，参与到资本市场中来。②

(三)市场参与人

根据《业务规则》的相关规定，市场参与人包括挂牌公司、主办券商、投资者等。

1. 挂牌公司

根据《业务规则》第1.10条的规定，挂牌公司是经中国证监会核准的非上市公众公司，股东人数可以超过200人。

(1)申请挂牌的公司只有在其满足如下条件，经过法定程序后才能成为后者，包括：“(一)依法设立且存续满两年。有限责任公司按原账面净资产值折股整体变更为股份有限公司的，存续时间可以从有限责任公司成立之日起计算；(二)业务明确，具有持续经营能力；(三)公司治理机制健全，合法规范经营；(四)股权明晰，股票发行和转让行为合法合规；(五)主办券商推荐并持续督导；(六)全国股份转让系统公司要求的其他条件。”③

---

① 实际上，非上市公众公司这一概念，最早在《国务院办公厅关于打击非法发行股票和非法经营证券业务有关问题的通知》(国办发[2006]99号)即明确提出了；“非上市公众公司”所对应的概念应为“上市公司”；对这一类型公司的股票公开发行和转让纳入2006年修订的《证券法》正式将公开发行制度和上市制度分开，即是为公开发行但不上市的公司纳入证监会监管提供支持。

② 其实，简言之，在新三板设立之前，根据《证券法》的规定，公开发行股票必须上市，股票上市的前提是公开发行，现行下公开发行与上市虽然规定为分开，但是基本上等同于捆绑一体。而新三板设立后特别是新三板扩容全国，现行《证券法》公开发行与上市制度捆绑在一起的规定已经不再适应多层次资本市场的发展。或许，尚在起草修订中的“新《证券法》”拟将“公开发行”和“上市制度”彻底分离，正是基于多层次资本市场体系建设和发展的现实需要。

③ 《业务规则》第2.1条。

（2）挂牌公司在保证公司治理符合法定、约定的前提下，还有一项重要的义务，即披露义务，包括：公司章程的披露；按照全国股份转让系统公司相关规定编制并披露定期报告和临时报告；挂牌公司发生的或者与之有关的事件没有达到相关法律法规的具体规定，但公司董事会认为该事件对公司股票转让价格可能产生较大影响的，公司也应当及时披露。

但在若挂牌公司有充分依据证明其拟披露的信息属于国家机密、商业秘密，可能导致其违反国家有关保密法律、行政法规 规定或者严重损害挂牌公司利益的，可以向全国股份转让系统公 司申请豁免披露或履行相关义务。

2. 主办券商

根据《业务规则》第5.1条规定，"主办券商是指在全国股份转让系统从事下列部分或全部业务的证券公司：（一）推荐业务：推荐申请挂牌公司股票挂牌，持续督导挂牌公司，为挂牌公司定向发行、并购重组等提供相关服务；（二）经纪业务：代理开立证券账户、代理买卖股票等业务；（三）做市业务；（四）全国股份转让系统公司规定的其他业务"。

从事前述第1项业务的，应当具有证券承销与保荐业务资格；从事前款第2项业务的，应当具有证券经纪业务资格；从事前款第3项业务的，应当具有证券自营业务资格。当然，主办券商也可以从事经纪业务，如代理开立证券账户、代理买卖股票等；以及做市业务但需要具有相应的资格。①

3. 投资者

一般来说，在全国中小企业股份转让系统也就是人们俗称的"新三板"上挂牌的公司多为中小微企业，其最大的特点就是业绩波动大、风险较高。因此，在现有的体系下，对参与此市场的投资者进行了严格的限制，制定了一系列的投资者适当性管理规定。相对于自然人投资者的严苛的准入条件，现有系统监管者更鼓励机构投资者，包括鼓励证券公司、保险公司、证券投资基金、私募股权投资基金、风险投资基金、合格境外机构投资者、企业年金等机构投资者参与进来。换言之，机构投资者是新三板的主要投资者。②

---

① 《业务规则》第5.1条。

② 《全国中小企业股份转让系统投资者适当性管理细则（试行）》第3条。

（1）符合法律规定的机构投资者、金融产品和自然人投资者可以参加公开挂牌公司股票公开转让

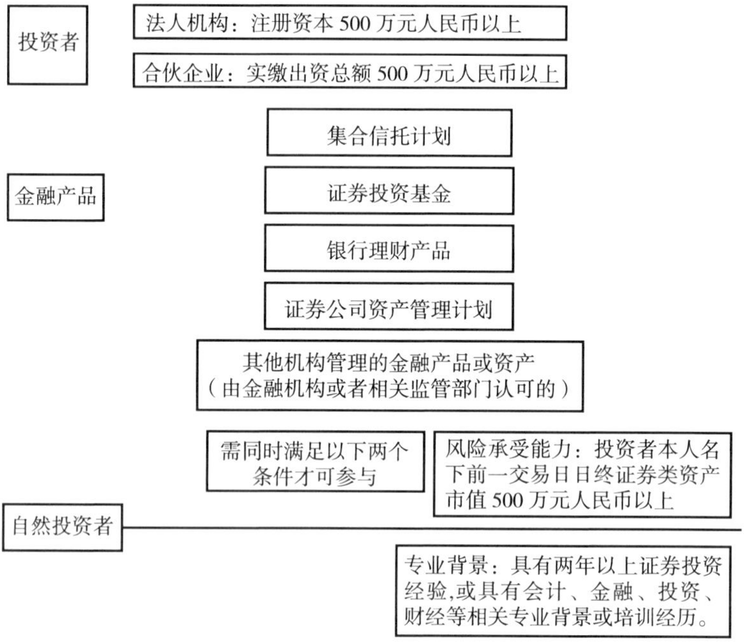

自然人投资者名下的证券类资产包括客户交易结算资金、在沪深交易所和全国股份转让系统挂牌的股票、基金、债券、券商集合理财产品等，信用证券账户资产除外。

投资经验的起算时间点为投资者本人名下账户在全国股份转让系统、上海证券交易所或深圳证券交易所发生首笔股票交易之日。

（2）参与挂牌公司股票定向发行的投资者

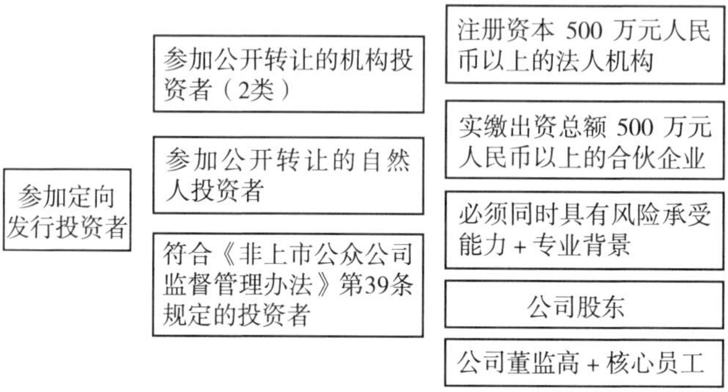

根据《非上市公众公司监督管理办法》第39条的规定，在公司定向发行包括向特定对象发行股票导致股东累计超过200人，以及股东人数超过200人的公众公司向特定对象发行股票两种情形中，其“特定对象”是指公司股东；公司的董事、监事、高级管理人员、核心员工；以及符合投资者适当性管理规定的自然人投资者、法人投资者及其他经济组织。在公司确定发行对象时，除公司股东外，公司的董事、监事、高级管理人员、核心员工、[①]符合投资者适当性管理规定的自然人投资者、法人投资者及其他经济组织的投资者合计不得超过35名。[②]

（四）中介机构

1. 主办券商

根据《业务规则》等相关法律法规以及部门规章的规定，申请挂牌的公司应该由主券商推荐，并进行持续督导。申请挂牌公司应当与主办券商签订推荐挂牌并持续督导协议，按照全国股份转让系统公司的有关规定编制申请文件，并向全国股份转让系统公司申报。券商主要是指具有证券从业资格的证券公司。主办券商接受拟挂牌公司的委托，与其签订推荐挂牌协议；再针对这家拟推荐的公司设立专门的项目小组，负责尽职调查，起草尽职调查报告，制作备案文件，并将项目小组成员名单、简历及资格证明文件报证券协会备案；同时，主办券商与拟尽职调查公司签署保密协议。主办券商设立的内核机构根据项目小组的申请召开内核会议，对是否同意推荐该公司挂牌进行表决，并在表决的基础上形成内核意见；当内核意见决定向协会推荐挂牌，应出具推荐报告，并向协会报送备案文件。

主办券商主要负责挂牌公司的改制、挂牌公司的规范、申请材料的制作与内核、挂牌申请及后续的持续督导等工作，具体工作如下：

（1）按照国家相关法律、法规规定协助企业进行股份制改制、成立股份有限公司，具体工作包括：对企业进行尽职调查；协助企业以及会计师事务所、律师事务所等中介机构制订改制的整体方案并进行法律、财务等方面的可行性研究；组

① 根据《非上市公众公司监督管理办法》的规定，核心员工的认定，应当由公司董事会提名，并向全体员工公示和征求意见，由监事会发表明确意见后，经股东大会审议批准。将核心员工纳入“合格”投资者的范围并且建立认定程序法定，有利于企业进一步对骨干员工进行有效的奖励，提高企业的活力。

② 该规定变相扩大了认购对象的数量，即公司在册股东参与定向发行的认购时，不占用35个名额。另外，将董事、监事、高级管理人员、核心员工单独列示为一类特定对象，暗含着鼓励挂牌公司的董、监、高、核心员工持股，将董、监、高、核心人员的利益和股东以及公司的利益绑定，降低道德风险，提高员工的积极主动性。

织股份制改制工作小组;调查企业的资产状况和财务状况,对企业资产状况和财务状况中与改制要求不相符合的部分向企业提出整改的意见或建议,并协助企业以及会计师事务所解决有关财务问题;协助企业以及律师事务所解决在企业改制过程中的法律问题;编制企业股份制改制的工作时间表;协助企业及律师事务所制作、编制有关企业改制设立股份有限公司的申请文件;协助企业与政府有关主管部门沟通协调以取得股份制改制的所有批准;协助企业召开创立大会和第一届董事会第一次会议;协助企业完成有关设立股份有限公司的其他工作。

(2)对企业改制后设立的股份有限公司进行新三板挂牌前的辅导工作。

(3)按新三板挂牌的相关规定对股份有限公司进行尽职调查,对发现的问题提出解决办法并协助企业落实相关措施。

(4)协调、安排中介机构进场进行相关工作,并使其按时制作挂牌申报材料。

(5)协助企业与相关的主管部门沟通,推进企业资本运作,顺利开展挂牌工作。

(6)负责制作企业进行新三板挂牌申请所需材料,并为与之相关联的工作提供参考意见。

(7)企业申请新三板挂牌材料的内核。

(8)向全国中小企业股份转让系统递交挂牌申请的相关材料,并进行及时的反馈。

(9)企业挂牌之后,主办券商应持续督导所推荐挂牌公司诚实守信、规范履行信息披露义务、完善公司治理机制。

2. 会计师事务所

根据新三板挂牌上市的相关业务规则规定,申请挂牌的公司,须聘请具有证券从业资格的会计师事务所承担有关审计和验资等工作。主要工作如下:

(1)负责企业改制的审计,并出具审计报告;

(2)负责企业资本验证,并出具有关验资报告;

(3)负责企业财务报表的审计,并出具两年及一期的审计报告;

(4)对发行人原始财务报表与申报财务报表的差异情况出具专项意见;

(5)提供与新三板挂牌有关的财务会计咨询服务。

3. 律师事务所

企业申请新三板挂牌,必须依法聘请律师事务所担任法律顾问,其主要工作如下：

(1)对挂牌企业改制重组方案的合法性进行论证；

(2)指导挂牌企业股份公司的设立或变更；

(3)对企业挂牌过程中涉及的法律事项进行审查并协助企业规范、调整和完善；

(4)对企业主体的历史沿革、股权结构、资产、组织机构运作、独立性、税务等公司法律事项的合法性进行判断；

(5)对企业挂牌过程中的各种法律文件的合法性进行判断；

(6)协助和指导企业起草公司章程等公司法律文件；

(7)出具法律意见书等挂牌所需要的文件；

(8)对有关申请挂牌文件提供鉴证意见。

4. 资产评估机构

第二节　新三板上市的意义与条件

一、新三板上市的作用和意义

新三板市场向全国的推出，是中国证券市场发展的重要一个环节，也是中国证券交易市场发展和完善结构的重要举措。新三板上市对于广大非上市公众公司来讲，对于全国中小企业来讲都具有不可估量的作用。新三板市场在全国范围内的推广不仅仅是支持高新技术产业的政策落实，或者是三板市场的另一次扩容试验，其更重要的意义在于，它为建立全国统一监管下的场外交易市场实现了积极的探索。对于广大挂牌企业而言，在新三板挂牌上市对公司自身来讲会有以下几个方面的积极作用。

1. 公司的融资平台和渠道

新三板市场的存在，使全国广大中小企业的融资不再局限于银行贷款和政府补助，更多的股权投资基金和其他法律规定的符合条件的投资者将会因为有了新三板的制度保障而主动向在新三板挂牌的企业投资。因此，新三板市场对于全国中小企业而言是一个重要的股权融资平台。拓宽融资渠道，便利融资。

公司挂牌新三板后，股东股份可以合法转让，股权流动性提高，可以定向增资，且融资次数不受限制。鉴于挂牌后的公司的股权公开透明，其信用增值，在进行收购并购等重组中，公司的融资渠道拓宽，融资速度加快，融资成功概率增加。

2. 完善公司治理

依照新三板上市相关业务规则的要求，任何公司一旦决定申请挂牌新三板，就必须在券商、律师事务所、会计师事务所等专业机构的指导下先进行股权改革，明晰公司的股权结构和高层职责，全面依法依规完善公司的法律治理结构。同时，新三板对挂牌公司的信息披露要求比照上市公司进行设置，这些对于公司挂牌新三板来讲都是法律强制性要求，因此在挂牌新三板过程中，公司相当于对于自己的商业模式、组织架构、财务情况、股权情况、法律治理等进行了一个全方面的整理，这一过程必将使公司的治理更加科学合理。

3. 私募股权基金退出渠道

全国中小企业股份转让系统的建立，对于投资新三板挂牌公司的私募股权基金来说，是一种资本退出的重要方式和选择，挂牌公司也因此必将成为私募股权基金追逐的投资热点。

4. 为价值投资提供平台

新三板的存在，使价值投资成为可能。无论是个人还是机构投资者，投入新三板公司的资金在短期内不可能收回，即便收回，投资回报率也不会太高。因此对新三板公司的投资更适合以价值投资的方式。通过挂牌新三板，企业可以规范整体管理运营，有利于企业在不满足主板、创业板上市条件下规范治理结构，提高了企业的管理水准，为企业的持续健康快速发展提供了轨道，同时熟悉资本市场规则，以便更快、更好地达到主板、创业板上市要求，为进入更大、更高、更多的资本市场做好准备。①

5. 降低股权投资风险

新三板制度的确立，使挂牌公司的股权投融资行为被纳入交易系统，同时受到主办券商的督导和证券业协会的监管，自然比投资者单方力量更能抵御风险。

6. 提高挂牌公司的知名度，增加信用

上市新三板，对于公司来讲有利于树立企业品牌，改善企业形象，更有效开拓市场。新三板是一个全国性的证券市场，任何挂牌新三板的企业都要经过中介机构认真推荐和督导并且进行公司形式的完善以及股改等，并且经过全国中小企业股份转让系统有限公司的审核通过，因此，对于公司来讲挂牌新三板会给

---

① 《国务院关于全国中小企业股份转让系统有关问题的决定》（国发[2013]49号）明确规定“建立不同层次市场间的有机联系”，“在全国股份转让系统挂牌的公司，达到股票上市条件的，可以直接向证券交易所申请上市交易”（俗称转板机制）。

公司社会形象带来极大提升，使社会公众以及投资者对于公司的经营能力、管理能力有较高的信任度。由于挂牌公司在挂牌时有关中介机构专门对其进行了严格规范的尽职调查，并且挂牌公司作为准公众公司受证监会监管，依法履行充分、及时、完整的信息披露义务，因此更容易获得公众、投资者、合作伙伴的信任，提高公司信用等级。

7. 转板上市

虽然目前并无相关政策以及法律法规对于新三板挂牌的公司转板到沪深主板市场有任何明确政策导向和法律规定，但是不排除随着证券市场改革的深化，将来某一天，出现新三板转板主板市场的相关政策优惠规定，建立转主板的绿色通道出现。

8. 实施股权激励

如何对企业核心管理层、中层管理者以及技术人员实施有效的股权激励一直是企业管理者为实现企业长远持续发展思考的一个重要问题。企业通过挂牌新三板，恰好可以实现对企业重要人才的股权激励，从而实现留住人才，长续发展的目标。

9. 企业可享受试点园区及政府补贴。但北京中关村、天津滨海、上海张江等各区域园区及政府政策不一。例如，根据深圳市经贸信息委、市财政委 2015 年印发的《深圳市民营及中小企业发展专项资金——全国中小企业股份转让系统挂牌补贴项目资助计划操作规程》，深圳企业新三板挂牌资助采取补贴制，即企业根据挂牌的证明文件及其他相关资料，向深圳市中小企业服务署申请补贴。经审核同意的，补贴款一次性无偿拨付给企业。根据企业不同情况，资助资金分为三档，最高分别不超过 30 万元、50 万元、100 万元。天津市政府的政策规定对完成股改和挂牌上市的中小企业，由市财政和企业所在区县财政分别一次性补助 20 万元，而对在全国中小企业股份转让系统、天津股权交易所、天津滨海柜台交易市场挂牌交易的企业，市财政一次性补助 100 万元。

综上所述，作为新近蓬勃发展起来的我国资本市场的重要组成部分，新三板具有其显著的优势，也可以期待未来将会获得政策的大力支持，但是对于企业自身而言，需要结合发展的实际需求，决定是否在该市场挂牌，而非盲目追求市场热潮。

二、新三板挂牌对于公司的风险

凡事有利必有弊，同理，公司申请挂牌新三板，除了可以享受新三板给公司

带来的诸多便利之外,也意味着公司要在相当程度上承受一定的风险,总体而言,这些风险主要体现在以下几个方面:

1. 挂牌失败的风险。显而易见,对于申请挂牌新三板的公司而言,最为重要的也是首要的风险就是挂牌失败的风险。公司经过一系列的准备活动最终目标是挂牌成功。但是各种主、客观条件的限制,以及国家政策风险因素,往往会有公司挂牌申请不被批准的情况存在。公司经历相对漫长的股改、资产清查、财务审计等程序,并且支付了大笔中介费用后,结果却是无法成功挂牌,这是公司最不愿意看到的情况。

2. "新三板"对参与投资对象的身份及数量上的限制了整体的流动性,对于挂牌公司而言,未必能够达到预期的融资目的。

3. 义务和责任增加。挂牌公司比非挂牌公司需要履行更多法定的义务,承担更多的责任,包括但不限于应该依法及时进行信息披露。

4. 成本增高。新三板上主要参与的是中小微企业,即使可能获得地方政府的补贴,但是为了实现公司挂牌所产生的中介机构的服务费用,对一些企业来说仍然是一笔非常可观的开支;而挂牌后可能涉及维护费用,增加了企业的管理成本。

三、新三板挂牌条件

全国中小企业股份转让系统,也就是人们俗称的"新三板"是一个中小企业股票交易和转让的系统;经过法定程序核准后、符合法定要求的非上市公众公司在全国中小企业股份转让系统成为挂牌公司,从而实现股票的定向发行和转让等目标。

(一)新三板挂牌的法定条件

《业务规则》第2.1条规定,股份有限公司申请股票在全国股份转让系统挂牌条件为:

1. 依法设立且存续满两年。有限责任公司按原账面净资产值折股整体变更为股份有限公司的,存续时间可以从有限责任公司成立之日起计算;

2. 业务明确,具有持续经营能力;

3. 公司治理机制健全,合法规范经营;

4. 股权明晰,股票发行和转让行为合法合规;

5. 主办券商推荐并持续督导;

6. 全国股份转让系统公司要求的其他条件。

《国务院关于全国中小企业股份转让系统有关问题的决定》第 1 条规定，申请挂牌的公司应当业务明确、产权清晰、依法规范经营、公司治理健全，可以尚未盈利，但须履行信息披露义务，所披露的信息应当真实、准确、完整。

（二）新三板挂牌的具体要求

1. 依法设立且存续满两年。有限责任公司按原账面净资产值折股整体变更为股份有限公司的，存续时间可以从有限责任公司成立之日起计算。

依法设立，是指公司依据《公司法》等法律、法规及规章的规定向公司登记机关申请登记，并已取得《企业法人营业执照》。申报挂牌时，要依法存续，经过年检程序。

（1）公司设立的主体、程序合法、合规。

a. 国有企业需提供相应的国有资产监督管理机构或国务院、地方政府授权的其他部门、机构关于国有股权设置的批复文件。

b. 外商投资企业须提供商务主管部门出具的设立批复文件。

c.《公司法》前设立的股份公司，须取得国务院授权部门或者省级人民政府的批准文件。

国有股、外资股的设置必须由有权部门出具批复，券商、律师应确认出具批复的部门有权出具该类文件。

（2）公司股东的出资合法、合规，出资方式及比例应符合《公司法》相关规定。

a. 以实物、知识产权、土地使用权等非货币财产出资的，应当评估作价，核实财产，明确权属，财产权转移手续办理完毕。

b. 以国有资产出资的，应遵守有关国有资产评估的规定。

c. 公司注册资本缴足，不存在出资不实情形。

存续两年是指存续两个完整的会计年度，即自 1 月 1 日起至 12 月 31 日止。有限责任公司按原账面净资产值折股整体变更为股份有限公司的，存续时间可以从有限责任公司成立之日起计算。整体变更不应改变历史成本计价原则，不应根据资产评估结果进行账务调整，应以改制基准日经审计的净资产额为依据折合为股份有限公司股本。申报财务报表最近一期截止日不得早于改制基准日。

特别提示：若以评估值进行调账，则业绩不能连续计算，只能从改制基准日起算两个完整的会计年度。

2. 业务明确，具有持续经营能力。

关于本条，原来的《证券公司代办股份转让系统中关村科技园区非上市股份有限公司股份报价转让试点办法（暂行）》（已废止）中规定是主营业务突出，主营业务突出与业务明确来比，应该说老的规则对公司提出了更高的要求，但在股转系统新挂牌规则的修订过程中，把此标准相对降低了。

（1）业务明确，是指公司能够明确、具体地阐述其经营的业务、产品或服务、用途及其商业模式等信息。

（2）公司可同时经营一种或多种业务，每种业务应具有相应的关键资源要素，该要素组成应具有投入、处理和产出能力，能够与商业合同、收入或成本费用等相匹配。

（3）公司业务如需主管部门审批，应取得相应的资质、许可或特许经营权等。

（4）公司业务须遵守法律、行政法规和规章的规定，符合国家产业政策以及环保、质量、安全等要求。

3. 持续经营能力，是指公司基于报告期内的生产经营状况，在可预见的将来，有能力按照既定目标持续经营下去。

（1）公司业务在报告期内应有持续的营运记录，不应仅存在偶发性交易或事项。营运记录包括现金流量、营业收入、交易客户、研发费用支出等。如企业只有偶发性交易事项则不适合挂牌。收入确认是审核重点。

（2）公司应按照《企业会计准则》的规定编制并披露报告期内的财务报表，公司不存在《中国注册会计师审计准则第 1324 号——持续经营》中列举的影响其持续经营能力的相关事项，并由具有证券期货相关业务资格的会计师事务所出具标准无保留意见的审计报告。

（3）公司不存在依据《公司法》第 181 条规定解散的情形，或法院依法受理重整、和解或者破产申请。

4. 公司治理机制健全，合法规范经营。

（1）公司治理机制健全，是指公司按规定建立股东大会、董事会、监事会和高级管理层（以下简称三会一层）组成的公司治理架构，制定相应的公司治理制度，并能证明有效运行，保护股东权益。

（2）合法合规经营，是指公司及其控股股东、实际控制人、董事、监事、高级管理人员须依法开展经营活动，经营行为合法、合规，不存在重大违法违规行为。

（3）开展业务需主管部门许可的，应取得这类许可或资质。

(4)企业申请挂牌前36个月不能有违法发行股份的情况。

(5)公司的重大违法违规行为是指公司最近24个月内因违犯国家法律、行政法规、规章的行为,受到刑事处罚或适用重大违法违规情形的行政处罚(以券商和律师的认定为主)。

(6)控股股东、实际控制人合法合规,最近24个月内不存在涉及以下情形的重大违法违规行为:①控股股东、实际控制人受刑事处罚;②受到与公司规范经营相关的行政处罚,且情节严重;情节严重的界定参照前述规定;③涉嫌犯罪被司法机关立案侦查,尚未有明确结论意见。

总的原则是:不强制要求企业在申报时提供环保、质检、安监等官方证明或核查文件,但需要企业日常经营应符合相关法律法规的要求,并做好相关信息披露工作。

(7)现任董事、监事和高级管理人员应具备和遵守《公司法》规定的任职资格和义务,不应存在最近24个月内受到中国证监会行政处罚或者被采取证券市场禁入措施的情形。

(8)控股股东和实际控制人近2年不能违法。对于实际控制人变更可以有条件接受,前提是变更不影响公司业务稳定和持续经营能力。

公司报告期内不应存在股东包括控股股东、实际控制人及其关联方占用公司资金、资产或其他资源的情形。实际控制人占用公司资金的必须归还,资金占用的视具体情况进行整改或提出改进措施,但应披露信息。

公司应设有独立财务部门进行独立的财务会计核算,相关会计政策能如实反映企业财务状况、经营成果和现金流量。大额或账龄较长的备用金应专门说明,且企业要求有专门管理制度。

对于IPO的企业来讲,同业竞争是红线,不能碰;关联交易是黄线,要规范。新三板挂牌的企业当然不能像上市公司一样严苛的要求,但公司和控股股东、实际控制人之间尽量不要有同业竞争。如果有相同或相竞争的业务,就要剥离、要停止、要规范。另外,显失公平的关联交易要尽量规范和避免。但对于同业竞争和显失公平的关联交易的界定,新三板的尺度要比IPO企业放的更宽,同业竞争不搞一刀切,分具体情况,尽量整改或提出整改措施,如实在难以解决的就如实披露,并在后续持续督导过程中关注。

5.股权明晰,股票发行和转让行为合法合规。

(1)股权明晰,是指公司的股权结构清晰,权属分明,真实确定,合法合规,股东特别是控股股东、实际控制人及其关联股东或实际支配的股东持有公司的股份不存在权属争议或潜在纠纷。

a. 公司的股东之间或者股东与非股东之间不存在股权纠纷包括股东权纠纷、股权转让纠纷。

b. 申请挂牌前存在国有股权转让的情形,应遵守国资管理规定。

c. 申请挂牌前外商投资企业的股权转让应遵守商务部门的规定。

案例:现实当中比较常见的问题是股份代持现象。例如,张三和李四分别出资40万元和60万元成立A公司,但张三最高学历是初中毕业,为了使A公司对外树立高科技企业形象,张三借用他的表弟王五理科博士的学历背景,在工商登记材料上将A公司40万元出资登记在王五名下,另外60万元登记在李四名下,张三的股东身份在工商登记材料上没有记载。这样王五实际上是代替张三持有A公司40万元出资。如果出现A公司这种股份代持现象,就会被认定为股权结构不清晰,权属不分明,需要在申请挂牌之前消除股份代持现象。

股票发行和转让合法合规,是指公司的股票发行和转让依法履行必要内部决议、外部审批(如有)程序,股票转让须符合限售的规定。

d. 公司股票发行和转让行为合法合规,不存在下列情形:

第一,最近36个月内未经法定机关核准,擅自公开或者变相公开发行过证券。

第二,违法行为虽然发生在36个月前,目前仍处于持续状态,但《非上市公众公司监督管理办法》实施前形成的股东超200人的股份有限公司经中国证监会确认的除外。

e. 公司股票限售安排应符合《公司法》和《业务规则》的有关规定。

在区域股权市场及其他交易市场进行权益转让的公司,申请股票在全国股份转让系统挂牌前的发行和转让等行为应合法合规;企业在区域市场挂牌的,申请新三板应停牌,新三板可以挂牌的区域市场应摘牌。

公司的控股子公司或纳入合并报表的其他企业的发行和转让行为需符合本指引的规定。

6. 主办券商推荐并持续督导。

新的挂牌规则将中介机构的作用提到一个非常高的位置上,包括若一定期限内无主办券商为挂牌公司持续督导,则将会做出终止挂牌的处理。

(1)公司须经主办券商推荐,双方签署了《推荐挂牌并持续督导协议》。

(2)主办券商应完成尽职调查和内核程序,对公司是否符合挂牌条件发表独立意见,并出具推荐报告。

主办券商内核机构根据项目小组的申请召开内核会议。每次会议须七名以上内核机构成员出席,其中律师、注册会计师和行业专家至少各一名。内核会议应对是否同意推荐申请挂牌公司股票挂牌进行表决。表决应采取记名投票方式,每人一票,2/3 以上赞成且指定注册会计师、律师和行业专家均为赞成票为通过。主办券商应根据内核意见,决定是否向全国股份转让系统公司推荐申请挂牌公司股票挂牌。决定推荐的,应出具推荐报告。

(三)挂牌条件深度解读

公司申请公开发行股票,申请在全国中小企业股份转让系统挂牌,需要做充分的前期准备。首先,公司应全面整理并盘点公司的资产、债务、所有者权益,对公司的固定资产、流动资金、无形资产做一个全面的盘查,在此基础上制定公司发展的方向和目标,制定中长期发展规划。其次,公司应积极与主办券商、会计师事务所、律师事务所进行沟通,选择合适的中介机构为自己申请新三板挂牌提供中介服务。最后,在确定中介机构后,经过深入与中介机构进行沟通交流的基础上,确定公司登陆新三板的整体计划和时间表。根据《全国中小企业股份转让系统股票挂牌条件适用基本标准指引(试行)》的规定,我们可以通过图表的形式直观展示公司申请挂牌新三板的法定条件,并在此基础上对相关条件进行深度解读。

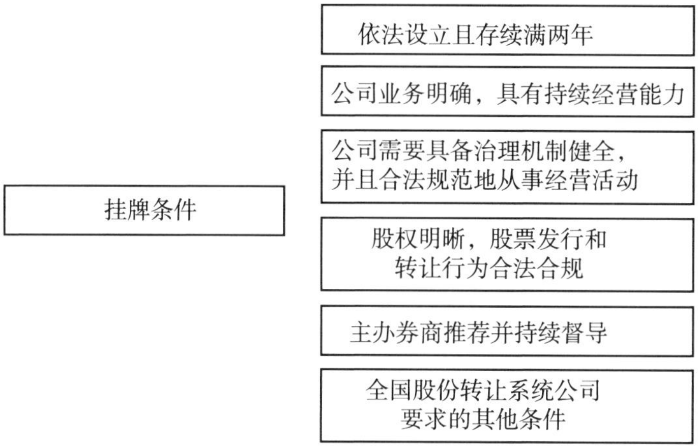

条件一:公司必须是依法设立且存续满两年的。

在解读这一条件时,需要将这一句话仔细拆解为如下几个问题:

首先,公司的设立是否符合法律程序?

其次,公司设立的主体和程序是否合法合规?

a. 国有企业需提供相应的国有资产监督管理机构或国务院、地方政府授权的其他部门、机构关于国有股权设置的批复文件。

b. 外商投资企业须提供商务主管部门出具的设立批复文件。

c.《公司法》修改(2006 年 1 月 1 日)前设立的股份公司,须取得国务院授权部门或者省级人民政府的批准文件。

最后,公司的股东出资、出资方式以及比例是否符合法律规定?

新三板规定对挂牌企业的注册资本没有特别的要求,只要达到股份有限公司注册资本的最低限额为人民币 500 万元即可,但是,非货币财产出资(实物、知识产权、土地使用权等):应当评估作价,核实财产,明确权属,财产权转移手续办理完毕。国有资产出资:应遵守有关国有资产评估的规定。公司注册资本缴足,不存在出资不实情形。

案例:股东出资瑕疵以及历次出资形式、比例合法、合规性:在 A 股份有限公司申请挂牌为例根据全国中小企业股份转让系统审查意见,曾要求核查公司出资瑕疵以及公司股东历次出资形式、比例,并就股东出资形式与比例是否合法、合规发表明确意见,发表明确意见。

据此,补充的法律意见反馈公司出资虽有瑕疵,但相关瑕疵已经通过弥补措施消除,符合法律法规规定,对本次挂牌不存在实质性影响,公司股东已履行出资,历次出资形式与比例并且履行程序完备、合法合规。

注意:什么是存续两年? 存续两个完整的会计年度的概念是什么?

从每年的 1 月 1 日至 12 月 31 日的运营记录。通常有限责任公司按原账面净资产值折股整体变更为股份有限公司的,存续时间可以从有限责任公司成立之日起计算,是因为在公司进行整体变更时,股份公司的股东和股权结构与有限公司完全一致,因此有限公司的经营业绩才可以连续计算,不应根据资产评估结果进行账务调整,而应以改制基准日经审计的净资产额为依据折合为股份有限公司股本。申报财务报表最近一期截止日不得早于改制基准日。

不过财务报表的有效期是 6 个月,股转系统要求申报企业至少给其留出 2 个月审核时间,因此企业申报时距其最近一期财务报表有效期截止日不能少于

2 个月，否则股转系统会直接要求企业加审。

条件二：公司的业务明确，具有持续经营能力。①

（1）“公司业务明确”的概念

首先，要求其能够明确、具体地阐述其经营的业务、产品或服务、用途及其商业模式等信息。

其次，即使同时经营一种或多种业务，每种业务应具有相应的关键资源要素，该要素组成应具有投入、处理和产出能力，能够与商业合同、收入或成本费用等相匹配。

以下两点需要特别注意：

a. 公司业务如需主管部门审批，应取得相应的资质、许可或特许经营权等。

b. 公司业务须遵守法律、行政法规和规章的规定，符合国家产业政策以及环保、质量、安全等要求。

（2）“持续经营能力”的概念

这是指公司的生产经营状况，在可预见的将来，有足够的能力按照既定目标持续经营下去；公司不应仅仅应该有交易或事项，还应有持续的营运记录，该记录经营包括现金流量、营业收入、交易客户、研发费用支出等。

同时，公司按照《企业会计准则》的规定编制并披露报告期内的财务报表，不存在《中国注册会计师审计准则第 1324 号——持续经营》中列举的影响其持续经营能力的相关事项，并由具有证券期货相关业务资格的会计师事务所出具

---

① 公司实际控制人发生变更，表明公司的控制权是不稳定的，极有可能导致公司管理层发生变动，进而有可能影响公司的经营方针、政策，给公司的持续经营带来不确定性，这也是 IPO 不允许实际控制人变更的原因。但新三板实行的是注册制，其审核理念与 IPO 不同，倡导“以信息披露为核心”的理念，只要挂牌公司如实披露，符合基本的六项挂牌条件即可，不设置过多门槛，是否有投资价值由市场选择。

根据上述论述，如果拟挂牌公司的实际控制人在最近 2 年内发生变更，首先要如实披露，然后再分析判断实际控制人变更后给公司带来了哪些影响，该等影响是否导致公司不再具有持续经营能力。具体可从以下方面进行分析判断：

1. 管理层是否变动，如变动是否使公司治理结构更趋健全；

2. 经营业务是否变化，发生变化的业务是否具有应有的投入、处理和产出能力；

3. 营运记录是否持续，营运记录包括现金流量、营业收入、交易客户、研发费用支出等；

4. 生产经营状况是否稳定，营业收入等财务指标是否保持稳定增长。

综上，新三板挂牌实际控制人可以变更，实际控制人变更并不必然导致公司不再具有持续经营能力，如经分析判断变更并未给公司带来大的经营风险，实际控制人变更就不构成实质障碍。

可参考案例：大树智能（430607）；民正农牧（832132）；盈光科技（430594）。

标准无保留意见的审计报告。

倘若,财务报表被出具带强调事项段的无保留审计意见的,应全文披露审计报告正文以及董事会、监事会和注册会计师对强调事项的详细说明,并披露董事会和监事会对审计报告涉及事项的处理情况,说明该事项对公司的影响是否重大、影响是否已经消除、违反公允性的事项是否已予纠正。

注意:公司应该不存在依据《公司法》第 181 条规定解散的情形,或法院依法受理重整、和解或者破产申请。

条件三:公司需要具备治理机制健全,并且合法规范地从事经营活动。

(1)"公司治理机制健全"的内涵

倘若一个公司治理机制健全往往意味着其按规定建立了由三会一层组成的完整的公司治理架构,并且制定了相应的公司治理制度,能证明有效运行,保护股东权益。[①] 确定申请挂牌新三板后,公司董事会报告期内公司治理机制执行情况进行讨论、评估。

(2)"合法合规经营"的概念

根据这一规定,在最近 24 个月内:公司及其控股股东、实际控制人、董事、监事、高级管理人员应依法开展经营活动,经营行为合法、合规,不存在重大违法违规行为。

所谓的"公司的重大违法违规行为",是指最近 24 个月内,有如下行为:

行政处罚:经济管理部门对涉及公司经营活动的违法违规行为给予的行政处罚。

重大违法违规情形:凡被行政处罚的实施机关给予没收违法所得、没收非法财物以上行政处罚的行为,属于重大违法违规情形,但处罚机关依法认定不属于的除外;被行政处罚的实施机关给予罚款的行为,除主办券商和律师能依法合理说明或处罚机关认定该行为不属于重大违法违规行为的外,都视为重大违法违规情形。

公司最近 24 个月内不存在涉嫌犯罪被司法机关立案侦查,尚未有明确结论意见的情形。

"控股股东、实际控制人的重大违法违规行为",是指最近 24 个月内,控股

① 公司治理制度建立依据为《公司法》、《非上市公众公司监督管理办法》及《非上市公众公司监管指引第 3 号——章程必备条款》等规定,而公司三会一层按照公司治理制度进行规范运作。

股东、实际控制人受刑事处罚;受到与公司规范经营相关的行政处罚,且情节严重;情节严重的界定参照前述规定;涉嫌犯罪被司法机关立案侦查,尚未有明确结论意见。

现任董事、监事和高级管理人员具备法定资格,最近24个月内未受到行政处罚或者被采取证券市场禁入措施的情形。

公司报告期内不应存在股东包括控股股东、实际控制人及其关联方占用公司资金、资产或其他资源的情形。如有,应在申请挂牌前予以归还或规范。

公司应设有独立财务部门进行独立的财务会计核算,相关会计政策能如实反映企业财务状况、经营成果和现金流量。

条件四:股权明晰,股票发行和转让行为合法合规。

(1)“股权明晰”的概念

积极条件:是指公司的股权结构清晰,权属分明,真实确定,合法合规,股东特别是控股股东、实际控制人及其关联股东或实际支配的股东持有公司的股份不存在权属争议或潜在纠纷。

消极条件:公司的股东不存在国家法律、法规、规章及规范性文件规定不适宜担任股东的情形;申请挂牌前存在国有股权转让的情形,应遵守国资管理规定;申请挂牌前,外商投资企业的股权转让应遵守商务部门的规定。

(2)“股票发行和转让合法合规”包含两层含义

a.公司的股票发行和转让依法履行必要内部决议、外部审批(如有)程序。

若公司最近36个月内未经法定机关核准,擅自公开或者变相公开发行过证券;或者违法行为虽然发生在36个月前,目前仍处于持续状态,则认定股票发行和转让行为不合法合规。

注意:《非上市公众公司监督管理办法》实施前形成的股东超200人的股份有限公司经中国证监会确认的除外的情况除外。

b.股票转让须符合限售的规定。

公司股票限售安排应符合《公司法》和《业务规则》的有关规定。

(3)在区域股权市场及其他交易市场进行权益转让的公司,申请股票在全国股份转让系统挂牌前的发行和转让等行为应合法、合规。

(4)公司的控股子公司或纳入合并报表的其他企业的发行和转让行为需符合本指引的规定。

条件五:主办券商推荐并持续督导。

公司若要申请挂牌新三板,必须经主办券商推荐,双方签署了《推荐挂牌并持续督导协议》;而作为申请挂牌公司的主办券商应完成相应的尽职调查和内核程序,对公司是否符合挂牌条件发表独立意见,并出具推荐报告。

条件六:全国股份转让系统公司要求的其他条件。

通过《全国中小企业股份转让系统挂牌条件适用基本标准指引(试行)》等相关法律法规的规定,可以大致了解到,在现行新三板制度框架下,对于拟定申请的企业挂牌条件相较于创业板和主板都较为宽松,对于企业的盈利能力没有极为严格和苛刻的要求,无财务门槛;更强调企业未来发展和自生长的能力即"持续运营能力"。因此,在该挂牌条件下,即使一家公司暂时不能创造实际的价值或者说,未持续盈利、产生净利润,在符合相关法律、法规、规章及业务规则的情况下,仍然可以尝试申请挂牌新三板。

第三节 新三板挂牌流程

一、新三板挂牌的一般流程

根据《业务规则》的规定,新三板挂牌的步骤大体上包括以下几步(见下表),可以看出相对于登陆主板及创业板可能花费的时间比较久,申请挂牌新三板的时间比较短。当然,若企业实际中涉及不同的需求,会涉及一些特定的流程, 在后文的内容中,将进一步逐一详解。

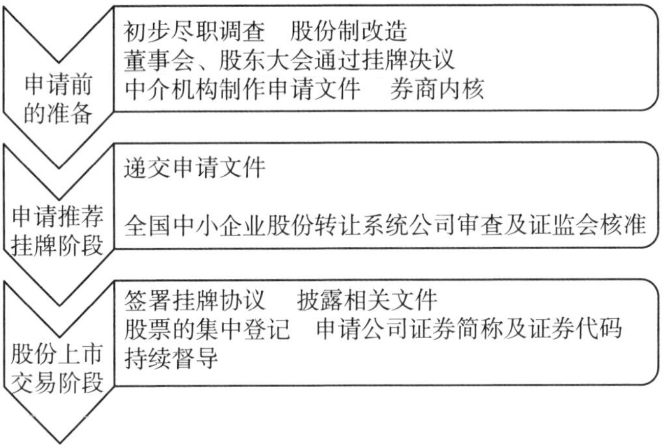

(一)申请前的准备

1. 初步尽职调查

尽职调查的目的在于对于公司的资产状况、法律问题、财务状况等。通过业务调查、公司治理调查、财务调查等内容有发现公司的基本情况和历史问题诸如出资瑕疵、关联交易、同业竞争等以及与新三板挂牌条件之间的差距，并通过形成重组改制方案协助企业进行调整，建立健全企业法人治理结构，规范企业运作，完成挂牌主体的确认和股份有限公司的设立，使企业更加符合挂牌要求。

一般情况下，参与尽职调查的主要包括主板券商、注册会计师、律师和相关行业分析师等在内的专业人士，以项目小组的形式进行。参与者必须遵循勤勉尽责、诚实守信原则，以形成有利于投资者做出投资决策的信息披露文件为目的，真实、准确、完整地反映尽职调查的内容。

根据法律规定，尽职调查后需要形成相应的尽职调查报告，并在其中说明尽职调查涵盖的期间、调查范围、调查事项、调查程序和方法、发现的问题及存在的风险、评价或判断的依据等。

在此阶段，主办券商、会计师事务所、律师事务所等中介机构要进驻拟挂牌企业，对企业进行初步的尽职调查后，讨论、确定重大财务、法律等问题的解决方案、股份公司设立前的改制重组方案及股份公司设立方案，确定挂牌工作时间表。

主办券商及律师事务所应当建立尽职调查工作底稿制度，对拟挂牌企业的财务状况、持续经营能力、公司治理结构及合法合规事项进行详细的尽职调查，并在尽职调查完成后出具尽职调查报告，对下列事项发表独立意见：公司控股股东、实际控制人情况及持股数量；公司的独立性；公司治理情况；公司规范经营情况；公司的法律风险；公司的财务风险；公司的持续经营能力；公司是否符合挂牌条件。

2. 改制重组阶段

改制是指依法改变企业原有的资本结构、组织形式、经营管理模式或体制等，使其客观上适应企业发展新需要的过程。这里所指的改制，是指企业根据公司法等的要求，改制为股份有限责任公司使其满足新三板挂牌的要求的活动。

由新三板挂牌公司的条件可知，申请挂牌公司必须为股份有限公司，因此若一家申请公司目前还是有限责任公司则需要进行相应的改制。根据《公司法》等法律法规的规定，设立股份有限公司一般包括募集设立和发起设立两种方式。前者是指由发起人认购公司应发行股份的一部分，而剩余股份向社会公开募集或者向特定对象募集而设立公司，在此条件下，其发起人认购的是发行股份的一部分，而剩余部分向社会或特定对象募集，最终募集的资金存在不确定性。因此这种方式在实际操作中遇见的很少。后者是指由发起人认购公司应发行的全部股份而设立公司,又可以分为新设和整体变更两种方式。新设通常是由股东出资从无到有重新设立一个公司,而整体变更则是由原有限公司演变而来,新公司承继原公司的债权债务,符合条件的持续经营时间可以从有限责任公司成立之日起计算,对于许多企业而言,为了缩短新三板上市的流程,通常比较倾向于选择“整体变更”的方式完成。

根据《公司法》的规定,原有限公司由50个以下股东出资设立,股份公司应当有2人以上200人以下为发起人,其中须有半数以上的发起人在中国境内有住所。因此,在有限公司整体变更中,由于原有限公司股东一般为发起人,原有限公司股东需2人以上50人以下。同时,根据新三板的相关规则,外商投资企业可以作为股份有限公司的发起人,但必须是经过登记管理机关核准登记、领取营业执照的中外合资经营企业、中外合作经营企业和外商独资企业。

企业改制重组是挂牌上市的关键环节,改制重组是否规范直接决定了企业能否在新三板成功挂牌。企业改制重组涉及管理、财务、法律等诸多问题,需要主办券商、会计师事务所、律师事务所等中介机构的共同参与方能圆满完成。

公司在改制重组过程中应遵循以下五个基本原则:形成清晰的业务发展战略目标,合理配置存量资源;突出主营业务,形成核心竞争力和持续发展的能力;避免同业竞争,规范关联交易;产权关系清晰,不存在法律障碍;建立公司治理的基础,股东大会、董事会、监事会以及经理层的规范运作。具体而言,此阶段主要工作有:

(1)进行股权融资。拟在新三板挂牌的企业,多数为规模较小,处于成长期的高科技企业,通过银行贷款等债权融资方式,获得企业发展亟须的资金往往较为困难,股权融资成为企业解决资金瓶颈、实现快速发展的必然选择。企业在新三板挂牌后,不仅知名度和信誉得到提升,而且股权的流通性增强,这些都为企业在挂牌前引入战略投资者创造了机遇,有利于解决困扰拟挂牌企业发展的资金问题。

(2)通过股权结构调整、业务重组及组织架构整合,突出主营业务,形成核心竞争力和持续发展的能力,规范关联交易,解决同业竞争。

(3)建立健全股东大会、董事会、监事会、独立董事、董事会秘书制度,并保证相关机构和人员能够依法履行职责,形成规范的公司法人治理结构。

(4)设立股份公司。拟挂牌企业多为有限责任公司,只有变更为股份有限公司才能在新三板挂牌上市。为了尽快实现挂牌上市,有限公司整体变更为股份时的经营业绩连续计算问题成为关键,即有限责任公司按原账面净资产值折股整体变更为股份有限公司的,存续期间可以从有限责任公司成立之日起计算,存续期满两年方可在新三板挂牌转让。折股依据是“账面净资产值”而非经评估后的净资产,而且整体变更时不能增加股本和引入新股东,否则公司存续期间不能连续计算。

有限公司整体变更为股份公司大致程序如下:(1)发起人签署《发起人协议》,约定账面净资产值折股方案及公司其他重大事项;(2)先后召开董事会会议及股东会会议,做出全体董事或股东一致同意按《发起人协议》的约定将有限公司整体变更为股份公司的决议;(3)聘请会计师事务所对公司进行审计、评估及验资;(4)召开股份公司创立大会,审议通过有限公司整体变更设立股份公司的议案,审议通过《公司章程》、《股东大会议事规则》,选举股份公司首届董事会及首届监事会的成员,审议通过关于授权股份公司董事会办理与股份公司设立有关事宜的决议;(5)办理工商登记,领取股份公司《企业法人营业执照》,涉及国有资产及外商投资的,须事先到有关主管部门办理审批手续。

3. 制备申请文件阶段

(1)改制后的股份公司通过挂牌的董事会、股东大会决议

整体变更为股份有限公司后,公司董事会召开会议,就拟申请股份到全国中小企业股份转让系统挂牌并公开转让事宜形成决议,并提请股东大会审议,同时提请股东大会授权董事会办理相关事宜。在召开股东大会时,股东大会做出同意公司申请进入“全国中小企业股份转让系统进行公开转让”的决议,制定会议记录,并由会议的出席股东(包括股东代理人)签字。董事会及股东大会决议是企业到新三板挂牌的必要程序,通常需要1个月左右,但可以与其他操作流程同时进行。

(2)中介机构制作申请文件

根据尽职调查的结果,中介机构包括主办券商须制作相应的公开转让说明书,主办券商推荐报告,公司会计师须制作审计报告,公司律师须制作法律意见书等申请文件,这些申请文件系公司申请在新三板挂牌的必备文件。同时,以上文件的编制和披露应便于投资者理解和判断。

(3)券商内核

制作完成股票挂牌全套申请文件后,[①]主办券商的项目小组将公司股票挂牌申请文件递交主办券商内核会议审核并决定是否进行推荐。根据内核委员会出具的审核意见,内核会议后,项目小组根据内核会议反馈意见进行补充调查与说明,并将“对内核会议反馈意见的回复”提交内核专员审核,内核专员审核通过后,出具补充审核意见,同意推荐拟申请挂牌公司进入全国中小企业股份转让系统挂牌。证券公司出具《主办券商推荐报告》,同意推荐拟申请挂牌公司进入全国中小企业股份转让系统挂牌并公开转让。该阶段工作时间主要取决于各券商内部流程,基本可控制在半个月左右。

(二)申请推荐挂牌阶段

各中介机构应当出具《股份报价转让说明书》、《审计报告》、《法律意见书》等备案材料,拟挂牌企业应当获得有关主管部门的试点资格确认函。

主办券商内核机构召开内核会议,对备案文件进行审核并形成内核意见,主办券商根据内核意见决定是否向证券业协会推荐公司挂牌,决定推荐的,出具推荐报告,并向证券业协会报送备案文件。

协会收到备案文件后,对下列事项进行审查:备案文件是否齐备;主办券商是否已按照尽职调查工作指引的要求,对所推荐的公司进行了尽职调查;该公司拟披露的信息是否符合信息披露规则的要求;主办券商对备案文件是否履行了内核程序。协会对备案材料审查无异议,自受理之日起50个工作日内向推荐主办券商出具备案确认函。

1.递交申请文件

经过挂牌申请前的准备公司,主板券商的项目小组向全国中小企业股份转让系统公司递交股票挂牌申请文件。一般来说,申请文件包括要求披露的文件[如a.公开转让说明书;b.财务报表及审计报告;c.法律意见书;d.公司章程;e.主办券商推荐报告;f.定向发行情况报告书(如有)]和不要求披露的文件[如a.申请挂牌公司相关文件,包括:企业法人营业执照、股东名册及股东身份证明文件等文件;b.主办券商相关文件(主办券商与申请挂牌公司签订的推荐挂牌并储蓄督导协议、尽职调查报告、内核意见等文件]。

① 包括律师出具的《法律意见书》(内核稿),会计师出具的《审计报告》(内核稿),主办券商在律师、会计师工作的基础上制作的《公开转让说明书》(内核稿)、《尽职调查报告》(内核稿)及《尽职调查工作底稿》(内核稿)等。

对于申请时股东人数不足200人以及申请时股东人数超过200人的情况，所需要准备的文件略有不同，具体可以参考《全国中小企业股份转让系统挂牌申请文件内容与格式指引（试行）》）。

2. 审查核准

收到申请文件后，由全国中小企业股份转让系统公司进行审查及反馈，而进行申请的公司的项目小组对反馈意见进行回复和解答，直至全国中小企业股份转让系统公司出具“同意挂牌的审查意见”后，对全套挂牌申请材料进行分卷归档。在实际操作过程中，前期的尽职调查的工作质量和准备材料的完备性以及公司自身质量都决定了在该阶段的时间长度。申请挂牌公司在其股票挂牌前与全国股份转让系统公司签署挂牌协议，明确双方的权利、义务和有关事项。

除了根据《国务院关于全国中小企业股份转让系统有关问题的决定》的规定，股东人数未超过200人的挂牌公司申请在全国股份转让系统挂牌，证监会豁免核准。股东人数超过200人的挂牌公司，主办券商项目小组需向中国证监会递交企业股票挂牌申请文件（单行本），由中国证监会审查通过后出具核准文件。

3. 股份挂牌前准备阶段

公司股份正式挂牌前，应当与证券登记结算机构（中国证券登记结算有限责任公司）签订证券登记服务协议，办理全部股份的集中登记。投资者持有的非上市公司股份应当托管在主办券商处。初始登记的股份，托管在推荐主办券商处。主办券商应将其所托管的非上市公司股份存管在证券登记结算机构。

挂牌报价转让前，挂牌公司应披露股份报价转让说明书及其附件（包括《公司章程》、《审计报告》、《法律意见书》、《试点资格确认函》），推荐主办券商应在挂牌公司披露股份报价转让说明书的同时披露推荐报告。

4. 登记挂牌

申请挂牌公司取得全国股份转让系统公司同意挂牌的，审查意见后签署挂牌协议在其股票挂牌前与全国股份转让系统公司签署挂牌协议，明确双方的权利、义务和有关事项，办理挂牌手续。但是，在挂牌前，拟挂牌公司还需要进行如下事项：

（1）履行披露义务。根据《业务规则》的规定，申请挂牌公司应当在其股票挂牌前依照全国股份转让系统公司的规定披露公开转让说明书等文件。如其股票挂牌前实施限制性股票或股票期权等股权激励计划且尚未行权完毕的，应当在公开转让说明书中同时披露股权激励计划等情况。

(2)与中国证券登记结算有限责任公司(以下简称中国结算)签订证券登记及服务协议,办理全部股票的集中登记。对于股票解除转让限制的,应由挂牌公司向主办券商提出,由主办券商报全国股份转让系统公司备案。全国股份转让系统公司备案确认后,通知中国结算办理解除限售登记。

股票转让限制是指《业务规则》中规定的,挂牌公司控股股东及实际控制人在挂牌前直接或间接持有的股票在公司挂牌后不能立刻转让,而是会分三批解除转让限制,每批解除转让限制的数量均为其挂牌前所持股票的1/3,解除转让限制的时间分别为挂牌之日、挂牌期满一年和两年。①

(三)股份上市交易

全国中小企业股份转让公司最重要的一个职能就是进行挂牌公司的转让,一般是采用无纸化的公开转让形式,主要包括协议方式、做市方式和竞价方式三种方式进行股票的转让。

1. 投资者范围

新三板市场的投资者仅限于机构投资者和挂牌公司的自然人股东。具体包括:机构投资者(法人、信托、合伙企业等);公司挂牌前的自然人股东(挂牌公司自然人股东只能买卖其持股公司的股份);通过定向增资或股权激励持有公司股份的自然人股东;因继承或司法裁决等原因持有公司股份的自然人股东;协会认定的其他投资者。

2. 交易方式

新三板市场交易以"股"为单位,每笔委托股份数量应为3万股以上。不足3万股的,只能一次性委托卖出。

3. 交易限制

为了稳定市场,新三板规则对挂牌公司的股份转让做了一些限制性的规定:

(1)控股股东、实际控制人挂牌前直接或间接持有的股份,分三批进入代办系统转让,每批进入的数量均为其所持股份的1/3。进入的时间分别为挂牌之日、挂牌期满一年和两年。挂牌前12个月内控股股东及实际控制人直接或间接

---

① 《业务规则》第2.8条规定了挂牌前12个月以内控股股东及实际控制人直接或间接持有的股票进行过转让的,也需要分批、分次解除转让限制,但主办券商为开展做市业务取得的做市初始库存股票除外。因司法裁决、继承等原因导致有限售期的股票持有人发生变更的,后续持有人应继续执行股票限售规定。

持有的股份进行过转让的,该股份的管理适用前条的规定。

(2)挂牌前12个月内挂牌公司进行过增资的,货币出资新增股份,自工商变更登记之日起满12个月可进入代办系统转让,非货币财产出资新增股份,自工商变更登记之日起满24个月可进入代办系统转让。

(3)因司法裁决、继承等原因导致有限售期的股份发生转移的,后续持有人仍需遵守前述规定。

(4)挂牌公司董事、监事、高级管理人员所持公司股份,按《公司法》的有关规定进行转让限制。

4. 定向增发

定向发行一般是指申请挂牌公司、挂牌公司向特定对象发行股票的行为。一般具有如下特点:

(1)不受时间限制,企业可以在挂牌前到挂牌后的过程中定向发行,发行后再备案即可。与企业仅挂牌不同时定向发行相比,同时增发的企业需在公开转让说明书中对以下内容进行披露:在公开转让说明书第一节基本情况中披露"拟发行股数、发行对象或范围、发行价格或区间、预计募集资金金额,同时,按照全国股份转让系统公司有定向发行信息披露要求,在公开转让说明书'公司财务'后增加'定向发行'章节,披露相关信息"。在公开转让说明书中增加一节"定向发行",主办券商应如实披露本次发行股票的数量、价格、对象以及发行前后企业相关情况的对比。

(2)若企业符合法定的豁免条件则可进行定向发行,无须审核,但需备案。

二、律师在新三板中挂牌的主要工作

律师在公司挂牌新三板过程中扮演着非常重要的角色,可以说新三板挂牌过程中,每一个阶段都需要有律师的参加。律师在挂牌过程中出具法律意见,参与尽职调查,甚至参与券商的选择,法律风险的防控。专业尽责律师的参与,对于公司的规范运作至关重要,也对公司是否能够成功挂牌新三板至关重要。可以说,企业登陆新三板的过程,就是在法律框架内规范自己运营管理的过程,律师在公司登陆新三板的过程中主要有以下几个方面的法律工作。

(一)改制阶段:协助企业改制设立股份企业并规范公司法律事务

有限责任公司欲在新三板挂牌,必须完成股份制改造才能具备申请挂牌新三板的条件。

1. 在这个阶段需要注意的是整体变更和整体改制的不同,具体来说整体变更和整体改制的区别是：

（1）整体变更是以审计后的净资产折股，而不以评估值验资后折股；但整体改制一般以评估值验资、折股。

（2）整体变更的情况可以连续计算业绩；而以评估值验资调账的整体改制则不能连续计算原有业绩。

（3）整体变更之前的企业形式是有限责任公司；而整体改制前的企业形式可以是有限责任公司，也可以是国有企业、事业单位或集体企业。

（4）整体变更的债权债务由变更后的股份有限公司自然承继；但整体改制的债务转移需要获得债权人的同意。

（5）整体变更是将原有的有限责任公司的所有资产纳入股份有限公司的范围；而整体改制也可能剥离非经营性资产，只将经营性资产纳入股份有限公司的范围。

2. 股份制改造的具体工作内容是：

（1）理顺公司的股权及资产关系，制订切实可行的改制方案。

（2）严格按照"三独立、五分开"及其他相关规定，保证拟挂牌公司独立经营能力以及保证拟申请挂牌公司的独立性。

（3）确保拟申请挂牌公司业务明确。

（4）设置合理的股权结构。

（5）避免同业竞争、减少关联交易。

3. 股份制改造的工作步骤：

（1）确定中介机构：包括主办券商、律师、会计师和资产评估机构。

（2）法律尽职调查及财务审计、评估。

（3）股改方案设计。

（4）券商及律师事务所准备股份公司设立所需各种法律文件。

（5）召开创立大会。

（6）工商注册，申领股份有限公司营业执照。

（7）股份公司设立后变更相关证照。

律师在公司改制阶段，在协助有限责任公司改造成股份有限公司之外，要布局长远，引入战略投资伙伴，明晰股权结构，重组资产业务，真正使改制公司符合新三板挂牌的各项具体要求。

通过改制，彻底解决拟挂牌公司出资瑕疵、关联交易、同业竞争问题，健全公司法人治理结构，规范公司运作，协助公司制定可行的持续发展战略，把握公司的营利模式、市场定位、核心竞争力、可持续潜力。

在改制阶段，律师的具体工作主要有以下几点：

1. 为公司设计股份改制方案，规避法律风险。

律师主要从以下三个方面为企业制订方案：

(1)帮助完善治理结构。家族经营，产权界定不清，缺乏有效的监督机制是很多私营企业的通病。帮助企业建立健全公司管理治理结构，及包括股东大会、董事会、监事会、独立董事、关联交易回避表决等制度，使之发挥最大经营绩效，产生最大利益，并且减少股东与经营者之间的利益冲突，是律师的首要工作。

(2)健全财务制度，规范会计行为。财务管理上比较混乱，账目不清，信息失真是很多公司面临的另一个问题。以改制为契机，规范公司财务制度，从而使公司在股份改制后可持续发展。

(3)筹划融资。在与企业管理层充分沟通的基础上，为企业制定包括发行上市在内的融资策略，认真进行投资的可行性研究，以适合企业的发展，避免上市后出现变更募集资金投向的情况。

2. 依照法律法规审查并确认相关法律文件的相关内容，如下：

(1)企业股份改制方案的合法性；

(2)发起人的主体资格条件；

(3)股份企业与其发起人的关联关系并协助设计关联关系的处置方案；

(4)土地使用情况(使用权出让合同)并协助规范土地使用权处置方案；

(5)重大合同及债权债务关系；

(6)注册商标等无形资产情况。

3. 依照法律法规协助公司起草的相关法律文件，如下：

(1)企业起草股份企业设立的发起人协议；

(2)股份企业章程草案及相关配套文件；

(3)与股份企业设立有关的关联交易协议；

(4)有关土地使用权租赁协议；

(5)有关无形财产专有权、使用权处置协议；

(6)与关联企业之生产经营性综合服务协议；

(7)与关联企业之生活服务性综合服务协议。

4. 出席股份企业创立大会。

参与并出席公司创立大会,并审定大会的召开时间、地点、股东到会人数、股东所持公司股份占股本总额的比例等相关事项。确定大会通过董事会成员及监事会成员。以上内容会列入最终法律意见书中。

5. 协助企业向工商登记部门办理登记手续,领取企业法人营业执照。

6. 企业委托的其他事项。

(二)申请挂牌阶段的法律服务

1. 为拟申请挂牌公司提供专项法律服务。律师事务所作为拟申请挂牌公司的法律顾问,在公司有意向申请挂牌新三板的初期,可协助公司建立良好的法人治理结构,设计合理的股权激励制度,完善财务风险控制制度等,以使公司具备申请挂牌条件。在申请挂牌阶段,可协助公司筛选合适的主办券商,撮合双方达成合作意向,签订《推荐挂牌并持续督导协议书》。同时,《业务规则》规定,主办券商项目小组的尽职调查可以在律师等外部专业人士意见的基础上进行,所以律师可以在主办券商开展尽职调查时,配合主办券商的尽职调查工作,对公司的财务、经营、法人治理等方面进行先期调查并提出意见,以利于公司的整改,从而避免出现违反法律规定的瑕疵和风险。

2. 审查公司挂牌资格,负责尽职调查,起草尽职调查报告,其中尽职调查报告将包括以下主要几个方面:

(1)全体董事诚信声明;

(2)公司基本情况;

(3)公司董事、监事、高级管理人员、核心技术人员及其持股情况;

(4)公司业务和技术情况;

(5)公司业务发展目标及其风险因素;

(6)公司治理情况;

(7)公司财务会计信息;

(8)当地人民政府批准公司进行股份报价转让试点的情况。

3. 审议企业相关协议并提供法律咨询。

如:(1)董事会和股东大会就股份报价转让事项做出决议;

(2)与主办报价券商签订推荐挂牌报价转让协议;

(3)向当地政府申请股份报价转让试点企业资格的报送文件;

(4)与中国证券登记结算公司深圳分公司签订证券登记服务协议。

4. 出具法律意见书。

律师事务所作为独立于拟申请挂牌公司及主办券商的中介机构，应当运用自己的专业知识和能力，在查验相关材料和事实的基础上，独立作出查验结论，出具法律意见。法律意见书是审查拟申请公司是否具备挂牌资格的重要依据，起着关键的作用。

法律意见书的主要内容是：

(1)公司本次申请挂牌的批准和授权。该部分内容是对拟申请挂牌公司申请挂牌的股东会决议的内容、形式和程序合法有效性的确认。

(2)公司本次申请挂牌的主体资格。该部分内容是对申请挂牌公司是股份有限公司的身份及其存续时间进行核查。

(3)公司本次申请挂牌的实质条件，即指满足《业务规则》第 2.1 条所列明的几项挂牌条件。

(4)公司的设立。主要就拟申请挂牌公司的发起程序、条件、方式，股改前后的历史沿革(如有)，工商变更登记事项等信息进行说明。

(5)公司的独立性。主要针对拟申请挂牌公司的业务、资产、人员、机构、财务、自主经营能力等方面来核查公司的独立性。

(6)公司发起人或股东。针对发起人、股东、实际控制人的主要情况主要是从资格、出资情况、人数、住所、占总股本比例等方面进行核查。

(7)公司的股本及其演变。核查拟申请挂牌公司设立初期时的出资情况、历次增资情况、股权部分或整体的变更以及股份是否存在质押等信息。

(8)公司的业务。主要描述拟申请挂牌公司经营范围的前后变更、主营业务及持续经营能力，以及对公司业务的合规性进行核查。

(9)公司的财务和内部控制状况。主要核查拟申请挂牌公司的内部控制制度是否完善。

(10)公司的关联交易、同业竞争等事项。拟申请挂牌公司的主要关联方、关联交易往来情况及其对公司的影响，公司与控股股东、实际控制人及其控制的企业之间是否存在同业竞争，律师对公司控股股东、实际控制人所作出的避免同业竞争的承诺的合法有效性进行确认。

(11)公司的主要财产。主要是指土地使用权、房屋所有权、知识产权、运输工具、办公设备及电子设备等。另外，针对财产的权属状况，财产的所有权或使用权上是否有受限制情况等，律师也需要在进行核查后予以说明。

（12）公司的重大债权债务。是指拟申请挂牌公司正在履行和即将履行的重大合同，重大借款和担保，重大侵权之诉，重大应收、应付款等事项，律师应对上述情况是否会对公司本次股份报价转让造成重大法律障碍，以及是否存有重大法律风险提供专业性法律意见。

（13）公司重大资产变化及收购兼并。律师需要核查拟申请挂牌公司自设立后至出具法律意见书之日间是否发生过合并、分立、兼并、增减注册资本、资产转换、重大资产收购或出售等行为。

（14）公司章程的制定与修改。该部分内容需要说明原始章程的主要内容以及历次变更的相关内容，同时律师需要核查变更后章程内容的合规性。

（15）公司股东大会、董事会、监事会议事规则及规范运作。拟申请挂牌公司"三会"的议事规则及所作的相关决议是否合法、合规、真实有效，律师同时应对公司的规范运作情况作整体说明。

（16）公司董事、监事和高级管理人员及其变化。部分内容需列明董、监、高的任职资格及人员变化，独立董事的任职资格。

（17）公司管理层及核心技术人员持股及诚信情况。主要核查高管层、核心技术人员的具体持股情况和诚信情况的说明。

（18）公司的税务。主要包括拟申请挂牌公司的税务登记证，目前公司缴纳的税种及执行的税率，目前公司享受的税收优惠政策及政府补助，律师同时应核查公司依法纳税的情况。

（19）公司的环境保护和产品质量、技术等标准。律师应核查拟申请挂牌公司的生产经营是否有违反环保法规或受过行政处罚，公司的产品质量是否符合国家或行业相关标准，公司与劳动者之间的用工及社会保障是否符合国家相关法律、政策的要求。

（20）诉讼、仲裁和行政处罚。该部分应就拟申请挂牌公司、公司主要股东、股份公司董监高三类主体发生过的诉讼、仲裁及行政处罚进行核查。

（21）结论性意见。律师对拟申请挂牌公司本次推荐挂牌报价转让的综合性法律意见。法律意见书由两名主办律师、律师事务所负责人签字及律师事务所盖章。

（三）挂牌后的法律服务

1. 在拟申请挂牌公司挂牌新三板后，律师事务所可作为常年法律顾问为公司日常法律事务提供法律服务，保障公司的正常运营。

2. 新三板作为挂牌公司证券交易融资的重要平台，挂牌公司的私募融资、并购、重组、定向发行以及后续发行上市等业务，律师可在项目筛选、审查评价、商业谈判、制作运作方案、起草法律文书、控制公司风险等方面提供专业法律意见。

3. 在《全国中小企业股份转让系统挂牌公司信息披露细则（试行）》中明确规定了律师见证意见业务，要求在挂牌公司年度股东大会公告中应当包括律师见证意见。也即要求挂牌公司的年度股东大会必须有律师参加。律师作为专业人员参与股东大会，应对股东大会的文件准备、会议召集、信息披露等方面提供专业法律意见。

第四节　主要法律问题及解决方案

一、资产业务重组

（一）资产业务重组的概念

拟挂牌股份公司设立前及设立之后，通过股权重组和资产整合，将公司股权、业务、资产、人员、机构和财务进行合理调整及有效组合，使其符合挂牌的规范要求，形成具有股权关系清晰，业务体系完整，直接面向市场独立经营和持续发展的发行主体，这一过程被称为资产业务重组。因此，重组是公司成为一个合格挂牌主体的第一步，也是企业挂牌成功与否的关键，它将公司存在的许多历史问题和上市的隐患进行调整与规范，为日后企业转板上市发行股票打下更为牢固的基础。

（二）资产业务重组应达到的标准

1. 股权关系清晰，不存在法律障碍，不存在股权纠纷隐患。不能存在委托持股、信托持股以及工会、职工持股会作为公司股东的情形。

2. 主营业务明确，通过整合主营业务形成完整的产、供、销体系，最大限度地提高资本利用效率，形成核心竞争力和持续发展的能力，避免同业竞争，减少和规范关联交易。

3. 建立公司治理的基础，股东大会、董事会、监事会以及经理层规范运作。

4. 形成完整的业务体系和直接面向市场独立经营的能力。公司改制时将主要经营业务进入股份公司时，与其对应的土地、房产、商标及其他工业产权、非专利技术必须同时进入股份公司，做到资产完整、业务独立、人员独立、财务独立、机构独立。

5. 建立健全财务会计制度，会计核算符合《企业财务会计报告条例》、《企业会计制度》和《企业会计准则》等法规的要求。

6. 建立健全有效的内部控制制度，能够保证财务报告的可靠性、生产经营的合法性和营运的效率与效果。

（三）资产业务重组的主要方法

1. 资产业务转让。可将与企业存在关联关系可能影响企业挂牌上市的资产业务转让给与公司不构成关联关系的其他企业或个人；可将与主营业务无关的部分资产出售给其他企业、个人；可将企业或负债转让给其他企业、个人。

2. 资产业务收购。可将与公司业务有关的公司外的资产业务进行收购，使其成为公司或合并报表范围的子公司的资产和业务，以解决公司业务能力或关联交易以及同业竞争问题。

3. 换股合并。股东或他人将其在另一企业的股权作价投入改制企业。这种方式属于新增资本投入的权益投资，多见于部分改制为股份有限公司的登记。

4. 债权转股权。企业改制时，在征得其他股东同意的基础上债权人可将其债权转为对企业的投资。其本身由企业的债权人变为企业的股东。但银行金融机构，验资、评估等中介机构等不具备投资主体资格的债权人不能债转股。

一般来说，在重组之前，要注意合伙企业、个人独资企业因为在法律上其普通合伙人（或出资人）承担无限连带责任，因此，合伙企业和个人独资企业不可以改制为有限公司或者股份公司。

为公司能够顺利完成挂牌或挂牌后能够顺利的进行股权转让，在公司资产业务重组的过程中，会遇到各种的问题，下面将进一步分析。

二、设立程序合法合规问题

公司的设立程序合法合规，即拟申请挂牌企业在最初设立以及后期改制为股份有限公司时要注意严格按照《公司法》、《公司登记管理条例》等相关法律法规的规定进行，履行必要的验资、资产评估、审计等法律法规以及规范性文件规定的法定程序。

对于涉及国有股权或者国有资产的审批、资产评估等相关问题要特别注意。

对于外商投资企业的设立是否履行了必要的主管部门批复文件，同时要求券商、律师出具批复的部门有权出具该类文件进行确认。

相关案例介绍：光电高斯（430251）

《审查反馈意见通知书》重点问题之9：请公司确认公司设立及改制时，第二大股东光电集团所持公司股份是否须履行相关国资备案程序，如需要，请补充提供相关国有股权设置批复文件;关于其程序完备、合法性,请主办券商及律师核查并发表意见。

律师对公司在设立及改制过程进行了详细说明,并就光电集团对上述程序所履行的相关程序、决议、书面文件进行了核查,并与《企业国有资产法》、《公司法》的相关规定进行逐一论证,证明其程序完备、合法有效。

三、股东适格问题

(一)股东适格要求公司的股东不存在相关法律法规规定不得或限制成为企业股东的情形

如公务员、国有企业领导人员、证券公司从业人员、职工持股会和工会、事业单位(大学、研究所)、县以上妇联、共青团、文联以及各种协会、基金会、会计师事务所、审计事务所、资产评估机构、律师事务所、外商投资性公司或者个人。

(二)未成年人成为公司股东的问题

根据《国家工商行政管理总局关于未成年人能否成为公司股东问题的答复(工商企字[2007]131 号):《公司法》对未成年人能否成为公司股东没有作出限制性规定。因此,未成年人可以成为公司股东,其股东权利可以由法定代理人代为行使。

(三)相关案例介绍

1. 随视传媒(430240)

反馈意见:公司存在境外公司或个人通过境内公司间接持有公司股权的情况,公司业务领域是否存在属于限制外商投资或再投资的情形。

顾问律师对公司间接持有公司股权的境外公司或个人进行了详细说明,并就公司的业务领域与《外商投资产业指导目录》(2011 年修订)进行逐一比对,详细论证了外资股东投资该公司不属于限制投资或再投资的业务领域。

2. 网动科技(430224)

有外籍股东未申请设立外商投资企业:公司设立时股东马滨系澳大利亚国籍,后进行规范,马滨退出,工商部门出具说明,股东出具承诺。

3. 捷虹股份(430295)

关于职工持股会的形成、演变及退出过程:顾问律师对捷虹股份职工持股会形成、演变、退出过程进行了详细说明,并就退出过程是否存在纠纷或潜在纠纷出具结论性意见,认为持股会是特定历史过程的产物,符合当时的法律法规及相关政策规定，其演变及退出过程合法有效。公司符合《全国中小企业股份转让系统业务规则（试行）》第二章第2.1条第4款股权明晰、股份发行转让合法合规的挂牌条件。

对于中捷农场设立捷虹股份前身的国有资产出资的来源以及国有股权退出的相关程序，顾问律师对中捷农场的历史、公司历史上的两次增资和国有股权退出的详细情况进行说明，并就上述程序是否符合《企业国有资产监督管理暂行条例》进行了论证，认为沧州市国资委对辖区内的国有资产管理和转让相关事宜进行确认，其主体是适格的。

四、出资方式合法合规

（一）出资方式合法合规的概念

要求公司股东出资方式、程序、比例均符合《公司法》等相关法律法规的规定，履行了必要的程序。

实践中，有些公司在创业初期存在找中介公司进行代验资的情形，也有一些从事特殊行业的公司，相关法律规定注册资本达到一定的标准才可以从事某些行业或者可以参与某些项目的招投标而找中介公司进行代验资的情形。该等情形涉嫌虚假出资，大部分企业在财务上处理该等问题时，验资进来的现金很快转给中介公司提供的关联公司，而拟挂牌公司在财务报表上以应收账款长期挂账处理。这种的情况的解决方案，一般是公司股东找到相关代验资的中介，由股东将曾经代验资的款项归还给该中介，并要求中介机构将公司目前挂的应收账款收回。如果拟挂牌公司已经将代验资进来的注册资本通过虚构合同的方式支付出去，或者做坏账消掉，则构成虚假出资，中介机构需要慎重处理这一情况，本着解决问题，规范公司历史上存在的法律瑕疵，在公司没有造成损害社会及他人利益的情况下，公司应当根据中介机构给出的意见进行补足，具体应当以审计师给出的意见做财务处理。

（二）涉及国有资产出资/国有股权问题

根据《企业国有资产法》的规定，企业国有资产，是指国家对企业各种形式的出资所形成的权益；而国家出资企业，是指国家出资的国有独资企业、国有独资公司，以及国有资本控股公司、国有资本参股公司。在《企业国有产权转让管理暂行办法》、《企业国有资产评估管理暂行办法》、《事业单位国有资产管理暂行办法》、《教育部直属高等学校、直属单位国有资产管理工作规程（暂行）》的法律法规中也对国有资产的管理进行了程序性规范。

1. 涉及国有资产投资的决策程序问题

《企业国有资产法》第30条规定:“国家出资企业合并、分立、改制、上市,增加或者减少注册资本,发行债券,进行重大投资,为他人提供大额担保,转让重大财产,进行大额捐赠,分配利润,以及解散、申请破产等重大事项,应当遵守法律、行政法规以及企业章程的规定,不得损害出资人和债权人的权益。”第33条规定:“国有资本控股公司、国有资本参股公司有本法第三十条所列事项的,依照法律、行政法规以及公司章程的规定,由公司股东会、股东大会或者董事会决定。”

《企业国有资产监督管理暂行条例》第28条规定:“国有资产监督管理机构可以对所出资企业中具备条件的国有独资企业、国有独资公司进行国有资产授权经营。被授权的国有独资企业、国有独资公司对其全资、控股、参股企业中国家投资形成的国有资产依法进行经营、管理和监督。”

2. 国有股投资与退出问题

根据《企业国有资产法》的规定,国有企业、国有控股企业及其各级子企业涉及的资产评估,非国有控股企业涉及企业国有股权变动的资产评估,应进行评估核准或备案。

只有评估备案后,国有股才能进入产权交易所交易。《企业国有资产评估管理暂行办法》规定应当评估而未评估的由国有资产监督管理机构通报批评并责令改正,必要时可依法向人民法院提起诉讼,确认其相应的经济行为无效。

转让方、转让标的企业不履行相应的内部决策程序、批准程序或者超越权限、擅自转让企业国有产权的,以及未在产权交易机构中进行交易的,国有资产监督管理机构或者企业国有产权转让相关批准机构应当要求转让方终止产权转让活动,必要时应当依法向人民法院提起诉讼,确认转让行为无效。

五、无形资产出资问题的解决

(一)对于以无形资产出资的,如果企业历史上没有验资报告,则要提供银行进账单

1. 关于无形资产出资的规定:股东用于出资的资产可以是货币,也可以是实物、知识产权、土地使用权等可以用货币估价并可以依法转让的非货币财产,对作为出资的非货币财产应当评估作价,核实财产,不得高估或者低估作价。

2. 关于无形资产出资的现状:高新技术企业以无形资产出资的情形大量存在,相当部分企业存在无形资产出资不实的情况。无形资产出资方式在科技型

企业中非常常见，因为大多数科技型企业都由专业技术人员创办，设立时普遍会采用技术出资的方式。目前主要问题有：公司设立时，如股东使用在原单位任职期间形成的技术作为出资，而该项技术出资与原单位之间存在权属纠纷。公司设立后增资时使用公司享有权利的技术作为股东增资，属于出资不实。高估无形资产价值，评估出资的无形资产价值明显过高。用于出资的无形资产对公司经营没有任何价值。

3. 相关案例介绍。

和隆优化（430290）

2004 年 8 月有限公司成立时，股东于现军以非专利技术“高炉热风炉全自动化燃烧控制”出资，评估值为 506 万元。截至公司改制时，上述无形资产虽已摊销完毕，但若存在出资不实情形，相关摊销金额影响累计未分配利润，进而影响改制时点净资产的真实性和充实性。

顾问律师详细说明了于现军以非专利技术“高炉热风炉全自动化燃烧控制”出资和隆优化有限时经过了有资质的评估机构进行评估，评估价值取得了公司届时全体股东的确认，并依法办理了财产转移登记手续，出资程序符合当时主管部门规范性文件的相关规定，合法有效。同时依据最高人民法院的司法解释对如果公司股东以符合法定条件的非货币财产出资，即使在出资后存在贬值的客观情况，只要该贬值是因为市场变化或其他客观因素导致的，也不应认定股东出资不实，股东不承担补足出资的责任。根据于现军向本所律师提供的说明，其用于出资的“高炉热风炉全自动化燃烧控制”未能实现预期的价值是由于市场变化等不可控制的客观原因造成的，并不存在出资时的出资评估价值过高的问题。

（二）出资不实是企业上市过程中的硬伤，在挂牌和上市前必须采取相应的措施予以规范解决

对于挂牌新三板而言，无形资产出资问题主要有以下几种：

1. 无形资产出资比例过高的问题

有些企业可能在设立当时或是增资过程中用无形资产出资的比例过高，不符合法律规定，那么在实际处理时，无形资产的比例已经低于规定比例，则只需要出具书面材料向监管部门说明；有可能的情况下，还要由推荐挂牌的保荐机构或律师事务所出具专业意见，说明该出资不实的情况对企业的资本无影响，不影响后续股东的利益，而且该无形资产对企业的发展贡献巨大。这样监管部门一

般都会认可，不会成为挂牌障碍。

2. 无形资产的权利瑕疵问题

如果属于股东在公司任职的时候形成的，无论是否以专利技术或者非专利技术出资，股东都有可能涉嫌利用公司提供物质或者其他条件完成的该等职务成果(职务发明)，该等专利技术或者非专利技术应当属于职务成果(职务发明)，应当归属于公司。

如果企业在设立时用以出资的无形资产该股东并没有权利处分，但在企业设立以后，该股东拿到了其所有权或使用权，那么，只要在企业申请挂牌前，将该无形资产的权利转移给企业，且由有关验资机构出具补充验资报告，就不会对企业申请上新三板挂牌交易造成实质性影响。

3. 无形资产评估问题

如果企业设立时对出资的无形资产未作评估，或评估价格不实，那么通常采用的做法是重新由专业评估机构对无形资产进行评估，对于评估低于出资的部分，由责任股东以货币形式予以补足；评估高于出资的部分，则归公司所有。为避免日后出现纠纷，无责任股东还要同时出具免责说明书，表示不再追究出资瑕疵或出资不实的股东的责任。

4. 出资不实问题

一般通过补足出资的方式处理，补足出资后即可挂牌；也可进行减资。但是对于申请上市的企业而言，补足出资后，还要根据出资不实的部分占注册资本的比例规范运行相应的时间。

实践中，有些企业为了申报高新技术企业，创始股东与大学合作，购买与公司主营业务无关的无形资产通过评估出资至公司，或者股东自己拥有的专利技术或者非专利技术后来因为种种原因，虽然评估出资至公司，但是公司后来主营业务发生变化或者其他原因，公司从来没有使用过该等无形资产，则这类行为涉嫌出资不实，需要通过减资程序予以规范。

有些企业股东以无形资产出资至公司，但是后续并未办理资产过户手续，该等情形通常可根据中介机构的意见在股改前整改规范即可。

5. 出资不当问题

无形资产的出资不当问题，通常可采用出资置换的方式用现金置换相应的不当出资。

如果职务成果或者职务发明已经评估、验资并过户至公司，此种情况下，一般的做法是通过减资程序规范,财务上将已经减掉的无形资产做专项处理,并将通过减资置换出来的无形资产无偿赠送给公司使用,但是此种情况下,该等无形资产研发费用不能计提。

实践中,有些地方工商登记部门允许企业通过现金替换无形资产出资处理无形资产出资不规范问题。但是大部分工商登记部门因为法律上没有相关规定的原因,拒绝公司通过现金置换无形资产出资的方案,但是减资是《公司法》允许的方案,工商登记部门容易接受,但是不能进行专项减资,即专项减掉无形资产,但是会计师可以在减资的验资报告进行专项说明公司本次减资的标的是无形资产。

类似案例还有如:奥尔斯(430248)、今日创(430247)、联动设计(人力资源、管理资源出资 430266)。

六、股份代持问题

股权代持又称委托持股、隐名投资或假名出资,是指实际出资人与他人约定,以该他人名义代实际出资人履行股东权利义务的一种股权或股份处置方式。在此种情况下,实际出资人与名义出资人之间往往仅通过一纸协议确定存在代为持有股权或股份的事实。

(一)证监会对待代持的态度

目前,对于公司上市时存在的股份代持,证监会的态度是明确的,即不允许存在代持。之所以禁止代持,一是因为《首次公开发行股票并上市管理办法》中规定:发行人的股权清晰、控股股东和受控股股东、实际控制人支配的股东持有的发行人股份不存在重大权属纠纷,如存在代持,将有可能导致股权不清,容易发生纷争,导致公司不稳定;二是因为代持将有可能使公司股东超过 200 人;三是因为代持可能隐藏违法犯罪,可能产生腐败。为此,证监会明确表态:员工持股进行代持的,除了有特殊政策,否则不被允许上市。特殊政策当时一方面指股份制试点初期如全聚德等进行定向募集的公司,披露清晰、能拿到有关批文;另一方面指中国平安等因股权结构拿到特批的员工持股案例,其他情况均需在上市前进行清理。

特别提示:2011 年发布的《公司法司法解释(三)》三正式承认了实际出资人的权利。

(二)股权代持的核查

首先,要从公司股东入手,向股东说明相关法律法规的规定,明确股权代持对公司上新三板挂牌转让的法律障碍，说明信息披露的重要性，阐述虚假信息披露被处罚的风险，说明诚信在资本市场的重要性。

如果股东能够自己向中介机构说明原因，一般情况下，中介机构可以根据股东的说明进一步核查，提出股权还原的解决方案。

核查中需要落实是否签署了股权代持协议，代持股权时的资金来源，是否有银行流水，代持的原因说明，还原代持时应当由双方出具股权代持的原因，出资情况，以及还原后不存在任何其他股权纠纷、利益纠葛。如果股东未向中介机构说明，中介机构自行核查难度较高，但是还是可以通过专业的判断搜索到一些蛛丝马迹，如该股东是否在公司任职，是否参加股东会，是否参与分红，股东是否有资金缴纳出资，股东出资时是否是以自有资产出资，与公司高级管理人员访谈等，了解股东参与公司管理的基本情况。

（三）相关案例介绍

1. 联宇技术（430252）

顾问律师对关于桂子胜、桂勇、桂子荣三人持股情况及是否存在股份代持的情形进行了说明，武汉宏博源投资有限公司受让股份公司股份时足额支付了944 万元股份转让款，该款项中的 500 万元为其自有资金，该款项中的 444 万元为向股东桂子胜的借款；桂子胜直接受让股份公司股份时足额支付了股份转让款，该款项为其自有资金。对于前述款项桂子荣未提供资金支持。

律师认为，武汉宏博源投资有限公司、纽英伦商务咨询（武汉）有限公司以及桂子胜直接持有的股份公司股份真实、有效，桂子胜、桂勇、桂子荣之间不存在代持股份的情形。

2. 神州云动（430262）

2008 年 9 月 4 日有限公司设立时名义股东杨清利的全部 4 万元出资及 2010 年 1 月 20 日公司增加注册资本时杨清利认缴的 90 万元新增注册资本均为受孙满弟委托而出资。杨清利系孙满弟岳父。2012 年 2 月 8 日，名义股东杨清利将其所持有限公司所有股权转让给孙满弟，恢复了孙满弟真实股东身份，股权代持关系解除。

（四）挂牌前对于发现的代持问题的解决

1. 让企业进行整改，让实际出资人复位。整改时，很多保荐机构会让实际出资人和名义出资人到公证处办理公证，必要时要录音、录像，让名义出资人、实际出资人出具承诺，承诺代持问题已经完全解决，如果日后再出现问题，由名义出资人和实际出资人个人承担责任，与企业和保荐机构无关；有时还会要求企业实际控制人也出具承诺，承诺代持问题已经完全解决，如以后出现问题，由实际控制人承担责任。最后，由保荐机构出具整改意见。保荐人需将上述材料置于申报材料当中，并在招股书中引用和说明。

2. 股份转让，让代持人或其他具有出资资格的人成为相应股份的所有权人。

3. 请求司法确权。根据这一司法解释，对于可能产生争议的代持，可提前通过法院判决的方式在上市前就真实股东的身份予以确认。

（五）职工持股会问题

1. 职工持股会是指从事内部职工股的管理，代表持有内部职工股的职工行使股东权利并以公司工会社团法人名义承担民事责任的组织。职工持股会统一管理特定的员工股份，由职工个人自愿货币出资与企业用历年工资结余派给职工的股份两部分组成。这里主要阐述由职工自愿出资组成的职工持股会。

2. 对于职工持股会的代持，一般会通过以下方式进行调整：

1）职工持股会召开理事会，作出关于同意会员转让出资（清理或解散职工持股会）的决议；

2）职工持股会召开会员代表大会，做出关于同意会员转让出资（清理或解散职工持股会）的决议；

3）转让出资的职工与受让出资的职工或投资人签署《出资转让协议》；

4）受让出资的职工或其他投资人支付款项。

3. 职工持股会清理的难点主要如下：

1）职工持股会人数众多，一一清理，逐一签署确认函或者进行公证，难度较大；

2）部分职工思想和认识不统一，不愿意转让出资；

3）部分职工对于出资转让价格期望值较高；

4）拟挂牌公司在历史上未按照公司章程发放红利，职工对公司的做法有意见，不愿意配合；

5）职工持股会人员因工作调动、辞退、死亡等原因变动较大，难以取得其对有关事项的确认或承诺；

6）部分职工与拟挂牌公司存在法律纠纷，不愿意配合职工持股会的清理。

其中，职工持股会历次股权转让和职工持股会清理过程中，股权转让履行的决策程序，股权转让价格是否合理，职工持股会的清理过程是否合法合规，股权转让是否真实、自愿,是否存在纠纷或潜在纠纷都是需要认真仔细考虑的地方。

七、公司规范运行问题

(一)申请挂牌公司在规范运行方面可能存在问题的情形

1. 公司“三会”的有效运行问题:公司“三会一层”是否有效运行;

2. 董监高的任职资格问题:资格瑕疵;

3. 行政处罚问题:是否存在重大违法违规行为;

4. 企业劳动人事问题:劳动合同的签订、五险一金的缴纳;

5. 公司各项制度是否健全,内部控制制度是否有效实施等相关问题。

(二)“三会”运行的有效性问题

股东大会、董事会和监事会是否符合法律的规定、是否按照法律的规定和章程的约定进行表决等,对于公司的运行经营具有重要的意义。

相关案例介绍:盛世光明(430267)

律师在补充法律意见书中对公司“三会”运行情形及监事履职情况详细说明,历次股东大会、董事会及监事会的召集和召开程序,出席会议人员的资格、召集人资格、会议议案的提出和审议及会议表决程序和表决结果等事宜,均符合《公司法》等法律、法规、规范性文件及《公司章程》的规定,会议内容合法、有效。

(三)董监高的任职资格问题

1. 董监高的任职资格的限制

(1)无民事行为能力或者限制民事行为能力;

(2)因贪污、贿赂、侵占财产、挪用财产或者破坏社会主义市场经济秩序,被判处刑罚,执行期满未逾五年,或者因犯罪被剥夺政治权利,执行期满未逾五年;

(3)担任破产清算的公司、企业的董事或者厂长、经理,对该公司、企业的破产负有个人责任的,自该公司、企业破产清算完结之日起未逾三年;

(4)担任因违法被吊销营业执照、责令关闭的公司、企业的法定代表人,并负有个人责任的,自该公司、企业被吊销营业执照之日起未逾三年;

(5)个人所负数额较大的债务到期未清偿;

(6)被中国证监会采取证券市场禁入措施尚在禁入期的;

(7)最近36个月内受到中国证监会行政处罚,或者最近12个月内受到证券交易所公开谴责;

(8)因涉嫌犯罪被司法机关立案侦查或者涉嫌违法违规被中国证监会立案调查,尚未有明确结论意见。

2. 相关案例介绍

(1)锐创信通(430285)

刘志春于2000年6月至2003年10月任海军工程设计研究局工程师。2003年12月创办有限公司。反馈要求主办券商补充核查刘志春与原单位是否存在竞业禁止方面的约定,公司登记的软件著作权,使用的技术是否侵犯原单位权利,是否存在纠纷或潜在纠纷。请律师补充发表意见。

顾问律师对该问题进行详细核查,刘志春与海军工程设计研究局不存在竞业禁止方面的约定。2003年12月刘志春创办北京锐创信通科技有限公司时,刘志春与海军工程设计研究局不存在工作、人事、工资待遇等方面的关系。公司目前具有的软件著作权、使用的技术,不存在侵犯海军工程设计研究局等其他单位或个人的权利情形,也不存在纠纷或潜在的法律风险。

(2)拓川股份(430219)

公司董事刘柏荣为公司控股股东、董事长兼总经理刘柏青之弟;公司监事马小骥为董事兼副总经理马捷之子;公司监事刘绵贵为公司董事长兼总经理刘柏青之姐夫,为董事刘平之父。为了保障公司权益和股东利益,确保监事及监事会有效履行职责,公司建立了相应的治理机制;《公司章程》明确规定了监事及监事会的职责、权利和违法违规处罚机制,同时公司制定了《监事会议事规则》、《关联交易管理办法》等制度,要求公司监事严格按照有关规定监督董事及高级管理人员的行为,并建立了关联监事回避表决机制。

(四)是否存在重大违法违规行为

1.《公司法》第5条规定,公司从事经营活动,必须遵守法律、行政法规,遵守社会公德、商业道德,诚实守信,接受政府和社会公众的监督,承担社会责任。即公司不得存在以下情形:

(1)行政处罚是指经济管理部门对涉及公司经营活动的违法违规行为给予的行政处罚。

(2)重大违法违规情形是指凡被行政处罚的实施机关给予没收违法所得、没收非法财物以上行政处罚的行为,属于重大违法违规情形,但处罚机关依法认定不属于的除外;被行政处罚的实施机关给予罚款的行为,除主办券商和律师能依法合理说明或处罚机关认定该行为不属于重大违法违规行为的外,都视为重大违法违规情形。

(3)公司最近24个月内不存在涉嫌犯罪被司法机关立案侦查,尚未有明确结论意见的情形。

(4)企业申请挂牌前36个月不能有违法发行股份的情况。

《行政处罚法》及相关法律中没有界定什么是重大违法违规行为,重大违法违规也不是一个法律概念,实践中律师需要自行判断是否属于重大违法违规行为,但是律师一般都比较谨慎,需要企业到相关行政机关开具行政处罚不属于重大违法违规的证明文件。行政机关在处理企业上市、新三板挂牌问题上比较谨慎,开具的文件也趋向规范化、格式化。

比如,企业因发票丢失、财务不规范等原因被税务部门处罚几百或者几千元,或者上万元,如何判断是否属于重大处罚呢?在相关行政法规中有一个情节严重的加重处罚,一般在行政处罚中适用情节严重、造成严重后果的,一般即使是行政处罚机关出具不属于重大违法违规行为,律师也要慎重做出判断。

对于相关行政处罚中,处罚金额不大,如低于10万元,未出现情节严重的事项,明确为一般行政处罚,或者适用简易程序的,或者行政处罚并非针对公司主营业务做出的行政处罚,律师一般均可以自行做出判断。实践中相关行政处罚机关亦会根据相关法律法规开具属于一般行政处罚、或者适用简易程序处罚、或者情节轻微的处罚,该等情况下,律师基本上可以判断是否属于重大行政处罚行为。

2. 相关案例介绍

(1)连能环保(430278)

律师认为,子公司龙能自动化尚未按照法规的要求办理环评,但其目前所实施的项目内容、项目性质、规模、项目采用的生产工艺或者防治污染、防止生态破坏的措施与连亮自动化环评批复中的内容基本相似,且未出现对周边环境污染情况;龙能自动化控股子公司连亮自动化已经取得环评批复但未办理完毕环评竣工验收手续,存在瑕疵。但最近两年,股份公司、子公司连能机电科技、子公司龙能自动化及其控股子公司连亮自动化没有受到有关环保方面的行政处罚,龙能自动化出具了《关于及时办理环评手续的承诺》,承诺尽快办理环评手续,公司实际控制人出具了《关于公司环评事项的说明》,承诺督促龙能自动化、连亮自动化及时办理完毕环评手续。若连能环保科技其及下属公司因上述事项而遭受任何罚款、违约赔偿金及其他经济损失时,由公司实际负责人负责赔偿连能环保科技其及下属公司的全部经济损失。因此其公司的环评欠缺问题不会对公司本次挂牌构成实质性障碍。

(2)捷虹股份(430295)

反馈要求说明关于公司是否需要取得工业产品生产许可证、环保、安全生产方面的情况。而顾问律师对公司是否取得经营范围内所必需的行政许可、行业许可证书等进行了详细说明,并就公司取得相关证书的时间、许可范围、许可证书有效期间予以图标列示。

(3)随视传媒(430240)

反馈意见要求说明公司通过互联网采集相关数据的行为是否符合现有法律、法规针对互联网用户个人信息保护的相关规定;未来公司运营是否会受到对互联网用户个人信息保护法律、法规变化的影响。

顾问律师认为公司的业务领域主要为互联网广告数字营销和技术服务,公司不属于《规范互联网信息服务市场秩序若干规定》提及的互联网信息服务提供者,因此前述规定并不能直接适用于公司。另外,公司通过互联网采集的数据主要由互联网信息服务提供商提供或公司经互联网信息服务提供商同意主动收集,为数据的间接收集和使用方,直接的数据收集方和记录方为互联网信息服务提供商,其应当遵守《规范互联网信息服务市场秩序若干规定》关于个人信息收集的相关规定。公司目前收集的用户数据,并未涉及个人敏感信息,且为批量分析使用,不针对某特定主体,也不会指向某特定主体。

综上所述,律师认为,公司通过互联网采集相关数据的行为符合现有法律、法规对互联网用户个人信息保护的相关规定。

(4)倚天股份(430301)

反馈重点问题是2012年11月25日,公司因在未办理营业执照的情况下,擅自从事云母带生产活动,收到霸州市工商行政管理局行政告诫书,公司于2013年2月取得设立霸州分公司的《营业执照》。请律师对上述事项核查并对公司的生产经营是否合法合规发表明确意见。

回复称:由于有限公司设立初期内部治理不规范,管理人员对相关规章制度不了解,认为霸州工厂只是生产基地没有销售经营活动,因此在未办理分公司工商登记的情况下进行了生产活动。2013年3月15日,霸州分公司取得霸州市工商行政管理局出具的《证明》,除2012年11月25日收到行政告诫书外,无其他因违反工商行政管理法律法规受到处罚记录。并认为行政告诫书系行政管理机关对违反行政管理法律、法规、规章的轻微违法行为或不宜直接作出行政处罚的违法行为,督促当事人改正而作出的行政训诫或建议,公司收到行政训诫不属于重大违法违规,并且公司在规定期限内完成工商备案手续。截至本补充法律意见书出具之日,不存在重大违法违规,对公司本次挂牌不构成障碍。

(5)连能环保(430278)

税务罚款及滞纳金问题:

上海市金山区国家税务局因公司丢失上海市40K收据50份的罚款1000元,因数额较小,且公司已经实际缴纳,并未造成严重不利后果。在对于公司因报税员未能及时报税而延期纳税,2011年缴纳了滞纳金885.38元,2012年缴纳了滞纳金38,429.86元。公司在期限内补缴了税款、缴纳了滞纳金,并未受到行政处罚,也未造成其他严重不利后果。同时,公司出具了《关于税收滞纳金、税务罚款、支票罚款等情况说明及承诺》,承诺做好报税工作,严格按照法律法规的要求及时进行纳税。故均不属于重大违法违规。

银行罚款问题:公司在2012年期间,因账户内余额不足开具支票而被中国人民银行上海分行认定为签发空头支票并依据《票据管理实施办法》第31条的规定"签发空头支票或者签发与其预留的签章不符的支票,不以骗取财物为目的的,由中国人民银行处以票面金额5%但不低于1000元的罚款;持票人有权要求出票人赔偿支票金额2%的赔偿金"处以罚款87,544.38元。该处罚的银行罚款87,544.38元属于行政处罚。律师认为,银行罚款系因公司资金紧张及因股份制改制后账户名称变更导致资金未能及时入账而致,并无骗取财物的目的,公司已缴纳了罚款,并未造成严重不利后果。故上述处罚不属于重大违法违规行为。

(6)布雷尔利(430260)

2012年9月,北京市工商局石景山分局出具京工商石处字[2012]第208号《行政处罚决定书》,认定公司利用互联网作引人误解的虚假宣传,属于不正当竞争行为,并作出责令停止违法行为,消除影响,并处以50,000元罚款的行政处罚。2013年4月,北京市工商行政管理局出具证明文件,认定布雷尔利公司上述行为不构成重大违反工商行政管理法律、法规的行为。请公司补充提供上述[2012]第208号《行政处罚决定书》以及2013年4月北京市工商行政管理局出具的证明文件。请主办券商及律师对其是否构成挂牌障碍发表专业意见并在公开转让说明书中补充披露。

回复称:公司收到《行政处罚决定书》后,立即删除了广告宣传网页上的相关信息,并按期缴纳了罚款。2013年4月15日,北京市工商局出具文件认定布雷尔利的上述行为不属于重大违反工商行政管理法律、法规的行为。鉴于布雷尔利上述行为未造成严重后果,并积极进行整改,消除了不利影响,且北京市工商局对本次行政处罚已作出不属于重大违法行为的认定,本所律师认为,上述行政处罚不构成本次股票挂牌转让的法律障碍。

(五)企业劳动人事问题

1. 公司员工与劳动人事方面的要求主要有:

(1)与全体员工签订书面劳动合同,依《劳动法》、《劳动合同法》及劳动相关法律法规执行工时、加班工资、劳动保护、职业病防治等制度;

(2)依法足额为全体员工缴纳五险一金;

(3)取得劳动与社会保障部门、住房公积金管理部门出具的企业近三年无违法违规证明文件。

2. 特别要注意的是,《社会保险法》明确规定,进城务工的农村居民依照该法规定参加社会保险,外国人在中国境内就业的,参照本法规定参加社会保险。

对于企业雇用的农村户籍员工,如果其已经参加新型农村社会养老保险、新型农村合作医疗的,用人单位可以不再为员工缴纳该险种,但是应该根据该员工在农村参加该险种缴费情况给予补偿。

企业如果要在新三板挂牌,需要根据《住房公积金管理条例》(2002 年修订)为员工缴纳住房公积金,并开具合规证明。对于农村户籍员工,如果企业已经为其解决食宿问题(如提供员工宿舍、补贴员工租赁房屋的租金等方式),可以瑕疵披露并由大股东兜底承诺。通过人才服务机构代缴社保、公积金可以有效解决公司异地员工缴纳社保、公积金问题。

3. 劳务派遣的合规性问题。

《劳动合同法》(2012 年修正)第 66 条有关劳务派遣员工的使用的规定,劳动合同用工是我国的企业基本用工形式。劳务派遣用工是补充形式,只能在临时性、辅助性或者替代性的工作岗位上实施。

(1)临时性工作岗位是指存续时间不超过 6 个月的岗位;

(2)辅助性工作岗位是指为主营业务岗位提供服务的非主营业务岗位;

(3)替代性工作岗位是指用工单位的劳动者因脱产学习、休假等原因无法工作的一定期间内,可以由其他劳动者替代工作的岗位。

《劳务派遣暂行规定》,用工单位决定使用被派遣劳动者的辅助性岗位,应当经职工代表大会或者全体职工讨论,提出方案和意见,与工会或者职工代表平等协商确定,并在用工单位内公示。

用工单位应当严格控制劳务派遣用工数量，使用的被派遣劳动者数量不得超过其用工总量的10%。

4. 审核态度。

历史问题可以历史的判断和认定，但不能影响挂牌条件（如追缴社保、公积金发行人不能满足3年连续盈利要求；存在重大违法违规情形）。

5. 相关案例介绍。

连能环保（430278）

公司因资金紧张未能及时缴纳2012年9月社保保险金。公司于2012年11月补缴了上述社保保险金，并缴纳了滞纳金1998.43元。该处滞纳金不属于行政处罚。

《社会保险法》第86条规定，用人单位未按时足额缴纳社会保险费的，由社会保险费征收机构责令限期缴纳或者补足，并自欠缴之日起，按日加收万分之五的滞纳金；逾期仍不缴纳的，由有关行政部门处欠缴数额1倍以上3倍以下的罚款。律师认为，上述滞纳金因数额较小，且公司在期限内补缴了社保、缴纳了滞纳金，并未受到行政处罚，也未造成其他严重不利后果。故不属于重大违法违规为。

空调押金问题：请公司说明收取员工空调押金的具体内容。请主办券商和律师核查公司是否存在违反劳动法规的情形，并发表意见。

律师核查及公司提供出具的《关于空调押金的说明》，核查到公司为方便员工租房，将公司租赁的部分房屋免费提供给员工居住，作为员工福利。后在公司有关员工提议由公司在上述房屋中安装空调，公司接受了员工建议，为员工宿舍统一安装了空调。为督促员工妥善使用、维护好上述空调，公司对有关员工收取了空调押金，并在其不再居住员工宿舍时退回。如空调有毁损时，则扣除部分金额。公司已于2013年6月13日将空调押金退还给相关员工。《劳动合同法》第9条规定：用人单位招用劳动者，不得扣押劳动者的居民身份证和其他证件，不得要求劳动者提供担保或者以其他名义向劳动者收取财物。律师认为，公司收取空调押金的行为不属于《劳动合同法》第9条规定的情形，并不存在违反劳动法规的情形。

（六）企业内部控制制度是否有效运行，是否存在被大股东占用资金、违规担保等相关情形

相关案例介绍：光电高斯（430251）

公开转让说明书披露公司在2011年向天津光电高瑞电子有限公司借款形

成其他应付款180万元，天津光电高瑞电子有限公司在2012年注销，公司已经将此其他应付款项归还。请公司说明并补充披露：(1)报告期与关联方资金往来的余额、发生额；(2)上述资金是否支付资金占用费、是否存在利益输送的情形；(3)公司内部资金控制制度有效性。请主办券商、律师核查并发表明确意见。

回复称：律师对上述光电高斯与关联方资金往来的余额、发生额的情况进行了详细说明，认为因北京华旗数码实验室有限公司欠光电高瑞公司的货款24万元，由于光电高斯和光电高瑞的股东相同，因此就该笔债权光电高斯与光电高瑞之间进行了债权转移，故光电高斯在应收账款中体现并支付给光电高瑞。上述光电高斯占用光电高瑞资金，没有向光电高瑞支付任何资金占用费，因此律师认为，不存在关联方向挂牌公司进行利益输送的情况。经律师适当核查，光电高斯在有限责任公司阶段，存在内控制度不完善的情况，变更为股份公司后，光电高斯加强了内部控制制度和财务制度，并建立了关联交易管理制度，重视健全公司治理结构以杜绝类似问题的发生。

1. 对外担保问题

(1)公司应严格控制对外担保，建立健全相应的公司内部控制制度；

(2)控股股东或实际控制人不得强令公司对外提供担保；

(3)公司对外担保等事项应符合法律法规和公司章程。

2. 独立性问题

1)现有文件中尚未有直接的规范对新三板的独立性作出要求，但是参照企业上市的要求，新三板的也应具有独立性，主要通过以下5个方面独立于控股股东、实际控制人及其控制的其他企业。

(1)公司业务的独立性；

(2)公司资产的独立性；

(3)人员独立性；

(4)财务独立性；

(5)机构独立性。

业务独立是指挂牌公司业务应完全独立于控股股东。控股股东及其下属的其他单位不应从事与挂牌公司相同或相近的业务。控股股东应采取有效措施避免同业竞争。

资产独立要求挂牌公司资产应独立完整、权属清晰，控股股东、实际控制人不得占用、支配公司资产或干预公司对资产的经营管理。

人员独立强调挂牌公司人员应独立于控股股东。挂牌公司的经理人员、财务负责人、营销负责人和董事会秘书在控股股东单位不得担任除董事以外的其他职务。控股股东高级管理人员兼任挂牌公司董事的,应保证有足够的时间和精力承担挂牌公司的工作。

财务独立则是指挂牌公司应按照有关法律、法规的要求建立健全的财务、会计管理制度,独立核算。控股股东应尊重公司财务的独立性,不得干预公司的财务、会计活动。

机构独立要求挂牌公司的董事会、监事会及其他内部机构应独立运作。控股股东及其职能部门与挂牌公司及其职能部门之间没有上下级关系。控股股东及其下属机构不得向挂牌公司及其下属机构下达任何有关挂牌公司经营的计划和指令,也不得以其他任何形式影响其经营管理的独立性。

2)对于公司的独立性方面,无论是上市企业还是拟在新三板挂牌的企业,都无法回避两个重要的问题:关联交易和同业竞争问题。因为这两个问题都涉及发行主体利益问题,进而直接关系到中小股东的权益问题。

(1)关联交易:是指公司或是其附属公司与在本公司直接或间接占有权益、存在利害关系的关联方之间所进行的交易。关联方包括自然人和法人,主要指上市公司的发起人、主要股东、董事、监事、高级行政管理人员及他们的家属和上述各方所控股的公司。

a. 法律及主管部门对于关联交易的基本态度是减少和规范。现存的关联交易必须符合以下条件:一是实体上应符合市场化的定价和运作要求,做到交易价格和条件公允;二是在程序上必须严格遵循公司章程和相应制度的规定;三是在数量和质量上不能影响到公司的独立性。总的来说,就是公司应尽量减少并规范关联交易,关联交易价格应该公允。公司不应通过关联交易制造或转移利润,也不应将关联交易非关联化。对于关联方占用公司资金,必须及时清理欠款并不得发生新的欠款。

b. 关联方的认定及关联交易。根据《全国中小企业股份转让系统挂牌公司信息披露细则(试行)》第 31、32 条的规定,关联交易系指挂牌公司与关联方之间发生的转移资源或者义务的事项,挂牌公司的关联方及关联关系包括《企业会计准则第 36 号——关联方披露》规定的情形,以及挂牌公司、主办券商或全国股份转让系统公司根据实质重于形式原则认定的情形。

对于关联方的认定，目前的审核态度是公司关联方根据公司法和会计准则确定即可，可不参考IPO标准。根据《企业会计准则第36号——关联方披露》规定：

（a）一方控制、共同控制另一方或对另一方施加重大影响，以及两方或两方以上同受一方控制、共同控制或重大影响的，构成关联方。控制，是指有权决定一个企业的财务和经营政策，并能据以从该企业的经营活动中获取利益。

（b）共同控制，是指按照合同约定对某项经济活动所共有的控制，仅在与该项经济活动相关的重要财务和经营决策需要分享控制权的投资方一致同意时存在。

（c）重大影响，是指对一个企业的财务和经营政策有参与决策的权力，但并不能够控制或者与其他方一起共同控制这些政策的制定。

下列各方构成企业的关联方，包括：

（a）该企业的母公司。

（b）该企业的子公司。

（c）与该企业受同一母公司控制的其他企业。

（d）对该企业实施共同控制的投资方。

（e）对该企业施加重大影响的投资方。

（f）该企业的合营企业。

（g）该企业的联营企业。

（h）该企业的主要投资者个人及与其关系密切的家庭成员。主要投资者个人，是指能够控制、共同控制一个企业或者对一个企业施加重大影响的个人投资者。

（i）该企业或其母公司的关键管理人员及与其关系密切的家庭成员（关键管理人员，是指有权力并负责计划、指挥和控制企业活动的人员。与主要投资者个人或关键管理人员关系密切的家庭成员，是指在处理与企业的交易时可能影响该个人或受该个人影响的家庭成员）。

（j）该企业主要投资者个人、关键管理人员或与其关系密切的家庭成员控制、共同控制或施加重大影响的其他企业。

c. 公司在挂牌上市前，需根据自身情况采取以下方法处理关联交易事项，以便顺利实现挂牌。

第一，对关联交易涉及的事项进行重组。

第二，将产生关联交易的公司股权转让给非关联方。

第三，对关联企业进行清算和注销。如果关联企业已经停止经营、未实际经营或者其存在可能对拟挂牌公司产生障碍或不良影响，则可考虑将该关联企业进行清算、注销。

第四，对于无法避免的其他关联交易，应当做到定价公允、决策程序合规、信息披露规范。

d. 相关案例介绍

(a)乐升股份(430213)

关联交易的如实披露，包括关联交易情况、产生的原因、定价机制、合规性等，并与同行业公司对比毛利率以证明关联交易价格的公允；作重大风险提示；关注公司治理的完善情况。

(b)天津宝恒(430299)

报告期内使用关联企业的商标问题：挂牌前，公司所使用的商标为公司关联企业宝恒自控申请并所有，报告期内公司与宝恒自控签署并执行《商标使用许可合同》，宝恒自控许可公司无偿使用“宝恒”商标。目前，公司已经与宝恒自控方面达成一致，宝恒自控将其商标无偿转让予公司，公司正在办理商标转让过户手续。

(c)佳星慧盟(430246)

挂牌前归还借款，未要求收取资金占用费：因刘波任公司副总经理，为公司高级管理人员，北京朝瑞博科技有限公司与公司构成关联方。北京朝瑞博科技有限公司曾因资金周转紧张向公司及其全资子公司拆借资金，借款双方未约定借款利息。2011 年共借款 175 万元，截至 2012 年 12 月 31 日，上述款项已经还清。

(2)同业竞争

a. 同业竞争概念

同业竞争，是指发行人的控股股东、实际控制人及其控制的其他企业从事与发行人相同、相似的业务，从而使双方构成或可能构成直接或间接的竞争关系。

b. 法律和主管部门关于同业竞争的基本态度

在具有同业竞争的两家公司之间，尤其是具有控制与被控制关系的两家公司之间，控股股东或实际控制人可以任意转移业务与商业机会，这样很容易损害被控制公司的利益。所以,为维护上市公司本身和以中小股东为主的广大投资者的利益,很多国家的资本市场对同业竞争都实行严格的禁止。发行人与控股股东、实际控制人及其控制的其他企业之间不存在同业竞争是企业上市的基本条件之一。

c. 同业竞争的认定

从实践经验来看,证券发行监管部门在判断拟发行人与竞争方之间是否存在同业竞争时,通常会关注以下几个方面:

(a)考察产品或者服务的销售区域或销售对象。若存在销售区域地理距离远、销售对象不同等因素,即使同一种产品或者服务,也可能不发生业务竞争及利益冲突。

(b)如存在细分产品,可考察产品生产工艺是否存在重大差异。若拟发行人与竞争方的产品同属于某一大类行业,但又存在产品细分情形,则两者之间的生产工艺也将可以成为考察是否存在同业竞争的重要方面。

(c)考察发行人所在行业的特点和业务方式。有时在具体个案中,监管部门也会结合发行人所在行业的行业特点和业务运作模式来具体判断是否构成同业竞争。

d. 有关方面是否已采取有效措施或承诺采取有效措施避免同业竞争。

鉴于公司挂牌时同业竞争绝对不可存在,公司对于已经存在的同业竞争,有关主体必须在申请挂牌前彻底解决同业竞争问题。同时,有关主体还需要根据具体情况就避免同业竞争作出妥善安排和承诺。

e. 同业竞争解决之对策为:

(a)将同业竞争的公司股权收购到发行人或称为发行人的子公司;

(b)由竞争方将存在的竞争性业务转让给无关联关系的第三方;

(c)直接注销同业竞争方;

(d)签订市场分割协议,合理划分发行人与竞争方的市场区域;

(e)将与拟发行人存在同业竞争的业务委托给拟发行人经营;

(f)多角度详尽解释同业但不竞争。

f. 对于同业竞争审核态度是:同业竞争不搞一刀切,分具体情况,尽量整改或提出整改措施,如实在难以解决的就如实披露,并在后续持续督导过程中关注。

g. 相关案例介绍。

(a)联动设计(430266)

反馈请公司补充披露衍新电力近两年实际经营情况，请主办券商、律师核查并发表意见，并核查其与公司是否存在同业竞争。

顾问律师对衍新电力的经营范围进行了详细阐述，并说明其虽处于开业状态但并未开展销售产品等情况，其2011年度、2012年度无营业收入，衍新电力的业务范围与股份公司业务范围不相同也不相似，衍新电力过去两年未开展与股份公司相同或相类似的业务，并且，衍新电力的实际控制人黄万良已作出承诺，不会从事与股份公司相同或相似的业务，“本人亦不会通过衍新电力以任何方式实施可能有损股份公司利益的行为”。因此，律师认为，衍新电力与股份公司不存在同业竞争。

(b)天津宝恒(430299)

恒鑫阀门、宝恒自控在经营范围、业务类型方面与公司较为相近，出于避免同业竞争的考虑，恒鑫阀门在2012年公司股份制改制期间进行了资产清算，停止了与公司之间的关联交易，其相关业务、人员及资产也已转移到公司。截至本说明书签署之日，恒鑫阀门已办理工商注销手续。此外，报告期内宝恒自控已停止一切经营业务，截至本说明书签署之日，宝恒自控已发布注销公告，公司实际控制人承诺相关注销手续将在其宝恒自控商标转让给公司后将尽快予以办妥。

(c)倚天股份(430301)

公司董事、副总经理兼销售部负责人胡雪莲兼任海升伟业经理，请律师补充核查胡雪莲在海升伟业任职和履职情况，就其兼职是否符合《公司法》第148条、第149条关于公司董事、高管忠实和勤勉尽责的规定发表意见。请胡雪莲就避免和解决同业竞争问题提出相关解决措施并做承诺。

经律师核查，北京市海升伟业线缆有限公司经营范围为销售机械设备、五金交电、金属材料、化工产品(不含一类易制毒化学品及化学危险品)、劳保用品、装饰材料、建筑材料、塑料制品；建造建筑材料(粘土砖除外)、电线电缆(仅限分支机构经营)。该公司主营业务为销售电线电缆，胡雪莲现在该公司担任监事，除此之外无其他任职。

律师认为，公司与北京市海升伟业线缆有限公司不存在同业竞争，根据《审计报告》截至2012年12月31日，公司与北京市海升伟业线缆有限公司未产生关联交易，公司董事、副总经理兼销售部负责人胡雪莲兼任北京市海升伟业线缆有限公司监事职务，不存在同业竞争、自我交易的情况，符合《公司法》第148条、第149条关于公司董事、高管忠实和勤勉尽责的规定。

(3)同业竞争与关联交易处理方式

首先,申请挂牌公司应披露是否存在与控股股东、实际控制人及其控制的其他企业从事相同、相似业务的情况。对存在相同、相似业务的,应对是否存在同业竞争做出合理解释。申请挂牌公司应披露控股股东、实际控制人为避免同业竞争采取的措施及做出的承诺。

其次,申请挂牌公司应披露最近两年内是否存在资金被控股股东、实际控制人及其控制的其他企业占用,或者为控股股东、实际控制人及其控制的其他企业提供担保,以及为防止股东及其关联方占用或者转移公司资金、资产及其他资源的行为发生所采取的具体安排。

最后,申请挂牌公司应根据《公司法》和《企业会计准则》的相关规定披露关联方、关联关系、关联交易,并说明相应的决策权限、决策程序、定价机制、交易的合规性和公允性,减少和规范关联交易的具体安排等。申请挂牌公司应披露最近两年股利分配政策、实际股利分配情况以及公开转让后的股利分配政策。

(4)实际控制人的认定

根据《全国中小企业股份转让系统挂牌公司信息披露细则(试行)》实际控制人指通过投资关系、协议或者其他安排,能够支配、实际支配公司行为的自然人、法人或者其他组织。而控制是指有权决定一个公司的财务和经营政策,并能据以从该公司的经营活动中获取利益。有下列情形之一的,为拥有挂牌公司控制权:

a. 为挂牌公司持股50%以上的控股股东;

b. 可以实际支配挂牌公司股份表决权超过30%;

c. 通过实际支配挂牌公司股份表决权能够决定公司董事会半数以上成员选任;

d. 依其可实际支配的挂牌公司股份表决权足以对公司股东大会的决议产生重大影响;

e. 中国证监会或全国股份转让系统公司认定的其他情形。

八、公司挂牌前后的税务问题

中小企业在创业阶段或者发展阶段,常常会隐藏一部分收入,企业拟挂牌转让,经会计师审计后,这些财务不规范问题会暴露出来;通过财务处理如补增值税或者所得税可以解决。企业迟早要规范、诚信、守法经营;借公司挂牌的时机主动规范财务问题,补缴税收,有助于未来企业的发展。如果对其税收问题视而不见，可能存在未来被税务机关在核查过程发现该等问题，轻则给予行政处罚，重则构成偷税、漏税，触犯刑法，移交司法机关处理。因此，企业需要权衡挂牌转让的利弊。

（一）挂牌前，公司改制时资本公积、未分配利润转增股本税务问题

改制时，资本公积（资本/股本溢价、接受现金捐赠、拨款转入、外币资本折算差额和其他资本公积等）盈余公积及未分配利润转增股本按以下情况区别纳税：

对于自然人股东而言，资本公积转增股本暂时不征收个人所得税；盈余公积及未分配利润转增股本时应当缴纳个人所得税。

对于法人股东，资本公积转增股本时不缴纳企业所得税；盈余公积及未分配利润转增股本虽然视同利润分配行为，但法人股东不需要缴纳企业所得税；但是如果法人股东适用的所得税率高于公司所适用的所得税率时，法人股东需要补缴所得税的差额部分。

（二）亏损公司改制挂牌转让的一些问题

根据《公司法》第 96 条“有限责任公司变更为股份有限公司时，折合的实收股本总额不得高于公司净资产额”。

实践中公司股改重组的时候都会以公司净资产进行折股，但必须保证股东出资已经全部缴纳，即注册资本和实收资本相同。因此，公司经审计师审计后的净资产不能低于公司的实收资本，换一种说法就是公司可以亏损，但是不能亏损到审计后的净资产低于实收资本（注册资本），如果审计后的净资产低于实收资本，那只有一种方式就是进行减资，将实收资本减少到低于公司的净资产，当然此种情况减少的注册资本实际是亏损的部分。这样虽然可以解决公司股改的问题，但是同时会造成另一个问题，即公司是否具有持续盈利能力？如果企业是因为过去亏损造成的，但是报告期持续盈利，能够解释清楚的，此问题不会对公司挂牌造成实质性障碍。

关于公司应当如何按照净资产折股，除了《公司法》第 96 条的规定，相关法规并没有对净资产折股比例做出规定，一般情况下，折股比例不能低于 1∶1，即 1 元净资产折 1 股。但是在大多数情况下，出于谨慎的财务处理，企业会留一部分净资产进入资本公积，即一般情况下都是按照 1 元以上的净资产折 1 股的方式折股的。

（三）企业改制重组有关契税、营业税、土地增资税问题

根据《财政部、国家税务总局关于自然人与其个人独资企业或一人有限责

任公司之间土地房屋权属划转有关契税问题的通知》(财税[2008]142号)、《财政部、国家税务总局关于企业事业单位改制重组契税政策的通知》(财税[2012]4号)、《财政部、国家税务总局关于纳税人资产重组有关营业税问题的公告》(国家税务总局公告2011年第51号)、《财政部、国家税务总局关于土地增值税一些具体问题规定的通知(1995年5月25日 财税字[1995]48号)规定:

1. 对于以房地产进行投资、联营的,投资、联营的一方以土地(房地产)作价入股进行投资或作为联营条件,将房地产转让到所投资、联营的企业中时,暂免征收土地增值税。对投资、联营企业将上述房地产再转让的,应征收土地增值税。

2. 在企业兼并中,对被兼并企业将房地产转让到兼并企业中的,暂免征收土地增值税。

(四)企业改制重组有关个人所得税问题

1.《关于股权转让所得个人所得税计税依据核定问题的公告》(2010年第27号),自然人转让所投资企业股权(份)(以下简称股权转让)取得所得,按照公平交易价格计算并确定计税依据。

2. 对于计税依据明显偏低且无正当理由的,主管税务机关可采用本公告列举的方法核定。所谓正当理由,是指:

(1)所投资企业连续三年以上(含三年)亏损;

(2)因国家政策调整的原因而低价转让股权;

(3)将股权转让给配偶、父母、子女、祖父母、外祖父母、孙子女、外孙子女、兄弟姐妹以及对转让人承担直接抚养或者赡养义务的抚养人或者赡养人;

(4)经主管税务机关认定的其他合理情形。

(五)企业改制重组有关股权支付特殊税务处理

根据《财政部、国家税务总局关于企业重组业务企业所得税处理若干问题的通知》(财税[2009]59号)和《国家税务总局关于发布〈企业重组业务企业所得税管理办法〉的公告》(国家税务总局公告2010年第4号)规定:

1. 以股权收购方式收购企业购买的股权不低于被收购企业全部股权的75%、收购企业在该股权收购发生时的股权支付金额不低于其交易支付总额的85%且符合上述条件的,交易各方对其交易中的股权支付部分。

2. 可以选择按以下规定进行特殊性税务处理:

(1)被收购企业的股东取得收购企业股权的计税基础,以被收购股权的原有计税基础确定；

(2)收购企业取得被收购企业股权的计税基础，以被收购股权的原有计税基础确定；

(3)收购企业、被收购企业的原有各项资产和负债的计税基础和其他相关所得税事项保持不变。

九、公司挂牌新三板应该注意的其他问题

(一)挂牌新三板的公司需要满足成立两年的硬性要求

1. 存续两年以上，这是指存续两个完整的会计年度。

2. 根据《会计法》(1999年修订)，会计年度自公历1月1日起至12月31日止，两个完整的会计年度实际上指的是两个完整的年度。

因此，若有限责任公司想挂牌，需要按原账面净资产值折股整体变更为股份有限公司的，存续时间可以从有限责任公司成立之日起计算。整体变更不应改变历史成本计价原则，不应根据资产评估结果进行账务调整，应以改制基准日经审计的净资产额为依据折合为股份有限公司股本。申报财务报表最近一期截止日不得早于改制基准日(审计报告的有效期6个月，特殊情况可以延长1个月)。

改制基准日—申报基准日(1月31日、2月28日、3月31日、4月30日、5月31日、6月30日、7月31日、8月31日、9月30日、11月31日、12月30日)。

(二)公司挂牌信息披露的原则及细节问题

1. 挂牌时信息披露的一些要求

(1)重点阐释行业风险、业务模式等企业个性的东西，如果企业确有其特色，相关信息披露内容可在符合基本披露原则的情况下个性化。

(2)公开转让说明书中披露与企业业务特点相关的会计政策即可，不需要全部照搬审计报告。

(3)企业有外协业务的要做好披露工作。

2. 挂牌时融资

(1)挂牌时申请融资的，可披露融资内容。

(2)挂牌过程中投资者不适用投资者适当性管理的规定。

(3)下一步股转公司会推出挂牌企业融资的服务专区业务。

(三)定向增发问题

1. 新增股份不强制限售，自愿限售，中登不登记，券商做好督导工作。

2. 募集资金不必盈利预测、不用详细分析用途。

3. 定增材料齐全申报后 15 个工作日出函。

4. 定增价格可协商或询价。

5. 老股东优先配售权必须落实,除非老股东书面申明放弃。

6. 核心员工认定程序必须合法。

7. 股份激励措施如定价不公允,可能要适用会计准则中股份支付的规定。

8. 一次核准多次发行的模式只适用于证监会核准的定增,不适用于豁免模式。

(四)股份锁定及解除限售

1. 董监高辞职要锁定股份。

2. 董监高每年解限售在每年 1 月办理。

3. 董监高新增股票在 3 个工作日内办理。

4. 董监高离任在离职生效后 2 个转让日内办理。

(五)国有土地使用权取得问题、集体建设用地、集体土地问题

根据国务院 2006 年 8 月 31 日发布的《关于加强土地调控有关问题的通知》(国发[2006]31 号)规定,工业用地必须走"招拍挂"程序。

2006 年 8 月 31 日之后通过协议出让方式取得国有土地使用权的仅限于《国土资源部、监察部关于进一步落实工业用地出让制度的通知》(国土资发〔2009〕101 号)的规定,按以下几种方式处理:

1. 由于城市规划调整、经济形势发生变化、企业转型等原因,土地使用权人已依法取得的国有划拨工业用地补办出让、国有承租工业用地补办出让,符合规划并经依法批准,可以采取协议方式。

2. 政府实施城市规划进行旧城区改建,需要搬迁的工业项目符合国家产业政策的,经市、县国土资源行政主管部门审核并报市、县人民政府批准,收回原国有土地使用权,以协议出让或租赁方式为原土地使用权人重新安排工业用地。拟安置的工业项目用地应符合土地利用总体规划布局和城市规划功能分区要求,尽可能在确定的工业集中区安排工业用地。

因此,对于 2006 年 8 月 31 日之后,企业取得的国有土地使用权必须是通过招拍挂方式,否则属于违法取得的。

十、新三板挂牌企业转板问题

对挂牌公司转板的需求,新三板将坚持开放发展的市场化理念,充分尊重企业的自主选择权,企业根据自身发展的需要,可以自主选择进入不同层次的资本

市场。

关于转板的条件,按照《国务院关于全国中小企业股份转让系统有关问题的决定》的精神,全国股份转让系统的挂牌公司可以直接转板至证券交易所上市,但转板上市的前提是挂牌公司必须符合《证券法》规定的股票上市条件,在股本总额、股权分散程度、公司规范经营、财务报告真实性等方面达到相应的要求。

第十一章　私募股权融资法律实务

第一节　什么是私募股权融资

众所周知，融资可分为直接融资和间接融资，即股权融资和债权融资两种方式。其中，债权融资包括多层次银行服务、信用担保机构、政府设立的发展基金、票据业务和同业拆借等；股权融资包括证券（IPO）市场融资、私募股权融资等。

私募股权投资，相对于被投资的公司来说，则称为私募股权融资。私募股权融资（Private Equity，PE）是指通过私募形式对具有融资意向的私有企业，即非上市企业进行的权益性投资，在交易实施过程中附带考虑了将来的退出机制，即通过上市、并购或管理层回购等方式，出售持股获利。

狭义的PE主要指对已经形成一定规模的，并产生稳定现金流的成熟企业的私募股权投资部分，主要是指创业投资后期的私募股权投资部分，而这其中并购基金和夹层资本在资金规模上占最大的一部分。在中国，PE主要是指这一类投资。

广义的私募股权投资为涵盖企业首次公开发行前各阶段的权益投资，即对处于种子期、初创期、发展期、扩展期、成熟期和Pre－IPO各个时期企业所进行的投资，相关资本按照投资阶段可划分为创业投资（Venture Capital）、发展资本（Development Capital）、并购基金（buyout/buyin fund）、夹层资本（Mezzanine Capital）、重振资本（Turnaround Financing）、Pre－IPO资本（如bridge finance），以及其他如上市后私募投资（Private Investment in Public Equity，PIPE）、不良债权（distressed debt）和不动产投资（real estate）等（以上所述的概念也有重合的部分）。

一、私募起源

（一）私募基金之父

私募基金的首创者是美国投资家本杰明·格雷厄姆（Benjamin Graham，

1894～1976 年)。

1923 年,9 岁丧父、13 岁母亲投资股市破产的格雷厄姆放弃了工作 9 年已成为合伙人的纽伯格—亨德森—劳伯公司,自立门户,成立了格兰赫私人基金,规模 50 万美元,炒作的第一家股票是杜邦。

(二)著名的量子基金

1949 年,美国第一家真正意义上的对冲基金(Hedge Fund)琼斯组(Jones' Group)以私募的方式成立,引领了对冲基金的私募风潮。富有盛名的量子基金是 20 世纪 60 年代末由美国的索罗斯和罗杰斯私募成立的。

量子基金的初始资产只有 400 万美元,基金设在纽约,但出资人皆为非美国籍的境外投资者,可避开 SEC 的监管。1979 年,索罗斯将公司更名为量子公司,来源于海森伯格量子力学测不准定律。到 1997 年年末,量子基金已增值为资产总值近 60 亿美元的巨型基金。

量子基金在俄罗斯金融风暴以及 1997 年做空港币时遭遇挫折,对美国网络股的投资更是让其损失了近 50 亿美元,元气大伤。因此 2004 年 4 月 28 日,索罗斯不得不宣布关闭这一出尽风头的对冲基金。

二、发展历程

(一)国际 PE 发展历程

私募股权基金起源于美国。19 世纪末,有不少富有的私人银行家通过律师、会计师的介绍和安排,将资金投资于风险较大的石油、钢铁、铁路等新兴产业,这类投资完全是由投资者个人决策,没有专门的机构进行组织,这就是私募股权基金的雏形。

国际 PE 产业先后经历了四个重要的发展时期。

1. 1946～1981 年的初 PE 时期,一些小型的私人资产投资以及小型企业对私募的接触使 PE 得到起步。

2. 1982～1993 年的第一次经济萧条和繁荣的循环使 PE 发展到第二个时期,这一时期的特点是出现了一股大量以垃圾债券为资金杠杆的收购浪潮,并在 20 世纪 80 年代末 90 年代初在几乎崩溃的杠杆收购产业环境下仍疯狂购买著名的美国食品烟草公司雷诺纳贝斯克(RJR Nabisco)中达到高潮。

3. PE 在第二次经济循环(1992～2002 年)中得到洗涤并经历了其第三个时期的进化。这一时期的初期也就是 20 世纪 90 年代初期逐渐浮现出一系列金融和经济现象,如储蓄和贷款危机,内幕交易丑闻以及房地产业危机。这一时期出现了更多制度化的私募股权投资企业,并在 1999 ~ 2000 年的互联网泡沫时期达到了发展的高潮。

4. 2003 ~ 2007 年成为 PE 发展的第四个重要时期,全球经济由之前的互联网泡沫逐步走弱,杠杆收购也达到了空前的规模,从而也使私募企业的制度化得到了空前的发展。从 2007 年美国黑石集团(Blackstone Group)的 IPO 中我们可以得到充分的印证。

国际私募股权投资基金经过 50 多年的发展,成为仅次于银行贷款和 IPO 的重要融资手段。国际私募股权投资基金规模庞大,投资领域广阔,资金来源广泛,参与机构多样。西方国家私募股权投资基金占其 GDP 份额已达到 4% ~ 5%。迄今为止,全球已有数千家私募股权投资公司,黑石、KKR、凯雷、贝恩、阿波罗、德州太平洋、高盛、美林等机构是其中的佼佼者。

(二)中国 PE 发展历程

与美国私募股权投资的发展类似,我国对私募股权投资的探索和发展也是从风险投资开始的,风险投资在我国的尝试可以追溯到 20 世纪 80 年代。1985 年中共中央发布的《关于科学技术改革的决定》中提到了支持创业风险投资的问题,随后由国家科委和财政部等部门筹建了我国第一个风险投资机构——中国新技术创业投资公司(中创公司)。20 世纪 90 年代之后,大量的海外私募股权投资基金开始进入我国,从此在中国这个新兴经济体中掀起了私募股权投资的浪潮。

第一次投资浪潮出现在改革开放后的 1992 年。这一阶段的投资对象主要以国有企业为主,海外投资基金大多与中国各部委合作,如北方工业与嘉陵合作。但由于体制没有理顺,行政干预较为严重,投资机构很难找到好项目,而且当时很少有海外上市,又不能在国内全流通退出,私募股权投资后找不到出路,这导致投资基金第一次进入中国时以失败告终,这些基金大多在 1997 年之前撤出或解散。

1999 年《中共中央关于加强技术创新、发展高科技、实现产业化的决定》的出台为我国私募股权投资的发展作出了制度上的安排,极大地鼓舞了发展私募股权投资的热情,掀起了第二次短暂的投资浪潮。国内相继成立了一大批由政府主导的风险投资机构,其中具有代表性的是深圳市政府设立的深圳创新投资集团公司和中科院牵头成立的上海联创、中科招商。2000 年年初出台的《关于建立我国风险投资机制的若干意见》,是我国第一个有关风险投资发展的战略性、纲领性文件，为风险投资机制建立了相关的原则。同时，我国政府也积极筹备在深圳开设创业板，一系列政策措施极大地推动了我国私募股权投资的发展。但当时由于还没有建立中小企业板，基金退出渠道仍不够畅通，一大批投资企业因为无法收回投资而倒闭。

前两次的私募股权投资热潮由于退出渠道的不顺畅而失败，但这种情况在2004年出现了转机。2004年，我国资本市场出现了有利于私募股权投资发展的制度创新——深圳中小企业板正式启动，这为私募股权投资在国内资本市场提供了IPO的退出方式。所以2004年以后出现了第三次投资浪潮，私募股权投资成功的案例开始出现。2004年6月，美国著名的新桥资本以12.53亿元人民币从深圳市政府手中收购深圳发展银行17.89%的控股股权，这也是国际并购基金在中国的第一起重大案例，同时也诞生了第一家有国际资本控股的中国商业银行。由此发端，很多相似的PE案例接踵而来，PE投资市场渐趋活跃，从发展规模和数量来看，本轮发展规模和数量都超过了以前任何时期。

进入新世纪后，一枝独秀的中国经济，日益吸引留学海外的中国学子回国创业发展。一个高科技项目，一个创业小团队，一笔不大的启动资金，这是绝大多数海归刚开始创业时的情形。但是，不要说百度、搜狐这样的网络公司，就是UT斯达康这样的通讯公司，创业伊始，也不过是三两个人、七八杆枪。只是因为不断得到风险投资基金（私募股权投资基金的一种表现形式）的融资，这些公司才最终从一大批同类中脱颖而出。

海外学人创业投资事业经历了近十年的发展，规模日益壮大。在纳斯达克上市的中国企业共40多家，总市值300多亿美元；在纳斯达克上市的中国企业中，高管大多有海外留学背景；在纳斯达克上市的中国企业正推动新技术及传统产业发展，创造了企业在中国发展、在海外融资的新模式。

在纳斯达克上市的中国企业，已突破了互联网和高科技公司的范围。有来自多行业、多领域的公司登陆纳斯达克，对此，纳斯达克中国首席代表徐光勋指出，“这些公司在纳斯达克上市，它们带来的中国概念也被国际市场所接受。这对中国企业而言，无疑是好事。在纳斯达克上市的中国企业中，高级管理层大多拥有海外留学背景”。

以北京中关村（000931行情，股吧）科技园区为例，在纳斯达克上市的来自中关村科技园区的中国企业中，海归企业为数不少。这些在纳斯达克上市的海归企业，正在由推动国内新经济、新技术、互联网等诸多领域的发展，扩展到推动中国传统产业的发展。

以百度、新浪、搜狐、携程、如家等为代表的一批留学人员回国创业企业给国内带回了大批风险投资,这种全新的融资方式,极大地推动了中小企业的成长。同时,国内几乎所有国际风险投资公司的掌门人大都是清一色的海归,IDG资深合伙人熊晓鸽、鼎晖国际创投基金董事长吴尚志、赛富亚洲投资基金首席合伙人阎焱、红杉基金中国合伙人沈南鹏、金沙江创业投资董事总经理丁健、美国中经合集团董事总经理张颖、北极光创投基金创始合伙人邓锋、北斗星投资基金董事总经理吴立峰、启明创投创始人及董事总经理邝子平、德克萨斯太平洋集团合伙人王兟等10多位掌管各类风险投资基金的海归人士。大部分风险投资都是通过海归或海归工作的外企带进国内的。这些投资促进了国内对创业的热情,促进了一大批海归企业和国内中小企业的发展,同时也带动了国内创业投资行业的进步。

总体来看,私募股权投资在中国发展迅速,新募集基金数、募集资金额和投资案例与金额等代表着投资发展的基本数据将会长时间保持增长状态,这是新兴市场的经济发展和中国企业数量多、发展快所带来的投资机遇。

三、私募股权投资分类

根据被投资企业发展阶段划分,私募股权投资主要可分为创业风险投资(Venture Capital)、成长资本(Development Capital)、并购资本(Buyout Capital)、夹层投资(Mezzanine Capital)、Pre - IPO投资(Pre - IPO Capital)以及上市后私募投资(Private Investment in Public Equity,PIPE)。

1. 创业风险投资

投资创业风险投资主要投资技术创新项目和科技型初创企业,从最初的一个想法到形成概念体系,再到产品的成型,最后将产品推向市场。提供通过对初创的资金支持和咨询服务,使企业从研发阶段充分发展并得以壮大。由于创业企业的发展存在财务、市场、营运以及技术等诸多方面的不确定性,因而具有很大的风险,这种投资能够持续的理由是投资利润丰厚,能够弥补其他项目的损失。

2. 成长资本

成长期投资针对的是已经过了初创期发展至成长期的企业,其经营项目已从研发阶段过渡到市场推广阶段并产生一定的收益。成长期企业的商业模式已经得到证实而且仍然具有良好的成长潜力,通常是用2~3年的投资期寻求4~

6倍的回报，一般投资已经有一定规模的营收和正现金流，通常投资规模为500万~2000万美元，具有可控的风险和可观的回报。成长资本也是中国私募股权投资中比例最大的部分，从2008年的数据看，成长资本占到了60%以上。

3. 并购资本

并购资本主要专注于并购目标企业，通过收购目标企业股权，获得对目标企业的控制权，然后对其进行一定的重组改造提升企业价值，必要的时候可能更换企业管理层，成功之后持有一定时期后再出售。并购资本相当大比例投资于相对成熟的企业，这类投资包括帮助新股东融资以收购某企业、帮助企业融资以扩大规模或者是帮助企业进行资本重组以改善其营运的灵活性。并购资本涉及的资金规模较大，常达10亿美元，甚至更多。

4. 夹层投资

夹层投资的目标主要是已经完成初步股权融资的企业。它是一种兼有债权投资和股权投资双重性质的投资方式，其实质是一种附有权益认购权的无担保长期债权。这种债权总是伴随相应的认股权证，投资人可依据事先约定的期限或触发条件，以事先约定的价格购买被投资公司的股权，或者将债权转换成股权。

夹层投资的风险和收益低于股权投资，高于优先债权。在公司的财务报表上，夹层投资也处于底层的股权资本和上层的优先债（高级债）之间，因而称为“夹层”。与风险投资不同的是，夹层投资很少寻求控股，一般也不愿长期持有股权，更倾向于迅速地退出。当企业在两轮融资之间，或者在希望上市之前的最后冲刺阶段，资金处于青黄不接的时刻，夹层投资者往往就会从天而降，带给企业最需要的现金，然后在企业进入新的发展期后全身而退。这也是它被称为“夹层”投资的另一个原因。夹层投资的操作模式风险相对较小，因此寻求的回报率也低一些，一般在18%~28%。

5. Pre－IPO投资

Pre－IPO投资主要投资于企业上市前阶段，预期企业上市的企业规模与盈利已达到可上市水平的企业，其退出方式一般为上市后从公开资本市场上出售股票。

一般而言，Pre－IPO投资者主要有投行型投资基金和战略型投资基金两类。（1）投行型的投资基金如高盛、摩根斯坦利等投资基金，它们具有双重身份——既是私募股权投资者，又是投资银行家。作为投资银行家，它们能够为企业的 IPO 提供直接的帮助;而作为私募股权投资者的身份则为企业的股票进行了价值“背书”,有助于提升公开市场上投资者对企业股票的信心,因此投行型投资基金的引入往往有助于企业股票的成功发行。(2)战略型投资基金,致力于为企业提供管理、客户、技术等资源,协助企业在上市之前建立起规范的法人治理结构,或者为企业提供专业的财务咨询。Pre－IPO 投资具有风险小、回收快的优点,并且在企业股票受到投资者追崇的情况下,可以获得较高的投资回报。

6. PIPE 投资

PIPE 是 Private Investment in Public Equity 的缩写,它是指投资于已上市公司股份的私募股权投资,以市场价格的一定折价率购买上市公司股份以扩大公司资本的一种投资方式。PIPE 投资分为传统型和结构型两种形式,传统型 PIPE 由发行人以设定价格向 PIPE 投资人发行优先股或普通股,结构型 PIPE 则是发行可转换为普通股或者优先股的可转债。相对于二次发行等传统的融资手段,PIPE 融资成本和融资效率相对较高,监管机构的审查较少,而且不需要昂贵的路演成本,这使获得资本的成本和时间都大大降低。

PIPE 比较适合一些不希望应付传统股权融资复杂程序的快速成长为中型企业的上市公司。

四、私募股权基金的六种模式

(一)公司制

顾名思义,公司制私募股权投资基金就是法人制基金,主要根据《公司法》(2005 年修订)、《外商投资创业投资企业管理规定》(2003 年)、《创业投资企业管理暂行办法》(2005 年)等法律法规设立。

在商业环境下,由于公司这一概念存续较长,所以公司制模式清晰易懂,也比较容易被出资人接受。

在这种模式下,股东是出资人,也是投资的最终决策人,各自根据出资比例来分配投票权。

(二)信托制

信托制私募股权投资基金,也可以理解为私募股权信托投资,是指信托公司将信托计划下取得的资金进行权益类投资。

其设立主要依据为《信托法》(2001 年)、银监会 2007 年制定的《信托公司管理办法》和《信托公司集合资金信托计划管理办法》(以下简称信托两规)、《信托公司私人股权投资信托业务操作指引》(2008 年)。

采取信托制运行模式的优点是:可以借助信托平台,快速集中大量资金,起到资金放大的作用;但不足之处是:信托业缺乏有效登记制度,信托公司作为企业上市发起人,股东无法确认其是否存在代持关系、关联持股等问题,而监管部门要求披露到信托的实际持有人。

(三)有限合伙制

有限合伙制私募股权基金的法律依据为《合伙企业法》(2006 年)、《创业投资企业管理暂行办法》(2006 年)以及相关的配套法规。

按照《合伙企业法》的规定,有限合伙企业由 2 个以上 50 个以下合伙人设立,由至少一个普通合伙人(GP)和有限合伙人(LP)组成。普通合伙人对合伙企业债务承担无限连带责任,而有限合伙人不执行合伙事务,也不对外代表有限合伙企业,只以其认缴的出资额为限对合伙企业债务承担责任。

同时《合伙企业法》规定,普通合伙人可以劳务出资,而有限合伙人则不得以劳务出资。这一规定明确地承认了作为管理人的普通合伙人的智力资本的价值,体现了有限合伙制"有钱出钱、有力出力"的优势。

而在运行上,有限合伙制企业,不委托管理公司进行资金管理,直接由普通合伙人进行资产管理和运作企业事务。

采取有限合伙制的主要优点有:(1)财产独立于各合伙人的个人财产,各合伙人权利义务更加明确,激励效果较好;(2)仅对合伙人进行征税,避免了双重征税。

(四)"公司+有限合伙"模式

"公司+有限合伙"模式中,公司是指基金管理人为公司,基金为有限合伙制企业。该模式是较为普遍的股权投资基金操作方式。

由于自然人作为 GP 执行合伙事务风险较高,加之私人资本对于有限合伙制度的理念和理解都不尽相同,无疑都增强了自然人 GP 的挑战。

同时,《合伙企业法》中,对于有限合伙企业中的普通合伙人,是没有要求是自然人还是法人的。

于是,为了降低管理团队的个人风险,采用"公司+有限合伙"模式,即通过管理团队设立投资管理公司,再以公司作为普通合伙人与自然人、法人 LP 们一起,设立有限合伙制的股权投资基金。

由于公司制实行有限责任制,一旦基金面临不良状况,作为有限责任的管理公司则可以成为风险隔离墙，从而管理人的个人风险得以降低。

该模式下，基金由管理公司管理，LP 和 GP 一道遵循既定协议，通过投资决策委员会进行决策。目前国内的知名投资机构多采用该操作方式。主要有深创投、同创伟业投资、创东方投资、达晨创投等旗下的投资基金。

（五）“公司 + 信托”模式

“公司 + 信托”的组合模式结合了公司和信托制的特点。即由公司管理基金，通过信托计划取得基金所需的投入资金。

在该模式下，信托计划通常由受托人发起设立，委托投资团队作为管理人或财务顾问，建议信托进行股权投资，同时管理公司也可以参与项目跟投。

需要提及的是，《信托公司私人股权投资信托业务操作指引》第 21 条规定，“信托文件事先有约定的，信托公司可以聘请第三方提供投资顾问服务，但投资顾问不得代为实施投资决策”。

这意味着，管理人不能对信托计划下的资金进行独立的投资决策。同时，管理人或投资顾问还需要满足几个重要条件：（1）持有不低于该信托计划 10% 的信托单位；（2）实收资本不低于 2000 万元人民币；（3）管理团队主要成员股权投资业务从业经验不少于 3 年。

采用该模式的主要为地产类权益投资项目。此外，一些需要通过快速运作资金的创业投资管理公司，也常常借助信托平台进行资金募集。新华信托、湖南信托等多家信托公司都发行过此类信托计划。

（六）母基金（FOF）

母基金是一种专门投资于其他基金的基金，也称为基金中的基金（Fund of Fund），其通过设立私募股权投资基金，进而参与到其他股权投资基金中。

母基金利用自身的资金及其管理团队优势，选取合适的权益类基金进行投资；通过优选多只股权投资基金，分散和降低投资风险。

国内各地政府发起的创业投资引导基金、产业引导基金都是以母基金的运作形式存在的。政府利用母基金的运作方式，可以有效地放大财政资金，选择专业的投资团队，引导社会资本介入，快速培育本地产业，特别是政府希望扶持的新兴产业。

五、资金来源

目前我国私募股权投资基金的出资人主要还是一些私营企业和富裕的个人；而在国外成熟市场条件下，私募股权投资业资金来源主要是机构投资者，包括养老金、证券基金,以及金融机构、保险机构等。

另外,我国居民投资方式少、投资收益低。居民传统的投资方式仍然是储蓄、国债、基金、股票和房地产。拓宽私募股权投资业资金来源,有利于为居民增加财产性收入提供更多选择。

私募股权投资业资金来源,逐步建立起一个包含金融机构、境外资本、保险基金、社保基金、企业年金、企业资金、富裕个人及社会闲余资金在内的多元化资金来源体系,丰富我国多层次资本市场体系建设,更好地服务于国民经济的转型升级发展。

六、盈利模式

与传统的经营理念不同,私募股权基金并不经营具体的产品,而是发现有成长性的企业,把企业当作产品买卖从中获利。因此,私募股权基金的盈利模式可以分为以下五个阶段:

第一,价值发现阶段,寻求具有投资价值的优质项目,并与项目方达成合作共识;

第二,价值持有阶段,基金对项目投资,成为公司的股东,持有项目公司的价值;

第三,价值提升阶段,基金管理人依托自身的资本聚合优势和资源整合优势,对项目公司的策略、管理等进行全面提升,使企业的基本面得到改善优化,企业的内在价值得到有效提升;

第四,价值放大阶段,将企业培育 2～3 年后,通过在资本市场公开发行股票,或者溢价出售给产业集团、上市公司,实现价值放大;

第五,价值兑现阶段,企业上市后,基金管理人选择合适的时机和合理的价格,在资本市场出售企业的股票,实现价值的兑现。

七、设立条件

1. 名称应符合《名称登记管理规定》,允许达到规模的投资企业名称使用“投资基金”字样。

2. 名称中的行业用语可以使用“风险投资基金、创业投资基金、股权投资基金、投资基金”等字样 。“北京”作为行政区划分允许在商号与行业用语之间使用。

3. 基金型公司:投资基金公司“注册资本(出资数额)不低于 5 亿元,全部为货币形式出资,设立时实收资本(实际缴付的出资额)不低于 1 亿元;5 年内注册资本按照公司章程(合伙协议书)承诺全部到位”。

4. 单个投资者的投资额不低于1000万元(有限合伙企业中的普通合伙人不在本限制条款内)。

5. 至少3名高管具备股权投基金管理运作经验或相关业务经验。

6. 基金型企业的经营范围核定为:非证券业务的投资、投资管理、咨询。基金型企业可申请从事上述经营范围以外的其他经营项目,但不得从事下列业务:(1)发放贷款;(2)公开交易证券类投资或金融衍生品交易;(3)以公开方式募集资金;(4)对除被投资企业以外的企业提供担保。

7. 管理型基金公司:投资基金管理:“注册资本(出资数额)不低于3000万元,全部为货币形式出资,设立时实收资本(实际缴付的出资额)。”

8. 单个投资者的投资额不低于100万元(有限合伙企业中的普通合伙人不在本限制条款内)。

9. 至少3名高管具备股权投基金管理运作经验或相关业务经验。

10. 管理型基金企业的经营范围核定为:非证券业务的投资、投资管理、咨询。

第二节 私募股权融资的作用和特点

一、私募股权融资的作用

私募股权基金在经济发展中具有积极作用。如今我国的重化工业已出现超重的特点。发达国家重化工业在发展的最顶峰时期占工业产值的比重为65%,而中国重化工业比重已达70%。重化工业具有自循环或自我加强的性质,而我们的金融体系也是明显向这个产业倾斜。因为这个行业以大中型国有企业为主,而现有金融渠道也主要向大中型国有企业敞开。相比之下,急需发展的现代服务业、高新技术产业、各类消费品制造业和消费服务业大都以中小企业和民营企业为主,而现有的金融体系却没有为它们提供相应的融资渠道。这就是私募股权基金大有作为的领域。私募股权基金的发展有助于促进国家大产业结构的调整。私募股权基金真正的优势在于它是真正市场化的。基金管理者完全以企业成长潜力和效率作为投资选择原则。投资者用自己的资金作为选票,将社会稀缺生产资源使用权投给社会最需要发展的产业,投给这个行业中最有效率的企业,只要产品有市场、发展有潜力,不管这个企业是小企业还是民营企业。这样整个社会的稀缺生产资源的配置效率可以大幅度提高。

私募股权基金在传统竞争性行业中的一个十分重要功能是促进行业的整合。举例来说,2004 年我国服装企业 8 万多家,出口服装 170 多亿件,全球除中国以外的人口 50 多亿,我们一年出口的服装为其他所有国家提供了人均 3 件以上。如果 8 万多家服装企业都想做大做强,那么全球如何来消化我们如此巨大的产能和产量呢? 可见,中国竞争性行业需要让前 3 名、前 10 名、前 100 名或前 1000 名的优秀企业通过兼并收购的方式做大做强。中国最稀缺的资源是优秀企业家和有效的企业组织。最成功的企业就是优秀企业家与有效企业组织的有机结合。让优秀企业去并购和整合整个行业,也就能最大限度地发挥优秀企业家人才与有效企业组织对社会的积极贡献。因此,私募股权基金中的并购融资是对中国产业的整合和发展具有极为重要的战略意义。

私募股权基金专业化的管理可以帮助投资者更好分享中国的经济成长。私募股权基金的发展拓宽了投资渠道,可能疏导流动性进入抵补风险后收益更高的投资领域,一方面可减缓股市房地产领域的生成泡沫压力,另一方面可培育更多更好的上市企业,供投资者公众选择,使投资者通过可持续投资高收益来分享中国经济的高成长。

私募股权基金作为一种重要的市场约束力量,可以补充政府监管之不足。私募股权基金作为主要投资者可以派财务总监、派董事,甚至作为大股东可直接选派总经理到企业去。在这种情况下,私募股权基金作为一种市场监控力量,对公司治理结构的完善有重要的推动作用。为以后的企业上市在内部治理结构和内控机制方面创造良好的条件。

私募股权基金可以促进多层次资本市场的发展。可以为股票市场培育好的企业,私募股权基金壮大以后,可以推动我们国内创业板和中小企业板市场的发展。

(一)降低投资者的交易费用,提高投资效率

现代经济学契约理论认为,作为经济活动的基本单位,交易是有费用和成本的。所谓交易费用,"就是经济系统运作所需要付出的代价或费用"。具体到投资活动来说,其往往伴随的巨大风险和不确定性,使投资者需要支付搜寻、评估、核实与监督等成本。私募股权投资基金作为一种集合投资方式,能够将交易成本在众多投资者之间分担,并且能够使投资者分享规模经济和范围经济。相对于直接投资,投资者利用私募股权投资方式能够获得交易成本分担机制带来的收益,提高投资效率,这是私募股权投资存在的根本原因。

(二)降低财务成本

发达国家企业的CFO(首席财务官)的一个重要职责就是设计最优的企业资本结构,从而降低财务成本。通过股权融资和债权融资的合理搭配,企业不仅可以降低财务风险,而且可以降低融资成本。获得私募股权融资后的企业会有更强的资产负债表,会更加容易获得银行贷款,进而降低贷款成本。

(三)提高企业内在价值

能够获得顶尖的私募股权基金本身就证明了企业的实力。就如上市达到的效果类似,企业会因此获得知名度和可信度,会更容易赢得客户,也更容易在各种谈判中赢得主动。获得顶尖的私募股权基金投资的企业,通常会更加有效率地运作,可以在较短时间内大幅提升企业的业绩。企业可以通过所融资金扩大生产规模,降低单位生产成本,或者通过兼并收购扩大竞争优势。企业可以利用私募股权融资产生的财务和专业优势,实现快速扩张。

(四)稳定资金来源

中小企业较难获得银行贷款,而且银行贷款要求抵押担保,收取利息,附加限制性契约条款,并可能在企业短期还款困难时取消贷款,给贷款企业造成财务危机。与贷款不同,私募股权融资是增加所有者权益,而不是增加债务,因此私募股权融资会加强企业的资产负债表,提高企业的抗风险能力。私募股权融资通常不会要求企业支付股息,因此不会对企业的现金流造成负担。投资后,私募股权投资者将成为被投资企业的全面合作伙伴,不能随意从企业撤资。

(五)发挥风险管理优势,提供价值增值

现代金融经济学认为,投资组合能够减少经济活动的非系统性风险,从而成为风险管理的重要手段。但对于单个投资者来说,分散化投资会给投资者带来额外的成本。例如,投资者可能不得不减少在某个企业中的投资比例,从而使投资者对该企业的控制减弱,或者投资者将不得不花费更多的精力和成本对不同的投资项目进行监督和管理。而私募股权投资基金采取的是集合投资方式,它可以通过对不同阶段的项目、不同产业项目的投资来分散风险,因此投资者通过私募股权投资基金这一投资中介进行投资,除了能够享受成本分担的收益外,还能够分享分散投资风险的好处,进而获得价值增值。

(六)高附加值服务

私募股权基金的合伙人都是非常资深的企业家和投资专家,他们的专业知识,管理经验以及广泛的商业网络能够帮助企业成长。私募股权基金投资企业后,成为了企业的所有者之一,因此和现有企业所有者的利益是一致的。私募股权基金会尽其所能来帮助企业成长,如开拓新市场,寻找合适的供货商以及提供专业的管理咨询等。

(七)有利于解决信息不对称引发的逆向选择与道德风险问题

私募股权投资活动中存在严重的信息不对称,该问题贯穿于投资前的项目选择和投资后的监督控制等各个环节。私募股权投资基金作为专业化的投资中介,能够有效地解决信息不对称引发的逆向选择与道德风险问题。第一,私募股权投资基金的管理人通常由对特定行业拥有相当专业知识和经验的产业界和金融界的精英组成,对复杂的、不确定性的经营环境具有较强的计算能力和认识能力,能用敏锐的眼光洞察投资项目的风险概率分布,对投资项目前期的调研和投资项目后期的管理具有较强的信息搜寻、处理、加工和分析能力,其作为特殊的外部人能最大限度地减少信息不对称,防范逆向选择。第二,私募股权投资的制度安排也有利于解决信息不对称带来的道德风险问题。第三,私募股权投资基金最常见的组织形式是有限合伙公司,通常由普通合伙人和有限合伙人组成。高级经理人一般作为普通合伙人,一旦签订投资项目协议,就会以股东身份积极参与企业的管理,控制并扶持投资企业的发展。因此,私募股权投资公司的股东与普通公司的股东相比,能更准确地知道企业的优势和潜在的问题,向企业提供一系列管理支持和顾问服务,最大限度地使企业增值并分享收益。

二、私募股权融资的主要特点

1. PE 投资机构多采取有限合伙制,这种企业组织形式有很好的投资管理效率,并避免了双重征税的问题。

2. 一般投资于私有公司即非上市企业,绝少投资已公开发行公司,不会涉及要约收购义务。

3. 比较偏向于已形成一定规模和产生稳定现金流的成形企业 ,这一点与 VC 有明显区别。

4. 在资金募集上,主要通过非公开方式面向少数机构投资者或个人募集,它的销售和赎回都是基金管理人通过私下与投资者协商进行的。另外,在投资方式上也是以私募形式进行,绝少涉及公开市场的操作,一般无须披露交易细节。

5. 资金来源广泛,如富有的个人、风险基金、杠杆并购基金、战略投资者、养老基金、保险公司等。

6. 多采取权益型投资方式,绝少涉及债权投资。PE 投资机构也因此对被投资企业的决策管理享有一定的表决权。反映在投资工具上,多采用普通股或者可转让优先股,以及可转债的工具形式。

7. 投资期限较长,一般可达 3 ~ 5 年或更长,属于中长期投资。

8. 流动性差,没有现成的市场供非上市公司的股权出让方与购买方直接达成交易,通常只能通过兼并收购时的股权转让和 IPO 时才能退出。

9. 投资退出渠道多样化,有 IPO、售出(TRADE SALE)、兼并收购(M&A)、标的公司管理层回购等。

第三节 私募股权融资的步骤

私募股权融资一般包括下列几个步骤:

一、融资准备

拟融资公司在开始实施融资计划之前会经历一个融资准备阶段。拟融资公司应注意在这一阶段处理好下列事宜。

(一)股权结构

作为私募股权基金来说,拟投资公司股权清晰,是投资的一个前提条件。如拟融资公司在股权权属方面存在瑕疵或是存在产生股权权属纠纷的隐患,则投资者往往会“敬而远之”;如果权属清晰、持股人及比例合理,则投资者的投资信心会得到加强。

1. 权属清晰

拟融资公司股权应权属明确,没有瑕疵,不存在隐名投资或名义股东的情况,也没有股权转让纠纷、股权被冻结、被质押的情况。如果拟融资公司存在上述情形,在融资准备阶段应予以重视,结合实际情况尽早消除。

2. 结构合理

除股权权属清晰外,持股人及持股比例也应相对合理,尽量体现股东之间、股东与管理层之间的合理分配机制。

(二)法人治理结构

法人治理结构,通常是指确保股东会、董事会、监事会以及经理层(以下简称三会一层)各司其职,协调运转,有效制衡的制度体系。多数正处在快速发展时期的拟融资公司,法人治理结构都不尽完善,在融资之前,应尽量通过章程理顺三会一层的关系,并着重对下列事宜予以规范。

1. 同业竞争

若拟融资公司存在经营相同或相似业务的关联公司,则可能有同业竞争的问题。如果实际控制人拥有除拟融资公司之外的其他经营相同业务的公司,则在融资准备阶段就必须进行调整,消除同业竞争现象。

2. 关联交易

投资者对拟融资公司与关联主体之间的关联交易也是比较敏感的,其担心利润被转移或者发生其他损害公司的行为。如已经存在关联交易,那么应采取措施使投资者相信自己的利益能够得到保障。

3. 交叉持股

实践中,拟融资公司与关联主体之间交叉持股的现象较多,这同样需要在融资准备阶段进行梳理,而不是将一堆乱麻似的持股情况摆到融资谈判桌上,影响融资的进程和实效。

(三)知识产权

融资准备阶段需要关注的另一个重要问题就是知识产权,拟融资公司为保障未来的持续快速发展,须建立一套较为完善的知识产权保护体系。这对于高新技术企业和注重产品品牌运作的企业来说,尤为重要。

1. 商标

拟融资公司所使用的商标是否注册,取得注册商标专用权;权利人是否直接属于自己,而不是在关联公司名下;是否获得著名商标或驰名商标等,都是投资者十分关心的问题。如拟融资公司的产品已经或将要进入国际市场,商标是否已进行国际注册,取得相关或潜在国际市场的专用权,拟融资公司应针对实际情况进行合理安排。

2. 专利

对于核心技术,拟融资公司是否拥有专利权,专利权人与发明人之间是否存在纠纷,专利权是否已经实际应用,以及专利保护制度的建立与完善等都需要在融资准备阶段予以落实。

3. 商业秘密

商业秘密的保护作为知识产权保护的一部分,拟融资公司也应采取必要的措施进行保护。

(四)市场竞争力

融资准备阶段还应当注意准备一些与拟融资公司行业相关的资料,以及体现公司在行业中所处位置和公司市场竞争力相关的资料,以便帮助投资者更深入地了解公司,增强投资信心。

二、融资策划

当拟融资公司把融资准备阶段的相关事宜梳理好后,就应当围绕“如何能够在获得支撑企业发展资金的情况下,使企业的估值最大化”这一基本融资策略,制订相应的融资计划。

(一)分阶段融资

通常情况下,处于成长期的企业对资金的需求较大,而企业的价值又正在成长之中,估值不会很高。因此,采取分阶段融资的方式不失为一种明智的选择。也就是说,拟融资公司第一轮融资的金额可以相对较小,这样让渡的股份就会相对较少。随着公司业务所占市场份额的不断增加,盈利能力的不断增强,公司的估值会大幅度增加。如果公司需要进一步融资,则可以启动第二轮融资计划。譬如,笔者曾经办的一个项目,第一轮投入拟融资公司人民币500万元,占公司融资后50%的股份,公司估值人民币500万元;第二轮投入人民币1000万元,占公司融资后10%的股份,公司估值人民币9000万元;第三轮投入1000万美元,占公司融资后10%的股份,公司估值9000万美元。当然,对于每一个拟融资公司来说,都应针对自己的实际情况,制订合适的的分步融资计划。

(二)设定融资金额

在融资策划阶段,除考虑分步实施融资计划外,预定融资的最低资金量和充足资金量,也是十分必要的。这既能体现管理层对于企业经营状况的掌控程度,又能帮助公司在与投资者的谈判中把握一定的节奏。

(三)融资用途

作为决策层,同时还应当对所融资金的具体使用有一个明确的计划。投资者对于所投资金的具体用途通常比较关心,有的投资者还会限定资金的用途,如果要改变资金用途,必须另行征得投资者的同意。

1. 抢占市场份额

资金的用途可能是为增加产能、加大市场推广,从而占领更多的市场份额。处于成长阶段的企业,能否尽快占领更多的市场份额,形成并提升竞争优势,是关系到企业能否持续增长的关键。

2. 发展新的项目

公司只有不断推出新项目、新产品,才能保持竞争优势,持续成长。为了保障新项目的顺利进行，融资就成为了公司发展的内在需求。比如，通过收购同一产业链条的上游或下游产品的企业，以整合资源，提高资产的使用效率，保持竞争优势。

3. 核心技术研发

公司的核心技术需要不断的升级换代，以满足不断发展的市场需求。只有核心技术领先于同行业的水平，才能形成自身的竞争优势，并确保企业的成长动力。拟融资公司将资金用于核心技术升级换代的研发工作，不断提高竞争者进入的门槛，防止自身的商业模式被简单复制，是投资者在认可拟融资公司现有商业模式和未来前景的情况下愿意投资的原因之一。

4. 老股东部分套现

在拟融资公司不断成长的阶段，也有部分原股东希望在公司股权融资的过程中转让部分股权套取部分现金的情况。此时，需要得到投资者的同意，在增资扩股的同时以股权转让的方式处理原股东的部分股权。原股东部分套现的原因可能是存在一些未了债务，且该部分股权大都不被主要股东或实际控制人持有。

（四）扩股数

在融资策划阶段，拟融资公司还应当对准备扩股的数量有一定的考虑，尤其是在分阶段融资的方案中，应当把每一步拟增资的金额和拟扩股的数量制订一个详细的符合实际、利于实施的计划。同时，对于未来可能作为激励管理层的部分股份也应有所考虑。

三、寻求融资机会

通常，好的项目总是有很多投资者会主动联系洽谈，获得的融资机会也相对更多。拟融资公司做好融资准备、策划好具体方案后，在寻求融资机会时，也可以通过投资银行（或者融资顾问），逐步开展融资活动。

1. 公司和投资银行（或者融资顾问）签署服务协议。这份协议包含投资银行为公司获得私募股权融资提供的整体服务。

2. 投资银行立刻开始和融资企业组建专职团队，准备专业的私募股权融资材料。

3. 私募股权融资材料包括：a. 私募股权融资备忘录——关于公司的简介、结构、产品、业务、市场分析、竞争者分析等；b. 历史财务数据——企业过去三年的审计过的财务报告；c. 财务预测——在融资资金到位后，企业未来三年销售收入和净利润的增长（PE 通常依赖这个预测去进行企业估值，所以这项工作是非常关键的）。

4. 投资银行与企业共同为企业设立一个目标估值，即老板愿意出让多少股份来获得多少资金。笔者通常建议，企业出让不超过25%的股份，尽量减少股权稀释，以保证老板对企业的经营控制权。

5. 投资银行开始和相关PE的合伙人开电话会议沟通，向他们介绍公司的情况。

6. 投资银行会把融资材料同时发给多家PE，并与他们就该项目的融资事宜展开讨论。这个阶段的目标是使最优秀的PE合伙人能够对公司产生兴趣。

7. 通常，投资银行会代替企业回答PE的第一轮问题，并且与这些PE进行密集的沟通。目标是决定哪一家PE对公司有最大的兴趣，有可能给出最高的估值，有相关行业投资经验，能够帮助公司成功上市。

8. 过滤、筛选出几家最合适的投资者。这些投资者对企业所在行业非常了解，对公司非常看好，会给出最好的价钱。

四、融资谈判

当投资者与拟融资公司进行有效对接后，双方将进入融资谈判阶段。谈判中，公司有时需对调查中暴露的财务、法律问题向投资人承诺解决方案或作出某种让步；谈判的焦点往往集中在双方对公司估值的差异上；谈判过程时间长短不一。融资谈判主要包括下列几个步骤。

（一）项目小组

项目小组的成立有利于融资谈判工作的顺利进行，拟融资公司项目小组的成员一般包括公司内部直接负责融资工作的高级管理人员、外聘律师、财务人员或会计师等。项目小组成员的分工合作、团队协同精神，能够很好地发挥各自的专业优势，使融资工作取得圆满成功。一位有经验的外聘律师或会计师不仅可以在自身专业方面为融资工作提供良好的服务，还能够将自己从诸多的项目实践中积累的经验转化为给每一个具体的融资项目提出相应的商业建议。

（二）意向书

谈判之初，当双方均有意向进一步深入洽谈时，为了维护各方的合法权益，通常需要签订一份书面的意向书。意向书的内容包括双方对整个谈判进程的明确约定、各方的保密约定、基本框架、项目推进所涉费用的分担等。

（三）尽职调查

投、融资双方签订意向书后，就进入投资者开展尽职调查的阶段，拟融资公司应积极做好配合工作。尽职调查是投资者的必经程序,其内容包括但不限于拟融资公司有关的资产情况、市场情况、知识产权、主营业务、重大合同、税收等方面。双方中介机构进行尽职调查,关于公司的账务审计可由公司自己聘请四大会计师事务所进行审计,投资方的会计师仅对审计结果作复核;投资方法律顾问对公司自设立以来的法律文件作全面的法律调查;资产评估师对公司的资产作评估,投资方也可能聘请专业评估机构对公司业务涉及的市场作独立的市场评估预测;双方财务顾问对涉及各方的工作进行协调与沟通;尽职调查的时间视公司的复杂程度在30~60天内完成。对于拟融资公司来说,应当注意防范投资者通过尽职调查了解到核心商业秘密之后,双方没有签订正式的投融资合同,又转向投资拟融资公司的竞争对手的风险。意向书中对这一内容应当有所约定。

(四)条款设计

尽职调查工作结束后,双方将就合同具体条款进行磋商。投资者所关注的内容主要包括:利润要求、特殊表决权的优先股形式、"棘轮"条款(对赌协议)、限制其他机构投资、重新注资的权利、退出方式(上市、原股东或管理层回购、被收购、清算公司)等;拟融资方则倾向于关注股权限转期、保密、增值服务、控制权、经营权、引入下轮融资、管理层期权激励等内容。一份能够满足投、融资双方基本要求,体现各自真实意思表示,同时能够相应平衡双方利益,且能得到切实履行的合同,才是真正符合各方根本利益的。

(五)签订合同

融资企业和投资者签署合同,明确投资方式、投资额等问题。

五、融资成功

谈判达成协议后,双方律师着手重组与交易的法律实施。该部分工作的文件起草可在前期提早进行,待谈判结束后即可执行;相关重组、交易的报批工作视不同的公司结构和交易结构需提交不同审批部门:当地或中央一级商务部门、外汇管理部门、税务部门、工商登记部门等;该部分的时间也视不同交易长短不同。完成法律手续后,投资人资金到位。

正常情况下,从启动私募到投资人资金进入,约需5~6个月时间,如有经验的财务顾问协调,可加速私募进程。

融资是否能够成功,受到很多因素的影响,下列三个方面是最终投资人决策时考虑较多的因素:

(一)专业团队

投资,可以说是在投项目,某种意义上也可以说是在投"人"。因此,团队是否值得投资是投资者首先考虑的问题。判断一个团队的优劣，大致从团队的理念、团队中的一个或数个核心人物的凝聚力、团队成员的经验、成员之间的合作关系是否会持续存在于公司发展的不同阶段以及团队成员之间的合作是否依靠能力而不是单纯依靠感情等多方面来综合衡量。

（二）盈利模式的持续性

拟融资公司在具备优秀团队的基础上，是否拥有创新的商业模式，或者说商业模式是否具有持续性，不会被简单的复制，存在较高的进入壁垒，就是能否融资成功的第二个关键因素。盈利模式的持续性是建立投资者对拟融资公司未来发展信心的基石。

（三）市场容量

接下来衡量公司价值大小的主要因素就在于公司所在的市场容量的大小。也就是说，拟融资公司的发展空间是否足够得大，让投资者可以充分预估发展前景。

第四节　私募股权融资的主要法律问题

一、依法操作避免造成非法集资

我国《证券法》和有关司法解释规定，未经国家有关主管部门批准，向社会不特定对象发行、以转让股权等方式变相发行股票，或者向特定对象发行、变相发行股票累计超过200人的，就属于非法集资行为，构成擅自发行股票犯罪。我国目前的私募股权融资行为，都是在此约束下，企业采取非公开的方式，向200人以下的特定对象进行权益性的融资行为。如果超过200人了，那么企业必须要经过国家证券发行管理部门的批准，否则就构成犯罪了。因此，进行私募融资的企业需要明确此规定，分清罪与非罪的界限。另外，需要注意私募融资行为不得采用广告、公开劝诱和变相公开方式进行。

二、注意投资者开展的尽职调查

在正式投资之前，投资者会自己派人员或者聘请律师，将对拟投资的标的公司进行尽职调查工作。这项工作将会把公司的历史沿革、股权结构状况、组织结构状况、财务、技术、产品、经营方式、盈利模式、生产、采购及供应、主要管理人员与技术人员、产业政策、拥有的重大资产、知识产权以及公司的发展前景、所处的行业地位、公司或有负债和或有诉讼事项等一系列情况展开调查和详细了解，为此，公司为了保护自己的内部信息不致被泄露，一定要与投资者签订保密协议，对其有束缚，但这种制约也是有限的，因此，在实践中，为防止把一些本该投资者当前还没必要知道的公司重要保密信息也被其所了解，作为被投资者可以根据双方谈判磋商的进展情况，向投资者提供适当的相应信息，以防止最后投资者不投资时对企业带来的不利影响，保护好公司的商业秘密和其他重要保密信息。在实务中，也发现过有些投资者故意假借投资为名，实为骗取了解对方企业商业机密和保密信息的恶劣事件。甚至有些投资者由于之前尽职调查时，充分了解了企业的不规范情况，最后双方发生了矛盾没有合作，在这家企业后来上市时，原来的投资者竟然拿着原来企业不符合规定的尽调资料向证监会举报这家企业，破坏这家企业上市的情况。因此，企业在上市前引进投资者时需要充分保护好自己的商业机密和保密信息。

三、股权变化要合法规范

有些企业在引进私募时，既搞存量股权转让又搞引进投资者的增量融资，两方面加起来占公司的总股本比例很大，引起公司股权较大幅度的变动；有的公司持着“捞一把”的想法，利用公司上市后股权增值的情况，在上市前通过高溢价对外出售股权；甚至个别企业以上市为名，以引进投资者为幌子，搞非公开发行，非法集资，触犯国家的法律法规。这些都给公司上市带来了负面影响，因此企业在上市前引进投资者时的股权变化比例一定要适当，折股比例需一致，程序要合法规范。

（一）股权变化的比例

企业上市前股权变化，不管是股权转让还是股权融资，都要把握“量”的尺度，比例一定要适当，将股权变动的比例控制在合适的范围内。原则上，我们认为比例不宜过高。如果比例过高，造成改制企业股权发生重大变更，就会对企业上市产生一定影响。根据中国证监会的指导意见，企业上市前，股权发生重大变化，包括重大资产重组都是需要根据情况运行1年至3年后才能上市。

（二）变化时的股权价格

股权变化时，价格一定要合理，充分权衡新老股东的利益。既要防止低价转让或出售，侵害出让方利益，又要防止大股东利用实际控制权随意提高转让或出售价格，侵害受让方利益。此外，根据我国《公司法》的规定，同一次增资的折股比例应一致，需要体现“公平”原则。

（三）股权变化的认购程序

1. 入股资格的确定。引进新的投资者如果采取增资扩股方式，由于增资扩股时间不同,对股东资格的要求也不同。绝大部分企业要在改制前进行增资扩股,如果对象不是原有股东,除公司章程另有约定外,应征得全体股东的同意,方能取得增资入股的资格。《公司法》规定,有限责任公司增资时股东有优先购买权。对于股份有限公司增资,《公司法》中没有明确规定原有股东的优先认股权,但对相关程序有严格要求。我国的产业政策对于一些特定行业投资人有特殊的要求,企业在引进战略投资者时要充分了解和把握。

2. 增资扩股的程序。企业无论在改制前还是在改制后引进新的投资者的增资扩股,都必须履行法律法规要求的表决程序,有限责任公司须经过股东会表决通过,股份有限公司需通过股东大会决议。

四、签订有效的法律文书

采取私募股权融资方式,引进新的投资者,一般是采取增资扩股和股权转让的方式。因此,在实践中,无论采取哪种方式,作为原来的股东和新的投资者签订《增资扩股协议》、《股权转让协议》以及其他有关法律协议、文书等就显得非常重要。

1. 增资扩股协议的签订

双方签订《增资扩股协议》主要是明确投资者投入的全部资金作为企业注册资本的增加额,然后投资者占企业一定比例的股权,成为企业的股东。在签订《增资扩股协议》时,要注意履行新的投资者需要与公司及原股东签订相关的法律文件,公司原股东一般需要召开股东会议作出决议,明确公司以后的管理机构和管理方式、新的投资者是否委派董事和高级管理人员及人数等内容。

2. 股权转让协议的签订

如果引进新的投资者需要从企业原来的股东中受让一部分股权,从而成为拟上市企业的股东,这时新的投资者需要和原股东签订《股权转让协议》。签订《股权转让协议》时需要注意的事项是:如果股权转让时,公司形式是有限责任公司,那么公司需要召开股东会议作出决议,除转让方外的原股东需要承诺放弃优先购买权,这点非常重要,否则,会导致本次转让的股权无效。对于股份有限公司来说,原股东是不需要作出放弃优先购买权的承诺。另外,要注意股权转让价格的公平性,转让的价格一般不低于转让股权相对应的公司的净资产价值。

3. 避免签订对赌协议或对赌条款

对赌协议,也称为估值调整协议,指收购方(包括投资方)与出让方(包括融资方)管理层在达成并购(或者融资)协议时,对于未来不确定的情况进行一种约定。如果约定的条件出现,投资方可以行使一种权利;如果约定的条件不出现,融资方则行使一种权利。所以,对赌协议实际上就是期权的一种形式。企业在引进新的投资者,特别引进的是带有境外投资机构背景的投资机构,它们往往在商谈签订投资协议时,都要签订对赌协议或者在投资协议中增加对赌条款。

由于对赌协议或条款根据企业未来的盈利能力,再调整企业股价和激励管理层,所以对赌协议有可能使公司的股权结构发生重大变化和存在不确定性,并可能导致公司管理层变化,因此目前在实务业务中,中国证监会并不认可对赌协议或条款的法律效力,要求在企业创业板上市前,如果和投资者签订过对赌协议或条款的,中国证监会均要求在上市前必须解除该等协议或条款。

五、退出机制中的法律风险

目标企业股票发行上市通常是私募股权基金所追求的最高目标。股票上市后,投资者作为发起人在经过一段禁止期之后即可售出其持有的企业股票或者是按比例逐步售出持有的股票,从而获取巨额增值,实现成功退出。上市主要通过两种方式:一种是直接上市;另一种是买壳上市。直接上市的标准对企业而言还相对过高,因此我国企业上市热衷于买壳上市。

从表面上看,买壳上市可以不必经过改制上市程序,而在较短的时间内实现上市目标,甚至在一定程度上可以避免财务公开和补交欠税等监管,但从实际情况来看,目前我国上市公司壳资源大多数"不干净",债务或担保陷阱多,职工安置包袱重,如果买壳方没有对"壳"公司历史做出充分了解,没有对债权人的索债请求、偿还日期和上市公司对外担保而产生的一些负债等债务问题做出充分调查,就会存在债权人通过法律的手段取得上市公司资产或分割买壳方已经取得的股权,企业从而失去控制权的风险。

回购退出方式实际上是股权转让的一种特殊形式,即受让方是目标企业的原股东。有的时候是企业管理层受让投资方的股权,这时则称为"管理层回购"。以原股东和管理层的回购方式的退出,对投资方来说是一种投资保障,也是使风险投资在股权投资的同时也融合了债权投资的特点,回购不能也是私募股权投资基金退出的主要法律风险。

对于失败的投资项目来说,清算是私募股权投资基金退出的唯一途径,及早进行清算有助于投资方收回全部或部分投资本金。但是在破产清算程序中还存在许多法律风险,包括资产申报、审查不实、优先权、别除权、连带债权债务等。

六、风险控制

私募股权投资是一种高收益的投资方式,伴随着高收益的是高风险。随着私募股权投资行业的不断发展，已经形成了许多行之有效的风险控制方法。

（一）合同约束机制

事前约定各方的责任和义务是所有商业活动都会采取的具有法律效力的风险规避措施。为防止企业不利于投资方的行为，保障投资方利益，投资方会在合同中详细制定各种条款，如肯定性和否定性条款、股份比例的调整条件条款、违约补救条款和追加投资的优先权条款等。

（二）分段投资

分段投资是指私募股权投资基金为有效控制风险，避免企业浪费资金，对投资进度进行分段控制，只提供确保企业发展到下一阶段所必需的资金，并保留放弃追加投资的权利和优先购买企业追加融资时发行股票的权利。如果企业未能达到预期的盈利水平，下一阶段投资比例就会被调整，这是监督企业经营和降低经营风险的一种方式。

（三）股份调整条款

与其他商业活动相同的是，私募股权投资在合同中可以约定股份调整条款来控制风险。股份调整是私募股权投资中重要的控制风险的方法，通过优先股和普通股转换比例的调整来相应改变投资方和企业之间的股权比例，以约束被投资企业作出客观的盈利预测、制定现实的业绩目标，同时也激励企业管理者勤勉尽责，追求企业最大限度的成长，从而控制投资风险。

（四）复合式证券工具

复合式证券工具通常包括可转换优先股、可转换债券和可认股债券等，它结合了债务投资和普通股股权投资的优点，可以有效保护投资者利益，分享企业成长中的收益。

第十二章　公司并购重组律师实务

第一节　并购重组的一般法律规定

一个企业由小到大的发展不外乎采用两种发展模式。第一种模式:企业采用内部扩张的方式,通过企业的产品经营所获取的利润,将其中的一部分或全部追加投资以利生产及经营规模的扩大使企业发展状大。第二种模式:企业采用外部扩张的方式,表现为战略联盟、技术转让、吸收外来资本及兼并收购等,使企业能在短时间内迅速地扩大生产规模和经营规模形成巨型企业。

两种发展模式各有其优缺点,并且各自需要不同的内部条件和外部条件。从现代企业发展的历史来看,企业以外部扩张的方式发展所需的内部条件和外部条件均比企业采用内部扩张方式要求高。外部扩张发展模式要求在市场体系中有较为发达的资本市场、劳动力市场、技术市场、信息市场、房地产市场以及产权交易市场等生产要素市场。

纵观中西方企业发展的历史,我们会发现企业并购在促进资源配置效率的提高及工业的飞速发展方面作出了极为重要的贡献。现代工业社会里的每一个大型企业其成长历程都离不开企业并购这种手段。从对企业并购发展的历史可以看到,在市场经济条件下企业发展模式与企业并购手段互为依存。美国著名经济学家、诺贝尔经济学奖得主乔治·斯蒂伯格对此有过精辟的描述:"一个企业通过兼并其竞争对手的途径成为巨额企业是现代经济史上的一个突出现象","没有一个美国大公司不是通过某种程度、某种方式的兼并而成长起来,几乎没有一家大公司主要是靠内部扩张成长起来"。

由此可见,企业并购是市场经济发展的一种必然现象,对生产的社会化和劳动生产率的提高起着积极的推动作用。企业并购是资本运营的一种表现形式。资本运营的基本条件是资本的证券化,如股权。资本运营一方面表现为股权转让的运作,另一方面表现为对收益股权和控制股权的运作。因此,并购与重组是资本运营最普通的形式也是资本运营的核心。

企业并购，一般指兼并、收购概念的统称，是一个公司通过产权交易取得其他公司的控制权，以增强自身经济实力，实现自身目标的一种经济行为。国际上习惯将兼并和收购合在一起使用，统称为M&A，在我国称为并购。即企业之间的兼并与收购行为，是企业法人在平等自愿、等价有偿基础上，以一定的经济方式取得其他法人产权的行为，是企业进行资本运作和经营的一种主要形式。

“并”有四层含义：第一，不同企业控制权的合并；第二，不同企业主营业务的合并；第三，公司运营资产的重组；第四，公司日常经营管理的再造。“购”是指购买公司的股权，进而取得公司的实际控制权，附带购买公司的有形资产。通常是优势企业通过资金或者有价证券等方式购买另一家或者多家企业的资产或股票，以获得目标公司全部或部分所有权。企业往往通过内部扩张和企业并购实现发展，但内部扩张要经历漫长、复杂和不确定性的过程，企业并购则能迅速达成预期。

并购的实质是在企业控制权运动过程中，各权利主体依据企业产权作出的制度安排而进行的一种权利让渡行为。并购活动是在一定的财产权利制度和企业制度条件下进行的，在并购过程中，某一或某一部分权利主体通过出让所拥有的对企业的控制权而获得相应的受益，另一个部分权利主体则通过付出一定代价而获取这部分控制权。企业并购的过程实质上是企业权利主体不断变换的过程。

由于企业所处经济的不同时代以及研究的切入点不同而形成企业并购的六大理论，他们分别是：

第一，效率理论。

企业并购能提高企业经营绩效，增加社会福利。公司管理层改进效率及形成协同效应即“1 + 1 > 2”的效应。包括5个子理论：

1. 规模经济理论：经营规模扩大可以降低平均成本，从而提高利润。

2. 管理协同理论：强调管理对经营效率的决定性作用，企业间管理效率的高低成为企业并购的动力。

3. 互补理论（又称多种化经营理论）：通过企业并购，将收益相关程度较低的资产和各自的优势融合在一起，在技术、市场、专利、管理方面产生协同效应，分散经营风险，稳定收入来源，从而形成不同行业间的优势互补。

4. 交易费用理论（又称内部化理论）：为节约交易成本，用企业来代替市场交易,通过企业并购将外部的市场交易内在化为企业可控制的调配。

5. 财务协同理论:不同时间的现金流量差异及合理避税手段产生并购动机。

第二,代理理论。

由于存在道德风险、逆向选择、不确定性等因素的作用而产生代理成本,包括3个子理论:

1. 降低代理成本理论:公司代理问题可由适当的组织程序来解决,企业并购则提供了解决代理问题的一个外部机制。

2. 经理论:所有权和控制权分离后,企业不再遵循利润最大化原则,而选择能使公司长期稳定和发展的决策。代理人的报酬由公司规模决定并借此提高职业保障程度。

3. 闲置现金流量理论:闲置现金流量的减少有利于减少公司所有者和经营者之间的冲突。

第三,市场价值低估理论。

目标公司股票市场价格低于其真实价格时企业并购便会发生,衡量指标为托宾(Tobin)q值。

第四,市场势力理论。

借并购活动达到减少竞争对手以增强对企业经营环境的控制力,增大市场份额提高市场占有率,增加长期获利的机会。

第五,财富重新分配理论。

由于投资人所掌握的信息与评估不一致,导致对股票价值不同的判断,从而引起并购公司股价的波动,发生并购公司与目标公司财富的转移。

第六,竞争战略理论。

采用领先一步的竞争战略,企业并购是实施此战略的较好手段,企业因此获得高效率的扩张。

第七,控制权增效理论。

所谓控制权增效,是指由于并购取得了公司的控制权,而使公司效率增进和价值增大的效果,并以此为依据来解释和预测参与企业并购活动的买卖双方在不同条件下的行为选择。

企业并购从行业角度划分,可将其分为以下三类:

1. 横向并购。横向并购是指同属于一个产业或行业,或产品处于同一市场的企业之间发生的并购行为。横向并购可以扩大同类产品的生产规模,降低生产成本,消除竞争,提高市场占有率。

2. 纵向并购。纵向并购是指生产过程或经营环节紧密相关的企业之间的并购行为。纵向并购可以加速生产流程,节约运输、仓储等费用。

3. 混合并购。混合并购是指生产和经营彼此没有关联的产品或服务的企业之间的并购行为。混合并购的主要目的是分散经营风险,提高企业的市场适应能力。

按企业并购的付款方式划分,并购可分为以下多种方式:

1. 用现金购买资产。是指并购公司使用现款购买目标公司绝大部分资产或全部资产,以实现对目标公司的控制。

2. 用现金购买股票。是指并购公司以现金购买目标公司的大部分或全部股票,以实现对目标公司的控制。

3. 以股票购买资产。是指并购公司向目标公司发行并购公司自己的股票以交换目标公司的大部分或全部资产。

4. 用股票交换股票。此种并购方式又称“换股”。一般是指并购公司直接向目标公司的股东发行股票以交换目标公司的大部分或全部股票,通常要达到控股的股数。通过这种形式并购,目标公司往往会成为并购公司的子公司。

5. 债权转股权方式。债权转股权式企业并购,是指最大债权人在企业无力归还债务时,将债权转为投资,从而取得企业的控制权。中国金融资产管理公司控制的企业大部分为债转股而来,资产管理公司进行阶段性持股,并最终将持有的股权转让变现。

6. 间接控股。主要是指战略投资者通过直接并购上市公司的第一大股东来间接地获得上市公司的控制权。例如,北京万辉药业集团以承债方式兼并了双鹤药业的第一大股东北京制药厂,从而持有双鹤药业17524万股,占双鹤药业总股本的57.33%,成为双鹤药业第一大股东。

7. 承债式并购。是指并购企业以全部承担目标企业债权债务的方式获得目标企业控制权。此类目标企业多为资不抵债,并购企业收购后,注入流动资产或优质资产,使企业扭亏为盈。

8. 无偿划拨。是指地方政府或主管部门作为国有股的持股单位直接将国有股在国有投资主体之间进行划拨的行为。有助于减少国有企业内部竞争,形成具有国际竞争力的大公司大集团。带有极强的政府色彩。如一汽并购金杯的国家股。

从并购企业的行为来划分,可以分为善意并购和敌意并购。善意并购主要通过双方友好协商、互相配合,制定并购协议。敌意并购是指并购企业秘密收购目标企业股票等,最后使目标企业不得不接受出售条件,从而实现控制权的转移。

公司并购基本流程包括以下几个阶段:

(1)并购决策阶段

企业通过与财务顾问合作,根据企业行业状况、自身资产、经营状况和发展战略确定自身的定位,形成并购战略。即进行企业并购需求分析、并购目标的特征模式,以及并购方向的选择与安排。

(2)并购目标选择

①定性选择模型:结合目标公司的资产质量、规模和产品品牌、经济区位以及与本企业在市场、地域和生产水平等方面进行比较,同时从可获得的信息渠道对目标企业进行可靠性分析,避免陷入并购陷阱。

②定量选择模型:通过对企业信息数据的充分收集整理,利用静态分析、ROI分析以及logit、probit还有BC(二元分类法)最终确定目标企业。

(3)并购时机选择

通过对目标企业进行持续的关注和信息积累,预测目标企业进行并购的时机,并利用定性、定量的模型进行初步可行性分析,最终确定合适的企业与合适的时机。

(4)并购初期工作

根据中国企业资本结构和政治体制的特点,与企业所在地政府进行沟通,获得支持,这一点对于成功的和低成本的收购非常重要,当然如果是民营企业,政府的影响会小得多。应当对企业进行深入的审查,包括生产经营、财务、税收、担保、诉讼等的调查研究。

(5)并购实施阶段

与目标企业进行谈判,确定并购方式、定价模型、并购的支付方式(现金、负债、资产、股权等)、法律文件的制作,确定并购后企业管理层人事安排、原有职工的解决方案等相关问题,直至股权过户、交付款项完成交易。

(6)并购后的整合

对于企业而言,仅仅实现对企业的并购是远远不够的,最后对目标企业的资源进行成功的整合和充分的调动,才能产生预期的效益。因此,寻求资本增值,增加公司价值是并购行为的基本动因。

假设A公司拟收购B公司，其公司价值分别为VA和VB（对于上市公司一般是指两公司独立存在时股票的市场价值），两公司合并为AB公司，其价值为VAB，如果VAB ＞（VA + VB），那么其间的差额即为协同效益。

并购的协同效益来源于以下四个方面：

（1）规模收益

公司通过并购后的重组、整合和一体化经营，可以取得规模经济收益，主要包括生产规模收益和管理规模收益两部分。

通过并购活动，公司在整体产品结构不变的条件下，可充分利用大型设备实现单一化、专业化生产，增加产量，扩大生产规模，从而降低单位固定费用；在管理费用的绝对量不随公司规模扩大而同比例增加的情况下，可以将管理费用在更大范围内分摊，从而降低单位产品所含的管理费用；通过合理布局专业化生产的各个生产和销售流程，可以降低运输费用；通过对仓库的合理化利用和科学管理，合理确定各个环节的仓储量，进而节约仓储费用；通过有效规划、整合市场销售网络，合理布局售后服务网点，科学设计广告策略，以一个品牌支撑系列产品，可以扩大市场占有率、节约营销费用；通过集中人力、物力、财力用于新产品、新技术的开发加快技术商品化进程，可以节约科研开发支出等。这些因素都是合理预计规模收益所要考虑的主要内容。

（2）节税收益

第一，利用税法中的税收递延条款合理避税。

第二，利用支付工具延迟纳税。

第三，利用支付工具合理避税。

（3）财务收益

第一，当并购一方的产品生命周期处于成熟期、拥有充足的财务资源未被充分利用，而另一方产品生命周期处于成长发展期、拥有较多投资机会而急需现金的情况下，可以通过并购的财务互补和协同效应，充分利用并购双方现有的财务资源，避免资本的闲置和浪费，节约筹资成本。

此外，当并购一方产品的生产销售周期与并购另一方不同时，通过并购可以充分利用不同产品生产销售周期的差异，相互调剂资本余缺，同样可以减少资本闲置，节约筹资成本。

第二，公司并购一般伴随着公司规模的扩大、实力的加强、知名度的提高，不但增强了公司抵抗风险的能力，而且也提高了公司的信用等级和筹资能力，可以使并购后的公司取得更加有利的信用条件和筹资便利。

第三，非上市公司通过并购上市公司，可以取得上市公司宝贵的“壳”资源。“借壳上市”不但可以迅速取得上市资格提高公司知名度，而且通过向上市公司注入优质资产以获取配股以及发行新股的资格，较为便利地通过证券市场募集资本，并节约上市费用。

（4）新的利润增长点

对并购公司来说，通过并购活动可以快速进入新的产品市场、跨入新的地域、获得新的技术；

可以通过生产经营方式的转变、并购双方资源的重组，最大限度地发挥未曾充分利用经济资源的使用价值，从而取得增量收益。

通过并购活动，可以使并购双方通过生产、经营、管理、技术、市场等方面的一体化，重组和整合并购双方的有形和无形资源，实现资源共享，促使资本和劳动力在不同公司之间合理流动。

可以快速进入某一垄断行业、某一地域、某一新兴市场、获得某关键技术、取得某一品牌，打破行业、地域、市场、技术的封锁和限制，实现收益增值。

资产重组与公司并购是两个不同的概念。资产重组侧重资产关系的变化，而并购则侧重于股权、公司控制权的转移。对于公司来说，即使公司的控股权发生了变化，只要不发生资产的注入或剥离，公司所拥有的资产就未发生变化，只是公司的所有权结构发生变化，发生了控股权的转移。例如，A 公司收购了 B 公司的股权，取得了对 B 公司的控股地位之后，可能用 B 公司的股权进行抵押融资，或利用 B 公司进行担保贷款，而 B 公司本身并没有重大资产收购或出售行为，那么，对 A 公司而言，其资产进行了重组，而对 B 公司而言，仅是更换了股东而已，可以称其被收购了，却与资产重组无关。

企业重组，是企业资源优化配置的过程，通常有股份的分拆、合并、资本的缩减以及名称的改变等。企业内部或企业之间的要素流动与组合，通过改组、联合、剥离、出售、转让，参股与控股、对外并购等方式，即通过部分或全部企业的财产所有权、股权、经营权、财产使用权等的让渡，对企业的存量资产和增量资产进行调整，达到资源的最优配置，优化资本结构，提高企业资产的经营绩效。

但是，资产重组与并购常常是交互发生的，先收购后重组，或先重组，再并购，再重组在资本运作中也是经常采用的方式。

对于企业自身而言，通过对企业自身各要素资源的整合、再利用，不但可以提高企业的运营效率，还可以实现社会资源在不同企业间的优化组合，提高经济的整体运行效率。

资产重组方式主要分为：

第一，主要围绕固定资产和子公司进行的资产型重组模式，如固定资产的重组，流动资产的重组，长期投资的重组，子公司的重组，项目的重组，专利权的重组，商标权的重组，业务产品的重组等；

第二，以资本运作为手段的资本型重组模式，如债权重组和债务重组等；

第三，股权型的重组模式，所持股权的整合与转让等。

企业并购中资产重组包括两个方面和两个时段。两个方面是指并购公司的资产重组与目标公司的资产重组。两个时段是指并购前进行资产重组及并购发生后的资产重组。

并购后的资产重组包含资产的剥离和分立及再次筹资。

1. 剥离是指公司将其现有的某些子公司、部门、产品生产线、固定资产等出售给其他公司，并取得现金或有价证券的回报。

2. 分立可以看作是一种特殊形式的剥离，是指在法律上和组织上将一个公司划分为两个独立的实体。剥离和分立的形式一般有以下几种：

(1)资产分割，即将不适合本公司长期发展战略的被并购公司的资产或业务分割出去，成立一家或数家独立公司，并允许外来资本介入。

(2)资产出售，即将资产转卖给其他公司，在这里资产剥离是前提。在出售有关资产时，应综合考虑风险、长短期投资等有关因素，有时也可套利出售，赚取利润。

剥离和分立与并购业务之间存在一定的联系，其主要表现在以下几个方面：

第一，并购业务完成之后，通过出售部分非核心或非相关资产或业务，以取得所需要的现金回报或筹措所需要的资本。在杠杆收购中经常会发生这种情况。

第二，分立可以帮助公司纠正一项错误的并购业务。

第三，公司出售资产是为了改变公司的市场形象，提高公司股票的市场价值。

第四，消除负协同效应。有时一个公司的某些业务对实现公司整体战略目标来说可能是不重要的，或者这些业务不适合于公司的其他业务发展，这时就会产生所谓的“负协同效应”，即“1 +1 <2”。在这种情况下，就应尽快剥离掉这些不适宜的业务。

尽管剥离和分立与并购业务之间存在上述种种联系，且两者之间也有着些共同的特征，但是剥离和分立绝不是并购的相反过程。与并购业务相比，剥离和分立还有一些其他动因和目的。例如，为了适应经济环境的变化，其经营方向和战略目标也要随之做出调整和改变，而剥离或分立则是实现这一改变的有效手段。

3. 再次筹资，公司并购后，如对方为上市公司，则可借此地位再次发行股票或债券等其他金融工具进行筹资。

财务危机重组则是公司继续生存或破产倒闭的选择，这在很大程度上取决于外部债权人，而且这种重组必须遵守特定的法律法规。财务危机重组一般是根据财务危机的严重程度、特定的法律规则、债权人和股东的受偿要求进行的，不过公司管理层的态度对重组方式也有一定的影响。财务危机的重组一般包括资产重组和财务重组两种方式。

发生财务危机的公司通过资产重组方式，如通过出售公司非核心资产获得偿付资本；削减公司资本预算或研究开发费等方式节约资本消耗；或主动寻找并购公司与其他公司合作等方式摆脱财务困境。

一般来说，对债务应付款项违约的公司必须重组其财务上的索取权，这样公司将面临以下三种选择：

（1）私下和解

私下和解是指没有遵守债务契约或某条债务契约条款的债务人可与债权人在互谅互让的基础上，就公司延期清偿债务、减少债务数额、进行整顿等事项达成协议，以防止公司破产。

（2）破产重组

破产重组是给公司最后一次资产重组的机会，如果在限定的期限内，没有完成既定的重组目标，公司即被宣布破产清算，即真正意义上的破产。

（3）破产清算

如果一个公司不能清偿到期债务，且不能进行债务和解或债务重组时，唯一的选择就是进行破产清算。需要说明的是，这里所指的“不能清偿”是指债务人由于缺乏清偿能力，对已经到期的债务，持续地不能偿还的客观状态。

并购公司资产重组的目的：①有利于并购的融资安排；②有利于并购在法律

程序上的进行或从法律角度上看对并购公司更为有利；③有利于在税务上作出安排；④ 有利于与目标公司在并购后业务能力上的衔接。

目标公司资产重组的目的：①有利于并购后形成满意的现金流量以偿付并购中发生的债务；②有利于并购后形成业务核心能力；③有利于并购后债务负担最小；④有利于获得政府的支持及产生较小的社会震荡。

企业并购重组涉及的法律法规主要有：

在美国，企业并购重组被喻为法律与财务规则下的游戏。在此，将企业并购重组涉及法律法规、相关政策作一个简单的框架性介绍。

（一）组织结构操作层面

1.《公司法》与《合同法》；

2.《上市公司治理准则》；

3.《上市公司股东大会规范意见》；

4.《上市公司章程指引》；

5.《关于在上市公司建立独立董事的指导意见》；

6.《中华人民共和国公司登记管理条例》；

7.《公司登记管理若干问题的规定》。

（二）股权操作操作层面

1.《公司法》与《证券法》；

2.《上市公司收购管理办法》及其信息披露准则；

3.《国有股东转让所持上市公司股份管理暂行办法》等；

4.《大宗交易管理办法》与《流通股份协议转让管理规则》（交易所）；

5.《亏损上市公司暂停上市和终止上市实施办法》（修订）；

6.《最高人民法院关于冻结、拍卖上市公司国有股和社会法人股若干问题的规定》；

7.《财政部关于上市公司国有股质押有关问题的通知》；

8.《关于股份有限公司国有股权管理工作有关问题的通知》。

（三）资产重组及财务会计处理操作层面

1.《上市公司重大资产重组管理办法》证监会令[2008]53号及其信息披露；

2.《上市规则》；

3.《关于规范上市公司和关联人收购商标等无形资产信息披露的通知》；

4.《关于上市公司为他人提供担保有关问题的通知》；

5.《关联方之间出售资产等有关会计处理问题暂行规定》；

6.《拟发行上市公司改制重组指导意见》；

7.《规范国有土地租赁若干意见》；

8.《国有企业改革中划拨土地使用权管理暂行规定》；

9.《关于调整涉及股份有限公司资产评估项目管理事权的通知》；

10.《企业会计制度》；

11.《企业会计准则——债务重组》与《企业会计准则——非货币性交易》、《企业会计准则——存货》等；

12. 应收账款、存货等的八项计提准备；

13.《首次公开发行股票辅导工作办法》。

第二节　非上市公司并购重组

企业并购即企业之间的兼并与收购行为，是企业法人在平等自愿、等价有偿的基础上，以一定的经济方式取得其他法人产权的行为，是企业进行资本运作和经营的一种主要形式。其重要性主要有以下几个方面：

（1）获取战略机会。并购者的动因之一是购买未来的发展机会。当一个企业决定扩大其在某一特定行业的经营时，一个重要战略是并购那个行业中的现有企业，直接获得正在经营的发展研究部门，获得时间优势，避免了工厂建设延误的时间；减少一个竞争者，并直接获得其在行业中的位置。

（2）发挥协同效应。企业并购重组可产生规模经济性，可接受新技术，可减少供给短缺的可能性，可充分利用未使用生产能力；同样，可产生规模经济性，是进入新市场的途径，扩展现存分布网，增加产品市场控制力；充分利用未使用的税收利益，开发未使用的债务能力；吸收关键的管理技能，使多种研究与开发部门融合。

（3）提高企业管理效应。企业现在的管理者以非标准方式经营，当其被更有效率的企业收购后，更替管理者而提高管理效率。当管理者自身利益与现有股东的利益更好地协调时，则可提高管理效率。如采用杠杆购买，现有的管理者的财富构成取决于企业的财务成功，这时管理者集中精力于企业市场价值最大化。

（4）降低进入新市场、新行业的门槛。为在某地拓展业务，占领市场，企业可以通过协议以较低价格购买当地的企业，达到控股目的而使自己的业务成功地在该地开展;还可以利用被并购方的资源,包括设备、人员和目标企业享有的优惠政策。出于市场竞争压力,企业需要不断强化自身竞争力,开拓新业务领域,降低经营风险。

在我国,企业的兼并与收购一般均在中介机构,如产权交易事务所、产权交易市场、产权交易中心等的参与下进行。在有中介机构的条件下,企业并购的程序如下:

1. 并购前的工作。并购双方中的国有企业,兼并前必须经职工代表大会审议,并报政府国有资产管理部门认可;并购双方中的集体所有制企业,并购前必须经过所有者讨论,职工代表会议同意,报有关部门备案;并购双方的股份制企业和中外合资企业,并购前必须经董事会(或股东大会)讨论通过,并征求职工代表意见,报有关部门备案。

2. 目标企业在依法获准转让产权后,应到产权交易市场登记、挂牌。交易所备有《买方登记表》和《卖方登记表》供客户参考。买方在登记挂牌时,除填写《买方登记表》外,还应提供营业执照复印件,法定代表人资格证明书或受托人的授权委托书、法定代表人或受托人的身份证复印件。卖方登记挂牌时,应填写《卖方登记表》,同时,还应提供转让方及被转让方的营业执照复印件、转让方法人代表资格证明书或受托人的授权委托书以及法定代表人或受托人的身份证复印件、转让方和转让企业董事会的决议。如有可能,还应提供被转让企业的资产评估报告。对于有特殊委托要求的客户,如客户要求做广告、公告,以招标或拍卖方式进行交易,则客户应与交易所订立专门的委托出售或购买企业的协议。

3. 洽谈。经过交易所牵线搭桥或自行找到买卖对象的客户,可在交易所有关部门的协助下,就产权交易的实质性条件进行谈判。

4. 资产评估。双方经过洽谈达成产权交易的初步意向后,委托经政府认可的资产评估机构对目标企业进行资产评估,资产评估的结果可作为产权交易的底价。

5. 签约。在充分协商的基础上,由并购双方的法人代表或法人代表授权的人员签订企业并购协议书,或并购合同。在交易所中,一般备有两种产权交易合同,即用于股权转让的《股权转让合同》和用于整体产权转让的《产权转让合同》,供交易双方在订立合同时参考。产权交易合同一般包括如下条款:交易双方的名称、地址、法定代表人或委托代理人的姓名、产权交易的标的、交易价格、价款的支付时间和方式、被转让企业在转让前债权债务的处理、产权的交接事宜、被转让企业员工的安排、与产权交易有关的各种税负、合同的变更或解除的条件、违反合同的责任、与合同有关的争议的解决、合同生效的先决条件及其他交易双方认为需要订立的条款。

6. 并购双方报请政府授权部门审批并到工商行政管理部门核准登记。目标公司报国有资产管理部门办理产权注销登记，并购企业报国有资产管理部门办理产权变更登记，并到工商管理部门办理法人变更登记。

7. 产权交接。并购双方的资产移交，需在国有资产管理局、银行等有关部门的监督下，按照协议办理移交手续，经过验收、造册，双方签证后，会计据此入账。目标企业未了的债券、债务，按协议进行清理，并据此调整账户，办理更换合同债据等手续。

8. 发布并购公告。将兼并与收购的事实公诸社会，可以在公开报刊上刊登，也可由有关机构发布，使社会各方面知道并购事实，并调整与之相关的业务。

基本流程可归纳如下：

1. 收购方与目标公司或其股东进行洽谈，初步了解情况，进而达成收购意向，签订收购意向书。

2. 收购方在目标公司的协助下对拟收购的目标公司资产及其上权利进行清理，进行资产评估，对目标公司的管理构架进行详尽调查，对职工情况进行造册统计。

3. 收购双方及目标公司债权人代表组成小组，草拟并通过收购实施预案。

4. 债权人与被收购方达成债务重组协议，约定收购后的债务偿还事宜。

5. 收购双方正式谈判，协商签订收购合同。

6. 双方根据公司章程或公司法及相关配套法规的规定，提交各自的权力机构如股东会就收购事宜进行审议表决。

7. 双方根据法律、法规的要求，将收购合同交有关部门批准或备案。

8. 收购合同生效后，双方按照合同约定履行资产转移、经营管理权转移手续，除法律另有规定外，应当依法办理产权变更手续。

双方签署的并购协议应包含如下主要内容：

1. 陈述与保证。在合同中，双方都要就有关事项作出陈述与保证。其目的有二：一是公开披露相关资料和信息；二是承担责任。由于这些资料和信息有些具有保密性质，实践中，卖方往往要与买方就此达成专门的保密协议。需要披露的事项就卖方来说，包括目标公司的组织机构、法律地位、资产负债状况、合同关系、劳资关系以及保险、环保等重要内容;就买方来说,陈述与保证则相对简单,主要包括买方的组织机构、权力无冲突及投资意向等。通过上述约定,保护双方、主要是买方后期调查阶段发现对方的陈述与保证和事实有出入时,可以通过调整交易价格、主张赔偿或退出交易等方式避免风险。

2. 卖方在交割日期前的承诺。在合同签订后到交割前一段时间里,卖方则应作出承诺,准予买方进入与调查、维持目标公司的正常经营,同时在此期间不得修改章程、分红、发行股票及与第三方进行并购谈判等。卖方如不履行承诺买方同样有权调整价格、主张赔偿或者退出交易。

3. 交割的先决条件。在并购协议中有这样一些条款,规定实际情况达到了预定的标准或者一方实质上履行了合同约定的义务,双方就必须在约定的时间进行交割;否则,交易双方才有权退出交易,即我们常说的合同解除。

可以这样说,繁琐的公司并购程序的唯一目的是交割,即使双方或其中一方并没有完美无缺地履行合同,但只要满足特定的要求,交割就必须完成。这样的规定对于交易双方都有益处,避免了因一方微小的履行瑕疵而被对方作为终止合同的把柄。

4. 赔偿责任。对于交易对手的履行瑕疵,并非无可奈何。合同还可以专设条款对受到对方轻微违约而造成的损失通过减扣或提高并购价格等途径来进行弥补或赔偿,对于目标公司的经营、财务状况等在交割日与签约日的客观差异,也可以通过上述途径来解决。这样做的好处,不仅使交割能够顺利进行,达到并购目的,而且使双方在客观情况发生变化时仍能保持交易的公平,排除了因客观情况改变以及一方为达到使自己有利的价格隐瞒部分真实情况而嫁祸于另一方的交割风险。

至于非因恶意而疏于披露某些信息,不加限制的赔偿就会随时置责任人于不确定的失衡状态,从而加大其风险。有鉴于此,我们还可以在合同中加入限制赔偿条款,即把诸如环保、经营范围等政策性风险以及善意隐瞒的责任限制在特定的时间或项目内,将并购过程中不可预知的风险降到最小。

签订企业兼并协议之后,并购双方就要依据协议中的约定,履行兼并协议,办理各种交接手续,主要包括以产权交接、财务交接、管理权交接、变更登记、发布公告等事宜。

(一)产权交接

并购双方的资产移交,需要在国有资产管理局、银行等有关部门的监督下,按照协议办理移交手续，经过验收、造册，双方签证后会计据此入账。目标企业未了的债券、债务，按协议进行清理，并据此调整账户，办理更换合同债据等手续。

(二)财务交接

财务交接工作主要在于，并购后双方财务会计报表应当依据并购后产生的不同的法律后果作出相应的调整。例如，如果并购后一方的主体资格消灭，则应当对被收购企业财务账册做妥善的保管，而收购方企业的财务账册也应当作出相应的调整。

(三)管理权移交

管理权移交工作是每一个并购案例必须的交接事宜，其是否能顺利实现完全有赖于并购双方签订兼并协议时候就管理权的约定。如果并购后，被收购企业还照常运作，继续由原有的管理班子管理，管理权的移交工作就很简单，只要对外宣示即可；但是如果并购后要改组被收购企业原有的管理班子的话，管理权的移交工作则较为复杂。这涉及原来管理人员的去留、新的管理成员的驻入，以及管理权的分配等诸多问题。

(四)并更登记

这项工作主要存在于并购导致一方主体资格变更的情况：续存公司应当进行变更登记，新设公司应进行注册登记，被解散的公司应进行解散登记。只有在政府有关部门进行这些登记之后，兼并才正式有效。兼并一经登记，因兼并合同而解散的公司的一切资产和债务，都由续存公司或新设公司承担。

(五)发布并购公告

并购双方应当将兼并与收购的事实公布社会，可以在公开报刊上刊登，也可由有关机关发布，使社会各方面知道并购事实，并调整与之相关的业务。

随着新公司法对注册资本数额的降低，广大投资人通过兴办公司来实现资产增值的热情不断高涨。但是，注册资本在500万元以下的公司都有一些注册资本问题。所以，在打算进行收购公司时，收购人应该首先在工商行政管理局查询目标公司的基本信息，其中应该主要查询公司的注册资本的情况。在此，收购方需要分清实缴资本和注册资本的关系，要弄清该目标公司是否有虚假出资的情形；同时还要特别关注公司是否有抽逃资本等情况出现。

在决定购买公司时，要关注公司资产的构成结构、股权配置、资产担保、不良资产等情况。同时，公司的负债和所有者权益也是收购公司时所应该引起重视的问题。公司的负债中,要分清短期债务和长期债务,分清可以抵消和不可以抵消的债务。

财务会计制度方面,实践中,有许多公司都没有专门的财会人员。只是在月末以及年终报账的时候才从外面请兼职会计进行财会核算。有的公司干脆就没有规范和详细的财会制度,完全由公司负责人自己处理财务事项。因为这些原因,很多公司都建立了对内账簿和对外账簿。所以,收购方在收购目标公司时,需要对公司的财务会计制度进行详细的考察,防止目标公司进行多列收益而故意抬高公司价值的情况出现,客观、合理地评定目标公司的价值。

因为很多小公司都没有依法纳税。所以,若收购注册资本比较小的公司时,一定要特别关注目标公司的税务问题,弄清其是否足额以及按时交纳了税款。

在可能的诉讼风险方面,收购方需要重点关注以下几个方面的风险:第一,目标公司是否合法地与其原有劳动者签订和有效的劳动合同,是否足额以及按时给员工缴纳了社会保险,是否按时支付了员工工资;第二,明确目标公司的股东之间不存在股权转让和盈余分配方面的争议;第三,确保目标公司与其债权人不存在债权债务纠纷,即使存在,也已经达成了妥善解决的方案和协议。

根据统计数据显示,在广东省,一年中发生的罢工次数大概在 80 起左右,在大连经济技术开发区,一年中发生罢工次数也达到 70 余起。通过观察我们发现,这些罢工行为的背后往往隐藏着是不全面的并购交易,那么在并购项目中,如何避免重大劳动问题的发生,也应引起我们足够的重视。

在股权并购项目中,其员工安置和费用安排根据《劳动法》和《公司法》的解释如下:《劳动法》第 33 条规定,用人单位变更名称、法定代表人、主要负责人或者投资人等事项,不影响劳动合同的履行。这里谈到投资人、股东的变更,在股权并购过程中,仍要继续履行劳动合同,这意味着投资方并购的目标公司只要存在,其内部股东的变化并不影响员工与这家公司签署的合同。《公司法》第 18 条规定,公司研究决定改制以及经营方面的重大问题、制定重要的规章制度时,应当听取公司工会的意见,并通过职工代表大会或者其他形式听取职工的意见和建议。我们看到的表述是“应当听取公司工会的意见”,而非接受,那么在现实的并购交易中,工会和职工代表大会往往变成一种程序性的要求。但是不同国家的《公司法》会有不同的区别。比如,在德国,会有共同决定权,即公司做出重大决定时,须连同工人委员会共同决定方可进行。如某一公司希望在中国设厂,其德国工会将提出意见,该设厂行为会不会对其在德国的公司职工所在的工作岗位产生负面影响，随后进行评估。只有评估能够满足工人委员会的要求，其方可同意在中国设厂的决定。

正因为有这样的规定存在，导致一些在并购交易中看似简单的问题，存在巨大的潜在风险，因此需要从劳动法的视角去看待法律问题。几年前，K 集团要收购 B 公司在中国所有工厂的全部股权。在整个交易进程中，B 聘请的律师按照股权收购协议去做，仅告知员工，根据《劳动法》第 33 条，你们的合同继续履行，没有丧失，只是工作企业由 B 变成 K，如果对于身份转变不满，可以辞职，但是拿不到补偿金。这引发了员工的强烈不满，他们采取封厂静坐的方式，对企业造成了巨大损失，当地政法委也介入了此事。

B 在中国的工厂拥有几千名员工，有的员工在此工作了几十年，这一笔安置经费是极其巨大的。由于 B 聘请的并购律师在签约前没有考虑到这些问题，买卖双方都不愿意负责，导致客户整体的商业决策中缺了一部分费用，没有将其放到商业定价中，使客户处于非常被动的局面。

我们在介入后，为了防止事态的扩大，首先同商务部领导和中华全国总工会的领导见面并进行沟通。拿出一套解决方案，如果员工愿意继续留在厂房，那么他的工龄会延续计算；如果他们不愿意，将得到一笔法定补偿金加当地额外补偿金（N + X）；如果他们希望获得补偿，但同时保留工作，那么可以先结算补偿，再重新签订合同，但是需归零工龄。最终妥善解决了问题。

在另一起并购案中，我们代表法国的某一公司收购国内一家钢铁厂。假如单纯按照调查所得出的股权价格，大概在 4 亿元左右。但是该钢铁厂拥有 5 万余名员工，在人员安置费用上，将存在 8 亿元的巨额资金，因此整个收购价格应该是 12 亿元左右，在 12 亿元的成本下，收购方是否愿意继续进行交易，客户将会重新决策。但是对于律师而言，我们需要将各方面的信息汇总到一起，做出一个完成的方案，以便帮助客户全面看清交易。在之前的一些并购项目中，很多人都没有考虑这方面的问题，没有出事，仅仅因为幸运。但随着中国对于劳资关系的愈发重视，K 公司与 B 公司并购项目中发生不良事项的可能频繁发生，需要引起我们的重视。

那么在资产并购下的员工安置原则和费用安排是什么样的。员工安置的一般原则有两种方式：一种是人随资产走；另一种是以并购交易完成日为界，卖方负责交易完成日之前的费用，买方负责交易完成日后的费用。

在国有交易中，经常提到人随资产的概念。比如，A 公司收购 B 公司的一项业务,合同中规定的设备和业务均转移到A公司,B公司专门做这项业务的员工,在客观上不会继续留在B公司工作。在这种情况下,买卖双方的心态不一,A公司在收购的时候,会提出交割日之前所产生的费用应由B公司承担,那么这些员工是否必然随着资产的转移而来到A公司呢,法律上没有对人随资产走的定义,正因为没有这样的要求,对于买方来讲,他的选择余地相对较大,可以分为三种。

第一种是不接收员工,第二种是选择性接收部分员工,第三种是接收全部员工。这三种方式的选择取决于A公司在资产转移后,需要多少人员与业务相匹配。律师应当建议客户对于匹配人员人数按照劳动生产率进行评估,并告知客户。但是,这种选择也受制于商业谈判。B公司也可能要求A公司必须全部接收员工,方可达成项目收购。对于A公司而言,最有利的方式是挑选人员,不负担这些员工在交割日前的经济补偿,在转移至A公司后,与他们重新建立劳动关系,这样会将此处的法律风险,经济负担留给原来的卖家。对于卖方最有利的情况是人随资产走,将全部员工转移给买方,由买方全部认可员工的合同年限,在合同中做一个转移协议,其经济补偿金、工资拖欠、税务补偿金问题尽量不要提及,模模糊糊地转移出去。在实际过程中主要依靠双方的谈判来实现。

那么,如果员工不接受转移怎么办?因为人的需求是多样化的,律师设计的方案不可能满足每一个人对于工作的需求。在这里出现几种方式:

1. 协商解除:如果公司没有强有力的理由让员工离开,就需要提供一份N+X的补偿金。由于各个地方的情况不同,导致X数量的差异比较大。我们需要注意的是,X的数量可能是由于该地区历史并购交易中的突发事件所决定的。我们在给出X之前,要与当地的政府部门进行很好的沟通,假如当地普遍情况是X=1,那么我们财大气粗地给X=3,可能会搅乱市场秩序。至于N的数量,需要取决于谈判。

2. 劳动合同到期终止:这是一种比较简单的方式,只要我们在做尽职调查时列出这部分人员的数量即可。

劳动合同订立时所依据的客观情况发生重大变化:这种变化包括兼并、迁址、资产转移等。比如,由于资产转移,导致员工的工作岗位没有客观存在的基础。那么在此条件下,公司应当首先在内部为其安排别的岗位,假如双方不能达成一致,才可以解除合同。

3. 经济性裁员:这一点更加困难,虽然《劳动合同法》中规定了这一部分,但是在实际中各家公司均很难实现。首先其在人数上的限制是 20 人以上或者达到整个企业员工总数的 10%。法定理由包括：

依照企业破产法规定进行重整的；实际中，破产重整往往处在非常靠后的时间点，有的企业利润增长开始下降初期，便试图进行裁员，在这一点上法律是不会赋予权力的。

生产经营发生严重困难的；实际中，我们国家对此的定义是要求企业连续三年亏损，连续六个月无力支付最低生活费，即最低工资的 75%。

企业转产、重大技术革新或者经营方式调整，经变更劳动合同仍需裁减人员的；实际中，国家将要求企业先对员工进行变更，如变更无法实现，方可批量裁员。其他因劳动合同订立时所依据的客观经济情况发生重大变化，致使劳动合同无法履行的。实际中，这一条是在 2008 年金融危机中启用的，由于大部分企业订单减少，因此国家赋予企业裁员的权利。但是在如今的环境下，不能再作为批量裁员的理由。

经济性裁员在程序上首先要向工会和全体职工说明情况，并听取工会和职工的意见，将裁员人员方案向劳动行政部门报告。一旦企业报告，政府将启动预警系统，委派劳动监察进驻企业调查。假如企业存在人力资源管理的历史遗留问题，将全部被查出。

正因为存在这种情况，很多企业在进行经济性裁员时，会制订人员安置和补偿方案。我们在帮助企业做方案的过程中，需要考虑以下几个方面的关系：

1. 员工方面：考虑员工是否可能产生集体性的不满情绪，导致罢工行为的出现。我们需要同员工中的领袖、核心圈建立很好的沟通渠道，运用恰当的谈判技巧。

2. 政府方面：要处理好包括商务部门，人力资源和社会保障部门，工商管理部门，地方政法部门的关系。在中国，一旦发生集体罢工问题，当地政府会视其为维稳问题，这意味着公检法司、电信部门都将介入。

3. 工会方面：近几年工会的形态发生了很大的变化，我们可以看到，全国总工会做了许多呼吁保护员工的事情。在中国，工会作为一个准政府机构，依靠它，与它合作，一定会是利大于弊。因此，我们强烈要求企业要同工会及时沟通，争取到工会的理解与支持。

近年来，随着并购交易的增多，越来越多的劳动问题被摆上了台面，对于我们的律师来说，这是发挥自身专业特长的良好机会，同样也是巨大的挑战。

企业改制重组的内容包括业务重组、资产重组、债务重组、股权重组、人员重组和管理体制重组，其中资产重组是企业改制重组的核心环节，也是其他重组的基础。企业重组的要点包括：

（1）业务重组。股份公司应该制定明确的主业发展方向和经营发展目标，强化其业务标准，即公司必须具有集中突出的主营业务、明确的主导产品、详尽严密的业务发展计划、完整清晰的业务发展战略和巨大的主业成长潜力。主营业务突出的具体标准是公司主营业务（指某一类业务）收入占其总收入的比例不低于70%，主营业务利润占利润总额的比例不低于70%。因此，要将与主营业务无关且对公司利润影响不大，甚至起负作用的业务剥离出来。在主营业务的确定上，除了考虑公司的经营现状外，还需要考虑公司的发展规划和发展战略、业务的发展前景和成长潜力、新的利润增长点的培育和业务空间的拓展等因素。

（2）资产重组。资产重组应遵循的原则是资产划分与业务划分相匹配、资产与负债相匹配、净资产规模与股本结构相匹配、净资产规模与业绩相匹配。按照重组方案对进入股份公司的资产以原企业的报表数为基础，进行相应的资产划分。凡能明确某项资产的使用部门，如果该部门划归股份公司，则相应的资产（主要指固定资产）也划入股份公司，否则划归改制后存续的非上市主体。凡能明确与某类经济业务相关的资产，如该项业务属于股份公司，则相应资产也投入股份公司，否则划归改制后存续的非上市主体。依据股份公司和集团公司的资产分别独立运作的要求，对集团公司的非生产经营性资产进行剥离。由于此类资产不会产生利润，会增大资产规模，减少资产利润率，降低资产营运质量，因此应予以剥离。当然，对剥离出来的非经营性资产要明确管理单位，充分考虑社会的承受能力等因素。同时，应规范股份公司与其主要股东和各个关联企业之间的关系，避免同业竞争，减少关联交易，并确认已存在的关联交易的合理性，以切实维护投资者的合法权益。

（3）债务重组。债务划分应遵循的原则是：控股股东与股份公司双方合理分担，并尽可保证同一银行账户资金的独立完整性；保证股份公司的资产负债比例合理（不得高于70%），且符合上市要求；与进入股份公司的资产和机构相关的债务一并划入股份公司；应付工资、应付福利费按进入股份公司的职工人数比例进行划分；正在进行及潜在的诉讼和第三者索赔，所形成的负债由控股股东承担；债务处理的方式和程序符合法律规定，不得损害原债权人的利益。按照重组方案对进入股份公司的资产以原企业的报表数为基础，进行相应的债务划分。凡能明确为取得某项资产而产生的负债，若该项资产划入股份公司，其负债也一并划入，否则划归改制后非上市主体。凡能明确为某项业务而发生的债务，若该业务属于股份公司经营范围，则相应负债也划入股份公司，否则划归改制后存续的非上市主体。

(4)股权重组。通过股权重组，促使股份公司产权清晰，权责明确。具体来说，就是要做到产权关系明晰化，产权主体人格化，产权结构多元化。要设计公司科学合理的股权结构，应考虑以下几个方面的因素：保证股权结构必要的稳定性；最大限度地提高资本的运作效率；根据公司的实际需要作出灵活安排；增强公司股本的后续扩张能力。

(5)人员重组。在重组中人员与机构或业务是紧密相连的。股份公司与控股股东都必须设置的机构所需人员，在原相关机构的人员中进行合理的分配；对股份公司新设置的机构所需人员，尽量在控股股东或发起人股东的职工中选择调配；依据股份公司和集团公司的人员相互独立的原则，董事、经理等高级管理人员严禁双重任职；财务人员不能在关联公司中兼职；股份公司的劳动、人事及工资管理与股东单位分离。

(6)管理体制重组。股份公司应制定严格的管理标准，具备高质量的管理团队和高效、完善的管理系统，同时建立健全公司法人治理结构，形成有效的制衡、约束机制。

律师在公司并购重组过程中还有一项重要的工作即开展尽职调查。律师尽职调查是化解资产交易风险的需要，围绕资产交易经济活动特性，尽职调查工作具备了相应特征，与特征相适应，在尽职调查的具体工作中，尽职调查有着自身的调查方式及各类资产具体的调查要点。

资产交易律师尽职调查是律师工作中一项传统业务，随着资产交易复杂程度的提升，尽职调查的广度和深度得以扩展，其具体作用体现在以下五个方面：

1. 评判交易主体的合法性，力求交易主体能从法律的角度得到确认。

2. 评判交易对象的合法性，任何一个理智的交易主体都不会选择不合法的资产作为交易对象，交易的资产获取方必须了解该资产是否属于可以合法转让的资产，转让方是否合法持有并有权将交易对象转让给己方。

3. 评判交易项目中可能存在的法律障碍，为确定交易成本和设计交易方案提供依据。律师尽职调查，发现并评估交易资产本身的特性、法律状况或者存在的瑕疵等,为交易双方最终确定交易提供依据或通过某种交易方案解决法律上的障碍,避免不利因素的存在造成交易成本的增加或导致交易无法进行。

4. 促使交易主体对交易对象及相关情况进行真实的陈述和保证。在资产交易中,律师尽职调查并不免除对方保证其提供的文件、资料和信息的真实性、完整性义务。相反,通过尽职调查,对交易对象资产有一定了解,将有助于促使交易对方如实就交易对象及相关情况作出陈述与保证,并在交易协议中予以明确。

5. 律师提交的调查报告构成委托方交易决策依据之一。律师调查报告是委托方重要的分析评估材料,调查报告中关于交易对象合法性以及存在的法律上的瑕疵等内容将影响交易商务目的的实现、是交易双方评估交易方案、交易成本的主要资料。

第三节　上市公司并购重组

并购重组是上市公司做大做强的最重要途径之一。近年来,我国上市公司并购重组风起云涌,日趋增多。但是,在上市公司并购重组的过程中,也凸显了诸多亟须解决或者明确的法律实务问题。

一、上市公司收购中的法律实务问题

(一)“收购”的法律界定问题

1. “收购”的法律含义

收购是指收购人持有或者控制上市公司的股份达到一定比例或者程度,“导致其获得或者可能获得对该公司的实际控制权的行为”,主要包括上市公司控制权转让、资产重组、股份回购、合并、分立等对上市公司股权结构、资产和负债结构、利润及业务产生重大影响的活动。

目前,在监管实务中,证监会和证券交易所均持:“收购是指取得或者巩固对上市公司控制权的行为”的观点,并按此理解与适用《证券法》、新《上市公司收购管理办法》的相关规定。

2. 投资者取得一上市公司股份比例低于30%但成为第一大股东的情形是否构成收购和适用《证券法》第98条规定问题

新《证券法》第98条规定,“在上市公司收购中,收购人持有的被收购的上市公司的股票,在收购行为完成后的十二个月内不得转让”,旨在保证公司控制权变化后保持相对稳定,避免公司控制权的频繁变化,导致公司管理层不断变动,公司经营陷入混乱,特别是防范收购人利用上市公司收购谋取不当利益后金

蝉脱壳。因此，对于投资者取得一上市公司拥有权益的股份比例低于30%，但成为上市公司第一大股东的情形，由于该投资者可能已经能够对上市公司经营决策施加重大影响，甚至已经取得公司的实际控制权，因此属于收购行为。

3. 收购完成时点的认定问题

《证券法》第98条和《上市公司收购管理办法》第74条均规定，收购人持有的被收购的上市公司的股票，在收购行为完成后的12个月内不得转让。因此，收购完成时点的认定对于正确适用上述规定尤为重要。

（1）收购人通过集中竞价交易方式增持上市公司股份的，当收购人最后一笔增持股份登记过户后，视为其收购行为完成。自此，收购人持有的被收购公司的股份，在12个月内不得转让。

（2）在上市公司中拥有权益的股份达到或者超过该公司已发行股份的30%的当事人，自上述事实发生之日起一年后，拟在12个月内通过集中竞价交易方式增加其在该公司中拥有权益的股份不超过该公司已发行股份的2%，并拟根据《上市公司收购管理办法》第63条第1款第2项的规定申请免除发出要约的，当事人可以选择在增持期届满时进行公告，也可以选择在完成增持计划或者提前终止增持计划时进行公告。当事人在进行前述公告后，应当按照《收购办法》的相关规定及时向证监会提交豁免申请。

根据《证券法》第85条的规定，“投资者可以采取要约收购、协议收购及其他合法方式收购上市公司”。也就是说，除了集中竞价交易收购外，还存在要约收购、协议收购及其他收购方式。上述《证券期货法律适用意见第9号》虽然只规定了集中竞价交易收购方式下收购完成时点的认定原则，但我们认为，该认定原则同样适用于要约收购、协议收购及其他收购方式。

如果投资者采取了集中竞价交易收购、要约收购、协议收购或其他收购方式中的一种或者多种方式对一上市公司进行收购时，当收购人最后一笔增持股份登记过户后，视为其收购行为完成，其所持该上市公司的所有股份在之后12个月内不得转让。

（二）“一致行动人”的法律界定问题

1. 上市公司股东减持股份是否适用“一致行动人”问题

《上市公司收购管理办法》第83条规定：“本办法所称一致行动，是指投资者通过协议、其他安排，与其他投资者共同扩大其所能够支配的一个上市公司股份表决权数量的行为或者事实。”

按《证券法》第86条规定，投资者持有或者通过协议，其他安排与他人共同持有上市公司的股份达到5%或达到5%后，无论增加或者减少5%时，均应当履行报告和公告义务。《上市公司收购管理办法》第12、13、14条以及第83条进一步规定，投资者及其一致行动人持有的股份应当合并计算，其增持、减持行为都应当按照规定履行相关信息披露及报告义务。《上市公司收购管理办法》称一致行动情形，包括《收购办法》第83条第2款所列举的12种情形，如无相反证据，即互为一致行动人，该种一致行动关系不以相关持股主体是否增持或减持上市公司股份为前提。如同有关法律法规对关联关系的认定，并不以相关方发生关联交易为前提。

2. 关于配偶、兄弟姐妹等近亲属是否界定为“一致行动人”问题

按照《上市公司信息披露管理办法》第71条、《关于在上市公司建立独立董事制度的指导意见》第3条的有关规定，与自然人关系密切的家庭成员，包括配偶、父母、兄弟姐妹等近亲属为其关联自然人。因此，自然人与其配偶、直系亲属、兄弟姐妹等近亲属，如无相反证据，则应当被认定为一致行动人。

3. 控股股东通过协议与其他投资者达成“一致行动”后解除“一致行动”协议的时间间隔问题

《上市公司收购管理办法》第83条规定“本办法所称一致行动，是指投资者通过协议、其他安排，与其他投资者共同扩大其所能够支配的一个上市公司股份表决权数量的行为或者事实”。

在实务中，出现了控股股东为了巩固其控制权或者对抗敌意收购等原因，通过协议与其他投资者达成“一致行动”，后在在其控制权稳固后（如1个月后）上述一致行动人要求解除“一致行动”协议的情况。

（三）要约豁免问题

《上市公司收购管理办法》第62条和第63条分别对收购人可以通过一般程序或者简易程序申请要约豁免的情形进行了规定。

第62条规定：“有下列情形之一的，收购人可以向中国证监会提出免于以要约方式增持股份的申请：（一）收购人与出让人能够证明本次转让未导致上市公司的实际控制人发生变化；（二）上市公司面临严重财务困难，收购人提出的挽救公司的重组方案取得该公司股东大会批准，且收购人承诺3年内不转让其在该公司中所拥有的权益；（三）经上市公司股东大会非关联股东批准，收购人取得上市公司向其发行的新股，导致其在该公司拥有权益的股份超过该公司已发

行股份的30%,收购人承诺3年内不转让其拥有权益的股份,且公司股东大会同意收购人免于发出要约;(四)中国证监会为适应证券市场发展变化和保护投资者合法权益的需要而认定的其他情形。”

第63条规定:“有下列情形之一的,当事人可以向中国证监会申请以简易程序免除发出要约:(一)经政府或者国有资产管理部门批准进行国有资产无偿划转、变更、合并,导致投资者在一个上市公司中拥有权益的股份占该公司已发行股份的比例超过30%;(二)在一个上市公司中拥有权益的股份达到或者超过该公司已发行股份的30%的,自上述事实发生之日起一年后,每12个月内增加其在该公司中拥有权益的股份不超过该公司已发行股份的2%;(三)在一个上市公司中拥有权益的股份达到或者超过该公司已发行股份的50%的,继续增加其在该公司拥有的权益不影响该公司的上市地位……”

(四)权益变动报告书和收购报告书的披露时点问题

根据《上市公司收购管理办法》第12条规定,“投资者在一个上市公司中拥有的权益,包括登记在其名下的股份和虽未登记在其名下但该投资者可以实际支配表决权的股份。投资者及其一致行动人在一个上市公司中拥有的权益应当合并计算”。

《上市公司收购管理办法》第13条规定,“通过证券交易所的证券交易,投资者及其一致行动人拥有权益的股份达到一个上市公司已发行股份的5%时,应当在该事实发生之日起3日内编制权益变动报告书,向中国证监会、证券交易所提交书面报告,抄报该上市公司所在地的中国证监会派出机构(以下简称派出机构),通知该上市公司,并予公告;在上述期限内,不得再行买卖该上市公司的股票”。第14条规定,“通过协议转让方式,投资者及其一致行动人在一个上市公司中拥有权益的股份拟达到或者超过一个上市公司已发行股份的5%时,应当在该事实发生之日起3日内编制权益变动报告书,向中国证监会、证券交易所提交书面报告,抄报派出机构,通知该上市公司,并予公告”。第48条规定,“以协议方式收购上市公司股份超过30%,收购人拟依据本办法第六章的规定申请豁免的,应当在与上市公司股东达成收购协议之日起3日内编制上市公司收购报告书,提交豁免申请及本办法第50条规定的相关文件,委托财务顾问向中国证监会、证券交易所提交书面报告,同时抄报派出机构,通知被收购公司,并公告上市公司收购报告书摘要。派出机构收到书面报告后通报上市公司所在地省级人民政府”。

（五）投资者违规超比例增持或者减持上市公司股份问题

我国《证券法》和《上市公司收购管理办法》对投资者增持或者减持上市公司股份时相关当事人的信息披露义务及其他义务做了明确的规定。《上市公司收购管理办法》第13条规定："通过证券交易所的证券交易，投资者及其一致行动人拥有权益的股份达到一个上市公司已发行股份的5%时，应当在该事实发生之日起3日内编制权益变动报告书，向中国证监会、证券交易所提交书面报告，抄报该上市公司所在地的中国证监会派出机构（以下简称派出机构），通知该上市公司，并予公告；在上述期限内，不得再行买卖该上市公司的股票。前述投资者及其一致行动人拥有权益的股份达到一个上市公司已发行股份的5%后，通过证券交易所的证券交易，其拥有权益的股份占该上市公司已发行股份的比例每增加或者减少5%，应当依照前款规定进行报告和公告。在报告期限内和作出报告、公告后2日内，不得再行买卖该上市公司的股票。"第24条规定："通过证券交易所的证券交易，收购人持有一个上市公司的股份达到该公司已发行股份的30%时，继续增持股份的，应当采取要约方式进行，发出全面要约或者部分要约。"

（六）持股30%以上的投资者继续增持股份的信息披露问题

《上市公司收购管理办法》第49条规定："依据前条规定所作的上市公司收购报告书，须披露本办法第二十九条第（一）项至第（六）项和第（九）项至第（十四）项规定的内容及收购协议的生效条件和付款安排。已披露收购报告书的收购人在披露之日起6个月内，因权益变动需要再次报告、公告的，可以仅就与前次报告书不同的部分作出报告、公告；超过6个月的，应当按照本办法第二章的规定履行报告、公告义务。"根据该条规定，我们认为，对于持股30%以上的投资者继续增持股份的信息披露问题，应该按以下原则进行简化处理：

1. 增持前投资者已经为上市公司第一大股东的情形

投资者及其一致行动人目前持有上市公司股份比例已超过30%，且为上市公司第一大股东，拟继续增持的，只需编制权益变动报告书或者进行简单公告，无须编制收购报告书。

2. 增持前投资者不是上市公司第一大股东的情形

投资者及其一致行动人目前持有上市公司股份比例已超过30%，但并非上市公司第一大股东或实际控制人的，增持股份后成为公司第一大股东或实际控制人的，只需编制详式权益变动报告书，而不必编制收购报告书。

(七)特殊机构投资者持股变动的信息披露和交易限制问题

在当前我国证券市场上,活跃着诸如全国社会保障基金、证券投资基金、合格境外机构投资者、境外 BVI 公司等一大批特殊的机构投资者。这就引发了如果这些特殊机构投资者买卖上市公司股票触及了我国《证券法》和《上市公司收购管理办法》的权益变动或者收购披露标准时,如何进行监管和处理的问题。

二、上市公司重大资产重组中的法律实务问题

(一)上市公司重大资产重组中的程序性问题

1. 正在被立案调查的上市公司进入重大资产重组程序问题

《关于上市公司立案稽查及信息披露有关事项的通知》解决了正在被立案调查的上市公司进入重大资产重组程序的问题。

《通知》提出,一些被立案稽查的上市公司,由于种种原因,经营陷入困境,自身发展无望,股东和相关各方的利益难以保障,实施重组是唯一的出路。为了最大限度地保护中小股东和相关各方的利益,本着"惩前毖后、治病救企"的原则,如果重组方提出切实可行的重组方案,在经营管理等方面将发生实质性改变,即"脱胎换骨,更名改姓",重组完成有助于减轻或消除违法违规行为造成的不良后果,在立案调查期间,并购重组可以同时进行。

为保证公平、公正,保证重组取得实效,此类上市公司并购重组工作的启动程序为:由上市公司所在地证监局提出意见→报证监会上市公司监管部→会商证监会稽查局共同研究决定。

2. 股东大会决议有效期内终止执行重大重组方案的程序问题

《上市公司重大资产重组管理办法》第 24 条对股东大会审议重大资产重组方案应该履行的程序做了明确规定:"上市公司股东大会就重大资产重组事项作出决议,必须经出席会议的股东所持表决权的 2/3 以上通过。上市公司就重大资产重组事宜召开股东大会,应当以现场会议形式召开,并应当提供网络投票或者其他合法方式为股东参加股东大会提供便利。"

3. 重大资产重组方案未获得证监会核准再次启动重大资产重组程序的时间间隔问题

对于由证监会发审委审核的 IPO 和上市公司再融资,根据《首次公开发行并上市管理办法》和《上市公司证券发行管理办法》的规定,发行申请未获核准的上市公司,自中国证监会作出不予核准的决定之日起 6 个月后,可再次提出证券发行申请。也就是说,需有 6 个月的间隔期。

4. 重大资产重组方案被重组委否决后的处理程序问题

根据中国证监会的有关规定，上市公司重大资产重组方案被重组委否决后，应该按照以下程序办理：

(1) 上市公司应当在收到中国证监会不予核准的决定后次一工作日予以公告。

(2) 上市公司董事会应根据股东大会的授权在收到中国证监会不予核准的决定后10日内就是否修改或终止本次重组方案做出决议、予以公告并撤回相关的豁免申请的材料（如涉及）。

(3) 如上市公司董事会根据股东大会的授权决定终止方案，必须在以上董事会的公告中明确向投资者说明。

(4) 如上市公司董事会根据股东大会的授权准备落实重组委的意见并重新上报，必须在以上董事会公告中明确说明重新上报的原因、计划等。

5. 涉及房地产业务的重大资产重组终止的同时启动新的重大资产重组程序问题

国务院发布了《关于坚决遏制部分城市房价过快上涨的通知》，明确要求对存在土地闲置及炒地行为的房地产开发企业，商业银行不得发放新开发项目贷款，证监部门暂停批准其上市、再融资和重大资产重组。

为了坚决贯彻执行上述《通知》的精神，证监会已暂缓受理房地产开发企业重组申请，并对已受理的房地产类重组申请征求国土资源部意见。一方面要从有利于公司发展的角度推动公司进行改善经营状况的重大资产重组；另一方面要限制随意变动重组方案的行为。

（二）业绩承诺补偿问题

《上市公司重大资产重组管理办法》第35条规定，根据本办法第17条规定提供盈利预测报告的，上市公司应当在重大资产重组实施完毕后的有关年度报告中单独披露上市公司及相关资产的实际盈利数与利润预测数的差异情况，并由会计师事务所对此出具专项审核意见。

（三）拟购买（注入）资产的相关问题

1. 拟购买（注入）资产存在被大股东及其他关联方非经营性资金占用情形的处理问题

《上市公司重大资产重组管理办法》第3条规定："任何单位和个人不得利用重大资产重组损害上市公司及其股东的合法权益。"上市公司向大股东及其他关联方以发行股份或其他方式认购资产时，如果大股东及其他关联方对拟认购资产存在非经营性资金占用,则本次交易完成后会形成大股东及其他关联方对上市公司的非经营性资金占用。

对此,中国证监会于2011年1月17日专门发布实施了《〈上市公司重大资产重组管理办法〉第三条有关拟购买资产存在资金占用问题的适用意见——证券期货法律适用意见第10号》,并提出了明确的处理办法:

(1)上市公司重大资产重组时,拟购买资产存在被其股东及其关联方、资产所有人及其关联方非经营性资金占用的,前述有关各方应当在中国证监会受理重大资产重组申报材料前,解决对拟购买资产的非经营性资金占用问题。

(2)上市公司应当在《上市公司重大资产重组报告书》第13部分对拟购买资产的股东及其关联方、资产所有人及其关联方是否存在对拟购买资产非经营性资金占用问题进行特别说明。独立财务顾问应当对此进行核查并发表意见。

2. 拟购买(注入)资产自评估基准日至资产交割日的期间损益的相关处理问题

上市公司重大资产重组,将涉及交易双方对拟购买资产自评估基准日至资产交割日的损益(以下简称期间损益)归属进行约定。根据中国证监会的相关规定,拟购买资产自评估基准日至资产交割日的期间损益按以下原则进行处理:

(1)对于以收益现值法、假设开发法作为主要评估方法的拟认购资产的期间损益为盈利的,期间盈利原则上全部归上市公司所有。理由是如果以上述方法评估拟购买资产,其评估结果已包含了自评估基准日至资产交割日的收益。

(2)如以发行股份购买资产的,期间损益如为亏损,资产注入方应向上市公司以现金补足亏损部分,否则将导致出资不实。

(3)如以发行股份购买资产的,期间损益如为盈利的,期间盈利原则上应约定归上市公司所有。

(4)如以发行股份购买的资产无法独立核算,资产出售方应相应在资产交割日补足期间计提的折旧、摊销等(以评估值为计提基数)。

3. 拟购买(注入)或者出售资产的比例计算问题

《上市公司重大资产重组管理办法》第12条第1款第(4)项规定,"上市公司在12个月内连续对同一或者相关资产进行购买、出售的,以其累计数分别计算相应数额"。

为了正确理解与适用《上市公司重大资产重组管理办法》第12条的规定,上市公司在12个月内连续购买、出售同一或者相关资产的比例计算的规定,中国证监会于2011年1月17日发布了《〈上市公司重大资产重组管理办法〉第十二条上市公司在12个月内连续购买、出售同一或者相关资产的有关比例计算的适用意见——证券期货法律适用意见第11号》,明确规定:

在上市公司股东大会作出购买或者出售资产的决议后12个月内,股东大会再次或者多次作出购买、出售同一或者相关资产的决议的,应当适用《重组办法》第12条第1款第4项的规定。在计算相应指标时,应当以第一次交易时最近一个会计年度上市公司经审计的合并财务会计报告期末资产总额、期末净资产额、当期营业收入作为分母。

此外,上市公司根据《上市公司重大资产重组管理办法》第12条、第13条等条款,计算购买、出售的资产净额占上市公司最近一个会计年度经审计的合并财务会计报告期末净资产额的比例时,参照《公开发行证券的公司信息披露编报规则第9号——净资产收益率和每股收益的计算及披露》的相关规定,前述净资产额不应包括少数股东权益。

(四)借壳上市的审核标准问题

借壳上市是利用资本市场并购重组制度实现上市的一种方式,通常指收购人取得上市公司控制权同时或者之后对上市公司实施重大资产重组的行为。境外成熟市场对借壳上市均无禁止性规定,通常是根据首次公开发行股票(IPO)标准和程序对借壳上市设定监管要求,由于各国IPO标准不同对于借壳上市的监管要求也不同。

中国证监会发表《关于修改上市公司重大资产重组与配套融资相关规定的决定(征求意见稿)》(以下简称《征求意见稿》),《征求意见稿》借鉴境外成熟市场的监管理念和经验,结合我国经济社会发展和资本市场的实际情况,统筹考虑适用范围的适当性、监管标准的适度性,进一步规范、引导借壳上市行为。

按照在产权清晰、治理规范、业务独立、诚信良好、经营稳定和持续经营记录等方面执行IPO趋同标准,要求拟借壳资产(业务)持续两年盈利的总体要求,《征求意见稿》从借壳上市的监管范围、监管条件以及监管方式三方面进行了明确规范,有利于遏制市场绩差股投机炒作和内幕交易等问题,有利于统筹平衡借壳上市与IPO的监管效率,有利于市场化退市机制改革的推进和出台。

(五)上市公司并购重组中的股份协议转让问题

1. IPO公司的控股股东和实际控制人所持股份的转让

对于IPO公司的控股股东和实际控制人所持股份的转让,《深圳证券交易所股票上市规则》(2006 年修订)第 5.1.5 条规定:“发行人向本所提出其首次公开发行的股票上市申请时,控股股东和实际控制人应当承诺:自发行人股票上市之日起三十六个月内,不转让或者委托他人管理其持有的发行人股份,也不由发行人回购其持有的股份。本条所指股份不包括在此期间新增的股份。发行人应当在上市公告书中公告上述承诺。”

2008 年 10 月 1 日,《深圳证券交易所股票上市规则》(2008 年修订)正式实施,为鼓励上市公司并购重组,新主板《上市规则》放宽了对 IPO 后控股股东和实际控制人所持股份的转让限制,允许在重大资产重组和在同一实际控制人控制的主体间转让这两种情况下,可以豁免遵守三年锁定期的规定。

新主板《上市规则》第 5.1.6 条规定:“发行人向本所提出其首次公开发行的股票上市申请时,控股股东和实际控制人应当承诺:自发行人股票上市之日起三十六个月内,不转让或者委托他人管理其直接或间接持有的发行人公开发行股票前已发行的股份,也不由发行人回购其直接或间接持有的发行人公开发行股票前已发行的股份。发行人应当在上市公告书中公告上述承诺。

自发行人股票上市之日起一年后,出现下列情形之一的,经控股股东或实际控制人申请并经本所同意,可豁免遵守上述承诺:(一)转让双方存在实际控制关系,或均受同一控制人所控制;(二)因上市公司陷入危机或者面临严重财务困难,受让人提出的挽救公司的重组方案获得该公司股东大会审议通过和有关部门批准,且受让人承诺继续遵守上述承诺;(三)本所认定的其他情形。”

2. 上市公司并购重组完成后控股股东所持股份的转让

《上市公司收购管理办法》第 62 条规定:”有下列情形之一的,收购人可以向中国证监会提出免于以要约方式增持股份的申请:……(二)上市公司面临严重财务困难,收购人提出的挽救公司的重组方案取得该公司股东大会批准,且收购人承诺 3 年内不转让其在该公司中所拥有的权益;(三)经上市公司股东大会非关联股东批准,收购人取得上市公司向其发行的新股,导致其在该公司拥有权益的股份超过该公司已发行股份的 30%,收购人承诺 3 年内不转让其拥有权益的股份,且公司股东大会同意收购人免于发出要约……”此外,《上市公司重大资产重组管理办法》第 43 条规定:“特定对象以资产认购而取得的上市公司股份,自股份发行结束之日起 12 个月内不得转让;属于下列情形之一的,36 个月内不得转让:(一)特定对象为上市公司控股股东、实际控制人或者其控制的关联人;(二)特定对象通过认购本次发行的股份取得上市公司的实际控制权;

(三)特定对象取得本次发行的股份时,对其用于认购股份的资产持续拥有权益的时间不足 12 个月。”

这里要特别提请注意的是,《上市公司收购管理办法》第 62 条中规定的“收购人承诺 3 年内不转让其拥有权益的股份”,该处所称“其拥有权益的股份”既包括本次取得的股份,也包括之前取得的股份。也就是说,收购人直接或者间接持有上市公司的所有股份而不是本次新增股份,均应该锁定 3 年。

(六)破产重整问题

新《企业破产法》确立了破产重整制度,为挽救处于困境中的上市公司提供了很好的法律机制。然而,由于上市公司破产重整属于新生事物,现行《公司法》、《证券法》对此未做具体规定,导致破产重整中的很多事项无法可依。目前,上市公司破产重整中亟待通过最高人民法院司法解释来规范的问题主要有四方面。

1. 出资人组会议网络投票问题

《企业破产法》第 85 条规定:“债务人的出资人代表可以列席讨论重整计划草案的债权人会议。重整计划草案涉及出资人权益调整事项的,应当设出资人组,对该事项进行表决。”

重大资产重组股东大会审议环节,按要求要提供网络投票。但是,破产重整股东权益调整时,《企业破产法》等法律法规并没有要求提供网络投票。

2. 破产重整或者破产和解成功后各地法院的协调问题

目前,某些上市公司在进入破产重整或者破产和解程序后,在受理法院的主持下,通过重整计划草案或者达成和解协议并且履行完毕,受理法院因此裁定终结破产程序,上市公司通过破产重整或者破产和解重组成功。然而,其他地方的法院由于诸多原因,罔顾《企业破产法》的规定,之后又受理该上市公司原债权人的起诉,并冻结了该上市公司的财产,破坏了上市公司来之不易的破产重整成果,也损害了法律的尊严。因此,此种局面亟待最高人民法院及时协调解决。

3. 对破产重整计划草案强制裁定权问题

《企业破产法》第 87 条规定了人民法院对破产重整计划草案的强制裁定权:“部分表决组未通过重整计划草案的,债务人或者管理人可以同未通过重整计划草案的表决组协商。该表决组可以在协商后再表决一次。双方协商的结果不得损害其他表决组的利益。

未通过重整计划草案的表决组拒绝再次表决或者再次表决仍未通过重整计划草案,但重整计划草案符合下列条件的,债务人或者管理人可以申请人民法院批准重整计划草案:(1)按照重整计划草案,本法第82条第1款第1项所列债权就该特定财产将获得全额清偿,其因延期清偿所受的损失将得到公平补偿,并且其担保权未受到实质性损害,或者该表决组已经通过重整计划草案;(2)按照重整计划草案,本法第82条第1款第2项、第3项所列债权将获得全额清偿,或者相应表决组已经通过重整计划草案;(3)按照重整计划草案,普通债权所获得的清偿比例,不低于其在重整计划草案被提请批准时依照破产清算程序所能获得的清偿比例,或者该表决组已经通过重整计划草案;(4)重整计划草案对出资人权益的调整公平、公正,或者出资人组已经通过重整计划草案;(5)重整计划草案公平对待同一表决组的成员,并且所规定的债权清偿顺序不违反本法第113条的规定;(6)债务人的经营方案具有可行性。

人民法院经审查认为重整计划草案符合前款规定的,应当自收到申请之日起30日内裁定批准,终止重整程序,并予以公告。

强制裁定批准破产重整计划是对债权人自治的一种限制或否定,法院更深地介入当事人之间的债权债务的调整,其对债权人利益的影响比正常批准破产重整计划的影响要大得多,所以《企业破产法》第87条设定了六项非常严格的条件。

基于此,法院强裁是破产重整中最为慎用的条款,使用强裁必须有十分充足、令债权人和出资人信服的证据和理由,并对债权人和出资人的合法权益采取了充分的保护措施。但是,2010年7月和8月东北某省有关法院相继对两家破产重整上市公司采取了强制裁定批准破产重整计划草案措施,且未给债权人和投资者救济手段,引起了社会的质疑和有关债权人的强烈不满。这种涉嫌扩大化使用强制裁定权的新动向,值得引起最高人民法院的关注。

4. 滥用破产重整制度问题

上市公司破产重整实施过程中,出现了两种滥用破产重整制度的动向:一是滥用破产重整制度逃废债务;二是滥用破产重整制度降低重组成本。

(1)滥用破产重整制度逃废债务

一些债务人、控股股东、重组人利用破产重整程序的漏洞,上演假重整、真逃债大戏,严重损害债权人、出资人(非控股股东)、关联企业乃至债务人职工的合法权益的新情况、新问题,亟待从法律程序上完善。

(2)滥用破产重整制度降低重组成本

《上市公司重大资产重组管理办法》第45条规定:“上市公司发行股份的价格不得低于市场参考价的90%。市场参考价为本次发行股份购买资产的董事会决议公告日前20个交易日、60个交易日或者120个交易日的公司股票交易均价之一。”

为了推动严重资不抵债但在停牌或者暂停上市前股价畸高的破产重整公司的重组,中国证监会于2008年11月12日起发布实施了《关于破产重整上市公司重大资产重组股份发行定价的补充规定》,规定:“上市公司破产重整,涉及公司重大资产重组拟发行股份购买资产的,其发行股份价格由相关各方协商确定后,提交股东大会作出决议,决议须经出席会议的股东所持表决权的2/3以上通过,且经出席会议的社会公众股东所持表决权的2/3以上通过。关联股东应当回避表决。”

目前,一些资产质量尚可,尚未资不抵债的上市公司滥用破产重整制度,主动申请进入破产重整程序,目的是规避适用上述《上市公司重大资产重组管理办法》第45条关于定向发行定价制度,从而适用上述《补充规定》协商定价的规定,重组方以极低的价格取得上市公司股份,大大降低了重组成本。陕西某上市公司破产重整和甘肃某上市公司破产重整便是两个典型案例,值得引起最高人民法院和中国证监会的关注和重视。

5. 信息披露义务履行问题

进入破产重整程序的上市公司,绝大多数采用管理人管理模式,根据深沪《股票上市规则》的规定,采用管理人管理模式的破产重整公司,信息披露义务人为管理人,但是,部分当地法院却裁定信息披露义务人为董事会。此外,由于管理人对证券法律、法规、规则的了解不足和管理人普遍存在信息披露意识淡薄等原因,导致破产重整上市公司经常出现信息披露不及时、欠完整等问题,值得引起最高人民法院的关注和重视。

(七)重大资产重组方案被证监会重组委否决的主要原因

我们对《上市公司重大资产重组管理办法》发布实施以来的被否案例进行了认真的研究,发现上市公司重大资产重组方案被证监会重组委否决的主要原因有如下几方面:

1. 拟注入的资产权属存在瑕疵

《上市公司重大资产重组管理办法》第11条第4项规定:“上市公司实施重大资产重组,应当符合下列要求:……(四)重大资产重组所涉及的资产权属清晰,资产过户或者转移不存在法律障碍,相关债权债务处理合法……”此外,《关于规范上市公司重大资产重组若干问题的规定》第4条第2项也规定:“上市公司拟购买资产的,在本次交易的首次董事会决议公告前,资产出售方必须已经合法拥有标的资产的完整权利,不存在限制或者禁止转让的情形。上市公司拟购买的资产为企业股权的,该企业应当不存在出资不实或者影响其合法存续的情况;上市公司在交易完成后成为持股型公司的,作为主要标的资产的企业股权应当为控股权。上市公司拟购买的资产为土地使用权、矿业权等资源类权利的,应当已取得相应的权属证书,并具备相应的开发或者开采条件”。由此可见,上市公司重大资产重组方案中,拟注入的资产必须权属清晰,不存在法律上的瑕疵。

2. 拟注入的资产定价不公允(预估值或评估值过高)

《上市公司重大资产重组管理办法》第 11 条第 3 项规定:“上市公司实施重大资产重组,应当符合下列要求:……(三)重大资产重组所涉及的资产定价公允,不存在损害上市公司和股东合法权益的情形……”也就是说,上市公司重大资产重组方案中,拟注入的资产必须定价公允,预估值或评估值应适当,不存在损害上市公司和股东合法权益的情形。否则,方案可能会被证监会重组委否决。

3. 拟注入资产的评估方法不符合规定

《上市公司重大资产重组管理办法》第 20 条规定:“重大资产重组中相关资产以资产评估结果作为定价依据的,资产评估机构原则上应当采取两种以上评估方法进行评估”。此外,深交所发布的《信息披露业务备忘录第 16 号——资产评估相关信息披露》也规定,预估值或评估值与账面值存在较大增值或减值,或与过去三年内历史交易价格存在较大差异的,上市公司应当视所采用的不同预估(评估)方法分别按照要求详细披露其原因及预估(评估)结果的推算过程。上市公司董事会或交易所认为必要的,财务顾问应当采用同行业市盈率法等其他估值方法对预估(评估)结论进行验证,出具意见,并予以披露。

4. 重组方关于业绩承诺等的履约能力存在不确定性

《上市公司重大资产重组管理办法》第 35 条规定:“资产评估机构采取收益现值法、假设开发法等基于未来收益预期的估值方法对拟购买资产进行评估并作为定价参考依据的,上市公司应当在重大资产重组实施完毕后 3 年内的年度报告中单独披露相关资产的实际盈利数与评估报告中利润预测数的差异情况,并由会计师事务所对此出具专项审核意见;交易对方应当与上市公司就相关资产实际盈利数不足利润预测数的情况签订明确可行的补偿协议”。

由此可见,因适用收益现值法等估值方法而提供 3 年盈利预测的,重组方(交易对方)应当作出盈利预测的逐年现金补偿或者股份补偿安排,重组方还应具备相应的履约能力。否则,方案可能会被证监会重组委否决。

5. 重组方案未有利于上市公司提高盈利能力和解决同业竞争及关联交易

《上市公司重大资产重组管理办法》第11条第6、7项规定："上市公司实施重大资产重组，应当符合下列要求：……（六）有利于上市公司在业务、资产、财务、人员、机构等方面与实际控制人及其关联人保持独立，符合中国证监会关于上市公司独立性的相关规定；（七）有利于上市公司形成或者保持健全有效的法人治理结构。"此外，《关于规范上市公司重大资产重组若干问题的规定》第4条第4项也规定："本次交易应当有利于上市公司改善财务状况、增强持续盈利能力，有利于上市公司突出主业、增强抗风险能力，有利于上市公司增强独立性、减少关联交易、避免同业竞争。"

案例

一、武昌鱼搁浅

武昌鱼收购黔锦矿业100%股权项目自2012年启动、终止，到2013年重新启动，到证监会有条件通过，再到被彻底否决，整个过程可谓一波三折。

作为一家2000年上市的公司，武昌鱼自上市以来一直处于亏损保壳的境地，即使在2002年引入北京华普产业集团有限公司（以下简称华普集团），完成了从渔业养殖到房地产业的转型后，境况也未见改善，反而步步陷落，数度披星戴帽。

似乎为了摆脱武昌鱼的经营困境，华普集团在2012年7月开始筹划武昌鱼的又一次战略转型，此次转型的目的是将武昌鱼变成一家有色金属矿业企业，具体的方式则是由武昌鱼采取发行股份购买资产并募集部分配套资金的方式，收购实际控制人翦英海通过华普投资控制的黔锦矿业100%股权。根据收购方案，在收购完成后，翦英海将通过华普集团、华普投资合计持有武昌鱼23.21%股份，较重组前20.77%持股比例有所上升。

这个方案最大的"亮点"在于，黔锦矿业1.08亿元的账面净资产通过评估急剧上升到约22亿元，增值20.91亿元，溢价达19.26倍，这一增值比例在当前资本市场重组中属于比较罕见的情况。但由于黔锦矿业未能在承诺期限内完成矿山用地出让手续，获得土地使用证，该次重组无疾而终。

2013年5月，武昌鱼又重启了黔锦矿业的资产注入。整体方案较前次未有重大变化，主要的变化有两处，第一处是黔锦矿业的评估值较上次减少了1亿元，但由于账面净资产由1.08亿元减少到1.02亿元，资产评估的增值率仍达到19.57倍。第二处是因为武昌鱼股票发行价格的变化，在收购完成后，翦英海通过华普集团、华普投资持有武昌鱼的股份是23.11%，较前一方案略有下降。

黔锦矿业评估增值的主要原因是其位于贵州省遵义市汇川区的陈家湾、杨大湾镍钼金属矿采矿权，该采矿权账面值623.35万元，评估值为20.25亿元，增值20.18亿元。该采矿权主要的矿石品种是钼矿，伴生有镍。钼、镍主要是用于钢铁行业，用来提高钢铁制品的强度、韧度、抗腐蚀度。近期由于中国钢铁行业不景气，以及新发现钼矿比较多，钼价走势不是十分理想，基本处于行业低谷期。在矿产评估中，矿产价值除了与储量相关之外，还与矿床形态、分布、厚度，矿床的稳定性、连续性及易采选性等紧密相关，需要综合多方面因素加以判断。

根据黔锦矿业的评估报告，该矿钼、镍的资源量和品相都好得令人“吃惊”，但细看评估报告对资源状况的描述可知，矿体的平均厚度才0.039米，也就是说，矿体只有3～4厘米厚。这样的矿床厚度不知黔锦矿业会采用什么先进办法进行经济性开采。

由于矿业权评估的复杂性，证监会在收到武昌鱼的重组方案后，在2013年12月4日第一次给予的答复是有条件通过，要求武昌鱼在重组方案中明确前置条件，其中包括：补充规范现有6份镍钼混合矿石购销合同相关条款，使之具有被执行力，并公开披露该6份合同。但证监会要求公开的6份购销合同，迟迟未见武昌鱼公开披露。

其后武昌鱼向证监会提交了反馈材料，但证监会认为武昌鱼提交的会后反馈材料存在重大未落实事项，不符合《上市公司重大资产重组管理办法》的相关规定，不予确认，决定重新提交并购重组委审核。这种情况实属罕见，武昌鱼重组又起波澜，前景不容乐观。

果不其然，在2014年1月2日，证监会并购重组委召开的2014年第1次工作会议上，武昌鱼重组黔锦矿业的事项未获通过，重组工作戛然而止。证监会否决的理由是：“申请人根据重组委审核会议的要求新提交的申请人与采购方所签署的购销合同并不能使评估报告所依赖的标的资产的产品预测销售数量具备充分的保障和充分的执行力。所以，依据该等购销合同进行的标的资产价格评估的依据不可靠。”

综观武昌鱼重组搁浅的整个过程，从主动中止，到有条件通过，再到被否决，整个过程一波三折。期间的反复和证监会的否决理由值得深思。

二、春晖股份重组之殇

在那些备受质疑的并购重组事件中，春晖股份内幕交易案可以谓之为最“得不偿失”的内幕交易。

春晖股份重组起始于2011年年初，2012年3月终止。在经过长时间调查后，证监会在2013年10月裁定在其重组过程中相关知情人涉及内幕交易，春晖股份实际控制人江逢灿夫妇、春晖股份董事长方振颖及其弟弟均有参与。

春晖股份第一大股东为鸿汇投资，持股12.15%，第二大、第三大股东均为开平市国资委控股企业，合计持股比例为12.79%。2011年2月，广东省广晟资产经营有限公司（以下简称广晟资产）拟将其全资子公司广晟酒店借壳春晖股份上市，4月，广晟资产就借壳方案，并与鸿汇投资实际控制人江逢灿进行初步沟通。

经多次协商，2011年8月初，广晟资产有关负责人与江逢灿、方振颖等会面，三方就广晟酒店借壳重组春晖股份事宜基本达成一致，即春晖股份原有化纤资产全部置出，广晟酒店资产置入。置出的化纤资产由原股东按照原有股份比例承担。在大的原则确定之后，重组各方开始履行各自的内部审批程序。2011年12月28日，春晖股份在深交所发布公告，申请临时停牌，2012年3月终止重组。

根据最高人民法院在2012年6月发布的《关于办理内幕交易、泄露内幕信息刑事案件具体应用法律若干问题的解释》，构成内幕交易需要在内幕知情人的认定、内幕信息敏感期（内幕信息的形成至公开的期间）确认、交易行为与内幕信息形成、变化、公开的时间吻合程度等方面进行综合判断认定。对于内幕知情人，最高人民法院设定了两大类人员，其中有一类是持有公司5%以上股份的股东及其董事、监事、高级管理人员，公司的实际控制人及其董事、监事、高级管理人员，非常明确具体。

具体到春晖股份，其资产重组内幕信息敏感期应是从2011年8月初双方达成一致之日起至12月28日在深交所进行公告的这段时间。根据证监会公布的信息，在这段时间内，春晖股份内幕信息知情人利用他人账户买入约56万股，金额在200万元左右。在扣除交易税费后，累计亏损30余万元。证监会认定其涉及内幕交易的主要依据有三方面：一是账户买入股票时点与内幕信息知情人通话时点、涉及事项的进展情况大体吻合；二是买入行为明显异常，包括买入春晖股份期间均亏损卖出其他股票、提前支取定期存单并全部购买春晖股份；三是现有证据不支持内幕信息知情人关于交易理由的解释。这与最高人民法院的司法解释精神基本一致。

通常而言，内幕交易一般是运用大额资金以获得巨额收益。但春晖股份的情况却与之相反，内幕信息知情人仅仅动用少量资金，购买少数股份，而且还由于自身行为导致重组失败从而产生较大比例亏损，可谓是提心吊胆亏钱。

另外，从春晖股份内幕交易案调查时间进度来看，从立案到结案，耗时很长。现今资本市场重组案繁多，如此耗时的调查取证，亟待增强惩罚力度（春晖股份内幕交易最终的处罚是涉及人员最高罚款3万元），否则将给套利者以想象和操作的空间，如何在风险和责任方面建立更加对等的机制，是摆在监管部门面前一道必须回答的问题。

第四节　涉及国有产权的并购法律实务

所谓企业国有资产转让，是指国家出资企业的国有资本所有人或授权使用人经许可依法将企业国有产权转移给他人的行为。转让是法律上的处分行为的最主要方式。由于国家公产原则上不可自由处分，故转让主要是国家私产尤其国家出资企业的处分行为，同时也是国家私产乃至整个国有财产处分制度中的最主要内容，其有着重大意义：

1. 盘活国有资产存量，重组优化企业结构。同20世纪八九十年代利用外资组建合资企业（建立一个新企业）相比，吸引外资、民资并购国有企业，重在盘活国有资产存量，并通过重组国企，进而实现产业结构的调整和优化升级。重组国企包括调整国企的产品结构、技术结构、资本结构和组织结构。在明晰产权关系后，外资、民资并购国企会主动注入优质资本、先进技术、设备、资金等，改善国企管理，优化资本结构和企业组织，以快速实现提高效率和资本增值的日的。

2. 弥补国有企业资产重组的资金不足。一国经济发展的最初动力源于资本投入的增长，资本稀缺是阻碍一国经济增长和发展的关键因素。作为占国民经济主导地位的国有经济更需要不断地资本投入，从过去十几年国有企业的资本投入看，基本上投入的是债务资本，即依靠债务融资。因此，利用外资、民资参与国有企业，有利于资本市场的发展和资本配置的优化。

3. 扭转国有企业低效和亏损局面、提升行业的国际竞争力。中国入世后，国企面临严峻挑战。在一些国企依靠自身力量无法扭转亏损的情况下，通过把全部或部分股权出售给外资、民资，经过外部资金的注入和优质资本，进行改组改造，可以迅速实现扭亏为盈。同时外资、民资并购国企，也为国有资产和国有股退出提供了有效途径。可借此机会推动某些行业的重组与整合，改变国企难以从行业退出，从而导致的行业集中度低，过度竞争和单个企业规模较小等问题。这对于提高行业的整体素质，提高整个行业的国际竞争力很有意义。

目前调整国有资产的法律、法规、规章包括《企业国有资产法》、《企业国有产权转让管理暂行办法》、《企业国有资产评估管理暂行办法》、《企业国有资产监督管理暂行条例》、《企业国有产权交易操作规则》等。国有资产的并购重组同样也存在诸多风险，主要有以下几个方面：

（一）并购重组带来的财务风险

财务信息是上市企业最核心的信息，也是国有控股上市公司判断被并购企业经营状况的最主要依据，对重组并购财务风险的识别与防范直接决定了并购重组业务的成败。目前国有上市公司并购重组业务所带来的财务风险主要有以下两个方面：第一，对被并购企业的财务信息了解不充分，使企业以较高的价格并购了盈利能力不强的企业，增加了企业的资产负债率。第二，资金压力风险。对外实施并购和重组业务对企业的资金能力提出了很高的要求，在并购重组业务完成之后还需要国有控股上市公司投入一定的资金来改善被并购企业的经营活动，这就给国有购控股上市公司现金流的安全带来了很大的危机。

（二）并购重组带来企业管理不善风险

我国国有企业与一般的民营企业在生产和运营的目的上有着明显的不同，民营企业生产运营的目的是获取更多的利润，而国有企业生产运营的目的不仅仅是创造利润，还要需要实现国有资产的保值增值，激活整体国民经济的发展。因此，企业规模和营业额成为考核国有企业高层管理者的重要指标。部分国有企业管理者为了追求企业资产规模的扩大，盲目的并购重组，导致企业的规模超出企业管理的能力，造成企业经营管理不善，企业的管理成本激增，企业内部失控，给企业的安全稳定运行带来了巨大的风险。

（三）并购重组给企业带来文化和理念的冲突

目前国有企业并购的中小企业大多与本企业的经营理念和企业文化有一定的冲突，特别是国有企业的管理机制与民营企业的管理机制存在巨大的差别。

一旦国有企业通过并购和重组的方式将部分民营企业纳入本企业之内，国有企业的企业文化与被并购企业的企业文化可能存在一定的区别，甚至存在一定的冲突，这就给国有企业的人力资源管理提出了新的挑战，也给国有企业的团队管理带来了新的危机和风险。

（四）并购重组带来企业规模不经济效应风险

众所周知，在经济学理论里面有著名的规模经济效应理论，指的是企业通过逐步扩大规模可以充分有效的利用固定资产投入，降低企业整体运营成本，提高企业的运行效率，这也是很多国有上市企业进行并购和重组的主要动因。但是需要指出的是，在实际经营管理过程中，并不是企业的运营成本并不是一定随着规模的扩大而一直降低，在某些情况之下企业的运营成本甚至会随着规模的扩大导致运营成本的增加，这也就是企业规模不经济效应。盲目的并购和重组行为很可能会导致国有控股上市公司的规模不经济现象的出现。

转让分为有偿转让和无偿转让，有偿转让即是买卖或产权交易，无偿转让即是过去常说的无偿划转或无偿划拨。无偿划转是计划经济体制下的产物，也是国有产权转移经常使用的做法。这与当时国有企业等单位缺乏法人所有权及其经营自主权有关。

但随着市场经济体制的建立健全，确立了企业法人所有权及其经营自主权后，国有产权转移就不能采取简单的行政划转做法。国家出资企业等国家私产如同私有财产一样，也应遵循市场原则进行产权流转。

一、关于收购方式的选择

收购可分为股权收购和资产收购。收购方和被收购方可以共同制定收购方案。

股权收购是指收购方通过与被收购方股东进行有关股权的交易，使收购方成为被收购方股东的行为。股权收购无须办理资产过户手续，可以节省费用和时间，同时能直接承继被收购方的原有资质，能规避资产收购中关于资产移转（如专利等无形资产）的限制。此种收购需要注意的是收购方要承继被收购方的各种法律风险，如负债、法律纠纷等。企业并购一般通过两种方式实现：一是收购目标公司的资产；二是收购目标公司的股权（产权）或对目标公司增资扩股最终达到控股目标公司的目的。

资产收购是指收购方通过受让被收购方的资产和业务的方式实现收购被收购方的目的。资产收购的优势在于收购资产是被收购方的实物资产或无形资产的受让，被收购方的主体资格不发生任何变化，收购方对被收购方自身的债权债务也无须承担任何责任。与股权收购方式相比，资产收购可以有效规避被收购方所涉及的各种问题如债权债务、劳资关系、法律纠纷等。

实践中，国有企业转让资产时应当根据具体情况作出具体的分析，选择一种风险小，收益大的收购方式。

1. 通过协议收购上市公司非流通股直接控股上市公司

我国上市公司流通股比例较小、国有股居控股地位、外资进入A股市场的限制尚未完全放开以及非流通股价格低于流通股价格等因素，决定了外资要成为上市公司的控股股东或大股东，协议受让低价格的国有股或法人股仍是其主要途径。这也正是为何《关于向外商转让上市公司国有股和法人股有关问题的通知》的颁布会成为中国开放外资并购标志的原因所在。中国第一例外资并购上市公司案——“1995年日本五十铃和伊藤忠联合收购北旅汽车案”即是以此方式进行的。协议并购方式主要应注意遵守我国国有资产转让的审批、评估程序以及产业政策的有关规定。

2. 通过收购上市公司流通股直接控股上市公司

我国证券市场上存在一定数量的“三无”概念股。对于此类公司，外资通过QFII直接收购流通A股就可能实现对公司的并购。同时，由于我国允许上市公司向境外投资者发行B股和H股，因此在B股或H股占公司股权比例相对较大的情况下，外资也可以通过直接收购B股或H股来实现并购上市公司的目的。1999年“皮尔金顿收购耀皮玻璃案”即属此例。采用收购流通股方式主要应注意遵守我国信息披露、外汇管理以及要约收购的有关强制性规定。

3. 上市公司向外资定向增发B股以使其达到并购目的

对于外资来讲，取得定向增发的B股不仅价格比二级市场流通股的价格低，且可在一定程度上规避二级市场收购严格繁琐的信息披露要求和协议收购方式要通过的严格的审批和评估程序。如果定向增发B股的比例较高，外资还可能成为公司的控股股东，因此这也是外资并购的方式之一。1995年福特并购江铃汽车和2002年上工股份向德国FAG公司增发就是典型案例。对于监管层而言，应强化定向增发B股方式中的信息披露义务，除了要求上市公司发布必要的增发公告外，还应要求上市公司对定向增发对象的有关信息进行及时充分的披露。

4. 通过换股的方式直接并购上市公司

换股是国外比较通行的大公司并购方式，其最大的特点在于股权的价值以对方股权而不是现金的形式体现出来,因此可以避免大公司并购时巨大的资金压力。1999 年清华同方吸收合并鲁颖电子开了我国换股并购的先河,但是外资换股并购在我国至今尚无先例。不过鉴于此种方式的有效性,相信不久之后也可能成为外资并购的主要方式之一。《上市公司收购管理办法》原则上开放了换股并购方式,但是根据《关于向外商转让上市公司国有股和法人股有关问题的通知》的规定,外商只能以自由兑换货币支付转让价款,因此,目前收购国有股、法人股不能采用换股并购方式。换股的关键在于依据双方净资产值、资产质量以及主营业务的市场前景等因素来确定换股的比例。这往往涉及艰苦的谈判和复杂的计算过程,其结果对双方公司的投资者利益影响巨大。因此,对于换股,监管层应强化其全过程尤其是换股比例确定方法的信息披露义务,以保证投资者获取充分及时的投资信息。

5. 上市公司向外资发行定向可转换债券以达到收购目的

此种方式是我国证券市场的创新。优点是既可以使国内企业及时获得紧缺的资金与管理资源,又可以避免股本迅速扩张带来的业绩稀释问题,有利于保护中小股东的利益。2002 年青岛啤酒向美国 AB 公司发行 1.82 亿美元的定向可转换债,约定在 7 年内分 3 次按约定价格强制性转为可流通 H 股,从而开创了这一并购方式的先河。我国公司法对可转换债只作了原则性规定,证监会《可转换公司债券管理暂行办法》和《上市公司发行可转换公司债券实施办法》等规定仅适用“中国境内的上市公司申请在境内发行以人民币认购的可转换公司债券”,而缺乏向外资定向发行可转债的规定。在实践已经先行的情况下,应迅速展开立法和监管工作。鉴于向外资定向发行可转换债涉及外资并购范畴,故建议除了强化信息披露监管外,还可在发债审批程序上进行严格把关。

6. 外资通过收购上市公司的核心资产实现并购目的

实践中,外方往往通过与上市公司组建由外方控股的合资公司来反向收购上市公司的核心业务和资产,从而间接实现并购目的。米其林公司通过与轮胎橡胶组建由其控股的合资公司,并反向收购轮胎橡胶的核心业务和资产,就是一个典型的案例。收购资产可以实现实质控制,避免收购股权所面临的审批程序,但无法获得珍贵的壳资源。且核心资产被收购后,上市公司的独立性也存在问题。我们认为,此种收购行为首先应遵守我国有关关联交易的法律规定,同时为了实现对外资并购的规制,应对上市公司出售核心资产课以严格的信息披露要求,发现涉及外资并购,应要求外资履行特定的审批手续。

7. 利用债转股市场并购国有企业

债转股目前已经成为国企改革的一项重大突破性举措,具体做法是将商业银行原来对符合条件的国有企业的债权转化为资产管理公司对企业的债权,由资产管理公司作为投资主体,成为企业股东。但是,由于债转股本身并没有化解业已存在的风险,而是将原来企业与银行承担的风险转移到资产管理公司身上,因此资产管理公司持有企业股份并非是一种长期投资行为,其负担的主要任务和目的在于尽快运用市场划分的方式促使其所持有的企业股份,通过出售、回购、证券化等形式收回资金,化解金融风险,同时起到减轻企业负担,优化企业投资组合的目的。通过收购公司债权而间接获得其股权,即“债转股”,从而获得对国有企业的控制权。

8. 通过拍卖方式竞买上市公司股权

现在很多上市公司的大股东由于到期债务不能清偿而被起诉,其所抵押的上市公司股权将通过人民法院的强制执行程序被拍卖。虽然目前还没有外资采取类似行动,但国内公司间的并购已有了相应的案例。2000 年 8 月 1 日湖北幸福实业股份有限公司的股东湖北省国投持有的 6000 万幸福实业的法人股在深圳被公开拍卖,民营企业名流投资有限公司以 4200 万元竞得,成为幸福实业第一大股东。

二、关于资产转让的原则

如果选择资产收购的方式,那么,根据《企业国有资产法》第 52 条的规定,国有资产转让应当有利于国有经济布局和结构的战略性调整,防止国有资产损失,不得损害交易各方的合法权益。实践中,不同收购主体在收购的条件、收购价款、职工安置、债权债务的处理等方面会存在较大的差异。国有资产转让应当严格按照法律规定的程序。因此,应当做好可行性研究,按照内部程序进行审议,并形成决议,将该决议提交主管部门批准,主管部门批准后方可进行资产的转让。

三、关于清产核资及财务审计

国有资产管理部门对企业内部资产转让决议进行审核和批准后,应当进行清产核资。清产核资应编制资产负债表和资产移交清册,核实和界定国有资本金及其权益,其中国有企业借贷资金形成的净资产必须界定为国有资产。财务审计由委托的会计师事务所实施,包括对企业法定代表人的离任审计。清产核资的目的是真实反映企业的资产及财务状况,为科学评价国有资产保值增值提供依据。

四、关于评估机构的评估

由转让方按照《企业国有资产评估管理办法》聘请具备资格的资产评估事务所进行评估，评估报告经核准或者备案后，作为确定企业国有产权转让价格的参考依据。评估是在清产核资的基础上进行的，以清产核资的结果作为依据，因此，清产核资的数据必须做到准确、权威。实践中，民营企业之间的并购一般在评估价值的基础上由双方协商确定最终收购价格。国有企业作为收购方时，收购价格一般不高于评估价值；作为转让方时，转让价格一般不低于评估价值。如高于或低于评估价值的，应经特殊程序批准。

五、关于挂牌竞价

根据《企业国有产权交易操作规则》规定，企业国有产权转让主体在履行相关决策和批准程序后，应通过产权交易机构发布产权转让信息，公开挂牌竞价转让企业国有产权。转让方应当发布转让公告，首次信息公告的期限应当不少于20个工作日，从而广泛征集受让方。经公告产生两个以上受让方时，以拍卖或招投标方式进行产权交易。只有一个受让方的，可采取协议方式转让。此时受让方的资质、商业信誉、经营情况、财务状况、管理能力、资产规模都将成为转让是否成功必要条件，转让方应综合考虑相各种因素做出最佳的选择。

六、关于转让合同的签订

转让成交后，转让方和受让方签订国有资产转让合同，取得产权交易机构出具的产权交易凭证。如果是以协议方式转让的，应当将双方草签的协议提交公司决策层审议，如国有独资企业由总经理办公会审议；国有独资公司由董事会审议，没有设立董事会的由总经理办公会审议。

七、关于国有企业的职工安置

目标公司的管理人员与职工通常把公司的并购看成是一种威胁，并购对他们来说充满了不确定性和不安全感。因为企业并购后，随之而来的就是减员增效，这将造成大量的富余人员失业。按照有关方面的统计，目前我国国有企业的富余人员占职工总数的20%～30%。而我国社会保障制度没有建立，再加上长期以来形成的身份观念（国有企业之间的相互并购为职工所接受，但如果被非公有制企业并购，职工往往在心理上无法接受），职工安置是我国企业并购特别是并购国有企业中一个比较复杂的问题。并购方一般强调职工应当进入市场，有市场重新配置，但政府要求有并购方或并购后的企业承担。如根据《企业兼并暂行办法》规定,被兼并企业的职工,包括固定工、合同工和离退休职工,原则上由兼并方企业承担,被兼并方企业的所有制身份可以暂时不变。我国现行的法律政策虽然对并购的职工安置问题做了要求,但是,并没有提出比较好的解决方法,因此,职工安置问题仍然是困扰民资、外资并购国有企业的一个障碍。

如果选择股权收购方式,原则上并购后企业应继续履行原企业和职工签订的劳动合同。需支付经济补偿金、解除劳动合同的,相关职工安置费用应分段计算,并购前应发生的费用以原股东权益承担,并购后发生的费用由新老股东权益共同承担。

如果选择资产收购方式,由于国有企业法人资格仍然存在,其与原职工所签订的劳动合同仍应该公司继续履行;因资产收购导致国有企业与原职工无法履行原劳动合同的,该企业应向职工支付经济补偿金、解除劳动合同;收购方或其设立的新公司需要聘用原企业职工的,另行签订劳动合同。

公司并购重组涉及国有资产情况下,需履行特定的程序:

(一)产权转让及改组申请的审批

被收购公司所在地的政府国资部门(产权人)编制产权出让及改组申请。改组申请材料应当附可行性研究报告、改组方和被改组企业的情况、外国投资者的情况(包括经注册会计师审计的最近三年的财务报告和在中国境内拥有实际控制权的同行业企业产品或服务的市场占有率)、改组方案(包括职工安置、债权债务处置和企业重整方案)、改组后的企业(包括其直接或间接持股的企业)的经营范围和股权结构等文件。

(二)资产清查、财务审计

国有产权持有人组织被收购的国有公司进行资产清查、产权界定、债权债务清理,编制清查日资产负债表、财产清册和债权债务清单,聘请具备资格的中介机构进行财务审计。

(三)评估立项

被收购公司提交资产评估立项申请书,经主管部门签署意见后,报国资管理部门。评估立项申请书包括以下内容:

1. 资产占有单位名称、隶属关系、所在地址;

2. 评估目的;

3. 评估资产的范围;

4. 申报日期;

5. 其他内容。

资产评估立项申请书，须附产权出让及改组行为审批机关的批准文件和国有资产管理行政主管部门颁发的产权证明文件。

国资管理部门收到立项申请书后，应在十日内下达是否准予评估立项的通知书，超过十日不批复自动生效，并由国资管理部门补办批准手续。

（四）资产评估

受委托的资产评估机构，对被评估资产的价值进行评定和估算，并向委托单位提出资产评估结果报告书。

（五）评估结果的验证确认

收到资产评估机构的资产评估结果报告书后，报主管部门审查；主管部门审查同意后，报同级国资管理部门确认资产评估结果。

经国资管理部门确认的资产评估价值，作为资产经营和产权变动的底价或作价的依据。

（六）签订转让协议，聘请律师出具法律意见书

在获得国家经济贸易主管部门对产权转让的申请的批复及完成资产评估后，签订转让协议。

转让协议应包括以下主要内容：

（1）协议各方的状况，包括名称、住所、法定代表人姓名、职务、国籍等；

（2）购买股权的份额和价款；

（3）协议的履行期限、履行方式；

（4）协议各方的权利、义务；

（5）违约责任、争议解决；

（6）协议签署的时间、地点。

转让协议应当附国有产权登记证、被改组企业的审计及资产评估报告核准或备案情况、职工安置方案、债权债务协议、企业重整方案、改组方及被改组企业的有关决议、被改组企业职工代表大会的意见或决议等文件。

（七）转让协议逐级报批

在转让协议签订后，由被收购公司所在地的地方政府将协议连同相关材料逐级上报至中华人民共和国国有资产管理委员会审批。

第十三章　公司海外上市法律业务

第一节　国内企业海外上市主要政策

中国加入世贸组织推动了经济金融开放程度的迅速提高，为中国的企业进入国际市场上市提供了更为广阔的市场空间。在此之前，中国的一些大型企业在国际证券市场的上市不仅为这些企业的发展筹集了大量资金，促进了这些企业根据国际规范进行运作，而且促进了这些企业按照国际市场规则迅速发展。从中国主要企业海外上市的情况来看，中国移动在香港和纽约同时上市，并且分别在1997年10月筹资43亿美元、1999年10月筹资20亿美元、2000年11月筹资69亿美元，已经成为香港市场上具有主导作用的蓝筹公司；中国石化2000年10月筹集35亿美元，在香港股票交易所和纽约股票交易所上市；中国联通2000年10月筹集57亿美元，在香港和纽约同时上市；中国石油2000年3月筹集29亿美元，在香港和纽约同时上市。这些公司在海外市场的成功上市，为中国企业进一步利用海外资本市场提供了经验。

海外上市是指国内股份有限公司向境外投资者发行股票，并在境外证券交易所公开上市。我国企业海外上市有直接上市与间接上市两种模式。海外上市的优势为：适用法律更易被各方接受、审批程序更为简单、可流通股票的范围广、股权运作方便以及税务豁免等。

一、中国证监会的监管

（一）中国证监会及其他有关部门对国内企业境外上市的态度是一贯的，即境内企业以任何形式境外上市，包括“一切境内业务企业”和“一切境外上市方式”，均应报中国证监会审批。主要适用法律是《证券法》第29条和“九七红筹指引”（即1997年6月20日公布的《国务院关于进一步加强在境外发行股票和上市管理的通知》）；2000年6月中国证监会发布的《关于涉及境内权益的境外公司在境外发行股票和上市有关问题的通知》，则进一步重申了“九七红筹指引”的精神。

（二）中国证监会对绕道上市的态度。

在1993年和1994年的有关文件中，境外造壳上市（即绕道方式）只是众多境外上市途径中的一种。政策方面并无特别之处，只是均需证券监管部门审批。

“九七红筹指引”规定得比较详细，但对企业大股东转为境外身份，成立境外公司，进而收购或置换境内资产，实现境外公司以境内资产及业绩上市的，并无明确规定。

2000年6月22日，中国证监会颁布《关于涉及境内权益的境外公司在境外发行股票和上市有关问题的通知》，对于境内企业境外上市的合法性进一步作出规定。这一通知成为境内企业（包括民营企业）境外上市必须遵循的条例。

（三）境内股份有限公司境外发行上市审核关注要点。

由中国证监会在梳理2014年境外发行上市审核反馈意见所关注共性问题的基础上编制，体现了法律、行政法规、国务院文件、国务院授权的部门规章及有关规范性文件对境内企业境外发行上市的具体监管要求。供申请人和有关中介机构参考和借鉴，以便申请人完善申请文件，同时有助于中介机构在尽职调查中重点关注并督导解决共性问题，便利企业申报，提高工作效率。具体关注要点如下：

第一，国有股权管理。

1. 本次发行并上市是否履行了国有股减（转）持义务，是否取得了国有资产管理部门关于国有股权设置以及国有股减（转）持的相关批复文件及全国社保基金会关于国有股减持转持有关事宜的复函；如无法及时提供全国社保基金会的复函，请补充提供专项承诺，在境外发行上市前向证监会提供。

第二，外资准入与宏观调控及产业政策。

2. 发行人及各下属公司业务范围是否涉及国家禁止或限制外商投资的领域，境外发行上市前后是否持续符合有关外资准入政策。

3. 发行人业务范围是否符合以下情形之一：（1）主营业务为房地产业务，或（2）房地产业务（并表内）占营业收入比重大于或等于50%，或（3）房地产业务的收入和利润均在所有业务中最高，且均占到公司总收入和总利润的30%以上（包含本数）；在符合上述情形之一的情况下，是否存在违反《国务院办公厅关于继续做好房地产市场调控工作的通知》（国办发［2013］17号）与《国务院关于坚决遏制部分城市房价过快上涨的通知》（国发［2010］10号）的情形。

4. 发行人及各下属公司是否属于产能过剩行业；如属于，是否符合市场准入条件，是否存在违规和未取得合法手续、不符合重点产业调整和振兴规划及相关产业政策要求、未经批准或违规审批的项目等违反国发[2013]41 号、国发[2009]38 号、国办发[2013]67 号、银发[2009]386 号等国务院有关文件及有关部门规章的情形。

第三，合规经营。

5. 本次境外发行募集资金是否投向《国务院关于促进节约集约用地的通知》(国发[2008]3 号)规定的违法用地项目。

6. 发行人及各下属公司近一年是否存在违反《国务院关于进一步加强企业安全生产工作的通知》(国发[2010]23 号)的情形。

7. 发行人及各下属公司近两年是否存在涉嫌违反《证券法》、《证券投资基金法》、《期货交易管理条例》、《国务院关于股份有限公司境外募集股份及上市的特别规定》(国务院令第 160 号)及《国务院关于进一步加强在境外发行股票和上市管理的通知》(国发[1997]21 号)等证券、期货法律法规行为的情形。

8. 发行人及各下属公司是否存在因涉嫌违法违规被行政机关调查，或者被司法机关立案侦查，尚未结案的情形；是否存在被中国证监会依法采取限制业务活动、责令停业整顿、制定其他机构托管、接管等监管措施，尚未解除的情形。

9. 发行人发起人认购的股份是否缴足，发起人用作出资的财产权转移手续是否已办理完毕。

第四，股权结构与公司治理。

10. 发行人是否在公司章程中载明了《到境外上市公司章程必备条款》(证委发[1994]21 号)所要求的内容。

11. 发行人及各下属公司是否建立健全了完备、规范的保密和档案规章制度并落实到位，是否符合《关于加强在境外发行证券与上市相关保密和档案管理工作的规定》(中国证券监督管理委员会、国家保密局、国家档案局公告[2009]29 号)。

第五，本次发行。

12. 本次发行并上市是否履行了完备的内部决策程序，是否取得了必要的内部批准和授权；是否取得了行业监管部门出具的监管意见书(如适用)等必要的外部批准程序。

13. 本次发行募投项目是否取得了必要的审批、核准或备案文件（如适用），是否符合固定资产投资管理有关规定。

特定对象适用事项：

1. 本次发行并上市是否符合《境内企业申请到香港创业板上市审批与监管指引》（证监发行字[1999]126号）。（适用于拟在香港创业板上市的境内公司）

2. 本次发行并上市是否存在违反《中国证券监督管理委员会关于规范境内上市公司所属企业到境外上市有关问题的通知》（证监发[2004]67号）的情形。（适用于拟在境外上市的境内上市公司所属企业）

3. 本次发行并上市是否存在违反《优先股试点管理办法》（证监会令第97号）、《关于商业银行发行优先股补充一级资本的指导意见》（银监发[2014]12号）的情形。（适用于拟在境外发行优先股的境内公司）

4. 请本次首发前已持有发行人股份的股东及持有发行人股份（包括直接持股与间接持股）的董事、监事、高级管理人员作出专项承诺，自发行人股票在境外交易所上市交易之日起1年内不转让所持股份。请补充提供上述专项承诺。（适用于未在境内上市的境内公司）

5. 按照《非上市公众公司监管指引第4号——股东人数超过200人的未上市股份有限公司申请行政许可有关问题的审核指引》（证监会公告[2013]54号）计算，发行人及其控股股东、实际控制人、重要控股子公司的股东人数是否超过200人；如超过，请补充提供有关申请文件并履行有关程序。

其中，"重要控股子公司"的核查标准为：报告期内，营业收入、净利润或者资产总额达到合并报表数额50%以上的控股子公司，以及其他目前或未来对集团整体的经营、财务状况有重要影响的控股子公司。（适用于未在境内上市的境内公司）

6. 发行人是否存在内部职工直接持股、股份代持或间接持股的情形；如存在，是否违反《财政部、中国人民银行、银监会、证监会、保监会关于规范金融企业内部职工持股的通知》（财金[2010]97号）等有关规定；请发行人相关高管和其他持有内部职工股超过5万股的个人按照有关规定对股份转让锁定期和出售限额作出专项承诺。请补充提供上述专项承诺。（适用于金融企业）

7. 发行人是否按照《中国证券监督管理委员会关于境外上市公司非境外上

市股份集中登记存管有关事宜的通知》(证监国合字[2007]10号)将非境外上市外资股在中国证券登记结算有限责任公司集中登记存管。(适用于拟在境外增发的H股公司)

二、各类境外上市需遵循的内地法律

通观我国内地企业境外上市融资涉及内地权益问题,目前必须遵循的内地法律规定如下:

1.《国务院关于进一步加强在境外发行股票和上市管理的通知》(1997年6月20日);

2.《中国证券监督管理委员会关于进一步促进境外上市公司规范运作和深化改革的意见》(1999年3月29日);

3.《中国证券监督管理委员会企业申请境外上市有关问题的通知》(1999年7月14日);

4.《境内企业申请到香港创业板上市审批与监管指引》(1999年7月21日);

5.《关于涉及境内权益的境外公司在境外发行股票和上市有关问题的通知》(2000年6月9日),其中关于"无异议函"的要求已于2003年4月1日取消。

三、中国法律、法规及政策严格限制红筹股

习惯所称的红筹上市,是指境内企业在境外设立公司,再向该境外公司注入资产,而后该境外公司在境外发行股票并上市,该境外公司所发行的股份为红筹股。红筹股实际上是以中国资本流出境外为前提的境外融资,由于中国属"资本需求国",故目前国内有关法律、法规及政策对境内资本外流,即红筹股予以严格限制。

根据《国务院关于进一步加强在境外发行股票和上市管理的通知》(以下简称《红筹指引》)的规定,"(1)在境外注册的中资非上市公司('中资非上市公司'指中方股东(间接或直接)股权合计所占比例最大的境外公司,通常'中资'指中国企业的投资)和中资控股的上市公司,以其拥有的境外资产和由其境外资产在境内投资形成并实际拥有3年以上的境内资产,在境外申请发行股票和上市,依照当地法律进行,但其境内股权持有单位应当按照隶属关系事先征得省级人民政府或者国务院有关主管部门同意;其不满3年的境内资产,不得在境外申请发行股票和上市,如有特殊需要的,报中国证监会审核后,由国务院证券委审批;(2)凡将境内企业资产通过收购、换股、划转以及其他任何形式转移到境外中资非上市公司或者境外中资控股上市公司在境外上市,以及将境内资产通过先转移到境外中资非上市公司再注入境外中资控股上市公司在境外上市,境内企业或者中资控股股东的境内股权持有单位应当按照隶属关系事先经省级人民政府或者国务院有关主管部门同意,并报中国证监会审核后,由国务院证券委按国家产业政策、国务院有关规定和年度总规模审批”。据此,红筹股通常实际需要获得国务院的批准。

四、是否适用《红筹指引》的若干重要标准

有关部门审查境外上市时,通常特别关注:是否有将境内资产(含股权)转出境外。目前有关监管部门判断是否适用有关红筹上市的政策法规,即是否涉及国务院审批的主要标准为:

1. 如拟上市公司的股东(包括最终股东)为中华人民共和国境内企业,则其对拟上市公司的投资为其合法取得的境外外汇收入或经批准汇出境外的境内外汇,且拟上市公司未在境内进行投资,则适用,但无须获得国务院的审批;

2. 如拟上市公司的股东(包括最终股东)为中华人民共和国企业,中国全体股东的股权合计不为拟上市公司的第一大股东或对拟上市公司控股,该企业对拟上市公司的投资为其通过收购、置换等方式出境的境内资产或权益,则不适用;

3. 如拟上市公司的股东(包括最终股东)为中华人民共和国企业,中国全体股东的股权合计为拟上市公司的第一大股东或对拟上市公司控股,且该企业对拟上市公司的投资为其通过收购、置换等方式出境的境内资产或权益,则适用,且需获得国务院的审批。

第二节　境外主要市场及上市条件

一、境外主要市场

企业在选择上市地点时,还需要根据自身的发展战略和市场定位对不同的交易所的比较优势进行评估。对于当前的中国企业来说,中国香港、美国纽约、英国伦敦和德国法兰克福都是值得重点考虑的主要海外市场。

(一)中国香港

中国香港是一个活跃的国际金融中心,香港股票市场是中国概念的股票海外上市的重要集聚地,除日本之外是亚洲的最大的股票交易所,是包括恒生指数等在内的重要的国际性指数的中心市场,吸引了大量国际性的金融机构在此活动。对于中国内地的企业来说,香港市场作为本土市场的构成部分,便于投资者的了解,应当成为中国内地企业的首选。事实上,中国移动等以美国存托凭证等形式在美国上市,同时也在香港上市之后,在香港市场上的流动性更高,香港市场的交易量占据主导性的地位,因此对于上市公司来说,在本土市场上市相当重要。

香港证券及期货事务监察委员会(Securities and Futures Commision,以下简称香港证监会)准备推出具体措施,如果投行保荐人保荐的上市公司在招股说明书中出现虚假陈述,那么保荐人可能要承担刑事责任。监管机构对中资企业上市热潮做出的这种反应可以预见。在一轮炒作中国概念的热潮中,很多本不适合上市的企业成功上市。在互联网泡沫破裂以及安然(Enron)和世通公司(World Com)倒闭期间也曾发生类似情况。但不同监管机构采取的不同方法可能产生深远的影响。香港证监会的最新举措旨在防止质量不佳的企业公开上市,而 SEC 则在试图"逮捕"上一轮上市潮中存在不法行为的机构。香港证监会计划让包装内地中资企业上市的投资银行负起责任。为此,一套新规规定,如果拟上市企业的招股说明书被发现存在虚假陈述,那么负责这家企业上市的投资银行家可能会坐牢。这种做法的目的是在上市前淘汰存在问题的企业。在港上市的门槛条件也部分反映了这一目的。在香港交易所主板上市仍然要求企业具备三年的盈利记录,同时交易所不鼓励借壳上市。在美上市的中资企业之所以出现问题,一个很大的原因就是采用了借壳上市这种方式。

目前,鉴于两地文化背景、语言风俗的相同,境内民营企业规模普遍偏小,国内主板严格的条件限制,因此民营企业境外上市的最佳途径主要为香港创业板。

国内主板、香港创业板比较:基于市场定位与经济发展背景的区别,国内主板及香港创业板相比,有诸多不同及相似之处,具体体现在发行、上市、交易、信息披露及保荐人制度等各个方面。

1. 发行上市核准主体

由于内地与香港的监管体制不同,使两地市场的股票发行核准主体也有所差别。国内股票的发行上市核准主体为中国证监会。当然,公司股票发行完毕后还须向所在交易所提出申请,在获得交易所同意后才可上市。而香港创业板的上市审核主体是香港交易所。

2. 上市标准

国内主板与香港创业板在上市标准方面均提出了实质性条件要求,但各自的标准又有所不同。

(1)在营运记录及盈利方面

国内主板要求有连续三年的营运记录及盈利记录,而香港创业板没有盈利方面的要求,且营运记录也缩短到了2年。仅就营运记录而言,香港创业板强调主营业务的单一性、持续性、“活跃性”及突出性。强调了管理层的稳定性,也就是法定代表人、董事、高级管理人员、核心技术人员以及控股股东,在提出发行申请前24个月内是否曾发生变化。

(2)在股本规模方面

国内主板市场要求发行后的股本总额不少于5000万元人民币,香港创业板上市时的市值要求为不低于4600万元港币。

(3)在股本结构方面

两个市场对于发行人认购的股本数额所占股本总额比重基本相同,均是不少于公司拟发行股本总额的35%,其中香港创业板要求的是管理层及高持股股东的合共持股不少于公司已发行股本的35%;而对于社会公众持股占股本总额的比重,两家市场的要求则有所不同,国内主板为25%,香港创业板的这一比例要求为20%;在公众股东数量方面,国内主板的要求是持有面值不低于1000元以上的个人股东不少于1000个,香港创业板的公众股东人数为不少于100人。

(4)在资产质量方面

香港创业板由于只关注企业上市的审核,因而并没有发行前企业资产质量的相关规定。国内主板要求公司在发行前净资产在总资产中所占比例不低于30%,无形资产在净资产中所占比例不高于20%。在资产负债比率方面,国内主板规定企业在申请发行时的资产负债率不高于70%,也就是净资产在总资产中所占比例不低于30%。

3. 公司管治及股票购买、出售限制

目前,两家市场均对设立独立董事提出了要求,国内主板要求截至2003年6月30日独立董事的比例达到董事会人数的1/3,而香港创业板则作出了上市公司董事会必须包括2名以上独立董事的规定。

在股票回购方面,国内主板做出了上市公司不得以任何形式买卖本公司股票的规定,除非下列三种情况的存在:为减少公司注册资本而注销股份;与持有本公司股票的其他公司合并;国务院规定的其他情况。而香港创业板则允许发行人在创业板,或在证监会及交易所为此而认可的另一家证券交易所购回股份。

但当下列情况出现时,此种行为将被禁止:当发行人在创业板购回股份后,将导致公众人士持有其上市证券的数量降至低于有关规定的程度。对于股票的出售,两个市场的松紧度也各有不同。在国内主板市场中,公司发行前的股份按照持有者的身份有国有(法人)股、公众股之分,其中,国有(法人)股到目前为止是禁止在二级市场上流通的,具有内部职工持股性质的公众股则允许在上市一段时间后流通,而管理层持股则在管理人员的任职期内禁止出售。香港创业板的规定较之国内创业板还要宽松一些,允许管理层股东发行上市两年之后出售其持有股份,而持股在5%以上、对管理层不施加影响的高持股股东在发行上市6个月后就可出售其股份。

4. 信息披露

上市公司公开披露的信息包括定期报告与临时性报告。就定期报告而言,国内主板市场只有年度报告和中期报告两部分的披露要求,而香港创业板在年报与中报的基础上,又增加了季度报告的披露要求。

就披露时限而言,二者也有区别。根据国内主板要求,上市公司应当在每个会计年度结束后4个月编制完成年报,每个会计年度结束后2个月内编制完成中报。而香港创业板对于年报的披露时限为3个月,对于中报与季报的披露时间限定为45日,较之主板市场所对应的时限均有所缩短。

5. 股票交易规则方面的不同点

首先,对于股票价格的涨跌幅限制有所不同。在国内主板市场中,股票价格的涨跌幅限制比例为10%,ST股票和ST股票的涨跌幅限制进一步缩小,为5%。香港创业板则延续其主板市场的规则,没有涨跌幅的限制要求。

其次,对上市首日竞价规则作了不同的规定。按照国内主板市场规定,证券在上市首日集合竞价的有效竞价范围为发行价的上下15元,连续竞价的有效竞价范围为最近成交价的上下5元;香港创业板由于没有涨跌幅的限制,因而也就无须为上市首日竞价的波动问题作出相关规定。

最后,针对交易异常情况,国内主板及香港创业板并没有就交易异常情况时的对应措施作出明确规定。

6. 在会员与投资者关系方面,两家市场也作出了不同的规定

按照国内主板市场现有规定,证券商不得受理客户的要求,全权为客户选择买卖的种类、数量、价格、时间等,全权为客户作出卖出或买入的决定,对委托人作盈利保证或分享利益的证券买卖。也就是说,在主板市场中,会员与投资者之

间实际上是一种代理关系。另外，证券商受托买卖股票的收费也是固定的，为实际成交金额的0.05%。香港创业板的佣金比例则是取决于委托双方的约定，并增加了最低佣金的相关规定。

7. 保荐人

随着中国证监会关于保荐人规定于2004年2月1日的生效，国内主板及香港创业板中，都实行了保荐人制度，都明确规定了保荐人的资格及责任问题。

与香港创业板上市有关的法律法规：

（1）基本法律

《中华人民共和国证券法》；

《中华人民共和国会计法》；

《中华人民共和国公司法》；

香港《公司条例》；

香港《证券条例》；

香港《保障投资者条例》；

香港《证券（披露权益）条例》；

香港《股份购回原则》。

（2）发行与交易管理方面

香港《创业板上市规则》；

《股票发行与交易管理暂行条例》；

《关于股份有限公司境外募集股份及上市的特别规定》、《关于境内企业到境外公开发行股票和上市存在的问题的报告》；

《境内企业申请到香港创业板上市审批与监管指引》；

《境内及境外证券经营机构从事外资股业务资格管理暂行规定》；

《监管合作备忘录》。

（3）公司章程方面

《到香港上市公司章程必备条款》；

《关于到香港上市公司对公司章程作补充修改的意见函》；

《关于境外上市公司1995年召开股东年会和修改公司章程若干问题的通知》；

《中国证监会海外上市部关于到境外上市公司向境外上市外资股股东发出会议通知函时间的函》。

(4)外汇管理方面

《关于境外上市企业外汇管理有关问题的通知》;

《结算、售汇及付汇管理暂行规定》;

《关于进一步改革外汇管理体制的公告》;

《关于进一步加强外商投资管理工作若干问题的通知》。

(5)财务会计方面

《企业会计准则》;

《会计基础工作规范》;

《企业财务通则》;

《股份有限公司会计制度》;

《合并会计报表暂行规定》;

《企业兼并有关财务问题的暂行规定》;

九项企业会计准则、《关联方关系及其交易的披露》、《现金流量表》、《债务重组》、《资产负债表日后事项》、《投资》、《收入》、《建造合同》、《会计政策、会计估计变更和会计差错更正》和《非货币性交易》;

《股份制试点企业股票香港上市有关会计处理问题的补充规定》;

《股份制试点企业股票香港上市会计报表有关项目调整意见》;

《关于香港上市的股份制试点企业执行何种会计制度等问题的通知》;

《港、澳、台地区会计师事务所来内地临时执行审计业务的暂行规定》;

《关于国内注册会计师执行国内企业境外上市有关业务若干规定的通知》;

《国际会计准则》;

《国际审计准则》;

香港《标准会计实务说明》。

(6)税收管理方面

《关于境外发行股票的股份制企业征收所得税问题的通知》;

《关于外商投资企业、外国籍和外籍个人取得股票(股权)转让收益和股息所得税收问题的通知》。

(7)土地管理方面

《中华人民共和国城镇国有土地使用权出让和转让暂行条例》;

《关于进一步加强国有土地使用权有偿使用收入征收管理工作的通知》;

《股份有限公司土地使用权管理暂行规定》。

(8)国有资产与股权方面

《企业国有资产所有权界定的暂行规定》;

《国有资产产权界定和产权纠纷处理暂行办法》;

《国有资产评估管理办法》及《国有资产评估管理办法施行细则》;

《关于公开发行股票公司国有资产折股等问题的复函》;

《股份有限公司国有股权管理暂行办法》;

《股份有限公司国有股股东行使股权转让等有关问题的通知》;

《国有企业财产监督管理条例》。

(二)美国纽约

美国纽约是全球最大的资本市场,是重要的国际性资金提供的市场,在纽约上市是大型公司的重要选择。不过,在纽约上市需要根据美国证监会的要求进行相当严格的登记,需要遵循严格的信息披露等方面的要求。但研究表明,投资者对于信息披露严格的美国市场更为偏爱,通常愿意付出溢价,如果企业能够满足美国证监会的要求在美国上市,就能够在估价中赢得一个溢价,同时也有利于促进企业经营管理制度的国际化。

虽然香港市场在处理内地企业上市以及相关的繁荣和萧条已有20年的经验,但相对而言中资企业扎堆赴美上市则是一个新现象。随着利润丰厚的纽约香港两地上市业务逐渐干涸(上海取代纽约成为香港的新搭档),美国证交所将精力转向成为中资企业的主要上市地点。

纳斯达克(NASDAQ),全称为美国全国证券交易商协会自动报价表(National Association of Securities Dealers Automated Quotations),是美国的一个电子证券交易机构,总部地点在美国纽约州纽约市,是由纳斯达克股票市场公司所拥有与操作的。NASDAQ 是全国证券业协会行情自动传报系统的缩写,创立于 1971 年,迄今已成为世界最大的股票市场之一。

1. 层次

2006 年 2 月,纳斯达克宣布将股票市场分为三个层次:“纳斯达克全球精选市场”、“纳斯达克全球市场”(即原来的“纳斯达克全国市场”)以及“纳斯达克资本市场”(即原来的纳斯达克小型股市场),进一步优化了市场结构,吸引不同层次的企业上市。

(1)纳斯达克全球精选市场(NASDAQ—GS)

纳斯达克全球精选市场的标准在财务和流通性方面的要求高于世界上任何

其他市场,列入纳斯达克精选市场是优质公司成就与身份的体现。

(2)纳斯达克全球市场

作为纳斯达克最大而且交易最活跃的股票市场,纳斯达克全球市场有近4400只股票挂牌。要想在纳斯达克全国市场折算,这家公司必须满足严格的财务、资本额和共同管理等指标。在纳斯达克全球市场中有一些世界上最大和最知名的公司。

2010年12月9日,当当网以"DANG"为股票代码顺利登陆美国纽交所,成为中国第一家完全基于线上业务赴美上市的综合性网上商城。当日开盘价24.5美元,较发行价16美元高出8.5美元,收盘价29.91美元,股价最高上涨至30.9美元。当当网本次IPO共发行1700万份美国存托股票(ADS),每份ADS相当于5股普通股。其中1320万份ADS由公司发行,380万份由公司股东出售。瑞士信贷、摩根士丹利是当当网此次IPO的主承销商。而此次融资将用于扩张和促进运营,包括扩大产品门类,拓展物流能力,改进底层技术。

(3)纳斯达克资本市场

纳斯达克专为成长期的公司提供的市场,纳斯达克小资本额市场有1700多只股票挂牌。作为小型资本额等级的纳斯达克上市标准中,财务指标要求没有全球市场上市标准那样严格,但他们共同管理的标准是一样的。当小资本额公司发展稳定后,他们通常会提升至纳斯达克全球市场。

2. 特点

相比较而言,纳斯达克有其自身的特点:

(1)双轨制。在上市方面分别实行纳斯达克全国市场和小型资本市场两套不同的标准体系。通常,较具规模的公司在全国市场上进行交易;而规模较小的新兴公司则在小型资本市场上进行交易,因为该市场实施的上市要求没有那么高。但证券交易委员会对两个市场的监管范围并没有区别。

(2)交易系统。纳斯达克在市场技术方面具有很强的实力,它采用高效的"电子交易系统"(ECNs),在全世界共安装了50万台计算机终端,向世界各个角落的交易商、基金经理和经纪人传送5000多种证券的全面报价和最新交易信息。但是,这些终端机并不能直接用于进行证券交易。如果美国以外的证券经纪人和交易商要进行交易,一般须通过计算机终端取得市场信息,然后用电话通知在美国的全国证券交易商协会会员公司进行有关交易。由于采用电脑化交易系统,纳斯达克的管理与运作成本低、效率高,同时也增加了市场的公开性、流动性与有效性。

(3)造市人。纳斯达克拥有自己的做市商制度(Market Maker),它们是一些独立的股票交易商,为投资者承担某一只股票的买进和卖出。这一制度安排对于那些市值较低、交易次数较少的股票尤为重要。这些做市商由 NASD 的会员担任,这与 VSE 的保荐人构成方式是一致的。每一只在纳斯达克上市的股票,至少要有两个以上的做市商为其股票报价;一些规模较大、交易较为活跃的股票的做市商往往能达到 40 ~ 45 家。平均来说,非美国公司股票的造市人数目约为 11 家。在整个纳斯达克市场中,大约有 500 多个市场造市人(Market Maker),其中,在主板上活跃的造市人有 11 个。这些做市商包括美林、高盛、所罗门兄弟等世界顶尖级的投资银行。纳斯达克现在越来越试图通过这种做市商制度使上市公司的股票能够在最优的价位成交,同时又保障投资者的利益。

(4)保荐人制度。在纳斯达克市场,造市人既可买卖股票,又可保荐股票,换句话说,他们可对自己担任造市人的公司进行研究,就该公司的股票发表研究报告并提出推荐意见。

(5)交易报告。造市人必须在成交后 90 秒内向全国证券交易商协会当局报告在市场上完成交易的每一笔(整批股)。买卖数量和价格的交易信息随即转发到世界各地的计算机终端。这些交易报告的资料作为日后全国证券交易商协会审计的基础。

3. 上市标准

标准一:

股东权益达 1500 万美元;

一个财政年度或者近 3 年里的两年中拥有 100 万美元的税前收入;

110 万的公众持股量;

公众持股的价值达 800 万美元;

每股买价至少为 5 美元;

至少有 400 个持 100 股以上的股东;

3 个做市商;

须满足公司治理要求。

标准二:

股东权益达 3000 万美元;

110 万股公众持股;

公众持股的市场价值达 1800 万美元;

每股买价至少为 5 美元;

至少有 400 个持 100 股以上的股东;

3 个做市商;

两年的营运历史;

须满足公司治理要求。

标准三:

市场总值为 7500 万美元,或者资产总额达及收益总额达分别达 7500 万美元;

110 万的公众持股量;

公众持股的市场价值至少达到 2000 万美元;

每股买价至少为 5 美元;

至少有 400 个持 100 股以上的股东;

4 个做市商;

须满足公司治理要求。

企业想在纳斯达克上市,需符合以下三个条件及一个原则:

(1)先决条件

经营生化、生技、医药、科技(硬件、软件、半导体、网络及通讯设备)、加盟、制造及零售连锁服务等公司,经济活跃期满一年以上,且具有高成长性、高发展潜力性。

(2)消极条件

有形资产净值在 500 万美元以上,或最近一年税前净利在 75 万美元以上,或近 3 年其中两年税前收入在美金 75 万元以上,或公司资本市值(Market Capitalization)在 5000 万美元以上。

(3)积极条件

SEC 及 NASDR 审查通过后,需有 300 人以上的公众持股(NON—IPO 得在国外设立控股公司,原始股东必需超过 300 人)才能挂牌,所谓的公众持股依美国证管会手册(SEC Manual)指出,公众持股人之持有股数需要在整股以上,而美国的整股即为基本流通单位 100 股。

(4)诚信原则

纳斯达克流行一句俚语:“Any company can be listed, but time will tell the tale”。意思是说,只要申请的公司秉持诚信原则,挂牌上市是迟早的事,但时间与诚信将会决定一切。

4. 上市程序

首次公开发行的过程是富有挑战性、激动人心的过程，大胆的决定、上市团队的卓越表现和良好的市场状况，"天时、地利、人和"的协调实现，将会展现立足美国资本市场的中国公司的成功者的风采和形象。

(1)顾问团队

公司得以在美国最终上市，往往是一个有效的上市顾问团队成功运作的结果。除了公司本身，尤其是公司的管理高层，需要投入大量的时间和精力外，公司须组成一个包括投资银行、法律顾问、会计师在内的上市顾问团队。其中，投资银行将牵头领导整个交易和承销的过程。在考虑投资银行的人选时，公司应充分了解投资银行是否具有曾经协助过该行业的其他公司上市的经验以及其销售能力。公司选择的法律顾问必须具有美国的执业资格，同样，公司应考虑其是否有证券业务方面的丰富经验。会计师事务所应将根据美国一般会计准则独立审查公司的财务状况。会计师事务所也应对中国的会计准则有全面地了解，以便调节若干数据以符合美国会计准则的报表要求。

(2)尽职调查

公司将在上市顾问团队的协助下进行公司的管理运营、财务和法务方面的全方位、深入的尽职调查。尽职调查将为公司起草注册说明书、招股书、路演促销等奠定基础。为了更好地把握和了解发行公司的经营业务状况，以便于起草精确和有吸引力的招股书，主承销商、主承销商的法律顾问以及发行公司的法律顾问将对发行公司的财产和有关合同协议作广泛的审查，包括所有的贷款协议、重要的合同以及政府的许可等。此外，他们还将与公司的高级管理人员、财务人员和审计人员等进行讨论。同时，主承销商往往要求公司的法律顾问和会计师提供有关在注册说明书中的事件的意见。承销协议书将约定由公司的法律顾问出具有关公司的合法成立及运营、发行证券的有效性、其他法律事件的法律意见。此外，承销协议还将要求公司法律顾问出具关于注册说明书是否充分披露的意见。最后，发行公司还要被要求提供一封"告慰信"，即由其独立的注册会计师确认注册说明书中的各种财务数据。

(3)注册审批

美国证券法要求，证券在公开发行之前必须向美国证监会注册登记，并且向大众投资人提供一份详尽的招股书。注册审批是上市的核心阶段。公司、公司选任的法律顾问和独立审计师将共同准备注册说明书的初稿,因此,法律顾问的能力和经验在此阶段会得到淋漓尽致的发挥。注册说明书应包括两个部分:第一部分包含招股书,第二部分包括补充信息、签字和附件。招股书具有以下特征:第一,必须符合美国证监会的要求,以及必须真实地披露相关表格要求的信息。通常,对境外公司的披露要求与美国本土公司是一致的,包括公司过去5年的业务、风险因素、财务状况、管理层的薪酬和持股、主要股东、关联交易、资金用途和财务审计报告等。第二,招股书也是促销手册,招股书必须描述发行公司的"亮点",以吸引投资人。

承销商及其法律顾问将对初稿进行认真地审查,并作出评论。当注册说明书准备好后,将递送到美国证监会。在注册说明书递交证监会后、该文件尚未被宣告有效之前,包含在说明书中的初步招股书将由投资银行送给潜在投资人传阅。在此期间,可以书面招股,但是不能承诺出售股份。在此期间,承销银行将安排路演(以下详述)。

美国证监会在30天内审查注册说明书。审查完毕后,证监会向公司发出一封信,要求提供补充信息或更详尽的披露,主要涉及披露和会计问题。公司即按照该意见进行修改并将修改意见递交证监会。证监会再次进行审查。如是首次注册的公司,证监会往往会要求多次的修改。

美国证监会审查批准注册说明书的最后一稿后,将宣布注册说明书生效。对第一次的注册人来说,从第一次递送到宣布生效,需花四至八个星期的时间。

(4)促销路演

注册登记之后,公司便可以在投资银行的协助下进行促销,其中包括巡回路演。路演是指证券发行公司通过一系列的对潜在投资人、分析师或资金管理人所作的报告会,激发投资兴趣,通常持续一至二个星期。届时公司管理层在投资银行的安排下,到各地巡回演说,展示其商业计划。管理层在路演上的表现对证券发行的成功与否也有至关重要的作用。在美国,重要的路演城市包括纽约、旧金山、波士顿、芝加哥和洛杉矶。作为国际金融中心的伦敦和香港也往往会包括在路演的行程中。一旦路演结束,最终的招股书将印发给投资人,公司的管理层将在投资银行的协助下确定最终的发行价格和数量。投资银行往往会基于投资者的需求和市场状况,提出一个建议价格。一旦发行价确定,投资者收到正式招股书两天后,首次公开发行便可宣告生效,上市交易便拉开了序幕。主承销商将负责保障公司股票上市交易最初的关键几天的顺利交易。至此,首次公开发行即告成功。

2014 年 9 月 19 日,阿里巴巴在美国纳斯达克宣布上市,股票代码为 BABA。此外,阿里巴巴宣布其 IPO 发行价为 68 美元,此次上市将募集资金 217.6 亿美元,最高募集资金 250.2 亿美元。据悉,阿里巴巴上市将是美股史上最大规模 IPO,而阿里巴巴也将成为全球最有价值的科技公司之一。由于阿里巴巴的业务主要集中在中国地区,在阿里巴巴上市之前,阿里巴巴在国外的知名度并不高。但随着上市工作的展开,在国外媒体的密集报道下,国外网友逐渐知道阿里巴巴是什么、马云是谁。同时,阿里巴巴也将进一步展开海外业务拓展工作。而除了日益高涨的知名度之外,无论是阿里巴巴此次募股的规模,还是超高的市值,阿里巴巴都将同 Google、Facebook、Amazon 等科技公司一样,被视为全球最有价值的科技公司。

(三)英国伦敦

之所以说伦敦对于中国企业的上市是一个重要的选择,主要是考虑到伦敦的上市程序与香港类似而且发行的费用较低,伦敦也是一个老牌的国际金融中心,因此一直吸引了不少亚洲的上市企业前来上市。

伦敦证券交易所(London Stock Exchange,LSE)是世界四大证券交易所之一,作为世界上最国际化的金融中心,伦敦不仅是欧洲债券及外汇交易领域的全球领先者,还受理超过 2/3 的国际股票承销业务。伦敦的规模与位置,意味着它为世界各地的公司及投资者提供了一个通往欧洲的理想门户。在保持伦敦的领先地位方面,伦敦证券交易所扮演着中心角色,它运作世界上国际最强的股票市场,其外国股票的交易超过其他任何证交所。

旗下交易所:

多伦多证券交易所;

蒙特利尔证券交易所;

多伦多证券交易所创业板(TSX Venture);

蒙特利尔气候交易所;

Shorcan 经纪有限公司;

CanDeal 公司 47% 股权。

1. 机构特点

①上市证券种类最多,除股票外,有政府债券,国有化工业债券,英联邦及其他外同政府债券,地方政府、公共机构、工商企业发行的债券,其中外国证券占

50%左右；

②拥有数量庞大的投资于国际证券的基金，对于公司而言，在伦敦上市就意味着自身开始同国际金融界建立起重要联系；

③它运作着四个独立的交易市场。

2. 上市流程

上市标准：

(1)公司一般须有3年的经营记录，呈报最近3年的总审计账目。如没有3年经营记录并须，某些科技产业公司、投资实体、矿产公司以及承担重大基建项目的公司，只要能满足伦敦证文所《上市细则》中的有关标准，亦可上市。

(2)公司的经营管理层应能显示出为其公司经营记录所承担的责任。

(3)公司呈报的财务报告一般须按国际或英美现行的会计及审计标准编制，并按上述标准独立审计。

(4)公司在本国交易所的注册资本应超过70万英镑，已至少有25%的股份为衬会公众持有。实际上，如想通过伦敦证券交易所进行国际募股，其总股本一般要求不少于2500万英镑。

(5)公司须按伦敦证券交易所规范要求(包括欧共体法令和1986年版金融服务法)编制上市说明书，发起人需使用英语发布有关信息。

发行债券一般指通过伦敦证券交易所发行欧洲债券，其要求明显低于股票发行要求。因为债券的市场行情变化一般不取决于发行人的经营表现，而更多的是受利率和通货变动的影响。

上市方式：

(1)引入(Introduction)，不募集新资，而由伦敦证券交易所接纳现有股票上市。其股票价格相对稳定，分布面广，因而可估算出适销性。

(2)私募(Placing)，将现有或新股票直接发行给经选择的发起人的客户。

(3)中介人发行(Intermediaries Offer)，将现有或新股票推销给投资中介人，由这些中介人向其客户转售。

(4)公开发行上市(Public Offer)，在上市公司被接纳入伦敦市场之时，通过商业银行或股市经纪人向社会大众直接出售股票。

上市途径：

(1)股票

外国公司可在伦敦证券交易所的主板市场(作为首要上市或第二上市)直

接上市发股。

无论公司申请哪一类上市,英国上市管理署(UKLA,英国金融服务管理局分管在伦敦上市的部门)都有一系列在批准上市和伦敦证券交易所接受股票交易之前必须达到的基本要求。

对希望在伦敦上市发股的公司的要求包括:

保荐人;

经营记录;

由公众持有的股票;

控股股东;

招股说明书;

持续性义务。

(2)存股证

专业类DR仅由机构投资者交易,因此UKLA对此类DR的上市要求相对比较宽松。相反,零售类DR可由包括私人在内的任何投资者交易。因此,零售类DR业务需要更高水平的投资者保护,其上市要求也更严格——基本上与直接上市发股一致。

对希望在伦敦上市存股证(DR)的公司的要求包括:

上市代理人;

经营记录;

由公众持有的存股证;

上市说明书;

存托银行;

持续性义务。

(3)债券

希望在伦敦上市债券的发行者必须达到的主要要求包括:

上市代理人;

两年经营和财务记录;

申请上市可转换证券的公司,通常应有至少三年的经营记录;

上市文件;

可转让性;

市值;

同一类的所有证券均须上市。

可转换证券。

3. 优越性

(1)资本

外国公司在伦敦上市,等于向全界宣示其业务真正实现了国际化。在伦敦上市挂牌,可把贵公司首次推介给国际投资界,或加强贵公司与国际投资界现有的联系。无论如何,在伦敦上市都会增强投资者对贵企业的兴趣,并增强他们对企业未来的信心。而此等兴趣与信心,又有助于促进贵公司股票或存股证的交易,为贵公司带来进一步融资的机遇。

作为世界上最大的股票基金管理中心,伦敦可出色地将国际发行者引荐给众多大型机构投资者。机构投资者在伦敦证券交易所各市场的股票投资和交易方面占绝对优势,其交易份额在80%以上。

欧洲投资机构的持股总值达到大约5.5万亿美元,占全球机构持股总量的1/3以上。在欧洲内部,伦敦遥遥领先,管理着几乎一半的欧洲机构持股。英国的基金经理们还为其他国家的投资基金管理着7000多亿美元的资产。这些资本中有大约一半是来自北美。这使伦敦成为全球资本的首要门户。

(2)流动性

伦敦的外国股票交易额始终高于其他市场。这反映了外国公司在伦敦证券交易所业务中的核心地位。伦敦证券交易所交易的外国股票远远超出英国本土的股票。

(3)知名度

伦敦的外国股票交易额始终高于其他市场。这反映了外国公司在伦敦证券交易所业务中的中心地位——在伦敦证券交易所交易的外国股票远远超出英国本土的股票,这种情形是独一无二的。在伦敦,外国股票的平均日交易额达到195亿美元,远远高于其他任何主要证交所。伦敦市场的规模、威望和全球操作范围,意味着在这里上市和交易的外国公司可获得全球瞩目和覆盖。

伦敦证券交易所面向外国股票的交易及信息系统包括国际股票自动对盘交易系统和EAQ国际股票自动报价系统。伦敦证券交易所的国际股票自动对盘交易系统是一套由订单驱动的全自动交易设施。它有助于提高在伦敦证券交易所交易量最大的外国公司的知名度,并以其速度、透明度和效率促进这些公司股票的交易。

SEAQ国际股票自动报价系统是一套由报价驱动的基于屏幕上的交易及信息系统，已成为在伦敦上市的外国公司与其投资者之间出色的沟通渠道，并已成为该领域的衡量标准。在增进上市公司的股票在其本土市场、伦敦市场以及世界其他金融中心的流动性方面，SEAQ国际股票自动报价系统发挥着关键作用。

世界各地有超过10万家国际投资者接入伦敦证券交易所的交易及信息系统，这些系统为在伦敦上市的外国公司带来一流的知名度。

(4)国际展望

总体来讲，欧洲投资界对外国公司是相当欢迎的，而伦敦的欢迎度最为热烈。与北美同行相比，欧洲机构对外国股票的投资高出一倍。而常驻英国的金融机构是最为活跃的国际投资者群体。它们的投资组合中平均有37%为海外证券，这个百分比远远高于其他国家的投资机构。

在伦敦上市的债券。

在监管良好、获得认可而且运作正常的其他开放市场上市的证券。

在某些情况下，UKLA可能会批准并未达到这些标准的可转换的证券上市。要做到这一点，须使伦敦证交所确信债券持有者掌握一切相关信息，能对作为转换对象的基础证券的价值作出有根据的判断。

中期系列债券。

上市中期系列债券的条件与债券相似。

中期系列债券的上市资格为一年有效，须每年续期。

持续性义务。

债券上市和交易后，发行者必须在持续性基础上履行一系列义务。此等义务包括在指定期限内提供经过独立审计的全年财务报表，并及时向市场公布任何价格敏感信息。

(四)德国法兰克福

在欧元启动之后，法兰克福证券交易所的崛起日益引人注目。事实上，法兰克福证券交易所为了吸引外国公司上市，专门成立了名为“自由市场”的上市三部，这个上市三部的上市条件比较宽松，既没有公司最低成立年限的限制，也没有最低发行资本等的限制，甚至对于公司挂牌之后的年度和中期报告披露也没有要求，吸引了大量外国公司，上市公司已经成为法兰克福证券交易所的半壁江山。随着欧元的启动和欧元经济区的日趋整合，估计会吸引更多的欧洲和区外企业前来上市。

近年来,越来越多的中国企业前往德国法兰克福证交所上市。据法兰克福证交所上市服务负责人亚历山大·冯·普瑞辛介绍,中国企业在法兰克福上市的需求十分旺盛。来自普华永道的数据显示,根据2011年高级、普通、初级标准在法兰克福证券交易所进行IPO的18家公司中,有5家来自中国。法兰克福证交所也为服务中国企业上市做出了努力:2008年在北京设立了办事处,并制定开展中国业务的长远规划;定期举办以资本市场为主题的论坛活动,与中国企业洽谈;设立中文网页,组建熟悉中国情况的上市咨询团队,为中国企业上市提供支持与帮助。普瑞辛认为,一些中国企业选择法兰克福上市的原因有二:一是法兰克福证交所办事效率高,上市所需时间短;二是德国位于欧洲中心,是企业走进欧洲的门户,而且德国与中国的关系良好。已上市的海魁水产集团首席运营官黄振平告诉记者,该公司70%产品用于出口,且主要出口市场就是欧洲,在德国上市有利于树立公司形象和扩大知名度。此外,在法兰克福上市所需的费用与纽约、伦敦相比也更有吸引力。法兰克福高级标准市场许可费只需5000欧元左右,而伦敦交易所需1万多欧元,纽约交易所则要近9万欧元。此外,尽管法兰克福高级标准市场的上市要求很高,上市过程繁杂,但所有相关手续都按规定办理,申请受理效率也高。在路演过程中,德国投资者对中国企业表现出了极大的兴趣。

法兰克福证券交易所(亦称德意志证券交易所;英文:Frankfurt Stock Exchange,以下简称法兰克福证交所),仅次于伦敦的欧洲第二交易所。也是德国最大的证券交易所。是由德国证券交易所拥有及营运。法兰克福证券交易所的证券交易业务全部由德国政府商会管理。政府商会由商会管理委员会、仲裁董事会、监事董事会和官方经纪人四方面20人左右组成。上市可供交易超过80万种德国和其他国家的多种金融产品,其中包括来自130多个国家的超过11,000家公司的股票、逾1千种交易所交易基金(ETF)、交易所交易商品(ETC)及交易所交易债券(ETN);23,000种固定收益证券,如债券、抵押债券和无担保债券;大约3000种投资基金和超过70万种的结构性产品,如凭证和认股权证。

1. 上市条件

在德国正式上市的要求,从按照法律规定所要求达到的企业的商业数据,即“企业的经济的最低限度“来看,相对来说还是较低的。比如法律条文表示:企业必须成立一个股份公司,这家企业必须作为一家公司已经存在了至少三年,必须至少有25万欧元的可上市的股票价值。

虽然法律上是如此规定的，但是在实际操作中，所需达到的是另外一个较高的标准。这样做一是为了达到股民的认可，二是因为上市本身的高额费用。一般要达到以下最低要求的企业，才有上市的意义：

最低营业额：1000万欧元/年。

税前盈利至少为营业额的4%。

预期的有据可证的营业额增长率、利润以及有可能产生的红利。

发行股票的总量不少于1500万欧元。

2. 上市程序

成立股份公司。新成立的股份公司获得要上市的有限公司的份额，有限公司由此获得股份公司的新股份。发行的股票的价值以及种类必须要有严格规定。除了章程之外，还必须按照规则签署一份股东合约，其中须严格规定股东之间的关系。在注册资金到位，以及董事会和监事会成立后，完成股份公司的法院和商会注册。成立股份公司的时间一般为5~7周，除注册资金以外的费用一般为4000欧元左右。

会计标准确立。

制订商业计划。

股票发行的草案。

对公司结构、商业计划的可行性、及公司竞争力的审查。

股市分析。

股票发行说明书

3. 上市的手续办理

4. 上市费用

每个公司上市的前期费用都不相同，一般是2.5万欧元到25万欧元之间。

然后是股票说明书的制订和审核，印刷以及发行的费用。再是交易所允许上市的手续费用和媒体发布的费用。这一项总费用和发行股票价值有密切关系，一般为5万欧元至12.5万欧元之间。

接下去是上市的广告费，一般是至少20万欧元。

代为发行股票的银行将收取发行股票价值的4%的费用，另外再收取1%的费用作为股票说明书的正确性承担法律责任的费用。

上市后定期出现的审计费用5万欧元，由发行银行代收。

上述的各项开支，每个企业上市都会有不同。总额一般在上市股票价值的8%左右。

二、上市条件

符合境外上市条件的境内股份有限公司，均可向中国证券监督管理委员会申请境外直接上市融资，证监会对符合以下条件的上市申请依法予以批准：

(1)符合中国有关境外上市的法律、法规和规则。

(2)筹资用途符合国家产业政策、利用外资政策及国家有关固定资产投资立项的规定。

(3)净资产不少于4亿元人民币，过去一年税后利润不少于6000万元人民币，并有增长潜力，按合理预期市盈率计算，筹资额不少于5000万美元。

(4)具有规范的法人治理结构及较完善的内部管理制度，有较稳定的高级管理层及较高的管理水平。

(5)上市后分红派息有可靠的外汇来源，符合中国外汇管理的有关规定。

(6)中国证券监督管理委员会规定的其他条件。

三、境外上市所需材料

主要需要准备企业法律材料、企业财务状况、项目资料这三方面的材料准备。

1. 企业法律资料

(1)工商登记注册资料(正本与副本)；

(2)税务登记注册资料(国税、地税)；

(3)组织机构代码证；

(4)法人代表身份证及复印件(或护照、法人证、委托人证明)；

(5)贷款卡及复印件；

(6)股本结构，所有股东身份证复印件，如有企业股东，请附企业登记执照。

2. 项目资料

(1)项目立项手续批复或备案资料或核准证明；

(2)项目可行性研究报告或项目的详细资料；

(3)国家有关项目建设需要行业申请的其他批复；

(4)项目企业简介及管理团队介绍。

以上是境外上市所需材料，在办理境外上市时需要做好准备。

第三节　境外上市的主要方式及法律程序

一、境外上市的主要方式

(一)境外直接上市

国内企业境外直接上市即直接以国内公司的名义向国外证券主管部门申请发行的登记注册,并发行股票(或其他衍生金融工具),向当地证券交易所申请挂牌上市交易。即我们通常说的H股、N股、S股等。H股,是指中国企业在香港联合交易所发行股票并上市,取Hongkong第一个字"H"为名;N股,是指中国企业在约纽交易所发行股票并上市,取New York第一个字"N"为名,同样S股是指中国企业在新加坡交易所上市。如青岛啤酒(H股)、中新药业(S股)等。

通常,境外直接上市都是采用IPO(首次公开募集)方式进行。程序较为复杂,因为需经过境内、境外监管机构审批,成本较高,所聘请的中介机构也较多,花费的时间较长。但是,IPO有三大好处:公司股价能达到尽可能高的价格;公司可以获得较好的声誉,股票发行的范围更广。所以从公司长远的发展来看,境外直接上市应该是国内企业境外上市的主要方式。

境外直接上市的主要困难在于:国内法律与境外法律不同,对公司的管理、股票发行和交易的要求也不同。进行境外直接上市的公司需通过与中介机构密切配合,探讨出能符合境内、境外法规及交易所要求的上市方案。

境外直接上市的工作主要包括两大部分:国内重组、审批(证监会已不再出具境外上市"无异议函",也即取消对涉及境内权益的境外公司在境外发行股票和上市的法律意见书的审阅)和境外申请上市。

(二)境外间接上市

由于直接上市程序繁复,成本高、时间长,所以许多企业,尤其是民营企业为了避开国内复杂的审批程序,选择以间接方式在海外上市。即国内企业到境外注册公司,境外公司以收购、股权置换等方式取得国内资产的控股权,然后将境外公司拿到境外交易所上市。间接上市主要有两种形式:买壳上市和造壳上市。其本质都是通过将国内资产注入壳公司的方式,达到拿国内资产上市的目的,壳公司可以是已上市公司,也可以是拟上市公司。

1.境外买壳上市

境外买壳上市是指非上市公司通过购买一家境外上市公司一定比例的股权来取得上市的地位,然后注入自己的有关业务及资产,实现间接在境外上市的目的。如中信泰福在香港买壳上市、浙江金义在新加坡买壳上市。

2. 境外造壳上市

境外造壳上市是指公司在香港、百慕大、开曼群岛等地注册公司(或收购当地已经存续的公司),用以控股境内资产,而境内则成立相应的外商控股公司,并将相应比例的权益及利润并入境外公司,以达到上市目的。在香港上市的主要有红筹股公司和民营企业,前者是指在境外注册成立并由境内政府机构控制的公司(国资背景),后者是指在境外注册成立并由境内个人控制的公司。公司采取境外造壳上市,主要有两方面原因。一是为了规避政策监控,使境内企业得以金蝉脱壳,实现境外上市;二是利用避税岛政策,实现合理避税。

(三)其他方式

中国企业在海外上市通常较多采用直接上市与间接上市两大类,但也有少数公司采用存托凭证和可转换债券上市。但这两种上市方式往往是企业在境外已上市,再次融资时采用的方式。如青岛啤酒、上海石化仪征化纤等八家,它们的主挂牌在香港,同时通过全球存股证方式(GDR)和美国存股证方式(ADR)分别在全球各地和美国纽约证券交易所上市。

1. 存托凭证(Depositorg Receipt,DR),是指在一国证券市场流通的,代表外国公司有价证券的可转让凭证。包括美国存托凭证(ADR)和全球存托凭证(GDR)两种形式。

2. 可转换债券(Convertible Bond),是指公司发行的一种债券,它准许证券持有人在债务条款中规定的未来的某段时间内将这些债券转换成发行公司一定数量的普通股股票。

二、境外上市的法律程序

(一)确定中介机构和重组方案。

以 H、N、S 股公司方式境外上市需聘请境内注册的土地及资产评估机构、财务审计机构。

关于公司重组方案,应注意以 H、N、S 股方式,将可以受《外商投资主业政策》的限制。

(二)向中国证监会报送以下文件,作为公司境外上市的预申请。

根据中国证监会 1999 年发布的《关于企业申请境外上市的有关问题的通知》的要求,企业在向境外证券交易所提出上市的初步申请前三个月,应向中国证监会报送以下有关文件:

1. 企业境外上市的申请报告；

2. 省级人民政府同意公司境外上市的文件；

3. 承销商(保荐人)对公司境外上市的分析推荐报告。

企业确定中介机构后,还应将中介机构名单报中国证监会备案。中国证监会商国家计委和国家经贸委之后,将会函告公司是否同意受理其境外上市的申请。

(三) 开展土地资产评估、资产评估、财务审计及法律方面的尽职调查。

公司需由土地评估机构、资产评估机构分别对重组范围内的土地资产及其他资产进行评估,制作评估机构,并报有关部门确认(对于是民营企业改组成立股份公司并在境外上市,因无先全,其资产评估报告是否需由财政部确认,有待查询)。财务审计机构就公司前三年的财务状况出具审计联交易协议等有关法律文件,并制作公司设立的法律意见书。

(四) 向国家经济贸易委员会报送有关文件,申请设立股份有限公司,召开创立大会,进行公司登记注册。

发起人应通过省级人民政府向国家经济贸易委员会提出设立股份有限公司的申请,并报送以下相关文件。

1. 省级人民政府转报关于设立股份有限公司的函；

2. 股份公司名称预先核准通知书；

3. 企业资产重组方案；

4. 公司章程草案；

5. 资产评估报告；

6. 资产评估结果确认批复(如需要)；

7. 验资报告；

8. 土地使用权评估报告；

9. 国有土地使用权评估确认及外围方案的批复；

10. 发起人的营业执照；

11. 募集资金运用的可行性报告及涉及国家资产投项目的立项批复；

12. 前三年经营业绩审计报告和未来一年盈利预测报告；

13. 有关关联交易协议(草稿)；

14. 律师出具的关于公司设立的法律意见书；

15. 律师出具的关于是董事监事任职资格的法律意见书；

16. 其他有关文件。

在国家经济贸易委员会作出批准设立股份有限公司的批复后,发起人即可召开创立大会,通过公司章程,并进行工商登记注册手续。领取营业执照后,股份公司即依法成立。

(五)向新加坡交易所,提出上市的初步申请(递交 A1 表格)。在递交 A1 表格前 5 个工作日,应将 A1 表格的内容报中国证监会备案。

(六)召开临时股东大会,通过公司 H 股章程及选举独立董事,并批准公司转为社会募集股份公司并在境外上市。

在公司正式注册成立后,即应召开临时股东大会,通过按照中国证监会发布的《境外上市公司章程必备条款》修订公司章程(“H 股程度“),并通过选举独立董事、批准公司转为社会募集股份有限公司并在境外上市等决议。

(七)向国家经济贸易委员会报送有关文件,申请转为社会募集股份有限公司。

股份公司通过省级人民政府向国家经济贸易委员会提出转为社会募集股份有限公司的申请,并报送以下文件:

1. 省级人民政府关于转报公司转为社会募集公司申请的函;

2. 股份公司的营业执照;

3. 股份公司创立大会决议;

4. 股份公司临时股东大会决议;

5. 股份公司 H 股章程;

6. 律师出具的关于公司转为社会募集股份有限公司的法律意见书;

7. 审批机关要求的其他法律文件。

(八)向中国证监会提交有关文件,申请在境外公开发行股票并上市。

在获得国家经济贸易委员会并于转为社会募集股份有限公司的批复后,即可向中国证监会提出境外上市的正式申请,并报送以下文件;

1. 申请报告及相关文件。申请报告内容包括:公司演变及业务概况、股本结构、公司治理结构、财务状况与经营业绩、经营风险分析、发展战略、筹资用途、符合境外上市地上市条件的说明、发行上市方案等;相关文件包括:股东大会及董事会决议、营业执照、特殊行业许可证(如适用)、公司章程、申请人及中介机构联络表;

2. 行业监管部门出具的监管意见书(如适用);

3. 国有资产管理部门关于国有股权设置以及国有股减(转)持的相关批复文件(如适用);

4. 募集资金投资项目的审批、核准或备案文件(如适用);

5. 近三年(主板)或两年(创业板)税务部门出具的纳税证明;

6. 境内法律意见书;

7. 招股说明书(草稿)上述第二部分所列的(四)至(十四)文件,一式两份。证监会在10个工作日内予以审核批复。经批准后,公司方可向境外证券监管机构或交易所提交上市申请。

中国证监会将在10个工作日内予以审核批复。

(九)向××交易所提出上市的正式申请(进行聆讯)。

(十)公司进行路演及股票公开发行,并在××交易所挂牌上市。

需特别指出的是,如果公司拟纳入上市公司的业务,涉及外商投资产业政策问题,公司须在上述所有步骤之前,取得国家行主管部门(局)关于公司重组及境外募集股份的同意。这是公司确定重组方案的先决条件。

第四节　其他相关法律问题

一、境外上市中境内外中介机构的合作

境外间接上市,因境外公司一般只是作为上市融资的平台公司,不进行经营或很少经营,实际的经营主体是境内公司,募集资本也用于境内公司,因此必须由境内律师事务所对境内公司进行尽职调查、审慎核查并出具法律意见书;由国际上认同的会计师事务所根据国际会计准则对境内公司财产和经营情况进行审计。对境外公司尽职调查和审慎核查等有关法律事务,则由境外律师事务所负责;保荐事务由上市地保荐机构担任。

二、设立境外公司的法律问题

(一)境外投资设立企业的审批

境内企业或其他机构境外投资,一直是要求必须经过境外投资主管部门审批或核准的。商务部于2009年3月16日发布了《境外投资管理办法》,该办法自2009年5月1日起施行,《关于境外投资开办企业核准事项的规定》、《关于内地企业赴香港、澳门特别行政区投资开办企业核准事项的规定》同时废止。目前,按照该办法,我国依法设立的企业通过新设、并购等方式在境外设立非金融企业或取得既有非金融企业的所有权、控制权、经营管理权等权益,根据权限由省级商务主管部门或商务部核准,取得《企业境外投资证书》。境内企业为实现其境内权益境外上市而设立境外特殊目的公司,必须经过商务部核准。事业单

位法人开展境外投资、企业在境外设立非企业法人适用该办法,企业赴香港、澳门及台湾地区投资参照该办法执行。对于企业控股的境外企业的境外再投资,在完成法律手续后一个月内,应当由企业报商务主管部门备案。

综上,按现行规定,境内居民法人境外投资,需到商务部门办理审批手续,境内居民个人境外投资无须审批。

(二)境外投资外汇登记

为维护国际收支平衡,防止逃汇行为,国家外汇管理局对于外汇的管制还是较严的,无论是企业、机构还是个人的境外投资行为都必须办理境外投资外汇登记。汇发[2005]75号文件之前,外汇管理局一直要求境内居民个人境外投资外汇登记提交主管部门审批文件,但主管部门又未出台相应规定,与居民个人相关的境外投资外汇登记等事项无法进行。这不适应居民个人境外投资需要和投资热情,汇发[2005]11号文更是不适时势。不得不照顾境内居民个人境外投资大量发生的既成事实,国家外汇局才在同年又连续下发汇发[2005]29号、汇发[2005]75号,对居民个人境外投资外汇登记,从有条件地补办到不再要求境外投资审批而直接办理。对于企业或其他机构的境外投资,在获得境外投资主管部门核准后,须凭批准证书和核准文件办理外汇登记事宜。

1996年发布1997年修订的《外汇管理条例》中,规定了境内机构向境外投资的外汇登记和管理问题,但对境内个人境外投资未涉及。2008年修订的《外汇管理条例》规定,对于资本项目的外汇收支,境内机构、境内个人向境外直接投资或者从事境外有价证券、衍生产品发行、交易,应当按照国务院外汇管理部门的规定办理登记;国家规定需要事先经有关主管部门批准或者备案的,应当在外汇登记前办理批准或者备案手续。目前,根据现行国家外汇局《境内机构境外直接投资外汇管理规定》、《关于境内居民通过境外特殊目的公司融资及返程投资外汇管理有关问题的通知》、《境内居民通过境外特殊目的公司融资及返程投资外汇管理操作规程》、商务部《境外投资管理办法》和《关于外国投资者并购境内企业的规定》等,境内企业或机构对外投资,由商务主管部门审核批准后办理相应外汇登记;境内个人直接办理外汇登记。

第十四章　咨询和代书律师实务

第一节　法律咨询律师实务

一、律师的法律咨询概述

狭义的律师法律咨询，是指律师针对社会大众就日常生活和工作中所发生的各种与法律有关的问题给予解答、提供意见和建议。而广义的律师法律咨询，涵盖范围更为宽广，是指律师以口头或者书面形式，为已经确立委托关系的客户以及尚未确立委托关系的社会大众解答法律问题，提供自己意见和建议的全部咨询活动。

（一）在律师提供的法律咨询中，狭义的法律咨询活动仍然占有一定的比例

此类咨询具有以下特点：

1. 所涉及的法律问题十分广泛，而且贴近普通大众的日常生活和工作。其中，关于婚姻、家庭关系，劳动关系，消费者权益保护，医疗事故，交通事故，人身尊严和基本权利，购房纠纷，邻里关系，各种诉讼程序的基本常识等与普通大众息息相关的问题占有绝大部分。

2. 所提问题大都与特定的纠纷有关，涉及商务活动的问题即使有，也通常比较简单。还要特别注意，有些问题已经多年没有得到解决，非常棘手，不是通过咨询本身可以解决得了的。

3. 在通常情况下，提问者与律师之间没有委托关系，而且一般也很难收取费用。

4. 律师进行口头咨询的比例相当大。虽然在少数情况下，也有律师通过回函，或者通过报纸进行回复的，但是，这种回复在法律专业性和针对性方面较之律师给自己的客户提出书面回复还是有很大差别。

（二）在律师进行的各种形式的法律咨询中，商务咨询，即律师为其客户（包括潜在的客户）就商务问题提供的咨询服务，则表现出与狭义的法律咨询所不

同的另外一些特点。

这些特点包括：

1. 对律师咨询的专业性和完整性有较高的要求。客户通常不满足于律师只是泛泛地谈及一般的法律规定或者法律原则，而是要获得具有针对性的、可操作性的答案。律师在回复咨询时，常常要对整个事件作出详细的分析，对所有适用法律作出细致的介绍，对于可能发生的后果作出具体的预测，并且对于各种解决方案的利弊得失作出完整的归纳和总结。

2. 提问者中的很多人和单位已经成为律师的客户，或者很有可能与律师建立委托关系。

3. 回复客户咨询以书面形式为主。在很多情况下，完成口头咨询后，律师还要跟着进行书面总结或者补充。

二、律师的法律咨询工作

（一）律师回复法律咨询的方式

律师回复法律咨询的方式主要有口头和书面两种方式。

1. 口头咨询

口头咨询，是指律师通过面谈、电话，以及通过电台、可视电话等方式进行的咨询和回复。在进行口头咨询时，要注意以下问题：

（1）一定要听清当事人的问题和意图，准确把握问题的基本情况。对于有口音或者患有口吃的当事人需要特别耐心。在实践中，因为口音造成的张冠李戴经常发生，所以，要反复核对当事人所说词语，避免似是而非。对于一些说话没有逻辑的当事人，可以以提问题的方式将自己没有听懂的问题仔细加以确认，但是要注意，在听的过程中不要随意打断当事人的话，应该在当事人充分完整论述一个阶段后，再适时的提问确认自己没有听懂的部分，在听的过程中，要态度真诚，做一个认真的倾听者，让当事人有告之的欲望。

（2）在回复问题时，尤其是在回复普通大众提出的问题时，律师除应严肃认真，思路敏捷，口齿清晰之外，还要特别注意不要故弄玄虚，故意玩弄法律词语。对于一些难以避免的词汇，也要以通俗的语言加以解释。当事人没有听懂时，要重新复述或者换一种更简洁的说法。当事人询问法律具体依据的时候，要注意自己说话的语气是否不够让当事人信任，并且应该清晰地将法律的具体依据告之。

（3）有些时候，限于时间和经验的原因，律师在进行口头咨询时难免遇到某些一时难以圆满回复的问题。如果你认为需要回复的，不妨把问题记录下来，以后再以口头或者书面形式进行回复或者补充说明。

2. 书面咨询

律师可以通过很多方式进行书面咨询，其中包括书面留言、信函、传真、电子邮件，及通过报纸杂志刊登回复等。关于如何完成书写工作，我们在下一节的“法律文书写作”中作较为完整的阐述，在这里我们特别提醒律师在进行书面咨询时要注意所承担的法律责任。

在各种书面回复中，全面的分析报告和正式的法律意见书或者类似的法律文件往往是户开展重大行动的依据，有时甚至是上呈政府审批的必要文件。如果存在重大错误表述，或者隐瞒重大事实则可能会给客户造成重大损失，甚至将律师陷入法律纠纷之中。因此在回复之前，一定要仔细分析案情，认真研究法律，需要进行独立调查的一定要进行调查。完成初稿后要请更资深的律师审阅，确保所发表的意见和建议准确无误。

（二）律师进行法律咨询需要遵循的原则

1. 以事实为根据，以法律为准绳

律师在进行法律咨询时要恪守以事实为根据，以法律为准绳的原则。一定要在准确、全面和深入掌握客观事实和分析适用法律的基础上，客观、公正地表达自己的法律意见和建议。一方面，要理清当事人陈述事实的逻辑和内容，找到问题点，有时需要进行事实调查，在进行事实调查中，要提醒当事人讲实话，不要只表述对自己有利的事实和只提供对自己有利的证据。需要律师自己进行独立调查时一定要独立完成。另一方面，根据事实，严谨准确中立客观地遵循法律的相关规定向当事人陈述观点和建议。在进行法律分析时，要准确适用法律，既不能一味迎合，甚至助长客户的错误观点和主张；也不能因为忌讳各种压力，避重就轻，敷衍了事。实践证明，只要坚持这个原则，律师就会立于不败之地；也只有坚持这个原则，客户的合法权益和法律的公正性才能最终得到保证。

2. 最大限度地维护当事人的合法权益

为维护当事人的合法权益，律师应当在法律允许的范围内作出最大的努力。在进行法律咨询时，凡是涉及当事人合法权益的地方，律师都应当着重强调，对于当事人合法权益受到侵犯后能够得到的救济，不论是经济补偿还是精神补偿，律师都应该正确告之，并且提出尽可能有利且可以付诸实施的建议，当然，对于不利于当事人的问题，律师也不能隐瞒；相反，律师应当在可能的范围内提出尽可能好的解决方案。

3. 避免激化矛盾，尽量减少当事人的诉讼之累

在现实生活中，有一小部分律师有时为了自己的利益，迎合当事人一时的难平之气，将并不严重的事情说得严重，夸大当事人受到的伤害，故意激化原本并不十分激烈的争议，希望从中获得赚取更多名利的机会。这种做法严重违反了律师的职业道德，不符合当事人的根本利益，应当坚决杜绝。因此，律师应该公正客观地解释当事人遇到的问题并提出理性的建议，不可以一味地劝说当事人诉讼，而是要将诉外解决和起诉解决问题的各方利弊向当事人解释清楚，由当事人自己决定，不能为了代理费用而成为"荐讼师"，而是应该在可能的范围内，积极采取措施，避免激化矛盾，尽量减少当事人的诉讼之累。

4. 为当事人提供高质量的法律服务

律师提供的服务是职业服务，职业服务应当是高质量的。高质量的法律服务意味着所提供的法律咨询在内容上做到准确、客观、全面、细致；在语言表达上做到主旨明确，用词准确，语言简练流畅，并且富有逻辑性；在形式上做到口齿清晰，文字无误，材料打印/印刷清晰，装订整齐。尽管我们现在还很难用这样高的标准来要求和衡量我们日常进行的法律咨询工作。但是，随着中国法制建设的不断发展，律师法律咨询的职业化水准将一定能够得到迅速的提高。

第二节　法律文书写作

一、律师代写法律文书概述

律师代写法律文书，又称律师代书，是指律师根据当事人的委托，以当事人的名义，或者虽然签署自己的姓名，但是由当事人承担有关责任，旨在表达当事人对有关法律问题的意见的文书。在律师向当事人所提供的各种法律服务中，代写法律文书是一项对律师的法律功底、逻辑思维、文字表达能力等均有较高要求的工作，是衡量律师法律专业素质的一个重要尺度。

律师代写法律文书具有以下特点：

1. 律师代写法律文书之前，需要经过当事人特别委托，或者是在当事人已经给予的委托范围之内。没有当事人的授权，或者超越当事人的授权，尤其在所撰写的内容不符合当事人的利益的时候，律师本人就要自行承担相应的法律责任。

2. 这些法律文书虽然由律师撰写，甚至由律师本人签署，但基于律师与当

事人之间的委托关系,法律文书体现的是当事人的意志,因此,由法律文书所引发的所有法律责任也要由当事人承担。

3. 由于律师是法律专业人士,熟悉法律,在代写法律文书时,不仅要考虑当事人的意志和愿望,还要融入自己的见解和知识,发挥律师本人的才智,用法律的语言将当事人的意志和愿望完整地甚至是创造性地表达出来。事实上,由律师代写法律文书通常比当事人自己撰写有关文书更能保护当事人的合法权益。这也正是为什么在起草重要法律文件时,当事人希望由律师代为起草的主要原因之一。

4. 由律师代写的法律文件往往比较重要,比较正式,专业要求也较高。因此,对于律师的专业素质要求也就比较高,律师本人因此而遭受的法律风险也就较大。

二、律师代写法律文书工作

(一)律师代写法律文书要遵循的基本原则

1. 要充分领会当事人的意图和目的(当然是受到法律认可和保护的意图和目的),注意加强与当事人的沟通,不能自以为是。没有充分表达或者错误表达了当事人意图和目的的法律文书,不论写得多么完美,也同样是南辕北辙,毫不足取,甚至还要给律师本人招惹麻烦。

2. 在文书内容上,一定要以事实为依据,以法律为准绳。在内容上努力做到准确、全面、深刻。尤其注意在法律上一定要经得起推敲和考验。切忌事实表述错误、法律运用错误或者存有重大缺陷。

3. 在文书表述上,要做到主题突出,尽量直接、明确地表达当事人的意图,切忌言而无物;要做到法律逻辑清晰,有理有据,切忌自相矛盾,逻辑混乱;要做到表达流畅,行文简练,切忌文词怪癖冷涩、啰唆重复。

4. 在文书书写上,要使用钢笔、签字笔、毛笔进行书写或者签字。提交打印文件的,要注意打印清晰。所有书面文件切忌涂抹。

5. 在文书格式上,尤其是向各级人民法院呈送的诉讼文书和正式的合同协议、遗嘱等一定要注意遵循法定的,或者通行的格式。在一般情况下,不要自创一套,闭门造车。最高人民法院曾经专门颁布了《法院诉讼文书格式》,律师代写诉讼文书时需要特别参考。

6. 还要注意有关部门对于文书纸张、份数等问题的特别要求,避免在这些技术问题上耽误时间。

（二）律师代写法律文书的范围

律师代写法律文书的范围非常广泛，凡是当事人需要撰写的法律文件几乎都可以由律师代为起草。按照一般的分类方法，可以将律师代写法律文书范围分为诉讼类的法律文书和非诉类的法律文书两类。

1. 诉讼类的法律文书

诉讼类的法律文书，包括当事人在进行民事、刑事和行政诉讼时需要撰写和向人民法院提交的各种诉讼文书，以及在诉讼过程中撰写的各种相关资料和文件。由于仲裁文书与诉讼文书具有一定的相似性，所以也有将仲裁文书归并到诉讼文书类别的。

诉讼类的法律文书主要包括：起诉状、答辩状/仲裁答辩书、反诉状/仲裁反诉请求、上诉状、撤诉状、各种申请书，包括仲裁申请、管辖异议申请、回避申请、延期开庭申请、证据保全申请、先予执行申请、执行申请、查扣财产申请、刑事鉴定申请、要求传唤证人的申请等，以及围绕诉讼/仲裁进行，当事人需要撰写的各种汇报材料。

2. 非诉类的法律文书

非诉类的法律文书同样种类繁多，大体可以分为商务文件和一般民事法律文件。前者包括各种当事人在经济往来中，为建立、执行、变更和消灭相关法律关系而签署的各种合同和协议（包括与之相关的附件、补充协议），以及当事人为完成一定的商业目的，或者在商务活动中需要出具的各种申请、信件、通知、公告、指示等，比如公司注册、变更、注销申请，各种知识产权登记，债务催促通知，董事会决议，为制止侵权而发表的声明等。而后者则更多地围绕普通民事关系的建立、执行、变更和撤销。比如遗嘱、收养协议、析产协议、赠与声明等。

（三）律师代写法律文书需要特别注意的问题

1. 实践中，很多律师对自己所写的法律文书比较自负，不愿听取别人的建议。有时候甚至明知道有表述不妥之处也不愿承认和修改。我们认为，凡事兼听则明，三人行必有吾师。而且，如果有不妥表述迟早也会被人发现，与其将来面对尴尬，还不如现在就知错即改。

2. 有些律师推崇长篇大作，喜欢铺陈繁复，对一些形式主义的东西感兴趣。其中的一些律师对于国外律师的很多表述习惯更是推崇备至。总的来说，中国的法律文书确实比较单薄，往往不能应付比较复杂的商务活动和国际市场，因此，尽量将合同/协议，以及各种法律文件撰写得充分、完备是必要的。但是，一定要注意,不要为了追求形式而将自己一知半解的内容也夹杂进去,同时,对于一些在中国还不适用,缺乏可操作性的概念和表达方式还是要慎重使用。

3. 还有些律师一写文件就火气冲天,每篇文章都像檄文,每份合同都会言辞极端,咄咄逼人。这种做法有时也会成功,但是,适得其反的例子屡见不鲜。我们建议,如果能够心平气和,有理有据地将观点或者利益表达清晰、完备,则大可不必一定非要在语言表达上盛气凌人。

(四)几种主要诉讼文书的代书

1. 起诉状

起诉状是当事人为了特定的请求目的,向人民法院呈送的,要求人民法院依照法律程序进行审理的书面文件。从申请启动的诉讼程序上分,起诉状包括民事起诉状、刑事自诉状、刑事附带民事起诉状,以及行政起诉状。

起诉状大体可以分为四部分,即首部、正文、尾部,以及附后证据(含证据目录)。首部包括标题,即诉状的名称和当事人的基本情况;正文包括案由、诉讼请求以及事实和理由;尾部包括呈送法院的名称、具状人的姓名或者单位名称,以及具状的年月日;附后的证据一般包括证据目录和证据材料。

撰写首部时要注意,第一,原告(包括刑事自诉案件中的自诉人)和被告是自然人的,除去要列明姓名、性别、年龄、民族、籍贯、职业和住址之外,为方便联系和确定当事人身份,还应注明联系方式和身份证号码;是单位组织的,要列明单位名称、地址、法定代表人或者单位负责人的姓名及职务以及联系方式。第二,原告如果有诉讼代理人的,要将代理的情况注明,代理人如果是非律师,要注明他/她的姓名、性别、年龄、职业、地址和联系方式;是律师的,要说明姓名、性别、工作单位和联系方式。第三,如果有多个被告,或者有第三人的,要按上述规定依次列出。

撰写正文时,第一,要按当地人民法院的有关规定或者当地通行的方式确定案由。第二,诉讼请求要分项依次列明,尤其注意确定好总的诉讼金额,以便于人民法院确定案件受理费用,涉及外币的,要提供折算标准和折算后的金额。第三,在书写正文中的事实和理由部分时,注意应先将事件过程描述清晰,再进行法律分析。这一部分律师可以发挥自己的能动性。现在比较流行的一种做法是,对事实只进行简要的描述,法律分析也是点到为止,只要达到立案的目的即可。充分、完整的阐述和分析留待日后的证据交换、代理词或者庭后补充材料再进行。

起诉状的尾部要完整。如果所呈法院在起草诉状时还不确定，则可以将法院名称空出，留待以后用钢笔或者签字笔填写。原告（包括刑事自诉案件中的自诉人）是自然人的，要本人签名并且加盖本人印章；是单位组织的，要加盖公司印章，在实践中，一般还不要求必须由单位法定代表人或者单位负责人本人签字。

准备附录证据材料时要注意准备证据目录。同时，证据材料一般为复印件或者实物照片即可。证据原件和实物可在开庭时呈交。

2. 上诉状

上诉状是当事人不服一审未生效的判决和裁定，在法定期限内，向上一级人民法院提出按照上诉程序进行审理的书面文件。上诉状的格式与起诉状类似，大体也可以分为四部分，即首部、正文、尾部，以及附后证据（含证据目录）。

在撰写首部时，除去要写明当事人的基本情况以外，还要将其在一审程序中的法律地位（原告、被告，或者第三人）标明。在刑事公诉案件中，上诉人还要将一审被告的拘留、逮捕和羁押情况进行简要介绍。

上诉状正文的开头部分有比较固定的书写模式，即"上诉人因××一案，不服××法院××××年××月××日（）字第×号判决/裁定，现提出上诉。上诉请求如下："在书写上诉请求时要具体明确，或者是要求发回重审，或者是要求撤销或者变更判决/裁定中的第几项内容。在书写事实和理由部分时，一般要围绕着认定事实错误、适用法律错误，以及法律程序错误等几方面展开。当然，上诉人也可以结合案件的具体情况，适当改变书写格式。由于并非所有二审案件都有开庭机会，而且二审开庭与一审开庭存在一定区别，所以我们建议在书写上诉状的正文时一定要将需要发表的意见完全表达出来。

上诉状的尾部和附后证据与起诉状的基本相同。如果有在一审时没有提交的新证据，上诉人可以在提交上诉状时一并提出。

3. 答辩状

答辩状的格式及其内容与起诉状基本相同，也同样包含首部、正文、尾部和附后证据四个部分。每一部分的内容也与起诉状相似，不同的地方在于：

在答辩状的正文的开头，一般要套用固定的表达方式，即"答辩人因××提出的××一案，提出答辩如下"：

在正文中，答辩人通常既要驳斥对方的观点和主张，又要阐述自己的观点和主张。如果双方争议的要点比较多，在行文时一定要注意条理清晰，将实体和程序的问题区别开；将对对方的驳斥与自己关于某个具体问题的理解区别开。如果有反诉的，可以在答辩状中一并提出。

4. 申诉状

申诉状是当事人向人民法院或者人民检察院提出的，针对已经生效的判决、裁定或者调解书，要求给予撤销或者变更的书面文件。

正式的申诉状在文件格式、请求和内容等方面皆类似于上诉状。由于申诉状所针对的是已经生效的判决，所以，在书写申诉状时要将两审法院的审理情况作扼要的回顾。在内容上，申诉书要抓住最主要的事实问题和法律问题进行阐述，不要在细小的问题上纠缠；同时，我们建议要将证据进行充分细致的整理准备，使阅读者能够在注意你的论点时，顺利地找到支持这些论点的证据。

5. 向人民法院提交的各种申请

当事人向法院提交的申请种类繁多，包括仲裁申请、管辖权异议申请、仲裁反诉申请、回避申请、延期开庭申请、证据保全申请、先予执行申请、执行申请、查扣财产申请、刑事鉴定申请、要求传唤证人的申请、认定无主财产申请及要求宣告公民失踪、死亡的申请等。由于内容多样，申请格式也就很不统一。

在实际撰写这些申请时，一是要参考借鉴起诉状等具有统一格式的诉讼文书格式；二是要针对具体的请求事项，遵循书写诉讼文书的一般原则；三是向有经验的诉讼律师学习在特定情况下需要注意哪些特别的问题。

第十五章　其他律师实务

第一节　证券律师实务

一、概述

证券市场是现代经济的重要组成部分，是市场经济配置资源的重要途径。在现代市场经济中，随着证券化程度的不断提高，证券市场在社会主义市场经济中发挥作用的范围和程度也日益提高。证券市场是股票、债券、基金单位等有价证券及其衍生产品（如期货、期权等）发行和交易的场所。它在现代金融市场体系中处于极其重要的地位。在发达的市场经济国家，资金的融通主要通过短期金融市场（货币市场）和长期金融市场（资本市场）来完成，而证券市场是资本市场的核心，股票和债券是金融市场上最活跃、最重要的长期融资工具和金融资产。从这个意义上讲，证券市场已经成为金融市场中一个最为重要的组成部分。

证券市场与市场经济体系的其他组成部分相比，风险度高，敏感性强，波动幅度大，影响范围广，与国民经济的整体状况联系密切，非常需要明确的立法和严格的执法来加强管理和规范。可以说，法律建设是证券市场健康发展的保障。我国在证券市场发展过程中，不断加强法律建设，已经初步形成了证券市场法律法规体系的基本框架。

律师及律师事务所从事的证券法律业务，是一项综合性极强、牵涉面广、业务技术要求非常高的专业工作。因此，为保证从事证券法律业务的律师及律师事务所的执业水平，1991 年，司法部和中国证监会实行了对律师及律师事务所从事证券法律业务的资格确认制度。

资格确认制度施行了十余年，因为种种原因，2002 年 12 月 23 日中国证券监督管理委员会、中华人民共和国司法部根据《国务院关于取消第一批行政审批项目的决定》（国发[2002]24 号）的要求，决定自 2002 年 11 月 1 日国务院决定发布之日起，有关行政审批项目予以取消：包括律师事务所从事证券法律业务资格审批、律师从事证券法律业务资格审批、外国律师事务所协助中国企业到境外发行股票和股票上市交易备案。律师及律师事务所从事证券法律业务不再受资格的限制。

有关行政审批项目取消后,中国证监会与司法部通过制定管理规范和标准,完善监管手段,加大事中检查、事后稽查处罚力度等措施,来加强对律师及律师事务所从事证券法律业务活动的监督和管理。

2007 年 3 月 9 日,《律师事务所从事证券法律业务管理办法》经中国证券监督管理委员会主席办公会议和司法部部务会议审议通过,自 2007 年 5 月 1 日起正式施行。该管理办法对律师事务所从事证券法律业务有如下重要的规定:

1. 证券法律业务,是指律师事务所接受当事人委托,为其证券发行、上市和交易等证券业务活动,提供的制作、出具法律意见书等文件的法律服务。律师事务所及其指派的律师从事证券法律业务,应当遵守法律、行政法规及相关规定,遵循诚实、守信、独立、勤勉、尽责的原则,恪守律师职业道德和执业纪律,严格履行法定职责,保证其所出具文件的真实性、准确性、完整性。

2. 该管理办法规定了律师事务所的业务范围,其第 6 条规定了律师事务所从事证券法律业务,可以为下列事项出具法律意见:

(1)首次公开发行股票及上市;

(2)上市公司发行证券及上市;

(3)上市公司的收购、重大资产重组及股份回购;

(4)上市公司实行股权激励计划;

(5)上市公司召开股东大会;

(6)境内企业直接或者间接到境外发行证券、将其证券在境外上市交易;

(7)证券公司、证券投资基金管理公司及其分支机构的设立、变更、解散、终止;

(8)证券投资基金的募集、证券公司集合资产管理计划的设立;

(9)证券衍生品种的发行及上市;

(10)中国证监会规定的其他事项。

3. 该管理办法没有对律所从事证券法律业务采用许可制度,但采取了指导和倡导的原则,其规定:鼓励具备下列条件的律师事务所从事证券法律业务:(1)内部管理规范,风险控制制度健全,执业水准高,社会信誉良好;(2)有 20 名以上执业律师, 其中 5 名以上曾从事过证券法律业务;(3)已经办理有效的执业责任保险;(4)最近2年未因违法执业行为受到行政处罚。鼓励具备下列条件之一,并且最近2年未因违法执业行为受到行政处罚的律师从事证券法律业务:(1)最近3年从事过证券法律业务;(2)最近3年连续执业,且拟与其共同承办业务的律师最近3年从事过证券法律业务;(3)最近3年连续从事证券法律领域的教学、研究工作,或者接受过证券法律业务的行业培训。

4. 该管理办法对律师事务所出具的法律意见书有严格的规定,这是该管理办法的一大特点,该办法规定:法律意见是律师事务所及其指派的律师针对委托人委托事项的合法性,出具的明确结论性意见,是委托人、投资者和中国证监会及其派出机构确认相关事项是否合法的重要依据。法律意见应当由律师在核查和验证所依据的文件资料内容的真实性、准确性、完整性的基础上,依据法律、行政法规及相关规定作出。法律意见书应当列明相关材料、事实、具体核查和验证结果、国家有关规定和结论性意见。法律意见不得使用"基本符合"、"未发现"等含糊其辞。律师所出具的法律意见应当由2名执业律师和所在律师事务所负责人签名,加盖该律师事务所印章,并签署日期。

就律师实务而言,在从事证券法律业务中,律师享有的权利主要是:一是依法独立从事证券法律业务,不受委托单位意见所左右。二是有权要求委托单位如实提供相关资料。三是有权根据自己付出的劳务按照规定标准收取相应报酬。应承担的义务主要是:一是有义务依法进行证券法律业务活动,及时提交法律意见书。二是有义务保守服务客户的商业秘密(当然不是隐瞒违法事项)。三是对自己出具的法律意见承担法律责任。

二、律师从事证券法律业务的主要内容和基本程序

目前,律师事务所从事证券法律业务的内容主要有:一是为公开发行和上市股票的企业出具法定的法律意见书。二是对招股说明书的内容进行验证,并制作验证笔录。三是审查、修改和制作拟发行和上市股票的公司的其他有关法律文件。

在此需要特别说明的是,这里所谈的律师从事证券业务是狭义上的,即仅指经司法部、中国证监会核批证券法律从业资格,专门就公司发行、上市股票事宜出具法定的法律意见书,以及进行相关的法律服务。应当说,这种法律服务并非每个律师都可以做,这不像其他法律业务,例如诉讼、仲裁或者从事谈判、起草合同等非诉业务,只要是正常执业的律师,人人都可以做。从这个意义上讲,证券法律业务具有某种垄断性质,只有少数人可以从事这方面的业务。打个不太恰当的比喻，这属于“特殊行业”。

当然，如果就广泛的背景来谈的话，律师为拟上市公司的其他非证券法律业务，例如诉讼、仲裁案件的代理，起草该公司的买卖合同之类，虽然似乎与该公司证券法律业务多多少少有些关系，但严格说来，这些法律业务就不能说是律师的证券法律业务。本节专就狭义的证券业务进行讨论。

律师从事证券法律业务，其核心内容就是为股票发行和上市事宜出具法律意见书。其基本程序是：

（一）接受委托

律师与公司之间进行初步接触后，如果公司对律师的执业水平和执业品质信任，并比较满意的话，就有可能会委托该律师及其所在的律师事务所进行证券法律服务。律师与公司双方当事人会在自愿、协商的基础上签订书面委托协议。该委托协议中就要明确双方的权利和义务。一般来说，公司作为委托人负有向律师及其律师事务所提供有关真实情况和材料，向律师事务所支付约定的费用和报酬的义务；承办律师则负有向公司出具法律意见书和关于法律意见书的律师工作报告的义务。

（二）审查各项事实和材料

承办律师在出具法律意见书前，应对公司所提供的各种事实和材料，进行审查并进行初步法律分析。一般来说，承办律师应审查的事实和材料包括：发起人协议、批准文件、公司章程草案、企业重组方案、招股说明书草案、发起人设立批文、公司营业执照、法定代表人资格证明、公司重大合同、有无重大违法行为、有无重大诉讼或仲裁事项，等等。在审查过程中应将审查结果记录下来，在律师工作报告中要体现出来。如果发现问题，应当向有关方面询问事实原委，帮助公司补充和更正不适当的文件。

当然，承办律师也要注意防范自己的执业风险，不能帮助公司出具虚假文件或为其违法意图出谋划策。在律师执业实践中，有些承办律师为了揽到发行上市的项目，有时会违背法律原则，帮助公司造假，这是不对的。不过，为了使申报材料更规范，出于公司适度“包装”的考虑，可能会帮助公司制作一些必需的法律文件，也是可以理解的。问题的关键是不能以牺牲原则为代价。

（三）出具法律意见书

承办律师在审查完成有关事实和材料的基础上，依照法律规定、本行业公认的业务标准和道德规范，按照中国证监会要求的标准格式，草拟法律意见书初稿，经两位承办律师共同复核商定后，送交律师事务所主任审批，并以公函名义发送给公司即委托人。

法律意见书的具体内容一般应包括：申请人所附文件是否齐备、真实；股份公司的筹备是否符合法定要求；公司的章程有无明显瑕疵；公司的股东结构以及不同主体的持股比例是否符合法律要求；公司重大合约是否有效，对公司的业务活动有何影响；公司是否存在重大涉讼案件、未了结的案件以及可能存在的潜在纠纷案件等。承办律师和其所在的律师事务所要对出具的法律意见书的真实性、准确性和完整性进行核查和验证。如果出具的法律意见书虚假或者有严重误导性内容和重大遗漏，承办律师及其所在律师事务所应承担相应责任。

承办律师对招股说明书的内容进行验证后要制作验证笔录。验证笔录是主承销律师对招股说明书所述内容进行验证的记录，其目的就在于保证招股说明书的真实性和准确性。验证笔录是发行人向中国证监会申请公开发行股票时必备的法定文件之一。验证笔录的内容由重要信息、依据或确认、确认人三部分构成。承办律师应当对招股说明书中所载全部重要信息进行验证。需要指出的是，法律意见书和验证笔录都应以律师事务所名义制作，由两名以上具有证券从业资格的律师签名，并加盖律师事务所的印章。

三、律师为证券法律业务出具法律意见书实务

提交中国证监会的法律意见书和律师工作报告应是经两名以上具有执行证券期货相关从业资格的经办律师和其所在律师事务所的负责人签名，并经该律师事务所加盖公章、签署日期的正式文本。

需要特别注意的是，为适应推行证券发行核准制的要求，保护投资者的合法权益，根据《中华人民共和国证券法》（以下简称《证券法》）、《中华人民共和国公司法》（以下简称《公司法》）等法律、法规的规定，中国证监会在总结实践经验的基础上，制定了《公开发行证券公司信息披露的编报规则第 12 号——公开发行证券的法律意见书和律师工作报告》（证监发[2001]37 号，以下简称第 12 号编报规则或规则），于 2001 年 3 月 1 日发布施行。1999 年 6 月 15 日发布的《公开发行股票公司信息披露的内容与格式准则第 6 号——法律意见书的内容与格式（修订）》（证监法律字[1999]2 号）同时废止。

下面对股票上市发行的法律意见书的体例、格式作一简单介绍。

（一）法律意见书和律师工作报告的基本要求

第 12 号编报规则规定，拟首次公开发行股票公司和已上市公司增发股份、配股,以及已上市公司发行可转换公司债券等,拟首次公开发行股票公司或已上市公司(以下简称"发行人")所聘请的律师事务所及其委派的律师(以下"律师"均指签名律师及其所任职的律师事务所)应按本规则的要求出具法律意见书、律师工作报告并制作工作底稿。

需要特别指出的是,第 12 号编报规则的部分内容不适用于增发股份、配股、发行可转换公司债券等的,发行人律师应结合实际情况,根据有关规定进行调整,并提供适当的补充法律意见。法律意见书和律师工作报告是发行人向中国证监会申请公开发行证券的必备文件。律师在法律意见书中应对第 12 号编报规则规定的事项及其他任何与本次发行有关的法律问题明确发表结论性意见。律师在律师工作报告中应详尽、完整地阐述所履行尽职调查的情况,在法律意见书中所发表意见或结论的依据、进行有关核查验证的过程、所涉及的必要资料或文件。

第 12 号编报规则要求,法律意见书和律师工作报告的内容应符合规则的规定。规则的某些具体规定确实对发行人不适用的,律师可根据实际情况作适当变更,但应向中国证监会书面说明变更的原因。规则未明确要求,但对发行人发行上市有重大影响的法律问题,律师应发表法律意见。律师签署的法律意见书和律师工作报告报送后,不得进行修改。如律师认为需补充或更正,应另行出具补充法律意见书和律师工作报告。

律师出具法律意见书和律师工作报告所用的语词应简洁明晰,不得使用"基本符合条件"或"除……以外,基本符合条件"一类的措辞。对不符合有关法律、法规和中国证监会有关规定的事项,或已勤勉尽责仍不能对其法律性质或其合法性作出准确判断的事项,律师应发表保留意见,并说明相应的理由。这一点对于证券法律业务的承办律师尤其重要。有的律师出于讨好客户或业务竞争等种种原因,可能会对公司发行上市的实质性缺陷或障碍"视而不见",或者使用上述模糊措辞"基本符合条件"或"除……之外,基本符合条件"等,应严格避免。

发行人申请文件报送后,律师应关注申请文件的任何修改和中国证监会的反馈意见,发行人和主承销商也有义务及时通知律师。这些变动和意见如对法律意见书和律师工作报告有影响的,律师应出具补充法律意见书。发行人向中国证监会报送申请文件前,或在报送申请文件后且证券尚未发行前更换为本次发行证券所聘请的律师或律师事务所的,更换后的律师或律师事务所及发行人应向中国证监会分别说明。更换后的律师或律师事务所应对原法律意见书和律师工作报告的真实性和合法性发表意见。如有保留意见,应明确说明。在此基础上更换后的律师或律师事务所应出具新的法律意见书和律师工作报告。

律师应在法律意见书和律师工作报告中承诺对发行人的行为以及本次申请的合法、合规进行充分的核查验证,并对招股说明书及其摘要进行审慎审阅,并在招股说明书及其概要中发表声明:“本所及经办律师保证由本所同意发行人在招股说明书及其摘要中引用的法律意见书和律师工作报告的内容已经本所审阅,确认招股说明书及其摘要不致因上述内容出现虚假记载、误导性陈述及重大遗漏引致的法律风险,并对其真实性、准确性和完整性承担相应的法律责任。”

律师在制作法律意见书和律师工作报告的同时,应制作工作底稿。律师工作底稿是指律师在为证券发行人制作法律意见书和律师工作报告过程中形成的工作记录及在工作中获取的所有文件、会议纪要、谈话记录等资料。律师应及时、准确、真实地制作工作底稿,工作底稿的质量是判断律师是否勤勉尽责的重要依据。在以往实践中,承办律师有重法律意见书和律师工作报告的撰写,而轻视律师工作底稿的撰写和整理的情况。律师工作底稿的意义非常大,是保证律师执业水平和质量以及自我保护的依据,必须认真对待。

工作底稿的正式文本应由两名以上律师签名,其所在的律师事务所加盖公章,其内容应真实、完整、记录清晰,并标明索引编号及顺序号码。工作底稿应包括但不限于以下内容:

(1)律师承担项目的基本情况,包括委托单位名称、项目名称、制作项目的时间或期间、工作量统计。

(2)为制作法律意见书和律师工作报告制订的工作计划及其操作程序的记录。

(3)与发行人(包括发起人)设立及历史沿革有关的资料,如设立批准证书、营业执照、合同、章程等文件或变更文件的复印件。

(4)重大合同、协议及其他重要文件和会议记录的摘要或副本。

(5)与发行人及相关人员相互沟通情况的记录,对发行人提供资料的检查、调查访问记录、往来函件、现场勘察记录、查阅文件清单等相关的资料及详细说明。

(6)发行人及相关人员的书面保证或声明书的复印件。

(7)对保留意见及疑难问题所作的说明。

(8)其他与出具法律意见书和律师工作报告相关的重要资料。

上述资料应注明来源。凡涉及律师向有关当事人调查所作的记录，应由当事人和律师本人签名。工作底稿由制作人所在的律师事务所保存，保存期限至少7年。中国证监会根据需要可随时调阅、检查工作底稿。

（二）律师出具法律意见书的必备内容

法律意见书开头部分应载明，律师是否根据《证券法》、《公司法》等有关法律、法规和中国证监会的有关规定，按照律师行业公认的业务标准、道德规范和勤勉尽责精神，出具法律意见书。

1. 律师应声明的事项

（1）律师应承诺已依据第12号编报规则的规定及本法律意见书出具日以前已发生或存在的事实和我国现行法律、法规和中国证监会的有关规定发表法律意见。

（2）律师应承诺已严格履行法定职责，遵循了勤勉尽责和诚实信用原则，对发行人的行为以及本次申请的合法、合规、真实、有效进行了充分的核查验证，保证法律意见书和律师工作报告不存在虚假记载、误导性陈述及重大遗漏。

（3）律师应承诺同意将法律意见书和律师工作报告作为发行人申请公开发行股票所必备的法律文件，随同其他材料一同上报，并愿意承担相应的法律责任。

（4）律师应承诺同意发行人部分或全部在招股说明书中自行引用或按中国证监会审核要求引用法律意见书或律师工作报告的内容，但发行人作上述引用时，不得因引用而导致法律上的歧义或曲解，律师应对有关招股说明书的内容进行再次审阅并确认。

在实务中，如果遇到特殊情况时，律师可作出其他适当声明，但不得作出违反律师行业公认的业务标准、道德规范和勤勉尽责精神的免责声明。

2. 法律意见书正文

律师应在进行充分核查验证的基础上，对本次股票发行上市的下列（包括但不限于）事项明确发表结论性意见。所发表的结论性意见应包括是否合法合规、是否真实有效，是否存在纠纷或潜在风险：

（1）本次发行上市的批准和授权；

（2）发行人本次发行上市的主体资格；

（3）本次发行上市的实质条件；

（4）发行人的设立；

(5)发行人的独立性;

(6)发起人或股东(实际控制人);

(7)发行人的股本及其演变;

(8)发行人的业务;

(9)关联交易及同业竞争;

(10)发行人的主要财产;

(11)发行人的重大债权债务;

(12)发行人的重大资产变化及收购兼并;

(13)发行人公司章程的制定与修改;

(14)发行人股东大会、董事会、监事会议事规则及规范运作;

(15)发行人董事、监事和高级管理人员及其变化;

(16)发行人的税务;

(17)发行人的环境保护和产品质量、技术等标准;

(18)发行人募集资金的运用;

(19)发行人业务发展目标;

(20)诉讼、仲裁或行政处罚;

(21)原定向募集公司增资发行的有关问题(如有);

(22)发行人招股说明书法律风险的评价;

(23)律师认为需要说明的其他问题。

3. 律师对本次发行上市的总体结论性意见

律师应对发行人是否符合股票发行上市条件、发行人行为是否存在违法违规以及招股说明书及其摘要引用的法律意见书和律师工作报告的内容是否适当,明确发表总体结论性意见。律师已勤勉尽责仍不能发表肯定性意见的,应发表保留意见,并说明相应的理由及其对本次发行上市的影响程度。上面已经提到,律师自身作为精通法律业务的专门人士,理应具有风险意识,切不可为了承揽证券业务而违背原则,掩盖虚假,出具有问题的法律意见书,结果反而招致中国证监会等机构的行政处罚。在现实生活中,这样的事例并不少见。

(三)律师工作报告的必备内容

律师工作报告开头部分应载明,律师是否根据《证券法》、《公司法》等有关法律、法规和中国证监会的有关规定,按照律师行业公认的业务标准、道德规范和勤勉尽责精神,出具律师工作报告。

1. 律师工作报告引言

在这一部分，要简介律师及律师事务所，包括但不限于注册地及时间、业务范围、证券执业律师人数、本次签名律师的证券业务执业记录及其主要经历、联系方式等。说明律师制作法律意见书的工作过程，包括但不限于与发行人相互沟通的情况，对发行人提供材料的查验、走访、谈话记录、现场勘察记录、查阅文件的情况以及工作时间等。

2. 工作报告正文

律师首先要指出本次发行上市的批准和授权：

（1）股东大会是否已依法定程序作出批准发行上市的决议；

（2）根据有关法律、法规、规范性文件以及公司章程等规定，上述决议的内容是否合法有效；

（3）如股东大会授权董事会办理有关发行上市事宜，上述授权范围、程序是否合法有效。

然后，律师要指出发行人发行股票的主体资格：

（1）发行人是否具有发行上市的主体资格；

（2）发行人是否依法有效存续，即根据法律、法规、规范性文件及公司章程，发行人是否有终止的情形出现。

接下来，律师就要指出本次发行上市的实质条件，分别就不同类别或特征的发行人，对照《证券法》、《公司法》等法律、法规和规范性文件的规定，逐条核查发行人是否符合发行上市条件。

律师对发行人设立的审查要点是：

（1）发行人设立的程序、资格、条件、方式等是否符合当时法律、法规和规范性文件的规定，并得到有权部门的批准。

（2）发行人设立过程中所签订的改制重组合同是否符合有关法律、法规和规范性文件的规定，是否因此引致发行人设立行为存在潜在纠纷。

（3）发行人设立过程中有关资产评估、验资等是否履行了必要程序，是否符合当时法律、法规和规范性文件的规定。

（4）发行人创立大会的程序及所议事项是否符合法律、法规和规范性文件的规定。

律师对发行人的独立性的审查要点是：

（1）发行人业务是否独立于股东单位及其他关联方；

(2)发行人的资产是否独立完整；

(3)如发行人属于生产经营企业，是否具有独立完整的供应、生产、销售系统；

(4)发行人的人员是否独立；

(5)发行人的机构是否独立；

(6)发行人的财务是否独立；

(7)概括说明发行人是否具有面向市场自主经营的能力。

律师对发起人和股东(追溯至发行人的实际控制人)的审查要点是：

(1)发起人或股东是否依法存续，是否具有法律、法规和规范性文件规定担任发起人或进行出资的资格；

(2)发行人的发起人或股东人数、住所、出资比例是否符合有关法律、法规和规范性文件的规定；

(3)发起人已投入发行人的资产的产权关系是否清晰，将上述资产投入发行人是否存在法律障碍；

(4)若发起人将其全资附属企业或其他企业先注销再以其资产折价入股，应说明发起人是否已通过履行必要的法律程序取得了上述资产的所有权，是否已征得相关债权人同意，对其原有债务的处置是否合法、合规、真实、有效；

(5)若发起人以在其他企业中的权益折价入股，是否已征得该企业其他出资人的同意，并已履行了相应的法律程序；

(6)发起人投入发行人的资产或权利的权属证书是否已由发起人转移给发行人，是否存在法律障碍或风险。

律师对发行人的股本及演变的审查要点：

(1)发行人设立时的股权设置、股本结构是否合法有效，产权界定和确认是否存在纠纷及风险；

(2)发行人历次股权变动是否合法、合规、真实、有效；

(3)发起人所持股份是否存在质押，如存在，说明质押的合法性及可能引致的风险。

律师对发行人的业务的审查要点：

(1)发行人的经营范围和经营方式是否符合有关法律、法规和规范性文件的规定；

(2)发行人是否在中国内地以外经营，如存在，应说明其经营的合法、合规、真实、有效；

(3)发行人的业务是否变更过，如变更过，应说明具体情况及其可能存在的法律问题；

(4)发行人主营业务是否突出；

(5)发行人是否存在持续经营的法律障碍。

律师对发行人的关联交易及同业竞争的审查要点：

(1)发行人是否存在持有发行人股份5%以上的关联方，如存在，说明发行人与关联方之间存在何种关联关系；

(2)发行人与关联方之间是否存在重大关联交易，如存在，应说明关联交易的内容、数量、金额以及关联交易的相对比重；

(3)上述关联交易是否公允，是否存在损害发行人及其他股东利益的情况；

(4)若上述关联交易的一方是发行人股东，还需说明是否已采取必要措施对其他股东的利益进行保护；

(5)发行人是否在章程及其他内部规定中明确了关联交易公允决策的程序；

(6)发行人与关联方之间是否存在同业竞争，如存在，说明同业竞争的性质；

(7)有关方面是否已采取有效措施或承诺采取有效措施避免同业竞争；

(8)发行人是否对有关关联交易和解决同业竞争的承诺或措施进行了充分披露，以及有无重大遗漏或重大隐瞒，如存在，说明对本次发行上市的影响。

律师对发行人的主要财产的审查要点：

(1)发行人拥有房产的情况；

(2)发行人拥有土地使用权、商标、专利、特许经营权等无形资产的情况；

(3)发行人拥有主要生产经营设备的情况；

(4)上述财产是否存在产权纠纷或潜在纠纷，如有，应说明对本次发行上市的影响；

(5)发行人以何种方式取得上述财产的所有权或使用权，是否已取得完备的权属证书，若未取得，还需说明取得这些权属证书是否存在法律障碍；

(6)发行人对其主要财产的所有权或使用权的行使有无限制，是否存在担保或其他权利受到限制的情况；

(7)发行人有无租赁房屋、土地使用权等情况，如有，应说明租赁是否合法有效。

律师对发行人的重大债权债务的审查要点：

(1)发行人将要履行、正在履行以及虽已履行完毕但可能存在潜在纠纷的重大合同的合法性、有效性，是否存在潜在风险，如有风险和纠纷，应说明对本次发行上市的影响；

(2)上述合同的主体是否变更为发行人，合同履行是否存在法律障碍；

(3)发行人是否有因环境保护、知识产权、产品质量、劳动安全、人身权侵害等原因产生的侵权之债，如有，应说明对本次发行上市的影响；

(4)发行人与关联方之间是否存在重大债权债务关系及相互提供担保的情况；

(5)发行人金额较大的其他应收、应付款是否因正常的生产经营活动发生，是否合法有效。

律师对发行人重大资产变化及收购兼并事项的审查要点：

(1)发行人设立至今有无合并、分立、增资扩股、减少注册资本、收购或出售资产等行为，如有，应说明是否符合当时法律、法规和规范性文件的规定，是否已履行必要的法律手续；

(2)发行人是否拟进行资产置换、资产剥离、资产出售或收购等行为，如拟进行，应说明其方式和法律依据，以及是否履行了必要的法律手续，是否对发行人发行上市的实质条件及本规定的有关内容产生实质性影响。

律师对发行人章程的制定与修改的审查要点：

(1)发行人章程或章程草案的制定及近三年的修改是否已履行法定程序；

(2)发行人的章程或章程草案的内容是否符合现行法律、法规和规范性文件的规定；

(3)发行人的章程或章程草案是否按有关制定上市公司章程的规定起草或修订。如无法执行有关规定的，应说明理由。发行人已在香港或境外上市的，应说明是否符合到境外上市公司章程的有关规定。

律师对发行人股东大会、董事会、监事会议事规则及规范运作的审查要点：

(1)发行人是否具有健全的组织机构；

(2)发行人是否具有健全的股东大会、董事会、监事会议事规则，该议事规则是否符合相关法律、法规和规范性文件的规定；

(3)发行人历次股东大会、董事会、监事会的召开、决议内容及签署是否合法、合规、真实、有效；

(4)股东大会或董事会历次授权或重大决策等行为是否合法、合规、真实、有效。

律师对发行人董事、监事和高级管理人员及其变化的审查要点：

(1)发行人的董事、监事和高级管理人员的任职是否符合法律、法规和规范性文件以及公司章程的规定；

(2)上述人员在近三年尤其是企业发行上市前一年是否发生过变化，若存在，应说明这种变化是否符合有关规定，履行了必要的法律程序；

(3)发行人是否设立独立董事，其任职资格是否符合有关规定，其职权范围是否违反有关法律、法规和规范性文件的规定。

律师对发行人的税务、环境保护和产品质量、技术等标准的审查要点：

(1)发行人及其控股子公司执行的税种、税率是否符合现行法律、法规和规范性文件的要求。若发行人享受优惠政策、财政补贴等政策，该政策是否合法、合规、真实、有效；

(2)发行人近三年是否依法纳税，是否存在被税务部门处罚的情形；

(3)发行人的生产经营活动和拟投资项目是否符合有关环境保护的要求，有权部门是否出具意见；

(4)近三年是否因违反环境保护方面的法律、法规和规范性文件而被处罚；

(5)发行人的产品是否符合有关产品质量和技术监督标准。近三年是否因违反有关产品质量和技术监督方面的法律法规而受到处罚。

律师对发行人募股资金的运用的审查要点：

(1)发行人募股资金用于哪些项目，是否需要得到有权部门的批准或授权。如需要，应说明是否已经得到批准或授权；

(2)若上述项目涉及与他人进行合作的，应说明是否已依法订立相关的合同，这些项目是否会导致同业竞争；

(3)如发行人是增资发行的，应说明前次募集资金的使用是否与原募集计划一致。如发行人改变前次募集资金的用途，应说明该改变是否依法定程序获得批准。

律师对发行人业务发展目标的审查要点：

(1)发行人业务发展目标与主营业务是否一致；

(2)发行人业务发展目标是否符合国家法律、法规和规范性文件的规定，是否存在潜在的法律风险。

律师对发行人的诉讼、仲裁或行政处罚事项的审查要点：

(1)发行人、持有发行人5%以上(含5%)的主要股东(追溯至实际控制人)、发行人的控股公司是否存在尚未了结的或可预见的重大诉讼、仲裁及行政处罚案件。如存在,应说明对本次发行、上市的影响;

(2)发行人董事长、总经理是否存在尚未了结的或可预见的重大诉讼、仲裁及行政处罚案件。如存在,应说明对发行人生产经营的影响;

(3)如上述案件存在,还应对案件的简要情况作出说明(包括但不限于受理该案件的法院名称、提起诉讼的日期、诉讼的当事人和代理人、案由、诉讼请求、可能出现的处理结果或已生效法律文书的主要内容等)。

律师对原定向募集公司增资发行的有关问题的审查要点：

(1)公司设立及内部职工股的设置是否得到合法批准;

(2)内部职工股是否按批准的比例、范围及方式发行;

(3)内部职工股首次及历次托管是否合法、合规、真实、有效;

(4)内部职工股的演变是否合法、合规、真实、有效;

(5)如内部职工股涉及违法违规行为,是否该行为已得到清理,批准内部职工股的部门是否出具对有关情况及对有关责任和潜在风险承担责任进行确认的文件。

律师对发行人招股说明书法律风险的评价要点是:是否参与招股说明书的编制及讨论,是否已审阅招股说明书,特别对发行人引用法律意见书和律师工作报告相关内容是否已审阅,对发行人招股说明书及其摘要是否存在虚假记载、误导性陈述或重大遗漏引致的法律风险进行评价。

第12号编报规则规定,规则没有作明确要求,但对发行上市有重大影响的法律问题,律师认为需要说明的其他问题,律师应当发表法律意见。

四、律师出具法律意见书需要注意的法律责任问题

尽管出具法律意见书的律师接受的是当事人也就是发行人的委托,应当为当事人提供法律专业服务,但从有关法律和中国证监会有关规定来看,不难看出,主管部门希望设置通过证券法律事务“专门”律师这样一个“高门槛”,来规范发行人行为的良苦用心。从许多规定的内容来看,对出具法律意见书的律师及其所在律师事务所提出了相当多的特别要求。从这个层面上讲,律师从事证券法律服务——“垄断性”的服务也有其相应的风险。

例如,《证券法》第173条明确规定:“证券服务机构为证券的发行、上市、交易等证券业务活动制作、出具审计报告、资产评估报告、财务顾问报告、资信评级报告或者法律意见书等文件,应当勤勉尽责,对所制作、出具的文件内容的真实性、准确性、完整性进行核查和验证。其制作、出具的文件有虚假记载、误导性陈述或者重大遗漏,给他人造成损失的,应当与发行人、上市公司承担连带赔偿责任,但是能够证明自己没有过错的除外。”《证券法》第201条、《刑法》中也有相关的规定。因此,律师从事令人艳羡的非诉业务——证券法律专业服务的同时,也应看到其承担法律责任的另一方面。有资料显示,每年都有几家律师及其律师事务所受到中国证监会的公开批评。

因此,律师在执业过程中要时刻注意自己的一言一行,切实提高执业水平,尽可能避免潜在的法律责任问题。

第二节 IT与电子商务律师实务

在21世纪初期的今天,电子网络行为已经充斥到了社会经济、个人生活的方方面面。其中,电子邮件(E－mail)和电子交易凭借其迅速、廉价的特性已经逐渐取代了传统邮件成为当前通讯的主要媒介之一。随着IT与电子商务的普及,各种与其相关的法律问题也逐渐引起了人们的注意,律师实务也应运而生。

一、IT与电子商务律师实务概述

(一)IT与电子商务律师实务的概念

IT与电子商务律师实务是IT业、电子商务服务业及其与IT业、电子商务有关的单位和个人委托律师针对出现涉及IT与电子商务法律问题的业务。IT与电子商务法律实务是新生的法律事务,涉及的问题很多,缺少已经形成的法律服务模式和程序,这就需要律师在服务中参考其他相关的法律、法规进行处理。

IT与电子商务律师服务的主要对象就是众多媒体通信接入服务经营者和公众多媒体信息源提供者以及进行电子商务的交易者。其法律规范也不是很多,其中最主要的是信息产业部于1997年9月10日颁布的《中国公众多媒体通信管理办法》,该办法第一次以法律规范的形式规范了接入服务提供者和信息源提供者的概念,从法律的角度确立了保护制度。

(二)IT与电子商务律师实务的服务对象

1. 律师对中国目前的ISP法律服务

ISP的英文是Internet Service Provider,翻译为互联网服务提供商,即向广大用户综合提供互联网接入业务、信息业务等业务的电信运营商。

中国目前的ISP可分为三类：一类是官方提供的电信ISP，即Chinanet公用主干网；另一类是非官方的教育及科研网，这类ISP一般不向企业及普通公众提供接入服务；最后一类是新兴的提供Internet访问服务的商业组织。根据国务院1996年颁布的《中国计算机信息网络国际联网管理暂行规定》，对欲从事国际联网经营活动和非经营活动的接入单位，分别实行国际联网经营许可证制度和审批制度，由各级通信主管部门按管理权限负责审批。

2. 律师对中国目前的ICP法律服务

ICP的英文是Internet Content Provider，翻译为互联网内容服务提供商，在我国，从事通过互联网向上网用户提供有偿信息、网上广告、代制作网页、电子商务及其他网上应用服务的公司，根据国家《互联网管理办法》，需要办理ICP证，全称叫做"中华人民共和国电信与信息服务业务经营许可证"，国家对经营性网站实行ICP许可证制度。未取得经营许可或未履行备案手续，擅自从事互联网信息服务的，由相关主管部门依法责令限期改正，给予罚款、责令关闭网站等行政处罚；构成犯罪的，依法追究刑事责任。

中国目前的ICP：中国的ICP近几年发展迅速，而且也曾经有外资的进入，但近期由于官方屡次声明禁止外资进入国内电信市场，所以发展速度有所减缓，而只涉及内资时，由于ICP则实行核准制度，基本上没有什么严格限制。

3. 律师对中国目前的E-COMMERCE（电子商务）法律服务

中国目前经营电子商务的公司正在迅猛增长，一般从事网上商品销售和网上拍卖。但现阶段的电子商务仍然停留在起步阶段，电子商务涵盖的社会层面也比较窄，又由于电子商务属于相对限制较宽的ICP范畴，因此，近期内将会有一个比较大的发展。

（三）IT与电子商务律师实务的范围和内容

新兴的IT与电子商务业务对律师服务的挑战更多，因服务的广度和深度都在无限膨胀，也没有形成固定的服务模式，在缺少规范的操作程序情况下，根据律师现已接触的案件来看，可以分为以下多项：（1）域名注册、转让及域名争议；（2）ICP、ISP、ITP、ASP及相关业务法律服务；（3）IT企业在国内外资本市场融资与股权投资；（4）电子商务与网络公司的收购、兼并、股权转让；（5）电子商务与网络知识产权注册及保护；（6）起草、制定权利声明、责任免除声明、隐私权保护声明；（7）电子商务与网络公司相关协议、章程；（8）电子商务合同纠纷；（9）电子合同的网上律师见证;(10)网络知识产权侵权;(11)为电子、信息、通讯等相关政府机构提供专项法律服务;(12)电子支付和结算;(13)网上银行、网上证券和网上保险;(14)网络商事侵权;(15)网络民事侵权;(16)网络刑事犯罪;(17)与网络、电子商务有关的其他诉讼或非诉讼业务;(18)提供与网络项目的设立、运营以及并购相关的法律咨询、文件起草、合同谈判和签约服务;(19)风险投资项目的法律状况审查投资结构设计、政府批准手续、项目谈判签约涉及的法律服务;(20)网络运营中的政府批准、合同管理、产品责任、劳动人事关系所需的法律服务。

总结起来也就是ISP、ICP以及电子商务三个方面。它又会涉及其他知识产权和融资、银行等方面的服务。IT与电子商务的案件的证据一般来说不容易获得,所以律师在服务时,一定要利用证据的保全措施。特殊情况下,可以请求公证机关予以公证。律师对IT与电子商务的法律服务主要是对一个网络项目的全套操作过程,主要包括设立、运营和上市及整体并购三个阶段出现的法律问题进行处理。每个阶段都会遇到不同的法律问题,都需要律师参与解决。

二、IT企业律师实务

(一)IT企业的含义

IT是信息产业的简称,它是新时期法律调整的对象,也是律师参与提供服务的领域。其中两个比较主要的范围就是ISP和ICP。

律师参与并服务于IT企业主要有对IT行业经营许可的法律服务、IT公司的组建、经营以及内部结构的管理提供法律专项的服务,服务内容和方式和一般公司一样,在这里就不再赘述。

(二)律师对IT行业经营许可的法律服务

计算机信息系统的使用单位把该系统报省级以上的公安机关备案。接入单位从事国际联网经营活动的,除必须具备规定的条件外,还应当具备为用户提供长期服务的能力。从事国际联网经营活动的接入单位的情况发生变化,不符合规定条件的,其国际联网经营许可证由发证机构予以吊销,从事非经营活动的接入单位的情况发生变化,不再符合规定条件的,其国际联网资格由审批机构予以取消。律师接受委托提供法律服务时,应注意下列事项:(1)我国境内的计算机信息网络直接进行国际联网的,必须使用邮电部国家公用电信网提供的国际出入口信道;(2)进行国际联网的专业计算机信息网络不得经营国际互联网络业务;(3)企业计算机信息网络和其他通过专线进行国际联网的计算机信息网络,只限于内部使用;(4)负责专业计算机信息网络、企业计算机信息网络和其他通过专线进行国际联网的计算机信息网络运行的单位,应当建立网络管理中心,健全管理制度,做好网络信息安全管理工作。

(三)外商参股IT行业的律师服务

律师为外商参股提供法律服务时,可以提供为外商按照中国有关的法律法规规定,设立有关法律许可的实体形式的建议。一般在此阶段律师需要考虑如下的因素:

1. 中外方投资比例。涉及中外方投资比例限制的问题,所以在设立有关法律实体时律师需要考虑如何依据现有的外商投资法律法规和相关政策成立一家或多家实体。现在一般的做法是将经营网站的实体、信息收集、编辑、制作数据库的实体以及网站维护的实体分别设立,以分别承担一定的功能,达到分散风险的目的。

2. 设立的实体的性质。在设立期间,应根据所设立实体的性质,依中国法律建立独资、合资或法律许可的其他实体形式,并根据项目的具体情况将几种方式结合起来运用。

3. 注册地点的考虑:基于投资者的整体计划考虑,可能需要将公司设在享有税收优惠的区域,也可能将公司设在某一行业比较集中的地区,或者在税收优惠地区注册实体,在另一地点设立办事机构,这些选择都需要结合具体的法规和政策予以实施。

三、网络律师实务

由于中国目前的网络项目大都处于这样一个阶段,因此,网络投资者在这一阶段的法律服务需求很大。一般网络项目的设立阶段会涉及下列方面的法律问题:

(一)申请许可证或申请核准

这一阶段主要涉及的是网络项目的经营者和投资者的主体资格问题。

1. 工商注册的律师服务。(1)ISP类型实体,采用许可证制度,设立有限责任公司。(2)ICP类型实体,可以设立有限责任公司。(3)E－COMMERCE类型实体。从事电子商务的企业可以单独办理营业执照,而此前,电子商务只能模糊列入“销售”类经营项目,而电子商务服务只能模糊地归类为“技术服务”项目。

2. 注册域名的律师服务。注册域名是企业设立网站时应做的第一项工作。域名注册可由企业自行办理,也可委托代理机构或ISP办理。该阶段的法律依据是《中国互联网络域名注册暂行管理办法》以及中国互联网络信息中心（CNNIC）发布的实施细则。其中主要涉及以下问题：（1）国家域名注册的管理机构。国务院信息办是我国互联网络域名系统的管理机构，CNNIC 作为日常办事机构，负责管理和运行中国顶级域名 CN。（2）先申请先注册原则。（3）域名注册申请人的主体资格问题。（4）注册域名的变更和撤销问题；注册域名可以变更或撤销，不可以转让或买卖。（5）域名争议的解决问题。域名管理机构对引起的纠纷，由申请人自己负责处理并承担法律责任。

（二）服务商站点存放

企业在申请域名的同时即可开始考虑设计开发和存放站点，这一阶段主要应注意以下问题：（1）我国对拟从事国际联网经营活动的网络服务提供商实行国际联网经营许可证制度，企业在与服务商签订合同时应要求其出示经营许可证；（2）应在合同中详细约定开发商或服务商应提供的服务及标准；（3）当企业站点内容侵害他人权益时，提供服务器并负责站点维护的服务商可能会被控与企业承担共同侵权责任。

（三）吸收风险投资问题

网络项目的投资是相当大的，尤其是对 ISP。而上市或通过银行贷款募集资金不大可能，所以吸收风险投资才是首选的资金来源。

（四）网络运营涉及的相关问题

1. ISP、ICP 经营许可问题

ISP 与 ICP 的经营许可问题，其中主要是 ICP 的经营许可问题，是法律上的灰色区域，即经营者对自己的状态和行为是否合法没有十分确切的把握，管理部门对这些问题也没有作出非常明确的表述。在我国针对 ICP 的管理《中国公众多媒体通信管理办法》中规定：“通过中国公众多媒体通信网向用户提供服务的经营者实行经营许可证制度，对信息源提供者实行申报核准制度，多媒体通信接入服务经营者，同时又是信息源提供者的，只需申办经营许可证。”

2. 保障网络权利的实现问题

（1）知识产权问题。网站应避免在未经作者同意的情况下，将已声明不得复制、转载的文章擅自转贴在网页上且未向作者支付报酬。这是一种侵犯他人知识产权的违法行为。（2）网上合同问题。在网上从事电子商务的企业往往采取网上合同的形式与客户进行交易，即在主页上上载格式合同，由合同相对方通过注册认证，进行商品和服务的交易。电子合同存在容易编造、难以证明其真实、有效性等问题。同时,现有的技术尚未做到对数字化印章和签名的唯一性、保密性进行准确无误认定。因此电子印章和签名确认网上合同的有效性是电子商务正常发展的重要问题。(3)网上广告与网上新闻问题。网上广告与网上新闻同样要受《广告法》或相关行业规定的制约。(4)消费者保护问题。如消费者隐私权的保护问题以及如何将以前的保护消费者的法律适用于网络环境下的问题。(5)电子商务网站的法律责任问题:主要涉及网上欺诈问题和网上购物引起的产品责任等问题。

3. 律师对外资介入中国网络项目的法律服务

根据中国的实践并总结律师办理过的国际互联网投资项目的经验,在与网络有关的公司运营中,需要与一系列的内容供应商合作开发内容产品,终端用户提供内容产品。律师在对投资的股权结构安排方面,需要注意的问题是:(1)在国外注册的实体如何选择通过独资或与中方实体的合资或其他合作方式,在国内依法设立一个或一系列的运营实体;(2)这种股权安排能够确保与投资利益有关的权利(如收益权、独占权等)和知识产权的分享等目标得到实现;(3)这种股权安排能够确保这种合作方式可以使投资者在任何情况下都可以有效地实现合作的目标,如取得有关数据库的使用权或运用合作方现有的渠道等。

律师在服务中还为网站提供了设立方案研究、设立法律文件和批准程序、引进风险投资或并购方面的法律服务。

网站建立之后,经过一段运营时期,即进入成熟阶段。这时候就出现了公司运营中的系列问题,这在其他章节有所体现,这里就不再重复。律师对 IT 与电子商务的法律服务还表现在应用计算机或者网络产生的法律纠纷的行为。

四、电子商务律师实务

电子商务作为一种新型的商业运作模式,是计算机网络、软件技术在商贸领域中的综合应用的产物,是国家信息化建设一个重要的组成部分。因此,电子商务的发展依赖于国家整个信息产业的全面发展,需要广泛的国际合作与交流。

(一)电子商务法律环境

电子商务可以说是源于 ICP,我国随着电子商务及 Internet 的发展,逐步具备了电子商务的法律框架,律师授权处理这方面的法律事务也有了法律上的依据。

1. 我国电子商务立法

我国电子商务方面已出台的法规有《中国公用计算机互联网国际联网管理

办法》、《外商投资产业指导目录》、《从事放开电信业务审批暂行办法》、《中国公众多媒体通信管理办法》等。信息安全和保障电子商务发展的法律主要有《计算机信息网络国际联网安全保护管理办法》、《中华人民共和国计算机信息网络国际联网管理暂行规定》、《计算机信息系统安全专用产品检测和销售许可证管理办法》、《计算机病毒防治管理办法》、《计算机信息网络国际联网保密管理规定》、《计算机信息系统保密管理暂行规定》、《电子签名法》等,这些法规的出台为我国电子商务的发展奠定了基础。

2. 电子商务国际法律渊源

电子商务是一种新型的贸易形式,使低成本跨国贸易成为可能,并将改变人们传统的购物方式和贸易模式,所以与电子商务相关的 WTO 协议主要包括《服务贸易总协定》、《ITA 协议》、《基础电信协议》与 TRIPs 协议等。WTO 要求其成员必须在市场经济的共同基础上,实现全球范围的贸易自由化,目前我国尚无完整成文的《电信法》。按《服务贸易总协定》的电信服务协议,可以要求有关的电信组织和一些发达国家提供先进的通信技术设备和相应的服务技术帮助我国发展电信业。还可以利用保护幼稚产业、安全例外等条款,保证民族产业的发展。允许国外有技术和经济实力的电信公司、网络运营公司来华投资建设、经营基础电信网络和电信增值服务业,将有效地加速我国骨干网、接入网的建设,增加我国 Internet 国际端口数量和带宽,提高网络运营的服务能力和水平,降低收费标准,这样就会吸引更多的用户上网,从根本上改变我国电子商务的基础环境。

3. 我国电子商务发展尚需的法律

由于电子商务规范的不够完善,需要制定的相关法规:(1)电子商务的促进法规。可以包括技术创新促进法规、人才培养法规、投融资法规、税收优惠法规、政府采购法规、与传统产业结合的促进法规、区域发展促进法规、国家宏观调控法规等。(2)电子商务的市场准入的相关法规。(3)出台关于电子商务企业上市融资(包括海外融资)的具体法规。(4)出台有利于电子商务发展的电信资费管理的法规。(5)出台有利于三网(计算机网、广电网、电信网)合一的相关法规。这些法规与规章涉及互联网安全、保密,基础设施建设,融资,广告,经营许可,新闻发布等诸多领域,初步形成了一个系统并基本做到了与国际接轨。

4. 电子商务管理采取的登记、备案、许可制度

电子商务沿用了许多传统商业贸易的规则和做法,似乎可以将现行的法律

沿用或者扩展到电子商务领域。电子商务是在信息网络的基础上的全球一体化经济活动,为了安全的需要,律师协助当事人提供登记、备案、许可等服务,并着重服务于协助委托人向电子信息部门登记,业务范围的备案和内容的许可等,维护当事人在电子商务中的利益和权利。为委托人提供下列方面的服务:ISP经营、ICP经营、BBS经营、域名管理、网上新闻管理、软件产品管理、电信设备入网、网上广告管理、网上证券管理、教育网站、网上音像制品管理、招聘网站管理等,涵盖了几乎所有的电子商务领域。

我国对从事国际联网经营活动的接入单位实行国际联网经营许可证制度。经营许可证由经营性互联单位主管部门颁发,报国务院信息化工作领导小组办公室备案,并实行年检制度。经营性接入单位凭经营许可证到国家工商行政管理机关办理登记注册手续,向提供电信服务的企业办理所需通信线路手续。提供电信服务的企业应当在30个工作日内为接入单位提供通信线路和相关服务。

互联单位开通或扩充国际出入口信道,应当到国际出入口信道提供单位办理有关信道开通或扩充手续,并报国务院信息化工作领导小组办公室备案。国际出入口信道提供单位在接到互联单位的申请后,应当在100个工作日内为互联单位开通所需的国际出入口信道。国际出入口信道提供单位与互联单位应当签订相应的协议,严格履行各自的责任和义务。国际出入口信道提供单位、互联单位和接入单位应当保存与其服务相关的所有信息资料;在国务院信息化工作领导小组办公室和有关主管部门进行检查时,应当及时提供有关信息资料。

(二)电子商务安全的法律保护与律师实务

1. 律师对电子商务市场准入的法律服务

律师严格按照《中华人民共和国计算机信息网络国际联网管理暂行规定》第9条规定对从事经营活动的单位进行审核,使其具备以下条件:(1)是依法设立的企业法人或事业法人;(2)具有相应的计算机信息网络、装备以及相应的技术人员和管理人员;(3)具有健全的安全保密管理制度和技术保护措施;(4)符合法律和国务院规定的其他条件。同时还应当具备为用户提供长期服务的能力。

2. 电子商务安全管理的律师实务

律师注意拟订和审核互联单位与接入单位签订协议,加强对本网络和接入网络的管理,并提请委托人注意下列事项:(1)负责接入单位有关国际联网的技术培训和管理教育工作;(2)为接入单位提供公平、优质、安全的服务;(3)按照国家有关规定向接入单位收取联网接入费用。

接入单位应当服从互联单位和上级接入单位的管理；审查和签署委托人与下级接入单位的协议，审查和签署委托人与用户的用户守则。并协助用户服从接入单位的管理，严格遵守并杜绝以下情况发生：(1)不得擅自进入未经许可的计算机系统，篡改他人信息；(2)不得在网络上散发恶意信息，冒用他人名义发出信息，侵犯他人隐私；(3)不得制造、传播计算机病毒及从事其他侵犯网络和他人合法权益的活动。

我国法规规范了单位和个人在管理上的义务和责任，规定了公安机关管理监察部门在计算机网络安全并保障电子商务活动正常运行的法定职责，律师应当为当事人制作相关制度和规定，并严格执行安全保密制度，从而保障其做到两点：(1)不得利用网络从事危害国家安全、泄露国家秘密等违法活动；(2)不得制作、查阅、复制和传播妨碍社会治安的信息和淫秽情等信息。律师的任务是保障商务买卖、贸易活动的健康和发展，维护正常经济秩序。同时提请相关人员注意违反相关规定会造成的处罚措施：(1)侵入国家事务、国防建设、尖端科学技术领域的计算机信息系统的处理措施；(2)对计算机信息系统功能进行删除、修改、增加、干扰，造成系统不能正常运行的处理办法；(3)对计算机信息系统中存储、处理或者传输的数据和应用程序进行删除等操作，利用计算机实施金融诈骗、盗窃、挪用公款等进行的刑事制裁。

3. 电子商务接入服务的律师实务

新建互联网络，必须经部(委)级行政主管部门批准后，向国务院信息化工作领导小组提交互联单位申请书和互联网络可行性报告，由国务院信息化工作领导小组审议提出意见并报国务院批准。接入单位必须具备规定的条件，并向互联单位主管部门或者主管单位提交接入单位申请书和接入网络可行性报告。律师可以根据委托协助当事人制作报告和法律文件。互联网络可行性报告的主要内容应当包括：(1)网络服务性质和范围；(2)网络技术方案；(3)经济分析；(4)管理办法和安全措施等。互联单位主管部门或者主管单位应当在收到接入单位申请书后20个工作日内，将审批意见以书面形式通知申请单位。

（三）我国电子商务发展需要解决的问题

1. 充分考虑我国实际情况，分阶段发展，重点突破，不断完善

我国基础设施落后，管理水平、信息化水平低下，同时还存在信用卡使用不普遍，网络建设参差不齐，送货系统不完善，上网成本高，企业信息化水平低下等

发展电子商务上的诸多问题。建设我国电子商务市场，相应的安全性问题，交易主体的合法化和信用问题，电子签名、电子合同的有效性问题，电子商务发展的基础环境问题等相关法律问题，就自然成了我国目前发展电子商务的当务之急。

2. 充分利用已有的法律体系，保持现有法律体系的完整性与稳定性

一般情况下，现有的法律体系都适用网络世界，并不会因其虚拟化而有所不同。对现有法律没有完全涵盖的内容，尽量通过修改法律或发布司法解释的方式争取解决。

3. 律师充分认识发挥仲裁及国际组织的作用

在电子商务相关案例的审判中，国际社会就证据认定、赔偿数额、举证责任等方面创立了许多新的原则，有效地保护了知识产权。由于仲裁的灵活性、专业性与国际协调性，使其在新技术引发的各类法律问题中的作用得到了国际社会的认同，仲裁就已成为国际公认的实用手段。所以，仲裁在电子商务发展中的地位也越来越重要。

(四)《电子签名法》与电子商务安全

为了确立电子签名法律效力，明确电子签名规则，维护电子签名活动各方的合法权益，保证电子交易安全，2004 年 8 月 28 日中华人民共和国第十届全国人民代表大会常务委员会第十一次会议通过了《中华人民共和国电子签名法》(以下简称《电子签名法》)，自 2005 年 4 月 1 日起施行。可以说这部法律的颁布，是自 2002 年 12 月全国人大常委会通过《全国人大常委会关于维护互联网安全的决定》以来第二部立法层次最高的网络立法，是电子商务领域的第一部法律。该法律明确规定了电子签名具有与手写签名或者盖章同等的效力，并且明确规定了具备这样效力的电子签名应具备的具体条件等。

这部历时 3 年多才面世的《电子签名法》，全文约 4500 字，共 5 章 36 条，分为总则、数据电文、电子签名与认证、法律责任、附则。

根据《电子签名法》的规定，电子签名，是指数据电文中以电子形式所含、所附用于识别签名人身份并表明签名人认可其中内容的数据。

关于《电子签名法》的适用范围，该法规定，民事活动中的合同或者其他文件、单证等文书，当事人可以约定使用电子签名、数据电文。但是对一些特殊情形，则不能适用，包括涉及婚姻、收养、继承等人身关系的；涉及土地、房屋等不动产权益转让的；涉及停止供水、供热、供气、供电等公用事业服务的；法律、行政法规规定的不适用电子文书的其他情形等。

该法明确规定电子文件与书面文件具有同等效力并对数据电文如何满足法律、法规规定的“书面形式”、“原件形式”、“文件保存”的条件,数据电文作为证据使用如何考虑其真实性等问题作了规定。

在规范电子签名行为的基础上,《电子签名法》明确了电子认证机构的法律地位及认证程序,并对电子认证服务机构设立了市场准入制度、认证机构暂停、终止认证服务的业务承接制度。例如,根据该法规定,提供电子认证服务,应当具备下列条件:(1)具有与提供电子认证服务相适应的专业技术人员和管理人员;(2)具有与提供电子认证服务相适应的资金和经营场所;(3)具有符合国家安全标准的技术和设备;(4)具有国家密码管理机构同意使用密码的证明文件;(5)法律、行政法规规定的其他条件。

对于电子签名认证证书,该法规定,电子认证服务提供者签发的电子签名认证证书应当准确无误,并应当载明下列内容。:(1)电子认证服务提供者名称;(2)证书持有人名称;(3)证书序列号;(4)证书有效期;(5)证书持有人的电子签名验证数据;(6)电子认证服务提供者的电子签名;(7)国务院信息产业主管部门规定的其他内容。

该法最后规定了电子签名各方违反本法相关义务时应当承担的法律责任。电子签名人或者电子签名依赖方如果因依据电子认证服务提供者提供的电子签名认证服务从事民事活动遭受损失,电子认证服务提供者不能证明自己无过错的,承担赔偿责任。

《电子签名法》的实施,将对电子商务的发展产生巨大的影响,简化手续,提高效率,而且可以使网上交易的真实性、有效性、防抵赖性等问题有法可依,保障各方的利益。同时,电子商务的发展,也给律师开拓了新的广阔的服务领域。

第三节 专项事务律师实务

随着我国社会主义市场经济建立和发展,各种经济组织之间,经济组织与公民之间以及公民与公民之间的经济往来日趋频繁,经济关系日趋复杂。由此,律师提供的法律服务的范围越来越广,而且还有不断扩大的趋势,因此,本节主要介绍律师新的单项的法律服务内容。律师代理专项工作的范围相当广泛,目前常见的主要有律师资信调查、律师见证、律师代理发表授权声明、律师出具法律意见书等。

一、律师资信调查

（一）律师资信调查的概念

律师资信调查，是指当事人为预防风险，保障其投资、贸易经营的安全，委托律师代理其对他方的资产状况和商业信誉，通过一定的手段进行的考察和了解的业务活动。律师接受当事人的委托，进行资信调查，是律师业务的一项重要内容，也是律师发挥自己职业优势，行使调查权，为当事人提供法律服务的一个重要方面。

所谓资信是指来往客商的资金能力和信誉。根据律师工作的实践，资信调查的内容主要包括以下几个方面：

1. 对方当事人的基本情况，即被调查对象的民事主体资格、法律地位和行为能力。如果是经济组织，应当包括是否具备法人资格，企业的性质是有限责任公司还是无限责任公司，是否具有权利能力和行为能力；如果是自然人则应当查明：（1）出生日期；（2）身份证件、签发日期；（3）户籍所在地；（4）居住地；（5）家庭基本情况；（6）毕业处所；（7）工作处所；（8）有无犯罪记录；（9）个人信誉情况；（10）有关职能部门评价。

2. 对方当事人的资本状况。包括对方当事人的注册资本总额、实有资本总额及其对外债权债务、经济效益情况、生产能力和技术设备力量等内容。

注册资本总额，是企业在注册机构登记的资本总额，它仅仅是表示企业依法成立必须具有的最低资本数额，一般并不完全显示企业的实际资产状况。

实有资产总额，是指企业实际拥有的资产总额。对无限公司而言，还包括股东所拥有的全部财产；对股份公司来说，实有资产是公司的现有资产，其数额依法律规定，一般应高于注册资本，股份有限公司在对外发生债务时，是以公司的现有财产进行清偿的。因此，企业的实有资本的数额是非常重要的，律师应在资信调查时予以查清。

对外债权债务，是表明企业资本状况的一个重要因素。了解对方当事人资信状况，不仅看其注册资本、实有资本，同时还要看其债权债务情况。债权债务情况，财务实际状况、企业对外债权情况；企业对外债务情况；企业对外投资情况；其他财务数据有时还表现为诉讼形式，律师在进行资信调查时，查清对方当事人有无诉讼在身，是查清其债权债务的一个有效方法。

3. 对方当事人的经营情况。包括其经营范围和方法以及生产经营状况等内容。调查对方当事人的合法经营项目、经营活动的方式，以确定其商业性质。

企业经营实际现状,企业实际办公状况,企业机构设备情况,企业经营状态。资产实地追踪,固定资产现状的全方位追踪调查,提供所在地点,资产具体数额,产权所有并辅图片资料。深度背景分析,主营范围,主要货源,主要市场,供销渠道。

生产经营状况的调查,包括调查对方当事人的开工状况、经济效益状况以及产品市场状况。特别要注意,是否有开工不足、经济效益逐步下降、产品不适销对路、没有市场等情况。

4. 对方当事人的商业信誉情况。主要包括其生产的产品质量,履行合同的能力,以往的履约率,服务质量情况,产品的声誉情况、产品的销售服务情况,实际信用状况,合作伙伴评价,业内人士评价,主管部门评价,重大不良记录等。

5. 对方当事人财产担保情况。主要应调查该企业是否对其不动产和固定资产已经设定了抵押担保;是否为其他企业设立了保证人担保。

在社会主义市场经济环境下,企业的商业信誉甚至比资本情况、经营状况、企业组织形式等更为重要,是商业交往中彼此首要考虑的因素。

(二)律师资信调查的途径

因调查对象的不同,律师进行资信调查的途径也有所不同。实践中,律师资信调查可以通过以下途径进行:

1. 调查对象是中国境内公司、企业

律师可以通过下列途径进行资信调查:

(1)通过工商名录、商业广告、报刊杂志等了解其基本情况;

(2)通过工商、税务、金融等机构调查了解调查对象的生产经营状况;

(3)通过对与被调查对象有业务往来的公司、企业的调查,了解被调查对象的产品质量状况、商业信誉等情况。

2. 律师涉外资信调查

可以通过以下途径进行:

(1)委托外国律师进行。近年来,我国有不少律师事务所同外国的律师事务所或公司建立了业务协作关系,互相协助进行法律事务调查等工作。许多外国律师事务所或公司在我国的允许下,也到我国各大城市设立办事处,其任务就是代理在其本国的诉讼或法律事务调查等。因此,律师进行涉外资信调查,可以通过有协作关系的外国律师事务所或通过外国律师事务所驻中国办事处,委托外国律师进行。

(2)委托中国银行进行。中国银行是我国从事外汇金融业务的专业银行。中国银行已同世界一百多个国家或地区的数千家银行建立了业务代理关系,互相代理有关金融业务。律师进行涉外资信调查,可以委托中国银行,由其委托外国代理银行代为调查外商的资信情况。

(3)通过我国驻外使领馆进行。我国设立在与我国经贸往来较多的国家的使领馆,一般都设有商务处和商务参赞等机构和人员,他们代表我国政府协调和驻在国的经贸关系,对驻在国的经济法律及工商企业的状况都非常了解。因此,律师涉外资信调查,也可以请使领馆商务处进行。

律师调查事项一般是根据委托人的要求,但律师一般意义上的社会调查主要是商务调查,所以律师应严格依照法律对当事人委托的事项进行研究,然后作出是否接受调查,以防止委托事项侵犯其他人的商业秘密和个人隐私。

律师的资信调查可以通过律师依据法律专长和特殊身份给当事人解决社会生活和经济交往中的诸多问题,有利于经济关系的建立,避免不必要的诉讼,有利于社会的稳定和发展。

(范例)

资信调查报告书

××有限责任公司:

受贵公司委托,本律师事务所指派××律师对××市××房地产开发公司进行了调查了解,现就其资信情况出具资信调查报告如下:

一、××市××房地产开发有限公司是经××市工商行政管理局注册的有限责任公司,注册地址:××市××县××工业区,法定代表人:刘××,经营范围:在规划范围内进行开发、建设,房屋出租、出售及其物业管理,现有职工200多人,在××市共有3个房产开发项目于近期同时开工,该公司是××市新近发展壮大的房地产开发企业。

二、××市××房地产开发有限公司注册资本人民币5000万元,现有资本人民币1.5亿元。年利润率人民币3000万元,上缴税金390万元。系××市房地产企业累计利税大户前20名之列。该公司现有债务1400万元,债权3000万元,经济效益良好,开发能力较强,新近开发的几个房地产项目均获××市政府颁发的××优质工程证书,在近3年××市的同行业中××市××房地产开发有限公司的销售量和其他经济指标都稳居该市前列。

三、××市××房地产开发有限公司自1995年成立至今,近几年,其所做商品房现房及期房交易均无违法、被处罚情形。

××市××律师事务所

××律师

××××年××月××日

二、律师见证

(一)律师见证的概念和特征

律师见证,是指律师应当事人的申请,根据自己的亲身所见,以律师事务所的名义,依法对法律事件或法律行为的真实性、合法性进行证明的一种活动。律师见证具有下列法律特征:

1. 见证的主体是律师

律师见证,具有不同于其他证明方式的独到之处,即律师见证的主体是律师,而见证的名义是作为专门的法律服务机构的律师事务所,这与任何人都可以进行的民间私证,以及以国家名义进行的公证,都有根本的区别。

2. 见证是一种对法律及事实的确认

当事人请求见证的事项,往往是对我国现行的法律、行政法规规定的内容了解得不够详细、不够具体或不太放心。因此,当事人聘请律师见证,是想寻求多一层保护。律师见证,主要是根据现行的法律,对法律事实的真实性、合法性进行确认。

3. 见证的时间与空间有着严格的限制

所谓见证时间,是指对见证行为发生之时进行见证;所谓空间,是指律师亲眼所能见到的范围。律师见证的时间与空间都不能超出这个范围。

4. 律师具有独立的地位

律师办理见证业务,虽然也是基于当事人的委托,但委托的是见证,而不是代理。在见证过程中,律师是以见证人的身份从事见证活动,他既不是代理人也不是调解人,而是在双方或多方当事人之外的具有独立地位的见证方,具有证明和监督的双重性质。

(二)律师见证的效力

1. 约束效力

律师见证,对双方当事人具有一定的约束力。因为双方当事人既然自愿申请见证，而且双方之间的法律行为也业已见证，并具有真实性、合法性，当事人就不得对已见证的事项随意变更、修改或废止，而应自觉履行。

2. 证据效力

律师见证，是律师以自己特殊的身份，较为丰富的法律专业知识，并以律师和律师事务所的名义，作为见证人，从第三者的角度，客观公正地证明当事人所为的一定的法律行为，这在客观上使被见证对象具有真实性和合法性，同时还具有一定的权威性。因而在双方当事人发生纠纷引起诉讼时，通常可作为认定事实、确定双方当事人之间权利义务关系的证据效力。

（三）律师见证的范围

1. 律师见证的主要是法律行为，而不是法律事件

所谓法律行为，是指引起民事法律关系发生、变更和消灭，能够产生一定法律效果的行为。它包括单方法律行为、双方法律行为、共同法律行为、有偿法律行为等。例如，遗嘱、声明、契约、合同、买卖、赠与等。但是，对于不以人的意志为转移的法律事件，如出生、死亡、结婚、学历和经历等同样涉及民事、经济法律关系的事件，则不属于律师见证的范围。这些事件的发生，一般是由政府或职能部门出具相应的文件确认，而律师在这些法律事件发生时，一般也难亲身所见，因此，这些法律事实以及由此而产生的法律关系，都属于公证的业务范围，而不属于律师见证的业务范围。

2. 律师见证应该是法律规定的强制公证之外的法律行为

我国公证原实行自愿原则，但近年来，由于国家调整规范民事经济活动的需要，不少行政法规规定有些法律行为必须经过公证才具有法律效力。故我国公证也由自愿公证原则，改为自愿公证与强制公证相结合的原则。如国务院明确规定收养子女必须经过公证机关公证。这些强制性规定，使公证成为该法律行为生效的要件之一，行为主体必须履行。在这个范围之内，律师见证是无效力的，即使当事人请求律师见证，律师也应告知当事人履行公证程序。

3. 见证的重点应当是经政府批准生效的法律行为

实践中，经政府批准生效的合同，往往是与我国政治、经济有着密切关系的涉外经济合同。如中外合资、合作企业合同，独资企业合同以及这些合同的补充修改条款，这种合同期限长、标的大、错综复杂，从谈判、起草、审查合同文本，到签字见证，都应有律师来参加。无论对当事人提供及时有效的服务，还是为政府提供法律意见，律师的参与都是十分必要的。

（四）律师见证的程序

1. 接受当事人的委托，签订委托见证合同

当事人委托律师进行见证时，律师应请当事人首先提交能够证明其身份的证件，并说明委托见证的事项，提交有关文件、材料和证据。律师对委托见证的当事人应认真接待，并作笔录，然后根据当事人所提供的要求和材料，审查见证是否属于见证范围。符合见证条件的，应由律师事务所和当事人签订委托见证合同。合同的内容一般应包括：（1）申请见证的事项；（2）合同双方的责任；（3）申请方支付的服务费用及支付方式；（4）合同双方签名、盖章，注明日期。对不符合律师见证条件或不属于律师见证范围，以及见证事项不真实、不合法的，则不予见证，律师事务所应作出不予见证的书面说明送交委托人。

2. 审查

律师接受委托后，就应对当事人提供的材料认真地进行审查分析。这是见证真实性、合法性的保障，是见证的必经程序。审查的内容包括当事人提供的材料是否真实、可信，有关文件的内容是否合法，如果律师认为不完善或者有疑义，应让当事人作必要的补充，并根据情况进行必要的调查，收集有关证据和材料。律师还应审查当事人及其代理人的法律资格。

3. 见证

见证行为发生时，见证律师应监督法律文件的制作、复制，证明它们的真实性、合法性。需要注意的是，在双方或多方当事人实施特定的法律行为时，接受聘请的见证律师必须亲临现场，目睹该项法律行为的完成。律师见证仅是就其亲自经历某一事件过程中的所见所闻进行客观的证明，不需要进行分析研究、判断推理。因此，律师见证时，必须尊重客观事实，防止个人主观臆断。

4. 出具见证意见

对经律师见证，见证事项真实、合法，律师应在委托见证合同约定的期限内出具律师见证书，律师应当在见证书上签名，律师事务所应在见证书上盖章。

（五）律师见证书

律师见证书是律师开展见证业务所使用的法律文书，其内容结构主要由首部、正文、尾部三部分组成。

1. 首部

包括标题、文书编号、委托见证人的身份情况等。

（1）标题。应当写明“律师见证书”。

(2)文书编号。文书编号应当写在标题的右下方,按年度、律师事务所简称、文书简称以及编号的顺序排列。如(2002)京隆见字第××号,即指2002年度北京市隆安律师事务所律师见证书第××号。

(3)委托见证人的身份情况。委托见证人是公民的,应当写出姓名、性别、年龄、民族、籍贯、职业及住址等身份情况;如果委托见证人是企业、事业单位,应当写出单位全称和所在地址,并另起一行,写出法定代表人的姓名和职务。

2. 正文

这是见证书的主体部分,可依次写清见证事项、见证过程、见证结论和法律依据四项内容。

见证事项,是指委托见证人就何事要求律师见证,相当于行政公文中的"事由",要写得简明扼要,一目了然。如"委托律师就《遗嘱》进行见证"。

见证过程,要概述从接受委托至如何办理见证的全过程,为确认见证书具有真实性、合法性做了哪些工作,从而可顺理成章地过渡到见证结论。

见证结论,这一部分是见证书的核心部分,指律师对有关见证事项的各种材料进行审查后,作出的结论。见证结论可以与见证事项的法律依据结合在一起写,也可以分开写。如某一自书遗嘱的见证书的见证结论,就是与法律依据合并在一起写的,具体叙述如下:"兹证明鲁××在书写自书遗嘱时神志正常,思维敏捷,具有权利能力和行为能力。该遗嘱是由鲁××亲笔书写,在见证律师面前签名盖章,并注明书立遗嘱的年月日,符合《继承法》第17条第2款的规定。遗嘱内容出于鲁××本人的真实意思,符合《继承法》第16条第2款的规定,也不违反其他政策、法律的规定和社会公共利益。"

法律依据,主要是为了说明见证事项的合法性。

3. 尾部

应在右下方按序分行写出律师事务所的全称,由两名见证律师签名盖章,并在见证书的年、月、日上加盖律师事务所公章。

(范例)

律师见证书

(2002)京隆见字第××号

××律师事务所接受贷款人中国农业银行××支行、借款人××公司和保证人××企业集团公司的委托并指定××律师、××律师就贷款双方委托事项进行见证。

根据《合同法》、《贷款通则》等法律、法规的规定，见证律师审查了委托人提供的有关文件。

兹证：

一、贷款人中国农业银行××支行与借款人××公司和保证人××企业集团自愿于2000年6月7日签订编号为农银保借字第××号《保证担保借款合同》，该合同符合《合同法》、《借款通则》等法律、法规的规定。

二、贷款人中国农业银行××支行及其法定代表人的授权代理人××先生在上述合同中的印章是真实有效的。

三、借款人及其法定代表人××先生在上述合同中的印章、签字是真实有效的。

四、保证人及其法定代表人××先生在上述合同中的印章、签字是真实有效的。

××律师事务所

见证律师：××

见证律师：××

××××年××月××日

三、律师授权发表声明

（一）律师授权发表声明的概念和特征

律师授权发表声明，是指在民事活动中，律师根据当事人的授权，就有关当事人利益的法律事实，公开声明其立场或主张其权利的单方法律行为。

律师授权声明的对象是针对社会各界，不是针对特定的哪个单位或个人。声明无论采取何种方式，都是为了声明当事人对某一行为或事件的主张，明确某项权利或义务，使当事人的合法权益不受或少受侵害。因此，授权声明必须公开，只有为社会各界所知，才能起到宣传和告诫作用。

律师授权发表声明，主要具有以下几个特征：

1. 授权人必须具有主体资格。授权律师发表声明的授权人，必须具有主体资格。具体要求：（1）授权人具有承担民事责任的能力；（2）发表声明的内容必须与授权人的职务、身份和经营范围等权利能力和行为能力相适应。

2. 声明的内容必须真实可靠。

3. 声明的内容必须合乎法律规范、公共利益和社会公德。

4. 声明必须公开。

（二）律师授权声明的程序

律师发表授权声明一般应遵循下列程序：（1）接受委托。审查声明的各种证据材料，确认其内容真实可靠、合法之后，正式签订授权委托书，授权声明委托合同应当由律师所在律师事务所与授权的当事人签订，合同应明确双方权利义务关系、代理期限等内容。（2）制作声明书。律师接受委托后，应对当事人提供的证据材料进一步审查核实，在事实清楚、证据充分的基础上，审查内容是否合法，是否规避法律。声明书制成后，应交由报社、杂志社、电台、电视台公开发表。当事人应按规定交纳费用，如承办律师经调查发现，当事人提供的证据材料严重虚假，当事人在此基础上提出的内容明显违法，应断然撤销委托，并向当事人说明理由。

（三）律师授权声明书的制作

律师授权声明书一般由首部、正文、尾部三部分组成。

1. 首部

包括标题和当事人的身份情况。

（1）标题。有两种写法：直接由授权单位发表声明的，应当写明“律师授权声明书”；担任法律顾问的律师发表声明的，标题应当由顾问单位名称、律师事务所名称、文书名称三部分组成。

（2）当事人的身份情况。应当写明授权人、被受权人的基本情况。

2. 正文

这一部分是律师授权声明书的核心和重点，律师应当根据不同的情况书写。就一般情况而言，发表声明主要有两种情况。

一种情况是为了维护当事人的某项产品，某个商标，某种服务项目等在公众中的信誉，指出社会上的伪造、假冒以及其他有损当事人的声誉的不良现象，以警戒违法行为，提高公众对真与假的识别能力。

该种情况律师授权声明书主要应当写明以下三个方面的内容：（1）写明某项产品的品种、质量、功能等，或者是某商标在国内外的信誉。（2）写明社会上伪造产品、假冒商标的情况。（3）要求公众提高识别能力并进行检举、揭发，将伪造、假冒的单位和个人，告诉某单位或律师，以便提请有关单位追究法律责任。

另一种情况是基于当事人单位及其下属单位的分离、合并、撤销、破产等情况，当事人需要停业整顿、清理债务。

这种情况授权委托书应当写明：当事人当前的处境情况；宣布当事人单位或其下属单位暂停（或者停止）一切经济活动。

3. 尾部

写明授权、被授权发表声明人所在地址、电话等，以便社会有关单位、个人联系。

（四）律师授权发表声明应注意的问题

律师授权发表声明是一种民事代理行为，属于非诉讼的民事代理行为。当事人之所以不亲自发表声明，而是授权律师代理自己发表声明，一是为了让律师对声明的合法性和可行性严格审查把关；二是利用律师的身份给社会造成影响。因此，律师在接受委托时应当注意：（1）必须有当事人的授权。律师只能在授权范围内以当事人的名义发表声明，当事人应对发表声明产生的后果承担责任，并交纳因发表声明而支出的各种费用。（2）律师授权发表声明必须具有法律意义，能够引起民事权利义务关系的变化。（3）律师在授权发表声明时，还应考虑声明的内容是否与当事人的人身有关，如果属于《民法通则》第63条第3款的内容，就应当由当事人自己发表声明，律师不得代理其声明。（4）律师在发表声明时，应严格审查声明内容，审查当事人提供的各种证据材料，以便有效地达到目的。

（范例）

××制药有限责任公司授权××律师事务所律师发表

律师授权声明书

××制药有限责任公司是国家××管理局唯一批准的生产××药品的厂家。××药品研制生产以来，××制药有限责任公司从未授权、委托其他厂家生产该种药品。近来，药品市场上出现了其他厂家生产的××药品，其中有些还标有“××制药有限责任公司授权”字样，纯属假冒；其做法不仅侵犯了××制药有限责任公司的合法权益，而且侵害了广大患者的利益，也扰乱了药品市场的秩序。为此，本律师授权发表声明：凡有上述不法行为的厂家，必须立即停止生产、销售××药品，立即停止对××制药有限责任公司的侵权行为并对此前生产、销售××药品所发生的一切不良后果承担全部责任。对此前，尤其是此后侵犯××制药有限责任公司生产××药品权益的行为，本律师将随时依据国家的有关法律、法规，代表××制药有限责任公司追究其经济责任和法律责任。

××制药有限责任公司

公司地址:××

单位电话:××

法律顾问:××律师事务所

律师:××

××××年××月××日

四、法律意见书

(一)法律意见书的概念和特征

法律意见书,是指律师应当事人的要求,针对某一非诉讼法律事务,根据当事人提供的材料和事实根据,正确运用法律进行阐述和分析,给当事人出具,提出如何解决的司法建议书。

律师出具法律意见书,主要具有以下几个特征:(1)出具法律意见书的主体是律师,法律意见书应当同时加盖律师和律师事务所印章。(2)法律意见书是针对当事人提出的某一具体的非诉讼法律事务,或者是法律行为,或者是法律事实,或者是法律文件而出具的书面法律意见。(3)法律意见书是律师正确运用法律,对当事人提出咨询的事务进行分析与阐述而得出的结论性意见,该意见不受任何人影响,具有完全的独立性。(4)法律意见只能“就事论事”,当事人咨询什么,律师就应当论证什么,当事人对自己提供的材料的真实性负责,律师一般不负责调查。(5)法律意见书不具有约束力和强制力。

(二)律师出具法律意见书的程序

1. 由律师事务所统一接受委托人的委托,订立委托合同,明确律师事务所和委托人的权利义务,指派承办律师。

2. 委托人必须提供有关材料,送律师事务所审查。

3. 由承办律师草拟法律意见书初稿,并与委托人就有关问题进行讨论。

4. 律师事务所将法律意见书以公函正式打印,加盖承办律师和律师事务所的印章,出具给委托人。

(三)法律意见书的制作

法律意见书一般由首部、正文、尾部三部分组成。

1. 首部

包括标题、编号。(1)标题。应当写明“法律意见书”。(2)编号。应当写明年度、律师事务所简称、文书简称、序号。如(2002)京隆律意字第××号,其中:“京隆律”为北京隆安律师事务所的简称,“意”为法律意见书的简称,2002为年度。

2. 正文

正文部分是法律意见书的核心部分。这部分内容可视法律意见书的不同种类,分别确定。例如,对如何进行国际借贷交易,法律意见书的主要内容包括:(1)必须声明,由当事人提供的有关事实、文件及签字等的真实性,完全由当事人负责。(2)必须声明,所依据的哪一个国家的法律。(3)必须写明借款人的法律地位、营业资格和履约能力。(4)如果贷款协议有担保人的话,应当写明担保人的法律地位、营业资格和履约能力。(5)指出借款人签订贷款协议已得到必要的同意,担保人签署担保书亦得到必要的同意。(6)指出根据本国法律,贷款协议是合法有效的,与现行法律和借款人的其他合同并不抵触;借款人的义务和责任是不可撤销的、直接的、无条件的。(7)指出根据本国法律,贷款协议中的当事人有选择适用法律的权利。(8)最好声明,本意见书仅供委托人参考,不得挪作他用。

结合律师的工作实践,一般来说,法律意见书的正文部分应当写明以下内容:法律意见书呈送单位,委托的内容要求;法律意见的具体内容;法律意见的法律依据;建议和要求。

3. 尾部

由律师签名或盖章,注明年月日,加盖律师事务所公章。

(范例)

法律意见书

(2002)京隆律意字第××号

××乳胶有限公司:

关于××卫生用品有限责任公司在其网站对其产品(安全套)宣传侵犯贵公司知识产权及不正当竞争行为,本所律师根据贵公司的委托,依据贵公司提供的有关材料,并依据相关的法律,提出如下法律意见:

一、根据贵公司向本所提供的如下文件

1. 公司简介彩色单页;

2.“××乳胶有限公司”产品手册;

3. 企业营业执照复印件；

4. ××省××市公证处出具的对 www. ××. com 网站有关侵权内容证据保全公证书。

本所律师亲自访问 www. ××. com 网站，获知如下事实：

(1) www. ××. com 网站中文首页上载有：

热烈祝贺××卫生用品有限责任公司再获中华人口奖。

热烈祝贺××卫生用品有限责任公司通过国家监督抽查并排名第一××卫生用品有限责任公司获中华人口贡献奖的内容。

(2)在 www. ××. com 网站中文首页上，通过点击质量保证条目，进入的网页内容中载有：

全球性统一稳定的高质量标准，符合或超过国家与国际标准。

所有 JSB 安全套都在 EN46002 及 ISO9002 品质管理系统下操作，且经常有专业人员作定期审查。

亚太地区乃至于世界头号安全套品牌。

此描述与××乳胶有限公司产品手册的有关文字描述和排列几乎一样，只是在个别名称上进行了改动。

(3)在 www. ××. com 网站中文首页上，通过点击产品介绍条目，进入的网页内容中载有以下内容：

“×××”给你想要的感觉。

该广告语只是在××乳胶有限公司产品手册上的广告语“给你想要的感觉”前多加了“×××”××卫生用品有限公司商标用语的三个字。

二、案情事实分析

1. ××卫生用品有限公司在 www. ××. com 网站上登载的与贵公司产品手册的有关文字和设计内容完全一样，其实质就是一种不正当竞争行为，应追究其不正当竞争的法律责任。

2. ××卫生用品有限公司网站上“×××给你想要的感觉”广告语在文字、颜色、意象等是对贵公司产品手册上的广告语“给你想要的感觉”设计的抄袭，该用语是贵公司安全套的形象广告词，也为广大公众所知晓的，应属于贵公司的著作权保护范畴。因此该公司的行为侵犯了贵公司的著作权。

3. 对于 www. ××. com 网站上登载的有关××卫生用品有限公司

“××牌安全套、数十年的生产历史”、“2001年第二季度国内质量检验合格排名第一”、“全球销量20%”是与实际情况不符的虚假宣传，是导致客户和消费者误解的行为，这是一种严重的不正当竞争行为。

三、构成侵权的理由

××卫生用品有限公司在其网站利用网络媒体，对其“×××”牌安全套商品的介绍，违反民法的诚实信用原则，大肆剽窃贵公司的知名品牌“×××”的产品介绍，盗用贵公司安全套的广告词，进行产品的虚假宣传，其目的显然是以假乱真，抢占市场。该行为足以使消费者产生误解，侵犯了贵公司的合法权益，已经构成不正当竞争。我国《著作权法》规定，文字作品作者享有专有权，广告用词含有作者的智力成果，作者享有专用权，未经允许，他人不得使用。我国《反不正当竞争法》第9条规定：“经营者不得利用广告或其他方法，对商品的质量、制作成分、性能用途、生产者、有效期限、产地等作引人误解的虚假宣传。”因此，××卫生用品有限公司应承担侵权的民事责任。

四、建议采取的步骤及方法

侵权案件起诉前应取得诉讼所需要的证据，这是本案获胜的关键，因此，在较短的时间内，获得支持贵公司主张的重要证据如“××卫生用品有限公司”产品的真实状况、生产历史、生产规模、经营情况以证明其网络媒体宣传的虚假性。这一工作可由我所专门负责此项工作的调查部进行（本所调查部已写出“调查意向书”随后附上）。在调取有关有力的证据后，以被告侵犯知识产权，存在不正当竞争行为为由直接起诉至法院，要求被告停止侵权，责令其在其网站声明赔礼道歉，消除影响、赔偿损失。争取在比较快的时间内完全胜诉，同时也可通过工商行政管理机关进行查处，制止其不正当竞争行为，从商业利益角度击垮对手，以切实保护贵公司的合法权益。

以上意见，仅供贵公司参考，如有不详之处，敬请及时与本所律师联系。

顺致

商祺！

北京市××律师事务所

××律师

二〇〇二年一月三十一日

附：调查意向书（略）

附录一：法律法规及律师执业规范

中华人民共和国律师法

（1996 年 5 月 15 日第八届全国人民代表大会常务委员会第十九次会议通过　根据 2001 年 12 月 29 日第九届全国人民代表大会常务委员会第二十五次会议《关于修改〈中华人民共和国律师法〉的决定》第一次修正　2007 年 10 月 28 日第十届全国人民代表大会常务委员会第三十次会议修订　根据 2012 年 10 月 26 日第十一届全国人民代表大会常务委员会第二十九次会议《关于修改〈中华人民共和国律师法〉的决定》第二次修正）

第一章　总　　则

第一条　为了完善律师制度，规范律师执业行为，保障律师依法执业，发挥律师在社会主义法制建设中的作用，制定本法。

第二条　本法所称律师，是指依法取得律师执业证书，接受委托或者指定，为当事人提供法律服务的执业人员。

律师应当维护当事人合法权益，维护法律正确实施，维护社会公平和正义。

第三条　律师执业必须遵守宪法和法律，恪守律师职业道德和执业纪律。

律师执业必须以事实为根据，以法律为准绳。

律师执业应当接受国家、社会和当事人的监督。

律师依法执业受法律保护，任何组织和个人不得侵害律师的合法权益。

第四条　司法行政部门依照本法对律师、律师事务所和律师协会进行监督、指导。

第二章 律师执业许可

第五条 申请律师执业,应当具备下列条件:

(一)拥护中华人民共和国宪法;

(二)通过国家统一司法考试;

(三)在律师事务所实习满一年;

(四)品行良好。

实行国家统一司法考试前取得的律师资格凭证,在申请律师执业时,与国家统一司法考试合格证书具有同等效力。

第六条 申请律师执业,应当向设区的市级或者直辖市的区人民政府司法行政部门提出申请,并提交下列材料:

(一)国家统一司法考试合格证书;

(二)律师协会出具的申请人实习考核合格的材料;

(三)申请人的身份证明;

(四)律师事务所出具的同意接收申请人的证明。

申请兼职律师执业的,还应当提交所在单位同意申请人兼职从事律师职业的证明。

受理申请的部门应当自受理之日起二十日内予以审查,并将审查意见和全部申请材料报送省、自治区、直辖市人民政府司法行政部门。省、自治区、直辖市人民政府司法行政部门应当自收到报送材料之日起十日内予以审核,作出是否准予执业的决定。准予执业的,向申请人颁发律师执业证书;不准予执业的,向申请人书面说明理由。

第七条 申请人有下列情形之一的,不予颁发律师执业证书:

(一)无民事行为能力或者限制民事行为能力的;

(二)受过刑事处罚的,但过失犯罪的除外;

(三)被开除公职或者被吊销律师执业证书的。

第八条 具有高等院校本科以上学历,在法律服务人员紧缺领域从事专业工作满十五年,具有高级职称或者同等专业水平并具有相应的专业法律知识的人员,申请专职律师执业的,经国务院司法行政部门考核合格,准予执业。具体办法由国务院规定。

第九条 有下列情形之一的,由省、自治区、直辖市人民政府司法行政部门撤销准予执业的决定,并注销被准予执业人员的律师执业证书:

(一)申请人以欺诈、贿赂等不正当手段取得律师执业证书的;

(二)对不符合本法规定条件的申请人准予执业的。

第十条 律师只能在一个律师事务所执业。律师变更执业机构的,应当申请换发律师执业证书。

律师执业不受地域限制。

第十一条 公务员不得兼任执业律师。

律师担任各级人民代表大会常务委员会组成人员的,任职期间不得从事诉讼代理或者辩护业务。

第十二条 高等院校、科研机构中从事法学教育、研究工作的人员,符合本法第五条规定条件的,经所在单位同意,依照本法第六条规定的程序,可以申请兼职律师执业。

第十三条 没有取得律师执业证书的人员,不得以律师名义从事法律服务业务;除法律另有规定外,不得从事诉讼代理或者辩护业务。

第三章 律师事务所

第十四条 律师事务所是律师的执业机构。设立律师事务所应当具备下列条件:

(一)有自己的名称、住所和章程;

(二)有符合本法规定的律师;

(三)设立人应当是具有一定的执业经历,且三年内未受过停止执业处罚的律师;

(四)有符合国务院司法行政部门规定数额的资产。

第十五条 设立合伙律师事务所,除应当符合本法第十四条规定的条件外,还应当有三名以上合伙人,设立人应当是具有三年以上执业经历的律师。

合伙律师事务所可以采用普通合伙或者特殊的普通合伙形式设立。合伙律师事务所的合伙人按照合伙形式对该律师事务所的债务依法承担责任。

第十六条 设立个人律师事务所,除应当符合本法第十四条规定的条件外,设立人还应当是具有五年以上执业经历的律师。设立人对律师事务所的债务承担无限责任。

第十七条 申请设立律师事务所,应当提交下列材料:

(一)申请书;

(二)律师事务所的名称、章程;

(三)律师的名单、简历、身份证明、律师执业证书;

(四)住所证明;

(五)资产证明。

设立合伙律师事务所,还应当提交合伙协议。

第十八条 设立律师事务所,应当向设区的市级或者直辖市的区人民政府司法行政部门提出申请,受理申请的部门应当自受理之日起二十日内予以审查,并将审查意见和全部申请材料报送省、自治区、直辖市人民政府司法行政部门。省、自治区、直辖市人民政府司法行政部门应当自收到报送材料之日起十日内予以审核,作出是否准予设立的决定。准予设立的,向申请人颁发律师事务所执业证书;不准予设立的,向申请人书面说明理由。

第十九条 成立三年以上并具有二十名以上执业律师的合伙律师事务所,可以设立分所。设立分所,须经拟设立分所所在地的省、自治区、直辖市人民政府司法行政部门审核。申请设立分所的,依照本法第十八条规定的程序办理。

合伙律师事务所对其分所的债务承担责任。

第二十条 国家出资设立的律师事务所,依法自主开展律师业务,以该律师事务所的全部资产对其债务承担责任。

第二十一条 律师事务所变更名称、负责人、章程、合伙协议的,应当报原审核部门批准。

律师事务所变更住所、合伙人的,应当自变更之日起十五日内报原审核部门备案。

第二十二条 律师事务所有下列情形之一的,应当终止:

(一)不能保持法定设立条件,经限期整改仍不符合条件的;

(二)律师事务所执业证书被依法吊销的;

(三)自行决定解散的;

(四)法律、行政法规规定应当终止的其他情形。

律师事务所终止的,由颁发执业证书的部门注销该律师事务所的执业证书。

第二十三条 律师事务所应当建立健全执业管理、利益冲突审查、收费与财务管理、投诉查处、年度考核、档案管理等制度,对律师在执业活动中遵守职业道德、执业纪律的情况进行监督。

第二十四条 律师事务所应当于每年的年度考核后,向设区的市级或者直辖市的区人民政府司法行政部门提交本所的年度执业情况报告和律师执业考核结果。

第二十五条 律师承办业务,由律师事务所统一接受委托,与委托人签订书面委托合同,按照国家规定统一收取费用并如实入账。

律师事务所和律师应当依法纳税。

第二十六条 律师事务所和律师不得以诋毁其他律师事务所、律师或者支付介绍费等不正当手段承揽业务。

第二十七条 律师事务所不得从事法律服务以外的经营活动。

第四章 律师的业务和权利、义务

第二十八条 律师可以从事下列业务:

(一)接受自然人、法人或者其他组织的委托,担任法律顾问;

(二)接受民事案件、行政案件当事人的委托,担任代理人,参加诉讼;

(三)接受刑事案件犯罪嫌疑人、被告人的委托或者依法接受法律援助机构的指派,

担任辩护人,接受自诉案件自诉人、公诉案件被害人或者其近亲属的委托,担任代理人,参加诉讼;

(四)接受委托,代理各类诉讼案件的申诉;

(五)接受委托,参加调解、仲裁活动;

(六)接受委托,提供非诉讼法律服务;

(七)解答有关法律的询问、代写诉讼文书和有关法律事务的其他文书。

第二十九条 律师担任法律顾问的,应当按照约定为委托人就有关法律问题提供意见,草拟、审查法律文书,代理参加诉讼、调解或者仲裁活动,办理委托的其他法律事务,维护委托人的合法权益。

第三十条 律师担任诉讼法律事务代理人或者非诉讼法律事务代理人的,应当在受委托的权限内,维护委托人的合法权益。

第三十一条 律师担任辩护人的,应当根据事实和法律,提出犯罪嫌疑人、被告人无罪、罪轻或者减轻、免除其刑事责任的材料和意见,维护犯罪嫌疑人、被告人的诉讼权利和其他合法权益。

第三十二条 委托人可以拒绝已委托的律师为其继续辩护或者代理,同时可以另行委托律师担任辩护人或者代理人。

律师接受委托后,无正当理由的,不得拒绝辩护或者代理。但是,委托事项违法、委托人利用律师提供的服务从事违法活动或者委托人故意隐瞒与案件有关的重要事实的,律师有权拒绝辩护或者代理。

第三十三条 律师担任辩护人的,有权持律师执业证书、律师事务所证明和委托书或者法律援助公函,依照刑事诉讼法的规定会见在押或者被监视居住的犯罪嫌疑人、被告人。辩护律师会见犯罪嫌疑人、被告人时不被监听。

第三十四条 律师担任辩护人的,自人民检察院对案件审查起诉之日起,有权查阅、摘抄、复制本案的案卷材料。

第三十五条 受委托的律师根据案情的需要,可以申请人民检察院、人民法院收集、调取证据或者申请人民法院通知证人出庭作证。

律师自行调查取证的,凭律师执业证书和律师事务所证明,可以向有关单位或者个人调查与承办法律事务有关的情况。

第三十六条 律师担任诉讼代理人或者辩护人的,其辩论或者辩护的权利依法受到保障。

第三十七条 律师在执业活动中的人身权利不受侵犯。

律师在法庭上发表的代理、辩护意见不受法律追究。但是,发表危害国家安全、恶意诽谤他人、严重扰乱法庭秩序的言论除外。

律师在参与诉讼活动中涉嫌犯罪的,侦查机关应当及时通知其所在的律师事务所或者所属的律师协会;被依法拘留、逮捕的,侦查机关应当依照刑事诉讼法的规定通知该律师的家属。

第三十八条 律师应当保守在执业活动中知悉的国家秘密、商业秘密,不得泄露当事人的隐私。

律师对在执业活动中知悉的委托人和其他人不愿泄露的有关情况和信息,应当予以保密。但是,委托人或者其他人准备或者正在实施危害国家安全、公共安全以及严重危害他人人身安全的犯罪事实和信息除外。

第三十九条 律师不得在同一案件中为双方当事人担任代理人,不得代理与本人或者其近亲属有利益冲突的法律事务。

第四十条 律师在执业活动中不得有下列行为:

(一)私自接受委托、收取费用,接受委托人的财物或者其他利益;

(二)利用提供法律服务的便利牟取当事人争议的权益;

(三)接受对方当事人的财物或者其他利益,与对方当事人或者第三人恶意串通,侵害委托人的权益;

(四)违反规定会见法官、检察官、仲裁员以及其他有关工作人员;

(五)向法官、检察官、仲裁员以及其他有关工作人员行贿,介绍贿赂或者指使、诱导当事人行贿,或者以其他不正当方式影响法官、检察官、仲裁员以及其他有关工作人员依法办理案件;

(六)故意提供虚假证据或者威胁、利诱他人提供虚假证据,妨碍对方当事人合法取得证据;

(七)煽动、教唆当事人采取扰乱公共秩序、危害公共安全等非法手段解决争议;

(八)扰乱法庭、仲裁庭秩序,干扰诉讼、仲裁活动的正常进行。

第四十一条 曾经担任法官、检察官的律师,从人民法院、人民检察院离任后二年内,不得担任诉讼代理人或者辩护人。

第四十二条 律师、律师事务所应当按照国家规定履行法律援助义务,为受援人提供符合标准的法律服务,维护受援人的合法权益。

第五章 律师协会

第四十三条 律师协会是社会团体法人,是律师的自律性组织。

全国设立中华全国律师协会,省、自治区、直辖市设立地方律师协会,设区的市根据需要可以设立地方律师协会。

第四十四条 全国律师协会章程由全国会员代表大会制定,报国务院司法行政部门备案。

地方律师协会章程由地方会员代表大会制定，报同级司法行政部门备案。地方律师协会章程不得与全国律师协会章程相抵触。

第四十五条 律师、律师事务所应当加入所在地的地方律师协会。加入地方律师协会的律师、律师事务所，同时是全国律师协会的会员。

律师协会会员享有律师协会章程规定的权利，履行律师协会章程规定的义务。

第四十六条 律师协会应当履行下列职责：

（一）保障律师依法执业，维护律师的合法权益；

（二）总结、交流律师工作经验；

（三）制定行业规范和惩戒规则；

（四）组织律师业务培训和职业道德、执业纪律教育，对律师的执业活动进行考核；

（五）组织管理申请律师执业人员的实习活动，对实习人员进行考核；

（六）对律师、律师事务所实施奖励和惩戒；

（七）受理对律师的投诉或者举报，调解律师执业活动中发生的纠纷，受理律师的申诉；

（八）法律、行政法规、规章以及律师协会章程规定的其他职责。

律师协会制定的行业规范和惩戒规则，不得与有关法律、行政法规、规章相抵触。

第六章 法律责任

第四十七条 律师有下列行为之一的，由设区的市级或者直辖市的区人民政府司法行政部门给予警告，可以处五千元以下的罚款；有违法所得的，没收违法所得；情节严重的，给予停止执业三个月以下的处罚：

（一）同时在两个以上律师事务所执业的；

（二）以不正当手段承揽业务的；

（三）在同一案件中为双方当事人担任代理人，或者代理与本人及其近亲属有利益冲突的法律事务的；

（四）从人民法院、人民检察院离任后二年内担任诉讼代理人或者辩护人的；

（五）拒绝履行法律援助义务的。

第四十八条 律师有下列行为之一的，由设区的市级或者直辖市的区人民政府司法行政部门给予警告，可以处一万元以下的罚款；有违法所得的，没收违法所得；情节严重的，给予停止执业三个月以上六个月以下的处罚：

（一）私自接受委托、收取费用，接受委托人财物或者其他利益的；

（二）接受委托后，无正当理由，拒绝辩护或者代理，不按时出庭参加诉讼或者仲裁的；

（三）利用提供法律服务的便利牟取当事人争议的权益的；

（四）泄露商业秘密或者个人隐私的。

第四十九条 律师有下列行为之一的，由设区的市级或者直辖市的区人民政府司法行政部门给予停止执业六个月以上一年以下的处罚，可以处五万元以下的罚款；有违法所得的，没收违法所得；情节严重的，由省、自治区、直辖市人民政府司法行政部门吊销其律师执业证书；构成犯罪的，依法追究刑事责任：

（一）违反规定会见法官、检察官、仲裁员以及其他有关工作人员，或者以其他不正当方式影响依法办理案件的；

（二）向法官、检察官、仲裁员以及其他有关工作人员行贿，介绍贿赂或者指使、诱导当事人行贿的；

（三）向司法行政部门提供虚假材料或者有其他弄虚作假行为的；

（四）故意提供虚假证据或者威胁、利诱他人提供虚假证据，妨碍对方当事人合法取得证据的；

（五）接受对方当事人财物或者其他利益，与对方当事人或者第三人恶意串通，侵害委托人权益的；

（六）扰乱法庭、仲裁庭秩序，干扰诉讼、仲裁活动的正常进行的；

（七）煽动、教唆当事人采取扰乱公共秩序、危害公共安全等非法手段解决争议的；

（八）发表危害国家安全、恶意诽谤他人、严重扰乱法庭秩序的言论的；

（九）泄露国家秘密的。

律师因故意犯罪受到刑事处罚的，由省、自治区、直辖市人民政府司法行政部门吊销其律师执业证书。

第五十条 律师事务所有下列行为之一的，由设区的市级或者直辖市的区人民政府司法行政部门视其情节给予警告、停业整顿一个月以上六个月以下的处罚，可以处十万元以下的罚款；有违法所得的，没收违法所得；情节特别严重的，由省、自治区、直辖市人民政府司法行政部门吊销律师事务所执业证书：

（一）违反规定接受委托、收取费用的；

（二）违反法定程序办理变更名称、负责人、章程、合伙协议、住所、合伙人等重大事项的；

（三）从事法律服务以外的经营活动的；

（四）以诋毁其他律师事务所、律师或者支付介绍费等不正当手段承揽业务的；

（五）违反规定接受有利益冲突的案件的；

（六）拒绝履行法律援助义务的；

（七）向司法行政部门提供虚假材料或者有其他弄虚作假行为的；

（八）对本所律师疏于管理，造成严重后果的。

律师事务所因前款违法行为受到处罚的，对其负责人视情节轻重，给予警告或者处二万元以下的罚款。

第五十一条 律师因违反本法规定，在受到警告处罚后一年内又发生应当给予警告处罚情形的，由设区的市级或者直辖市的区人民政府司法行政部门给予停止执业三个月以上一年以下的处罚；在受到停止执业处罚期满后二年内又发生应当给予停止执业处罚情形的，由省、自治区、直辖市人民政府司法行政部门吊销其律师执业证书。

律师事务所因违反本法规定，在受到停业整顿处罚期满后二年内又发生应当给予停业整顿处罚情形的，由省、自治区、直辖市人民政府司法行政部门吊销律师事务所执业证书。

第五十二条 县级人民政府司法行政部门对律师和律师事务所的执业活动实施日常监督管理，对检查发现的问题，责令改正；对当事人的投诉，应当及时进行调查。县级人民政府司法行政部门认为律师和律师事务所的违法行为应当给予行政处罚的，应当向上级司法行政部门提出处罚建议。

第五十三条 受到六个月以上停止执业处罚的律师，处罚期满未逾三年的，不得担任合伙人。

第五十四条 律师违法执业或者因过错给当事人造成损失的，由其所在的律师事务所承担赔偿责任。律师事务所赔偿后，可以向有故意或者重大过失行为的律师追偿。

第五十五条 没有取得律师执业证书的人员以律师名义从事法律服务业务的，由所在地的县级以上地方人民政府司法行政部门责令停止非法执业，没收违法所得，处违法所得一倍以上五倍以下的罚款。

第五十六条 司法行政部门工作人员违反本法规定，滥用职权、玩忽职守，构成犯罪的，依法追究刑事责任；尚不构成犯罪的，依法给予处分。

第七章 附 则

第五十七条 为军队提供法律服务的军队律师，其律师资格的取得和权利、义务及行为准则，适用本法规定。军队律师的具体管理办法，由国务院和中央军事委员会制定。

第五十八条 外国律师事务所在中华人民共和国境内设立机构从事法律服务活动的管理办法，由国务院制定。

第五十九条 律师收费办法，由国务院价格主管部门会同国务院司法行政部门制定。

第六十条 本法自2008年6月1日起施行。

法律法规索引

1. 律师执业管理办法（略）
2. 律师职业道德和执业纪律规范（略）
3. 律师办理刑事案件规范（略）
4. 律师办理民事诉讼案件规范（略）
5. 律师事务所从事证券法律业务管理办法（略）
6. 律师法律顾问工作规则（略）
7. 律师参与仲裁工作规则（略）
8. 律师事务所管理办法（略）
9. 律师服务收费管理办法（略）
10. 律师和律师事务所违法行为处罚办法（略）
11. 外国律师事务所驻华代表机构管理条例（略）
12. 北京市律师诉讼代理服务收费政府指导价标准（试行）（略）

附录二:常用文书格式

刑事授权委托书(辩护用)

委托人__________根据法律的规定,特聘请____________律师事务所律师________________为________________________案件的辩护人。本委托书有效期自即日起至______止。

委托人:

年　　月　　日

注:本委托书一式二份,由律师事务所持一份,交人民检察院或人民法院一份。

刑事授权委托书(提供法律帮助用)

委托人__________根据法律的规定,特聘请____________律师事务所律师为涉嫌__________________________案件的犯罪嫌疑人__________提供法律帮助的律师。

本委托书有效期自即日起至______止。

委托人:

年　　月　　日

注:本委托书一式二份,由律师事务所持一份,交人民检察院或人民法院一份。

刑事案件法律帮助、辩护委托合同

甲方:

地址:

邮政编码:

电话:

传真:

乙方:　　　　　　　　　律师事务所

地址:

邮政编码:

电话:

传真:

鉴于,甲方＿＿＿＿＿因＿＿＿＿＿＿,已被采取强制措施。

鉴于,甲方愿意聘请乙方律师为＿＿＿＿＿提供法律帮助及辩护。

为此,甲、乙双方经充分协商,就甲方委托乙方为＿＿＿＿＿在侦查阶段提供法律帮助以及在审查起诉、审判阶段提供辩护事宜达成以下合同:

第一条　委托

乙方接受甲方委托,指派＿＿＿＿＿律师为＿＿＿＿＿＿提供法律帮助及辩护。

律师联系方式:

甲方＿＿＿＿＿作为与乙方律师的联系人。

联系人及联系方式:

第二条　双方的义务

(一)甲方的义务

1. 真实、客观、全面向乙方律师介绍案情,为乙方律师办理案件提供力所能及的帮助;

2. 按期、足额向乙方支付辩护费及办案费。

(二)乙方的义务

乙方律师接受委托后,除非由于律师所不能控制的原因,根据案件的进展,在不同阶段,根据法律规定及办案机关的安排,应分别完成以下工作:

1. 侦查阶段

(1)向侦查机关了解犯罪嫌疑人涉嫌的罪名;

(2)会见犯罪嫌疑人,为犯罪嫌疑人提供法律咨询;

(3)维护犯罪嫌疑人的合法权益,对侵犯犯罪嫌疑人合法权益的行为代理进行控告;

(4)认为犯罪嫌疑人涉嫌的事实不成立的,向侦查机关提出申诉意见;

(5)犯罪嫌疑人被逮捕的,且符合刑事诉讼法第六十五条或者第七十二条第二款的规定,律师可以为其申请取保候审。

2. 审查起诉阶段

(1)查阅、了解本案的诉讼文书、技术性鉴定材料;

(2)会见犯罪嫌疑人;

(3)如果认为犯罪嫌疑人有《刑事诉讼法》第十五条规定的情形之一的,应当在人民检察院听取意见时,向人民检察院反映意见。

3. 一审阶段

(1)查阅、了解检察机关向人民法院移送的主要证据复印件和相关材料;

(2)会见被告人,了解其本人对指控的意见及对案情的叙述;

(3)按时出庭,依法为被告人进行辩护,维护被告人的合法权益。

4. 二审阶段

(1)查阅、了解本案的相关卷宗材料;

(2)会见被告人(上诉人),了解其本人对一审判决的意见及对案情的叙述;

(3)按时出庭,依法为被告人(上诉人)进行辩护(也可能按照二审法院的审判程序,向二审法院提交书面辩护意见)。

第三条　辩护费及办案费

根据本案的具体情况和复杂程度,双方约定:甲方向乙方支付辩护费____元和办案费______元。

办案费是指乙方为办理甲方委托事项所发生或可能发生的全部费用,包括但不仅限于交通、通讯、复印、打字等费用及乙方辅助人员的报酬。办案费采用包干方式,无论乙方的实际办案支出是否超过该费用,甲方均无另行给付的义务。

上述费用包括乙方接受委托后至本案终结止的全部费用,不论最终实际发生何种程序,均应全额交纳。

第四条　支付时间

辩护费及办案费应于本协议签订之日给付,至迟不超过本协议签订的次日(如遇法定节假日时,可顺延至法定节假日后的第一天)。

第五条　责任

如果乙方无故终止履行本协议,辩护费全额退还甲方;如果甲方无故终止,辩护费不退还。

第六条　协议有效期限

本协议有效期限,自生效之日起至本案终结止。

第七条　本协议一式两份,双方各持一份。如需变更,另行协议。

甲方:　　　　　　　　　　　　乙方:

　　　　　　律师事务所

签约时间:　　　　　　　　　　签约时间:

刑事案件辩护委托合同

甲方:

地址:

邮政编码:

电话:

传真:

乙方: 律师事务所

地址:

邮政编码:

电话:

传真:

鉴于,甲方因被__________市检察院指控犯有_________________罪,现案件将移送____________________人民法院进行审理。

鉴于,甲方愿意聘请乙方律师为其担任第一审和第二审辩护人。

为此,甲、乙双方经充分协商,就甲方委托乙方为其提供第一审和第二审刑事辩护事宜达成以下合同:

第一条 委托

甲方委托乙方律师担任其第一审和第二审阶段的辩护人。乙方接受甲方委托,指派________________律师担任被告人第一审和第二审的辩护人,并届时指派其中两名律师出庭辩护。

第二条 双方的义务

(一)甲方的义务

1. 真实、客观、全面向乙方律师介绍案情,为乙方律师办理案件提供力所能及的帮助;

2. 按期、足额向乙方支付辩护费及办案费。

(二)乙方的义务

乙方律师接受委托后,除非由于律师所不能控制的原因,在法院审理阶段应当完成以下工作:

1. 查阅、了解检察机关向人民法院移送的主要证据复印件和相关材料;

2. 听取甲方对指控的意见及对案情的叙述,根据需要及有效时间对案件进行调查取证;

3. 乙方辩护律师应按时出庭,无正当理由的,不得拒绝辩护;

4. 依法尽职、尽责为甲方进行辩护。依据事实和法律,提出证明甲方无罪、罪轻或者减轻、免除其刑事责任的材料和意见,维护甲方的合法权益,开庭前应将开庭方案报甲方征求意见;

5. 乙方应对其所知悉的甲方商业秘密承担保密义务;

6. 乙方接受甲方委托后,不得接受与本案有利害关系的其他当事人的委托并为其辩护。

第三条　辩护费及办案费

根据本案的具体情况和复杂程度,甲方向乙方支付辩护费______元人民币,支付方式如下:

1. 本协议签订当日,甲方支付辩护费______元人民币;

2. 乙方辩护律师接到法院出庭通知后三日内,甲方向乙方支付辩护费______元人民币;

3. 第一审判决宣判后三日内向乙方支付辩护费______元人民币。

乙方辩护律师在北京市内的办案费用由乙方承担,乙方辩护律师在北京市外的办案费用由甲方承担。

办案费是指乙方为办理甲方委托事项所发生或可能发生的必要的全部费用,包括但不仅限于交通、通讯、复印、打字等费用。

如因甲方不上诉或其他原因不进入第二审程序,则视为本协议终止,乙方应收取(包括已收取)的上述辩护费用不再退还。

如甲方未被检察机关以被告人身份指控有罪并移送人民法院,乙方应将已收取的辩护费退还甲方,但甲方应向乙方支付适当的咨询费用或劳务费用。

第四条　主协调人

作为主协调人甲方指定__________、__________负责协调与案件有关的各个方面的关系,在__________出差不在期间,指定______________为代表。

第五条　责任

如果乙方无故终止履行本协议,辩护费全额退还甲方;如果甲方无故终止,辩护费不退还。

第六条　协议有效期

本协议有效期限自生效之日起至本案第二审终结止(判决、检察机关撤回起诉及撤销诉讼)。

第七条　争议的解决

在本协议的履行过程中,如甲方认为乙方或乙方辩护律师的行为违反了国家有关法律、律师执业道德和执业纪律,甲方有权向北京市律师协会纪律处分委员会投诉。

在本协议履行过程中如发生争议,双方应首先友好协商解决;协商不成的,任何一方均有权向有管辖权的人民法院提起诉讼。

第八条　本协议一式两份,双方各持一份。如需变更,另行协议。

甲方:　　　　　　　　　　乙方:

　　　　律师事务所

签约时间:　　　　　　　　签约时间:

刑事案件辩护委托合同(审查起诉阶段)

甲方:

地址:

邮政编码:

电话:

传真:

乙方:　　　　　　　律师事务所

地址:

邮政编码:

电话:

传真:

鉴于,甲方__________因涉嫌________________,现案件已/或将移送______________人民检察院审查起诉。

鉴于,甲方愿意聘请乙方律师为________担任辩护人。

为此,甲、乙双方经充分协商,就甲方委托乙方为________在审查起诉阶段提供刑事辩护事宜达成以下协议:

第一条　委托

甲方委托乙方律师为犯罪嫌疑人________在审查起诉阶段担任辩护人;乙方接受甲方委托,指派__________律师、__________律师为犯罪嫌疑人________在审查起诉阶段担任辩护人。

第二条　双方的义务

(一)甲方的义务

1. 真实、客观、全面向乙方律师介绍案情,为乙方律师办理案件提供力所能及的帮助;
2. 按期、足额向乙方支付辩护费及办案费。

（二）乙方的义务

乙方律师接受委托后，在人民检察院审查起诉阶段应当完成以下工作：

1. 查阅、了解本案的诉讼文书、技术性鉴定材料。

2. 根据法律规定及侦查机关的安排，会见犯罪嫌疑人；依法为犯罪嫌疑人提供法律咨询或其他法律帮助。

3. 如果认为犯罪嫌疑人有《刑事诉讼法》第十五条规定的情形之一的，应当在人民检察院听取意见时，向人民检察院反映意见。

第三条　辩护费及办案费

根据本案的具体情况和复杂程度，双方约定：甲方向乙方支付辩护费____元和办案费______元，共计人民币______元。

辩护费是指乙方为办理本协议第二条第（二）项所规定的工作的费用及向甲方或相关人员提供有关咨询的费用。

办案费是指乙方为办理甲方委托事项所发生或可能发生的全部费用，包括但不仅限于交通、通讯、复印、打字等费用及乙方辅助人员的报酬。除非甲方同意，否则无论乙方的实际办案支出是否超过该费用，甲方均无另行给付的义务。

第四条　支付时间

辩护费及办案费应于本协议签订之日给付，至迟不超过本协议签订的次日（如遇法定节假日时，可顺延至法定节假日后的第一天）。

第五条　责任

如果乙方无故终止履行本协议，辩护费全额退还甲方；如果甲方无故终止，辩护费不退还。

第六条　协议有效期

本协议有效期限，自生效之日起至本案本阶段终结止。（起诉、不起诉、退回补充侦查、撤销案件）

第七条　本协议一式两份，双方各持一份。如需变更，另行协议。

甲方：　　　　　　　　　　乙方：

　　　　律师事务所

签约时间：　　　　　　　　签约时间：

刑事案件辩护委托合同（一审阶段）

甲方：

地址：

邮政编码:

电话:

传真:

乙方: 律师事务所

地址:

邮政编码:

电话:

传真:

鉴于,甲方______因被______检察院指控犯有______罪,现案件已/或将移送______人民法院进行审理。

鉴于,甲方愿意聘请乙方律师为______担任一审辩护人。

为此,甲、乙双方经充分协商,就甲方委托乙方为______提供一审刑事辩护事宜达成以下协议:

第一条 委托

甲方委托乙方律师担任被告人______一审阶段的辩护人。乙方接受甲方委托,指派______律师、______律师担任被告人______的第一审辩护人。

第二条 双方的义务

(一)甲方的义务

1. 真实、客观、全面向乙方律师介绍案情,为乙方律师办理案件提供力所能及的帮助;

2. 按期、足额向乙方支付辩护费及办案费。

(二)乙方的义务

乙方律师接受委托后,除非由于律师所不能控制的原因,在法院第一审阶段应当完成以下工作:

1. 查阅、了解检察机关向人民法院移送的主要证据复印件和相关材料;

2. 会见被告人,了解其本人对指控的意见及对案情的叙述;

3. 按时出庭,依法为被告人进行辩护,维护被告人的合法权益。

第三条 辩护费及办案费

根据本案的具体情况和复杂程度,双方约定:甲方向乙方支付辩护费____元和办案费______元,共计人民币______元。

辩护费包括本协议第二条第(二)项所规定乙方应完成的工作的费用及向相关人员的有关咨询费用。

办案费是指乙方为办理甲方委托事项所发生或可能发生的全部费用,包括但不仅限于交通、通讯、复印、打字等费用及乙方辅助人员的报酬。办案费采用包干方式。除非甲方同意,无论乙方的实际办案支出是否超过该费用,甲方均无另行给付的义务。

第四条 支付时间

辩护费及办案费应于本协议签订之日给付,至迟不超过本协议签订的次日(如遇法定节假日时,可顺延至法定节假日后的第一天)。

第五条 责任

如果乙方无故终止履行本协议,辩护费全额退还甲方;如果甲方无故终止,辩护费不退还。

第六条 特殊规定

甲、乙双方正式签署本协议且甲方已按期、足额向乙方支付了辩护费、办案费后,乙方律师应及时向一审法院提交辩护手续,并会见被告人__________,委托的最终生效以被告人本人同意由乙方律师为其担任一审辩护人为准。

如果被告人__________本人不同意乙方律师为其担任一审辩护人,乙方应及时通知甲方及一审法院,并协商部分退还辩护费及剩余办案费,双方终止履行本协议。

第七条 协议有效期

本协议有效期限,自生效之日起至本案本审终结止。(判决、检察机关撤回起诉及撤销诉讼)

第八条 本协议一式两份,双方各持一份。如需变更,另行协议。

甲方: 乙方:

律师事务所

签约时间: 签约时间:

刑事案件辩护委托合同(二审阶段)

甲方:

地址:

邮政编码:

电话:

传真:

乙方: 律师事务所

地址:

邮政编码:

电话:

传真：

鉴于，甲方____________一案，已经__________人民法院一审判决。

鉴于，该案需经__________人民法院进行二审。

鉴于，甲方愿意聘请乙方律师为______担任二审辩护人。

为此，甲、乙双方经充分协商，就甲方委托乙方为______提供二审刑事辩护事宜达成以下协议：

第一条　委托

甲方委托乙方律师担任原审被告人（上诉人）______二审阶段的辩护人；乙方接受甲方委托，指派______律师担任原审被告人（上诉人）____的第二审辩护人。

第二条　双方的义务

（一）甲方的义务

1. 真实、客观、全面向乙方律师介绍案情，为乙方律师办理案件提供力所能及的帮助；

2. 按期、足额向乙方支付辩护费及办案费。

（二）乙方的义务

乙方律师接受委托后，在法院第二审阶段应当完成以下工作：

1. 查阅、了解本案的相关卷宗材料；

2. 会见被告人（上诉人）______，了解其本人对一审判决的意见及对案情的叙述；

3. 按时出庭，依法为被告人（上诉人）______进行辩护（也可能按照二审法院的审判程序，向二审法院提交书面辩护意见）。

第三条　辩护费及办案费

根据本案的具体情况和复杂程度，双方约定：甲方向乙方支付辩护费___元和办案费____元。

办案费是指乙方为办理甲方委托事项所发生或可能发生的全部费用，包括但不仅限于交通、通讯、复印、打字等费用及乙方辅助人员的报酬。办案费采用包干方式，无论乙方的实际办案支出是否超过该费用，甲方均无另行给付的义务。

第四条　支付时间

辩护费及办案费应于本协议签订之日给付，至迟不超过本协议签订的次日（如遇法定节假日时，可顺延至法定节假日后的第一天）。

第五条　责任

如果乙方无故终止履行本协议，辩护费全额退还甲方；如果甲方无故终止，辩护费不退还。

第六条 特殊规定

甲、乙双方正式签署本协议且甲方已按期、足额向乙方支付了辩护费、办案费后，乙方律师应及时向二审法院提交辩护手续，并会见原审被告人（上诉人）__________，委托的最终生效以被告人本人同意由乙方律师为其担任二审辩护人为准。

如果原审被告人（上诉人）__________本人不同意乙方律师为其担任二审辩护人时，乙方应及时通知甲方及二审法院，并协商部分退还辩护费及剩余办案费，双方终止履行本协议。

第七条 协议有效期

本协议有效期限，自生效之日起至本案本审终结止。（判决、裁定、发回重审）

第八条 本协议一式两份，双方各持一份。如需变更，另行协议。

甲方： 乙方：

律师事务所

签约时间： 签约时间：

民事委托代理合同

甲方：

法定代表人：

地址：

邮政编码：

电话：

传真：

乙方： 律师事务所

地址：

邮政编码：

电话：

传真：

甲方因____________________纠纷一案，根据中华人民共和国《合同法》、《民事诉讼法》/《仲裁法》和《律师法》等有关法律的规定，聘请乙方的律师作为委托代理人。

甲、乙双方按照诚实信用原则，经协商一致，立此合同，共同遵守。

第一条 委托代理事项

乙方接受甲方委托，委派律师在下列案件中担任甲方的委托代理人：

1. 对方当事人名称或者姓名：

2. 案由：

3. 审理机关：

4. 审级：

第二条　委托代理权限

一般代理。

或者

全权代理，包括（选择项）：

1. 变更或者放弃诉讼请求；

2. 承认诉讼请求；

3. 提起反诉；

4. 进行调解或者和解；

5. 提起上诉；

6. 申请执行；

7. 收取或者收转执行标的；

8. 签署、送达、接受法律文书。

第三条　乙方的义务

1. 乙方委派__________、__________律师作为上述案件中甲方的委托代理人，甲方同意上述律师指派其他业务助理配合完成辅助工作，但乙方更换代理律师应取得甲方认可；

2. 乙方律师应当勤勉、尽责地完成第一条所列委托代理事项；

3. 乙方律师应当以其依据法律作出的判断，向甲方进行法律风险提示，尽最大努力维护甲方利益；

4. 乙方律师应当根据审理机关的要求，及时提交证据，按时出庭，并应甲方要求通报案件进展情况；

5. 乙方律师不得违反《律师执业规范》，在涉及甲方的对抗性案件中，未经甲方同意，不得同时担任与甲方具有法律上利益冲突的另一方的委托代理人；

6. 乙方律师对其获知的甲方的商业机密/或者甲方的个人隐私负有保密责任，非由法律规定或者甲方同意，不得向任何第三方披露；

7. 乙方对甲方业务应当单独建档，应当保存完整的工作记录，对涉及甲方的原始证据、法律文件和财物应当妥善保管。

第四条　甲方的义务

1. 甲方应当真实、详尽和及时地向乙方律师叙述案情，提供与委托代理事项有关的证据、文件及其他事实材料；

2. 甲方应当积极、主动地配合乙方律师的工作，甲方对乙方律师提出的要求应当明确、合理；

3. 甲方应当按时、足额向乙方支付律师代理费和工作费用；

4. 甲方指定__________为乙方律师的联系人，负责转达甲方的指示和要求，提供文件和资料等，甲方更换联系人应当通知委托代理人；

5. 甲方有责任对委托代理事项作出独立的判断、决策，甲方根据乙方律师提供的法律意见、建议、方案所作出的决定而导致的损失，非因乙方律师错误运用法律等失职行为造成的，由甲方自行承担。

第五条　律师代理费

经双方协商同意，甲方向乙方支付律师代理费______元人民币。

支付方式为：

1. 自本合同生效后____日内支付______元人民币；

2. 自__________后____日内支付______元人民币；

3. 自__________后____日内支付______元人民币。

乙方户名：

开户行：

账号：

本合同终止后或者提前解除的，应当由双方书面确认并结清有关费用。

第六条　工作费用

乙方律师办理甲方委托代理事项所发生的下列工作费用，应当由甲方承担：

1. 相关行政、司法、鉴定、公证等部门收取的费用；

2. 发生的差旅费、食宿费，翻译费，复印费，资料费，长途通讯费等；

3. 征得甲方同意后支出的其他费用。

甲方按照乙方律师预支、事后实报实销方式报销上述工作费用。

或者

甲方一次性支付______元人民币由乙方包干使用上述第2项工作费用。

乙方律师应当本着节俭的原则合理使用工作费用。

第七条　合同的解除

甲、乙双方经协商同意，可以变更或者解除本合同。

乙方有下列情形之一的，甲方有权解除合同：

1. 未经甲方同意，擅自更换代理律师的；

2. 因乙方律师工作延误、失职、失误导致甲方蒙受损失的；

3. 违反第二条第5~7项规定的义务之一的。

甲方有下列情形之一的，乙方有权解除合同：

1. 甲方的委托事项违反法律或者违反律师执业规范的；

2. 甲方有捏造事实、伪造证据或者隐瞒重要情节等情形的；

3. 甲方逾期____日仍不向乙方支付律师代理费或者工作费用的。

第八条　违约责任

乙方无正当理由不提供第一条规定的法律服务或者违反第二条规定的义务，甲方有权要求乙方退还部分或者全部已付的法律顾问费。

乙方律师因工作延误、失职、失误导致甲方蒙受损失，或者违反第二条第5～7项规定的义务之一的，乙方应当通过其所投保的执业保险向甲方承担赔偿责任。

甲方无正当理由不支付法律顾问费或者工作费用，或者无故终止合同，乙方有权要求甲方支付未付的法律顾问费、未报销的工作费用以及延期支付的利息。

甲方不得以如下非正当理由要求乙方退费：

1. 甲方单方面又委托其他律师事务所的律师代理的；

2. 乙方完成委托代理事项后，甲方以乙方收费过高为由要求退费的；

3. 甲方作为被告时，乙方律师已经为出庭作好准备，而原告方撤诉的；

4. 其他非因乙方或者乙方律师的原因，甲方无故终止合同的。

第九条　争议的解决

本合同适用中华人民共和国《合同法》、《律师法》、《民事诉讼法》、《仲裁法》等法律。

甲、乙双方如果发生争议，应当友好协商解决。如协商不成，任何一方均有权将争议提交北京市仲裁委员会/中国国际经济贸易仲裁委员会，按照提交仲裁时该会现行有效的仲裁规则进行仲裁，仲裁裁决是终局的，对甲、乙双方均有约束力。

或者

甲、乙双方如果发生争议，应当友好协商解决。如协商不成，任何一方均有权向北京市________________人民法院起诉。

第十条　合同的生效

本合同正本一式两份，甲、乙双方各执一份，由甲、乙双方代表签字/并加盖公章，自______年____月____日之日起生效，至乙方完成甲方所委托的代理事项为止。

第十一条　通知和送达

甲、乙双方因履行本合同而相互发出或者提供的所有通知、文件、资料，均以扉页所列明的地址、传真送达，一方如果迁址或者变更电话，应当书面通知对方。

通过传真方式的，在发出传真时视为送达；以邮寄方式的，挂号寄出或者投邮当日视为送达。

甲方：　　　　　　　　　　　　　乙方：

　　　　　　律师事务所

代表：　　　　　　　　　　　　　代表：

常年法律顾问合同

甲方：

法定代表人：

地址：

邮政编码：

电话：

传真：

乙方：　　　　　　律师事务所

地址：

邮政编码：

电话：

传真：

甲方因业务发展和维护自身利益的需要，根据《中华人民共和国合同法》、《中华人民共和国律师法》的有关规定，聘请乙方的律师作为常年法律顾问。

甲、乙双方按照诚实信用原则，经协商一致，立此合同，共同遵守。

第一条　乙方的服务范围

乙方律师的服务内容为协助甲方处理日常法律事务，包括：

1. 解答法律咨询、依法提供建议或者出具律师意见书；

2. 协助草拟、制定、审查或者修改合同、章程等法律文书；

3. 应甲方要求，参与磋商、谈判，进行法律分析、论证；

4. 受甲方委托，签署、送达或者接受法律文件；

5. 应甲方要求，就甲方已经面临或者可能发生的纠纷，进行法律论证，提出解决方案，出具律师函，发表律师意见，或者参与非诉讼谈判、协调、调解；

6. 应甲方要求，讲授法律实务知识；

7. 办理双方商定的其他法律事务。

未经双方协商同意，乙方的服务范围不包括甲方控股、参股的子公司，异地分支机构和其他关联企业的法律事务。

未经双方协商同意，乙方的服务范围不包括甲方涉及经济、民事、知识产权、劳动、行政、刑事等必须进入诉讼或者仲裁法律程序的专案代理事务,也不包括甲方涉及长期投资、融资、企业改制、重组、购并、破产、股票发行、上市等专项法律顾问事务。

第二条 乙方的义务

1. 乙方委派__________、__________律师作为甲方常年法律顾问,甲方同意上述律师指派其他律师配合完成前述法律事务工作,但乙方更换律师担任甲方常年法律顾问应取得甲方认可;

2. 乙方律师应当勤勉、尽责地完成第一条第一款所列法律事务工作;

3. 乙方律师应当以其依据法律作出的判断,尽最大努力维护甲方利益;

4. 乙方律师应当在取得甲方提供的文件资料后,及时完成委托事项,并应甲方要求通报工作进程;

5. 乙方律师在担任常年法律顾问期间,不得为甲方员工个人提供任何不利于甲方的咨询意见;

6. 乙方律师在涉及甲方的对抗性案件或者交易活动中,未经甲方同意,不得担任与甲方具有法律上利益冲突的另一方的法律顾问或者代理人;

7. 乙方律师对其获知的甲方商业秘密负有保密责任,非由法律规定或者甲方同意,不得向任何第三方披露;

8. 乙方对甲方业务应当单独建档,应当保存完整的工作记录,对涉及甲方的原始证据、法律文件和财物应当妥善保管。

第三条 甲方的义务

1. 甲方应当全面、客观和及时地向乙方提供与法律事务有关的各种情况、文件、资料;

2. 甲方应当为乙方律师办理法律事务提出明确、合理的要求;

3. 甲方应当按时、足额向乙方支付法律顾问费和工作费用;

4. 甲方指定__________为常年法律顾问的联系人,负责转达甲方的指示和要求,提供文件和资料等,甲方更换联系人应当通知常年法律顾问;

5. 甲方有责任对委托事项作出独立的判断、决策,甲方根据乙方律师提供的法律意见、建议、方案所作出的决定而导致的损失,非因乙方律师错误运用法律等失职行为造成的,由甲方自行承担。

第四条 法律顾问费

乙方律师每个合同年度为甲方工作____个小时。甲方委托事务不足小时数的,视为乙方律师完成了工作量;甲方委托事务超过小时数的,超出部分减按每小时______元人民币计费。

乙方法律顾问费为年______元人民币。自本合同生效后____日内甲方向乙方支付______元人民币;______年____月____日之前再支付______元人民币。

乙方户名：

开户行：

账号：

甲方就第一条第三款所列的专案代理事务或者专项顾问事务如果委托乙方办理，应向乙方另行支付代理费，由双方另订委托代理合同，乙方应优惠收费。

本合同到期终止后或者提前解除的，应当由双方书面确认并结清有关费用。

第五条 工作费用

乙方律师办理甲方委托事项所发生的下列工作费用，应由甲方承担：

1. 相关行政、司法、鉴定、公证等部门收取的费用；
2. 北京市外发生的差旅费、食宿费、翻译费、复印费、长途通讯费等；
3. 征得甲方同意后支出的其他费用。

乙方律师应当本着节俭的原则合理使用工作费用。

第六条 合同的解除

甲、乙双方经协商同意，可以变更或者解除本合同。

乙方有下列情形之一的，甲方有权解除合同：

1. 未经甲方同意，擅自更换作为甲方常年法律顾问的律师的；
2. 因乙方律师工作延误、失职、失误导致甲方蒙受损失的；
3. 违反第二条第5～8项规定的义务之一的。

甲方有下列情形之一的，乙方有权解除合同：

1. 甲方的委托事项违反法律或者违反律师执业规范的；
2. 甲方有捏造事实、伪造证据或者隐瞒重要情节等情形，致使乙方律师不能提供有效的法律服务的；
3. 甲方逾期____日仍不向乙方支付法律顾问费或者工作费用的。

第七条 违约责任

乙方无正当理由不提供第一条规定的法律服务或者违反第二条规定的义务，甲方有权要求乙方退还部分或者全部已付的法律顾问费。

乙方律师因工作延误、失职、失误导致甲方蒙受损失，或者违反第二条第5～8项规定的义务之一的，乙方应当通过所其投保的执业保险向甲方承担赔偿责任。

甲方无正当理由不支付法律顾问费或者工作费用，或者无故终止合同，乙方有权要求甲方支付未付的法律顾问费、未报销的工作费用以及延期支付的利息。

第八条 争议的解决

本合同适用中华人民共和国《合同法》、《律师法》、《民事诉讼法》、《仲裁法》等法律。

甲、乙双方如果发生争议，应当友好协商解决。如协商不成，任何一方均有权将争议提交北京市仲裁委员会/中国国际经济贸易仲裁委员会，按照提交仲裁时该会现行有效的仲裁规则进行仲裁，仲裁裁决是终局的，对甲、乙双方均有约束力。

或者

甲、乙双方如果发生争议，应当友好协商解决。如协商不成，任何一方均有权向北京市________________人民法院起诉。

第九条　合同的生效

本合同正本一式两份，甲、乙双方各执一份，由甲、乙双方代表签字/并加盖公章，自______年____月____日之日起生效。

第十条　合同的期限

本合同的期限为____年。

合同期满前____日内，由甲、乙双方协商决定是否续签常年法律顾问合同。合同期满后，甲方交办的法律顾问工作延续进行的，甲方应当按第四条第一款规定的小时费标准按实际延续时间向乙方支付法律顾问费。

第十一条　通知和送达

甲、乙双方因履行本合同而相互发出或者提供的所有通知、文件、资料，均以扉页所列明的地址、传真送达，一方如果迁址或者变更电话，应当书面通知对方。

通过传真方式的，在发出传真时视为送达；以邮寄方式的，挂号寄出或者投邮当日视为送达。

甲方：　　　　　　　　　　乙方：

××××律师事务所

代表：　　　　　　　　　　代表：

法定代表人身份证明书

__________是我公司的法定代表人，职务董事长（总经理）。

特此证明。

单位全称（盖章）

年　　月　　日

律师事务所　函　（诉讼）

______________人民法院

你院受理____

诉________________________________案件，现在________________告已委托本所

______律师为其诉讼代理人，特此函告。

________年____月____日

附：委托书一份。

民事起诉书

原告：

名称：__________地址：______________________电话：__________

法定代表人：姓名：__________职务：____________

委托代理人：姓名：__________性别：____年龄：____

民族：______职务：__________工作单位：______________

住址：_________________________________电话：__________

被告：

名称：__________地址：__________________电话：__________

法定代表人：姓名：__________ 职务：__________

诉讼请求：_________________________________

事实和理由：_______________________________

此致

__________人民法院

原告人：______________（盖章）

法定代表人：__________（签章）

______年____月____日

附：1. 合同副本______份。

2. 本诉状副本______份。

3. 其他证明文件______份。

注：

①事实和理由中应写清合同签订的经过、具体内容、纠纷产生的原因、诉讼请求及有关法律、政策依据。

②原告应向法院列举所有可供证明的证据。证人姓名和住所，书证、物证的来源及由谁保管，并向法院提供复印件，以便法院调查。

③本诉状适用于被告为法人或其他组织。

民事答辩书

答辩人:__________

名称:______________地址:________________电话:__________

法定代表人:__________职务:____________

委托代理人:姓名:__________性别:____ 年龄:____

民族:______职务:__________工作单位:__________________

住所:____________________________电话:__________

因____________________诉我单位________________一案,答辩如下:

____

____

____

此致

人民法院

答辩人:______________(盖章)

法定代表人:__________(签章)

______年____月____日

附:1. 答辩书副本______份。

2. 其他证明文件______份。

注:答辩理由应陈述起诉书中与事实不符,证据不足,缺少法律依据等问题,并列举有关证据和法律依据。

民事上诉书

上诉人:

名称:__________住所:______________________电话:__________

法定代表人:名称:____________职务:________________

委托代理人:姓名:____________ 性别:____年龄:____

民族:______职务:____________ 工作单位:__________________

住所:______________________________电话:__________

上诉人因______________________一案,不服__________________法院于______年____月____日____字第____号判决,现提出上诉。

上诉理由及请求：____

此致

人民法院

上诉人：______________（盖章）

法定代表人：__________（签章）

______年____月____日

附：

1. 本上诉书副本______份。

2. 有关证明材料______件。

注：

①上诉理由应全面陈述对第一审人民法院在认定事实和适用法律上的不当或错误，提出所根据的事实和理由，包括在一审程序中未提供的事实、理由和证据。上诉的请求包括要求全部或部分撤销、变更原判决。

②当事人不服法院一审判决的，有权在判决书送达之日起十五日内向上一级人民法院提起上诉。

上诉答辩书

答辩人：

名称：__________地址：__________________________电话：__________

法定代表人：姓名：__________职务：__________________

委托代理人：姓名：__________性别：____年龄：____

民族：______职务：______________ 工作单位：__________________

住址：__________________________电话：__________

答辩人因______________________________一案，对上诉人____________不服________________人民法院____字第____号判决，提出答辩状。

答辩的理由和根据：________________________________

此致

人民法院

答辩人：______________（盖章）

法定代表人：__________（签章）

______年____月____日

附：答辩书副本______份。

注:答辩的理由和根据应着重陈述对上诉书中有关问题的意见,并列举有关证据和法律依据。

申请执行书

申请人:

名称:__________地址:____________________________

法定代表人:__________职务:__________ 住址:__________电话:______

被申请人:

名称:__________地址:__________________________

法定代表人:__________职务:__________住址:__________电话:______

双方因________________一案,__________人民法院____字第____号判决书(调解书)判决(调解)后,现判决书(调解书)已发生法律效力,但被申请人未(全部)履行判决书(调解书)中规定应尽的义务,根据《中华人民共和国民事诉讼法》有关规定,特向你院申请予以执行。

申请执行事项:________________________

此致

__________人民法院

申请人:______________(盖章)

法定代表人:__________(签章)

______年____月____日

附:判决书(或调解书)

诉讼保全申请书

__________人民法院:

我单位与__________因____________经济合同纠纷一案,你院正在审理。

根据《中华人民共和国民事诉讼法》的有关规定,为保证判决的执行,特请你院采取____________保全措施。

担保事项:____________________________________

申请人:______________(盖章)

法定代表人:__________(签章)

______年____月____日

注:保全措施包括:中止合同履行、查封、扣押货物、变卖不易保存物并保存价款,责令被申请人提供担保或法律允许的其他方法。

先予执行申请书

申请人:

名称:__________地址:____________________________

法定代表人:__________职务:__________住址:__________电话:______

被申请人:

名称:__________地址:__________________________

法定代表人:__________职务:__________住址:__________电话:______

请求事项:

1. 请求人民法院责令被申请人先行给付的内容。

2. 写明给付数量、金额等。

特此申请。

此致

__________人民法院

申请人:__________(签字或者盖章)

××××年××月××日

注:先予执行是指法院对某些案件作出判决前,为解决权利人的生活或者生产经营所需,裁定义务人履行一定义务的诉讼措施,亦称先行给付。先予执行的条件是:①当事人之间权利关系明确,不先予执行会严重影响申请人的生活和生产经营的;②被申请人有履行能力;③在作出判决之前采取。先予执行的范围主要有三类:一是追索赡养费、扶养费、抚养费、抚恤金、医疗费用的案件;二是追索劳动报酬的案件;三是因情况紧急需要先予执行的案件。

先予执行必须有当事人的申请,人民法院不能主动采取先予执行的措施。人民法院认为有必要的,可以责令申请人提供担保,不提供担保的,驳回申请。如果认为申请符合法律规定的条件,应当作出裁定。裁定一经送达当事人,即发生法律效力,不得上诉,但可以申请复议一次。复议期间,不停止执行。

代表人身份证明书(共同诉讼的当事人推选的代表人用)

我们共同推选______(姓名、性别、年龄)为我方参加诉讼的代表人,其诉讼行为,对全体推选人发生效力。

特此证明。

推选人:(签字)

××××年××月××日

附:

代表人住址:

电话:

仲裁申请书

申诉人:

名称:__________地址:__________________________

法定代表人:

姓名:__________职务:____________________

住址:____________________________电话:______________

委托代理人:

姓名:__________性别:____年龄:____

工作单位:______________________职务:______________

住址:__________________________电话:______________

被诉人:

名称:__________地址:____________________

法定代表人:姓名:__________职务:______________

案由:____

申请理由和要求:______________________________

为此,特向你会申请仲裁。

此致

__________经济合同仲裁委员会

申诉人:______________(盖章)

法定代表人:__________(签章)

______年____月____日

附:

1. 本申请书副本______份。

2. 合同副本______份。

3. 仲裁协议书______份。

其他有关文件______份。

注：经济合同纠纷申请仲裁时，双方当事人必须在合同中订有仲裁条款或者有事后达成书面仲裁协议，仲裁机关方能受理。

仲裁协议

甲方：__________（姓名或者名称、住址）

乙方：__________（姓名或者名称、住址）

甲、乙双方就__________（写明仲裁的事由）达成仲裁协议如下：

如果双方在履行____合同过程中发生纠纷，双方自愿将此纠纷提交______仲裁委员会仲裁，其仲裁裁决对双方有约束力。

本协议一式三份，甲、乙双方各执一份，______仲裁委员会一份。

本协议自双方签字之日起生效。

甲方：______（签字、盖章）

乙方：______（签字、盖章）

年　月　日

注：仲裁是指由仲裁机关对当事人之间的合同和其他财产权益纠纷进行公断，它是处理这类纠纷的途径之一。我国《仲裁法》规定，对婚姻、收养、监护、扶养、继承、纠纷和依法应当由行政机关处理的行政争议不能仲裁。根据《仲裁法》的规定，仲裁必须经当事人双方的意思表示一致，而且要有书面的仲裁协议，明确的仲裁组织，仲裁机构才能受理。因此，仲裁协议必须具备三个方面的内容才是合法有效的。一是当事人双方必须有仲裁的意思表示；二是必须明确仲裁的事项；三是应有明确的仲裁机构。如果协议中明确两个仲裁机构，则该协议是无效的，当事人应重新约定；如果协议中未明确具体的仲裁组织，则该仲裁协议也是无效的。因此，仲裁协议作为仲裁的前提，应当由当事人双方提供。否则仲裁委员会不得接受仲裁。当事人在合同中增加仲裁条款，依据仲裁条款，仲裁委员会也可以受理。

仲裁答辩书

答辩人：

名称：__________ 地址：__________________________

法定代表人：

姓名：____________________ 职务：__________

住址:________________________________电话:__________

委托代理人:

姓名:__________性别:____年龄:____

工作单位:____________________________职务:__________

住址:________________________________电话:__________

申诉人因____________________诉我________________一案,现提出答辩意见如下:____

____

____

此致

__________仲裁委员会

答辩人:______________(盖章)

法定代表人:__________(签章)

______年____月____日

附:

1. 答辩书副本______份。

2. 其他证明材料______件。

仲裁保全措施申请书

××仲裁委员会:

申请人与__________________因______________经济合同纠纷一案,你会正在审理中。根据《中华人民共和国经济合同仲裁条例》的规定,特请你会采取________________保全措施,如因采取保全措施造成财产损失,由申请人承担责任。

申请人:__________(单位盖章)

法定代表人:__________(签章)

________年____月____日

注:保全措施包括:中止合同履行、查封、扣押货物、变卖不易保存物并保存价款或责令被申请人提供担保或法律准许的其他方法。

仲裁申请执行书

申请人:

名称:__________地址:___________________

法定代表人:_________职务:_____________________

住址:___________________________电话:_________

被申请人:

名称:__________地址:_________________

法定代表人:_________职务:_____________________

住址:___________________________电话:_________

双方因____________________一案,已由______________经济合同仲裁委员会作出裁决,(___字___号裁决书)被申请人未履行裁决中规定的义务,根据《中华人民共和国民事诉讼法》的有关规定,特向你院申请予以执行。

申请执行事项:____________________________

此致

_________人民法院

申请人:_____________(盖章)

法定代表人:_________(签章)

_____年___月___日

附:仲裁裁决书。

法律意见书

咨询(或委托)单位名称:

咨询(或委托)事项:

作为委托指定的法律事务承办机构,_____市_____律师事务所指派律师_____、_____对_____资料进行了审查,依据国家和___市的有关法律、法规,出具本法律意见书。

一、提供了相关的贷款资信文件,具体内容详见附件。

二、出具本法律意见书的主要依据:

(一)《中华人民共和国合同法》;

(二)《中华人民共和国担保法》;

……

(十一)国家和北京市其他有关法律、法规和规章。

三、根据本法律意见书第一条所述资信文件(包括复印件)和第二条所述有关法律、法规、规章和协议的规定,并根据我们专业性的法律知识和律师经验确认如下事实:

(一)
(二)
(三)

基于以上事实,我们认为____提供的资料真实、齐备,基本符合____中国法律的条件,且初步____具备____的资格。

本法律意见书仅用于______事宜。

本法律意见书正文共三页,其后之附件均为本法律意见书不可分割之组成部分。相关法律文件的复印件与原件无异。

________律师

________年____月____日

调查笔录

被调查人:
调查人:
调查目的:为____________案
时间:
地点:
记录人:
在场见证人:
笔录内容:

在场见证人签名或盖章

年　　月　　日

会见犯罪嫌疑人/被告人笔录(第×次)

时间:　　年　　月　　日　　时　　分至　　时　　分
地点:
会见人(律师):
被会见人:
案由:
记录人:
笔录内容:____以上笔录

我看过,与我讲的一样。

年 月 日

律师事务所介绍信

______________:

兹有我律师事务所________________同志等____________人前往你处联系______
__________________事宜,请予以协助。

此致

敬礼

年 月 日

本介绍信____日内有效。

代理非诉讼事务授权委托书

委托人:

受托人:

委托人因_____________事由,需经______________办理,特委托______律师事务所______________律师为代理人,代为办理。

代理人__________的代理权限如下:

上述代理权限,如委托人或律师要求变更,应另行协议。

委托人:

受托人:

年 月 日

反诉状(民事被告或刑事自诉案件被告人提起反诉用)

反诉人(本诉被告):

被反诉人(本诉原告):

反诉请求:

1.

2.

3.

事实与理由:

证据和证据来源：

证人姓名和住址：

此致

敬礼

××人民法院

附：本反诉状副本二份。

反诉人：××

年 月 日

强制执行申请书

申请人：姓名、性别、出生年月、民族、文化程度、工作单位、职业、住址。（申请人如为单位，应写明单位名称、法定代表人姓名及职务、单位地址）

被申请人：姓名、性别、出生年月、民族、文化程度、工作单位、职业、住址。（被申请人如为单位，应写明单位名称、法定代表人姓名及职务、单位地址）

请求事项：（写明申请人民法院强制执行的标的）

申请强制执行的依据：（写明申请强制执行所依据的已发生法律效力的法律文书，如判决书、人民法院的调解书、仲裁机构的裁决书、调解书等）

此致

敬礼

________人民法院

申请人：（签名或盖章）

________年____月____日

具 保 书

我与被告人__________是__________关系。我愿保证监督被告人______在取保候审期间随传随到，不逃避审判；不进行有碍本案审判的活动和其他违法犯罪的事情。被告人__________如有违反上述事项的行为，我立即向你院报告。特此具保。

具保人：__________

具保人工作单位：____________________

住址：______________________________

保 证 书

我与被告人__________是__________关系。我愿作为被告人__________取保候审的保证人，履行《中华人民共和国刑事诉讼法》第六十八条第一款规定的以下义务：

（一）监督被保证人遵守《刑事诉讼法》第六十九条第一款的规定；

（二）发现被保证人可能发生或者已经发生违反《刑事诉讼法》第六十九条第一款规定的行为，及时向执行取保候审的公安机关报告。

保证人：__________

司法建议书

__________（主送单位名称）：

本院在审判________（写明控辩双方名称或者姓名和案由）一案中，发现________（写明发现有关单位存在的重要问题和提出建议的理由）。为此，特建议：

__________（写明建议的具体事项。内容多的可分项书写）。

以上建议请研究处理，并将处理结果函告本院。

（院印）

抄送：__________（抄送机关名称）

鉴定委托书

__________（受委托单位名称）：

我院审理__________（写明被告人或当事人的姓名或名称和案由）一案，因有____（写明委托鉴定的事项），需委托你__________予以鉴定。现将有关材料送去，请写明委托鉴定的事项，由鉴定部门和鉴定人提出书面鉴定结论，并在鉴定书上签名或者盖章。鉴定人鉴定的，由鉴定人所在单位证明鉴定人身份，加盖单位公章后，寄送我院。

我院送去的有关材料，请一并退还我院。

刑事自诉状（刑事自诉案件起诉用）

自诉人：

被告人：

案由和诉讼请求：

事实与理由：

此致

敬礼

证据和证据来源:

证人姓名和住址:

附:本诉状副本____份。

××人民法院

自诉人:

年 月 日

再审申请书

申请人:

申请人__________对____________人民法院_______年____月____日(____)字第____号____________,申请再审。

请求事项:

事实与理由:

此致

××人民法院

附:原审______书抄件一份。

申请人:

年 月 日

注:1. 本申请书供民事案件的当事人在判决、裁定发生法律效力后二年内提出再审申请,用钢笔或毛笔书写。

2. “申请人”栏,如系公民的,应写明姓名、性别、出生年月日、民族、籍贯、职业或工作单位和职务、住址等。如系法人或其他组织的,应写明名称、地址、法定代表人或代表人姓名和职务。

3. “事实与理由”部分的空格不够用时,可增加中页。

4. “申请人”署名栏,如系法人或其他组织的,应写明全称,由法定代表人或代表人签名,加盖单位公章。

合同审查意见书

合同名称:

合同编号:

合同签订时间:

送审人：

审查时间：

经审查，现提出以下要求：

一、合同基本内容：

二、合同存在的主要问题：

三、修改意见及法律根据：

四、其他

以上意见仅供参考。

××律师事务所（公章）

××律师

年　月　日

申请书（无对方当事人的申请用）

申请人：

请求事项：

事实与理由：

此致

××人民法院

附：

申请人：

年　月　日

注：1. 本申请书供申请宣告失踪或宣告死亡、申请认定公民无行为能力、申请认定财产无主等特别程序，以及公示催告程序申请票据无效等用，用钢笔或毛笔书写。

2."申请人"栏，如系公民的，应写明姓名、性别、出生年月日、民族、籍贯、职业或工作单位和职务、住址等。如系法人或其他组织的，应写明名称、地址、法定代表人或代表人姓名和职务。如系法人或其他组织的，应写明全称，由法定代表人或代表人签名，加盖单位公章。

后　记

本书由北京隆安律师事务所的律师在执业之余编写而成。他们是多年从事律师职业的专职律师，具有坚实的专业知识和丰富的执业经验，该书是他们多年执业经验的结晶。他们把在办理各类案件过程中积累的诉讼技巧、诉讼策略、操作经验以及体会心得进行广泛的汇总和系统的阐释。本书的特点就是重在突出可操作性、实践性，主要的内容就是介绍律师办理各类案件、开展各类业务的方法、技巧、程序和步骤。

北京隆安律师事务所成立于1992年，是我国成立较早的合伙制律师事务所，拥有50多名专职律师，其中大多数律师取得了法学博士和法学硕士学位，隆安律师事务所已成为国内著名的、大型综合性的律师事务所，隆安所在中国的上海、深圳、沈阳、乌鲁木齐等地设有分所，组成了一个幅员广阔的服务网络。隆安律师事务所于2001年12月6日作为北京律师业率先获得ISO9002国际标准质量体系认证，并成为中国国际贸易促进会、中国国际商会向海外推荐的最佳律师事务所。这为隆安向客户提供专业、高效、便捷的服务，给予了充分的保障。隆安律师的职责是依法保护客户的一切权益；隆安律师的宗旨是客户的利益高于一切；隆安律师的信念是创新进取，永远追求超一流的服务水准。

北京隆安律师事务所的发展、壮大，以及业绩的取得与社会各界的信赖和支持是分不开的。借本书的出版，隆安律师事务所向社会各界深表感谢。本书的作者衷心希望读者就本书存在的问题与我们交流，我们真诚地欢迎同行、律师实务研究者和广大读者提出批评意见。我们的地址和联系方式是：

地址：北京市建国门外大街21号北京国际俱乐部188室（邮编：100022）

电话：010－65325588 传真：010－65323768

网址：http://www.longanlaw.com

徐家力

2014年8月5日